本书由人文在线出版基金资助出版

历史学研究丛书
LISHIXUE YANJIU CONGSHU

黄埔海关考

袁峰　著

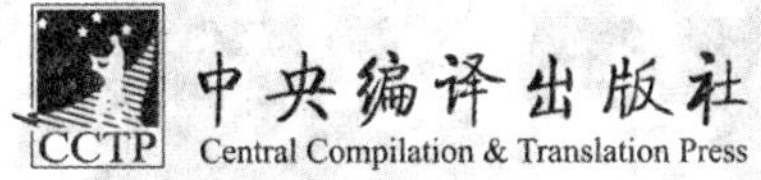

中央编译出版社
Central Compilation & Translation Press

图书在版编目(CIP)数据

黄埔海关考 / 袁峰著. —北京：中央编译出版社，
2016.1
ISBN 978-7-5117-2883-8

Ⅰ.①黄… Ⅱ.①袁… Ⅲ.①海关－历史－研究－广
州市－1685～1980 Ⅳ.①F752.59

中国版本图书馆 CIP 数据核字(2015)第 293393 号

黄埔海关考

出 版 人：刘明清
出版统筹：董 巍
责任编辑：曲建文
责任印制：尹 珺
出版发行：中央编译出版社
地　　址：北京西城区车公庄大街乙 5 号鸿儒大厦 B 座(100044)
电　　话：(010)52612345(总编室)　(010)52612341(编辑室)
(010)52612316(发行部)　(010)52612317(网络销售)
(010)52612346(馆配部)　(010)55626985(读者服务部)
传　　真：(010)66515838
经　　销：全国新华书店
印　　刷：北京天正元印务有限公司
开　　本：710 毫米×1000 毫米　1/16
字　　数：453 千字
印　　张：24.5
版　　次：2016 年 1 月第 1 版第 1 次印刷
定　　价：68.00 元

网　　址：www.cctphome.com　**邮　　箱**：cctp@cctphome.com
新浪微博：@中央编译出版社　**微　　信**：中央编译出版社(ID: cctphome)
淘宝店铺：中央编译出版社直销店(http://shop108367160.taobao.com)　(010)52612349

本社常年法律顾问：北京嘉润律师事务所律师　李敬伟　问小牛
凡有印装质量问题，本社负责调换，电话：(010)66509618

自 序

当我打开广东省档案馆里尘封已久的粤海关档案和缩微胶片时，仿佛听到黄埔海关在历史长河中坚定沉稳的脚步声；当我参观广东革命历史博物馆、中国海关博物馆广州分馆、黄埔税馆时，仿佛看到黄埔关区内发生过的激荡曲折的历史事件；当我翻阅浩如烟海的中国近代史料时，仿佛触摸到黄埔海关克难奋进的历史脉搏。可是，纵然我尽力搜寻黄埔海关的档案资料，但却发现黄埔海关的发展史，始终隐藏在各类史料的琐碎片段里，没有专门的名目，没有详实的记录，没有清晰的脉络，也没有完整的情节。

事实上，自 1685 年（康熙二十四年）清政府在广州黄埔设置粤海关挂号口（也称黄埔税馆）起，黄埔关的历史至今已有 300 多年。其创建之初的艰辛和曲折，与国家和民族的命运息息相关。国家和民族在那个时代所遭遇的痛苦、挣扎，都一一在黄埔关这个地方予以缩影。在这片狭小的关区内，有“海上丝绸之路”的繁荣，有虎门销烟的壮举，有“苦力”走私的悲剧，有近代船舶工业的萌芽。黄埔关区以一隅之地，见证着中国海关制度的萌芽、曲折和发展。黄埔海关的历史已经超越了一个直属海关的发展史，更是中外贸易的重要舞台和历史节点。这片土地上发生过许多重大的历史事件，比如：17 世纪西方殖民者叩关索市的尝试、1759 年英商洪任辉状告黄埔关口勒索事件、1829 年英国商船“延不进口”案、1878 年“秘鲁人”号中国劳工事件、1924 年挪威籍“哈佛”轮走私军火案等，这些事件在一定程度上影响了中国经济、政治、文化及社会的发展进程。

恩格斯说：“历史就是我们的一切。”黄埔海关的历史，可以说就是黄埔海关人的一切。对待这段历史，所有黄埔海关人都应该抱有敬畏心，主动去学习它、研究它。牢记历史，不仅要知道历史发生了什么，更要知道历史给了我们什么样的经验和教训。了解黄埔关发展的历程，将有助于我们深刻理解：这个地缘因素尴尬的海关是如何在弱小中一步一步壮大起来？这个关区面积在全国海关排名倒数第二，却是一个拥有 3600 多名关警员、年税收量超过千亿、关税全国排名第六的业务大关，依靠的是什么？如果说文化的作用不像政策那样明显，但凝聚民心、让大家有归属感，这是任何政策都无法替代的。然而有时，我们薄弱的正是这一环节。黄埔海关正式建关 35 年，可是黄埔关孕育和发展的历史却有 300 多年。那些 300 多年间发生的事，还有多少能让人记起？有谁能够如数家珍地说出黄埔关发展史？要知道，黄埔关孕育之初，经历了四次趸船办公、四次岸上办公的曲折过程，这个过程本身就是一部励志的创业史。

300 年的黄埔关史是进行爱关和爱国主义教育的好素材。深入研究和发掘黄埔关随着国家、民族的命运变迁而变迁的历史，大力加以宣传。广大关警员知之愈深，对黄埔关就会爱之愈切，就会更加努力工作，更加坚定的维护黄埔关得来不易的荣誉，并为黄埔海关新的历史发展做出自己的贡献。

于是我决心编著这样一本书，尽可能忠实地记录下黄埔海关走过的路，帮助大家更好地理解黄埔海关的历史地位和现实价值。但在着手编写时往往深感史料阙如，无处落笔。毕竟黄埔关在 1980 年之前长期隶属广州海关（解放前称为“粤海关”），没有留下专门的档案材料，其历史记录不详而且零乱，史料断层较多。我只能在郁如邓林的文库中钩沉索隐，从字里行间慢慢还原历史。

由于海关业务门类划分较细，本书采取业务门类和专题相结合的方式，以业务门类为条、专题为块，串联成册；并以时间为经、事件为纬，以黄埔关历史变迁为主线，呈现黄埔关区各个历史时期的经济发展过程。岁值乙未羊年，粤海关黄埔挂号口设立 330 周年，我国“一带一路”战略开始实施，全国海关和黄埔海关正在进行区域通关一体化、业务管理一体化等新一轮改革创新。广州黄埔港作为古代南海丝绸之路的起点，更加欣欣向荣，呈现出蓬勃生机。这个时候，这本承载着历史厚重的书籍完成，对凝聚人心、激发士气、促进改革都具有现实意义。

谨以此书，溯源赓续、存史资政、鉴往知来。

目　录

概　述

中华人民共和国海关是国家进出境监督管理机关，实行海关总署——直属海关——隶属海关三级垂直管理体制。黄埔海关是广东省内七个直属海关之一，关区地处中国南大门，位于珠江三角洲北缘，西距广州市区15公里，东南毗邻香港、澳门，为西江、北江、东江三江的出海口。黄埔关区拥有优越的地理条件，对外有广阔的经济前沿，对内有深远的经济腹地，是中国通往东南亚、南亚、西亚、非洲和欧洲航线最短的关区之一。早在隋唐时期，黄埔一带已形成广州对外贸易的重要外港，时称扶胥港，是"海上丝绸之路"的重要起点之一。明清时期，广州外港由扶胥港逐渐移至黄埔洲和琵琶洲一带，始称黄埔港。发展至今，黄埔港已通航世界100多个国家和地区，是华南最大的对外贸易港口。

黄埔海关前身是清政府于1685年（康熙二十四年）在广州黄埔设置的粤海关挂号口（也称黄埔税馆）。其主要职责是监管进出广州外港的西方各国船只货物、查缉走私、征收除正税以外的海关税费等。在数百年的历史发展和时代变迁中，黄埔关历尽艰辛，几度兴衰。关址更是多次变迁，有时在趸船上设关，有时在陆地办公。新中国成立后，黄埔关迎来了全新的发展阶段。1950年10月15日经海关总署批准设立中华人民共和国黄埔支关，隶属广州海关。1952年9月黄埔支关升格为黄埔分关，仍隶属广州海关。1954年2月黄埔分关从船上搬至黄埔中山路（港前路）新落成的办公楼，彻底结束了水上办公的历史。1980年7月黄埔海关设立，直属海关总署。从此，黄埔海关结束了与广州（粤）海关300多年的隶属关系。1988年8月黄埔海关升级为副厅级单位，2000年11月升级为正厅级单位，目前设20个机关处室，1个副厅级机构（缉私局），2个直属事业单位，下辖11个处级隶属海关、办事处，全关现有关警员4000余人。

黄埔关区是华南地区重要的海上对外贸易口岸，也是我国加工贸易开展最早、密度最大的地区之一。现关区范围包括广州市天河区（一部分）、黄埔区、广州高新技术产业开发区、广州保税区、广州出口加工区以及增城市、东莞市，面积约4440平方公里。目前已开办了除国际邮包、国际航班监管业务外的所有海关业务，包括进出境货物、运输工具及转关运输车辆监管，进出境旅客行李物品监管，加工贸易及保税监管，以及征税、统计、稽查、缉私等。

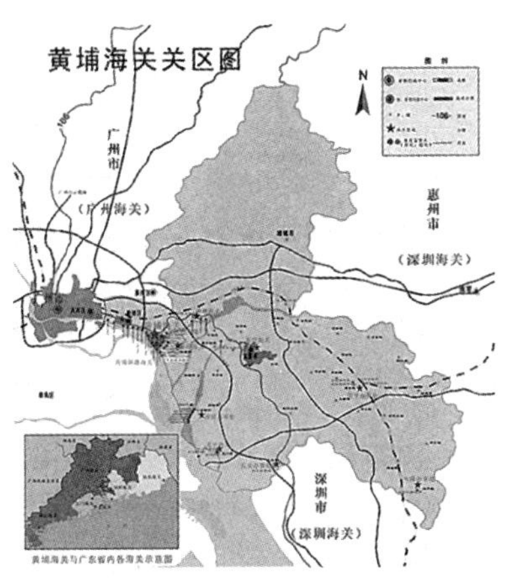

黄埔关区图（2004年）

第一章　广州外港

历史上，广州港分为内港和外港。内港即广州港，位于广州珠江内河道；外港位于珠江入海口黄埔港湾，随着珠江三角洲地质变迁，其名称和港址多次改变。

一、黄埔港湾的发展

黄埔港湾在古代是一个浅水古海湾。根据地理学家的研究，黄埔港湾的发展大致可分三个时期：即溺谷湾期、珠池期和狮子洋期。

溺谷湾期：是指距今 5000～7000 年前的中全新世时期。海水上溯至珠江河道下游，地面因海侵负重下沉，形成了一个半封闭型河口湾，称为“广州溺谷湾”。该溺谷湾地处珠江三角洲北部边缘，范围大致是北面以今广州新塘、庙头、鱼珠、东圃、猎德为限，东面以今东莞石龙、厚街、太平为界，西面为南海台地和市桥台地所阻。

珠池期：是指溺谷湾期结束至唐朝末年，东江三角洲形成之前的时期。珠江经过数千年的泥沙淤积，溺谷湾的海岸线发生了较大变化。汉朝时，东莞中堂地区已形成陆地。唐朝时，黄埔庙头的扶胥一带也有淤浅，番禺市桥台地与东莞石碣之间已连成一片陆地，但市桥以南仍是汪洋大海。

狮子洋期：是指 1000 年前至今。宋代以后，东江泥沙不断淤积，形成东江三角洲并不断西进。西江、北江也各自形成三角洲并合力东进，黄埔至广州的内湖形态逐渐演变为河道形态。清代以后，由于珠江流域各三角洲发育扩展和虎门潮汐影响，狮子洋被沙洲分成多条水道。黄埔古海湾演变成今天这样由南向北逐渐狭窄的漏斗状河道形态。

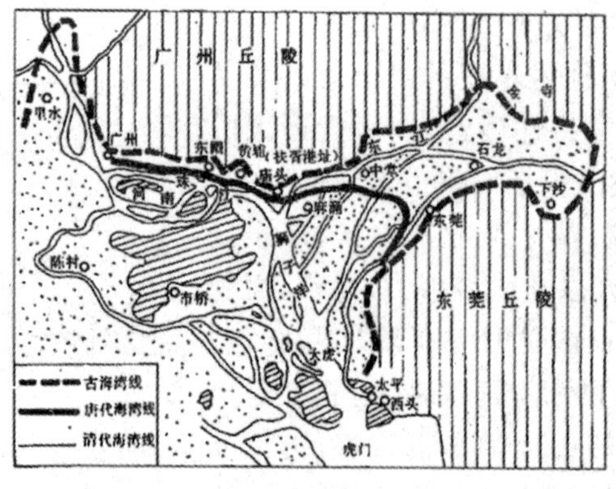

黄埔海岸线变迁示意图①

① 吴家诗：《黄埔港史》(古近代部分)，人民交通出版社 1989 年版。

二、港口位置的四度变迁

黄埔港湾的发展变化，直接引起广州外港的位置变迁和名称变化。

一、扶胥古港。隋唐时期，广州对外贸易发展迅速，在今黄埔老港下游约6公里处的庙头村西，就形成了相当繁荣的港口，即广州最早的外港，历史上称扶胥港。“扶胥”是古越语，即“人墟”的意思。扶胥港的兴起与地形有关。韩愈在《南海广利王庙碑》中称“扶胥之口、黄木之湾”，就是说扶胥港处于狮子洋大漏斗湾顶部。由于地理条件优越，扶胥港经历了隋、唐、宋、元四个朝代而一直保持繁荣不衰。

二、黄埔村上的黄埔古港。元代以后，珠江三角洲不断发育，狮子洋面积逐渐缩小。扶胥港前的海湾，因泥沙淤积变浅，扶胥港难以适应经济社会发展需要而逐渐衰落。明清时期，广州外港由东江口黄埔深水湾的东边内迁至黄埔深水湾的西边，即今广州海珠区黄埔村附近。当时的黄埔洲和琵琶洲还是两个独立的小沙洲，这一带水深海阔，并有长洲岛作屏障，风平浪静，是一个适宜中外船舶停泊的天然良港。明末清初至鸦片战争前夕，广州外港成为中国唯一合法对西方贸易的港口，黄埔港进入了空前繁盛的历史时期。

三、长洲岛上的黄埔港。鸦片战争后，广州对西方一口通商的局面被打破。随着上海开埠，我国对外贸易中心逐渐东移，黄埔村上的黄埔古港日渐衰落。同时由于码头淤积失修，黄埔洲与河南岛自然并连，影响船只停泊，黄埔港便于同治年间迁往一水之隔的长洲岛北岸。长洲岛位于广州市区东南20多公里处，四面环水，方圆6平方公里，是由海上和虎门进入广州的第二道门户。黄埔港搬迁至长洲岛后，港口名称继续沿用黄埔港旧称。

19世纪初停泊黄埔锚地的外国商船

1936年黄埔港

四、鱼珠附近的黄埔港。长洲岛四周虽然海阔水深，但它是江中小岛，与陆上交通不便，其发展受到严重影响。1918年孙中山发表《实业计划》，提出在黄埔建设“南方大港”的构想，港址就选择在与长洲岛隔江相望的珠江北岸，即今天的鱼珠附近。1937年至1938年，国民政府在鱼珠炮台、珠岗村、横沙乡、乌冲口一带兴建了深水码头，当时称为“黄埔新埠”，即今日黄埔老港。

从隋唐至新中国成立，历经1400多年的沧桑巨变，广州外港虽然四易港址，但每次迁址均没有超出黄埔深水湾的范围，由此可见黄埔深水湾具有十分优越的自然地理条件。

三、扶胥古港的盛衰

扶胥古港位于广州市黄埔区庙头村，处于广州溺谷湾漏斗湾口，珠江前后航道在此汇聚。由此上溯，北往省城，河道狭窄，水急多礁；由此南下，入狮子洋，径出虎门，直抵南海。

扶胥古港既处于珠江水系的中心，又处于太平洋、印度洋之间海上航线的要冲，因此既是河口港又是海口港。扶胥港北面是将军山、大田山等丘陵山地，可以阻挡寒流南下；西面是河南、市桥台地，可以阻挡台风侵袭。珠江在此骤然转向南去，泥沙不易淤积，所以扶胥又是个天然的深水良港。

广东雨量充沛、珠江水流丰盈，江河含沙量少，为广州航运提供了优良条件。秦代开挖灵渠，沟通了长江水系与珠江水系。隋代以后，大运河贯穿南北，珠江、长江、黄河三大水系纵横交错，水运交通十分便捷。珠江三角洲气候温和、土地肥沃、河网密集，适于鱼虾及蚕桑等经济作物的生长。自秦末以来中原地区向南粤大地进行数次大规模移民，带来了先进的生产技术和灿烂文化。这些优越的自然及历史条件为广州成为外贸大港提供了先天优势。

受亚洲季风和大陆气候影响，广州每年 3 月至 8 月盛行南风、东南风和西南风，9 月至次年 2 月盛行北风和西北风。往来广州的中外木帆船可利用季风，一年往返一次。1777 年(乾隆四十二年)行商向广东巡抚兼粤海关监督李湖[①]禀告："外洋各国夷船到广贸易，每于夏末秋初进口，至冬季即扬帆回国，为期不过四五月之久。"[②]

战国时期，广州已与周边沿海口岸有航运往来。秦末，广州已与海外进行了贸易。汉代初年实行休养生息，手工业、农业和商业都得到发展，广州成为繁华都市之一。此时广州已开通了连接东南亚、印度、埃及、罗马的海上交通路线。

魏晋南北朝时期，中原地区战事频繁，广州地区却保持着相对稳定。大批中原移民纷纷南下，进一步推动了广州地区的开发和发展，当时民谣就传"中原荒，广州康"。社会经济的发展促进了对外贸易的繁荣，也促进了扶胥港的形成和发展。扶胥港成为放洋启航的地点，也是外国船只到达广州的第一个停靠站。

隋唐社会安定，水陆交通发达，商业空前繁荣，中国经济重心开始南移。广州对外贸易也迅速发展，成为全国最大的对外贸易港口，是国内重要的交通枢纽和国际海运中心。当时广州有内港和外港。内港即广州港，主要从事对外贸易；外港即扶胥港，仅有少量贸易活动，其主要职能是：1、作为进出广州的船舶停泊地，为远航的中外船舶提供充足的物资保障。2、保护广州城的水路军事安全，护卫中外商贸交通，保证海上丝路畅通。扶胥港设站监视进出口船只，中外船舶必须在扶胥港停

---

① 李湖：? ～1781 年，字又川，一字又徐，号恕斋，江西南昌人，清朝大臣。

② 许地山：《达衷集》卷下，上海商务印书馆 1931 年版。

靠接受检查后才能前往广州或扬帆出海。史载公元404年（东晋安帝元兴三年），卢循领导的农民起义军就是从晋安[①]率领海船驶经扶胥港攻占了广州城。随后各朝代均加强了广州外港的军事安全管理。3、扶胥外港检查核实货物，减轻内港压力，防止商船进入广州内河后走私漏税。

唐朝最盛时期，每年到达扶胥港的海船有40余艘。公元713年（开元元年）“海外诸国，日以通商，齿革羽毛之殷，鱼盐蜃蛤之利，上足以备府库之用，下足以赡江淮之求”。[②]

北宋时海水退缩，扶胥港变得空前繁盛，通商国家和地区达130多个。公元982年广州开通至菲律宾民都洛岛新航线。1080年（北宋元丰三年）《广州市舶条》颁布并向全国推行，内容涉及海船出入港管理、抽解（征税）、专买专卖和官市、禁止官吏私营海外贸易、禁止违禁品出口、奖惩等。1094年（北宋绍圣元年）苏轼被贬往惠州途中，游览扶胥港，曾题诗《南海浴日亭》抒发观看海上日出时的豪情。

1112年（南宋政和二年）时任广州佥判的邬大昕发现东洲与黄木湾之间交通不便，便组织修筑了一条扶胥运河。[③] 运河起于东州驿（南岗瓦窑附近，东江与珠江交汇处），往西经沙涌、下元、南湾、庙头、扶胥港，转入南海神庙以西的西门坦，经沙浦、双岗，从黄埔文冲进入乌涌河，全长约8公里。这条运河能够航行100吨以下的船只，使船只避开狮子洋的风浪。自此船舶可以全天候往来扶胥港和东江，并节省了三分之一的航程。

元代到广州扶胥港贸易的国家多达147个。13世纪初，从扶胥港出发的远洋商船已经普遍使用指南针，当时广州商船可以直航横渡印度洋。世界各地的商船也不远万里踏浪而来，使得广州成为“番舶凑集之所，宝货丛聚”[④]。

14世纪中叶的欧洲一桅商船（长100英尺、宽25英尺），配有130平方码的方形巨帆和舵。

明朝以后，由于海禁政策和海岸淤浅，商船很难再在扶胥港靠岸。据记载：“宋时扶胥尚有浴日之奇……波罗庙去海不过百步，向来风涛万顷，岸临不测之渊。”[⑤]说明在宋元时期，扶胥港仍是优质良港。但到了明清时期，“淤积既久，咸卤继至，沧海为田。潮当涨，就岸犹易，水稍退，则平沙十里，挽舟难行，进退两难”[⑥]。所以广州外港逐渐由扶胥迁移至黄埔洲、琵琶洲（又称琶洲）一带水域，始称黄

---

① 今福建省南安市。

② （唐）张九龄：《开大庾岭路记》，见（清）董诰等著《全唐文》卷二九一，中华书局1983年版。

③ 又称“鹿步滘”、“横滘河”。

④ （元）陈大震：《大德南海志》卷七，见《宋元方志丛刊》，中华书局1990年版。

⑤ （清）崔弼：《波罗外记》卷二“庙境”，见麦英豪等编纂《广州市文物志》，岭南美术出版社1990年版。

⑥ 同上。

埔港。扶胥港由此逐渐衰落，黄埔港开始兴起。

四、黄埔港的兴替

黄埔古港南码头(原称酱园码头)，位于广州市海珠区，北临新港东路，南隔黄埔涌与仑头村相邻，西临广州环城高速东环段，东隔珠江与长洲岛深井古村落相望。

明代以前，扶胥港是外贸口岸，黄埔古港只是个锚泊地。随着珠江三角洲不断发育，广州外港由扶胥港迁至黄埔港。清初至鸦片战争前夕广州对西方一口通商，使得黄埔港成为当时中外贸易商船唯一停泊地和贸易港口，黄埔港进入了鼎盛时期。其经济腹地几乎涵盖全国，几乎全部对西方贸易的物资都经过黄埔港集散。南方及东部等省的茶叶、瓷器、丝绸、土布，以及北方的水果、药材、皮货、烟酒等土特产，都经过黄埔港出口；西方物资也经黄埔港进口云集广州，销往京城及全国各地。

1598年(明万历二十六年)琶洲岛上建"九级浮图，屹峙海中，壮广形胜，名曰海鳌"。"海鳌塔"也称"琶洲塔"，作为黄埔古港的"海望标志"，起到了为中外船只导航的作用。

从1758年(清乾隆二十三年)至1837年(清道光十七年)的80年间，停泊在黄埔古港南码头的外国商船共计约为5107艘(包括美国"中国皇后"号、俄罗斯"希望"号和"涅瓦"号和澳洲"哈斯丁"号等)，黄埔港"夷舟蚁泊"，异常繁忙。1731年至1813年，瑞典东印度公司①派船队进行了130多次远洋航行，除3次外其余都抵达黄埔，其中"腓特烈国王"号于1732年首航黄埔，标志中瑞贸易的开始；"哥德堡"号作为瑞典东印度公司的大型商船之一，于1739年、1741年、1743年三次远航抵达黄埔，对中瑞早期贸易起到了重大作用。

瑞典商船"哥德堡"号

鸦片战争后，广州对外贸易的首要地位被上海取代，黄埔古港也由于淤积严重，逐渐失去昔日的繁盛。此时正是海上轮船更换木帆船的时期，吃水较深的海轮难以在黄埔古港停靠。于是同治初年广州外港移到长洲岛，仍然沿用"黄埔港"的名称。黄埔古港原港址已毁，2006年广州市政府为迎接瑞典"哥德堡"号仿古商船来访而重建。黄埔古港现已失去港口功能，被开辟为旅游景点，供游人凭吊古今。

1884年9月8日至1891年7月11日，珠江后航道因中法战争而关闭，外国商

---

① 东印度是西方殖民者对东方世界的总称。16至19世纪，葡萄牙、英国、荷兰、丹麦、法国等欧洲殖民主义国家为了加强对印度和东南亚各国经营贸易垄断和殖民掠夺，专门设立了各自的东印度公司。这些国家的东印度公司不仅享有贸易独立权，还有权代表政府订立条约、组建军队，甚至有权发动战争。其中最为著名的是成立于1600年的英国东印度公司，不仅占领和统治着孟加拉、印度、缅甸(部分地区)等国，还长期垄断着英国对中国的贸易。自18世纪60年代始，"东印度公司由一个商业强权变成了一个军事的和拥有领土的强权"(《马克思恩格斯全集》第9卷，人民出版社1961年版)。

船不得驶入内港。[1] 长洲岛上的黄埔港出现了短暂的兴盛局面，但维持时间较短。由于运往香港的费用低于运往黄埔，因此华南大部分货物经过水陆两路运输直接到香港转口。香港逐渐取代黄埔港成为远洋运输的转运站。长洲岛上的黄埔港长期处于自然港口状态，航道淤浅、设备简陋，无法与设备先进的自由港香港进行竞争，最终被废弃。

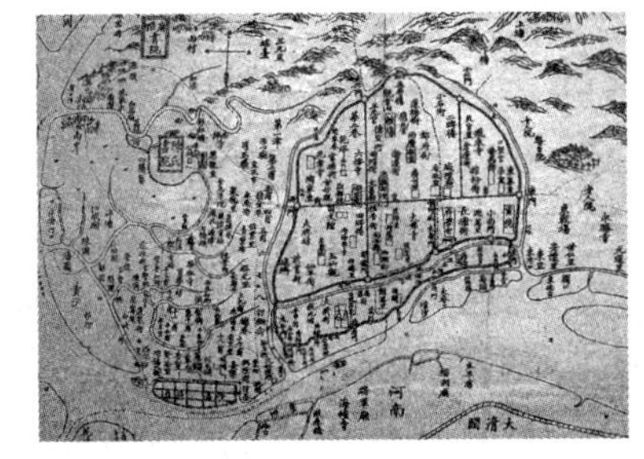

广东省城图（绘于 1888 年）

1904 年 10 月清政府开始实施移拆珠江各栅和加宽河道工程。该工程由海务巡工司负责，粤海关“飞虎”号（Fei Hoo）巡船管驾夏立师署理。1906 年 9 月竣工后，长洲木栅全部拆除，鱼珠栅的南边河道由 300 英尺加宽至 440 英尺。鱼珠栅疏浚效果明显，在春季退潮时水深仍有 16 英尺。

辛亥革命后，根据孙中山《建国方略》中建设“南方大港”的设想，国民政府拟在黄埔鱼珠附近开辟深水新埠，但由于英帝国担心黄埔开埠会影响香港的航运业而从中阻挠，再加上国内政局动荡，黄埔开埠终未成行。

1925 年 6 月省港大罢工期间，广州航运萧条，珠江淤积更加严重。大型轮船无法驶过大石、大尾两处浅滩，而在黄埔候潮和过驳的船只日益增多。为了争取交通自由，抵御帝国主义经济掠夺，修建黄埔新埠的构想再次列入议程。

1925 年底，为使广州成为香港之外的货物转运新中心点，广东省政府计划开辟黄埔深水港，广州市政局开始修建由黄埔至广州的公路和桥梁。1928 年黄埔至广州市的公路建成通车。

1926 年 2 月 1 日广东国民政府成立“黄埔开埠计划委员会”。6 月 30 日“中华各界开辟黄埔商埠促进会”和“黄埔开港计划委员会”，组成“黄埔商埠股份有限公司执行委员会”，负责制订港口建设计划与筹集建港资金。7 月 20 日国民政府为开辟黄埔商港发布《财政部第二次有奖公债条例》，规定 8 月 1 日起发行该项公债，债额为 1000 万元。

1927 年 4 月 12 日蒋介石发动“四·一二”反革命政变，黄埔港筹建工作停止。

1929 年 10 月 8 日广东治河委员会办理筹建黄埔港事宜，经过详细研究和考查，确定鱼珠为黄埔港埠址，由工程师李文邦制定整个计划。由于种种原因和政局多变，计划最终无一实现。

1935 年 11 月西南政务委员会任命罗文干为广东治河委员会兼筹建商埠主

① 《近代广州口岸经济社会概况——粤海关报告汇集》（暨南大学出版社 1996 年版，广州市地方志编纂委员会办公室、广州海关志编纂委员会编译）在《粤海关十年报告（一）（1882～1891）》篇中记载：“通往广州的深水道——后航道——在 9 月 8 日通知发出 4 小时后封闭了，因此，黄埔成了吃水较深船舶的唯一抛锚地。”

任。罗文干初步规划:黄埔商埠由广州东北方起,东南至番禺县界,北至莲潭圩前大路口,西至马鞍岗,全埠面积67.1平方公里。1936年7月陈济棠归政中央,罗文干筹建黄埔商埠的计划落空。10月南京国民政府成立黄埔开埠督办公署。广州市长曾养甫奉派督办黄埔开埠事宜,采取逐次推进,将黄埔开辟为一个完整的深水港。除将"广东治河委员会"及以前各机构完成的工作与开埠计划接收外,开始测量土地,疏浚第一、二沙航道,建筑第一码头等。

1937年4月黄埔建筑深水港工程开工,黄埔水道按计划进行浚深,以便载重7000至8000吨的船只,可以直驶黄埔商埠。

1938年6月黄埔港在鱼珠附近建成400米钢板桩堤岸式码头,被称为"黄埔新埠"。

8月25日日军开始封锁黄埔港出海口,空袭黄埔地区。10月日军占领黄埔,黄埔港沦为日本侵略者的军港。日军在黄埔港建立"南支那派遣军后勤补给中心基地",为其侵华战争服务。

1942年广埔铁路建成通车,但黄埔贸易量极少。

1945年9月7日国民党新一军到达广州,对黄埔港进行军事接管。黄埔港成为国民党发动内战的华南军事运输基地。1946年上半年,蒋介石亲自指挥华南国民党军队从黄埔、虎门、九龙调往内战前线。

1945年9月14日国民党行政院珠江水利局和国民党第2方面军接收黄埔筑港工程。至1948年建成黄埔区连接市区的中山公路(现称中山大道)、钢板桩码头、铁路专用线(黄埔铁路支线)及仓库、宿舍、办公楼等辅助设施。

黄埔港400米堤岸式码头完工(摄于1938年)

1948年11月28日黄埔码头正式开放使用,码头长度已筑成420米,拥有800吨容量的仓库2座,5000吨容量的仓库1座。但由于内战等原因,黄埔港仍属于军港性质,贸易量较少。

黄埔港码头(摄于1948年)

1949 年 5 月 25 日国民党广东省政府成立“迁府委员会”，将大批国民党军政人员和物资经黄埔港疏运到海口、台湾等地。

1949 年 10 月黄埔解放，人民政府即开始维修黄埔码头，疏浚珠江航道。在 400 米堤岸式码头的基础上，先后续建了中码头和黄埔大码头等几个万吨级泊位。原有 5 米出海航道浚深至 7 米，万吨货轮可以直达港区，通航能力极大提高。

1950 年 10 月 15 日黄埔港重新开港。此后，港口规模不断扩大、设施不断完善，逐渐发展成华南地区最大的贸易港口，货物吞吐量从 1954 年的 98 万吨上升至 1973 年的 642 万吨。

1960 年 2 月 29 日我国自行设计施工的黄埔港深水码头第一个万吨级泊位开始使用。

1973 年黄埔港在珠江口内狮子洋畔的墩头基建设新港区（即黄埔新港）。1975 年 12 月 26 日墩头基码头简易投产，黄埔新港开港。

第二章 海上丝绸之路

广州是中国古代海上丝绸之路的始发港、发祥地和世界海上交通史上唯一两千年长久不衰的贸易大港。唐朝中期以后，中国失去了对中亚地区的控制力，以京城为中心，通往波斯、地中海和北印度的“陆上丝绸之路”逐渐衰落。中国的对外贸易逐渐由陆路转向以海路为主。广州在唐宋时走向兴盛，于是有“金山珠海，天子南库”的美誉。

一、南海丝绸之路

汉代时，中国与马来半岛通过广州外港已经有海路交往。隋唐时期航海往来更加密切，广州外港更是“海舶所集之地”。此时广州已经成为中国的第一大港、世界著名的东方港市。

《新唐书·地理志》记载，唐时我国东南沿海从广州外港通往东南亚、印度洋北部、红海沿岸，到达东北非和波斯湾等国的海上航路，称为“广州通海夷道”，是当时至16世纪欧人东渐之前，世界上最长的定期远洋航线，到达的国家和地区有100多个。这条航线上来往贸易的外国商人主要是大食人、波斯人、印度人和南洋人。鉴真和尚东渡日本时，途经广州，就曾见到珠江上“婆罗门、波斯、昆仑等舶，不知其数，并载香药、珍宝，积载如山”[①]。

隋唐时经广州外港向外输出的货物主要是丝绸。宋元时出口货物主要是瓷器和茶叶；进口货物主要是香料，还包括珠宝、象牙、犀角、玳瑁、药物、诸木、皮货、杂物等，品种达70多个。所以广州外港既是“海上丝绸之路”、“海上陶瓷之路”的发祥地，同时也是“海上香料之路”的重要港口。同时，由于这条海上交通大动脉主要以南海为中心，所以又称为“南海丝绸之路”。中西贸易也利用此航道作交易通道，除此之外，中朝、中日少量贸易也通过广州外港与朝鲜和日本之间的航线进行。

广州外港的迅速发展，又对经济腹地，尤其是广东及华南地区的经济社会发展和对外经济文化交流，起到了积极的促进作用。广州外港的经济腹地范围广阔，包括粤、桂、湘、滇、贵等省份以及鄂、赣、川的部分地区。以广州外港为起点的丝绸之路，不仅带动了广州社会经济发展，还极大促进了内地丝织业、陶瓷业和制茶业的蓬勃发展。丝绸被西方市场视为高级奢侈品，经广州外港出口数量巨大。丝绸主要来源于太湖流域、四川盆地和珠江三角洲三大蚕桑产区。广州出口的瓷器宋代以前主要产于岭北。宋代开始，全国各地名窑产品纷纷取道广州出口，广东佛山等地制瓷业也迅速发展。茶叶出口也迅速激增，闽、赣、苏、浙等地的茶叶，在广州精

---

① [日]真人元开：《唐大和尚东征传》，中华书局2000年版。

包装后运往世界各地。这种状况一直延续到宋元时期。

明初郑和下西洋，海上丝绸之路发展到巅峰状态。但郑和之后的明清两代，随着海禁政策的严厉实施，我国航海业逐渐衰败，以南海为中心的“广州通海夷道”逐渐消亡，取而代之的是西方国家从欧洲至亚洲的远航路线。“除了俄国商队跨越中国北方边疆，葡萄牙和西班牙的商船往来澳门而外，中华帝国与西方列国的全部贸易都聚会于广州。”①

繁忙的广州港

广州港见证了18～19世纪初广州对外贸易的繁盛时期

广州全景图(绘于1865年)

二、扶胥镇

公元265年(西晋泰始元年)，扶胥地区已有古斗(古兜)村，是广州船只出海起航的地点。当时“古斗村”还只是广州城东一个小村落。“古斗”是古越语，指“岗村”、“山村”，地点就在唐代扶胥镇，今黄埔老港下游5公里的庙头村附近。

公元594年(隋开皇十四年)之前，随着对外贸易的发展，古斗村已经发展为南海镇，后又成为南海县衙所在地。公元607年(隋大业三年)，南海镇更名为扶胥镇。广州外港由此得名扶胥港。

扶胥镇“东连闽浙，南通岛夷”。优越的地理自然条件、广州地区的经济社会发展，以及对外贸易的繁荣，促进了扶胥镇的兴旺。

唐代时扶胥镇设立了进出口商船的检查站，并在此处为远航的中外船舶提供充足的淡水、食品及日用品。

“扶胥浴日”图②

宋代扶胥镇是南海第一重镇，广州外围八大镇之首，比猎德、石门、瑞石、平石、大水、白田、大通等镇更为繁盛发达。根据(元)陈大震《南海志》所录“旧志税赋”，宋代扶胥镇岁收“市务税”4467贯，居全省之冠，当时新会县只有4082贯，清远县只有3623贯，东莞县

① 姚贤镐:《中国近代对外贸易史资料(1840～1895)》(第一册)，中华书局1962年版。

② (清)崔弼:《波罗外记》。

只有2282贯。扶胥镇所收榷税也是最多。一镇岁入甚至要比一县还多，扶胥镇的兴盛可见一斑。

北宋末期，随着福建泉州港的发展，广州对外贸易地位开始发生变化。宋室南渡后，泉州港的对外贸易很快超过了扶胥港。

明代厉行海禁以后，扶胥镇商业骤减。同时由于扶胥港淤积严重，商船难以靠岸，广州外港迁移，依赖对外贸易而繁荣的扶胥镇逐渐衰落。

三、南海神庙

古代由于生产力低下、技术落后，人们无法预测和驾驭变幻莫测的海洋，对大海的恐惧引发了对海神的隆重祭拜。

公元535年(南北朝梁大同元年)相传由当地人董昙创建南海神庙。

公元594年(开皇十四年)隋文帝下诏在南海镇修建南海神庙，专司祭祀南海神。海员和商人在进出港时，都会到南海神庙虔诚祈祷，祈求南海神庇佑一帆风顺。

南海神庙①

南海神庙建在扶胥港上，因此南海神庙成为广州外港的标志。据说当年外国船员和商人远涉重洋，饱经惊涛骇浪颠簸之苦，到达“黄木之湾”时，遥见南海神庙，就知道到了扶胥港。他们欢呼雀跃，高喊梵语“pāramita”，意思是“到达彼岸”或“做事成功”。“pāramita”音译为“波罗密多”，简称“波罗”。久而久之，当地人也就将南海神庙称为波罗庙了。

海神的地位与港口的地位是一致的。(唐)韩愈《南海神广利王庙碑》记载：“海于天地间为物最巨，自三代圣王莫不祀事。考于传记，而南海神次最贵，在北、东、西三神河伯之上，号为‘祝融’。”该碑文显示出唐朝统治者对南海神的极大尊崇，也显示出广州扶胥港在唐朝对外贸易中的重要地位。

公元751年(唐天宝十年)唐玄宗册封南海神为“广利王”，意指广收天下之利，也表明了南海贸易带来的蛮船之利、海舶之利的丰厚。971年(宋开宝四年)宋太祖统一岭南后，即派司农少卿李继芳到南海神庙致祭。991年(淳化二年)宋太宗下令每年立夏向南海神庙致祭，从此成为定制，并延续到明清两朝。1053年(皇佑五年)，宋仁宗册封南海神为“南海昭顺洪圣广利王”，赠以衣冠剑佩履袜等物。

南海神庙，中国古代四大海神庙唯一留存。

宋元之交，南海神庙毁于战火。元朝立国后，立刻重建南海神庙，规模更大。1291年(元至元

---

① (清)崔弼：《波罗外记》。

二十八年）元世祖忽必烈封南海神为“广利灵孚王”。此后，元朝又有11次祭祀南海神（1305年、1320年、1324年、1326年、1327年、1329年、1333年、1350年、1351年、1354年、1355年），足见扶胥镇的海外贸易在元朝十分兴盛和繁荣。

南海神庙至今仍香火旺盛，寄托着人们对“海不扬波”、对外贸易长久兴盛的美好期盼。

四、却金亭碑

却金亭碑位于广东省东莞市莞城区光明路和教场街交界处，立于1542年（明嘉靖二十一年）。碑文记载了明朝嘉靖年间，时任番禺知县的李恺受命前往东莞处理暹罗[①]商船来华事宜之后，拒收酬金的事迹。

1509年（正德四年）起，广州市舶司实行抽分制，对外国来华商船所载货物征收30%的舶税。但不久朝廷下令禁止贡期以外来华商船的贸易，且不得抽分。1517年（正德十二年）明朝政府重新实行抽分制，并将税率降为20%。1523年（嘉靖二年）宁波“争贡之役”后，明朝政府严申海禁，仅留下广州市舶司保留对外贸易，抽分制度也随之告终。然而有些地方对外贸易秩序混乱，官吏私下仍向来华贸易商船抽分，甚至还有对外商拉差、劳役的现象。

明嘉靖年间，海外各国与明朝之间以朝贡为名的海上贸易十分繁荣。当时东莞以出产香料闻名，对外贸易十分活跃。东莞出产的香料称为“莞香”，经现在的石龙、香港等地出口海外。

1538年（嘉靖十七年），番禺知县李恺到东莞检查外贸，认为应该简化进出口货物的检查手续，并订立制度不准官吏随意抽分、骚扰外商，“不封舶，不抽盘，责令自报其数而验之。无额取，严禁人役，毋得骚扰”[②]。外商因此十分感谢李恺。暹罗人柰治鸦看邀集暹罗商人商议后，自筹100两白银想要送给李恺以表谢意，但李恺坚辞不受。柰治鸦看无法将筹集银两退回外商，便到广州禀请李恺的上级、时任广东通判侍御的王十竹批准，于1541年（嘉靖二十年）在东莞以百两酬金建立却金坊和却金亭。1542年东莞知县蔡存微立“却金亭碑”，以表彰李恺拒金廉洁的美德。

却金亭碑

“却金亭碑”对研究明代对外贸易及涉外税制改革方面具有重要的历史价值，是南海丝绸之路对外贸易的重要文物。2006年“却金亭碑”被国务院列入第六批全国重点文物保护单位名单。

---

① 今泰国。

② （清）姚虞：《却金亭碑记》。

第三章　黄埔典故

一、黄木之湾，有凤至浦

位于广州市黄埔区的黄埔港、黄埔军校早已妇孺皆知，但是很少有人知道，“黄埔”二字，源自与黄埔区隔江相望的海珠区的千年古村——黄埔村。

黄埔村为广州市海珠区新滘镇（现琶洲街）辖区，地处海珠岛东部，濒临珠江，北与天河区、东与黄埔区、南与番禺区隔江相望，面积2.5平方公里，下有新洲、东围、杨青三个自然村。

“黄埔”名称的由来，一般有两种说法。

第一种说法是环绕南海神庙前的珠江河段，古称为“黄木之湾”，整个河段称为“黄木河”，沿河两岸都称为“黄木”，由于乡音原因，“黄木”最终转变成“黄埔”。

第二种说法是黄埔村原名凤浦，传说曾有凤凰飞到琶洲珠江岸边的滩涂之地寻食、沐浴，后人便称之为凤浦（“浦”是指水边或河流入海的地区）。凤浦包括现在的黄埔村及石基村一部分，唐代时是珠江边的泥滩，北宋嘉佑年间即有居民聚居，随后形成村落。

明代广州外港扶胥港由于自然条件变化逐渐淤积，不宜泊船。1607年（明万历三十五年）扶胥镇对岸琵琶洲（今琶洲）建起了60米高的琶洲塔（海鳌塔，又名“文昌塔”）。琶洲塔与赤岗塔、莲花山塔遥相对峙，是“省城华表”，象征三支桅风帆，鼓浪前进，同时也是海舶到港的岸上指引，起着导航的作用。于是琶洲东南的凤浦便成了外国商船理想的停泊地点。

凤浦建村早期，沿江筑有一道围墙，设立南北两大门楼。南门楼额书“凤浦”，北门楼额书“凰洲”。村内重建于1775年（清乾隆四十年）的天后宫有一副1863年（同治二年）的对联，上面写着：“迹著莆田恩流凤浦，德敷海国泽被凰洲。”村外各国海舶往来、商旅辐辏、樯帆林立，村内华洋杂处、商贾云集。外国水手把这里称为“Wanpooh”或“Whampoa”，久而久之就讹称为凰浦，后因同音就写成“黄埔”。清代官方也称这里为黄埔村。

黄埔村是黄埔古港的遗址所在，清朝年间属番禺县茭塘司管辖，是清代以来广州海上丝绸之路的必经之地。黄埔村扼守广州的水路要津，往西是汪洋大海，往东便是广州城，历来是兵家必争之地。黄埔村内不仅有黄埔税馆、酱园码头、买办馆、夷务所、关巷，还有永靖营等当年商务、治安管理机关的遗址以及海傍街、文昌塔、大南门门楼、玉虚宫等众多重要文物遗址。

黄埔村建筑布局合理，带有中国古城镇显著特点，同时又随处可见具有西方建筑风格的各类纹饰。中国传统建筑与西方的文化交织夹杂在一起，形成了黄埔

村与众不同的文化风格。过去黄埔村港有东市、西市之分。东市即今黄埔村黄埔直街，西市即现今石基村海傍东约街。

黄埔税馆（在原址重建的仿古建筑）

海傍东约街是因街道沿海堤而得名，是当时黄埔村最繁荣的一条街道。当年海傍东约街两侧的店铺鳞次栉比，茶肆、食肆、酒楼、商号比比皆是，热闹非凡，也有专门为外商服务的“修整鬼船”的木匠铺、漆匠铺。现在海傍东约街早已盛况不在，只在街口保存了一块署有“咸丰四年”年款的“海傍东约”石匾，成为黄埔古港的历史印记。

离酱园码头不远的黄埔直街，是当年重要的贸易区。这里曾经有过许多庙宇，基本都与航海和海外贸易有关，分别是：雄圣殿、华佗古庙、侯王古庙、玉虚宫、三圣宫、天后宫等。但因种种原因，这些珍贵的文物古迹已遭到毁坏。

黄埔村头的玉虚宫，因面北且供奉北方水神玄武大帝，又称北帝庙。自北宋以来长盛不衰，现在经重修后仍然香火不断。北帝庙中有一面被石灰封住的墙，铲掉石灰后显露出八块石碑。其中一块1755年（乾隆二十年）的石碑上刻的《重修北帝庙碑记》明确记载了捐款修庙的情况。碑文有“黄埔税口肆圆”等字样，为考证粤海关黄埔挂号口的历史提供了重要依据。

粤海关设立后，黄埔古港对岸的长洲岛和深井岛被地方当局指定为安葬在广州去世的外国官员、商人和海员的墓地，称为“蕃人冢”。长洲岛上曾立有一块尖方碑，用于纪念亚历山大·埃佛里特。他是来华第一任美国专员，于1847年6月28日在广州逝世，并于翌日安葬在长洲岛上。

长洲岛（油画，描绘了黄埔港中停泊的两艘美国商船和长洲岛上纪念亚历山大·埃佛里特的方尖碑。）

英国画家笔下的黄埔古港

二、海舶齐聚集，万国汇一村

黄埔村在南宋时期已是“海舶所集之地”。随着黄埔港对外贸易的扩大，黄埔村逐步发展成为广州对外贸易的重要港口村落。

1757年清政府规定所有载洋货入口的外国船必须下锚于黄埔。每年6、7月间，满载货物或白银的外国商船随风而至。到了11、12月，满载丝绸、茶叶和瓷器等中国货物的商船又会随信风起航归国。

作为广州对西方一口通商政策的受益者，黄埔村获得了惊人发展，从一个几百人的小渔村迅速发展成为一个几千人的市镇。大部分居民都从事着与外贸有关的工作。据说，当时黄埔村先后涌现大小买办就有48个。

自1749年（乾隆十四年）至1838年（道光十八年）碇泊黄埔的外国商船，按每10年统计，第一个10年平均每年18艘，第九个10年平均每年达143艘，增长了8倍多。[①] 黄埔村的昔日盛景，正如广州民谣所唱："皇帝患边行禁海，单留一口使通商。八十五载万樯集，西人逐利只此来。"

黄埔锚地（绘于1850年），画前小山是坪岗山，对岸是新洲，建有多个船坞。

黄埔村在古代中国对外贸易中处于十分重要的地位。据《中国国际贸易史》统计：以1817年为例，通过黄埔港的进口货值，占全省进口总值80%以上。

近代以来，随着黄埔古港的淤积，黄埔村再也无法承担对外贸易管理职责。万国汇集的繁荣景象消失在历史的尘埃中，千年古村历经繁华喧嚣后最终归于平静。

三、近代黄埔，见证历史

中国近代史上许多重要事件，就发生在"黄埔"这块弹丸之地上。

1840年6月28日英国16艘战舰侵入虎门，封锁珠江口。第一次鸦片战争正式爆发。1841年2月27日英军占领黄埔乌涌炮台。驻守炮台的广东、广西700名官兵和赶来增援的湖南官兵900人在奋勇抵抗后大都壮烈殉国。3月1日琶洲炮台失陷，英国新任陆军司令郭富率领援军抵达黄埔，扩大侵略。3月3日广州知府余保纯前往黄埔，在英军"加略普"号舰上与义律[②]商定停战三日。

1843年1月20日钦差大臣、广州将军伊里布代表清政府与英国全权公使璞鼎查[③]在黄埔谈判输税章程。同年10月8日清政府和英国在虎门签订《五口通商附粘善后条款》（即《虎门条约》），作为《南京条约》的补充条款，正式确认了7月22日英国在香港公布实施的《五口通商章

鸦片战争

---

① （清）梁廷枏：《粤海关志》卷24《历年夷船来数附》。见袁钟仁：《粤海关志（校注本）》，广东人民出版社2002年版。

② 查理·义律 Charles Elliot，1801年～1875年。

③ 璞鼎查 Henry Pottinger，1843至1844年任香港殖民政府第一任总督。

璞鼎查(也称砵甸查、砵甸乍,英籍,1789～1856 年)

程:海关税则》。《虎门条约》规定进出口货物税率为值百抽五,从而开启了中国与外国协定关税的恶例,中国关税自主权遭到破坏。

1844 年 10 月 24 日钦差大臣、两广总督耆英和法国特使兼全权公使拉萼尼(Théodore de Lagrené)分别代表中法两国政府,在停泊黄埔的法国火轮兵船"阿吉默特"号(L'Archimede)上签订了中法《五口贸易章程》。因为该条约在黄埔签订,也称《黄埔条约》(Treaty of Whampoa),这是法国与中国签订的第一个不平等条约。法国轻易取得了"五口通商"、"协定关税"、"领事裁判权"和片面最惠国待遇等特权,还迫使清政府承担保护教堂安全的责任。

《黄埔条约》签订人拉萼尼

《黄埔条约》签订人耆英(1790～1858 年)

1845 年英国人约翰·柯拜偷偷在黄埔长洲岛建立了"柯拜船坞",为外国人在中国非法开办工厂企业开创了先例。柯拜船坞是外国人在中国开设的第一个外资企业,也是中国近代造船工业的开端。从此英美商人陆续在黄埔开办船坞和开办船厂。1846 年美国人詹姆斯·鲁在黄埔建立丹尼斯岛船坞公司。1847 年美国人詹姆斯·诺维开设长洲船坞公司。1850 年美国人汤姆斯·肯特在黄埔开办旗记船厂,拥有船坞 3 座。1851 年英国商人在黄埔建诺维船厂,英国人柯拜在长洲岛将柯拜船坞改建为远东第一个有浮闸门的花岗石船坞。随着外资修船企业相继设立,中国第一代产业工人正式诞生。

1856 年 10 月 23 日英国借口"亚罗"号事件,派军舰经黄埔进犯珠江内河,攻陷中流沙炮台,挑起第二次鸦片战争。1858 年 1 月 4 日英国驻广州领事巴夏礼指挥分遣队俘获两广总督叶名琛,并将其关押在黄埔港内的一艘英国皇家海岸炮舰"不屈"号上。2 月叶名琛被英国船只送往加尔各答。1859 年叶名琛在加尔各答去世。第二次鸦片战争,使得中国社会半殖民地半封建程度进一步加深。

1863 年英商合资在香港建立"香港黄埔船坞公司",黄埔柯拜船坞、高阿船厂被其吞并。1864 年英商于仁船坞有限公司在黄埔成立。1870 年黄埔外资船舶业开始萧条,华南航运和修造船业逐渐由黄埔向香港转移。1873年7月在香港拥有最大船坞的香港黄埔船坞公司放弃黄埔业务,全力发展香港船坞。1876年两广总督刘坤一花费8万银元[①]购买了香港黄埔船坞公司位于黄埔的废弃船坞,用作建造小型浅水兵轮和修理蒸汽机船的基地。香港黄埔船坞公司不愿放弃在整个华南的垄断地位,竟然要求清政府在25年内不得利用该船坞修理外国船只。

柯拜船坞

1924年6月16日孙中山在长洲岛创立黄埔军校。8月9日挪威商船“哈佛”号私运广州商团枪械驶入白鹅潭。孙中山命令蒋介石派“永丰”、“江固”两舰监押至黄埔,停泊于黄埔军校门外。10月15日黄埔军校师生参加平定广州商团联军叛乱的战斗,彻底荡平商团在广州的总部及全部据点。

1926年3月18日“中山”舰[②]奉命前往黄埔,但3月20日蒋介石下令逮捕“中山”舰舰长、共产党员李之龙,并在广州部分地区实行戒严。“中山舰事件”后,以周恩来为代表的全体共产党员被迫退出国民革命军第一军,国民党右派势力开始公开反共夺权,第一次国共合作破裂。

中山舰

黄埔作为国民革命的摇篮,经历了一系列重大历史事件,见证了中国近代历史的曲折进程。

---

① 明末至鸦片战争前夕,大量外国银元流入中国。银元支付时不需看成色、称重量,只需计算枚数,使用十分方便。最先流入中国的外国银元有西班牙银元、荷兰马剑、葡萄牙十字银元等。西班牙银元又称加罗拉银元,俗称“本洋”,主要由西班牙殖民者在墨西哥铸造。本洋由于质量优良、重量稳定,在中国市场广为流通,成为民间最主要货币,甚至《南京条约》赔款也用西班牙银元作为货币单位。1823年,西班牙结束对墨西哥的殖民统治,墨西哥停铸西班牙银元,改铸本国货币,俗称“鹰洋”。1854年墨西哥银元开始流入中国,并逐渐取代本洋,成为主要流通货币。中国自制银元后,鹰洋与中国龙洋并行流通,直到民国。一枚鹰洋可折合白银七钱二、三分流通。

② 中山舰:原名“永丰舰”,1910年清政府向日本长崎三菱工厂订造,1913年完工返国,被编入北洋政府海军、国民政府海军。“永丰”舰经历了护国讨袁运动、“护法运动”、“东征平叛”、“孙中山蒙难”、“中山舰事件”等重大历史事件。1925年4月16日广州革命政府为了纪念孙中山,将“永丰”舰改名为“中山”舰。1938年10月武汉保卫战中“中山”舰被日军击沉于今武汉市江夏区金口水域。

第四章　海禁与开海通商

海禁，是指中国古代政府为了整顿沿海治安，杜绝走私，保障社会安定，采取的一种禁止民船私自出海通商，只允许外国商船在指定港口进行朝贡贸易的政策。海禁政策始于元代，后被明清两朝继承和强化。元代海禁时兴时废，从 1284 年（至元三十一年）至 1322 年（至治二年）共有四次海禁，持续时间最短不足两年，最长不过 5 年，禁后不久即开，说明海禁政策不是元代的基本国策。元代海禁的主要原因有对外征伐、垄断海上贸易、防止违禁品外流等。中国历史上两次较长时间的海禁分别发生在明清两朝：第一次是从 1370 年（洪武三年）到 1567 年（隆庆元年），共经历了近两百年的时间。第二次是从 1647 年（顺治四年）至 1684 年（康熙二十三年），共计 37 年。

广州对西方一口通商是指明清政府将对西方贸易全部集中在广州黄埔一个口岸的政策。历史上，黄埔口岸曾有两次较长时间对西方一口通商：第一次是 1523 年（嘉靖二年）至 1566 年（嘉靖四十五年），共计 43 年。第二次是 1757 年（乾隆二十二年）至 1842 年（道光二十二年），共计 85 年。由于明清时期，中国对西方贸易占到中外贸易的主要部分，所以除个别地区和特殊情况外，黄埔口岸基本上垄断了全国的对外贸易。“连天浪静长鲸息，映日帆多宝舶来”，正是明清两代黄埔口岸繁华的写照。

广州黄埔之所以能够享有对西方一口通商的特殊政策，除了地理位置优越、海陆交通方便、物产丰富、经济腹地广阔这些良好的条件外，还在于广州具有特殊的优越条件：一是“货殖华洋”的商人队伍较为庞大；二是“富甲天下”的商业资本较为集中；三是有澳门作为远洋船舶碇泊所；四是有长期稳定的“市舶之利”。

一、1370 年～1567 年海禁

自 14 世纪以来，中国东南沿海倭患日盛。倭寇是由日本封建诸侯、武士、浪人组成的针对中国商船和沿海市镇进行掠夺和侵扰的武装集团。明朝建立后，各种反明势力与倭寇相互勾结，出没海上，烧杀抢掠。北起渤海湾、山东，南抵闽浙粤，沿海地区深受其害，严重影响了明初统治。

明朝是我国历史上第一个遭受海外侵略的朝代，因此对外政策比宋元发生了巨大变化，主要是在加强官方朝贡体制的同时，强化了对民间商船出海的限制。

1370 年（洪武三年）明政府撤销太仓黄渡市舶司，设置福建泉州、浙江明州（今宁波）、广东广州三处市舶司。1374 年明政府又撤销泉州、明州、广州市舶司。1381 年明太祖朱元璋认为倭寇仍然没有稍敛足迹，又下令禁止濒海百姓私通海外诸国。1390 年朱元璋再次颁布“禁外藩交通令”。1394 年明政府禁止民间使用及

买卖舶来的番香、番货等。1397年再次禁止百姓下海通番。海禁期间，除了官方许可的朝贡和官办贸易外，禁止一切私人海外贸易，甚至规定“尺板不得出海”，以防止民间与倭寇接触。

1401年(建文三年十一月)明惠帝颁布礼部禁约：“禁止沿海居民私自下番，诱引蛮夷为盗，有伤良民……不问官员军民之家，但系番货、番香等物，不许存留贩卖。其见有者，限三个月销尽。三个月外，敢有仍前存留贩卖者，处以重罪。”①

永乐年间(1404～1424年)后期，倭患减轻，海禁有所松弛，出现了郑和七下西洋的航海壮举。但明朝海禁政策仍然延续，成为一项基本国策。正德年间(1506～1521年)葡萄牙人入侵广东海面，在“叩关索市”失败后，也同倭寇一起，在沿海肆意抢掠，严重影响明朝统治。因此正德以后，明朝海禁政策更加严厉。仅嘉靖年间，就有1524年(嘉靖三年)、1525年(嘉靖四年)、1529年(嘉靖八年)、1533年(嘉靖十二年)、1536年(嘉靖十五年)五次海禁，禁止私造双桅大船下海，禁止私自出海通番，禁止留存私货。

葡萄牙航海者使用的拉丁大帆船

严厉的海禁政策并没有杜绝“倭乱”，相反沿海居民生计萧条，不断加入到海盗队伍。1567年(隆庆元年)明穆宗认识到“市通则寇转而为商，市禁则商转而为寇”，宣布解除海禁，开放福建漳州府月港(今福建海澄)，史称“隆庆开关”。延续近200年的海禁政策结束，明朝对外贸易进入了全新的历史时期。

明朝海禁政策，在全国范围来说，严重阻碍了对外贸易的发展。但对广州来说，却形成了对外贸易长期繁荣的局面。明朝中前期，明政府规定：宁波通日本，泉州通琉球，广州通占城②、暹罗、西洋诸国。③ 可见，绝大部分对外贸易集中在广州进行。而明朝不准朝贡船只进入广州内港，因此广州外港黄埔港的地位就显得十分重要。

二、1523年～1566年黄埔一口通商

明朝中前期的对外贸易形式主要是贡舶贸易。贡舶贸易中采用了“勘合”制度。“勘”，是指核查。“合”，是指审核来华贡舶所带证件是否与底簿相符。明朝政府颁发的允许贡舶来华贸易的许可凭证叫作勘合符。外国船只必须先向明朝政府

---

① (清)阮元修，陈昌齐、刘彬华、谢兰生等纂：《道光广东通志》(前事略·明)，上海古籍出版社1985年版，卷一八七。

② 东南亚古国，位于今越南中南部。

③ 蒋祖缘、方志钦：《简明广东史》，广东人民出版社1987年版。

申领勘合符，才能前来中国朝贡。

当时明朝政府规定日本贡舶使团10年一贡，人限200名，船限2艘，不得携带武器，违者以盗寇论处。明朝每更换一次年号，勘合符也必须相应更换。实际上，由于商业利益的驱动，日本对华贡舶贸易周期通常小于规定期限。“勘合贸易”给日本带来了巨大的经济利益，因此日本政府主动禁止倭寇，明朝的海禁政策也有所松弛。

1523年（嘉靖二年）日本大名大内氏和细川氏分别派遣贡舶船前往宁波港进行贸易。大内氏贡船携带“正德勘合”先期到达宁波港尚未验货，而细川氏贡船携带已经过期的“弘治勘合”（明孝宗时期颁发），通过贿赂宁波市舶司太监赖恩，得以率先进港验货。大内氏正使宗设谦道非常不满，率领武士杀死细川氏正使鸾冈瑞佐，并冲入宁波市舶司，抢劫市舶仓库。宗设谦道又从宁波追杀细川氏副使宋素卿直到绍兴城下，沿途劫掠城镇，扰得宁波一带鸡犬不宁，最后夺船出海归国。追击宗设谦道的明军备倭都指挥刘锦、千户张镗战死，浙中震动。史称“争贡之役”，又称“宁波之乱”、“宗设之乱”。事后明政府要求日本幕府擒送宗设谦道，但日本多方推诿，始终没有遣送。

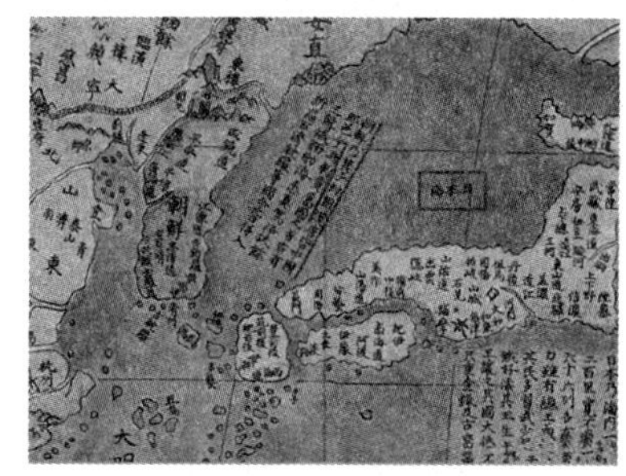

争贡之役

嘉靖帝认为争贡之役“祸起于市舶”，于是当年就废除了泉州、宁波两地市舶司，“止存广东司”（广州市舶司）。中外商人来中国贸易“俱在广州，设市舶领之”。

争贡之役导致中日勘合贸易体制趋向解体，催生了东南沿海规模庞大的走私贸易，并对各地市舶司的兴废产生了直接影响，黄埔口岸成为全国对外贸易的唯一口岸，这种状况一直延续到1566年（嘉靖四十五年）。1567年“隆庆开关”后，漳州月港也可以开展对外贸易。

明代广州商贸中心——怀远驿（位于城外西关十七甫）

三、1647年～1684年海禁

清朝初年东南沿海反清势力较为强大，严重威胁清朝统治。为保障海疆安全，清政府自1647年（顺治四年）开始颁布第一个海禁令至1684年（康熙二十三年）停止海禁，期间共计颁布五次海禁令和三次迁海令。

1647年7月清政府颁布《广东平定恩诏》，明确规定“广东近海，凡系飘洋私船照旧严禁”。自此，清代禁海令率先在广东实行。

1655年（顺治十二年）清政府规定：“海船除给有执照、许令出洋外，若官民人等擅造两桅以上大船，将违禁货物出洋贩往番国，并潜通海贼，同谋结聚，及为向导劫掠良民；或造成大船，图利卖于番国；或将大船赁与出洋之人，分取番人货物者，皆交刑部分别治罪。至单桅小船，准民人领给执照，于沿海附近处捕鱼取薪，营汛官兵不许扰累。”①

1661年（顺治十八年）为了断绝东南沿海对郑成功等抗清力量的物资供应，清政府强迫江、浙、闽、粤、鲁等省沿海居民分别内迁三十至五十里，设界防守，严禁逾越。1662年（康熙元年）清政府派遣科尔坤、介山两位大臣巡视海疆，“令滨海民悉徙内地五十里，以绝接济台湾之患。于是麾兵折界，期三日尽夷其地，空其人民”。1664年（康熙三年）“甲寅春月，续迁番禺、顺德、新会、东莞、香山五县沿海之民”；“初立界犹以为近也，再远之，又再远之，凡三迁而界始定”。清军还将沿海界外房屋树木全部焚毁，片石不留。民众如有不从，便以违旨罪名惨遭杀害。清初的暴力迁海政策，导致大批沿海居民流离失所，饿殍遍地。“东起大虎门，西迄防城，地方三千余里，以为大界。民有阑出咫尺者执而诛戮。而民之以误出墙外死者又不知几何万矣。自有粤东以来，生灵之祸莫惨于此。”②

虽然清初海禁严于明朝，但海上贸易仍然屡禁不绝。1682年（康熙二十一年）广东巡抚李士祯颁布《禁奸漏税》文告，宣称：“今访有不法奸徒，乘驾大船潜往十字门海洋，与夷人私相交易。有由虎门、东莞而偷运入省者；有由上涧头、秋风口、朗头以抵新会等处而偷运回栅下、佛山者。”盘踞广州的平南王尚可喜、尚之信父子，长期不顾清政府禁令，为了筹集军费，非法开展海外贸易，“打造海船，私通外洋，一次可得利银四、五万两。一年之中，千船往回，可得利银四、五十万两，其获利甚大也”③。

清初海禁主要是为了巩固统治地位而采取的临时措施。1683年（康熙二十二年）清政府统一台湾，统治地位得到巩固，第二年即停止海禁。康熙皇帝称：“先因

---

① 《钦定大清会典则例》“海船制造之禁”，商务印书馆2013年版，卷114。

② （清）屈大均：《广东新语》（卷二·地语），中华书局1985年版。

③ （清）李士桢：《抚粤政略》（卷七·奏疏）“议覆粤东增豁税饷疏”，《近代中国史料丛刊三编》，台北文海出版公司1994年版。

海寇，故海禁不开为是，今海氛廓清，更何所待”[①]，“向令开海贸易，谓于闽、粤边海民生有益。若此二省，民用充阜、财货流通，各省俱有裨益。且出海贸易，非贫民所能，富商大贾，懋迁有无，薄征其税，不致累民，可充闽、粤兵饷，以免腹里省份转输协济之劳。腹里省份钱粮有余，小民又获安养，故令开海贸易”[②]。于是沿海省份海禁全部停止，满汉人民可以出海贸易。

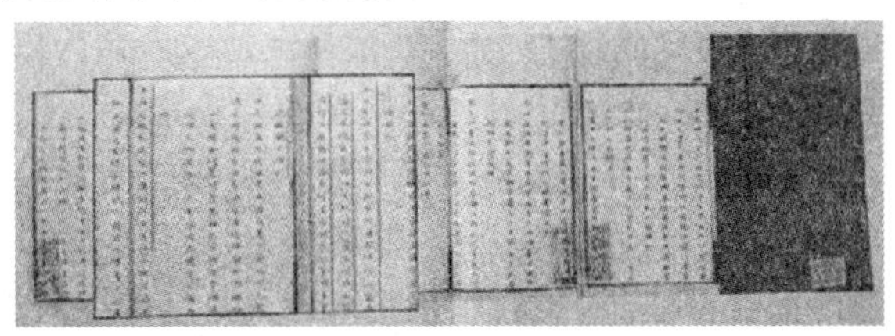

《内阁起居注》，1684 年 8 月 21 日(康熙二十三年七月十一日)康熙与内阁大臣议准海上贸易

海禁放开后，东南沿海每年造船出海的人很多，返回却只有一半左右，不少人留居南洋。康熙皇帝称：“朕临御多年，每以汉人为难治”，“海外有吕宋[③]、噶喇吧[④]等处常留汉人，自明代以来有之，此即海贼之薮也”。[⑤] 清政府对海外留居的汉族民众并不放心，有意加以防范，便于 1717 年(康熙五十六年)开始了十年南洋海禁。但此次海禁只限于南洋，并未禁止东洋和西洋贸易。南洋海禁使得沿海经济日趋萧条，沿海居民生计无着，1727 年(雍正五年)清政府废除南洋贸易禁令，规定出洋贸易的沿海居民必须在三年内回国，否则不许回籍。此后，清政府没有再实施过海禁。

总体来看，海禁政策在清朝统治时期不是主要政策。

18 世纪末的澳门

19 世纪中叶的澳门(约绘于 1850 年)

---

① (清)张廷玉、朱轼：《清圣祖实录》卷一一六，中华书局 1986 年版。

② (清)张廷玉、朱轼：《清圣祖实录》卷一一六，中华书局 1986 年版。

③ 今菲律宾。

④ 今印度尼西亚雅加达。

⑤ (清)张廷玉、朱轼：《清圣祖实录》卷二七十，中华书局 1986 年版。

四、1757年～1842年黄埔对西方一口通商

1685年(康熙二十四年)清政府设立海关机构:“江之云台山[①]、浙之宁波、闽之厦门、粤之黄埔,并为市地,各设监督,司榷政。”[②]云台山负责国内沿海各港贸易;宁波负责对日贸易;厦门负责对南洋各国贸易;黄埔负责对西方各国贸易。

康熙开海后,西方各国纷纷前往中国开展贸易。清政府认为广东远离京城,海防较为坚固,便于防范外部侵略,而且广东自古便是西洋商船来华碇泊之所,具有良好的对外贸易基础,因此将西洋贸易限定在黄埔口岸。但由于封建海关关政腐朽,从粤海关监督到黄埔口胥吏层层盘剥、贿赂公行、弊窦丛生,导致西方商人不堪其苦,多次违反清政府禁令,纷纷前往福建、浙江等地开展贸易。尤其是英国商人洪任辉于1755年至1757年多次违令进入浙江,企图直接打开中国传统茶丝产区的市场。

为了确保江浙等华夏文物礼教之乡的稳固统治,严防外商“移市入浙”的趋势,避免宁波成为第二个“澳门”,乾隆皇帝首先下令将浙江关税税率增加一倍,以抵制洋船北上,迫使外商无利可图而返回广东,但效果并不明显。1757年12月20日[③]乾隆皇帝谕令“粤省地窄人稠,沿海居民大半藉洋船谋生,不独洋行之二十六家而已。且虎门、黄埔在在设有官兵,较之宁波之可以扬帆直至者,形势亦异,自以仍令赴粤贸易为正。……明岁赴浙之船,必当严行禁绝……将来只许在广东收泊交易,不得再赴宁波。如或再来,必令原船返棹至广,不准入浙江海口。豫令粤关,传谕该商等知悉。……令行文该国番商,遍谕番商。嗣后口岸定于广东,不得再赴浙省”[④]。自此至1842年(道光二十二年),黄埔口岸又一次成为中国对西方贸易一口通商之地,时

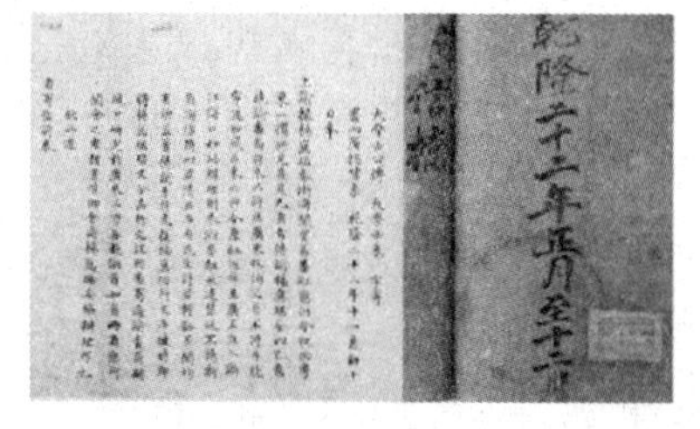

1757年12月20日(乾隆二十二年十一月十日),乾隆关于洋船只许在广东收泊不得再赴浙省贸易的上谕。

---

① 今江苏省连云港市附近。

② (清)梁廷枏:《夷氛闻记》卷一,中华书局1959年版。

③ 乾隆二十二年十一月十日。

④ 《清高宗实录》记载:乾隆二十二年十一月十日(1757年12月20日)上谕两广总督李侍尧“晓谕番商:将来只许在广东收泊交易,不得再赴宁波。或再来,必押令原船返至广;不准入浙江海口。如此办理,则来浙番船永远禁绝。不特浙省海防得以肃清,且与粤民生计并赣韶等关均有裨益”。同日致闽浙总督杨应琚的上谕写道:“传谕杨应琚,令以己意晓谕番船:以该督前任广东总督时兼管关务,深悉尔等情形。凡番船至广,即严饬行,善为料理,并无与尔等不便之处。此该商等所素知。今经调任闽浙,在粤在浙均所管辖,原无分彼此。但此地向非洋船聚集之所,将来只许在广东收泊交易,不得再赴宁波。如或再来,必令原船返至广,不准入浙江海口,预令粤关传谕该商等知悉。”根据这项禁令,来航贸易的船即外国人不得再前往广州以外的海口城市从事贸易,从而重新规定了外国商人在中国的活动范围。

间长达85年。

这一时期，黄埔口岸成为对外贸易的极盛之地，洋船麇集，商贾不绝。1757年至1775年，到黄埔贸易的欧洲各国商船平均每年21.6艘；1785年至1795年，平均每年57.5艘；1796年至1820年，欧美商船平均每年76.2艘；1821年至1838年，平均每年增至110艘。

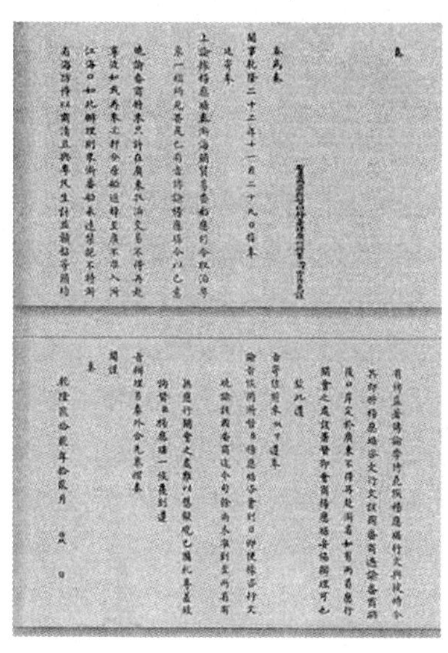

1758年1月28日(乾隆二十二年十二月十九日)，两广总督李侍尧关于只许在广东贸易已晓谕番商的奏折。

鸦片战争前夕，英国军舰封锁珠江口。1840年1月14日顺天府尹曾望颜奏请封关禁海，道光皇帝将曾望颜的奏折转给林则徐议复。林则徐与广东巡抚怡良、水师提督关天培等人覆奏封关并不能杜绝鸦片走私，“若概与之绝，则觖望之后，转易联成一气，勾结图私……大海茫茫四通八达，鸦片断与不断，转不在乎关之封与不封”①，封关禁海的争议才告终止。

黄埔口岸对西方一口通商的直接诱因是洪任辉违令赴浙，并携带大量武器，但根本原因还是“清朝当局对外国人的一贯防范态度”②。对国际贸易而言，上述政策是对自由贸易的严重束缚，但在客观上造就了黄埔口岸对外贸易的长期繁荣和粤海关的重要地位。

六、管理外国人章程

明清时期，为了加强对澳门洋人的管理，地方当局制定了相应章程。1606年(明万历三十四年)，香山县知县蔡善继制订《制澳十则》；1614年(明万历四十二年)海道副使俞安性颁布《澳夷禁约五事》；1744年(乾隆九年)首位澳门海防军民同知印光任制订《管理番船及澳夷章程》；1748年(乾隆十三年)澳门海防军民同知张汝霖制订《澳夷善后事宜条议》；1750年(乾隆十五年)署理香山县事张甄陶制订《制澳三策》，等等。上述章程，作为居澳洋人的法律准则，对其走私逃税、蓄养倭奴、拐卖人口等恶行进行了严厉约束，有效保障了中葡关系在鸦片战争前保持着互利平稳的发展。

随着广州对华贸易的发展，西方国家开始在广州设置商馆，作为外商居住、贸易及处理外交事务的场所。1698年(康熙三十七年)法国商人率先在广州设置临

---

① (清)葛士浚:《皇朝经世文续编》，林则徐“覆奏曾望颜条陈封关禁海事宜疏”，光绪上海书局石印本，卷七十七、兵政十六、海防上。

② [美]裨治文(Elijah C. Bridgman):《中国丛报》(*Chinese Repository*)，1936年第五卷第三期。

时商馆,并派驻一名经理。数年后裁撤商馆,1728年又重新设置。1715年(康熙五十四年)英国东印度公司率先在广州设立常驻商馆。此后,西班牙、荷兰、丹麦、瑞典等商馆相继建立,在华外商人数也急剧增加。为了管理在广州的外国商人,约束其贸易及日常行为,18世纪40年代至鸦片战争前100年时间内,清政府共制定颁布20多个“章程”和“条例”。

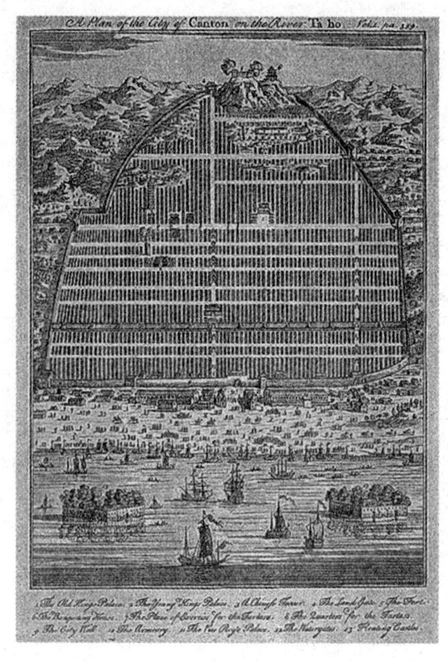

西方人绘制的广州地图(约绘于1750年)

1751年7月8日[①]荷兰商人洛连将妻子詹妮和两个女儿带到广州瑞丰洋行居住,这是中国首次关于外国妇女到达广州的记载。广东地方当局要求洛连将女眷带往澳门居住,并在商船返航时带回荷兰。事后乾隆皇帝严令:“嗣后有夷船到澳,先令委员查明有无妇女在船。有则立将妇女先行就澳寓居,方准船只入口。若藏匿不遵,即报明押令该夷船另往他处贸易,不许进口。倘委员徇隐不报,任其携带番妇来省,行商故违接待,取悦夷人,除将委员严参、行商重处外,定将夷人船货一并驳回本国,以为违犯禁令者戒。”[②]此后外国妇女可以合法留居澳门,但不得进入广州。

1760年乾隆皇帝根据两广总督李侍尧呈奏,颁布《防范外夷规条》[③],共有5条,又称《防夷五事》。主要内容为:一、禁止夷商在省城广州过冬,外商通常须在农历九、十月随洋船归国。如果因货款未清等原因不能按时归国,只能留下数名管事夷商到澳门过冬。二、夷人到粤,只能住在行商馆内,由行商负责管束。三、禁止内地商人借外夷资本,禁止夷商雇请民人服役。四、禁止外夷雇人传递书信。五、夷船收泊黄埔,酌拨营员弹压稽查。《防范外夷规条》是清政府全面管制外商的第一个正式章程,对外商来广州贸易和居住进行从严限制,并禁止其随便与中国人接触。乾隆皇帝要求广东大臣晓谕外商:“内地物产富饶,岂需远洋些微不急之货,特以尔等自愿懋迁,柔远之仁,原所不禁。今尔等不能安分奉法……向后即准他商贸

① 乾隆十六年闰五月十六日。

② (清)梁廷枏:《粤海关志》卷二十七,北京文殿阁1935年版。另见卢坤:《广东海防汇览·驳夷》卷三十七,道光年间刊本。

③ 乾隆二十四年十月两广总督李侍尧制定《防范外夷规条》,对外商在中国经营活动进行严格管理。乾隆二十四年十二月,根据两广总督李侍尧的进呈,乾隆帝下达手谕,颁布了《防范外夷规条》,共有5条,又称《防夷五事》。这是清廷全面管制外商的第一个章程。乾隆二十四年十二月,应为1760年1月18日至2月16日间。

易，尔亦不许前来。”

1785 年的广东十三行商馆区（威廉·丹尼尔，油画，90.5×126.8cm）

1809 年（嘉庆十四年）英国军舰强行闯入澳门，又进驻黄埔。这一事件引起清政府极大的震动。为了避免类似事件再次发生，6 月 2 日两广总督百龄[①]、广东巡抚韩崶奏请颁布《民夷交易章程》[②]。主要内容有：各国护货兵船，不许驶入十字门和虎门各海口；夷商销货，要依限随原船归国；西洋人不准在澳门添造房屋，民人眷口，也不准再有增添；夷船由引水凭照进口，澳门同知办理颁照销照事宜；夷商买办，需由殷实可靠之人承充。

远眺广州城

为了防止未经教化的“蛮夷”，辱没“天朝上国”的斯文礼节，清政府对洋人的活动范围进行严格控制，尤其是严格规定“洋妇不得进城”。主要原因是洋妇不缠足，服饰怪异，而且与男子一起抛头露面，与中国传统礼教的“男女授受不亲”观念不符，属于离经叛道的行为。但 1830 年 10 月 4 日（道光十年八月十八日）英国东印度公司大班盼师（William Baynes）的夫人违规进入广州城，并与几位外国男子在十三行商馆区附近闲逛，引起一大群中国人围观。两广总督、广州将军、粤海关监督和广东巡抚立即联名上奏朝廷，痛陈此事“伤风败俗”，严重违反了“天朝祖制”，必须驱逐盼师夫人退居澳门。盼师却不愿与夫人分居广州和澳门两地，不仅向两广总督提交了抗议信，还让黄埔岛上的 100 多名英国水手携带炮位和鸟枪等武器趁夜进驻

---

① 百龄：1748～1816 年，字菊溪，清汉军正黄旗人，清朝大臣。

② 《粤海关志（校注本）》卷二十八夷商三（广东人民出版社 2002 年版）记载：“两广总督百龄、监督常显议（嘉庆十四年）查从前议奏防范规条，本为详备，因日久玩生，致滋弊窦。除再申明例禁，督令切实奉行外，至于今昔情形不同，有应随时增易者。谨分晰数条：……”但《香山明清档案辑录》（中山市档案局（馆）、中国第一历史档案馆编，上海古籍出版社 2006 年 6 月版）编有《两广总督百龄奏覆查明上年英兵入澳系图占地并参吴熊光等办理不当各节折》（嘉庆十四年四月初八（1809 年 5 月 21 日））：“所有应行筹议控制章程及酌定华夷交易各事宜，现与抚臣韩崶悉心会商妥议，除俟筹定再行恭折奏请训示外……”另，《鸦片战争前中西关系纪事》第 283 页记载：“新任两广总督百龄和巡抚韩崶以原来颁布的《防范外夷规条》为基础，结合变化了的新情况，拟订了《民夷交易章程》，于 1809 年 6 月 2 日（嘉庆十四年四月二十日）送京审批。”根据相关文献考证可知，《民夷交易章程》制订者为两广总督百龄、广东巡抚韩崶。粤海关监督常显可能接受过咨询，但未参与具体制订和呈奏道光皇帝。《粤海关志》和《粤海关志（校注本）》记载有误。

商馆，试图武力保护夫人。[①] "洋妇进城"事件差点导致武装冲突，直到盼师夫人在商馆居住 57 天后，陪同盼师离任返英，事件才平息下来。

律劳卑（Napier，1786～1834 年）

1834 年（道光十四年）7 月 15 日英国驻华商务总监督律劳卑未经通报，擅自率兵船驶入黄埔。清政府认为这是一起严重违法事件，1835 年由两广总督卢坤[②]、粤海关监督彭年制定了《防夷新规八条》："一、外夷护货兵船不准驶入内洋，应严申禁令，并责成舟师防堵也。二、夷人偷运枪炮及私带番妇、番哨人等至省，应责成行商一体稽查也。三、夷船引水、买办，应由澳门同知给发牌照，不准私雇也。四、夷馆雇用民人，应明定限制也。五、夷人在内河驶用船只，应分别裁节，并禁止不时闲游也。六、夷人具禀事件，应一律由洋商[③]转禀，以肃政体也。七、洋商承保夷船，应认派兼用，以杜私弊也。八、夷船在洋私卖税货，应责成水师查拿，并咨沿海各省稽查也。"[④]

清政府管理外商的各类章程条例，虽然在某些方面过于严苛，比如禁止洋人在广州坐轿、禁止外国妇女进城等，但在维护国家主权、保护合法贸易、防范洋人违法犯罪等方面，具有积极的作用。然而，在内忧外患的清朝后期，上述章程条例往往成为一纸空文，并没有得到认真施行。

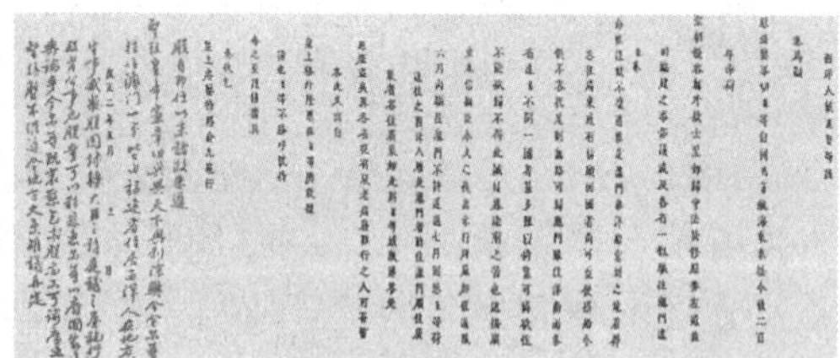

西洋人戴进贤关于恳请朝廷免驱洋人赴澳门允许留居广东省城商馆的奏折

19 世纪 30 年代广东十三行商馆区

① （清）梁廷枏：《粤海关志》卷二七，袁钟仁：《粤海关志（校注本）》，广东人民出版社 2002 年版。

② 卢坤：1772～1835 年，字静之，号厚山，顺天府涿州（今河北省涿州市）人，清朝大臣。

③ 指十三行行商。

④ （清）梁廷枏著、袁钟仁校：《粤海关志》，广东人民出版社 2002 年版。

第五章　海关制度前身——市舶制

随着对外贸易的发展，管理对外贸易事务的官职和专门机构便应运而生。秦朝时设有典客，是九卿之一，专管外事。汉代时设有蛮夷邸，专门用于接待外商。隋朝在京城设有四方馆，管理外国商人和对外贸易。唐朝开始在地方港口设立管理外贸机构，尤其是在广州专门设立了市舶使。自此各朝沿袭，直到清朝康熙年间，取消市舶制度，设立海关。市舶制度在广州口岸延续了约1000年，这在中国和世界海关史都是绝无仅有的。

一、市舶使

战国时期，广州对外事务由地方当局管理。秦汉至唐初，朝廷指定郡太守或州刺史兼职署理对广州海运进出口的船舶和货物、人员的监管。公元714年（开元二年）唐玄宗在藩属国安南（今越南）设立市舶使①，负责招徕海中蕃舶。公元722年（开元十年）市舶使移置广州。

“市舶”即指“商船”。市舶使又称“押蕃舶使”、“监市舶使”、“监舶使”、“结好使”，是我国最早设置的专管海外贸易的官职。唐初以帅臣监领，后期以监军兼任，但更多是委派皇帝的心腹宦官直接出任。市舶使的主要任务是：收商舶之利和南海宝货，以充内府。

唐代广州港口已有税收制度，税收中有“下碇税”等名目。“唐始置市舶使，……令蛮夷来贡者为市，稍收利入官”②，说明唐朝为了鼓励外商贸易，抽税较轻。

二、市舶司

公元971年（天宝四年）宋太祖统一岭南后，吸取唐末、五代设立市舶使的经

---

① 《粤海关志》（卷二·前代事实一）记载：“贞观十七年，诏三路舶司，番商贩到龙脑、沉香、丁香、白豆蔻四色，并抽解一分。”《〈粤海关志〉校注本》第16页第12行采纳了《粤海关志》说法，即贞观十七年（公元643年）唐代市舶使已经设置。关于唐代市舶使始置于贞观十七年的说法肇端于顾炎武《天下郡国利病书》卷一百二十《海外诸蕃》记载。但早在民国时期，日本学者桑原藏就已指出这一说法的错误，详见《唐宋贸易港研究》（[日]桑原藏著，杨炼译，商务印书馆1935年版，第7～8页），错误在于《粤海关志》误将《宋会要》中关于绍兴十七年的记事张冠李戴为贞观十七年的事情。关于绍兴十七年的事情，《粤海关志》（卷三）摘引《宋会要》记载：“绍兴十七年十一月四日，诏：三路市舶司，今后番商贩到龙脑、沉香、丁香、白豆蔻四色，并依旧抽解一分，余数依旧法施行。”（《〈粤海关志〉校注本》第33页第7行也有记录）事实上唐代市舶使的始置年代为公元714年（唐玄宗开元二年）。

② （清）梁廷枏著、袁钟仁校：《粤海关志》，广东人民出版社2002年版。

验，在广州设置我国最早的专管海外贸易的机构——市舶司。

最初市舶司由地方官兼管。宋太宗即位后，为了加强中央集权，将地方州郡的财权集中到中央，“遣京朝官、三班（低级武官职）、内侍三人专领”，完全将州郡官员排除在市舶管理之外。由于市舶司品位低微，却是皇帝的特命使臣，掌控着市舶大权，这就引起了地方大臣的不满。宋太宗于是进行了职权调整，在市舶司设置市舶使一名，下设管勾市舶司两员、提点市舶司一员或两员、勾当市舶使臣三名等官。市舶使由知州兼领，并无实权；管勾市舶司由通判兼监，对市舶司负监督之责；提点市舶司由转运使兼任，负责对市舶官吏进行稽察考校；勾当市舶使臣由朝廷派遣三班或内侍临时担任，主管对舶货进行抽解和购买的具体事务。广州市舶司的管辖范围包括广州附近及雷州半岛、海南等地区的港口。

1068～1077 年熙宁年间和 1078～1085 年元丰年间，北宋修订市舶条例，市舶使改由转运使或副使兼任，免去知州兼任，避免知州干预市舶事务。1102 年～1106 年宋徽宗崇宁年间，派专人任职市舶提举，避免了转运使干预市舶事务。自此，广州市舶司完全脱离了地方管辖，避免了地方官员对市舶事务的掣肘。

元、明两代沿袭宋朝市舶司机构设置。元朝初期广州提举市舶司由地方官员兼任或监管，其后任命专职人员管理。“每司提举二员，从五品；同提举二员，从六品；副提举二员，从七品；知事一员。”①

《明史》记载：“海外诸国入贡，许附载方物与中国贸易，因设市舶司，置提举官以领之。”②有明一代，随着海禁政策的时禁时严，广州市舶提举司几度兴废：1370 年（洪武三年）开设，1374 年（洪武七年）废止；1403 年（永乐元年）重开，1522 年（嘉靖元年）撤掉闽、浙市舶司，仅留存广州市舶司；随后历经多次变动，至 1560 年（嘉靖三十九年）重开。广州市舶司先隶属布政司，后改由朝廷派宦官监督管理。市舶司设提举 1 人，从五品，由朝廷特派，或由按察使和盐课提举司提举兼任；副提举 2 人，从六品；属下吏目 1 人，从九品。

随着中外贸易的发展，尤其是私人海外贸易的兴起，贡舶贸易逐渐衰微。到明朝中后期，“牙行”取代了市舶司的对外贸易职能，延续近千年的市舶制度逐渐解体。

1680 年（康熙十九年）清政府在广东局部开放了对外贸易，在澳门前山寨设立市舶司机构，征收自澳门陆运进出香山县货物关税，并任命宜尔格图为市舶使，此人后来担任粤海关第一任监督。

1685 年（康熙二十四年）清政府设立江、浙、闽、粤四海关，负责管理对外贸易事务，标志着延续 1000 多年的市舶管理制度的结束。

---

① （明）宋濂等：《元史》卷九一《百官七 · 市舶》。

② （清）张廷玉等：《明史》卷八十一志第五十七、食货五。

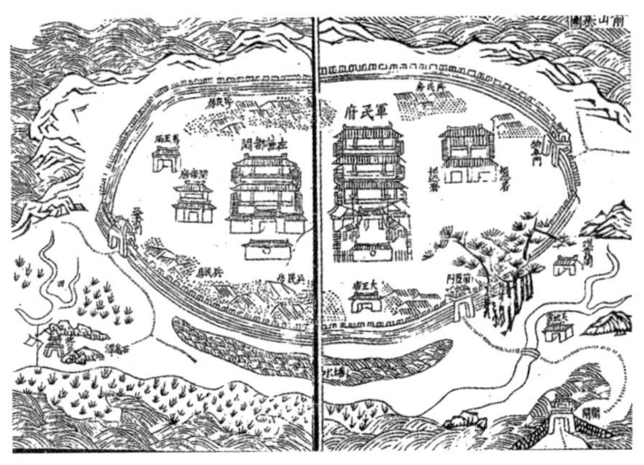

澳门前山寨图①

三、职责

唐代市舶使的职责是协同地方长官管理市舶和对外贸易事务，主要有：1、奏报：外国船只抵达后，及时向朝廷奏报；2、检阅：对外国船只进行稽查；3、款待：外国船只抵达后，举行“阅货宴”进行款待；4、舶脚：征收关税。“蕃舶之至泊步，有下碇之税”②；5、收市：优先垄断外国船只所载贵重商品的交易；6、进奉：向朝廷上供舶来品；7、作法：制订管理外国船只的政策法令。

宋初，广州提举市舶司的主要职能是“掌蕃货海舶征榷贸易之事，以来远人，通远物”③。1080 年（宋元丰三年）宋神宗修订颁布了《广州市舶条》，作为对外贸易管理条例，内容涉及海舶出入港管理、抽解（征税）规定，专买专卖和官市规定，禁止官吏私营海外贸易规定，禁止违禁品出口规定，奖惩规定等。宋代市舶司的主要职责有：1、发放公凭：根据船商申报货物、前往地点，发给公凭，即出海许可证；2、点检：派员登船检查，防止出口商船夹带兵器、铜钱、人口和逃亡军士等；3、阅实：对回港船舶进行检查，船舶入口时，要“监官封船管堵送州”；4、抽分：对进出口货物实行抽分，即按货物粗细成色，官府抽取实物形式的市舶税；5、抽解：将所抽货物解赴京城；6、博买：按规定价格收买商船货物；7、主持祈风祭海。

1293 年（至元三十年）元世祖颁布市舶则法 22 条《整治市舶勾当》。1314 年（延佑元年）元仁宗再次修订市舶则法，市舶司的职能更加明确具体：1、招徕外国船只并设宴迎送外商。2、抽分：将船货按细色（珍品）十取一，粗色（一般商品）十五取一。后改为细货十取二，粗货十五取二。另征收舶税，三十取一。抽分之后，将船

① （清）印光任、张汝霖：《澳门纪略》（上卷·图二）。周光培等校勘：《笔记小说大观》（第三册），江苏广陵古籍刻印社 1984 年版。

② （唐）韩愈：《唐正议大夫尚书左丞孔公墓志铭》。（清）沈德潜选评、[日]赖山阳增评，闵泽平点校：《增评唐宋八家文读本》，湖北长江出版集团、崇文书局 2010 年版。

③ （元）脱脱等：《宋史》卷一六七、志一百二十、职官七。

货发还舶商自行出售。3、负责指定蕃货的收买、销售、保管及进奉。4、稽查违禁走私物品,严禁夹带金、银、铜钱、军器、马匹、人口等违禁之物出海。5、根据船商申请,发给出海贸易凭证(公验、公凭)。6、保护外商及蕃客。7、禁止官吏与海外通商和与民争利,严禁地方官吏与市舶官吏营私舞弊。

明朝政府规定,广州市舶司职责主要是"掌海外诸蕃朝贡、市易之事,辨其使人、表文、勘合之真伪。禁通番、征私货、平交易,闲其出入而慎馆穀之"[①]。也就是说,广州市舶司要会同地方官到黄埔港等地核查贡品及勘合真伪,并差人与贡使经贡道,解送入京。对贡船随带的非贡品,市舶司通过"给价收买"或"抽解"等方式处理市易事宜。同时还负责监督外国贡使和随员的行为,以及严查私自通番情事。

---

① (清)张廷玉等:《明史》卷七十五、志第五十七、职官四。

第六章　粤海关

一、海关初设

1683年(康熙二十二年)台湾郑氏政权归顺清王朝后,康熙皇帝"以国计民生为念",准许开海通商。1684年清政府开始筹建海关。1685年清政府在东南沿海地区设立粤、闽、浙、江四个海关作为管理对外贸易、征收关税的机构。

粤海关设立后,陆续在广东省沿海口岸分设关口。这些关口简称"总口"或"子口",并按职能分别称为"正税口"、"挂号口"和"稽查口"。正税口负责检验进出口货物及征收关税;挂号口负责监督进出港口的船只、货物及征收除正税以外的各种税费;稽查口负责缉查进出口船只及货物。不同时期,关口数不尽相同。1732年(雍正十年)粤海关监督祖秉圭奏称,粤省有"海关口岸四十八处"。1743年(乾隆八年)两广总督策楞奏称:"查通关口岸大小共四十三处。"

清初粤海关监督署

1752年(乾隆十七年)粤海关建成粤盈库,位于监督公署旁,并增设库大使,收存各口每日关税,定期上解。而此前的税款,是每日解缴布政司库。

道光年间,粤海关下辖的大小关口遍及广东沿海大小港口,共设7个正税总口和69个小口。①

---

① 《粤海关志》(卷五·口岸一)记载:"设有正税之口,有稽查之口,有挂号之口。正税之口三十有一:在琼州者十,在潮州者九,在惠州者四,在广州雷州廉州者各二,在肇庆高州者各一。稽查之口二十有二:在雷州者八,在广州、高州者各五,在惠州者三,在廉州者一。挂号之口亦二十有二:在潮州者十,在广州者九,在惠州者三。"《粤海关志》(卷六·口岸二)附图注释:"水东口,系稽查港口,在高州府吴川县,为梅菉总口所辖,距总口六十里,距大关一千三百四十里;硇洲口,系稽查港口,在高州府吴川县,为梅菉总口所辖,距水东口八十里,距总口一百四十里,距大关一千二百六十里。"根据早于《粤海关志》编纂的道光五年《电白县治》的城池图,并与《粤海关志》图目对比分析,上述粤海关所辖正税口、稽查口和挂号口总数有误,位于高州府的正税口、稽查口和挂号口数目也有误。据考:粤海关正税口共计32个(含7个正税总口,25个正税小口):其中琼州10个;潮州9个;惠州4个;广州、雷州、廉州、高州各2个;肇庆1个。稽查口共计19个:其中雷州8个;广州5个;高州2个;惠州3个;廉州1个。挂号口共计24个:其中潮州10个;广州9个;惠州3个;高州2个。高州府有2个正税口,分别是梅菉口(正税总口,位于高州府吴川县,距离省城大关1400里)、两家滩口(正税小口,位于高州府石城县,距离省城大关1160里)。高州府有2个稽查口,分别是水东口(位于高州府电白县,为梅菉正税总口所辖,距梅菉总口60里,距省城大关1340里)、电白口(位于高州府电白县,为梅菉正税总口所辖,距水东口80里,距省城大关1260里)。高州府有2个挂号口,分别是芷口(位于高州府吴川县,距梅菉总口100里,距省城大关1100里)、暗铺口(位于高州府石城县,距梅菉总口260里,距省城大关1160里)。

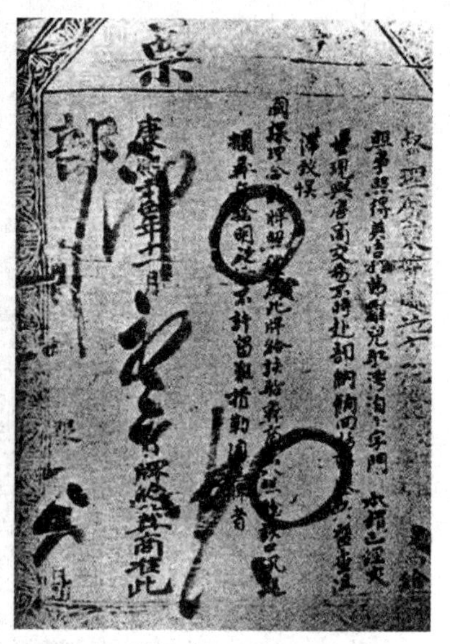

1686年(康熙二十五年)粤海关监督署发给英国商船的部票,证明该船已被丈量查验,可以进泊黄埔港,不许留难指勒。

省城大关是粤海关总汇,属于正税总口,设在粤海关监督署内,主要负责管辖广州内外港的海关关口,任务是稽查十三行及黄埔港外国商船进出口贸易情况,负责征税及稽查事务。

其余6个正税总口分别是:澳门总口(位于澳门)、惠州乌坎总口(位于陆丰县)、潮州庵埠总口(位于海阳县)、高州梅菉总口(位于吴川县)[①]、雷州海安总口(位于徐闻县)、琼州海口总口(位于琼山县)。省城大关和澳门总口由旗人管理,另外5个总口均由地方海防同知兼管,可见清政府对省城大关和澳门总口尤为重视。

69个小口分别隶属于各总口之下。省城大关下设11个小口,其中江门口为正税口;总巡口、东炮台口、西炮台口、佛山口、黄埔口、虎门口、紫坭口、市桥口、镇口口均为挂号口;行后口为稽查口。

现黄埔海关辖区内曾设有黄埔口、虎门口、镇口口,均为粤海关省城大关下辖挂号口。黄埔口、虎门口是当时省城大关最为重要的关口。

现黄埔海关辖区内原属粤海关关口(1838年)

关口	性质	地址
黄埔口	挂号口	在广州府番禺县(今广州市),距大关30里
虎门口	挂号口	在广州府东莞县虎门(今东莞市虎门镇),距大关160里
镇口口	挂号口	在广州府东莞县镇口(今东莞市虎门镇[②]),距大关160里

粤海关各级机构由海关监督会同地方当局派员管理。主要职位有:海关监督、总口委员、广盈库大使、总口书吏、大关书吏、大关案书、大关各房缮写书、大关平柜、澳门总口总书、总口柜书、大关清书、口书、家人、巡役、守库武弁、大关库丁、水手、水火夫、火夫、大关杂役等,职数并不固定,总人数约450余人。

自1757年(乾隆二十二年)清政府宣布限定黄埔港为西方商船贸易口岸,到1842年(道光二十二年)中英《南京条约》开放五口通商前,粤海关成为全国唯一的对西方来华互市贸易征税稽查的监管机构。

---

① 袁钟仁《〈粤海关志〉校注本》第93页载有梅菉总口下辖的稽查小口图——"洵州口图",查《粤海关志》(卷六·口岸二)记为"硇州口图"。硇是硇(náo)的异体字,因此应是"硇洲口图"。袁钟仁《〈粤海关志〉校注本》记载有误。

② 镇口挂号口位于原太平镇镇口村。1986年虎门镇与太平镇合并后称为虎门镇,自1986年至今已无"太平镇"地名。

二、粤海关监督

1685 年(康熙二十四年)粤海关成立时,江、浙、闽海关均由地方官吏兼管。闽海关辖以将军,江、浙海关辖以巡抚,唯独粤海关以其在对外贸易方面的重要地位,专设海关监督,直属户部,全称为“钦命督理广东沿海等处贸易税务户部分司”。

粤海关监督公署署址设在广州五仙门内盐政院旧址(今广州市海珠广场附近)。[①] 该署址在 1909(宣统元年)改为广东劝业道署,抗日战争时期毁于战火。

粤海关监督的品级在总督、巡抚之下,但不受广东省地方当局管辖,“监督征收税课及其应行事宜,……不必听督抚节制”,督抚以外的其他官吏更无权干预关务。粤海关监督也没有权力干涉地方行政。对外贸易中涉及的民事、刑事等案件,均由地方行政当局处理。大多数粤海关监督由内务府满族官员担任。内务府是清朝特设的内廷机构,专门管理皇室事务。因此粤海关监督名义上属于户部官员,但实际是向皇帝和内务府负责。粤海关监督每届任期通常为一年,如再被选任,可以连任。

由于粤海关税收较多,海关监督的职权很大,康熙年间均由内务府选派。但是广东省内(包括海南岛)港口众多,海关事务繁杂,需要地方官员协同处理。因此粤海关的管辖权,在中央和地方官员之间多次调整。1724 年(雍正二年)粤海关由广东巡抚兼管,为地方官员兼管粤海关之始。此后,粤海关监督时废时设,1750 年(乾隆十五年)再设专职监督。[②] 从 1792 年(乾隆五十七年)起,粤海关由监督管理,并由两广总督、广东巡抚负责稽查海关业务,这一人事制度一直延续到第一次鸦片战争后实行五口通商为止。

粤海关监督主要职责有:1、每年向皇帝和户部奏报贸易和关税收支情况。2、向户部和内务府报解税饷。据清宫档案记载,粤海关关税分配大致为 70%上缴户部、24%上缴内务府、3%缴付广东布政司、3%自留。3、选派胥吏到各口征税。4、许可商船进出口及开舱贸易:国内商船经营对外贸易,要先向地方官和海关监督申请登记,发给船照后才能进出口。外国商船来华贸易,要先在澳门暂停,经海关监督允许后,由引水员引入虎门水域。5、发放牌照:外国大班从澳门到广州处理商务,或从广州回澳门过冬,都要向海关监督请领牌照。6、批准行商充任及退行。7、批准买办和通事充任。

鸦片战争后,清政府与西方列强签订的不平等条约中较多涉及中国关税和海关行政管理权问题。1843 年 10 月 8 日(道光二十三年八月十五日)中英签订了《五口通商章程》,粤海关开始执行片面协定税则。该章程还允许外国领事参与外贸事务,削弱了海关监督的管理职权,英国政府要“严饬所属管事官等,将凡系英国在各

---

① 1822 年(道光二年)版《广东通志》。因两广总督阮元监修,故道光二年《广东通志》又称《阮通志》。

② (清)阮元《广东通志·经政略》:“康熙二十四年开禁南洋,始设粤海关监督。雍正二年改归巡抚;七年,复设监督。八年八月,归总督;九月,归广州城守,并设副监督;十三年专归副监督。乾隆七年,归督粮道;八年,又放监督;是年四月,归将军;十年,归巡抚;十二年,归总督;十三年,又归巡抚;十四年,归总督;十五年三月,归巡抚;是年四月,归总督。嗣后专设监督,仍归督、抚稽查。”

港口来往贸易之商人,加意约束,四面查察,以杜弊端;倘访闻有偷漏走私之案,该管事官即时通报中华地方官,以便本地方官捉拿”。

1859年(咸丰九年)粤海关实行税务司制度,粤海新关设立。粤海关监督仍然保留,但不再隶属户部,而是隶属于该年成立的总理各国事务衙门。粤海关监督负责管理常关机构,原有对外贸易管理职权,转由总税务司任命的洋人税务司负责。

1904年12月10日清政府改革朝政,减少经费开支,撤销粤海关监督,由广东巡抚张人骏行使监督职权。1905年两广总督岑春煊兼管粤海常关。

1906年清政府设立税务处,负责管理全国海关关税事务。1908年两广总督府设关务处,统辖省内海关税务。

1913年国民政府重新设立海关监督署。粤海关监督公署设在素波巷(现广州市沿江中路附近)。1937年9月30日国民政府财政部裁撤全国各海关监督署,只保留海关监督职位。10月29日奉财政部令,粤海关监督与粤海关税务司开始合署办公。1938年10月21日广州被日军占领,粤海关监督和工作人员撤往澳门。

粤海常关(1860年由粤海关监督署衙门内迁到广州城西郊联兴街 1900年摄)

1940年3月14日伪广东省财务委员会筹备处任命林佑根署理粤海关监督。4月16日林佑根通知粤海关本日起执行伪《中华民国进口税则》,粤海关税务司李度[①]声明“无可奈何执行,保留抗议权”。伪粤海关监督署布告于4月20日随珠江局部开放而同时开放海关。

1942年9月26日伪粤海关监督公署以沙面特别区56号为署址。该署于1944年6月在伪中央政府财政部批准伪粤海关监督辞职时一并撤销。此后,粤海关监督公署不再设置。粤海关监督制度至此结束。

三、粤海关税务司

1858年(咸丰八年)《天津条约》附约《中英通商章程善后条约》第十款规定“各口划一办理……任凭总理大臣邀请英人帮办税务,并严查漏税,判定口界、派人指泊船只及分设浮桩、号船、塔表、望楼等事”,为粤海新关的成立提供了法律依据。

第二次鸦片战争期间,英法联军占据广州城。外国商人与内地人相互勾结,走私漏税较为严重,粤海关关务陷于停顿,税收锐减。两广总督劳崇光和粤海关监督恒祺“恐侦缉太严,则衅端易启”,决定仿效上海小刀会起义期间英、美、法三国委派外籍“税务司”管理江海关的做法,邀请主管江南五口关务的总税务司李泰国[②]“来

① 李度(Lester Knox Little),美籍,1892~1975年。

② 李泰国(Horitio Nelson Lay),英籍,1833-1898,清朝洋关首任总税务司。

粤整顿新关，一切悉照江海关办理”，希望能够“以夷制夷”。征得两江总督兼五口通商大臣何桂清[①]的许可后，1859 年 10 月 24 日[②]粤海关聘请外国人帮办税务，担任税务司和钤子手(俗称扦子手)职务。外国人帮办税务，确实缓解了走私漏税、关务混乱的情况，逐渐获得了清政府的认可，税务司开始独立管理关政。

1860 年 10 月 1 日[③]粤海关税务司署(俗称洋关、新关)正式设立，署址位于南海县城外沙基(今广州市越秀区沿江西路 29 号)。粤海关第一任税务司是美国驻上海副领事吉罗福[④]，副税务司是罗伯特·赫德[⑤]和詹姆斯·马地臣[⑥]。1861 年 4 月粤海关副税务司赫德调往北京，代行总税务司职务。两年后赫德代替李泰国任总税务司，直到 1908 年休假离职返回英国，是管理中国海关行政时间最长的外国人。

粤海关税务司署设立后，广州口岸的海关管理职权被一分为二。粤海关税务司负责外轮货物的稽查征税，名义上是在粤海关监督负责下行使关政，实际上只对海关总税务司负责。粤海关税务司署的关税事务、人事变动、薪金增减均由海关总税务司署决定。粤海关税务司及高级职员长期由外国人担任。1929 年后，华员的地位才略有改变，偶尔有晋升高职的机会。直到 1945 年抗日战争结束后才有中国人担任粤海关税务司一职。

粤海关税务司署主要业务涉及监管、征税、缉私和编制海关统计，还管理港务、海务、船政，并兼办过邮政、卫生检疫及协办广州同文馆等。除海关业务外，其他大部分业务在清末及民国时期先后划归地方政府管理。港务、海务等业务直到建国后才移交相关部门归口管理。

建于 1916 年(民国 5 年)的粤海关税务司署，俗称“大钟楼”(1932 年摄)

粤海关大钟楼正面图

① 咸丰八年底(1859 年初)，清政府命两江总督何桂清兼任五口通商大臣。同治五年(1866 年)，五口通商大臣改称南洋通商大臣。

② 咸丰九年九月二十九日。

③ 咸丰十年八月十七日。

④ 吉罗福(George B. Glover)，1827～1885 年，美籍。

⑤ 罗伯特·赫德(Robert Hart)，1835～1911 年，英籍，清朝末年曾任中国海关总税务司近五十年。

⑥ 詹姆斯·马地臣(James Matheson)，1796～1878 年，英籍。

原粤海关机构为区别洋关，称为“粤海常关”，由粤海关监督管理，主要负责民船贸易的稽查征税，同时每季度根据税务司署的税收报告查收税银，呈报两广总督及中央政府。

1931 年 6 月 1 日粤海关监督署管辖的常关办公室改为粤海关税务司署民船管理处，负责管理由粤海常关机构改为的粤海新关分关、分卡，至此广州口岸的海关机构全部归属粤海关税务司署统一行政管理。粤海关民船管理处开始试行管理新塘、印州、虎门等分卡和石龙、镇口两分关，试期为一年，期满决定是否继续保留。

1933 年粤海关分支机构改称为分卡、分所。

1935 年 10 月 16 日总税务司署修订公布了粤海关分卡分所数量，共计 8 处。现黄埔海关辖区内的原粤海关分卡分所(1935 年)见下表[①]：

分卡名称	分所名称	地址
印州分卡		东莞黄屋沙脉历尾锦兰坊
太平分卡		东莞县太平圩东兴街
	新塘分所	增城县新塘圩海傍街
	石龙分所	东莞县石龙镇

1938 年 10 月广州沦陷后，粤海关各分支机构因无法开展业务或与粤海关税务司署联系不上而陆续关闭。粤海关自该年 11 月 9 日起，受日本侵略军控制，成为日本统治下的殖民地性质的海关。

1941 年 12 月 8 日太平洋战争爆发，伪总税务司日本人岸本广吉任命日本人藤崎锐树为伪粤海关税务司。原粤海关税务司李度被宣布失踪，1943 年辗转至重庆任国民党统治区海关总税务司。

1945 年 8 月抗日战争胜利后，9 月 20 日位于重庆的总税务司署派员接收伪粤海关，恢复对广州口岸对外贸易的管理。

1949 年 10 月 14 日广州解放，10 月 25 日广州市军事管制委员会正式接管粤海关。1950 年 1 月 31 日粤海关改称“中华人民共和国广州海关”，直属海关总署。1960 年广州海关接受广东省和外贸部双重领导，成为广东省外贸局的组成机构。1962 年广州海关改为统一管理省内 7 个海关的中心关。1972 年广东省外贸局设立海关处，负责管理全省海关工作，广州海关中心职能终止。1980 年广州海关建制收归中央，广州海关成为海关总署首批局级机关。

四、粤海常关

粤海关税务司署设立后，粤海关监督署原设在广州口岸的关口，除黄埔口改由税务司署管理外，虎门挂号口、镇口挂号口等其他各口仍由监督管理，隶属粤海常

① 《广州海关志》：广东人民出版社 1997 年版，第 86 页。根据该书记载，1935 年 10 月 16 日经总税务司署修订公布的粤海关分卡分所有 8 处，分别是民船管理处，陈村、市桥、容奇、印州、太平 6 个分卡和新塘、石龙车站 2 个分所。但没有提及黄埔分卡，因资料有限，存疑待考。

关。常关实际是清政府在水陆交通要道或商品集散地设立的征收通过税的机构。国内民船载运进出口货物，均由常关征税。

常关与海关之间历来存在利益之争。1874年前后，通过民船进行对外贸易的规模和数量较大，粤海常关也极力促进这一贸易。广州与香港之间经常有20艘民船往返，每月总计80多航次。常关征自民船贸易的税款，每航次约250两白银，每年总数约24万两，其中20%来自洋货进口税。总税务司管辖下的海关多次试图染指常关税务，费尽心思想获得较为精确的常关税收数目，但常关每晚把香港民船的舱单连同完税底根全部焚烧，从而对实际税收数目进行保密，这也造成了民船贸易数据的缺失。

据粤海关税务司署估算，粤海常关一所分卡的每年行政费用约为1.2万至1.4万两白银。

1901年9月7日（光绪二十七年七月二十五日）清政府被迫与俄、法、美、英、日、德、意、奥、西、比、荷等11国签订《辛丑条约》。该条约第六款规定："在各通商口岸之常关，均归新关管理。"此后，距离海关五十里范围内的常关由海关税务司管理，征收的税款用于战争赔款。距离海关五十里范围外的常关仍由海关监督管理。这样，粤海关不仅有洋关、常关之分，还有"五十里内常关"和"五十里外常关"之分。

五、粤海五十里内常关

1901年11月11日（光绪二十七年十月一日）全国各通商口岸的海关税务司按照《辛丑条约》规定开始接管海关五十里范围内的常关机构。最初根据直隶总督兼北洋大臣李鸿章给海关总税务司的札文，全国划入"海关五十里内"范围的常关共有14处，并不包括粤海关监督管辖下的常关，因此外务部和粤海关监督以"一向系内务府差使"为由不愿交出五十里内常关。但各国领事和海关总税务司赫德认为"粤海税课最旺"，联合向清政府施压，清政府只得要求粤海关监督"势非得已，只可照允交出，以免生枝节"。1902年粤海五十里内常关移交给粤海关税务司署管理。1931年6月1日粤海关五十里内常关撤销，改为粤海关分关，由民船管理处管辖。

粤海常关办公楼，位于广州长堤五仙门内，1931年改称"粤海关民船管理处"（1932年摄）

现黄埔海关辖区内没有设置过粤海五十里内常关机构。

六、粤海五十里外常关

五十里内常关改归税务司管理后，广东各处的五十里外常关子口及分卡计有50余处，沿袭原有管理体制，仍由粤海关监督管理。1908年五十里外常关由粤海关监督署关务处管理。

1914年12月粤海五十里外常关共设有24处总口、分卡。其中现黄埔海关辖区内的“粤海五十里外常关”机构(1914 年)见下表。

总口、分卡	地址	距正关[①]、总口里程
石龙总口	东莞县石龙	距正关 170 里
印州分卡	东莞县城外	距总口 30 里
新塘分卡	东莞县新塘圩	距总口 60 里
车站分卡	东莞县石龙车站	距总口 2 里
镇口总口	东莞县太平圩	距正关 180 里
虎门分卡	东莞县虎门	距总口 20 里

1930 年民国政府财政部发布“裁撤厘金令”,于 1931 年 1 月 1 日清理具有国内通过税性质的海关五十里外常关税及内地常关税、子口税、复进口税等。1931 年 1 月 15 日根据海关总税务司署通令,沿海五十里外常关和民船与国外有直接贸易的常关一律改归海关税务司管理。[②] 石龙总口、印州分卡、新塘分卡、车站分卡、镇口总口、虎门分卡均由粤海关税务司署接收。

① 正关即粤海关监督署。

② 《海关总税务司署通令》第 4161 号(第二辑):“1931 年 1 月 15 日于上海,事由:为裁撤五十里外常关撤消厘金子口半税及土货复进口半税以及沿海五十里外常关由海关管理运往内地之洋关不征五十里内常关税事。沿海之五十里以外常关及民船与国外有直接贸易之常关均应于 1931 年 1 月 1 日由海关接管。”

第七章　黄埔海关机构

1685 年(康熙二十四年)粤海关设立,结束了延续千年的市舶制度,开启了海关管理对外贸易的新时期,也开启了黄埔海关三百年发展历程的序幕。与黄埔海关有历史渊源的粤海关隶属机构有黄埔挂号口、澳门总口、虎门挂号口、镇口挂号口等。

一、粤海关黄埔挂号口(1685 年～1849 年)

1685 年清政府在广州府南海县黄埔村(今广州市海珠区琶洲街黄埔村)南边的酱园码头设立粤海关黄埔挂号口,这是黄埔海关的前身。黄埔挂号口设有黄埔税馆、夷务所、买办馆和永靖营等机构。其主要职责有:

第一,对抵达广州贸易的外国商船进行检查、登记注册。清政府规定:载洋货入口的外国商船,不得沿江停泊,必须下锚于黄埔,外国商船未获许可不得入境贸易。外商货物卸岸,一般在酱园码头后面临时搭寮保管。

第二,征收船钞及其他杂费。除进出口货税在省城大关征收外,外国商船的船钞、引水费、船规银、通事买办费、挂号银等,均由粤海关黄埔挂号口征收,具体办理地点为黄埔税馆。

第三,办理外国商船进出黄埔港和外国商人由黄埔往返广州城以及贸易相关事宜,具体由夷务所负责。

第四,为停泊在黄埔港的外国商人提供后勤保障,比如代买食物及日常生活用品等,由买办馆具体负责。

粤海关黄埔挂号口(黄埔税馆)

第五,营兵驻防,以保卫黄埔港安全。永靖营作为清政府派驻黄埔挂号口的士兵营,一般由 1 名广州协标外委、12 名士兵驻守。1744 年(乾隆九年)澳门同知印光任奏称:“夷船进口后,向系收泊黄埔地方,每船夷哨(船员水手)多至一、二百人不等,均应防范。向例拨广州协标外委带兵搭寮防守……并令附近之新塘营拨桨船二只,与该处原设在右翼镇中军桨船会同稽察。洋船出口,即行撤回。”1759 年(乾隆二十四年)两广总督李侍尧认为广州协标外委的职分卑微,不足以弹压守卫黄埔港,奏准在候补守备内酌拨一人,专驻黄埔,督同守寮弁兵,进行防范稽查。李侍尧还奏准从附近新塘营调拨 1 艘桨船,与黄埔港原有的左翼镇标中营的桨船会同巡防,洋船出口后,即行撤回。

1757 年(乾隆二十二年)黄埔一口对西方贸易的地位最终确立,黄埔成为中国进出口货物的最大集散地。往来西方和黄埔的外国商船络绎不绝，每年 6 月至 11 月最为繁忙，常年自黄埔口出海的华商船只则主要来自于海南、山东、天津、浙江和福建等地。

黄埔挂号口除粤海关派有官员外，还配有口书(书吏)、管事家人、巡役、水手等胥吏，协助官员处理对外贸易具体事务。1836 年(道光十六年)粤海关规定黄埔挂号口书吏、巡役工作期限为 1 年，期满必须更换。

黄埔挂号口胥吏职位表[①](1838 年)

职位	编制	年薪(银)/人	更换日期(农历)	备注
口书	1 名	48 两	六月初四日	京差充任
家人	2 名[②]	90 两		
巡役	1 名	48 两	六月初八日	
水手	11 名	14.4 两		

上表所列胥吏中，家人的权力最大，是粤海关监督派驻总口、大关和重要挂号口或税口的亲信人员。黄埔挂号口配置 2 名家人，数量是省城大关 4 名家人的一半，与澳门总口同等，可见黄埔挂号口的重要地位。

黄埔挂号口的办公经费由清政府在税收库银中配拨。主要开支有(1838 年)：祃祭，月支银 1.6 两，年支银共 19.2 两；烛油，月支银 1.68 两，年支银共 20.16 两；纸笔，月支银 0.85 两，年支银共 10.2 两；单册盘费，月支银 0.68 两，年支银共 8.16 两；年节神供，年支银共 2.872 两。

黄埔挂号口税则(1838 年)：黄埔港洋船进出口，每艘收银 2.3 两；海南乌艚船入口，每艘收银 2.2 两；海南乌艚船出口，每艘收银 1.4 两；海南白艚船入口，每艘收银 1.8 两；海南白艚船出口，山东、天津、江、浙等处船进出口，福建船装京果入口，每艘收银 1.2 两；福建船装咸鱼入口，每艘收银 0.5 两；福建船出口，每艘收银 0.5 两；白艚船进口，每艘收银 0.35 两；白艚船出口，每艘收银 0.3 两；接驳洋货扁艇，每艘收银 0.24 两；接驳洋货尾艇三板，每艘收银 0.12 两；洋人搭寮贮存货物，每个收银 2.3 两；修整洋船的木匠、漆匠，每名收银 0.22 两；大小盐船及空船无饷货的进出口船只，免交税费。[③]

---

① 数据来源：《粤海关志》卷七・设官。

② 《粤海关志》中《卷七・设官》和《卷十六・经费》两章关于“家人”这一职位的编制存在自相矛盾。《卷七・设官》中记载：总巡口、黄埔口、江门口各设一名，东炮台口、西炮台口、虎门口、佛山口、紫泥口、市桥口、镇口口各设二名；而《卷十六・经费》中记载：总巡口、黄埔口、江门口各设二名，东炮台口、西炮台口、虎门口、佛山口、紫泥口、市桥口、镇口口各设一名。据考，黄埔挂号口除由粤海关派官员管理外，还配有口书 1 名，家人 2 名，巡役 1 名，水手 11 名。《粤海关志》中《经费》黄埔口“家人二名”之说为正确，《设官》黄埔口“家人一名”之说为错误。

③ (清)梁廷枏著、袁钟仁校：《粤海关志》，广东人民出版社 2002 年版。

经黄埔挂号口进口的外国商品主要有胡椒、黄铜、锡铅、毛棉织品、玻璃、苏木、京果、油、豆以及鸦片等货物，出口有丝绸、瓷器、茶叶、土布、药材等货物。1838 年前后每年约征银 1400 两。每月除开支工资伙食外，折实司平纹银，解送省城大关保管。

1849 年（道光二十九年）黄埔挂号口与澳门总口合并。

二、粤海关澳门总口（1688 年～1849 年）

1647 年（顺治四年）两广总督佟养甲以通商裕国为由，奏请准许商人载运货物到澳门出口，但不准葡萄牙人进入广东贸易，从此澳门成为广州外港，对外贸易长期兴盛。1673 年（康熙十二年）澳门已有洋船 20 艘，每年 10 月至第二年 3 月出海贸易，年获利可达百万两白银。

1684 年 12 月粤海关设立澳门总口（又称关部行台，是粤海关监督在澳门的行署）。澳门总口是正税总口，位于广州府香山县澳门怀德、畏威两街处（今澳门特别行政区关前街和关后街之间），距省城大关三百里。粤海关还在澳门总口附近陆续设立了四个稽查口：大马头口、南湾口、关闸口和娘妈阁口。大马头口距离澳门总口 1 华里，南湾口距澳门总口 2 华里，关闸口距离澳门总口 5 华里，娘妈阁口距离澳门总口 1 华里，均隶属于省城大关，由粤海关监督或奉旨兼管关务的督抚派遣家人和书役进行管理。

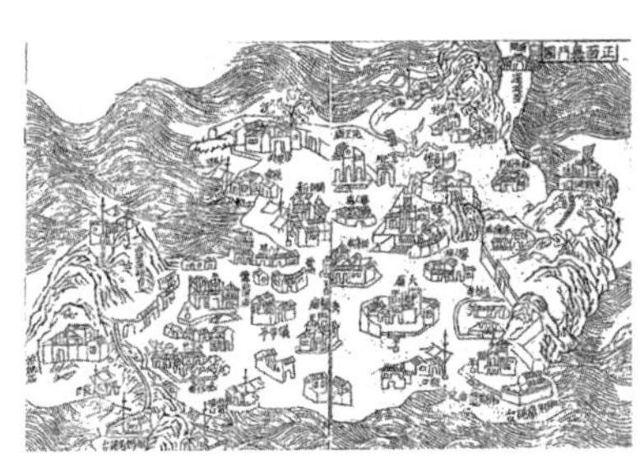

澳门地形图（原载《澳门纪略》）

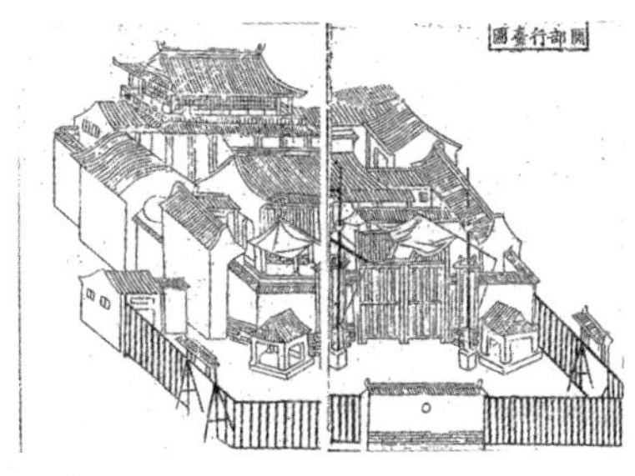

澳门总口（关部行台）（原载《澳门纪略》）

澳门总口及四个稽查口职责有：

第一、澳门总口负责征收进口船只的船钞和货税。清政府对葡萄牙商船、其他外国商船和国内民船实行三种不同的进口税率。其中对居住在澳门的葡萄牙人实行特别优惠政策，对葡萄牙商船实行低税则。

第二、稽查国内和外籍船只。大马头口、南湾口专供外国商船停泊、装卸货物、上落人员；娘妈阁口专供国内船舶（多为广东、福建两省商船）停泊、装卸货物；关闸口（关闸门）是澳门通往内地的陆路孔道，白天开放，但不准洋人擅自进出关闸。

第三、负责签发部票或印照（入港许可证），管理需经澳门十字门航道进入广州的外国商船。

1717 年（康熙五十六年）清政府颁布南洋禁海令，严禁内地商船前往"海贼之薮"的南洋吕宋和噶喇吧等处进行贸易，而且不许澳门夷船载运华人出洋。葡萄牙人通过其国传教士李若瑟在北京活动，获准免受南洋禁海令的限制，澳门于是就成了中外贸易的聚集地，澳葡当局每年征收的出口关税高达 2 万两。

1724 年（雍正二年）两广总督孔毓珣规定澳门葡籍商船最多只能有 25 艘，并且编列字号作为定额。1730 年（雍正八年）清政府禁止葡萄牙人从澳门贩运黄金出洋。

1743 年（乾隆八年）因两广总督策楞、广东按察使潘思榘等奏称“澳门尤洋人聚居之地，又临近广州，海洋出入，防范不可不周，现仅驻县丞一员，职分卑微，不足以弹压”，清政府决定更改“广东肇庆府同知”为“广州府澳门海防军民同知”，在澳门前山寨设署，专司海防，稽查出入海船，并兼管澳门洋人。清政府又将香山县县丞移至澳门望厦村，归澳门同知管辖。1744 年（乾隆九年），广东肇庆府同知印光任调任成为首位澳门同知。自此，清政府对澳门对外贸易的管理由粤海关澳门总口委员和广州府澳门海防军民同知共同负责。

1747 年（乾隆十二年）粤海关澳门总口（关部行台）修建了新的海关栅栏。时任澳葡第 44 任总督梅内泽斯①是个狂热的殖民主义者，悍然派兵将海关栅栏全部推倒，制造了著名的“关部行台栅栏被推倒事件”。清政府驻澳官员要求澳葡当局立即重建栅栏，但梅内泽斯非但不予重建，还扬言要与清朝军队进行武力较量。澳葡议事公局深知事态严重，排除梅内泽斯阻挠，为关部行台重建了栅栏，并多次向清政府驻澳官员道歉，妥善平息了这一事件。

约 1850 年的澳门南湾全景（油画）

澳门税馆图（原载《澳门纪略》）

1749 年（乾隆十四年）第二任澳门同知张汝霖、香山县丞暴煜制定 12 条法令，对澳门葡萄牙人的行为进行约束，并用中葡两种文字刻石公告。法令包括：禁止贩卖华人子女，一切船艇按指定地点停泊，并以连环保结；夷兵不得借故扯灭华人晚上外出提灯；严禁葡人在澳兴建房屋等。

1787 年（乾隆五十二年）澳葡当局借故拆毁华人商铺，纵容货船抵达澳门后不向关部行台报关。清政府驻澳门官员封闭关口，禁止华人与澳葡商人交易，直到澳葡当局承认错误后，才恢复贸易。

1802 年（嘉庆七年）葡萄牙政府特许葡商向澳门进口鸦片。

1810 年（嘉庆十五年）葡萄牙人向澳门同知提出 11 点无理要求，内容包括葡

① 安·若泽·梅内泽斯（Antonio JoseTeles de Meneses），1747 年 8 月 30 日至 1749 年 8 月 1 日任葡萄牙驻澳门总督。

萄人直接同两广总督交涉澳门事务、任意在澳门兴建房屋和修造商船、商船不必申请贸易执照并随时可以往来等，上述无理要求被澳门同知断然拒绝。

1813～1814 年（嘉庆十八～十九年）英国人先后两次从澳门贩运苦力 1700 人前往英属东印度殖民地文岛。1833 年（道光十三年）英国国会废止东印度公司专营权，鼓励私人公司通过澳门同中国贸易。1834 年（道光十四年）葡萄牙在澳门海关每年征收出口关税白银 75,000 两，这是当时葡澳当局的唯一收入。1836 年（道光十六年）英国人在澳门南环一带居留，并贩卖鸦片。澳门成为鸦片走私基地。

1838 年前后，经澳门进口货物主要是紫檀、番锡、胡椒等，出口货物主要是青白矾、瓷器、白铅等。[①] 粤海关澳门总口每年 8、9、10、11 月间最为繁忙，年征税银约 29,600 两。

澳门总口办公经费开支主要有：祃祭，月支银 1.6 两，年支银共 19.2 两；烛油，月支银 0.6 两，年支银共 7.2 两；纸笔，月支银 2 两，年支银 24 两；单册盘费，月支银 0.3 两，年支银共 3.6 两。

澳门总口及附近稽查口职位表（1838 年）[②]

职位	编制	年薪（银）/人	更换日期（农历）	备注
总口委员	1 名	140 两		旗员充任
总书	1 名	180 两	九月二十六日	
柜书	1 名	36 两	九月二十六日	
家人	2 名	78 两		大马头口另设家人 1 名，年薪 54 两
巡役	5 名	36 两	七月一日	澳门总口、大马头口、南湾口、关闸口、娘妈阁口各 1 名。大马头口巡役更换日期为农历七月初六日；南湾口巡役更换日期为农历七月二十五日；关闸口巡役更换日期为农历十二月三日；娘妈阁口巡役更换日期为农历十一月二十日。
水手	15 名	14.4 两		
火夫	2 名	12 两		

① 《粤海关志》（卷九·税则二）中记载的澳门总口货物进出口方向与粤海关其他各口货物进出口方向相反："总巡口：进口胡椒、番锡铅、苏木、京果、油、豆各货，出口瓷器、药材各杂货"；"东炮台口：进口胡椒、番锡铅、苏木、京果、油、豆各货，出口茶叶、瓷器、药材各杂货"；"黄埔口：同总巡口"；"虎门口：同总巡口"。而"澳门总口：进口青白矾、瓷器、白铅各货，出口紫檀、番锡、胡椒各货"。据考，17 至 18 世纪澳门进口货物主要有：檀香木（产自帝汶）、生丝（产自交趾支那）、沉香（产自交趾支那）、胡椒（购自荷兰东印度公司）、美洲白银（购自马尼拉）等；出口货物主要有：丝绸、瓷器、茶叶、明矾、锌、白铜等。因此《粤海关志》（卷九·税则二）中记录的澳门总口进出口货物应改为"进口紫檀、番锡、胡椒各货，出口青白矾、瓷器、白铅各货。"

② （清）梁廷枏：《粤海关志》卷七《设官》。

澳门总口委员任职表(1788 年～1837 年)

姓名	任职日期	姓名	任职日期
黑达色	1785 年～1786 年	汪旭耀	1811 年～1813 年
翰章阿	1788 年～1789 年	菩萨保	1813 年～1814 年
金源	1789 年～1790 年	李璋	1814 年～1815 年
萧永林	1790 年～1791 年	乌林岱	1815 年～1816 年
萧声远	1791 年～1792 年	广亮	1816 年～1817 年
倪广泰	1792 年～1793 年	京金	1817 年～1818 年
王锜瑞	1793 年	董明文	1818 年
王文辅	1793 年～1794 年	兴瑞	1818 年～1819 年
张玉	1794 年～1795 年	蔡琦	1819 年～1820 年
罗锦	1795 年～1796 年	杨承雯	1820 年～1821 年
萧声远	1796 年～1797 年	章世型	1821 年～1822 年
钟溥泽	1797 年～1798 年	兴瑞	1822 年～1823 年
李培淘	1798 年～1799 年	杨承雯	1823 年～1824 年
海兴	1799 年～1800 年	文通	1824 年～1825 年
赏纳哈	1800 年～1803 年	吉拉明阿	1825 年～1826 年
套住	1803 年～1804 年	章世型	1826 年～1827 年
金源	1804 年～1805 年	金清华	1827 年～1830 年
胡湛	1805 年～1806 年	钟承武	1830 年～1833 年
曾成龙	1806 年～1807 年	兴林	1833 年～1835 年
李璋	1807 年～1808 年	杨承雯	1835 年～1837 年
六十八	1808 年～1811 年	徐怀懋	1837 年
万仕耀	1811 年		

澳门总口税则：

“凡往来货物，照例征收正税，每两火耗加一，正耗收十字银，每两加水八分，将七分二厘归入正项解，余银八厘，归入归公例内解。

凡本澳回帆洋船，照本省洋船例论等第科钞，不加耗，正钞收十字银，每两加水八分。新来外国洋船，收银七十两。

凡贸易船换牌，照例论丈尺科钞，每两火耗加一，正耗收十字银，每两加水八分，一年两次征收。

凡熟米、麦，每担[①]征正银六厘，耗水照货例加收(米、麦、杂粮不便按担征收，

---

① 南宋至明清时期，1 担＝100 斤，1 斤＝600 克。

止论载，补科不及一分载者，免税。故向来豆、麦船只进口，按分数科饷，其担银照分载饷收。如不及一分载者，每担收银三分三厘。其麦子不及一分载者，每担征收归公银两；及装载一分以上并豆货，按载担银。又小船装粮米进口，均于乾隆七、八等年均奉宽免。自乾隆十四年部咨，豆麦仍论分载科征，麦子按担征收税耗，不及一分载者，仍旧豁免，其豆子仍按担复征）。串票货，每百斤收担头银五分。到澳上税粗货，每百斤收担头银三分。到澳上税绸缎、中细瓷器、茶叶、白糖、倭船，此五宗作色货，每百斤收担头银五分。省来照票货，每百斤收担头银二分四厘八毫。上省照运票货，九折净，每百斤收担头银二分四厘八毫。凡本澳洋船回帆，收银三十五两。本澳洋船批手本大修，收银二十四两。本澳洋船批本小修，收银一十二两。本澳洋船出口，每船收银一十两五钱。本澳洋船，每只领牌一张，收银五两六钱。

凡福建艚船装货进口，收银三两五钱一分。

凡广渡装货进口，收银二两零六分。广渡装货一百担之外者，出口与进口例同。广渡雇西瓜扁装货进口，收银七钱。广渡雇西瓜扁装货五十担之外者，出口与进口例同。

凡贸易船装货，由娘妈阁进口，收银四钱。贸易船装货，由前山进口，收银二钱八分。贸易船装货五十担之外者出口，与进口例同。贸易船雇西瓜扁装货进出者，与本船例同。贸易船换牌，梁头每尺收银一钱，头季收银二两三钱，二季收银一两八钱。新贸易船请丈，收银一十四两。

凡沙梨头渡装货进口，收银二钱三分。前山渡装货进口，收银二钱七分。高尾艇装货进口，收银二钱四分。装杉木船进口，收银三两九钱六分。装缸瓦砖船进口，收银一两八钱五分。以上俱收澳平十字银。”①

第一次鸦片战争后，英国攫取了香港，并将香港作为对华贸易的大本营，直接影响了葡萄牙的商业利益，因此，葡萄牙千方百计想把澳门变成在其统治下的“自由港”。

1843年（道光二十三年）夏，第78任澳门总督彼亚度②趁清政府在鸦片战争中失败，向两广总督耆英发出照会，提出7点无理要求：1、废除每年500两的澳门地租；2、三巴门至关闸一带地区划归葡萄牙人统治；3、澳门成为贸易自由港；4、澳门商税应低于中英通商章程规定的税率；5、准许澳门船只参加五口通商；6、废除澳门修理房

1844年澳门关闸

① （清）梁廷枏著、袁钟仁校：《粤海关志》，广东人民出版社2002年版。

② 彼亚度（José Gregório Pegado），1843年10月3日至1846年4月20日任葡萄牙驻澳门总督。

屋和船只必须经过清政府批准的规定;7、内地输入澳门的货物由澳门征税,清政府不得限制输入商品的数量。耆英拒绝了彼亚度的无理要求,只同意有关贸易的一些要求,如降低货税3.5%、允许赴五口通商、修造房屋船只不必申请执照和缴纳捐税、内地货运往澳门种类数量不限等。但在澳门的船只仍需遵照黄埔例缴纳船钞,中国商人应照新税则向粤海关澳门总口缴纳关税,自中国各港口运至澳门的一切货物均须纳税。

1845年11月20日[①]葡萄牙女王玛利亚二世(Maria Ⅱ)置国际法准则于不顾,在里斯本以宗主国身份颁布法令,擅自宣布澳门为"自由港",并发布敕令12条,其中"第一条:澳门城市的港口,包括内港及氹仔和沙沥向所有国家宣布为自由贸易港,允许他们可在这些港口利用、存放及再出口各种货物和经营各种贸易","第二条:本法令在澳门公布三十天后,进口到上述口岸的所有物品及货物,不论是哪一个国家的,完全免征进口税"。

1846年4月21日新任第79任澳门总督亚马留[②]抵澳履新后,为了贯彻女王敕令,狂热进行侵占澳门和破坏清政府对澳门行使主权的活动。由于女王玛利亚二世宣布澳门为自由港,葡萄牙的澳门海关被撤销,导致澳葡当局的财政收入受到严重影响。1846年5月30日亚马留在澳门颁布《殖民地征税法》,公然向居住澳门的中国居民征收地租、商税、人头税和不动产税,规定停泊在澳门的中国船只一律要向澳葡理船厅登记,并每月交纳1元税款。

澳门第79任澳督亚马留(Amaral ,1803～1849年)

1847年亚马留非法撤销粤海关南湾稽查口,驱逐该关口巡役,并没收房屋产业进行拍卖。1849年3月5日[③]亚马留趁英国侵略者为广州入城问题向清政府挑衅的紧张局势,颁布公告宣称:"(澳门)葡萄牙海关现已关闭,当然不能容许一个外国海关继续在澳门办公",随后宣布澳门境内不得征收关税,并限令位于普拉亚·格兰德(Praya Gramda)码头的粤海关关部行台及税馆于八日内关闭。3月8日亚马留致函两广总督徐广缙,称"香港既不设关,澳门关口亦当仿照裁撤,并欲在省城添设领事馆,一如英夷所为",被徐广缙严词拒绝。3月13日亚马留亲自率领数十名葡兵钉闭关部行台大门,推倒关前清政府旗杆,驱赶行台官员和丁役,封存行台大量财物。[④]

---

① 道光二十五年十月二十一日。

② Joào Maria Ferreira do Amaral:通常译作亚马留,又译作亚马喇、亚马勒,全名若昂·费瑞拉·德·亚马留(1803年3月4日～1849年8月22日),葡萄牙人。1846年4月21日至1849年8月22日任葡萄牙驻澳门第79任澳督。1849年8月22日在澳门关闸附近,被望厦村民沈志亮等人刺杀。

③ 道光二十九年二月十一日。

④ 黄启臣:《澳门主权问题始末》,原载《中国边疆史地研究》,澳门专号1999年第2期。

此时两广总督徐广缙正忙于应对英国人提出的入居广州城问题，在收到亚马留前往香港向英国借兵的消息后，便与粤海关监督基溥等人商定实施“以商制夷”的对策，将澳门总口移往黄埔，同时要求在澳门的大小商铺全部迁离。澳门华商接到谕令后，纷纷将商铺迁往黄埔。4 月 25 日亚马留为阻止华商迁离，向“澳门及其远至界栅的郊区的中国居民占有土地者”发出公告，声称“如他们不先向葡官厅请领执照即行迁移，葡政府将立刻占有其财产并以放弃论”。此公告激起了华人的愤怒，未能阻止华商离去，据当时《澳门月报》称：“街道荒凉，港口空空。迁徙之多，可以想见。”

澳门总口迁往黄埔后，清政府在澳门延续 160 多年的海关管理暂告结束。直至 1871 年 6 月 27 日，粤海关监督崇礼根据总理衙门令，在拱北湾口小马骝洲岛（今珠海市香洲区湾仔街道办事处）设立常关税厂，才在澳门外围重新开关征税。

三、粤海关虎门挂号口

珠江入海口共有八个，从东往西分别是：虎门、蕉门、洪奇门、横门、磨刀门、鸡啼门、虎跳门、崖门。珠江在东面四门（虎门、蕉门、洪奇门、横门）汇入伶仃洋[①]。

虎门位于东莞市和广州市番禺区交界处，是八大门中唯一一个在东岸的出海口，也是伶仃洋潮汐的主要入口。虎门至黄埔航道是我国黄金水道之一，最大落潮潮差 3.36 米，属于典型潮汐优势通道。万吨海轮可乘潮通过虎门进入黄埔港，航道优于上海港。

虎门口上的外国商船

虎门古称虎头门，因大虎、小虎两山形似虎踞珠江两侧而得名。“海中秀山，东西峙若门然，曰虎头门，珠江出其中。”[②]虎门北通广州城，南临伶仃洋，扼守珠江口，是海路进入广州的第一道天然屏障，堪称“省城中路门户”、“夷商出入门户”。1560 年（嘉靖三十九年）凤阳巡抚唐顺之奏称：“粤东之海，东起潮州，西尽廉南，南尽琼崖，凡分三路，均有出海门户，自海禁既开，帆樯

① 伶仃洋，亦称作零丁洋，在广东省珠江口，是珠江最大的喇叭形河口湾，属弱潮河口，域内有内伶仃岛和外伶仃岛。

② 赵尔巽主编：《清史稿》卷七十二、志四十七、地理十九，中华书局 1977 年版。

鳞集，望虎门而来，是口岸以虎门为最要。”[①]

粤海关虎门挂号口位于广州府东莞县(今广东省东莞市)太平镇，“距大关一百六十里”，是广州海外贸易的重要税口，也是省城海防的要隘。“口岸以虎门为最重。而濠镜一澳，杂处诸番，百货流通，定则征税，故澳门次之。”[②]

常年自虎门口出海的华商船只主要来自于海南、广州、惠州、潮州、新安，浙江和福建等地。乾隆初年，两广总督庆复(？～1749 年)奏称：“闽、浙、江南等省前往南洋贸易船只，均自粤省之虎门协经由老万山一岛出口，近则赴安南、陖京、占城、柬坡寨港口，暹罗、埭野、六崑等国，远则赴宋腒朥、大呢、丁咖呶、柔佛、单咀、吕宋、苏禄、噶喇吧、吖㖄、莽均达老、旧港、嘛六甲、嗳咖萨、马辰等国。”

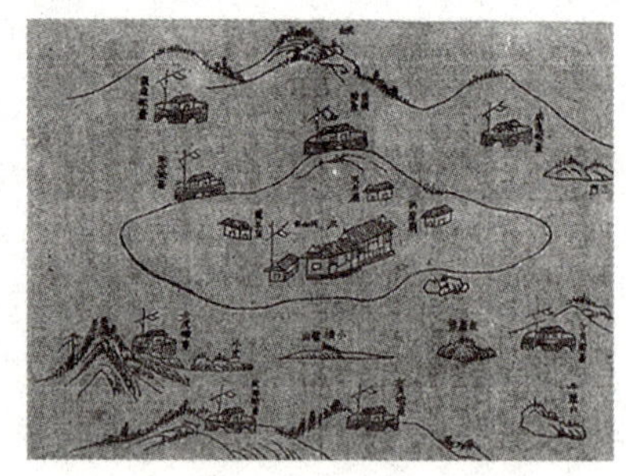

虎门挂号口(原载《粤海关志》)

虎门挂号口的主要职责有：

第一：丈量船只。粤海关官吏对进入虎门口的外国商船进行丈量，以备到黄埔征收“船钞”。没有经过丈量的船只，一律不能进入黄埔港口。

第二：征收规费。虎门挂号口设有税馆，负责征收外国商船进出虎门的“规礼”等杂费。

第三：稽查走私。1826 年(道光六年)清政府颁行《查禁官银出洋》章程，不许行商将银两私运夷船出口，违者治罪。1830 年(道光十年)清政府又颁布《查禁纹银偷漏》章程，规定“与夷商交易，除以货抵货外，如有尾数找给夷人，只准给付番银”，不准付给中国纹银。粤海关派遣员弁在黄埔口和虎门口稽查，以防偷运纹银出洋。一经查出，不论银两多寡，照数倍罚没充公。对于走私违禁货物如鸦片等入口，由虎门水师协助巡查。

第四：保卫黄埔港安全。虎门要塞周围设立多处炮台，防止外国兵船非法进入黄埔港。外国护航兵船只能停泊在虎门口外的伶仃洋海面，不得进入内河。外国商船也不能在虎门口滞留寄泊，还必须卸下炮位和违禁商品，才能进入黄埔港，否则虎门驻军可以取消其贸易资格并将商船驱逐出境。

---

① 《粤海关志》(卷七・设官)记载：“粤东之海，东起潮州，西尽廉，南尽琼崖，凡分三路，在在均有出海门户，自海禁既开，帆樯鳞集，瞻星戴斗，咸望虎门而来，是口岸以虎门为最重。”《〈粤海关志〉校注本》沿袭了《粤海关志》的写法，第 59 页第 3 行：“东起潮州，西尽廉，南尽琼崖。凡分三路，在在均有出海门户。”1560 年(明嘉靖三十九年)凤阳巡抚唐顺之上奏：“粤东之海，东起潮州，西尽廉南，南尽琼崖，凡分三路，均有出海门户，自海禁既开，帆樯鳞集，望虎门而来，是口岸以虎门为最要。”可以看出，《粤海关志》参考了上述奏折，但将“西尽廉南”，改作“西尽廉”，虽然不算错误，但地理位置表述模糊。

② (清)梁廷枏著、袁钟仁校：《粤海关志》，广东人民出版社 2002 年版。

1838 年前后，经虎门挂号口进口主要有胡椒、锡铅、苏木、京果、油、豆等货物，出口主要有瓷器、药材等杂货。每年 4、5、6 等月份最为繁忙。每年约征银 320 两。

粤海关在虎门挂号口除派驻官员以外，还设立了口书、家人、水手等办事人员，并配有一定的经费开支，由报解朝廷的税收库银中拨给支付。

虎门挂号口办事人员职位表(1838 年)

职位	编制	年薪(银)/人	更换日期(农历)
口书	1 名	48 两	每年九月十六日
家人	1 名	54 两	
水手	18 名	14.4 两	

虎门挂号口杂支银两：祃祭，月支银 1 两，年支银共 12 两；烛油，月支银 0.6 两，年支银共 7.2 两；纸笔，月支银 0.2 两，年支银 2.4 两；单册盘费，月支银 0.2 两，年支银共 2.4 两；年节神供，年支银共 3.5 两。

虎门入海口。左侧为横档炮台，右侧为亚娘鞋炮台(即威远炮台)

虎门挂号口税则："凡本港洋船进出口，每只收银三两零五分，福南、浙洋船进出照收。琼南往来装货船，每只收银二两，空船进出免收。如有免单批照，零星货物出口者，收银三钱；福南、浙贸易船装货进口，每只收银一两五钱。空船进出免收。福建船装咸鱼进口，每只收银五钱；广、惠、潮贸易船装货进出，每只收银三钱。空船进出免收。若空船有免单手本批照，零星货物出口收银三钱。福南船装草包等免单货物出口，每只收银五钱；盐蛋艚船，装盐进口不收，空船出口免收。若有免单手本批照，零星货物出口收银三钱；采捕水母船只出口，有牌每只收银八分，无牌每只收银一钱六分。进口不收。采捕水母头艇出口，每只收银四分，进口不收。小料采捕缯鱼船，出口每只收银一钱一分，进口不收。新安艇、水母头艇装竹木缸瓦，出口每只收银四钱，进口不收。新安柴船装柴，进口每只收银四钱，空船出口不收。采捕水母船出口采柴，每只收银一钱六分。其盐船于雍正十年裁免。贸易船进口，每只收银二钱。以上俱收纹银九扣九八平。"①

民国时，尤其是第二次护法战争期间，经虎门出口的船只较多，大多数是载运禽畜(如鸡鸭鹅生猪等)出口。出口船只经常受到时任虎门要塞司令吴礼和的敲诈勒索，鸡鸭鹅等每只要交纳 3 角多钱。有的船只为了筹纳缴款，不得不停留数天，致使鸡鸭鹅和生猪病死不少，一度造成民怨沸腾。

1932 年 4 月 7 日粤海关民船管理处管辖的虎门分卡予以撤销。

---

① (清)梁廷枏著、袁钟仁校：《粤海关志》，广东人民出版社 2002 年版。

四、粤海关镇口挂号口

粤海关镇口挂号口位于广州府东莞县(今广东省东莞市)虎门镇镇口村，隶属省城大关，距省城大关一百六十里。常年在镇口出海的华商船只主要来自于广东省东江、北江和市桥等地。

1838年前后经镇口挂号口进出口主要是零星杂货及沿海采捕渔船。每年7至10月最为繁忙。每年征银约320两。

镇口挂号口职位表(1838年)

职位	编制	年薪(银)/人	调换日期(农历)
家人	1名	54两	
巡役	1名	48两	六月十八日
水手	5名	14.4两	

镇口挂号口杂支银两：祃祭，月支银0.6两，年支银共7.2两；烛油，月支0.42两，年支银共5.4两；年节神供，年支银共2两。

镇口挂号口税则："凡北江杉木牌出口，每梢收银八钱。大者以八截为一梢，小者以十三截为一梢。如不及一梢之数者，仍照每梢之例，按截科算征收。东江杉木牌出口，每梢收银六钱。竹牌出口，每一千枝收钱八十文。装缸瓦船出口，每大船收银五钱，小船收银四钱。装杉木船出口，每满载收银五钱，不满载收银四钱。装砖瓦石船出口，每大船收钱七十文；小船收钱六十文。装壳灰船出口，收钱四十文。装煤炭出口，收钱六十文。捞水母头船出口，收银四分。高尾艇装杂货出口，收银二钱。文萠渡装杂货，每月收钱四百五十文。装纸料、元宝、钱香艇出口，大艇收钱八十文，中艇收钱七十文，小艇收钱六十文。石隆咸鱼艇出口，收钱十六文。小料罟船出口，收钱八十文。鱼君艇出口，收钱四十文。市桥渡船装咸鱼，每十篓收银三分。装柑、蔗艇出口，收钱四十文。装片糖船进口，收钱五十文。茅州渡、北栅渡装油，每一桶收钱十文，铁锅每连收钱五文。装大竹船出口，收银三钱，小船收银二钱。装杂木板枋，每十块收银三分。以上俱收纹银九扣九八平。"[①]

1839年6月3日林则徐[②]、邓廷桢[③]奉旨在虎门镇口村前的海滩上举行震惊中外的"虎门销烟"，向全世界展示了中华民族反对外来侵略的决心。

---

① (清)梁廷枏著、袁钟仁校：《粤海关志》，广东人民出版社2002年版。

② 林则徐(1785年8月30日～1850年11月22日)，福建省侯官(今福州市区)人，字元抚，又字少穆、石麟，清朝政治家、思想家和诗人，民族英雄。

③ 邓廷桢(1776～1846年)，字维周，又字嶰筠，江苏江宁(今南京)人。祖籍苏州洞庭西山明月湾。清代官吏，民族英雄。

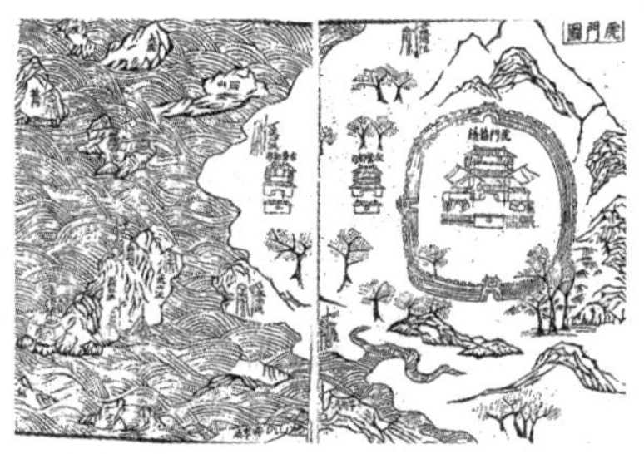

虎门镇图[1]

林则徐虎门镇口销烟图

镇口销烟池遗迹

五、黄埔总口、黄埔分关、黄埔分卡、黄埔支所

1849年(道光二十九年)黄埔挂号口与澳门总口合并组成粤海关黄埔总口。

1860年1月11日粤海关(洋关)黄埔分关成立。黄埔总口由粤海关监督管辖下的海关机构演变成由外籍税务司控制的黄埔分关的过程,正是清政府海关主权逐步遭到破坏的过程。

黄埔税馆及商船停泊处

黄埔分关设立之初,海关辖区划定为黄埔长洲岛一带水域。随着广州沙面白鹅潭一带码头设施的发展和管理机构的设立,沙面逐渐取代了设施简陋的黄埔港。同治年间,黄埔水域河沙淤塞,影响商船靠泊,往来船只逐渐减少,黄埔分关被降级为黄埔分卡。

1876年5月黄埔分卡抽调近一半人员到小马骝洲常关税厂。自此,黄埔分卡的职能逐渐变为单纯的锚地管理。

清末及民国初年,黄埔分卡业务极少。

1912年3月19日军阀陈炯明派陆军第9标和程军何程光部进攻惠军王和顺在黄埔、虎门等地的驻军,黄埔分卡全体员工奉命撤回广州。3月21日惠军覆灭,

---

① (清)印光任、张汝霖:《澳门纪略》(上卷·图十一)。周光培等校勘:《笔记小说大观》(第三册),江苏广陵古籍刻印社1984年版。

分卡员工回任黄埔。

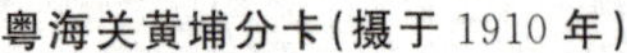

粤海关黄埔分卡(摄于1910年)

1912年北洋政府海关关旗

1925年6月23日广州“沙基惨案”发生后,沙面租界与游行示威群众进入了对峙状态。6月24日黄埔分卡所有外籍员工奉命撤回沙面,保护租界。黄埔分卡处于瘫痪状态,直至10月1日,外籍员工才回任黄埔。

1927年1月黄埔分卡改悬青天白日满地红的中华民国国旗,取代五色国旗。

为了将黄埔港建设成为“南方大港”,使广州取代香港成为中国南方最大的贸易中心,1935年国民政府成立“各界开辟黄埔商埠促进会”,由粤海关负责支付四成筹办经费。海关总税务司署也积极筹备设立独立的“黄埔海关”。

1931年至1949年中华民国海关关旗

1938年5月27日国民政府财政部关务署批准黄埔开埠督办公署“关于在黄埔设立保税关栈以繁荣黄埔商埠的请示”。总税务司梅乐和[①]命令李度与黄埔开埠督办公署共同商定黄埔保税关栈的设立地点。但该年10月22日日军攻陷黄埔,黄埔分卡员工撤回广州并疏散各地。分卡业务停顿,黄埔开埠设关的进程被迫中断。

抗战胜利后,1947年1月15日黄埔恢复海关业务,但原黄埔分卡降格为支所,隶属粤海关缉私课。1949年10月广州解放前夕,国民党海军逃离时将黄埔支所办公趸船击毁沉没,黄埔支所停止办公,旧中国的黄埔口岸海关也划上了句号。

六、黄埔分卡支援拱北湾小马骝洲岛常关税厂

1858年(咸丰八年)《中英通商章程善后条约》规定“洋药”(鸦片)准予纳税进口,鸦片贸易开始合法化。但由于当时粤海关在香港、澳门附近没有设立关卡,中外商贩便以港澳为基地,利用民船进行大规模鸦片走私。1866年(同治五年)11月两广总督瑞麟为了遏制鸦片走私和开辟税源,部分放宽民船载运鸦片的禁令,允许民船从香港或澳门运载鸦片到东莞、新会、顺德、香山(今中山)和开平等地。该措

① 梅乐和(Sir Frederick William Maze),英籍(1871年7月2日～1959年3月25日)。

施没有达到遏制广东沿海大规模鸦片走私的目的，因此瑞麟决定在澳门出入口处设立税收站。1868年(同治七年)7月1日瑞麟颁发公告，在香山县的前山、氹仔和过路环三处设立常关税收站。后两个税收站由于所在岛屿被葡萄牙人占领而很快被撤销，粤海常关就改在澳门拱北湾内一艘“周历”号船上设站，征收鸦片厘金。常关对每箱鸦片征收厘金16两白银，比粤海新关每箱征收关税30两白银低得多，因此大量鸦片通过常关进入中国，严重影响了粤海新关的关税收入，引起海关总税务司署的强烈不满。

1870年(同治九年)海关总税务司赫德向总理衙门建议在拱北湾和前山的厘金卡附近设立公所，由总税务司派员征收鸦片关税。清政府担心外国人把持的洋关势力借此插入非条约通商口岸，便于1871年6月27日在拱北湾和前山设立由粤海关监督管辖的常关税厂。在拱北湾设立税厂的措施，遭到澳门商人的不满和澳葡总督的野蛮阻挠，但两广总督瑞麟和粤海关监督崇礼不甘示弱，派出兵船和缉私艇在澳门水域附近巡逻，截查出入澳门的船只。早已衰落的澳门进出口贸易遭受严重影响，粤海关税务司包腊[①]便出面进行调停。经过反复考察，粤海常关选择在拱北湾附近进出澳门水路要道的小马骝洲岛上(距澳门南面3里)设立常关税厂(马骝洲税厂)，于1872年(同治十一年)开始征收鸦片关税。

1876年(光绪二年)刘坤一等认为进出澳门的民船载运货物并非全是鸦片，而且民船走私漏税较为严重，鉴于长洲岛上的黄埔分卡已经形同虚设，奏准抽调部分海关人员迁至马骝洲税厂，除征收鸦片税厘外，还对进出澳门的民船征收常关货物税。[②]马骝洲税厂平均每月可征收约8000两白银。

1873年清政府以黄底青龙旗为海关关旗

外籍税务司制度下的海关关旗

七、粤海常关石龙分卡

石龙镇位于东莞市北部，东江下游。东江北干流和南支流在此交汇，使其成为东江上下游转运的中心点。

---

① 包腊(B. C. Bowra，1841～1874年)，英籍，也译作鲍拉、勃拉。

② (清)王彦威：《清季外交史料选辑》卷七，刘坤一、文铦奏折。

1867 年粤海常关在石龙镇设立石龙分卡。1868 年常关对鸦片进口实行优惠税率，将鸦片税、进口税和战争税总计定为每箱 38.4 两，比在粤海新关征收的 61.64 两少征 23.24 两。该优惠导致石龙分卡监管的民船进口鸦片数量大增，而由洋船运进广州的数量急剧下降，仅够广州本地消费。1870 年起，常关石龙分卡停止征收鸦片税。

粤海常关监管的民船进口主要商品是鸦片、原棉、棉布匹、大米、豆、染料、檀香木、铁和大量的洋杂货等。据统计，1874 年平均每月由民船进口运至太平镇鸦片 15 担、洋标布市布 750 匹、原棉 900 担、铁支铁条 30 担。平均每月由民船进口运至石龙镇鸦片 140 担、洋标布市布 1800 匹、铁支铁条 120 担，自石龙镇出口蔗糖 9 万担、炮竹 1500 担。由于税率较低，石龙镇每月由民船进口的原棉数量为 3500～4000 担，部分原棉从香港直接运往石龙，而不需由广州转运。经过石龙分卡的进口货物，主要供应惠州及东江上游各地。

1911 年 10 月 15 日广九铁路全线通车，石龙镇设有停车站。广州至石龙之间、石龙至深圳之间出产的荔枝、甘蔗、菠萝、橙及各种土特产，经过石龙站运往香港，十分便捷。

1935 年 7 月 6 日粤海关根据与广九铁路局草签的协议书，开始与九龙关分别在广深路段各站区和列车上执行查验任务。

八、垃圾尾监管站

垃圾尾岛，地处香港、深圳和澳门、珠海陆地之间，西距澳门、香洲 17 海里，北距香港大屿山仅 3 海里，是广州黄埔港和珠江各港出海的门户，进出广州的唯一通道，海上、空中航线的要冲。1954 年珠海市人民政府将垃圾尾岛改名为“桂山岛”。

1951 年 12 月 1 日为了加强对小型船舶的中途监管和对外港锚地轮船的联合检查，广州海关设立垃圾尾监管站，由广州海关货管处管辖。

1953 年 1 月 29 日广州海关与广东省对外贸易管理局合并，广州海关进行机构调整，定于 3 月 1 日起垃圾尾监管站由黄埔分关管辖。

1953 年 2 月 5 日[①]黄埔分关、港务局黄埔办事处、黄埔边防检查站及黄埔卫生检疫所等 4 个单位组成黄埔港船舶联合检查组，以黄埔港务局为召集人，对进出境船舶执行“联检”任务。自 6 月 15 日起，对进出口船舶的“联检”原则上在垃圾尾进行。

1954 年 3 月 23 日由于来往香港与海口、湛江、北海之间的船舶较少，垃圾尾监管站的中途监管作用不大，广州海关报经海关总署同意，撤销垃圾尾监管站。黄埔分关对进出口远洋船舶视情况派员监管。

---

① 《黄埔海关志》第 109 页第 5 行记作“1953 年 2 月 5 日”，又见第 252 页第 12 行。《广州海关志》第 38 页第 23 行记作：“2 月 1 日”。因文献有限，无法确认正误，存疑待考。

九、新港办事处

黄埔新港位于北纬23°02′35″～23°03′27″，东经113°30′18″～113°30′46″，距离广州市中心30公里，距离香港88海里。港区在珠江与东江汇合处，地理位置优越。

清朝晚期，新港所在位置还是东江口的一大片沙田，涨潮时沙田会被海水淹没。随着流沙和淤泥逐渐积聚，当地农民开始在沙滩上开荒种植。民国初期，孙中山在《建国方略》中提出开辟黄埔港为南方大港的设想，其主要开发地点就在东江口。

1973年中央决定开发黄埔新港，周恩来总理要求“三年改变港口面貌”。1975年新港码头先后建成5个万吨级深水泊位。经过四十年的建设，并且伴随广东省外向型经济的迅猛发展，新港已经成为近连国内各港口，远接东（南）亚、澳洲、非洲、欧洲、美洲等地的重要海运枢纽，是我国对外贸易的重要口岸之一。目前新港口岸线长1.6公里，码头前沿水深12米，与世界上100多个国家和地区的近500个港口有贸易往来，年吞吐货物2000多万吨。

新港办事处办公楼

1976年3月15日外贸部海关管理局批准在黄埔新港暂设办事处，由黄埔分关领导。此时新港办事处只是一个临时机构。1978年5月16日为适应新港进出口货物监管的需要，广东省外贸局批复广州海关，同意设立广州海关黄埔分关新港办事处，新港办事处成为正式的科级机构。1979年2月黄埔分关首期为新港办事处派驻12名关员。1980年11月新港办事处经海关总署批准为黄埔海关下属的科级办事处，成为当时黄埔海关唯一的办事处。

十、东莞工作组和太平工作组

1953年5月4日经海关总署同意，广州海关在出口货物较为集中的东莞县派驻东莞工作组和太平工作组。这些工作组在货主发货环节进行实际监管，弥补了过去单纯由边境海关查验的缺陷。边境海关查验存在以下缺点：一是边境海关查验滞留时间较长，不利于鲜活商品出口；二是非设关地区起运地的出口货物，未经海关监装，到达边境海关后难以进行有效查验。

1953年9月太平港开港。太平港位于珠江口太平水道东侧的虎门镇，是外洋及东南沿海进入广州必经的水道。

1955年广州关区内起运地的出口货物基本上已由国营外贸公司或国营完全控制的公私合营外贸企业负责监装封舱，最后由大铲或马骝洲海关机构验封放行，海关一般不再查验舱内货物。同年8月1日东莞至香港间航线封闭，该线船舶改由太平进出口，广州海关撤销东莞工作组，移并太平工作组。

1956年1月东莞港开港。东莞港位于莞城的东莞水道，是河海衔接和水陆联运的内河港。

1956年广州海关撤销了太平工作组。

1963年6月1日广州海关报经广东省人民委员会批准，从加强政治经济保卫工作和维护外贸统一管理的原则出发，恢复了太平工作组，隶属于广州海关大铲分关，并为工作组增加了有关货运监管任务。

“文化大革命”开始后，太平工作组撤销，直至1972年再次恢复。太平工作组主要采取巡视工作方式，重点是督促检查有关外贸公司监装员做好监装工作及揭发货运事故。

1977年东莞外贸收入突破1亿元，出口创汇为历年最高纪录。

1978年9月15日香港商人张子弥租用东莞虎门镇办企业虎门木器厂一间厂房，建立太平手袋厂。这家编号为“粤字001”号的手袋厂，是广东乃至全国第一家来料加工厂。太平手袋厂由香港信孚手袋制品有限公司与东莞二轻工业局合办，港方从香港进口设备、原材料并负责产品外销，东莞二轻局提供厂房和劳动力。自此，东莞开始经营“三来一补”（即境外来料、来件、来样，我方加工装配及对外中小型补偿贸易）业务，引进资金、技术、设备和管理经验，发展外向型经济。黄埔分关和全国海关开始办理加工贸易监管业务。

1980年太平工作组更名为黄埔海关驻太平工作组，由黄埔海关货运监管科领导。办公地点在威远大桥旁，负责监管往来粤港澳的小型货船。

十一、黄埔分关旅检组

解放后至1978年之前，黄埔分关没有设立旅客行李物品检查管理机构，所有进出境旅客行李物品的查验工作均由广州海关派员负责。

1978年10月13日黄埔分关在香港油麻地小轮有限公司承办的广州（黄埔）至香港客运班船“飞翔船”通航前，设立旅检组，为通航作准备。

11月17日“飞翔船”正式通航，每天由黄埔、香港两地同时对开3个航次，每航可乘60人。黄埔分关旅检组开始负责旅客行李物品的查验工作。

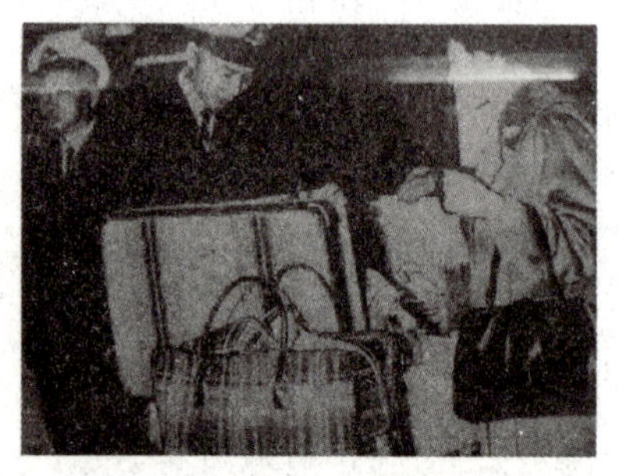

民国时期黄埔分卡关员旅检

1980年2月5日“飞翔船”改航洲头咀[①]，黄

① 《广州市志》（广州市地方志编纂委员会编）记载：1980年1月26日4400吨“星湖”客轮首航香港之后，澳门的“红星”轮和香港的“飞翔”船也相继驶抵该码头靠泊。1980年2月5日黄埔—香港航线的“飞翔”船也改泊该码头。1980年2月21日洲头咀客运站与香港油麻地小轮公司签订合同，正式开辟香港至洲头咀“飞翔”船航线，每天3班，每班载客量76人，恢复了中断了30多年的广州至香港水上客运航线。

埔分关于2月21日撤消旅检组。

十二、黄埔支关、黄埔分关、黄埔海关

1949年10月14日广州解放，10月25日广州市军事管制委员会成立海关处，与粤海关合署办公，派军代表王士强、程逸岩接管粤海关（包括黄埔支所）。

11月4日粤海关委派邓士珍（原黄埔支所主任，一等副监察长）、刘浩尧（二等副监察长）前往黄埔港调查船舶进出口情况。调查结果称："前供黄埔支所使用的'海澄'舰已被国民党海军击沉河中，至该所任务原查验200吨以上之来往船舶及可疑轮渡，目下航运尚未完全恢复，交通河道不靖，200吨以上船舶暂难恢复行驶，且二沙头及南石头两支所均派有查缉组会同解放军检查来往船只，目前已足控制水上私运等情，建议暂缓恢复黄埔支所。"根据邓士珍、刘浩尧两人的建议，黄埔支所在广州解放后没有立即恢复。

1950年10月15日为了适应形势发展需要和配合反禁运斗争，海关总署批准设立中华人民共和国黄埔支关，隶属广州海关。

黄埔分关办公楼(1954—1962年)

1951年1月24日黄埔支关启用海关总署制发的"中华人民共和国黄埔支关印"和"中华人民共和国黄埔支关货物专用印"。

1952年9月1日海关总署批准黄埔支关升格为黄埔分关，仍隶属广州海关。

1966年之前，黄埔分（支）关严格执行《中华人民共和国暂行海关法》、《中华人民共和国海关进出口税则》以及国家有关政策法规，对进出黄埔口岸的运输工具、货物以及运输工具服务人员、旅客所携带的物品等实施监管；征收关税和其他法定由海关征收的税费；开展海关统计；查禁走私等。

"文革"期间，黄埔分关各项规章制度遭到严重破坏。1968年12月大批海关干部下放英德"五七"干校劳动，货管工作基本处于取消状态，关税停征，海关统计中止，海关的业务职能被削弱，造成国家利益的极大损失。

1968年上半年至1971年8月15日黄埔分关与广州商检局黄埔办事处短暂合并后分离。

1973年5月1日黄埔分关启用经国务院批准重新制发的"中华人民共和国黄埔分关"印章（简体字），旧印（繁体字）同日作废。

"文革"结束后，黄埔分关各项业务工作逐渐恢复。1978年10月23日广州海关将"海关4"号（1964年12月购置、上海船厂制造）、"海关104"号（1976年购置、上海船厂制造）两艘缉私艇和12名船员调拨黄埔分关，极大提高了黄埔分关查缉走私的能力。

1978年12月中国共产党第十一届三中全会以后，黄埔分关以全国海关关长

1953 年 10 月 1 日启用的中华人民共和国海关关旗

会议提出的“依法监管征税，方便合法进出，制止走私违法，保卫促进四化”为工作指导方针，使各项业务走上正轨。

1980 年 2 月 9 日国务院下发《关于改革海关管理体制的决定》，重新设立海关总署，作为国务院直属机构，统一管理全国海关。同年 7 月 29 日海关总署征得广东省人民政府同意，将黄埔分关升格为黄埔海关。新设立的黄埔海关结束了与广州海关（含粤海关时期）近 300 年的隶属关系，直属海关总署。

1980 年 9 月 4 日黄埔分关开办黄埔—香港直通货柜汽车运输的监管业务。

1980 年 10 月 1 日黄埔海关正式对外办公，并启用新印鉴。

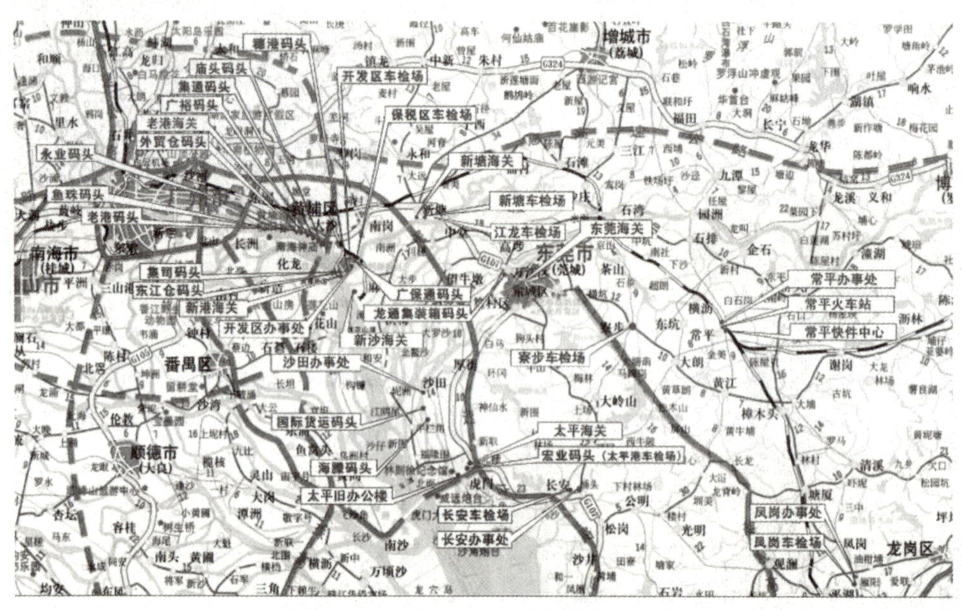

黄埔海关业务现场分布图（2014 年）

第八章　黄埔关址变迁

黄埔海关在三百年的酝酿发展过程中，关址曾多次变迁，办公地点经历数次岸上到船上的来回迁徙。不同时期办公地点的变动，一定程度上反映了黄埔口岸对外贸易的发展状况。

一、第一次从岸上到船上

1685 年(康熙二十四年)粤海关设立黄埔挂号口。根据《粤海关志》(清・梁廷枏)所载黄埔挂号口图，黄埔挂号口位于河堤旁，前半部分架设在水上，两侧建有栏杆，后半部分是主楼黄埔税馆，高两层。黄埔税馆因年代久远，难以详细稽考。

1809 年张保等广东沿海海盗由于缺少粮食，大举侵入广州内河，俘获外洋商船并抢劫了广州二十英里内的一个相当大的市镇。清政府下令清剿海盗，同时允许外国炮舰协助清剿。清剿过程中，海盗焚毁了黄埔挂号口，而中国的帆船战船却躲到外国船只中间消极避战。

粤海关黄埔挂号口(原载《粤海关志》)

1860 年 1 月 11 日两江总督兼南洋通商大臣何桂清授权海关总税务司李泰国设立黄埔分关，负责洋船及进出口货物的监管业务。最初黄埔分关在长洲岛北河道上的一艘趸船上办公。1862 年初(同治元年)由于业务量较小降格为黄埔分卡。该年 7 月 27 日黄埔地区遭受强台风袭击，黄埔分卡办公趸船沉没，5 名外籍海关关员罹难。

1866 年 10 月粤海关向美国商人购买一艘名为“德勒贝格”号(TROPIC)的趸船调拨给黄埔分卡，用于办公和住宿。

二、第一次从船上到岸上

1872 年 5 月粤海关向香港黄埔船坞公司租赁两幢洋楼作为黄埔分卡办公用房。该楼房位于长洲岛北侧，月租大洋 70 元。黄埔分卡于是废弃了年久失修的“德勒贝格”号趸船，搬到了长洲岛洋楼里办公。

1876 年 12 月 12 日香港黄埔船坞公司将楼房售给了广东地方政府。粤海关于是改向广东善后局续租，月租仍为 70 大洋。

1877 年 12 月粤海关又向广东善后局租赁了一幢洋楼，用于黄埔分卡办公和洋员住宿，每月租金为 30 大洋。该洋楼俗称“学海楼”，是砖木混凝土结构、中西结合的二层小楼，建筑面积805平方米，坐落在长洲岛北缘扯旗山麓，依山面江，交通十分方便。

1882年至1887年间，广东地方政府为了扩建鱼雷学堂（后称为“广东水陆师学堂”），多次要求收回1872年起粤海关租赁的两幢洋楼，并同意黄埔分卡另行择地建房办公，由省府衙门代购。粤海关最终选定学海楼及其东边空地作为分关新址。1889年8月新关房竣工，共计耗银12000元，全部由广东善后局支付。从该月起，粤海关按月缴纳租银90元为黄埔分卡租用新关房，之前租用的两幢洋楼移交给水陆师学堂。

约1850年的黄埔及坪岗墟景色

约1850年的黄埔及坪岗墟景色

约1850年的黄埔及坪岗墟景色

约1850年的黄埔及坪岗墟景色

1889年8月英国驻广州领事准备将英国早年设在黄埔的副领事馆房产出售。该房产位于长洲坪岗山下，占地10.01亩。海关总税务司赫德获悉这一消息后认为这是洋关可以在黄埔立足的大好机会，便命令粤海关税务司吴德禄[①]不惜代价买下此房。1891年1月15日粤海关花费12000墨西哥银元买下该房。但是由于粤海关急于购房，以至于签订购房协议后才知道该房地基是英国政府向番禺县衙门租用的。因此，粤海关在番禺县衙注册登记时，声明房子地基为永久租赁，年租金大洋100元。因房子距离外国船只停泊处较

赫德（Robert Hart，1835～1911年）

① 吴德禄（F. E. Woodruff），美籍。

远，不便于海关监管，所以粤海关将其改为客栈，接待海关访客。1913年1月房子年久失修[①]，部分塌陷，被海关总税务司署下令拆除。1929年2月中旬黄埔军校为修建廖仲恺公园、孙逸仙纪念碑、东江阵亡将士墓等处通道，毁坏原英国副领事馆房产周围的树木及围墙。粤海关税务司向军校提出交涉，但毫无结果。粤海关又报请大元帅府出面干涉，得到回复是："廖仲恺先生功在党国，修建仲恺公园本属善举"，"不论关产、军产，均属国家财产"。事情最终不了了之。

1929年2月黄埔军校师生将黄埔分关在平冈山房产的周边围墙推倒，修建通往廖仲恺公园、东江阵亡烈士墓等地通道。图为东江阵亡烈士墓。

"学海楼"曾与孙中山在广东革命活动有过密切联系。1917年孙中山南下护法，乘"江固"舰抵达长洲岛，在黄埔公园接见国会议员后，曾多次在此楼休憩。1924年6月16日孙中山和夫人宋庆龄参加黄埔军校开学典礼后，也曾在此楼内休息。同年8、9月广州商团阴谋叛乱期间，孙中山曾视察黄埔军校第一期学生训练，勉励师生保卫革命政府。由于天色较晚，孙中山就下榻学海楼。黄埔军校管理部还专门派船到广州接来宋庆龄。孙中山和宋庆龄在学海楼二楼的一间房子里住宿三天后，返回广州大本营。此后，孙中山多次来黄埔军校视察演讲，一般会在学海楼里休憩。1926年学海楼由粤海关黄埔分卡移交黄埔军校。1930年10月黄埔军校北迁南京后，学海楼逐渐荒芜，抗战初期又遭到日军野蛮轰炸。广州解放前夕，学海楼已经残破不堪。1952年该楼重修后被定为"孙中山先生故居"，开辟成"黄埔军校旧址纪念馆"。

民国时期学海楼

1952年重建后的学海楼

① 《黄埔海关志》第231页第21行记载："该房（按：英国早年设在黄埔的副领事馆房产）位于长洲屏冈山下……1913年1月，因房子年久失修，故总税务司署下令拆除。"《广州海关志》第356页第5行记载："名称：黄埔平岗山空地；所在地：原黄埔英国副领事馆旧址；产生时间：1891年；用地面积：8473平方米；沿革简况：1891年购进，原有房屋于1912年被烧毁。"因文献有限，无法确认正误，存疑待考。

三、第二次从岸上到船上

1924 年 6 月 16 日国民政府在长洲岛创建陆军军官学校(即“黄埔军校”),并计划将长洲岛辟为军事禁区。同年 7 月 8 日国民政府外交部致函粤海关税务司要求尽快搬迁黄埔分卡。此后,黄埔军校校长蒋介石也多次敦促黄埔分卡择地迁移。

1926 年 1 月 12 日国民政府军事委员会决议,将“陆军军官学校”改为“中央军事政治学校”(仍称“黄埔军校”)。4 月 29 日中央军事政治学校校长蒋介石用一块地皮作为交换条件,征用黄埔分卡办公楼,并为分卡租赁了碇泊在长洲岛北面河道上的 3 条花艇。黄埔分卡于是将租赁了近 50 年的“学海楼”移交给军校,再次从岸上迁移到船上办公和住宿。

1927 年 7 月 15 日黄埔遭受强台风袭击,黄埔军校租赁供黄埔分卡员工住宿用的一条花艇翻沉,幸无人员伤亡。

四、第二次从船上到岸上

1930 年 7 月 8 日黄埔军校终于兑现承诺,购置军校以东约 300 米处(长洲岛轮渡码头附近)的一块地皮偿还给黄埔分卡,供分卡自行建造关房。1931 年 8 月 30 日新关房建成完工,黄埔分卡从船上再次搬到长洲岛岸上办公。新关房占地 1.528 亩,是砖木结构的洋式平房,共有 1 间办公室、2 间客厅、3 间卧室,耗资关平银 19088.02 两①。同时黄埔分卡还建设了 1 座简易码头,占地 1696 平方英尺,耗银 3600 关平两。

粤海关黄埔分卡(也称“粤海关黄埔分关”)关房(1931 年 8 月~1942 年 11 月)

1942 年 11 月日军八谷部队认为黄埔分卡关房妨碍军事行动,竟然下令将关房彻底拆除,仅保留 1 个码头。黄埔分卡业务停顿。

1943 年 12 月 30 日伪粤海关税务司根岸欣三(日籍)为了变更关产管理人员姓名,将有争议的坪岗山关产提交汪伪政府内政、外交两部审议。1944 年 7 月 25 日汪伪政府两部审议认为坪岗山关产属于海关产业,要求番禺县照旧发给粤海关永久租赁契约,并每年收取租金大洋 100 元。

五、第三次从岸上到船上

抗战胜利后,原粤海关黄埔分卡降格为支所。由于关房被拆,黄埔支所最初只

① 关平银是清代及民国海关收税使用的计量单位,1858 年中英《天津条约》规定启用。1 关平银两约合 1.55 银元。

能在黄埔新埠(今黄埔港码头)的一座瞭望台里办公。

1947年6月1日粤海关调拨一艘无名趸船,停靠在现黄埔港中码头附近,供黄埔支所办公使用。黄埔支所于是从岸上搬到船上。

1948年8月1日粤海关在长洲岛洪福市涌边街14号租用一处民房,供黄埔支所关员住宿。

1949年7月13日海关总税务司署从九龙海关调拨给粤海关的国民党旧战舰“海澄”号抵达黄埔。由于该船主机损坏,粤海关将其拨给黄埔支所办公使用,代替原来的无名趸船。

1949年10月15日国民党海军强行征用“海澄”号,并在撤离广州时开炮30余发击毁“海澄”号,致其燃烧3小时后在黄埔河面沉没。旧中国的黄埔口岸海关也随着办公趸船的沉没而彻底终结。

六、第三次从船上到岸上

1949年10月新中国中央人民政府设立海关总署。1950年1月28日[①]经海关总署批准,粤海关将长洲岛上的海关关产移交当地人民政府。1月31日粤海关改称广州海关,8月黄埔开港,10月15日广州海关黄埔支关设立。

黄埔支关最初在华南进出口公司验货仓(位于黄埔港1号码头)内办公,后向中国进出口公司广州分公司租用5间办公室(位于今港前路黄埔外运公司旧办公楼,当时为新楼,月租大米2500市斤)和1幢宿舍楼(港前路解放村第1栋,共6间房,月租大米600市斤)。

黄埔支关(分关)租用办公楼(1950～1953年)

七、第四次从岸上到船上

1952年黄埔支关更名为黄埔分关。1953年黄埔分关不再租赁中国进出口公司广州分公司的办公室,而是将办公地点搬迁到停靠在黄埔码头的3条船(“油麻地”趸船、“惠通”趸船和“红星”舰)上办公。这也是最后一次黄埔口岸海关在船上办公。

八、第四次从船上到岸上

1954年2月15日黄埔分关建成新办公宿舍楼,该楼位于中山路(今港前路),

---

① 《黄埔海关志》第233页第1行:“1950年1月28日,经中华人民共和国海关总署批准,广州海关将长洲岛上的海关房地产移交当地人民政府。”《广州海关志》第356页第5行:“名称:黄埔平岗山空地;所在地:原黄埔英国副领事馆旧址;产生时间:1891年;用地面积:8473平方米;沿革简况:1891年购进,原有房屋于1912年被烧毁,1953年11月20日经海关总署批准移交给广州市人民政府。”因文献有限,无法确认正误,存疑待考。

建筑面积 1 584.94 平方米，造价 27 万余元。黄埔分关于是从趸船搬到岸上，黄埔分关办公环境得到极大改善，此后办公地点再也没有搬离陆地。

1962 年 1 月广州市外轮供应公司经广州市人民委员会同意，换取黄埔分关办公宿舍楼和周边 1 块空地，用于开设“黄埔宾馆”。黄埔分关换得位于港湾路 3 号的 1 幢 2 层办公楼（建筑面积 629.53 平方米，造价人民币 12 万元）、位于港湾路 15 号的 1 幢 3 层宿舍楼、1 间平房和 1 块空地；另加搬迁费人民币 1 000 元；港湾路 3 号的办公楼旁，还设有 1 所黄埔分关饭堂。黄埔分关于该年春节前完成搬迁。

黄埔分关办公楼（1954～1962 年）

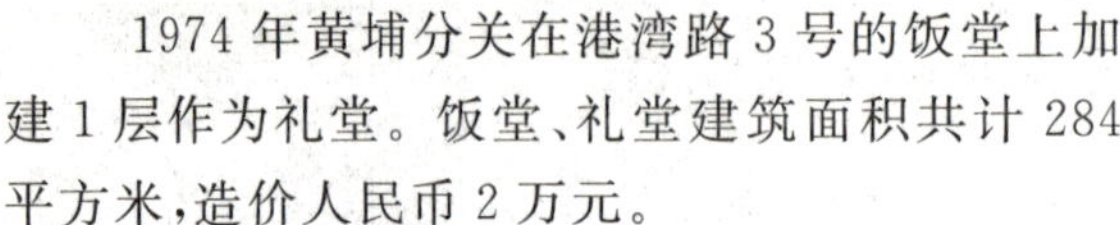

1974 年黄埔分关在港湾路 3 号的饭堂上加建 1 层作为礼堂。饭堂、礼堂建筑面积共计 284 平方米，造价人民币 2 万元。

黄埔分关办公楼（1962～1985 年）

1978 年 7 月黄埔分关在港湾路 15 号海关大院建成 1、2 号宿舍楼，全部是 5 层钢筋混凝土结构，建筑面积 2 174 平方米，有 30 套住房和 34 个单间，造价人民币 19 万元。

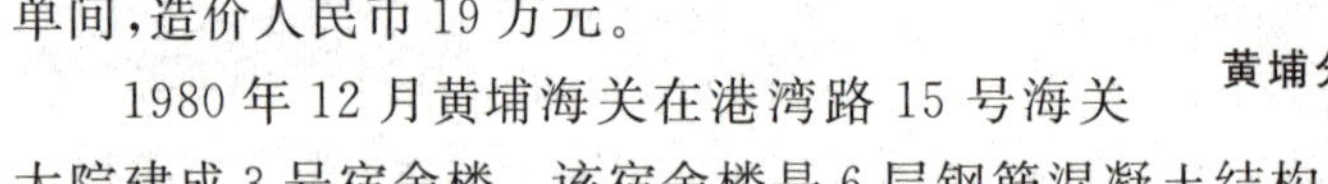

1980 年 12 月黄埔海关在港湾路 15 号海关大院建成 3 号宿舍楼。该宿舍楼是 6 层钢筋混凝土结构，建筑面积 1 220 平方米，有住房 24 套，造价人民币 18 万元。

第九章　黄埔关管理体制

一、人事

1685 年(康熙二十四年)黄埔挂号口设立后,粤海关监督派遣官员驻关管理。由于黄埔挂号口距离省城广州较近,所以派驻官员并不常住黄埔税馆。

1849 年(道光二十九年)澳门总口迁到黄埔,与黄埔挂号口合并成为粤海关最大的总口——黄埔总口。粤海关监督派遣总口委员驻关管理。

1859 年(咸丰九年)10 月 25 日怡和洋行创始人、鸦片走私巨商马地臣被海关总税务司李泰国任命为粤海关副税务司并派驻黄埔总口。

1860 年(咸丰十年)1 月 11 日黄埔总口改为黄埔分关,隶属外籍税务司制的粤海新关。黄埔分关是半殖民地海关,名义上受到粤海关监督委派的总口委员和海关总税务司任命的副税务司双重领导,但实际上只接受外籍副税务司管辖,人员的录用、提升、奖惩或调派等都由总税务司决定,是"一个非正常的机构"(赫德语)[①]。马地臣成为第一任驻黄埔分关的副税务司。

黄埔分关雇佣的洋员必须经过海关总税务司署严格考察。求职者首先要有社会知名人士的推荐信,包括其个人情况、求职动机和工作经历,还需要由求职者的校长、亲属、朋友三类人书写三封信邮寄给总税务司,用以证明其才能、家庭情况和道德品行。然后不管何人推荐,求职者都要参加海关总税务司署组织的严格考试,考试通过比例约为 1:5。[②]最后求职者还要进行入关实习,根据实际表现确定是否被正式录取。[③] 繁琐而严格的考录手续,最大程度地保证了进入黄埔分关工作的洋员具有良好的品行和卓越的才能。"总税务司对新关所任用各洋员之品行优秀、廉正与办事干练,向中国政府承担责任。若总税务司之工作,或为总税务司荐举录用之人,万一为中国政府所不满时,一经通知立予撤职。"[④]

1861 年(咸丰十一年)黄埔分关因业务量较少而撤走驻关副税务司,由粤海关监督派驻的委员和粤海新关税务司监察长双重管理。

1876 年(光绪二年)黄埔分关大部分关吏调往拱北湾的小马骝洲税关后,粤海关监督停止向黄埔分关派驻委员。自此,黄埔分关完全脱离粤海关监督管辖,由粤

---

① [英]魏尔特:《中国海关的起源发展和活动文件汇编》(*Documents Illustrative of the origin, Development and Activities of the Chinese Customs Service*):"1906 年 10 月 21 日赫德致塞西尔·克莱门特史密斯函",海关总税务司署统计科 1940 年版。

② 陈霞飞:《中国海关密档——赫德、金登干函电汇编(1874—1907)》,中华书局 1990 年版。

③ 李虎:《中国近代海关的洋员录用制度(1854—1911 年)》,原载《历史教学》2006 年 01 期。

④ 刘锦藻:《清朝续文献通考》,上海古籍出版社 1988 年版。

海新关税务司单独管理。

随后粤海关增设缉私课，专责缉私职务。黄埔分关改称黄埔分卡，隶属于粤海关缉私课。

1890 年 12 月 4 日由于黄埔分卡发现有妇女利用身体走私，分卡男性关员检查不便，粤海关便将女检查员吴九派往分卡工作。这是粤海关黄埔分关及分卡设立后的第一位女关员。

1894 年 6 月 5 日海关总税务司赫德批准粤海关税务司杜德维(E. B. Drew)关于对黄埔、广州两地副监察长进行数月对调一次的请示。此后，黄埔分关和粤海关的副监察长定期对调。

黄埔分卡第一位女关员吴九(生卒年不详)

1860 年～1894 年黄埔分关负责人

人名	译名	国籍	职位	到任时间	离任时间
J. S. Matheson	马地臣	英	副税务司	1860. 1. 11	1860. 12. 10
H. D. Williams			副税务司	1860. 12. 10	1862. 5. 10(待考)
J. H. Smith			监察长	1862. 5. 10	1862. 7. 1
Major. C. Klees. Kavski			税务司	1862. 7. 1	1862. 12. 20
J. H. Smith			监察长	1862. 12. 20	1863. 4. 1
John Roberts			帮办	1863. 4. 1	1864. 3. 8
Scharfenort			帮办	1864. 3. 8	1864. 11. 21
James K. Leonard			税务司	1864. 11. 21	1865. 2. 28
G. Clarke			监察长	1865. 2. 28	1867. 2. 28
J. L. Hummonds			一等税务员	1867. 2. 28	1869. 2. 21
Williams			税务司	1869. 2. 21	1871. 1. 26
James Brown	布浪	英	副税务司	1871. 1. 26	1871. 9. 30
W. H. Canham			监察长	1871. 9. 30	1872. 5. 15
Eldrige	阿地列治	美	副监察长	1872. 5. 15	1872. 10. 3
Dawson			副监察长	1872. 10. 3	1874. 11. 27
H. Ever			副监察长	1874. 11. 27	1875. 7. 1
Dawson			副监察长	1875. 7. 1	1876. 11. 1
W. F. Gallagher			监察长	1876. 11. 1	1878. 6. 1
Eldrige	阿地列治	美	副监察长	1878. 6. 1	1885. 12. 1
David Couklen			监察长	1885. 12. 1	1887. 4. 1
J. W. Pateson			监察长	1887. 4. 1	1890. 4. 1
G. L. Hummel			副监察长	1890. 4. 1	1892. 2. 22
Forsaith			副监察长	1892. 2. 22	1892. 12. 1
L. A. Byworth			副监察长	1892. 12. 1	1893. 12. 1
T. G. Lant			副监察长	1893. 12. 1	1894. 5. 18
Forsaith			副监察长	1894. 5. 18	

1927 年 3 月 24 日海关总税务司署通告：除专门技术人员外，是日起停止招募外籍人员在海关任职。

1947 年 1 月 15 日黄埔支所成立，由粤海关缉私课副税务司管理。

1950 年 1 月 31 日粤海关更名为广州海关，10 月 15 日黄埔支关设立，隶属广

州海关，由广州海关任命的正副支关长管理。郭文焕为首任支关长。黄埔支关内设秘书股、货运监管股和验估征税股。

1952年9月1日黄埔支关升格为黄埔分关，仍隶属广州海关，由广州海关任命的正副分关长管理。郭文焕为首任分关长。

1955年全国海关关长会议确定了“经济政治保卫”的海关工作方针。“文化大革命”期间，黄埔分关执行“政治经济保卫”的海关工作方针。“文化大革命”结束后到1980年改革开放初期，黄埔分关执行“依法监管征税，方便合法进出，制止走私违法，保卫促进四化”的海关工作方针。

1957年2月15日黄埔分关长郭文焕调南宁关，广州海关调毕传禄接任。

1967年3月26日广东省军事管制委员会派出军事管制小组，对黄埔分关实行军事管制。

1968年9月6日黄埔分关成立革命委员会。1969年1月17日广东省革委会调张龙飞任黄埔分关革委会副主任，主持全面工作。1978年6月20日黄埔分关革命委员会被撤销。

1980年7月29日海关总署征得广东省人民政府同意，将黄埔分关改为黄埔海关（处级），直属海关总署领导。黄埔海关由海关总署任命的正副关长管理，同时受广东省人民政府监督指导。谢俊强为首任黄埔海关关长。

1980年10月1日黄埔海关正式设立。11月10日广州、黄埔两关举行交接工作会议，并联合印发“广州海关与黄埔海关交接工作会议纪要”。黄埔海关设立时，从广州海关分得关产总值人民币154.20万元。1981年1月1日起黄埔海关和广州海关的财务经费完全分离。

1950年～1980年黄埔支关、分关正副关长

姓名	职务	到任时间	离任时间
郭文焕	支关长	1950.10.15	1952.9.1
	分关长	1952.9.1	1957.2.15
毕传禄	副分关长	1952.9.1	1955.1.3
	分关长	1957.2.15	1958.5.29
曾保棠	副分关长	1956.11.7	1960.1.26
梁宝贤	副分关长	1956.12.1	1957.6.5
周然	分关长	1961	1968
李明就	副分关长	1961.6.29	1975.5.7
张龙飞	分关革委会副主任	1969.1.17	1973.1.18
谢俊强	分关长	1975.6.3	1981.3.18
劳建坤	副分关长	1975.6.3	1981.4.9
陈锡标	副分关长	1975.6.3	1978.3.20
吴大荣	副分关长	1978.10.19任命，未到任	
张渊泽	副分关长	1978.12.4	1981.3.18
谢卫新	副分关长	1978.12.4	1981.3.18
廖佛钦	副分关长	1978.12.4	1981.3.18

二、编制及职位

清初黄埔挂号口除了由粤海关派遣官员驻关管理外，还配有一定数量的属员。粤海关属员分为关吏和关差两类。

关吏是办理关税业务的无品级胥吏。粤海关关吏配置并无严格规定，任免也比较随意，主要职位有：书吏、大关案书、大关各房缮写书、大关平柜、总书、柜书、大关清书、口书、家人等。黄埔口一般配有口书 1 名、家人 2 名。家人是实权人物，是粤海关派驻黄埔的亲信人员，与澳门总口 2 名家人的地位相同。黄埔口的口书之职一般由京差担任。虎门口配有口书 1 名、家人 2 名。镇口口配有家人 2 名。①

关差是办理稽查业务的海关差役，主要职位有巡役、水手、水火夫、火夫、杂役和轿卒、库丁等。黄埔口一般配有巡役 1 名、水手 11 名。虎门口配有水手 18 名。镇口口配有巡役 1 名、水手 5 名。

粤海关职位分为内班、外班。内班即内勤，负责办理日常公务如征税、统计、秘书、会计等工作，职位分为税务司、副税务司、帮办、税务员、医员、供事、见习、文案、司书、书办（后称“录事”）等 27 级。外班即外勤，负责验货、稽查、巡视等工作，职位分为总巡（后称“监察长”）、监察员、验估员、验货员、钤子手（后称“稽查员”）、巡役、称手等 16 级。

1860 年粤海新关黄埔分关配有副税务司、帮办、通事、总巡、钤子手、水手等 35 名，其中洋员 13 名。

黄埔分关洋员对华员处于绝对统治地位，不仅洋员名录排在华员之前，重要职位由洋员占据，而且薪酬待遇、晋升机会、假期、医疗待遇等远优于华员。

内班洋员一入关即为帮办，一年半载之后可获得擢升，供职 20 年时间可累迁至副税务司。而华员任职 20 年后，帮办仍是帮办，通事仍是通事，只是薪酬增加，极少获得升职机会。即使是同一级别，华员也要受到洋员役使，“同为帮办，华班受洋班节制；同为钤子手，华班供洋班驱使”②。

洋员薪酬十分优越，远远超过同时期的政府官员俸银。当时清政府一品大员每年俸银仅为 180 两，七品为 45 两，从九品官吏仅为 31.5 两。③ 一般洋员刚加入海关工作，最低月薪即为关银 150 两，华员要供职 30 年才能达到此标准。④

---

① （清）梁廷枏总纂、袁钟仁校注：《〈粤海关志〉校注本》，广东人民出版社，2002 年版。

② 陈诗启：《论中国近代海关的“国际性”和洋员统治的演变》，引自童蒙正《外人管理海关之弊端》（《银行周刊》第 6 卷第 1 号）和潘忠甲《解决关税十大问题意见书》（《京报》1925 年 10 月 13 日）

③ 萧一山：《清代通史》，中华书局 1986 年版。

④ 潘忠甲：《解决关税十大问题意见书》，《京报》1925 年 10 月 13 日。

清末黄埔分关关员基本薪酬[①](单位:两)

职位		年薪
内班	副税务司	3000 递升至 3600
	头等帮办	2400 递升至 3000
	二等帮办	1500 递升至 2100
	三等帮办	900 递升至 1200
外班	超等验估	2400
	头等验估	1800
	二等验估	1200
	超等验货	1200
	头等验货	1080
	二等验货	960
	超等钤子手	844
	头等钤子手	720
	二等钤子手	600
	通事	900～2400
	帮办通事	360～900
	额外通事	240～360

1871 年黄埔分关副税务司布浪因与粤海关代理税务司包腊争权夺利被开除，海关总税务司赫德决定从该年底起停止向黄埔分关派遣内班人员(医务人员除外)。此后，黄埔分关全由外班人员组成。

1902 年粤海关五十里内常关陆续移交税务司管辖后，粤海关五十里外常关机构和人员配置在民国以前基本沿袭旧制。常关各口仍由委员主管，属员有书办、巡役、杂役等。

黄埔口岸海关工作人数统计表(1860 年～1949 年)

时间	外籍(名)	华籍(名)	合计(名)
1860 年 7 月 1 日	13	22	35
1870 年 4 月 1 日	10	18	28
1880 年 6 月 1 日	5	9	14
1926 年 5 月 1 日	4	13	17
1949 年 7 月 1 日	2	8	10

1929 年南京国民政府财政部关务署训令总税务司停止新招洋员并对华洋员实行职权同等待遇。[②] 黄埔分关洋员与华员之间长期不平等状况才有所缓解。

广州解放后至 1980 年黄埔海关设立之前，黄埔口岸海关工作人数缓慢增加。1953 年全关人员为 52 人，1968 年初增加到 90 多人。1968 年 12 月大批干部被下放英德干校劳动，全关只留下 37 人。1969 年上半年海关与商检合并后共有 46 人，

---

① 陈霞飞:《中国海关密档——赫德、金登干函电汇编(1874—1907)》，中华书局 1992 年版。

② 《财政部关务署法令汇编》第 1 类“关政”，1929 年版。

9月份从英德干校调回部分干部，该年年底总人数为61人。1970年由于黄埔口岸业务发展的需要，广州海关为黄埔分关增加人员，到年底共有90人。1971年8月商检与海关分开后，全关人数减为80人。

1952年9月1日黄埔支关升格为黄埔分关，仍隶属广州海关。黄埔分关设置内勤组、仓栈组、船勤组、检查组，并设有政治干事。内勤组负责文秘、行政、报关、征税和统计等工作；仓栈组负责码头及仓库监管、小型船舶监管和验货等工作；船勤组负责船舶监管和联检等工作；检查组负责查船、船员自用物品验放和查私等工作；政治干事负责思想政治工作。

1952年11月1日黄埔分关启用海关总署制发的“中华人民共和国黄埔分关印”、“中华人民共和国黄埔分关放行货物专用印”、“中华人民共和国黄埔分关单照签证专用印”等3印，并截角缴销前黄埔支关各类印章。

1953年10月1日起，黄埔分关统一使用中华人民共和国海关关旗、关徽、制服、臂章。

1968年上半年黄埔分关与广州商检局黄埔办事处合并。黄埔分关内设船舶监管组、查私组、验货组、商检组和后勤组。

1968年9月6日黄埔分关革命委员会成立，并于10月1日起对内启用“中华人民共和国广州海关黄埔分关革命委员会”印章。“中华人民共和国黄埔分关”印章限于对外业务使用。

1970年11月黄埔分关内设办公室。

1971年8月15日黄埔分关与广州商检局黄埔办事处分离。黄埔分关内设一组（检查组）、二组（验货组）、三组（监管组）、四组（后勤组）和办公室。

1978年5月16日广东省外贸局批复广州海关，同意设立广州海关黄埔分关新港办事处（科级）。

1978年6月20日黄埔分关根据中共广东省委关于省直各单位不设革命委员会的通知精神，停止使用“中华人民共和国黄埔分关革命委员会”印章，对内对外统一使用“中华人民共和国黄埔分关”印章。

1978年10月13日黄埔分关设立旅检组，负责穗港“飞翔”船的旅行行李物品监管任务。

1979年2月黄埔分关设立新港小组，12名关员被派驻新港。

1979年11月底，为了贯彻“全国海关征税、统计、货管专业会议”精神，黄埔分关抽调7名干部成立征税统计组，为海关对国营外贸公司的进出口货物恢复单独计征关税作准备。1980年1月1日国务院决定对国营外贸公司的进出口货物恢复单独计征关税，并根据不同的情况分别实行集中纳税和地方纳税。

1980年2月5日穗港线“飞翔”客轮，从停靠黄埔港改为停靠广州港洲头咀码头，黄埔分关撤销旅检组。

1980年9月底，黄埔海关在编人数为147人，其中干部123人，工人24人。干

部中有副处级 1 名，正科级 3 名，副科级 2 名。

1980 年 11 月 1 日经海关总署批准，黄埔海关内设办公室、货运监管科、查私科、人事科、行政科和新港办事处（科级）。同月，黄埔海关设立海上缉私组，主要承担珠江口二线水域查缉走私任务。

1980 年 12 月海关总署核定黄埔海关编制数 147 人，实际在编人数为 147 人，其中工人 27 人，以工代干 14 人。

三、奖惩

1864 年 3 月 8 日黄埔分卡负责人罗伯特[①]因嗜酒屡教不改，粤海关税务司吉罗福奉命将其撤职，并委派帮办沙尔费南[②]前往黄埔，担任分卡负责人。

1871 年 1 月 26 日原粤海关（署理）税务司布浪[③]被赫德任命为黄埔分卡负责人。但布浪不服粤海关（署理）税务司包腊的领导，与包腊产生摩擦至大打出手。6 月 17 日布浪擅自离任前往英国驻北京大使馆申诉，正在北京的总税务司赫德于 7 月 17 日接见了布浪，并向其发出最后通牒。限其 9 月 15 日前回任黄埔分卡，否则予以除名，扣发退职金。9 月 15 日布浪回任黄埔，但要求补发 7、8、9 月份薪金，遭赫德拒绝。10 月 7 日布浪又前往上海，要求面见赫德。10 月 15 日赫德将布浪开除处理。

1886 年 12 月 25 日黄埔分卡 4 名洋员夜乘巡艇，玩牌时引起吵闹打架。事后一人被开除，两人被扣一月薪金，一人被公开谴责。总税务司署通令：凡违纪破坏海关声誉、伪造值班报告或玩忽职守者，先罚薪金，以示警告，再犯即开革。

清末民初，粤海关黄埔分卡采用英国文官制度，按照总税务司署制订的海关职业纪律、海关道德规定，定期对关员进行职业训练和品行、操行教育，年终进行考核。总税务司署将过失分为甲乙二等。

甲过失包括：1、未经事先请假擅离职守者；2、因饮酒过量于执行职务时发现醉态者；3、与报关行或商人串通舞弊妨害税收者；4、违背合法命令或有其他相似之重大不服从行为者；5、因债务等事而被控诉者；6、有重大之不道德行为者；7、贪赃勒索者；8、长久不按时到班者；9、未得长官许可擅自刊布关内事件者；10、在执行职务时酣睡者；11、不称职者。

乙过失包括：1、轻视长官者；2、疏忽职务者；3、执行职务懒惰者；4、身体不洁及制服褴褛者；5、在报纸登载之谈话或个人论文中，或在向公众演讲及可达于公众演讲中，有批评长官或政府机关事务者；6、假报疾病规避役务者。

总税务司署规定："凡违犯甲项各条之一者，即分别轻重，予以撤职或辞退。其初次违犯乙项各条之一者，亦即分别轻重，或降级或停职候查。或将其在职员录中

---

① 罗伯特（John Robert），曾任粤海关帮办。

② 沙尔费南（Scharfenort），曾任粤海关帮办。

③ 布浪（James Brown），曾任粤海关（署理）税务司，后任黄埔分卡负责人。

之姓名退列于本级之最末地位，以示惩戒。但如有再犯者，其所受之处分，应按违犯甲项各条之一者办理。所有以上关于整饬纲纪服从合法命令之办法，政府已决定力予维持。为海关前途计，及各关员个人利益计，各关员等自应一体凛遵，免于未便。犹有告者，各关员在关之职务，本属长久性质，如各关员不能继续忠于职守，俾有用于海关，则其职务，即无继续之必要。”

1919 年 1 月 9 日粤海关接到黄埔分卡违反规定擅自放行猪鬃出口的举报。经查证，黄埔分卡除监察长贝克（Becke）和 8 名水手外，其余 7 名关员（2 名英籍稽查员，5 名中籍巡役）都参与了舞弊活动。他们私自开征关税，以多报少，更改税簿，并将查获的私盐倒卖，然后瓜分等。1 月 29 日粤海关税务司柯尔乐（F. A. Carl）奉命将 7 名员工除名。4 月 10 日总税务司安格联以贝克监察长年老体弱（60 岁）、督导无力为由，令粤海关税务司将其劝退。

总税务司署还对各分关有特殊功绩的员工进行奖励。1914 年 7 月 29 日黄埔分卡灯塔人员救起溺水妇女 1 名、小孩 2 名，总税务司给予记功嘉奖。

黄埔分卡灯塔人员英勇救人①

1927 年 11 月 28 日黄埔分卡二等稽查员布卢姆菲尔德（F. A. Bloomfild）在执勤时酗酒闹事，并持枪威胁分卡负责人及其他员工，经粤海关关艇人员和黄埔军校官员干预后事态平息。据布卢姆菲尔德揭发，张发奎部队于 11 月 16 日至 18 日攻打黄埔期间，黄埔分卡负责人、二等稽查员卡姆麦德为躲避战乱，私自逃离黄埔，事后却在分卡日报内谎报自己坚守岗位，蒙骗上级。粤海关税务司贺志兰（Hedg Land）报请总税务司同意，分别于 11 月 30 日将布卢姆菲尔德除名，12 月 5 日将卡姆麦德除名。

1949 年 8 月 19 日黄埔支所“关瑞”号巡艇外出巡逻，电讯断绝，超过 24 小时没有返回，粤海关认为该艇失踪。后来该艇安全返回，黄埔支所明知总关急于了解该艇行踪，但没有及时报告。粤海关税务司吕少西认为“关瑞”巡艇及黄埔支所负责人均有怠忽职务之咎，给予申诫处分。

1955 年 11 月 19 日对外贸易部海关总署通报黄埔分关监管员王某偷窃外轮船

① 学海楼“小楼昨日——粤海关黄埔分关及其旧址变迁”展览图片。

员人民币一案的处理经过。王某因多次偷窃外轮船员钱财，被司法机关判处有期徒刑 7 年。

1966 年 2 月 7 日黄埔分关见习助理监管员张某因被发现有贪污税款等问题，故携带事先准备好的内部文件等物一批，潜入英籍“大宝石”轮上企图偷渡逃港。船舶驶抵桂山岛引水锚地时，张某被船方发现并送回，随后被劳动教养。

四、辖区航道与锚地

明清时期，虎门至黄埔的港湾形成漏斗形的狮子洋江面，黄埔至广州的港湾由内湖形成河道，现代珠江水系的河道基本成型。至建国前夕，黄埔港一带水域主要作为中外船只进出广州的关口和锚泊地。

1859 年以前，外国船只进入黄埔港，只能碇泊在黄埔洲、长洲、深井等河面，黄埔挂号口、黄埔总口的管辖范围就只限于这些碇泊地。1859 年 10 月粤海新关设立后，将长洲一带水域称为“黄埔锚地”，由黄埔分关管辖。

1860 年 12 月粤海关税务司吉罗福和黄埔分关副税务司马地臣，根据《中英通商章程善后条约》(1858 年)第十款“任凭总理大臣邀请英人帮办税务并严查漏税，判定口界，派人指泊船只及分设浮桩、号船、塔表、望楼等事”条文，会商粤海关监督毓清和英、美、法等国领事，共同勘定了黄埔锚地泊船和管辖界限：“黄埔泊船之界由第三沙滩(龙船沙)之峰，西北对至六步滘之东小冈为东界，或称下界；又由土瓜之南沙峰对至北边一涌，再由新洲头东边直至大河之北岸为西界，或称上界。各船停泊之处须在分关趸船与东界之中；其处在趸船以西至上界惟战船轮或等候招载或欲入澳(修理)等船与起卸木料之船湾泊。锚地内停泊船只由黄埔分关管理。若须停泊下界之下，须由粤海关理船厅指示。”

1914 年粤海关税务司梅乐和征得驻广州各条约国同意，将黄埔锚地泊界扩展至大鳌沙头东南一带水域。

民国时期，广州通海航道成为受潮汐影响的河口水道，以黄埔艕艚洲为界，分为上下两段水域。下段水域，从黄埔艕艚洲到珠江口垃圾尾岛，全长 63 海里。自北向南依次有大濠洲、莲花山、坭洲头、大虎、虎门、穿鼻、内伶仃和垃圾尾水道。莲花山水道全长约 10 公里，淤积较为严重，航道较浅。航道中部的浅滩将莲花山河槽分为西槽、中槽、东槽。1937 年以前，东槽是大船进出黄埔的主要通道。1938 年初，为了阻止日本军舰入侵广州，广州地方政府将百余艘木船装石沉于东槽南段，试图以此封锁航道。从此，大船改由西槽进出黄埔。

建国前，5000 吨以下船只可通航黄埔水域；5000 至 8000 吨船只需要等待涨潮时才能进出黄埔；8000 吨以上的船只，必须在虎门外卸下一部分货物后，才能乘潮进入黄埔港区。

建国后，珠江航道经过大规模疏浚，通航能力大大提高。1954～1967 年第一期航道建设工程完成后，万吨级船舶仍不能直驶黄埔港池区；1968～1972 年第二期航道建设工程完成后，载重1万吨级的海轮可以满载乘潮进出黄埔港池区；1975～1979年第三期航道建设工程完成后，载重2万吨级的海轮可以满载乘潮进出黄埔港池区。

由于广州港发展需要，珠江口不同水域先后形成多个锚泊地，供中外船只引航、检疫、停泊、候潮、避风、过驳、装卸作业等使用。50年代时珠江口装卸锚地有3处，分别是垃圾尾锚泊区、莲花山黎洲灯桩以南河面、黄埔乌涌附近水域；检疫锚地是大铲岛东南、垃圾尾岛以西、莲花山黎洲灯桩以北至立沙灯桩以南的水域；避风锚地是莲花山和沙角一带水域。

1950年10月15日黄埔支关成立后，开始对停泊黄埔港码头及黄埔至垃圾尾岛海面锚地的国际航行船舶实行监管。

1951年广州海关报经华南海关处批准，将黄埔港范围划定为海心围至大吉沙之间。

60年代黄埔港池内设置装卸锚地4个；港池外设置锚地14个，其中大濠洲9个、莲花山2个、二虎3个。

随着黄埔港范围的扩大，黄埔分关的监管区域相应扩大。1974年底黄埔分关将黄埔港的情况汇报给广州海关："黄埔港是我国对外开放的客、货运港口，北自内港鱼珠口起，南至珠江口外垃圾尾引水锚地止，全长63.9浬。根据使用情况可分三段：1、航道段。由垃圾尾至虎门一段，长47.6浬。2、外港锚地段。由虎门、坭洲头、莲花山至大濠洲一段，长15.3浬，共有锚位22个。3、内港锚地段。由濠洲至鱼珠口一段，长约1浬，共有锚位8个。"[①]外港锚地中莲花山锚地主要用于船只停泊和待修；垃圾尾锚地主要用于船只联检和候潮。

1980年黄埔海关直属海关总署后，与广州海关划定了分管辖区：1、海运监管区域：珠江南河道以新造为界，新造上游港区（包括新造）属广州海关管辖，新造下游港区属黄埔海关管辖；北河道以东圃河口为界，以西河面属广州海关管辖，以东河面属黄埔海关管辖。2、陆运监管区域：以车陂23路汽车总站至广州氮肥厂的公路（即车陂路）为界，以东包括黄埔区（含广州经济技术开发区）并延伸至增城、东莞归黄埔海关管辖。3、查私区域与海陆货运监管区域相同，但水面只管辖到沙角及其附近。

---

① 广州港档案资料称："1974年，黄埔港池区内设置锚地6个；港池区外设置锚地31个。"而《黄埔海关志》称1974年黄埔关区外港锚地22个，内港锚地有8个。存疑待考。

第十章　粤海关黄埔分关第一任最高领导人

马地臣(Matheson，1796～1878年)

詹姆斯·马地臣(James Matheson)，又译作孖地信，英国人，曾任粤海关(洋关)黄埔分关第一任最高领导人。

一、生平

马地臣于1796年11月17日出生在苏格兰萨瑟兰郡莱尔格(Lairg,Sutherland)的贵族家庭，曾就读于爱丁堡的皇家高中和爱丁堡大学。1813年马地臣到达印度加尔各答，在叔父开设的麦金托什商行担任会计。后来由于工作失误，马地臣被叔父勒令返回英国。但马地臣不愿离开亚洲，于1818年到广州进行鸦片走私，迅速积累了大量财富，并曾两次被广东地方当局驱逐出境。1820年马地臣任丹麦驻广州领事。1843年11月9日马地臣与玛丽·波斯富结婚。1851年马地臣被英国女王封为准男爵。[①] 1843年至1852年任阿什伯顿市(Ashburton)国会议员。1852年至1868年任罗斯可麦郡(Ross and Cromarty)国会议员。1878年12月31日马地臣在法国芒通逝世，享年82岁。由于马地臣没有子女，其世袭爵位因无人继承而断绝。香港铜锣湾马地臣街(Matheson Street)即以马地臣的名字命名。

二、丹麦驻广州首任领事

1820年马地臣出任丹麦驻广州首任领事。当时英国东印度公司为了避免清政府广东当局借口鸦片问题加大勒索，禁止英国人在黄埔进行鸦片走私，并要求英国人遵守清政府规定按期往返广州和澳门。但马地臣认为自己拥有丹麦国王的正式任命，因此对东印度公司的通告和禁令置若罔闻，拒不服从英国商务大班的管理。东印度公司也认为如果严格禁止马地臣这类具有英国国籍的自由商人在广州设立商业据点，就会导致鸦片贸易和其他商业贸易落入其他国家商人的手中，所以东印度公司商务大班对马地臣的行为并不过多干涉。1828年马地臣卸任丹麦领事，由马格尼亚克洋行的威廉·渣甸[②]接任。渣甸原是东印度公司来华贸易商船

渣甸(Jardin，1784～1843年)

---

① 1851年马地臣被封为“第一代路易斯准男爵”(1st Baronet of Lewis)。

② 威廉·渣甸(William Jardine)，又译作“威廉·查顿”(1784～1843年)，英国大鸦片商贩。

"布伦瑞克"号的随船外科医生，1819 年到达广州后，作为自由代理商，开始为马格尼亚克洋行经营鸦片生意。马格尼亚克洋行是在中国开业的最古老的英国私人公司，其创始人查尔斯·马格尼亚克（英籍）曾在 1802 年担任普鲁士驻广州副领事。渣甸于 1825 年正式加入马格尼亚克洋行，后曾任广州英商会主席。

三、中国第一份英文报纸创办人

1827 年 11 月 8 日（道光七年九月二十日）时任广州英商会主席的马地臣和美国商人威廉·伍德①在广州创办了《广州纪录报》（初名《广州纪录与行情报》）②。伍德为第一任主编，兼任采访、编辑、排字等工作。1828 年 2 月，伍德因为与马地臣在办报方针上存在分歧而离职，编辑改由马地臣和马礼逊③担任。1830 年后编辑先后由济廷（A. S. Keating）、施赖德（John Slade）等人担任。马礼逊、施赖德为主要撰稿人。马地臣为了回报马礼逊的积极撰稿，每年给马礼逊指定的慈善机构捐助 300 元善款。

《广州纪录报》是西方侵略者在中国创办的第一家报纸，也是中国境内出版的第一份英文报刊。该报广泛刊登政治时事、新闻评论、货价行情和航运消息等，是一份有强烈政治色彩的商业报纸。该报最初为双周刊，用手摇印刷机印刷，后改为周刊，每逢星期二出版。该报发行量较大，影响力也较大，读者远及南洋、印度及英美一些主要商埠。

1829 年 9 月 29 日英商颠地④等人向英国东印度公司特选委员会主席部楼顿（William Henry Chichely Plowden）递交申诉书，全面抨击清政府贸易和税收体制，要求部楼顿转送广东当局。部楼顿根据申诉书，于 10 月 3 日致函两广总督李鸿宾，提出改变税收体制等 8 项要求。上述信函均在《广州纪录报》进行刊发。⑤

---

① 威廉·伍德（William W. Wood），1805～1855 年。

② 《广州纪录报》（*The Canton Register*），又译作《广州纪事报》、《广东纪事报》。

③ 马礼逊：Robert Morrison，1782～1834，英国来华传教士、著名汉学家、商人、外交家、教育家，曾任英国驻华商务监督义律的翻译。

④ 颠地（Lancelot Dent，1799～1853 年），英国大鸦片商贩。其开设的宝顺洋行，仅次于渣甸、马地臣开设的怡和洋行。

⑤ "To W. H. C. Plowden，Esq，President &. C. and Select Committee"，"Extract of a Letter from the Select Committee to the Viceroy of Canton"《The Canton Register》，22nd December，1829.

马礼逊(1782～1834 年)　　　颠地(1799～1853 年)

1830 年两广总督李鸿宾颁布告示，重申严禁外国人乘轿和雇佣中国人作杂役。此告示经《广州纪录报》修改后刊发，在外国人中引起了极大关注和对清政府地方当局的广泛抗议。

虎门销烟之前，珠江口的鸦片走私几乎是公开进行的。《广州纪录报》每期将鸦片价格像其他进口商品一样公开刊载，并公布载运鸦片抵达广州的洋船名称和鸦片交易情况。《广州纪录报》还大量登载渣甸、因义士等鸦片巨商，以及来自英属印度的巴斯商人就关税问题对广东当局的申诉。[①] 1834 年英国首任驻华商务总监督律劳卑来华前夕，《广州纪录报》发表署名"Delta"的文章《给即将到来的英国驻华商务监督提供线索》，揭露粤海关税费混乱和各级官吏敲诈勒索问题。[②] 鸦片战争时期，《广州纪录报》竭力为鸦片战争辩护，主张英国政府对华采取强硬政策，公开鼓吹侵略。《广州纪录报》成为外商尤其是英国商人鼓吹战争的喉舌。

1835 年起，《广州纪录报》接受华人订户。1839 年迫于林则徐禁烟形势，《广州纪录报》迁往澳门，改名为《澳门杂录》。1843 年又迁往香港，改名为《香港纪录报》。1863 年停刊。

四、"在华实用知识传播会"首任会长

1834 年马地臣与郭士立[③]、裨治文[④]等人在广州成立"在华实用知识传播会"(Society for the Diffusion of Useful Knowledge in China)。该会是广州外侨自发

---

① 参见 The Canton Register, 3rd December, 1832; The Canton Register, 4th August, 1835; Supplement to The Canton Register, May 10th, 1836.

② Delta "Hints for the Approaching Superintendent of British Affairs in China" The Canton Register, 4th February, 1834.

③ 郭士立(Gtzlaff, Karl Friedrich August, 1803～1851 年)，又译郭实腊，德国基督教路德会牧师、汉学家、传教士、鸦片商贩、间谍。第一次鸦片战争期间曾担任英军占领下的定海"知县"。

④ 裨治文(Elijah Coleman Bridgman, 1801～1861 年)，美国来华第一位传教士、第一位汉学家。

成立的各类社团中规模较大的一个，会员最多发展到 83 人，召开过 4 次年度大会。马地臣任会长，美商奥立芬[①]任司库，郭士立、裨治文、马儒翰等人任中英文秘书，各国驻广州领事任名誉会员。该会自我标榜目标是出版发行中文书刊以传播西方实用科学和艺术知识，打破中国人封闭自大的观念，启迪中国人智慧。

郭士立(1803～1851 **年**)

裨治文(1801～1861 **年**)

1835 年“在华实用知识传播会”续办已休刊的《东西洋考每月统记传》[②]。《东西洋考每月统记传》是第一份在我国本土出版的中文报刊，也是出版时间最长的一份近代中文报刊。郭士立称：“这个月刊是为了维护广州和澳门的外国公众的利益而开办的。它的出版意图，就是要使中国人认识我们的工艺、科学和道义，从而清除他们那种高傲与排外的观念。刊物不必谈论政治，也不要在任何方面使用粗鲁的语言去激怒他们。这里有一个较为巧妙的表明我们并非‘蛮夷’的途径，这就是编者采用摆事实的方法，让中国人确信，他们需要向我们学习的东西还是很多的。”[③]

客观上，“在华实用知识传播会”促进了西方科学知识在中国的首次传播，引发了中国知识分子对西学的关注和思考，并通过中国知识分子的研究和论著，在更大程度上扩大了西学的影响范围。据研究，魏源编纂的《海国图志》引用《东西洋考每月统记传》文字达 28 处，徐继畬《瀛环志略》、梁廷枏《海国四说》也参考了报刊相关内容。

1838 年“在华实用知识传播会”活动趋于停顿，《东西洋考每月统记传》停刊。

---

① 奥立芬(D. W. C. Olyphant)，广州美国同孚洋行老板，传教事业赞助人。1829 年奥立芬资助裨治文来华传教。1832 年《中国丛报》创刊，奥立芬提供开办费和印刷场所。1835 年奥立芬资助英国传教士麦都思和美国传教士司梯文思乘坐其公司货轮考察中国沿海地区。奥立芬被裨治文夫人誉为“美国对华传教之父”。1851 年奥立芬在回美国途中病逝。

② 《东西洋考每月统记传》于 1833 年 8 月 1 日由郭士立在广州创刊，其前身是《察世俗每月统记传》。1834 年出版第 10 期后休刊，1835 年 2 月复刊，出版 6 期后再度休刊，可见到的最后一期出版于 1838 年 7 月。《察世俗每月统记传》是 1815 年 8 月 5 日米怜在马六甲主编的免费宗教月刊，是世界上第一份中文报刊。

③ 方汉奇：《中国新闻传播史》，中国人民大学出版社 2009 年版。

1839年由于部分会员积极参与侵华战争，“在华实用知识传播会”自行解散。

1871年傅兰雅[1]、艾约瑟[2]和丁韪良[3]等外国传教士重新成立了“在华实用知识传播会”。1872年该会在北京创办中文刊物《中西闻见录》，丁韪良任主编。该刊更为注重西方科学、历史、地理等知识的传播，介绍过电报、玻璃、照相术、蒸汽机等科学知识。1875年“在华实用知识传播会”解散，《中西闻见录》终刊。

傅兰雅(1839～1928年)

艾约瑟(1823～1905年)

丁韪良(1827～1916年)

五、怡和洋行创始人

1828年黎萨利洋行的创始人黎萨利(Yrisarri)去世后，由于没有继承人，公司股份全归了合伙人马地臣。此时渣甸正是马格尼亚克洋行的合伙人，马地臣于是加入该行。虽然马地臣和渣甸两人性格特征完全不同，但优势互补，迅速取得了商业运营的成功。马地臣矮胖活泼，严谨细致，掌管公司文件和财务账本，熟悉商业运作模式；渣甸比马地臣大12岁，瘦高严肃，专横强硬，意志顽强，具有精明的商业头脑，负责制订公司计划和发展战略，善于处理危机，是典型的工作狂，曾被当地人冠以“铁头老鼠”的绰号。马地臣父亲是苏格兰从男爵，其本人受过良好的高等教育，在广州的散商中，马地臣是唯一可以与东印度公司驻广州管理委员会大班们平起平坐的人；而渣甸出身卑微，在医学院读书时需要兄弟资助才得以完成学业。马地臣爱好艺术，口才良好，拥有一台据称是亚洲唯一的钢琴，并且能够熟练演奏。马地臣和渣甸两人均无子女，都对个人和财务方面十分谨慎，也都尊重印度和中国南方的当地风俗习惯。马地臣曾强迫开除一位拒绝在安息日装卸鸦片箱的船长，

---

① 傅兰雅(John Fryer，1839～1928年)，英国圣公会教徒，翻译家。傅兰雅曾任上海江南制造局翻译馆译员达28年，单独或合译西方书籍129部，是在华翻译西方书籍最多的外国人，清政府授其三品官衔和勋章。1896年傅兰雅前往美国加利福尼亚大学任东方文学语言教授，并加入美国籍。

② 艾约瑟(Joseph Edkins，1823～1905年)，字迪瑾，英国伦敦布道会遣华传教士，著名汉学家，曾被赫德聘为中国海关总税务司署翻译。

③ 丁韪良(W. A. P. Martin，1827～1916年)，字冠西，号惠三，美国长老会遣华传教士，后成为赫德创办的专为清廷培养外交人才的同文馆总教习。

理由是"我们每个人都遵守严格的宗教原则,但我们担心太正直的人不适合毒品贸易"。

1832年7月1日马地臣与渣甸利用与十三行之一怡和行行主伍绍荣的特殊关系,将广州的马格尼亚克洋行改为怡和洋行(最初称为"渣甸洋行")。怡和洋行的英文名称是"Jardine,Matheson and Company, Ltd",即"渣甸·马地臣有限公司"。渣甸、马地臣是主要合伙人,次要合伙人有霍灵沃斯·马格尼亚克、亚历山大·马地臣、托马斯·比尔(时钟和自动机器发明者)等人,中文名称"怡和",意为"快乐融洽"。在旧中国众多洋行中,该行因其牌子老、规模大、交际广,曾被称为"洋行之王"。

1833年英国国会取消了东印度公司对中国贸易的专营权。此后数年,怡和洋行迅速填补英国东印度公司留下的贸易空白,成为中国沿海规模最大的鸦片走私集团。怡和洋行除了走私鸦片以外,还经营一般货物进出口业务,包括:从菲律宾载运香料、蔗糖到中国;从中国载运丝绸、茶叶到英国;办理货运票据和保险;出租船坞和仓库;以及提供进出口信贷,甚至走私军火等等。"英国侵华,怡和洋行担负着的使命与英国侵略印度时东印度公司所担负着的相同。"[①]

1835年马地臣加入伦敦的马格尼亚克·斯密斯公司,成为该公司的重要股东之一。

怡和洋行对香港的早期发展具有十分重要的作用,有"未有香港,先有怡和"之称。早在1841年开埠初期,香港首幅出售的地皮就被怡和洋行以565英镑[②]购得。1842年怡和洋行将总部从广州迁往香港。怡和洋行也是首家在上海开设分公司的欧洲公司和首家在日本开设分公司的外国公司。1843年怡和洋行上海分公司成立。1844年上海首次拍卖土地,也由怡和洋行购得。怡和洋行的分支机构还遍布中国沿海、长江沿岸共19个通商口岸和我国边陲重镇昆明、哈尔滨等。

1843年初渣甸去世。同年,马地臣从怡和洋行退休,将经理职位交给渣甸的侄子大卫·渣甸。马地臣返回英国后,一边担任国会议员,一边领导伦敦的马地臣公司、前马格尼亚克·渣甸公司和渣甸在英国的代理商。

1872年以后,怡和洋行放弃鸦片贸易,开展多元化投资。1876年在上海兴建吴淞铁路,这是中国第一条铁路。怡和洋行还安装了中国的第一部电梯。1912年,渣甸后裔家族买下了马地臣家族的公司股份,但公司名称未变。1912年以后,怡和洋行总部设在上海。怡和洋行逐渐发展成为亚洲最大的贸易公司,被称为"太子行"。1967年怡和集团成为上市公司。1984年注册地迁至百慕大。

作为"全球500强"之一,怡和洋行是中英鸦片战争爆发前成立于中国的延续经营至今的唯一外资企业,也是香港开埠100多年间除了政府以外的最大雇主。

---

① [日]内藤英雄:《广东志》,广东东洋文化研究所1940年版,"商业篇"。

② 1英镑≈3两,1两≈1.388银元(西班牙银元)。

六、鸦片走私巨魁

1818 年(嘉庆二十三年)6 月马地臣到达广州，先后在西班牙、丹麦商行任职。取得西班牙、丹麦通商执照后，马地臣开始了疯狂的鸦片走私活动。

关于马地臣从加尔各答到广州的原因，怡和集团在百年志庆时曾对外揭秘："某日，他的叔父委托他把一封信递交给即将启程赴中国的英国船船长。他忘记传递这封信，而且船已经开航了。被这样的疏忽激怒了的老人家，对马地臣斥责道：'你最好回家去！'他听从叔父的话，便去购买了回英国的船票。这时，一位老船长劝他说：'为何不到广州去碰碰运气呢？'于是，他改变了主意前往广州一试。……此事好像发生在 1818 年，或许发生在大约与威廉・渣甸在澳门立足的同时，为了赶上从 10 月持续到来年 3 月的茶季提前去广州。"[①]

这位老船长就是曾在英国东印度公司中印贸易商船任船长的罗伯特・泰勒(Robert Taylor)。由于 19 世纪 20 年代以前鸦片价格逐年暴涨，吸引了一批新的英国散商加入到鸦片贸易中。马地臣到黄埔后，就以非正式的合伙关系与泰勒一起买卖鸦片。泰勒曾在信中兴奋地写道："鸦片像黄金一样，我可以随时卖出。"

大规模的鸦片贸易引起了清政府的打压，行商也不愿承保载有鸦片的外国商船。马地臣使用各种诡计，诱骗行商承保，他还得意地向印度鸦片货主报告说："行商一般不肯承保鸦片船只，须要诱哄他们落入圈套。"

1819 年在清政府的严厉打击下，鸦片价格暴跌，走私渠道切断，马地臣和泰勒几乎破产。1820 年 8 月泰勒病亡。但随即，由于清政府禁烟时松时紧，鸦片价格经历暴跌之后再次暴涨，挽救了濒临绝境的马地臣。此后，马地臣遇到渣甸，各自以黄埔、澳门为基地经营鸦片，直到共同组建"怡和洋行"。

1821 年广东当局在黄埔的两艘英国船"墨罗佩"号(Merope)和"欧亨尼亚"号(Eugenia)上查获鸦片，其中 470 箱鸦片属于马地臣，约 700 箱孟加拉鸦片属于英国东印度公司。广东当局将马地臣驱逐出黄埔口岸，并要求其永不再来中国。但马地臣将船驶往黄埔港外的伶仃岛，并在该处装卸鸦片，继续从事鸦片走私活动。

1823 年马地臣租用西班牙商船，悬挂西班牙国旗，首创在伶仃洋面的鸦片走私，获得暴利。马地臣还乘坐港脚船"尤金尼娅"号(Eugenia)沿着广东海岸向东航行至福建泉州，开辟了新的走私路线。[②] 1831 年马地臣仿照伶仃洋面的走私模式，率先在福建泉州建立鸦片趸船进行走私。各国鸦片贩子纷纷效仿，如 1827 年美国商人福士指挥"奈尔"号帆船前往厦门走私鸦片，1831 年英国"杨格上校"号(Colonel Yong)鸦片船碇泊广东海岸作为鸦片走私据点等，使得鸦片输入中国更为

① 刘诗平：《洋行之王：怡和与它的商业帝国》，中信出版社 2010 年版。

② 拉巴克：《鸦片飞剪船》(*B. Lubbock, The opium Clippers, pp.* 60～61)，转引自聂宝璋编《中国近代航运史资料》(第一辑 1840～1895 上册)，上海人民出版社 1983 年版。

泛滥。

1832 年马地臣提出一个拓展鸦片航线的计划，试图将鸦片走私路线从广州沿着中国海岸线进行更大范围的渗透，通过培养更多的吸毒者，把卖毒品的利润提高到前所未有的高度。马地臣声势浩大的鸦片走私活动，逐渐引起中国朝野的关注。林则徐临来广州之前就对他做过密查，到广州之后更是派人对马地臣的走私行为进行严密监视。英国东印度公司为了撇清与马地臣的关系，曾告诫马地臣："我们向你警告，反对将输入这个国家(指中国)的任何鸦片，标明是公司鸦片，因为它会使中国政府心理上有一个不正确的印象，以致损害公司的利益。"①

1839 年 3 月 18 日林则徐谕令外商缴出鸦片并具结保证永远不再贩运鸦片。3 月 28 日英国驻华商务监督义律代表外商同意缴出全部鸦片。但同时义律又以英国政府代表的身份向鸦片贩子保证："英商财产的证明以及照本通知乐于缴出的一切英国人的鸦片的价值，将由女皇陛下政府随后规定原则及办法，予以决定。"②这就将林则徐禁烟运动转变成中英两国政府之间的外交纠纷，为鸦片战争的爆发提供了口实。马地臣对此大加赞赏："(义律的声明是)一个宽大的、有政治家风度的措施，特别当中国人已经陷入他们直接对英王负责的圈套中的时候。"③

最终在呈缴的鸦片总额中，马地臣的怡和洋行缴出 7000 箱，居第一位。排在其后的是英国人颠地开设的宝顺洋行，缴出 1700 箱；美国人罗素开设的旗昌洋行(Russell & Co)，缴出 1500 箱。

查理·义律(1801 年～1875 年)

同年 5 月 24 日马地臣在广州缴出所有鸦片并具结"永不再来"后被驱逐出境。但是马地臣没有返回英国，而是赖在澳门不走。虽然义律对鸦片贸易持不积极态度，但积极建议和怂恿英国政府发动侵华战争，而且始终包庇马地臣，声称其没有贩卖鸦片。而林则徐坚持要将马地臣从澳门驱逐出境。

马地臣在一艘名为"威臣"的贸易商船上建立了怡和洋行营业所，宣称："不论发生什么事情，我们的洋行都要在这附近力求固守一个流动的海上阵地。"由于林则徐严禁鸦片，中国沿海的鸦片价格暴涨，在孟买 200 元一箱的鸦片，运到中国沿海售价高达 3000 元。马地臣便从新加坡、马来西亚和印度等地低价收购鸦片，大量运往中国沿海高价牟利。

通过鸦片走私大发横财的马地臣于 1841 年返回英国，成为当时英国仅次于女

---

① [美]马士著、区宗华译：《东印度公司对华贸易编年史》(第四、五卷)，中山大学出版社 1991 年版。

② [美]马士著、张汇文译：《中华帝国对外关系史》(第一卷)，商务印书馆 1963 年版。

③ 马地臣于 1839 年 5 月致渣甸等信，见[英]格林堡著：《鸦片战争前中英通商史》，康成译，商务印书馆 1961 年版。

王的大地主。1842 年马地臣花费巨资买下苏格兰西海岸的整个路易士岛（Island of Lewis），又花费 329000 英镑开垦岛屿。马地臣还当了英格兰银行行长、P&O 航运公司总裁，所有这一切都来源于他从鸦片贸易中攫取的巨额财富。

1843 年马地臣当选英国国会议员后，将怡和洋行总部移驻香港，继续大规模地进行鸦片贸易。

七、广州至大洋洲航线开辟者

1819 年，刚到广州的马地臣就展示出非凡的商业头脑。当时有艘从加尔各答驶来黄埔的船只——“哈斯丁侯爵”号（Marquis of Hastings），在黄埔完成鸦片走私交易后，正苦于找不到一种可以运回印度的回程货物。马地臣迅速采购茶叶，装满“哈斯丁侯爵”号船舱，并将该船派往新南威尔士的杰克逊港。[①] 中国至大洋洲的第一条航线由此开辟，该航线连接广州黄埔和澳大利亚悉尼、霍巴特[②]等港口城市。

此后，中国茶叶和生丝通过黄埔—杰克逊港航线源源不断地运往澳大利亚。[③] 但由于澳大利亚缺乏适当的回程货物，这条航线的贸易发展受到一定程度的制约。[④]

八、狂热好战分子

1830 年“洋妇进城”事件发生后，清政府重申外国妇女必须离开广州商馆、外国商人在广州禁止乘轿。马地臣和渣甸认为清政府的各种禁令，是对英国人的侮辱，便于同年 12 月 24 日领衔签署了一份请愿书给英国下议院，“恳请在当前的时机，采取某些可以达到改善不列颠籍人，以及侨居中国的其他外国人共同的屈辱状态的措施——这种状态既损害国家的品格，也不利于不列颠商业的扩展”。马地臣宣称这个请愿书“几乎侨居中国与商馆无关的每一个可敬的不列颠籍的人都签署了”，表明通过战争解决中英冲突已经成为一部分英国商人的共识。马地臣认为：“假如将这个大帝国（指中国）从广东地方当局的腐败治理下所产生的障碍中解救出来的话，它可以提供如此广阔的一个扩展的园地。”[⑤]

1834 年 10 月 11 日英国首任驻华商务总监督律劳卑在澳门病逝。马地臣特地

---

① 杰克逊港（Port Jackson），又称悉尼港（Syndey Harbour），位于澳大利亚新南威尔士州首府悉尼。（清）魏源《海国图志》（岳麓书社 1998 年版第 593 页）引用《万国地理全图集》将杰克逊港称为“广海门”：“在广海门，系属大地之港口，通商不少。”

② 霍巴特（Hobart），澳大利亚塔斯马尼亚州的首府和港口，位于塔斯马尼亚岛东南部德温特河河口。霍巴特始建于 1803 年，是澳大利亚仅次于悉尼的第二个古老的城市。

③ （清）魏源：《海国图志》引《万国地理全图集》称：“（澳大利亚）其船只现赴到广州府贸易矣。”岳麓书社 1998 年版。

④ ［英］格林堡著、康成译：《鸦片战争前中英通商史》，商务印书馆 1961 年版。

⑤ ［英］莱特：《中国关税沿革史》，姚曾廙译，商务印书馆 1963 年版。

陪同其亲属返回伦敦，企图藉此机会接触外交大臣威灵顿公爵[①]，以便向他鼓动战争。但是威灵顿公爵无意立刻发动对华战争，对马地臣的游说无动于衷，甚至相当蔑视他。若干年后，马地臣在提及此事时，曾说"被这个愚蠢而傲慢的老家伙羞辱了"。此后，马地臣到曼切斯特、利物浦、格拉斯哥等地的工商界继续活动，企图通过英国资产阶级名望人士促成政府战争决策。

1836年马地臣撰写了《英国对华贸易现状及展望》(*The Present Position and Prospects of the British Trade with China*)小册子，公开诋毁中国，狂热鼓吹战争。这本小册子充满了对中国人的敌意和蔑视："上帝乐于指派中国人，一个以不可思议的愚蠢、贪婪、自负和顽固为特征的民族，拥有一片辽阔的富庶之地和将近占人类三分之一的人口"；中国人对洋人的"伤害和侮辱，不但可用备受折磨来形容，简直可以说是恐怖"；在华洋人的境遇"甚至比我们在西印度群岛的奴隶还悲惨"……马地臣叫嚣着"务必决意维护我们受到侮慢的民族荣誉，保护我们受到伤害的商业利益"，倘若中国人没有马上应允英国的要求，"可取的补救办法是获取他们的一块领土"。马地臣建议英国侵华时应占据台湾作为殖民地，但渣甸认为台湾太大，不易管理和控制，主张侵占舟山和香港。

1838年马地臣无功折返亚洲，换由渣甸带着数百名英国商人联名签署的请愿书，返回英国游说国会议员，鼓动发动侵华战争以保护鸦片贸易。1839年马地臣被林则徐从广州驱逐出境后，一直赖在中国沿海偷运、偷售鸦片，同时马地臣不断与在伦敦游说的渣甸进行通信联系，告诉其在中国沿海走私鸦片的情形，和渣甸商讨向英国政府索赔烟款，并极力通过渣甸向英国外交大臣巴麦尊[②]献策。

1839年9月渣甸谒见巴麦尊煽动对华战争。同年10月26日、27日在给巴麦尊的两封私人信件中，渣甸详细记述了战争计划、战略地图、战争策略、作战所需军队和战舰补给，以及战后英方应提出五口通商、赔偿烟款、订立条约等要求，史称"渣甸计划"(Jardine Paper)。巴麦尊接受了渣甸的计划，决定对中国作战。最终英国侵华部署主要是依据"渣甸计划"进行，但没有采纳马地臣侵占台湾的策略。

巴麦尊(1784～1865**年**)

1843年马地臣返回英国后，填补了国会席位中渣甸留下的空缺。从1843年至1868年的25年时间里，马地臣一直是英国下议院议员，始终坚定地支持巴麦尊的独裁政治。

---

① 威灵顿公爵(Duke of Wellington，1769～1852年)，反拿破仑战争中的联盟军统帅之一，以指挥滑铁卢战役闻名于世。

② 巴麦尊(Lord Henry John Temple, 3rd Viscount Palmerston)，亨利·约翰·坦普尔，第三代帕尔姆斯顿子爵，又译帕麦尔斯顿(1784～1865年)。

九、粤海关黄埔分关最高领导人

1859 年 10 月 25 日中国海关总税务司李泰国在广州试行外籍税务司制的粤海新关(洋关),经清政府同意,任命英国人费子洛(George H. Fitzroy)为粤海关税务司,马地臣为粤海关副税务司并派驻黄埔总口。1860 年 1 月 11 日隶属于粤海新关(洋关)的黄埔分关成立后,粤海新关委派马地臣驻黄埔分关管理。

美国驻广州领事裨理(Oliver H. Perry)坚决抵制上述任命,声称触犯了美国公民的治外法权,美国人有权拒绝粤海新关的管理。美国驻华公使华若翰(John Elliott Ward,1814～1902 年)与钦差大臣两江总督何桂清在 1859 年昆山会晤时提出:新设海关机构的成员中美国人数量应按照贸易比重占有一定比例;海关新订章程需由各国驻通商口岸的领事一致同意。美国国务卿刘易斯・卡斯(Lewis Cass,1782～1866 年)也表态支持驻华公使华若翰:"除非所有各关系国都在其中获得公平的代表权,并在章程方面受到适当的咨询,这个机构绝不能顺利地或圆满地推动。把它作为英国人包办的,仅就日常事务而论,可能会方便,但是却要引起各国的猜忌和疑心,这就大为得不偿失了。即使不然的话,美国舆论也绝不会允许美国政府同意美国公民受排斥的情形。"经过英美两国政府的干预,李泰国只好撤销了费子洛的任命,任命美国驻上海领事吉罗福(George B. Glover,1827～1885 年)担任粤海关税务司,赫德为副税务司,马地臣仍为驻黄埔副税务司。粤海关税务司人选的争执,反映了西方列强争夺对在华利益的激烈,也反映了清政府的软弱无能。

1860 年 1 月 11 日马地臣在黄埔分关上任,时年 64 岁。上任不足一年,马地臣即于 12 月 10 日卸任。此后,黄埔分关的管理权继续被外国人所掌握。黄埔分关成为帝国主义国家经济侵略中国的工具,与旧中国一起经历了一段风雨飘摇、动荡不安的艰难历程。

第十一章　黄埔水域走私船

广东沿海海面宽阔、河道纵横，成为走私分子长期盘踞的地方，也成为走私船只往来聚集的所在。19 世纪初，鸦片商贩以伶仃洋趸船为鸦片基地，使用快蟹船将鸦片运往黄埔、广州，使用飞剪船沿着中国海岸线向东部、北部沿海地区走私鸦片。

一、快蟹船

快蟹船，最初是广东沿海海盗使用的船只。由于船身狭长，驾驶敏捷，速度极快，两舷安装数十支犹如蜈蚣和螃蟹脚的成排桨橹，因此元明时期称作"蜈蚣"船，清代又称为"快蟹"船，也有"插翼"船、"扒龙"船等称谓。

快蟹船

从黄埔到虎门一带的对外贸易黄金水道，尤其是珠江口伶仃洋附近海域，盗匪十分猖獗。海盗通常将快蟹船体漆成红黑两色，安装枪炮，无风时划桨，起风时扬帆，有时桨帆并用，昼夜横行，利用极快船速抢掠商贾财物、偷运违禁货物或逃避官兵追缉，甚至用枪炮抗拒巡兵。"广东走私之船，曰快艇，曰蜈蚣艇，以其多桨形似得名，排列枪械，每于黑夜，由小河鱼贯而出，分赴各岸售私，专与官船相避。粤东汊港纷歧，熟习港歧，易于趋避。倘遇官船邀截，不及走避，即持械拒捕。"①

"快蟹"曾经是广东沿海鸦片走私的主要船只。1831 年(道光十一年)4 月 20 日，工科掌印给事中邵正笏奏称："更有一种匪徒，练习快蟹船只，飞行海面，为夷人运私、偷税、贿通兵役，朋比为奸。"②同年 7 月 24 日，湖广道监察御史冯赞勋奏请严禁鸦片时，详细记录了快蟹船参与鸦片走私的过程："溯查夷船私带烟土来粤，从前潜聚于香山县之澳门地方，近缘奉禁綦严，易于盘诘，该夷敢于附近虎门之大鱼山洋面③，另设夷船，囤积烟土，称为鸦片趸，并有夷目兵船，名曰护货，同泊一处，为之捍卫。然其货远在洋面，奸商不敢出洋贩卖，夷人亦不敢私带入关，于是勾通土

---

① (清)魏源撰，陈华等校注：《海国图志》，岳麓书社 1998 年版。

② 故宫博物院编：《史料旬刊》第十期，道光十一年三月初八日《工科掌印给事中邵正笏奏为广东贸易英人等日增桀骜请饬严定章程折》，故宫博物院文献馆 1930 年出版。

③ 即伶仃洋大屿山。

棍，以开设钱店为名，其实暗中包售烟土，呼为大窑口。如省城之十三行、联兴街[①]，多有此店。奸商到店，与夷人议价立券，以凭到趸交货，谓之写书。然其货仍在洋面，难以私带也。则有包揽走漏之船，名曰'快蟹'，船之大可容数百石[②]，帆张三桅，两旁尽设铁网，以御炮火，左右快桨，凡五六十，来往如飞，呼为'插翼'。星夜遄行，所过关津，明知其带私，巡丁呼之，则抗不泊岸，追之则去已无及。竟敢施放枪炮，势同对敌，瞬息脱逃，关吏无如之何，惧干重咎，匿不报官。是以白昼公行，肆无忌惮，闻此种快蟹，现有一二百只之多，凡由趸送货至窑口者，皆系此船包揽。查关津口岸，皆有巡船，所在如织，不难缉捕。无如各巡船通同作弊，按股分赃，是快蟹为出名带私之首，而巡船包庇行私，又罪之魁也。其销售各路，除福建之厦门，直隶之天津，广东之雷、琼二府，将货过船，不须快蟹包带，然必由窑口立券，方能到趸交货。其余各省私贩，则必由快蟹包送入口，包送出境。如南海县属之仙管汛、阑石汛、紫洞口、落松海口，香山县属之黄圃，三水县属之西南汛、芦包埠，皆出境必由之口。其由大窑口分销内地，则有奸民串同各衙头役，开设私局，是为小窑口。散布各城乡市镇，指不胜屈，所在皆有，习俗靡靡，可为痛心。"冯赞勋建议："今欲除其害，则必清其源。查其囤积之处，则为大鱼山，出入必经之地，则为虎门、澳门。然非快蟹包揽走漏，则烟土不能私入内地。窃谓禁烟土在驱逐烟趸，除私带当严治快蟹，应责成各府州县，于所属河面，查禁快蟹船只，不许私设，快蟹既绝，又必严饬巡船，傥或包带，别经发觉，从重治罪。"[③]

1826年两广总督李鸿宾[④]与广东水师提督李增阶[⑤]就曾经商议过制伏"快蟹"船的办法，即仿制"快蟹"船以剿捕海盗和走私分子。巡船设计长18.6米、宽3.1米，安设船桨40支，每艘造价为500两银。粤海关拨出税款专门用于仿制快蟹式巡船，共计仿制7艘，总耗银3000多两。每年弁兵口粮及修理船只、添补器械等费用耗银4000两。7艘巡船建成后分别布置在黄埔至虎门水道的7处要隘上，分段进行巡察缉捕，效果明显。走私船及海盗一遇到巡船，大多自行弃船而逃，广东水师陆续缴获多艘海盗快蟹船。

此后清政府加大快蟹船的建造，提供给广东水师使用。清政府还对快蟹船进行了改进，如船上取消篷窗，防止着火自困；船头暗藏主炮，两侧分列射速较快的子母炮；各个炮位围以铁丝网，防御枪炮射来的铁砂和弹片，进一步提升了安全性和

---

① 联兴街位于十三行街内。十三行街内除了洋行夷馆外，还有一些洋货店、茶叶店、钱店等，是为了便利外国商人日常生活而开设的小店铺。

② 1石＝120市斤＝60公斤。

③ 道光十一年六月十六日《御史冯赞勋奏严禁鸦片烟折》。中国第一历史档案馆：《鸦片战争档案史料》(第一册)，上海人民出版社1987年版。

④ 李鸿宾(1767～1846年)，字象山，号鹿苹，一作睦平，江西德化县人，清朝大臣。

⑤ 李增阶(1774～1835年)，字益伯，号谦堂，厦门市翔安区马巷镇后滨村人，清朝武将，是名将忠毅公李长庚之侄。

战斗力。

曾国藩听闻快蟹船的卓越性能后，也命令湖南船厂仿制了几十艘，用于装备湘军水师。湘军从水陆两路围攻太平天国首都南京时，由于久攻不下，曾国藩向朝廷奏请调拨广东快蟹船30只，配齐水兵，经广西沿内河驰往长江，参加了南京围城之战。

广东水师"快蟹"战船与鸦片走私船交战①

二、趸船

趸船(receiving ship)始创于英国，又被称为"store ship"(水上仓库)，是无动力装置的矩形平底船，通常固定在岸边，或抛锚江心，主要用途是作为浮码头供船舶停靠、上下旅客或作为水上浮仓供装卸存储货物。

停泊在江面上的鸦片趸船

19世纪初，英美鸦片商贩就开始使用趸船走私鸦片。1821年广东当局根据道光帝谕旨，严厉缉拿鸦片走私，查获数名鸦片烟贩，并将黄埔水域的鸦片船只驱逐到珠江口外。为了对付此次空前严厉的禁烟，鸦片商船采取了如下措施："第一个步骤是把中国辖区外的一切鸦片卸到那些仍停泊在港外的船上；第二个步骤是使用固定的趸船，这些趸船在冬季停泊在伶仃岛，当西南季风来到的时期就移泊于金星门、急水门和香港以策安全。"②

① 图为第一次鸦片战争前夕，广东水师"快蟹"战船(照片右侧)与武装护航的英国鸦片走私船(照片左侧)在虎门交战。图中可见"快蟹"船是大型船只，船舷配备了三层密集长桨。

② [美]马士著、张汇文译：《中华帝国对外关系史》(第一卷)，商务印书馆1963年版。

珠江上的趸船

由于清朝水师巡查不力，伶仃洋面的鸦片走私“享有最大的、无限的自由”。鸦片趸船纷纷锚泊此处，从19世纪20年代初期时仅七八只，很快猛增到25只，到30年代以后又扩充到35只左右。这些趸船铁质或木质，长四五十米，甚至上百米，连底舱共计三四层，高出海面一二十米，每艘趸船可以存放鸦片1000至1500箱。船内各类设备齐全，且有武装守卫，可长期用于仓储、贸易和生活。通常鸦片贩子从印度等地运来鸦片后，先卸在伶仃洋的趸船上，仅夹带鸦片样品到广州交易，广州商贩凭提单到趸船上取货，雇请快蟹船运到广州大窑口转售。鸦片战争前，据马士（H. B. Morse）统计，“在虎门以外有五十艘30吨到300吨的大型船，在内河也有30艘或者更多一些。从东面的虎门到城西的花地，几乎沿河各处都成为这种贸易的舞台”。

东印度公司的鸦片趸船

鸦片趸船内景

三、飞剪船

飞剪船（Clipper ship），又称飞剪帆船或飞剪式帆船，是起源于美国的一种船首空心、前端尖锐突出的高速帆船。世界公认第一艘真正的飞剪船是1845年1月22日由美国船舶设计师约翰·格里菲思（John Griffiths）设计，在纽约的司密斯一迪门（Smith and Dimon）船厂建造下水的“虹”号（Rainbow）帆船。该船长宽比例达到5∶1，虽然航速尚未达到飞剪船最终达到的惊人航速，但标志着帆船发展史上辉煌时代的到来。

在“虹”号飞剪船诞生之前的1830年，英国造船工业也制造出类似飞剪船的轻型快速帆船。虽然不具有飞剪船标志性的空心船首，但这类帆船也与飞剪船一样具有细长船身、吃水较浅、驾驶灵活的特点，而且由于篷帆较多，航行速度较快，不受季风影响。

飞剪船载重一般在90～450吨左右，大型飞剪船载重可达1000吨以上且通常配有火炮。这类早期形态的飞剪船一经问世，立刻就被鸦片商贩用于广东沿海的鸦片走私。飞剪船的航速(每天平均可以航行约 250 里，最快速度纪录是每天 436 里)往往令清政府缉私船艇望尘莫及。

“飞剪船”十分适宜用作快速长途远航。怡和洋行率先在印度加尔各答和中国伶仃洋之间开辟了一条快速航线，使用飞剪船将印度鸦片运到中国最快只需 17 天半的时间。怡和洋行的“红色海盗”号和宝顺洋行的“水妖”号，是当时在中国沿海走私最著名的几艘鸦片飞剪船之一。

怡和洋行还以传教士郭士立为翻译，利用飞剪船出入中国沿海，甚至抵达上海、天津等地进行大规模的鸦片武装走私。自 1832 年起，从黄埔、伶仃洋等地陆续启航北上的著名“飞剪船”有英国船“阿米士德勋爵”号(Lord Amhest)、“希尔弗”号(Sylph)、“杰姆茜娜”号(Jamesina)、丹麦船“丹尼斯波格”号(Danesborg)、“克隆斯伯格”号(Kronsberg)和荷兰船“卡罗塔”号(Carlotta)。这些船只将鸦片从伶仃洋运抵舟山、泉州等地，最远到达渤海辽东湾。

根据英国散商航运记载，1833 年曾有两批飞剪船来往伶仃洋和印度加尔各答之间专门运输鸦片：“詹姆西纳”号(382 吨)、“隼”号(Falcon，170 吨)、“红色流浪者”号(255 吨)、“水巫”号(369 吨)、“气精”号(304 吨)。

飞剪船

1842 年鸦片战争结束后，鸦片贸易合法化，飞剪船更是横行中国沿海。这些飞剪船大多由美国制造，不仅配备了精良的武器装备，还高薪招募了很多亡命之徒。英国公使璞鼎查曾说：“这是一件众目昭彰的事：在中国从事鸦片贸易的主要商行，都是配置了美国制造的船，在美国国旗下由美国船长和水手航行的。”①

四、舺舴

舺舴，又称舴艋，因形似蚱蜢而得名，是曾在中国水乡普遍使用的一种小船，也曾被拐匪用于掳掠“猪仔”之用。

19 世纪黄埔逐渐成为西方殖民者在广州掠夺贩卖华人劳工的据点。西方殖民者勾结本地拐匪，使用各种手段从南海、番禺、东莞、顺德等广州及周边地区掳来“猪仔”，先强行关押在舺舴船上，然后偷运到停泊黄埔的外国趸船上出售牟利。当时公然停泊在黄埔水域专门收购苦力的外国趸船常达六七艘之多，经常有 40～50 艘舺舴船在珠江沿岸依次排开。这些趸船和舺舴船靠泊的地方，过往行人都胆战心惊，害怕被掳掠。

① 《关于 1842－1856 年在华鸦片贸易的文件》，见《英国议会文件·中国》。

舴艋舟

1859年广州商业团体联名向英国领事递交的禀帖中记述了西方殖民者拐掠华工的情况："近年以来葡萄牙人在澳门多设猪仔行馆，勾诱华商，并为之包庇，不惟假借贵国声明租雇火船舺舴，且亦利用江海大小船舶各载葡人碇泊黄埔及珠江水路各处，广施诡谋，骗诱良家子弟、无知乡愚。受骗被拐之人，一经陷入罗网，即成所谓'猪仔'，押入出海巨舟，捆绑囚禁黑仓之内，然后转送澳门各猪仔行馆验收编号。被拐骗之人在馆内备受逼迫，窘辱多端，勒令出洋。"

五、轮船

1807年美国人罗伯特·富尔顿(Robert Fulton，1765～1815年)建造了世界上第一艘蒸汽机动力的轮船"克莱蒙特"号(Clermont)，成为第一次工业革命的重要发明之一。由于铁皮轮船摆脱了风力和天气影响，安全性、机动性和航速远高于帆船，逐渐取代木帆船用于海上贸易。

19世纪20年代印度鸦片产量大增，鸦片载运问题日益突出。传统的木帆船已经不能适用鸦片走私的需要，标志着时代进步的蒸汽轮机就被英国商贩率先应用到了鸦片走私上来。

1830年4月19日英国在印度制造的轮船"福士"号(Forbes)拖带着装载有840箱鸦片的"杰姆茜娜"号(Jamesina)木帆船，逆季候风驶抵伶仃洋锚泊，这是第一艘抵达中国海域的鸦片轮船。

1835年5月20日英国轮船"渣甸"号(Jardine)到达伶仃洋，拟用于广州至澳门之间客运摆渡。1836年1月1日"渣甸"号闯入虎门经黄埔到达广州，但沿途遭遇虎门炮台的炮击，最终被迫开往新加坡。

此后，黄埔水域的轮船运输逐渐增多，到1840年鸦片战争时已有20艘。

蒸汽轮船

早期的蒸汽轮船配有明轮和全套帆具，以风力和蒸汽机动力联合推进

第十二章　黄埔水域助航设备

珠江河口湾岛屿暗礁较多，为了引导船舶安全进出港口，1597 年(明万历二十五年)在广州城东南 40 里琶洲岛上动工建设“海鳌塔”[①]，1612 年(明万历四十年)在城东南 80 里莲花山上建设“莲花塔”，1619 年(明万历四十七年)在广州东南城下动工建设“赤岗塔”。这三座塔，既是“锁二江”、“束海口”的珠江风水塔，又是船舶进出海口的引航标志。

19 世纪 60 年代以后蒸汽轮船逐渐取代木帆船，成为远洋航海的主要船舶。此时迫切需要更为先进的航行标志，用于引导船舶昼夜航行或指明危险水域。灯塔、航标灯等近现代化的助航设施开始广泛应用。虎门至黄埔水域最初安装导航设备的时间，已经难以稽考。直到 20 世纪初，这片水域才陆续出现有据可考的灯塔、灯桩或灯浮等助航设备。

莲花塔

琶洲塔(英国水彩画家菲尔丁绘制)

一、舢舨洲灯塔

舢舨洲(Sampanchow Island)，也称“三板洲”，是虎门下游约 8 公里处龙穴岛东侧的一个孤岛(东经 113°36′7″，北纬 22°43′25″)，由于形状类似漂浮海面上的舢板而得名。该岛地处虎门、蕉门两个出海口之间，东扼黄埔港主航道，西望南沙港，被誉为“龙穴之口，虎门之喉”。舢舨洲分为两个小洲，中间隔有一段沙岸，潮汐很少淹过。较大的洲长约 300 英尺，宽约 100 英尺，洲上有一个天然通行山洞，除了大洲东边为珠江口主航线经过外，其余三面均为沙滩。涨潮时，舢舨洲顶高出水面约 45 英尺。

舢舨洲灯塔是粤海关为引导各国商船安全进入黄埔水域而建。灯塔位于舢舨洲礁岛顶部，为一等灯塔，由法国设计师设计，外形类似手枪。灯塔高 5 层约 20

---

① 海鳌塔又称“琶洲塔”，欧洲人也称之为“中途塔”。

米，是钢筋混凝土结构，1913 年 11 月动工兴建，1915 年初完成，1915 年 3 月 30 日首次闪光。灯塔建设时，粤海关旧缉私巡艇“飞虎”号被卸去锅炉和机器，停泊在舢舨洲岛旁边，作为储藏室，并为建筑灯塔的工作人员提供住宿。

舢舨洲灯塔

粤海关缉私巡艇“飞虎”号(1932 年摄)

舢舨洲灯塔最初安装的是电石灯头，并且配有一尊可自行旋转的新式警雾号炮，炮膛内装有酸质煤气(瓦斯)，当与空气混合燃烧时，便会发光发音。塔灯分为红、绿、白三种颜色，并可控制明暗交替。每 0.4 秒发光、1.8 秒黑暗。红色信号用于指示河道上游，白色信号用于指示大海或香港方向，绿色信号用于指示附近船只行驶的地方。由于酸质煤气存在安全隐患，压力过大就会导致爆炸。舢舨洲灯塔选用瑞典生产的金属器件，将酸质煤气(瓦斯)与阿西多尼(丙酮)溶液混合，并存储在长圆多孔的器具之内，这样就不易发生爆炸了。这种新技术也被当时世界各国大多数灯塔所使用，著名的巴拿马运河灯塔也采用这种技术。

解放后，舢舨洲灯楼改装了更为安全的乙炔灯。至今，屹立百年的舢舨洲灯塔仍然指引着进出广州的船只。

二、金锁牌灯塔

金锁牌(Chain Rocks)又名亚娘鞋，是位于虎门最狭窄水道中间的一块礁石(东经 113°37′20″，北纬 22°47′26″)。平潮时礁石露出水面面积仅有 10 平方米，像一把金锁挂在珠江大门上，因此得名。金锁牌周围地势复杂，浅滩和暗礁较多。1905 年粤海关在此建造一座高 11 米、射程 10 海里的两层红色砖石结构灯塔。1906 年 11 月安装完毕一盏六级红色定光灯，并于该月 24 日首次放光导航。

金锁牌灯塔

由于金锁牌灯塔靠近虎门炮台，可由炮台驻兵就近保护，地方当局就没有另派兵勇保护灯塔。1913 年金锁牌灯塔遭到匪徒劫掠，看灯人的衣物银两被强掠。

1931 年 5 月金锁牌灯塔遭受雷击，部分石阶和灯塔入口处的栏杆被毁坏，没有人员伤亡。

20 世纪 90 年代后期，由于虎门大桥建立，金锁牌灯塔停止使用。

二、舢艚洲灯塔

舢艚洲灯塔

舢艚洲锚地位于黄埔长洲岛。粤海关在此地曾设有灯塔。1868 年 10 月 12 日舢艚洲灯塔遭贼匪百余人洗劫，看灯人李金被绑架，下落不明。

三、黎洲头航标灯

黎洲头(Blake Point)，现名黎洲角，位于广东省东莞市西南，东江下游寮下至莿洲水道中段，距离珠江(沙田出口)10 公里。

1904 年下半年，粤海关在黎洲头安装了一盏六级白光隐显灯，由粤海关黄埔分卡管理。

1927 年 7 月 15 日黄埔遭受强台风袭击，黎洲头航标灯失踪。

四、立沙航标灯

立沙岛(Amherst Point)，位于广东省东莞市虎门港沙田港区，四面环水。

1904 年下半年，粤海关在立沙设置了一盏七级红色定光灯。

五、新洲角灯桩

1914 年粤海关在黄埔港设立新洲角灯桩(Sulphur Point Beacon)。该年 4 月 10 日新洲角灯桩首次于夜晚发出红光，为绕过沙煲沙(Pedder Island)东南端突出的小沙嘴的船只提供指引。

六、鱼珠灯标

黄埔鱼珠闸(Cambridge Reach Barriers)曾装有用来标明民船通道的两个灯标。1927 年鱼珠灯标被拆除，不再照明。

1908 年 7 月 28 日三十年一遇台风在清晨袭击广州。据商船公会统计，在黄埔寄泊的"经佐治"号轮船由于载重 2057 吨且拴泊牢固未受损伤，其余小轮有 8 轮沉没、2 轮半沉，13 轮失踪。8 月 4 日鉴于台风巨灾影响，两广总督札饬粤海关，筹议仿照香港布告风警悬挂标球办法。随后，粤海关在各口仿照办理。

上述黄埔水域的助航设备根据 1858 年《天津条约》附约《中英通商章程善后条约》第十款规定，由海关税务司管理。1932 年以前具体由粤海关理船厅负责。其维护经费也有明文规定："浮桩、号船、塔表、望楼等经费，在于船钞项下拨用。"

1932 年 11 月国民政府成立广东全省港务管理局，接管粤海关理船厅管理助航设备的职能。

新中国成立后，黄埔水域的航标管理权才真正属于人民。

第十三章　广东对外贸易机构及从业人员

广东对外贸易历经两千年不衰，从者甚众。1742 年（乾隆七年）庆复奏称："就粤而论，藉外来洋船以资生计者约计数十万人。"[①]清朝中后期，与外商接触较多且较为固定的机构和人员主要有广东十三行、行商、通事、买办、引水员等。

一、牙行

唐代开始的市舶制度，到了明代后期随着贡舶贸易的衰落而日渐式微。市舶司的对外贸易管理职能逐渐被"牙行"取代。

"行"，指居货之地、营业之所。牙行是中国古代至近代市场中为买卖双方介绍交易、评定商品质量、磋商价格的居间行商。明朝永乐年间，官设牙行，"选有抵业人户充应"[②]，避免经营亏损后无法偿债。

明朝嘉靖、隆庆之后，贡舶贸易更加衰落，市舶司的职能更加减弱。广东牙行在中外贸易中，不再是简单的居间商，逐渐成为对外贸易的组织者。主要职责有：一是议定商品价格；二是代征"关税"；三是销购外国商船的进出口商品；四是供应外轮船员所需的食品用具。

清康熙年间，广东经营进出口贸易的十三家牙行，成为十三行的前身。《广东通志》记载："自康熙二十四年开南洋之禁，番舶来粤者岁以二十余舵为率。至则劳以牛酒，牙行主之，所谓十三行是也。"[③]

二、十三行

1686 年（康熙二十五年）4 月，粤海关设关第二年，广东巡抚李士桢会同两广总督吴兴祚、粤海关监督宜尔格图，发布《分别住行货税文告》："今公议设立金丝行、洋货行两项货店。如来广省本地兴贩货物一切落地货物，分为住税报单，皆投金丝行，赴税课司纳税。其外洋贩来货物及出海贸易货物，分为行税报单，皆投洋货行，候出海时洋商自赴关部纳税。"[④]也就是说，清政府将国内贸易作为"住"税由税课司征税，对外贸易作为"行"税由海关征税；并且设立"金丝行"负责经营国内贸易，设立"洋货行"负责进出口贸易。国内商业税和海关关税分开，有利于区分货税的界限和性质，避免重复纳税或漏税的弊端。

---

① 故宫博物院编：《史料旬刊》第二十二期，故宫博物院文献馆 1931 年版。

② 《大明律集解附例》卷十《户律》"市廛"。

③ （清）阮元《广东通志》卷一八〇。

④ （清）李士桢《抚粤政略》卷六文告"分别住行货税"。

洋货行，又称"洋行"、"外洋行"等，是"广东十三行"的初始形态。《分别住行货税文告》的颁布，标志着独揽中西贸易之权、独负管理夷商之责、独享对外通商之利的广州行商垄断制度和代理报关制度的实行。

明清两代盐课提举经常兼管市舶事务，因此十三行行商的承商制度也就沿袭了盐商的承商制，行商多由盐商转充。"十三行"并不是专指十三个行商，而是领有清政府颁发对外贸易牌照的行商统称。行商需要先向户部领取部帖(牌照)，获得承揽对外贸易许可。领取部帖时需缴纳白银 3 万两至 20 万两不等。如没有领取部帖就擅自承商，海关可以进行抓捕处罚。

行商在对外贸易中面对的风险和收益均是巨大的。虽然垄断着对外贸易，但又遭受到清政府的苛捐杂税和敲诈勒索，再加上经营风险，导致行商数量并不固定。有些年份如 1757 年有 26 家，有些年份如 1781 年仅有 4 家。第一次鸦片战争后，十三行失去了独揽对外贸易的特权，纷纷改为茶行，继续经营茶叶丝绸等生意。1856 年(咸丰六年)广东十三行被大火付之一炬，从此退出历史舞台。

广东十三行数量(1720 年～1846 年)①

年份	行数	年份	行数	年份	行数	年份	行数
1720	16	1727	16～17	1729～1732	19	1736	20
1738	11	1751	20	1754	20	1757	26
1759	11	1760	11	1765	10	1776	8
1779	8	1781	4	1782	9	1786	20
1790	5	1791	5	1792	12	1794	10
1795	10	1796	10	1800	8	1801	8
1807	12	1808	11	1810	10	1811	10
1813	13	1815	10	1822	11	1823	11
1824	10	1825	10	1826	10	1827	9
1828	7	1829	6	1830	10	1831	9
1832	12	1835	11	1836	11	1837	13②
1838	11	1839	10	1846	10		

延续近 200 年的十三行制度，造就了一批垄断对外贸易、富甲一方的"洋货行"，比较著名的有：

同文行：创始人潘振承(1714～l788 年，"承"一作"成"，字逊贤，号文岩，又名启)，原籍福建漳州龙溪乡，商名"潘启官"(Puankhequa)。潘启是广东十三行的商

① 根据萧致治、杨卫东《鸦片战争前中西关系纪事》(湖北人民出版社 1986 年版)第 146 页、梁嘉彬《广东十三行考》(广东人民出版社 1999 年版)第 102～104 页、220～227 页、328 页数据整理。

② 1837 年的十三行恰好为十三家，分别是：伍绍荣的怡和行、卢继光的广利行、潘正炜的同孚行、谢有仁的东兴行、梁承禧的天宝行、严启昌的兴泰行、潘文涛的中和行、马佐良的顺泰行、潘文海的仁和行、吴天垣的同顺行、易元昌的孚泰行、罗福泰的东昌行、容有光的安昌行。

总(即行商首领)、18世纪世界首富。潘振承的次子潘有度(又名潘绍光、潘致祥,字宪臣、又字容谷)继承同文行事务,西方人仍称其为“潘启官”(Puankhequa I)。1794年起潘有度担任公行首领10多年。1808年潘有度用了10万两银子行贿,才获准退出行商。但1814年广东十三行多半陷入困境,两广总督蒋攸铦强迫已退商的潘有度复出担任总商职务。1815年3月潘有度复出,同文行改名“同孚行”。潘有度担任十三行总商,直至1820年11月18日逝世。英国东印度公司称潘有度是“一位最为正直而极可尊敬的商人”。1821年10月两广总督阮元颁布谕令,要求“潘启官”这个行号不能停业,必须由潘有度的长子潘正亨和侄子潘正炜共同继续执业。潘正亨(字伯临,号荷衡)最初并不愿意继承父业,到1822年才开始承商,商名亨官(Heemqua)。潘正炜(潘振承之孙、潘有度之侄,字榆庭),商名“潘绍光”,西方人称为庭官(Tinqua),又称为潘启官(Puankhequ II)。

十八世纪广东十三行

潘振承

潘有度

伍秉鉴

怡和行:创始人伍国莹,福建晋江人,曾担任潘启官同文行的账房。1782年伍国莹拒绝接受海关监督提供的行商执照,被迫担任盐商。1783年伍国莹解除盐商身份,正式领取行商执照,商名“浩官”(Howqua),主要业务是经营茶叶、漕粮和西洋杂货。1788年末浩官欠下巨额海关税和其他税捐,于是逃匿。1792～1801年伍秉钧[伍国莹之子,商名“沛官”(Puiqua)]承充怡和行商。1801年6月13日伍秉钧病逝。1803年伍秉鉴(又名伍敦元,乳名亚浩,是伍国莹之子、伍秉钧三弟,1769～1843年)接任行主,继用其父兄商名“浩官”(Howqua II),有时也袭用其兄商名“沛官”(Puiqua I)。在伍秉鉴的经营下,怡和行成为最成功的行商之一。伍秉鉴取代同文行的潘启官成为十三行领袖,并成为英国东印度公司最大的债权人。1834年伍家的财产曾达到2600万银元之多①。2001年美国《华尔街日报》统计了1000年来世界上最富有的50人,有6名中国人入选,伍秉鉴就是其中之一。由于伍秉鉴

① 价值相当于600万英镑以上。

十分富有，也就成为清政府各级官吏的重点勒索对象。1821 年 7 月不堪勒索的伍秉鉴致函英国东印度公司要求解除担保商船的责任。在此之前，伍秉鉴早已经停止担保美国船只。英国东印度公司考虑到伍秉鉴的实际困难，并认为保商制度不过是清政府借以勒索的工具，对公司船只并不产生实际效果，同意伍秉鉴不再担保公司船只。1822 年广利行茂官以同样理由提出不再担任保商，东印度公司认为 1821 年允许伍秉鉴退出保商，有成为其他总商效仿先例的危险，所以不仅没有同意茂官退出保商，还恢复了伍秉鉴的保商地位。1826 年伍秉鉴再次要求免除保商资格并表示将退出行号的管理。东印度公司同意了伍秉鉴的请求，不再由其承保该公司船只。伍秉鉴又花费 50 万银元获得粤海关监督准许其退出行商，行号由第四子伍受昌（对外称为少浩官）掌管。1833 年伍受昌去世，伍崇曜主持怡和事务。伍崇曜是伍秉鉴第五子，字紫垣，商名伍绍荣（Woo Shaouyung），对外沿称伍浩官。

广利行：1792 年卢观恒设行承商，商名“茂官”（Mowqua I）。卢观恒（1746～1812 年），字熙茂，广东新会潮连人。1800 年与同文行的潘有度同为行商首领。1804 年茂官提出退休，由其内弟彰官接手行商生意。但彰官身染重病并于 1806 年 12 月 18 日逝世，茂官只得重新执业。1812 年 12 月 20 日卢观恒病逝，广利行由其次子卢文锦（又称卢棣荣，商名球官 Kowqua，也称茂官 Mowqua II）、三子卢文蔚（又称卢继光）先后经营。

卢观恒

卢文锦

叶上林

资元行：黎光华为行主，1758 年黎光华逝世后资元行破产。1759 年洪任辉状告黄埔等关卡勒索时，也状告黎光华欠债 5 万余两白银，清政府便将黎光华子孙的家产查抄还债。

广顺行：陈姓商人为行主，商名“求官”（Coqua）。1777 年求官欠英国东印度公司 11532 两无力偿还而破产。债务由文官代为偿还。

丰进行：倪宏文为行主，商名“怀官”（Wayqua）。1777 年倪宏文因向外商借得年息 20％的贷款，但经营不善，导致资金无法周转，共计赊欠英商贷款 11 216 两。清政府将倪宏文的家产变卖，并发配伊犁，首开行商欠债被流放的先例。

泰和行：颜时瑛为行主，商名“瑛秀”（Yngshaw）。1780 年 9 月 9 日因行欠 1 354 000银元被捕下狱，该年 11 月被充军伊犁。

裕源行：张天球为行主，商名"球秀"(Kewshaw)。1780年9月9日因行欠被捕下狱，11月被充军伊犁。

义丰行：蔡昭复为行主，商名"昭官"(Se—unqua)。1783年昭官破产。

源泉行：陈姓商人为行主，商名"周官"(Chowqua)。1789年周官逝世，其子继承行务，商名仍称周官。1792年底周官破产。

而益行：石中和的父亲创立，商名"石琼官"(Shy Kinqua)。1790年其父逝世，石中和继任行主，商名为"贡官"(Gonqua)，其二哥为"威官"(Wyequa)，贸易上仍沿用商名石琼官(Shy KinquaII)。1794年底贡官(即石琼官)因拖欠外商巨额贷款，资金周转困难而入监。1795年石中和彻底破产，在狱中受酷刑而死。1796年威官被充军伊犁。

逢源行：后改为万和行，蔡世文为行主，商名"文官"(Munqua)，其兄弟为"思官"(Seequa)。1788年至1796年蔡世文担任十三行总商。1796年4月10日文官因行欠过多而自杀身亡，由思官继任行主。蔡世文的债务总额共50万两，其中欠英国东印度公司128,167两；欠外国散商10万两；欠国内商家近30万两。

义成行：1793年叶上林(原名叶仁，又名叶廷勋，福建诏安人)设行承商，商名"仁官"(Yanqua)。"仁官"与外国商人交谊深厚，在外贸活动中占尽优势，尤其通过茶叶贸易，获得巨额资本。潘有度、伍秉鉴、卢观恒、叶上林被称为"四大巨富"、"世界级富豪"。1804年叶上林获准退出行商生意，是广东十三中唯一成功退休的行商。

达成行：倪秉发(原名倪科联，广东南海人)为行主，商名"鹏官"(Pongqua)。1810年1月鹏官破产，1810年被捕入狱，1811年2月15日死于狱中。

天宝行：1808年梁经国设行承商，商名"经官"(Kingqua)。梁经国(1761～1837年)，字调礼，号左垣，广州市海珠区琶洲街黄埔村人。1827年梁经国付出30000元后，获得粤海关监督准许，由三子梁纶枢(又名梁承禧，1789～1877年)接办行务。

东裕行：谢嘉梧(原籍福建漳州府诏安县)为行主，商名"鳌官"(Goqua)。谢嘉梧原为通事，1811年(嘉庆十六年)设行承商，与其弟谢嘉桐合办东裕行。1826年谢嘉梧去世，其子谢有仁继承行务，商名仍为"鳌官"。东裕行后改称东兴行。

东生行：刘德章为行主，商名"章官"(Chunqua)。1825年刘德章去世，其长子刘承霨继承行务，仍称"章官"(Chunqua II)。1828年2月章官退出行商，将东生行部分股份售给英官(Inqua)后，携银离开广州，返回安徽原籍。1829年英官经营出现困境。为了避免东生行破产，英国东印度公司请求两广总督李鸿宾召回章官。1830年2月20日刘承霨返回广州，但没有带来任何资金，东生行只得破产。

丽泉行：潘长耀为行主，商名"昆水官"(Conseequa)。1797年1月昆水官因为未取得行商执照便与外商进行交易而被监禁，后缴纳罚款，领取行商执照。昆水官的侄子是庭官潘正炜。1823年8月5日昆水官逝世，丽泉行破产。

万成行：沐士芳(原籍浙江宁波府慈溪县)为行主，商名"黎官"(Lyqua)。1804年沐士芳设行承商。1809年因无力偿还港脚英商货款，沐士芳被以交结外国诓骗财物罪名发配伊犁充军。

会隆行：郑崇谦（广东南海人）为行主，商名“谦官”（Gnewqua）。1809 年谦官破产，1810 年 6 月 12 日被捕入狱，1813 年死于北方边境。

西成行：黎颜裕为行主，商名“西成”（Exchin）。1803 年黎颜裕设行承商，1814 年 5 月 10 日去世。同年 8 月底其弟黎光远（又名黎柏华）继任，商名柏官（Pakqua、Pacqua），也称西成（Exchin II）。1822 年黎光远经营困难，1825 年正式破产，被充军伊犁。

福隆行：邓兆祥为行主，商名“人和”（Manhop）。1803 年邓兆祥设行承商，1810 年因欠款畏罪逃匿。同年经西成行商黎颜裕作保，关成发（福隆行司事关祥向之子）接任福隆行主，商名仍为人和。1828 年 5 月 10 日关成发破产，被充军伊犁，其债务由公行分期 7 年还清。

同泰行：麦觐廷为行主，商名“鹏年官”（Poonequa）。1804 年麦觐廷设行承商。1826 年麦觐廷逝世，同泰行破产。

万源行：李应桂（李协发）为行主，商名“发官”（Fatqua），1833 年万源行破产，李应桂家产被查抄。

顺泰行：1829 年马佐良（字展谋，号顺泰，1795～1865 年，广东高要县人）设行承商，商名“秀官”（Sanqua）。

兴泰行：1830 年严启祥（原名严焕文）设行承商，商名“孙清”（Sunshing）。1835 年严启祥因病获准退出经营，由其兄严启昌接手。1837 年兴泰行商欠案发生后，经中英双方共同清理，该行欠债共达 240 余万元。1842 年《中英南京条约》规定中国对英国赔款 2100 万元，其中 300 万元用于清偿行商商欠。300 万元商欠款中，就包括了兴泰行未还债款近 130 万元。[①]

中和行：潘文涛（原名潘国荣）为行主，商名“铭官”或“明官”（Mingqua）。

仁和行：潘文海（原名潘世荣，中和行潘文涛之弟）为行主，商名“海官”（Ponhoyqua）。

同顺行：吴天垣[②]为行主，商名“爽官”（Samqua）。1832 年吴天垣设行承商，1851 年吴天垣任苏松太道道台（上海道台），又兼任江海关监督，对清政府海关外籍税务司制度的建立起到了一定作用。

孚泰行：易元昌（原名易绍康）为行主，商名“昆官”（Kwanqua）。

隆记行：张殿诠为行主。

---

① ［英］格林堡著：《鸦片战争前中英通商史》，康成译，商务印书馆 1961 年版。

② 吴天垣（1791 年～1866 年 7 月），原名吴健彰（Wu kien－Chang），又名天显，号道普，小名阿爽，洋人称之为“爽官”（Samqua）。广东香山县人，清朝著名买办、颇具争议性的政治人物。早年在澳门、广州以贩鸡为业。1832 年吴天垣设行承商，为广东十三行之一。1845 年吴健彰携巨款到上海，担任洋行买办并贩卖鸦片。1847 年吴健彰捐银 50 万两，获授候补道员。1851 年吴健彰出任苏松太道道台（上海道台），又兼任江海关监督。外国人获取上海租界行政权和海关管理权，与吴健彰有关。1859 年吴健彰告病还乡。1866 年 7 月病卒。

安昌行：容有光为行主，商名“达官”(Takqua)。1837年安昌行退出行商生意。

东昌行：1836年罗福泰设行承商，商名“林官”(Lamqua)。1837年东昌行破产。

广州商馆区早期风貌(约绘于1786年)　　广东十三行商馆区(约绘于1795年)

广东十三行商馆区(约绘于1855年至1856年)

三、公行

洋货行(十三行)设立之初，广东行商竞相争揽生意，彼此相互竞争。有时一行独占全船货物，有时一船对数行贸易，有时一行对数船贸易，导致行业整体利润较低，外商从中渔利。为了维护自身和行业整体利益，1720年12月25日(康熙五十九年十一月二十六日)16家行商在神像前宰鸡饮血盟誓，成立同业行会组织——“公行”(Co－hong)。同时订立“公行”十三条行规，规定统一承销外洋进口货物、统一划价代办内地出口货物、行商按分配份额承揽生意等。“公行”行规如下：

“第一条：华夷商民，同属食毛践土，应一体仰戴皇仁，誓图报称。

第二条：为使公私利益界划清楚起见，爰立行规，共相遵守。

第三条：华夷商民一视同仁，倘夷商得买贱卖贵，则行商必致亏折，且恐发生鱼目混珠之弊，故各行商与夷商相聚一堂，共同议价，其有单独行为者应受处罚。

第四条：他处或他省商人来省与夷商交易时，本行应与之协订货价，俾得卖价公道，有自行订定货价或暗中购入货物者罚。

第五条：货价即经协议妥帖之后，货物应力求道地，有以劣货欺瞒夷商者应受处罚。

第六条：为防止私贩起见，凡落货夷船时均须填册，有故意规避或手续不清者应受惩罚。

第七条：手工业品如扇、漆器、刺绣、国画之类，得由普通商家任意经营贩卖之。

第八条：瓷器有待特别鉴定者，任何人不得自行贩卖，但卖者无论赢亏，均须以卖价百分之三十纳交本行。

第九条：绿茶净量应从实呈报，违者处罚。

第十条：自夷船卸货及缔订装货合同时，均须先期交款，以后并须将余款交清，违者处罚。

第十一条：夷船欲专择某商交易时，该商得承受此船货物之一半，但其他一半须归本行同仁摊分之；有独揽全船货物者处罚。

第十二条：行商中对于公行负责最重及担任经费最大者，许其在外洋贸易占一全股，次者占半股，其余则占一股之四分之一。

第十三条：头等行，即占一全股者，凡五；二等者五；三等者六；新入公行者，应纳银一千两作为公共开支经费，并列入三等行内。”①

公行没有呈请朝廷批准，没有法定的共同首领，组织较为松散，因此时复时散。1721年，公行成立第二年，英国商船“马科斯菲尔德”号(Macclesfield)抵达黄埔。由于粤海关监督禁止公行以外的散商与外商直接贸易，散商如要参与瓷器贸易必须缴纳20%货价给公行，如要参与茶叶贸易必须缴纳40%货价给公行，散商纷纷吁请英船抵制公行，并允诺降低茶叶售价。“马科斯菲尔德”号商船大班于是以不许丈量船只和停止贸易进行要挟。粤海关监督害怕事情闹大，影响税收，便召集公行行商进行商议。最终公行做出让步，同意部分散商有条件参加对外贸易，公行组织暂告解散。

1760年(乾隆二十五年)潘启官等9家行商呈请复设公行，获得清政府批准。公行正式成为经营对外贸易的合法组织，并代表清政府办理因对外贸易产生的涉外事务，比如商品贸易、货税征收、贡使往来、航线划定、夷商监管等，因此又被称为“官行”(Kwanhong)。

由于外商强烈反对，且公行导致贸易自由度丧失，潘启官转而支持外商抵制公行。1771年2月13日两广总督李侍尧颁布告示，宣布解散公行。据马士记载，潘启官为此花费了10万两白银贿赂总督，款项最终由英国东印度公司偿还。公行解散后，行商不需要互相担保。但如果经营不善，行商极易破产。因此1775年(乾隆四十年)以后重设公行的议论时起时伏。

1780年(乾隆四十五年)广东巡抚李湖等奏：“自本年为始，洋船开载来时，仍听夷人各投熟悉之行居住。惟带来货物，令各行商公同照时定价销售；所置回国货物，亦令各行商公同照时定价代买。”也就是建议复设公行。②

1782年(乾隆四十七年)经清政府批准，公行正式恢复。公行原来只专揽茶、

① 梁嘉彬：《广东十三行考》，广东人民出版社1999年版。

② (清)梁廷枏著、袁钟仁校：《粤海关志》，广东人民出版社2002年版。

 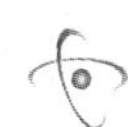

丝及大宗贸易，而扇、象牙、刺绣及其他小宗贸易则由公行以外的散商办理。公行重新恢复后，所有进出口货税均须由行商办理。

公行不仅负责对外贸易的管理，还负责管理公行基金。公行基金由对外贸易加收3%的行佣积累而来，用于行商清偿拖欠、罚款、亏折等方面的债务。清政府对破产行商处罚严厉，不仅财产没收，而且判处流放充军。对于破产行商的债务，公行议定由全体行商根据所得利润的比例进行偿付。

1813年（嘉庆十八年）粤海关监督德庆奏准设立十三行总商。总商是由粤海关监督从行商中选出的1至2名身家殷实、忠厚诚信的商人，负责统管公行、划定货价，并指导其他行商，以保证贸易安全和关税征缴。[①] 外国人称总商为高级行商(Senior Merchant)，称其余行商为低级行商(Junior Merchant)。

1842年《南京条约》第五款明确规定取消公行垄断，准许英商与华商自由贸易："凡大英商民在粤贸易，向例全归额设行商，亦称公行者承办。今大皇帝准以嗣后不必仍照向例，乃凡有英商等赴各该口贸易者，勿论与何商交易，均听其便。且向例额设行商等内有累欠英商甚多无措清还者，今酌定洋银三百万银元，作为商欠之数，准明由中国官为偿还。"《望厦条约》第十五款、《黄埔条约》第九款也规定允许外国商人与中国商人自由贸易并直接向粤海关办理手续、缴纳税款。从此，清政府港口贸易自主权受到侵犯，公行贸易制度彻底结束。

四、行商

康熙年间开海设关后，清政府特许广东一批经营国内贸易和对澳门陆路贸易的"商民牙行人等"转变为专门经营对外贸易的商人即行商，由行商协助政府实施管理对外贸易的职权，以实现"以官制商，以商制夷"的目的。

行商，也称"洋商"（外洋行商的简称），其职责是代表清政府管理海路邦交和贸易事务，比如：承销外商进口货物，代购外商所需货物，评定货物价格，担保外商缴纳税费，管束外商行为，传达政府政令等。"以经济言，行商为对外贸易之独占者，外人不得与中国其他商人直接交易。以政治言，行商有秉命封舱停市约束外人之行政权，又常为政府官吏之代表，外人一切请求陈述，均须由彼辈转达，是又有唯一之外交权。"[②]

一、清政府禁止外国商人与行商以外的其他中国商人直接交易，行商成为合法垄断中外贸易的具有半官半商性质的封建商人。鸦片战争前，"外国人要做生意，只限同领有政府特许执照从事外贸的行商进行交易。这是为了阻止它的其余臣民同它所仇视的外国人发生任何联系"。[③]

---

① 故宫博物院辑《清代外交史料》（嘉庆朝四）："十八年二月二十一日《粤海关监督德庆奏查办关务情形并请设洋行总商折》"，故宫博物院1932年版。

② 梁嘉彬：《广东十三行考》，广东人民出版社1999年版。

③ ［德］马克思：《中国革命和欧洲革命》，原载1853年6月14日《纽约每日论坛报》第3794号，又见《马克思恩格斯选集》第二卷。

1726年兼管粤海关的广东巡抚杨文乾指定6家行商办理外商到广州后出售洋货、采办土货和一切报关纳税事宜,“自立六行之后,凡番人交易,非六行不能交货。”①

1755年5月粤海关监督李永标颁布公告,规定珍珠、珊瑚、宝石、琥珀等上贡皇帝的珍奇物品,只能由行商出价收购;英国东印度公司订约进出口商品也只准行商统销统购;散商铺户需要五家联保,并有一位行商具保,才能收购外商私人零售的普通货物。

1780年、1820年和1828年清政府多次重申:24种国产出口货物,包括茶叶、生丝、大黄、南京布匹等;53种外洋进口货物,包括毛织品八类、外洋五金六类,人参、毛皮、檀香木等,只能由行商经营;其余8种商品包括丝织品等,可以由其他商贩在保商的名义下与外国人直接买卖。

行商通常利用其贸易垄断地位尽可能对国内货商进行盘剥。比如安徽茶商将茶叶运到广东,行商一般用杆秤称茶收货,用天平秤称银支付茶商。杆秤砝码标准一直保持不变,天平秤的砝码却日渐减轻。最初每百两银短少1.8两,后来短少2.5两。到了1819年(嘉庆二十四年),行商支付茶商每百两银不仅短少2两,还在每百两中包括破损银元20两。行商从事茶叶贸易的利润较大。1830年前后,行商以平均每担20.2两的价格收购茶叶,又以27两的价格转售给英国东印度公司,利润达30%。②

清政府各级官吏也对行商进行层层盘剥。1829年开设一家新行至少需要缴纳规费42024两,其中缴送粤海关衙门35596两(粤海关监督20000两、侍卫4000两、书吏3000两、六个公事房的管事2600两、其他开支5996两);缴送两广总督衙门1620两(侍卫200两、其他人员1420两);缴送广东巡抚衙门1010两;缴送南海县衙门1392两(南海县令1000两;侍卫200两、属吏192两);用印费1400两;缴送其他属吏1006两。③

在美国西北海岸价值6便士的毛皮,运到广州可以卖到100美元

二、行商虽然负责统销外商进口货物,但清政府禁止行商将洋货直接运往内地各省进行售卖,只能销售给广东本地散商和各

① (清)鄂尔泰等编:《雍正硃批谕旨》第13册《官达奏折》。

② Samuel Ball: An Account of the cultivation and manufacture of Tea in China ,London,1848,P353－354.

③ [美]马士著、区宗华等校译:《东印度公司对华贸易编年史》(第四、五卷),中山大学出版社1991年版。

省来粤客商，因此行商实际成为替外商销售洋货的批发商。行商与外商之间的贸易通常采取物物交换的方式。外商运来呢绒、棉花、皮货、钟表等，换取内地的丝绸、布匹、茶叶、瓷器等货物，彼此之间很少用现款支付。遇到零星尾数，才使用洋钱，一般 1 元按 0.72 两结算。①

三、行商成为清政府与外国人联系的桥梁。鸦片战争前，清政府与西方国家没有正式外交关系，所有涉外事务，均需行商参与。嘉庆帝曾谕令行商和通事赴京城向礼部衙门报到，以备迎接英国使团。清政府涉外法令规章通过行商与通事等向外商传达，行商协助政府当局确保各项管理条例的执行；外商的陈请意见只能通过行商转呈给政府当局。1831 年（道光十一年）《夷商递禀章程》规定："夷商具禀事务，应酌量是否紧要，分别代递、自递也。查夷商禀词应否交行商代递，抑应自行投呈，必须明定章程，方免混行越诉。应谕饬英吉利与各国夷商遵照，嗣后遇有事关紧要，必须赴总督衙门禀控者，应将禀词交总商或保商代递，不准夷人擅至城门口自投。倘总商、保商执意拦阻，不为代递，致夷情不能申说，方准夷人携禀前赴城门口营员投交。"

四、行商参与海关管理，担保外商缴纳货税。"外洋夷船到粤贸易，言语不通，凡天朝禁令体制及行市课税均未谙晓，向设行商代为管理，由来已久。"②外国商船"所有进口出口各货俱由行商报验，核明税额，填单登簿，俟洋船全数出口之后始行立限开征，每岁相沿"③。1745 年（乾隆十年）两广总督兼粤海关监督策楞开始实行保商制度。该制度规定外国商船到达黄埔后，要委托 1 名身家殷实的行商作为保商，担保其按期缴纳各类税费和遵守政府法令，并对其一切行动负连带责任。④ 粤海关"每年征收税项，多藉外洋夷船，其进出输纳各项税数，并非该夷商亲身自行完缴，向来俱于进口之日，先投省行住歇，并将货物起贮行内，由行商报验，核明税额，填单登簿，俟货物逐渐销售，照例陆续交库"⑤。

外国商人对保商制度十分不满，尤其是 1753 年、1754 年、1759 年英国东印度公司大班多次要求免去行商承保洋船的手续："由买卖船货的商人负责向政府缴纳税款，那些保商不是船货的买卖者，但要负缴付货税的责任，因此对我们的贸易大有妨碍"，"（1759 年）7 月 16 日总督令海关监督于今天下午接见我们。在见到他时，我们再次要求取消保商制度，由自己缴税。"⑥1759 年（乾隆二十四年）法国商人

---

① 故宫博物院辑：《清代外交史料》（嘉庆朝四），故宫博物院 1932 年版。

② 故宫博物院编：《史料旬刊》第四期"新柱等奏现在遵旨查办李永标折"，故宫博物院文献馆 1930 年版。

③ （清）梁廷枏：《粤海关志》卷 15，台湾文海出版社 1975 年版。

④ 故宫博物院编：《史料旬刊》第四期，故宫博物院文献馆 1930 年版。

⑤ 军机档，录付关税，乾隆四十六年，和珅等折，转自白寿彝：《中国通史》第三节粤海关。

⑥ ［美］马士著、区宗华等校译：《东印度公司对华贸易编年史》（第四、五卷），中山大学出版社 1991 年版。

味的哩(Demontignn)、嗒冥(Damsin)、莫其连(Michel)等呈请两广总督李侍尧裁撤保商："'保家'即'保商',宜裁除免致滋累也。窃'保家'之设,原为夷人……税则轻重未谙,故设'保家'代为总理。兹哩等……可以自行完纳,毋庸'保家'代理。且查各行商赴关输税,出口货饷于该船清舱取红牌,于放关之日,各即完清。然入口货饷无不延至次年,方节次完纳,以致不能按年奏报……兹哩等……所有入口货饷,(请)任从哩等择主交易,不论卖与未卖,各该船大班自行经理输税。"[①]粤海关监督和两广总督认为不能将钦定旧例取消,始终坚持既有的保商制度,一直延续到鸦片战争前夕。

最初行商轮流担任洋船保商,后来改为外商自行选定。洋船税费统一由保商代为缴纳,不论进出口货物是否由保商本人买卖,必须完成缴纳关税的职责,并且要先行垫支。行商有时候承揽洋货价值高达数十万两,承保税饷数万两至十余万两不等。有时候垫支税款难以及时回收,导致行商经营困难。"惟是行商共有二十余家,保商现只有五家。一切货物各行商俱得分领售卖,及至完饷课银,各行商观望耽延,势不得不令保商代为先垫,暂挪番商货银,情或有之。"[②]

1835 年(道光十五年)清政府规定除了外商自选一位保商外,又加派一位保商(由行商轮流担任)负责督查。

五、行商负有查禁走私的责任。1829 年(道光九年)清政府规定外国商船停泊黄埔时,外商要先写下声明没有夹带鸦片的字据,交给该船保商具结,再经过核查确实没有夹藏鸦片,才能开仓卸货。1836 年 10 月 28 日(道光十六年九月十九日)两广总督邓廷桢、广东巡抚祁贡、粤海关监督文祥等谕令行商:行商与不法外商接触时,须立刻查明其住何商馆,"彼等是何国籍;为何继续留在此间储存并出售鸦片;彼等何年来往广州;何年开始贩卖鸦片;彼等每年出售与储存毒品各多少;是否坚持用白银交易。凡此种种,行商必须查明,如实上报,听候本督等细查。倘行商不守法律,虚伪掩饰,将难辞其罪咎"。

六、行商负责为外商提供生活和办公场地,管理其日常生活,参与调查处理其在华期间发生的各类案件。行商在广州城西南设有夷馆,租赁给外商设立商行,这些商行是外商交易和寓居的场所。乾隆中期,外商每年需付给行商租金约 600～650 两。据马士记载:19 世纪初广东约有 56 家外国商行,除 1 家美国商行设在澳门,其余均在十三行夷馆内,其中英国 31 家,波斯商人 11 家,美国 9 家,葡萄牙、荷兰、瑞士、德国各 1 家。威廉·亨特[③]在《广州番鬼录:旧中国杂记》记载:"就是在这些行商的房子里,把茶叶过秤、标记、打包后送到黄埔的外国船上,丝及丝织品出口

---

① 包遵彭、吴相湘、李定一编纂:《中国近代史论丛》(第三册"早期中外关系"),汤象龙"十八世纪中叶粤海关的腐败",台北正中书局民国四十六至五十八年(1957—1969)版。

② 1759 年《新柱等奏审明李永标各款折》,见故宫博物院编:《史料旬刊》第四期,故宫博物院文献馆 1930 年版。

③ 威廉·亨特(William. C. Hunter,1812～1891 年),侨居广州二十多年的美国旗昌洋行股东。

以前，也在这里检验、过秤；他们另一方面又接受了由黄埔运来的全部进口货。”清政府规定外商必须寓居在十三行的夷馆内，1759年《防范外夷规条》规定“凡并非开张洋行之家，概不许寓歇夷人”，由行商代表官府监督和管理外商一切活动，并要对租赁其商馆居住的外国人的违法违规行为负责。1830年“洋妇进城”事件发生，兴泰行严启祥作为盼师夫人所乘船只的保商，被广东当局认定要为此事负连带责任，“被关进牢狱一个多月，并且花销了十万元钱”[①]。

广东十三行商馆区的丹麦、西班牙、美国、瑞典、英国、荷兰夷馆（油画，绘于1780年）

各国大班和外商离开广州赴澳寄居、探亲时，均需由行商代办赴澳手续，除了察请粤海关监督批照外，还要报澳门同知转报澳葡理事官。

七、行商需负担清政府相关费用。

（一）采买珍奇物品费用。按例广东每年要向皇帝进贡珍奇物品三次。最初购买此项物品的价款，由朝廷按年拨付5万两白银，后来减为3万两。拨款的一半用于从广东到北京的长途运输费用，另一半用于购买珍奇物品。但实际上，上述款项远不够用，粤海关监督就将费用摊派到保商承保的洋船税费上，由保商负责收取并采买。

（二）贡银。自1786年（乾隆五十一年）起，广东每年应上缴贡银5.5万两，均由行商按货值分担，汇缴粤海关监督后转缴内务府。嘉庆年间又增加9.5万两，合计15万两。

（三）人参变价银。广东每年上缴人参变价银约10万两，均由行商按货值分担，经粤海关监督转缴内务府。

（四）放关、分头等各种费用。各种名目费用每年约四五万两，由行商缴至粮道衙门，拨充普济堂老人口粮、汉军孤贫养赡及义渡快船水手工食等使用。

（五）剿匪及海防费用。1773年（乾隆三十八年）清政府平定大小金川，行商潘振成等捐银20万两；1787年（乾隆五十二年）清政府镇压林爽文领导的台湾人民起义，行商潘振成等呈请两广总督自愿捐银30万两；1799年（嘉庆四年）清政府镇压苗人起义，行商潘致祥等各捐银20万两……鸦片战争前夕，清政府增修横挡海面工事，行商捐款10万两；行商还每年“自愿”捐银3000两，用于炮台常年维护经费。

（六）地方军费。1809年（嘉庆十四年）至1839年（道光十九年），行商捐款支付广东前山营的兵饷。捐款时间长达30年，最终结算时还有存银53800余两。

（七）战争赔偿费用。第一次鸦片战争中，1841年5月广州城被英军攻陷，清政府被迫交出600万银元“赎城费”，其中200万元由行商摊付。

---

① ［英］格林堡著，康成译：《鸦片战争前中英通商史》，商务印书馆1961年版。

八、行商还兼办银行事业，比如兑换、倾熔（中外货币）、存贷等，并承办赈恤、贮粮、犒赏、筹办民团、兴办教育、翻译中外文件等事务。

行商承袭了中国历史上官商结合的传统，不仅作为独立商人垄断与外商直接贸易的特权，还代表政府管理和监督外商行为，同时又在政府当局百般压迫之下挣扎求存，这是行商制度的重要特点。行商责任甚重，承受着政府当局的高压管治，比如：外国兵舰一旦驶入黄埔，行商会被严厉治罪；外国船舶如有伤人和劫掠行为，行商会被要求限期查明并交出凶手罪犯；外国船舶走私，保商会被处以巨额罚款；各地旱涝战事，行商均需捐赠巨额献金，否则会被奏参。行商时刻处于极端困难的情形，随时会有破产之忧。

行商制度虽然妨碍了中外贸易的自由发展，但也给外商对华贸易提供了诸多便利。1830 年英国下议院关于对华贸易的审查委员会会议，经过调查后得出结论："几乎所有出席的证人都承认，在广州做生意比在世界上任何其他地方都更加方便和容易。"[①]然而"随着时间的推移，这个独立的、负责监督外国商人的行商，却逐渐和外国商人沆瀣一气，甚至下降到外国商人代理人的附庸地位"[②]。

鸦片战争后，清政府允许外商与中国商人自由贸易，行商职能大为削弱。1843 年 10 月中英《五口通商附粘善后条款》（《虎门条约》）规定："英国商船一经到口停泊，其船主限一日之内，赴英国管事官署中，将船牌、舱口单、报单各件交与管事官查阅收贮；如有不遵，罚银二百元。若投递假单，罚银五百元。若于未奉官准开舱之先，遽行开舱卸货，罚银五百元，并将擅行卸运之货一概查抄入官。管事官既得船牌及舱口报单等件，即行文通知该口海关，将该船大小可载若干吨、运来系何宗货物逐一声明，以凭抽验明确，准予开舱卸货，按例输税。"自此，外国管事官开始取代行商参与贸易管理。

由于清政府各级官吏的勒索、巨额捐输摊派、外商高利债务和行商的自身经营不善，尤其是鸦片战争之后五口通商及自由贸易，导致行商纷纷破产和行商体制的逐渐消亡。至 1856 年（咸丰六年）火烧十三行和 1859 年（咸丰九年）李泰国改组粤海关，历时 170 多年的行商制度彻底结束。

五、通事

除行商以外，与外国商人联系最为密切的中国人就是"通事"。通事是领有清政府专职牌照的翻译人员，身份是民人，奉海关监督之命为外商充当译员。通事一般通晓数国语言，数量极少，多方面参与了海关管理。通事需由行商担保，"买办责成通事

① ［英］格林堡著、康成译：《鸦片战争前中英通商史》，商务印书馆 1961 年版。

② 汪敬虞：《十九世纪西方资本主义对中国的经济侵略》，人民出版社 1983 年版。

保充，通事责成洋商[1]保充，层递钳制。如有勾结不法，惟代雇保充之人是问”[2]。

通事的主要职责有：

一、向外商传译清政府各项规章，敦促其遵照执行。清政府针对外商事务、洋船碇泊和华洋贸易，颁布了各种管理章程及通告。通事必须及时到达外国人居住的商馆，分发政府文书，并要对外商郑重大声地宣读章程或通告，以表明政府文书的权威性。雍正年间，外国商船遇到节令喜庆日期或往返黄埔口岸的时候，习惯于鸣放礼炮，清政府就曾谕令通事通知外商，“不许在内河放炮”[3]。

二、协助地方当局，监督、管理和调查外国人的行为。乾隆后期，清政府准许外商在行商派人陪同下，于农历每月初三、十八两天，赴广州海幢寺、陈家花园游玩，但日落前必须返回外商租住的十三行商馆。1816年（嘉庆二十一年）两广总督蒋攸铦鉴于陈家花园已毁，下令准许外商在通事陪同下前往广州海幢寺、花埭（后称“花地”）游玩。时间限定为农历每月初八、十八、二十八日三次，每次不超过10人，而且日落前必须返回商馆，不得饮酒，也不能在外过夜。通事对外国大班、船长、职员或水手的一切越轨违法行为都要负连带责任。广东地方政府遇到与外商有关的命案时，往往也会让通事协助调查或者协助将涉案外商押解候审。

海幢寺

花埭水乡景色

珠江南岸风景

三、参与对外贸易全过程，协助外商处理货物进出口相关事宜。自外国商船抵达澳门或黄埔起，货物进出口的全过程都需要通事参与。通事要为外商办理进入澳门申请和装卸货物申请，检验进出口货物，评估货物等级、数量和价格。当外国商船要装卸货物时，需要提前一两天将货物种类和数量告知通事，由其去请领许可证。许可证发下后，外国商船才可以在黄埔通过领有牌照的西瓜扁船过驳货物。通事还要替海关税吏填写税表，呈报粤海关监督衙门，以备登记和后期征税。通事代领“出口执照”时，需事先知会有关保商。1750年（乾隆十五年）以前，外商的船钞及规礼银均通过通事向海关缴纳，1750年起才改为通过保商缴纳。

---

① 指十三行行商。

② ［美］威廉·C.亨特著，冯树铁译：《广州“番鬼”录——缔约前“番鬼”在广州的情形（1825—1844）》，广东人民出版社1993年版。

③ 中国第一历史档案馆、澳门基金会、暨南大学古籍研究所编：《明清时期澳门问题档案文献汇编》（一）档案卷，雍正十一年三月二十八日“广州左翼副都统毛克明奏请洋船不必泊澳门外洋之十字门以免贻误税课折”，人民出版社1999年版。

《广州番鬼录》中记载了贸易季度里通事协助外商办理海关手续的基本情况:“从10月到次年3月,一艘船的通事,在装货期间,如有必要,常在晚上被召至外商的账房,预备明早装船的茶叶单据,往往工作到半夜后。然后他持着这些单据,不得不连夜跑几家行号,看看茶叶是否已经运到,驳运货物到黄埔的‘西瓜艇’是否已到来”,“等到一艘船上诸事具备,准备量船时,通事又得去报告海关监督,由他派一名税吏来黄埔‘办事’,这位税吏总是由通事馆的一名成员陪同前来,该通事被称为‘官方’通事。等到这艘船要开行时,通事必须给外商代理人一张‘船钞和规礼’费用清单,货船最后离港时,他必须办完一切出入口交费的单据,呈给海关监督,一切手续皆办完之后,才能得到‘大单’,即离港清单,交给代理人,手续才算终了”。

四、受雇于外商,协助处理商务纠纷、日常杂务等。通事负责帮外商聘用买办等管理人员及仆役、厨师、守门、挑夫等佣人,是外商雇员的首领。通事不论白天黑夜,都要随传随到。1800年7月30日(嘉庆五年六月九日)两广总督吉庆谕令外商“照得夷人贸易,天朝既设行商为之经理买卖,复设通事为之道达情词,凡所以体恤尔等夷商者,无不至优至渥”,要求外商在遇到贸易问题时,如果在广州,就告知行商通事;如果在黄埔,就到黄埔税馆阐明。

五、教授外国人汉语。1795年英国东印度公司大班布朗曾请求两广总督长麟批准中国人教授英商汉语,以便英商了解中国法律。长麟回复:“现今通事买办,即系内地民人,尽可学话,不必另多雇内地民人教话,致与定例有违。”①

第一次鸦片战争后,《虎门条约》、《望厦条约》、《黄埔条约》等不平等条约允许外国商人进出中国口岸时有权自由雇佣通事、买办、引水员及水手等人。

六、买办

买办,源于葡萄牙文Comprar(购买),是为外商及船员水手采购日用品、提供生活服务的人员(与后来的洋买办性质不同)。外国商船到华,因为言语不通,所需生活用品不能自行买卖,所以广东地方当局设立买办,负责外商的日常生活事务。通事相当于外商的“行政助理”,买办相当于“生活管家”。

外国商船到达珠江口后,先在澳门停泊。澳门同知为商船指定通事、买办和引水员。外商也可以在船舶到达黄埔后再雇用买办。不论是在澳门还是黄埔雇用的买办,都必须有澳门同知颁发的腰牌印照。没有腰牌印照的,外商不得雇用。在澳门由澳门同知派员稽查,在黄埔由番禺县令派员稽查。

充任买办的人,一般是广东本地人,由族长或通事作保。1809年《民夷交易章程》规定:“夷商买办应令澳门同知,就近选择土著殷实之人,取具族长保邻切结,始准承充,给予腰牌印照。”

---

① 梁嘉彬:《广东十三行考》,广东人民出版社1999年版。

1812年(嘉庆十七年)英国东印度公司雇请买办,每艘船要缴付500元特许费,美国船或英印散商船,每艘要缴付250元。

买办的主要职责有:

一、为外商采办日常生活用品。买办分为两种,一种是船买办,负责洋船上日常生活用品的采购及管理;一种是商馆买办,负责十三行商馆内日常生活用品的采购及管理。船买办还负责给只能停泊在珠江口外的外国护货兵船买物取水。

二、1737年起,买办开始管理商馆的内部经济事务、外商私人账目及保管外商银库。[①] 广州未开设银行之前,十三行商馆存放外商大量的现款和贵重物品。绝大部分银库的银钱价值超过15万元,部分银库高达100万元以上。在4月至10月的贸易淡季,银库、账本、重要函件均由买办负责管理。原则上买办不得参与进出口贸易,但外商各种款项主要由商馆买办经手,所以买办也会想方设法参与其中。

三、作为外商与中国民众接触的媒介,并负责管理夷馆雇佣的杂役。清政府规定"若无船上买办在场,其他船夫民人等不得与外国人接触"。1831年(道光十一年)两广总督李鸿宾、粤海关监督文祥鉴于外商数量较多、事务繁重,奏请改变过去禁止外商雇请华人服役的规定,准许外商通过买办雇佣账房、仆役、厨师、苦力等杂役,买办需担保上述人等诚实能干。"嗣后夷馆应需看货、守门及挑水挑货人等,均由买办代为雇请民人,仍将姓名告知洋商,责成该馆买办及洋商稽查管束。如此等民人内有教诱夷商作奸,洋商[②]买办即随时禀请拘究。"[③]

四、遵从行商、通事指派,参与海关公务或行商等人的私人事务。如,买办在行商与外商大班之间进行公私函件的传递。

五、兼有稽查走私职责。1830年(道光十年)两广总督李鸿宾等奏准颁布《查禁纹银偷漏及鸦片分销章程》,对行商、通事、买办参与查缉走私进行了规定,行商、通事、买办如果对于违禁货物进口及走私逃税知情不报,要被从重治罪:"夷商来粤贸易,凡起货上行、置货出口,有无违禁物件,洋商[④]、通事、买办必所深悉,应责成洋商、通事、买办随时查察。如夷商有夹带鸦片入口,偷买纹银下载出洋,该洋商、通事、买办立即呈明查办。倘知不报,一经查出,斥革究治。"[⑤]

---

① [美]马士著、区宗华等校译:《东印度公司对华贸易编年史》(第一、二卷),中山大学出版社1991年版。

② "洋商"均指十三行行商。

③ (清)梁廷枏著、袁钟仁校:《粤海关志》,广东人民出版社2002年版。

④ 指十三行行商。

⑤ 故宫博物院编:《史料旬刊》第九期,故宫博物院文献馆1930年版。

1733年英国东印度公司大班雇请买办购买伙食价格合约

食品	单位	价格			
		两	钱	分	厘
牛肉	斤	—	2	—	—
牛奶	斤	—	—	1	4
猪油膏	斤	—	—	4	
鱼(普通)	斤	—	—	1	6
鱼(最好)	斤	—	—	2	5
萝卜与芜青	斤	—	—		8
面粉	斤	—	—	1	6
盐	斤	—	—	2	
阉鸡	斤	—	—	4	2
鸭	斤	—	—	2	
鹅	斤	—	—	3	
雄鸡	斤	—	—	3	5
灯油	斤	—	—	3	6
蜡烛	斤	—	2	—	—
兽脂烛	斤	—	—	4	—
醋及酱油	斤	—	—	1	—
面条	斤	—	—	3	—
猪肉	斤	—	—	4	—
梨子	斤	—	—	2	—
马铃薯	斤	—	—	1	—
木炭	担	—	1	5	—
糖	担	2	8	—	—
冰糖	担	4	4	—	—
稻草	担	—	—	8	—
米	担	—	9		—
木柴	担	—	—	5	5
谷壳	担	—	—	1	—
绵羊	只	4	4		—
鸽子	只	—	—	4	—
兔子	只	—	1	5	—
鹬鸟	只	—	—	2	—
鹧鸪	只	—	—	4	—
犊牛	只	2	3	—	—
猪	只	—	4	—	—
面包	100个	1	8	—	—

清朝前中期，通事和买办受到广东地方当局、粤海关或行商指派，参与中外贸易管理，同时又以民人身份受雇于外商。这种双重角色，使得通事和买办在执行清政府外贸措施和维护雇主权益方面具有双重标准，这就是清代海关管理制度的严重弊端之一，直接造成了清政府禁烟政策和禁绝走私等措施长期不能有效执行的恶果。

买办还不时遭受海关胥吏的勒索。1759 年法国商人味的哩等人向两广总督李侍尧反映黄埔口、总巡馆等勒索买办规礼一事，称“窃外夷各船来此贸易，黄埔船上及省馆，必须天朝谙晓音语之人，为买办食用之物。乃黄埔口每船勒索买办之人银一百两至百二三十两不等，总巡口每船勒索四五十大圆不等。稍有不依，则刁难阻延，其食物不得即时送到，致臭烂不堪食用。每船计其年开所勒吸食买办银两，奚啻三千余两。名曰取之买办，其实出自夷商……即如上年关吏唤哩馆内买办亚喜勒取红绒金线，无可以应，押留关内十余日，再三哀求始行释放”。①

七、引水员

引水员，又称领港员、引航员，是指在一定水域内（港口或内河），引导船舶进出港口或在港内移泊的专职人员。清政府对引水员实行严格的管理制度，以防止不法民人冒充引水。1744 年（乾隆九年）澳门海防同知印光任规定：能够充任引水的人必须是殷实良民，具有保甲亲邻的结状担保，由当地县丞详细甄别，申送澳门海防衙门查验，查验无异后海防衙门发给腰牌执照才准予充当引水员。1809 年（嘉庆十四年）清政府又规定：引水员所持执照必须注明引水船主的姓名。船舶在虎门口验照放行后，引水员必须将执照交回澳门海防衙门缴销。1835 年（道光十五年）清政府进一步规定：澳门海防衙门要对引水员查明年龄籍贯，发给具有统一编号的印花腰牌，并造册报明两广总督衙门和粤海关存档。对于没有印花腰牌的人员，外国商船不得雇用为引水员。

鸦片战争前，外国远洋来华船舶主要是木帆船。进入广州内港之前，外国帆船先停泊在虎门合掌浦（虎门炮台附近），由虎门炮台派员上船检查。获准进口的商船就在附近招募熟悉水道的引水员引领进入广州内港。引水一般是师徒二人合作，跟外商谈妥报酬后上船执行任务。因为最初珠江河道没有航标设备，引水员要雇用 20 多只艇仔作为标记，拖带外国帆船前进。引水时师傅在船尾指导把舵，学徒在船头传达师傅指示，通知艇仔逐次前进，避免发生危险。清政府为外国商船指定引水员时，屡遭外商抵制。1812 年（嘉庆十七年）英国东印度公司就将指定给各船的引水员遣走，使用所谓“罗斯海军上尉的澳门与穿鼻洋之间的内河航行图”，各船不用引水员就可以直接驶入穿鼻洋并下碇于虎门口外。

鸦片战争后，机动轮船逐渐代替帆船。外国轮船进出黄埔港和广州内港时不需要艇仔拖带，只需引水员指引前进。轮船停泊在虎门口招募引水员期间，粤海关理船厅会在固定停泊于白鹅潭的小船上悬挂旗号，通知有执照的引水员前往虎门应募。轮船出口，也用旗号通知引水员应募。所以引水员为了方便工作，容易看到招募旗号，逐渐聚居在粤海关理船厅附近，最终在现今广州市海珠区洪德路宝勰四

① 包遵彭、吴相湘、李定一编纂：《中国近代史论丛》（第三册“早期中外关系”），汤象龙“十八世纪中叶粤海关的腐败”，台北正中书局民国四十六至五十八年（1957—1969）版。

巷形成了一条“引水街”。

1841 年 6 月 7 日香港被英国侵占并开辟为自由港后，外国轮船大多停泊在香港，在香港雇请引水员引导进入广州内港。1842 年中英《南京条约》、1844 年中美《望厦条约》和中法《黄埔条约》允许外国商人自行雇佣引水员和商议佣金，中国地方官不得干涉。《黄埔条约》第 11 款规定：“凡人欲当佛兰西船引水者，若有三张船主执照，领事官便可着伊为引水，与别国一律办事”，从此外国人也可以在中国港口充任引水员。

同治年间引水日益发展成为一种正式行业，引水员领到执照后，就终身从业，不再受到政局变动的影响。广州港引水员由粤海关理船厅负责考核并颁发执照，名额十分有限。最初广州港有执照的引水员名额只有 8 名，后来增加到 12 名。这些名额一般满配，出现引水员出缺（死亡）才招考补充。

1868 年 10 月 27 日《引水章程专条》试行，该章程经过中国海关总税务司赫德、总理衙门和外国公使团反复磋商，几易其稿，确立了依附于海关税务司制的半殖民地性质的引水管理体系。《引水章程专条》规定“引水者宜宽其招募也。凡华民及有约各国之民欲充引水者，均准其一体充当”①，再次明确外国人可以充当引水员；还规定各海关设立考选局，遇到引水员出缺，就由考选局考选人员补充。理船厅会同领事官和通商局一起参与考选，备考者的本国领事官可以在场监考。

引水员考试难度较大。参加考试的人员必须先拿到由粤海关理船厅颁发的学徒纸（即学徒证明书），还必须熟悉英语，熟悉从上船到停泊的各种操作，熟悉河道情况和水流情况。只有领取了引水员执照的人才能收学徒，而且成为学徒需要有人担保，担保人要承担一切责任。一般人不愿意为别人担保，所以很多是父亲担保儿子，或叔伯担保侄子。因此，引水员变成一种家族事业，形成不传外人的现象。

抗战以前，黄埔水域的引水员分为固定船舶引水员和拥有执照的不固定引水员两种。固定船舶引水员就是专门为一个轮船担任引水的人员，一般是有经验的水手、舵工，不需要考取执照，只能引导省港轮船、港梧轮船和内河轮渡，不能引导外轮进出口。拥有执照的不固定引水就是考取粤海关理船厅颁发的引水员执照，可以为不同船只引水。粤海关理船厅规定引水费与船身长度、吃水深度有关：船身长 300 尺以下，吃水 10 尺的轮船收取来回引水费港币 70 元（由香港引入广州，再由广州引出到香港）；吃水 11 尺的轮船收取港币 75 元；吃水 12 尺的轮船收取港币 80 元。

1939 年 7 月英日两国领事缔结协议，规定英籍轮船在广州与虎门之间航行，应雇佣日籍引水员，并给付相当数额的引水费。

1946 年交通部广州航政局接管引水管理职责，将粤海关理船厅颁发的引水员执照注销，另行颁发引水执照。原先没有执照的固定船舶引水员也需要申领执照。

---

① 王铁崖：《中外旧约章汇编》（第 1 册），三联书店 1959 年版。

第十四章　远洋船舶

一、黄埔口岸洋船

国际航行船舶是指进出关境，航行于国际航线，从事客货运输的船舶。

黄埔港距离东南亚、中印半岛、中东、非洲、欧洲航线最短，在中外海上交通中一直占有极其重要的地位。从隋唐时起，扶胥港作为"海上丝绸之路"起点，也是商船泊所和检查站，进出广州的船舶必须在扶胥港接受检查。唐末，扶胥港已建有人工码头。公元991年(宋淳化二年)扶胥设置巡检司，统领"寨兵"800人，专门监视检查进出口船只，防止金银铜铁等金属及人口被载运出境。

明朝末期，由于倭寇和西方殖民者的侵扰，明朝政府规定外国船只不准进入广州城，对外贸易只能在珠江口的泊地进行。黄埔成为外国贡船停泊和贸易的重要地点。1517年(明正德十二年)葡萄牙殖民者安刺德(Fernao Perez de Andrade)和比勒斯(Thome Pires)率先到达黄埔水域，赖居屯门岛。1521年(正德十六年)明政府武力驱逐盘踞屯门的葡萄牙殖民者出境。

1575年(万历三年)西班牙人首次到达广州黄埔，并开辟了自黄埔起航经澳门出海，到马尼拉中转直至拉丁美洲墨西哥的阿卡普尔科(Acapulco)和秘鲁的利马(Lima)航线。1598年(万历二十六年)10月，西班牙人强占黄埔港出海口的虎跳门。次年10月，被广东当局驱逐出境。

1601年(万历二十九年)荷兰人首次率船舰到达黄埔要求经商。因为荷兰不是中国"朝贡"国，没有进贡表文，所以明朝政府不予通商，1个月后荷兰船舰自行离去。[①]

1637年(明崇祯十年)6月27日，英国东印度公司武装商船4艘和轻帆船2艘首次入侵广东，强行要求经商。明朝官员要求英船在香港大屿山停泊，但英国船只不予理睬。8月8日英船停泊虎门亚娘鞋，并攻占虎门炮台，拆走35门炮作为战利品。9月19日在虎门水域纵火烧毁3艘中国帆船，焚毁1个市镇，抢夺30头猪。9月21日再次攻占并炸毁虎门亚娘鞋炮台，焚毁大帆船1艘。后经澳葡当局调解，11月22日英船指挥官海军上校约翰·威德尔(John Weddell)向广东地方当局表示道歉，并赔偿白银2800两，承诺完成贸易后即行离去。12月29日威德尔船队载运糖、生姜、丝绸和丁香等货物离开澳门，启程回国。这是英国第一次正式派遣商船来华贸易。

17世纪80年代清政府开解海禁，但又担心反清势力与外洋勾结，于是对本国籍船只出海限制十分严格。1703年清政府规定沿海省份渔船只能使用单桅帆船(福建省可

---

① (明)郭棐:《广东通志》卷六十九《外志·番夷》，万历三十年刊本。

用双桅帆船),梁头不得超过1丈,舵工水手不得超过20人,捕鱼不能越过本省境界。[①]华商不得购置洋式帆船,不得打造500石以上的出海船只,双桅海船梁头不超过1丈8尺,舵工水手等不得超过28人。因此当时航行国际航线的船舶都属于外国籍。

清朝前期,黄埔口岸对外贸易涉及的国家遍布欧亚和南北美洲。亚洲国家主要有日本、东南亚、中印半岛诸国,但贸易量较少。欧洲国家和地区主要有葡萄牙、西班牙、荷兰、英国、法国、瑞典、丹麦、普鲁士、汉堡、不来梅、奥地利、比利时、意大利等。美洲国家主要有秘鲁、智利、墨西哥和美国。1685年(康熙二十四年)至1757年(乾隆二十二年),欧美各国抵达中国贸易的船舶共有312艘[②],其中抵达黄埔就有279艘,占欧美来华船舶总数的89%,年平均4艘。这一时期欧美来华船舶的吨位一般在498吨以下。

1689年9月英国东印度公司商船"防卫"号(Defence)下碇"约在澳门东侧的15里格"。该船载重吨位730吨,是当时记录前来中国贸易的最大船只,也是东印度公司船只中第一艘获得清政府许可在黄埔进行贸易的商船。此后英国商船逐渐增多,英国最终取代早期西方殖民者葡萄牙、西班牙和荷兰,成为对华进出口贸易第一大国。

1698年在法籍耶稣会士白晋的安排下,经国王路易十四批准,法国东印度公司派遣商船"安菲特里特"号(L'Amphitrite)赴华。该船载重吨位500吨。2月8日路易十四指示船长洛克(De La Roque):细心认识中国沿岸各地;了解海岸风汛、潮汐、水流及停泊起航的适当时间;搜集中国埠口、碇泊处及海岸等地图;掌握中国和其他各国贸易情况;探知当地风俗习惯。从路易十四的训令中可以看出,"安菲特里特"号承担着为中法贸易进行探路的责任。3月6日"安菲特里特"号从法国西部拉罗谢尔港(La Rochelle)启程,11月2日船抵广州黄埔。这是第一艘抵达黄埔的法国商船,也是法国派遣的官方商船,因此清政府给予免税通商的优待。停留一年多时间后,"安菲特里特"号从黄埔载运大量丝绸、瓷器等货物,于1700年1月28日启航归国,8月3日抵达法国洛里昂的路易港口。

1701年"安菲特里特"号第二次赴黄埔贸易,返航时运回大批漆器,但抵达法国后竟然经营失败,赔钱不少。此后法国虽然陆续有商船前往黄埔,总体数量仍是较少。平均每年抵达黄埔的商船仅为1到4艘,有些年份甚至无船到达。1716年是法国来船较多的一年,当年停泊黄埔的20艘外国船舶中有6艘是法国船。1716年至1753年,抵达黄埔的法国商船共计39艘,大多来自印度本地治里[③]。由于英法七年战争,1761年本地治里被英国人夺取,法国人不再从此地开航黄埔。1754年至1774年,长达20年时间内没有法国商船抵达中国。

---

① (清)昆岗、徐桐:《光绪朝大清会典事例》卷九十七,中华书局1991年版。

② 黄启臣:《清代前期海外贸易的发展》,原载《历史研究》1986年第4期。

③ 本地治里(Pondicherry),位于印度东岸,曾是法国殖民地。

1685年粤海关设立之初，外国商船进入广州，必须先在澳门验无禁物后，领取牌照，才能进泊黄埔。1720年洋船免停澳门，可以直接驶入黄埔，在黄埔挂号口办理报关手续。黄埔岛南端、长洲岛北岸和深井一带出现小型泥船坞。

1727年荷兰东印度公司获准在广州设立商馆。1729年荷兰首次直接派船前来黄埔贸易。

1750年英国船只"金特利吉"号(Kintlege)出口执照没有如期下发，无法驶离黄埔口岸。英国东印度公司大班向粤海关监督申诉，获知延迟发放执照的原因是"金特利吉"号是铁制船只，而两广总督陈大受曾明令禁止铁制商船载货出口。

"普鲁士国王"号帆船

1750年普鲁士国王弗里德里希二世[①]授权阿姆斯特丹商人斯图尔特(H einrich Theodor Stuart)在埃姆登市[②]成立一家贸易公司，每年悬挂国王旗帜航海一至二次，从埃姆登市到广州黄埔做往返贸易，期限为10年。斯图尔特专门成立了埃姆登普鲁士王家亚洲贸易公司(KPAC)，还发行股票(德国最早的股票之一)集资购买一艘帆船，命名为"普鲁士国王"号。1752年2月15日"普鲁士国王"号从埃姆登港出发，于8月底抵达黄埔。该船配有120名船员、12名掷弹手和36门大炮，装运216000枚银元。"普鲁士国王"号在黄埔受到了良好的接待，海关官员一视同仁地对待普鲁士商人，并拒绝收受礼物。"普鲁士国王"号在黄埔停泊了5个月，购买了瓷釉汤盆1014件、描金瓷釉餐盘2910件、朱古律杯碟1422件等各式瓷器以及茶叶、生丝、丝织品、大黄、调味品、矿物、珍珠母等货物。[③] "普鲁士国王"于1753年1月14日离开黄埔，返程用了4个半月，抵达埃姆登市后，普鲁士王家亚洲贸易公司对其运载货物进行了拍卖。由于该年前后赴广州贸易的外国商船较多，广州货物因需求过多导致价格成本较高，因此"普鲁士国王"号此行黄埔只是略有盈利。此后，普鲁士王家亚洲贸易公司又多次派遣船只前往黄埔贸易，1753年至1757年共计十数次。

1753年英国东印度公司大班要求改善起卸船货的办法，建议海关官员允许其在同一天内可以多雇佣驳船，特别像棉花一类的大宗货物，为了避免起卸费用太大，应该每次起卸时将所有驳船装满。大班同时控告黄埔挂号口胥吏于1752年扣

---

① 弗里德里希二世(Frederick the Great,1712.1. 24～1786.8.17)，普鲁士国王(1740～1786年在位)，著名统帅。又译腓特烈二世，史称腓特烈大帝。

② 埃姆登(Emden)，德国主要港口之一。位于德国西北沿海埃姆斯河口北岸，在多拉尔特湾的北侧，东弗里西亚群岛西南端。

③ 萧致治、杨卫东:《鸦片战争前中西关系纪事》，湖北人民出版社1986年版。

留“霍顿”号引水员的执照，目的是向即将启航的商船勒索钱财。上述建议和控告均没有获得粤海关监督的支持，粤海关监督甚至将大班控告的人员提升了职级。

1755 年英国东印度公司派遣洪任辉等人前往浙江开辟市场，导致此后前往黄埔的外国洋船数量减少。据广东巡抚托恩多统计，1757 年前往黄埔的西方洋船，比 1756 年少 8 艘；但 1757 年前往黄埔的本港船舶（南洋船舶），比 1756 年多 10 艘。①

1757 年 12 月 20 日（即乾隆二十二年十一月十日）乾隆皇帝谕令禁止外国人前往舟山、宁波或厦门贸易，专限黄埔一口通商，并要求洋船进港必须将火炮、枪械、帆具等起卸上岸。上述禁令原本只是针对“西洋”船只，西方国家除了俄国在中国北方疆界，葡萄牙、西班牙通过澳门对华贸易之外，全部集中在黄埔交易。后来东南亚如柬埔寨、缅甸、马来半岛、东印度群岛、马六甲等国家和地区的“东洋”船只也逐步集中收泊于黄埔进行贸易。

前来黄埔贸易的一切外国船只，必须先在澳门领取粤海关签发的牌照，才能开进黄埔港下锚碇泊，进出黄埔前必须在粤海关黄埔挂号口挂号或销号。外国商船不得开进广州内港，也不得开往中国其他港口。外国商船的货物交易和装卸，也一律在黄埔进行。进出口货物通过领有牌照的驳船往来于黄埔与广州城内。

“哥德堡”号出关牌照③

黄埔对西方一口通商后，进出黄埔的外国商船数量迅速增加。1751 年抵达黄埔仅 10 艘英国船、4 艘荷兰船、2 艘法国船、2 艘瑞典船和 1 艘丹麦船，总数为 19 艘。②到 1789 年，停泊在黄埔的有英国船 61 艘（其中东印度公司船 21 艘，港脚船 40 艘）、美国船 15 艘、荷兰船 5 艘、法国船 1 艘、丹麦船 1 艘、葡萄牙船 3 艘，共计达 86 艘。据统计，1758 年（乾隆二十三年）至 1837 年（道光十七年）80 年间抵达黄埔的外国商船共计 5107 艘，年平均 69 艘。这一时期外国商船的

① 故宫博物院编：《史料旬刊》第三期，1759 年“广东巡抚托恩多奏复乾隆二十二年粤海关税收短少折”，故宫博物院文献馆 1930 年版。

② [美]马士：《东印度公司对华贸易编年史》（第一卷）第 28 章，原注 10 艘英国船中 7 艘属于英国东印度公司，3 艘是散商船，而各国来船总数为 19 艘。《粤海关志》（清·梁廷枏）卷二十四“十六年十一月二十五日止，来船十有九（辛未年份）”，总数为 19 艘。但《鸦片战争前中西关系纪事》（萧致治、杨卫东编撰）第 166 页“如 1751 年，各国进入黄埔港的商船，英国是九艘，荷兰只四艘，法国只二艘，丹麦和瑞典各只一艘”，总数仅为 17 艘。《近代广州研究（第一辑）》（广州市社会科学院历史研究所编）：“1751 年，还是广州一口通商之前，瑞典的博物学家彼得·奥斯贝克跟随瑞典东印度公司的船只来到广州，他在黄埔一共看到了 18 艘欧洲商船，其中有八艘英国船，一艘港脚船，四艘荷兰船，两艘法国船，两艘瑞典船以及一艘丹麦船。”该文记载为 18 艘。因为马士参考的是英国东印度公司档案，梁廷枏参考的是清政府档案，两者数量一致，均为 19 艘，故从其说。

③ 1741 年粤海关为“哥德堡”号驶离黄埔港颁发的出关牌照，现藏于瑞典哥德堡市图书馆。

吨位增加到723吨至864吨。

1769年8月13日法国国王宣布好望角以东地区的贸易向全体法国臣民开放，从此法国东印度公司的垄断地位结束，法国对华贸易放开。这一时期，法国来华船只载货量平均是英国船只的1.5倍，是荷兰、丹麦、瑞典等国家船只载货量的2倍。但随后，由于英法战争影响，法国来华船只日渐减少，法国对华贸易逐渐萎缩。

1770年英国东印度公司开始派遣商务大班常驻广州。

美国商船“中国皇后”号

1784年美国独立后的第二年，“中国皇后”号(Empress of China)从美国国会获得第一张远航中国的通行证。2月22日“中国皇后”号装载着473担人参、2600张毛皮、1270匹羽纱、26担胡椒、476担铅、300多担棉花等商品从纽约港起航，经过188天的航行，于8月28日到达黄埔港。四个月后，“中国皇后”号的货物全部售出，并购买了一大批茶叶、瓷器、丝绸、象牙雕刻、漆器、桂皮和绣金像等中国特产。“中国皇后”号于1785年5月11日回到纽约，往返历时一年零两个月，纯利润为30727美元，占投资额的25%。“中国皇后”号此次航行开辟了中美之间的直接联系，在美国掀起了对华贸易的热潮，成为中美贸易的开端。

1986年中国发行了一枚面值5元的“中国皇后”号帆船纪念银币。该币发行量为90000枚，重24克，成色为90%，直径36毫米，由沈阳造币厂铸造。

由于美国是新兴资本主义国家，商人和海员不受封建特权的束缚，并具有天生的冒险特性，以及美国在西方国家中长期保持中立，都促使美国对中国贸易额迅速增长，很快就超过荷兰和法国，成为中国对外贸易的第二大国。

对华贸易，不仅使美国迅速摆脱立国初期的经济困境，而且催生了阿斯托①、

① 根据2011年2月13日《广州日报》，哈佛商学院档案史料部总监Laura Linard依据史料认为：阿斯托(John Jacob Astor，1763～1848)是美国首位百万富翁，是全球1000年以来最富裕50人之一。阿斯托从1800年初开始从纽约往返广州黄埔进行贸易。1800年阿斯托以毛皮、人参换取丝绸、茶叶，一次盈利即高达5.5万美元。此后他转投美国地产、银行，到1847年个人财富突破2000万美元。其后裔也大多是银行家、房地产商。坐落于纽约麦哈顿公园大道上著名的华尔道夫·阿斯托里亚大饭店(Waldorf Astoria Hotel)就是阿斯托后辈创办的。1896年直隶总督兼北洋通商大臣李鸿章代表清朝政府访问美国时曾下榻该饭店并在此接受美国记者采访。

伊利亚斯·德比[1]、约翰·顾盛等一批美国富商，这些富商把对华贸易积累的巨额资金转投美国，又促进了美国许多城市的工商业繁荣。“纽约、费勒德斐亚、波尔蒂摩尔、波士顿，这些从事中国商务的海口，尤其是沙伦，革命胜利后的繁荣大多是倚靠这一贸易。许许多多的新英格兰资本，后来投在纺织工业者都是从这一贸易得来的。”[2]

1807 年英国人马礼逊从英国坐船横渡大西洋抵达美国，然后搭乘美国“三叉戟”号(Trident)帆船从纽约驶向黄埔。9 月 7 日马礼逊抵达黄埔，成为到达中国的第一个基督教传教士。马礼逊在华 25 年，为促进近代中西文化交流做出了重要贡献。

美国商船“亨利马克”号碇泊黄埔港

瑞典商船“古斯塔夫三”号，是瑞典东印度公司最后一次派往广州的远征队船只之一

美国“亚当斯总统”号(Persident Adams)商船。该船最终在南中国海沿海沉没

英国东印度公司船队

黄埔帆影(着色蚀刻版画)。画面展示了从黄埔长州岛眺望广州及中外货船的情景，左侧塔即为琶洲塔

19 世纪初，一艘货船从英国驶达黄埔一般需要 5 个月时间，如果绕经印度口岸则需要 6 个月。比如，1827 年英国东印度公司“基德将军”号船于 3 月 18 日从英国西南部的普利茅斯起航；6 月 23 日抵达印度马德拉斯，8 月 11 日驶离；8 月 25 日

---

① 伊利亚斯·德比：“宝轮港”船主。“中国皇后号”获得商业成功后，德比立即派遣船只赴华。他搜集英国产品，沿着各口岸出售，又在各地补货，最后在广州黄埔补足货物返回美国。通过这种方式，德比加快了现金流周转，从而获利丰厚。

② 杜勒斯著：《中美关系》第 5 页，转自卿汝楫著：《美国侵华史》(第 1 卷)，生活·读书·新知三联书店 1952 年版。

抵达槟榔屿岛,8 月 31 日驶离;9 月 5 日抵达马六甲,9 月 6 日驶离;9 月 10 日到达新加坡,9 月 13 日驶离;9 月 27 日抵达澳门附近水域;抵达黄埔前后历时六个月。

1830 年两广总督李鸿宾统计,每年抵达黄埔的外国洋船数量大致如下:美国船 20 至 30 艘,一等船占 10%～20%;港脚船 20 至 30 艘,一等船占 50%～60%;荷兰、法国船 3 至 5 艘,多是大船;英国船连年有 20 多艘,全是一等大船。

1834 年英国政府正式取消东印度公司的贸易专利和管辖权,英国对华贸易从此放开。该年 3 月 20 日英国第一艘自由贸易商船“萨拉”号(Sarah)从黄埔装载茶叶,被怡和洋行派往伦敦。

1685 年至 1837 年外国商船到黄埔数量统计表①

年份②	船数（艘）	年份	船数（艘）	年份	船数（艘）	年份	船数（艘）
1685 年(康熙二十四年)～1757 年(乾隆二十二年)	279	1750 年 2 月 2 日～1751 年 1 月 22 日	18	1751 年 1 月 23 日～1752 年 1 月 11 日	19	1752 年 1 月 12 日～1753 年 1 月 28 日	25
1753 年 1 月 29 日～1753 年 12 月 19 日	26	1753 年 12 月 20 日～1754 年 12 月 8 日	27	1754 年 12 月 9 日～1755 年 11 月 28 日	22	1755 年 11 月 29 日～1756 年 10 月 18 日	15
1756 年 10 月 19 日～1757 年 11 月 6 日	7	1757 年 11 月 7 日～1758 年 10 月 26 日	12	1758 年 10 月 27 日～1759 年 10 月 15 日	23	1759 年 10 月 16 日～1760 年 10 月 3 日	13
1760 年 10 月 4 日～1761 年 9 月 23 日	13	1761 年 9 月 24 日～1762 年 9 月 12 日	10	1762 年 9 月 13 日～1763 年 9 月 2 日	17	1763 年 9 月 3 日～1764 年 8 月 22 日	24
1764 年 8 月 23 日～1765 年 8 月 11 日	31	1765 年 8 月 12 日～1766 年 7 月 31 日	30	1766 年 8 月 1 日～1767 年 7 月 20 日	20	1767 年 7 月 21 日～1768 年 7 月 9 日	23
1768 年 7 月 10 日～1769 年 6 月 28 日	23	1769 年 6 月 29 日～1770 年 6 月 18 日	29	1770 年 6 月 19 日～1771 年 6 月 7 日	26	1771 年 6 月 8 日～1772 年 5 月 27 日	30
1772 年 5 月 28 日～1773 年 4 月 16 日	28	1773 年 4 月 17 日～1774 年 5 月 5 日	31	1774 年 5 月 6 日～1775 年 4 月 24 日	34	1775 年 4 月 25 日～1776 年 4 月 13 日	26

① (清)梁廷枏:《粤海关志》卷二十四“历年夷船来数附”。

② 乾隆十三年以前,资料较少。自乾隆十四年开始,每年加上闰月通算,满 12 个月计为一个一年统计周期,该年如果有余月就归到下一个 12 月结算。

1776年4月14日～1777年4月2日	39	1777年4月3日～1778年3月23日	33	1778年3月24日～1779年3月12日	28	1779年3月13日～1780年2月29日	25
1780年3月1日～1781年2月17日	35	1781年2月18日～1782年2月7日	24	1782年2月8日～1783年1月27日	14	1783年1月28日～1784年1月17日	36
1784年1月18日～1785年1月5日	35	1785年1月6日～1785年12月26日	46	1785年12月27日～1787年1月14日	68	1787年1月15日～1787年12月4日	73
1787年12月5日～1788年11月22日	65	1788年11月23日～1789年11月12日	83	1789年11月13日～1790年11月1日	59	1790年11月2日～1791年10月22日	38
1791年10月23日～1792年10月10日	55	1792年10月11日～1793年9月29日	44	1793年9月30日～1794年9月8日	43	1794年9月9日～1795年9月8日	59
1795年9月9日～1796年8月27日	53	1796年8月28日～1797年7月19日	51	1797年7月20日～1798年8月6日	63	1798年8月7日～1799年7月27日	50
1799年7月28日～1800年7月16日	59	1800年7月17日～1801年7月5日	64	1801年7月6日～1802年6月24日	70	1802年6月25日～1803年6月14日	84
1803年6月15日～1804年6月2日	77	1804年6月3日～1805年5月23日	85	1805年5月24日～1806年5月13日	97	1806年5月14日～1807年5月2日	96
1807年5月3日～1808年4月20日	87	1808年4月21日～1809年4月9日	66	1809年4月10日～1810年3月29日	77	1810年3月30日～1811年3月19日	51
1811年3月20日～1812年3月8日	73	1812年3月9日～1813年2月25日	51	1813年2月26日～1814年2月14日	47	1814年2月15日～1815年2月3日	52
1815年2月4日～1816年1月23日	73	1816年1月24日～1817年1月12日	104	1817年1月13日～1818年1月1日	101	1818年1月2日～1818年12月22日	88
1818年12月23日～1819年12月12日	90	1819年12月13日～1820年11月30日	96	1820年12月1日～1821年11月19日	94	1821年11月20日～1822年11月8日	84

1822年11月9日～1823年10月28日	65	1823年10月29日～1824年10月17日	71	1824年10月18日～1825年10月6日	112	1825年10月7日～1826年9月26日	89
1826年9月27日～1827年9月15日	103	1827年9月16日～1828年9月4日	86	1828年9月5日～1829年8月24日	76	1829年8月25日～1830年8月13日	99
1830年.8月14日～1831年8月2日	77	1831年.8月3日～1832年7月22日	87	1832年7月23日～1833年7月12日	105	1833年7月13日～1834年7月1日	143
1834年7月2日～1835年6月20日	149	1835年6月21日～1836年6月8日	199	1836年6月9日～1837年5月29日	213	1837年5月30日～1838年5月18日	129

1738年至1840年外国商船到黄埔数量及吨位表①

年份②	英国商船（艘/吨）	美国商船（艘/吨）	法国商船（艘/吨）	荷兰（艘/吨）	其他国家（艘/吨）
1719	2/650	—			4/1344
1730	4/1495	—	2/1300	1/400	1/400
1738	0	—	3	—	—
1739—1740	7	—	3	—	—
1741	5	—	2	—	—
1750	7	—	4	—	—
1751	10/4700	—	2/1800	4/3150	3/2540
1775	13	—	4	—	—
1776	24	—	5	—	—
1777	18	—	7	—	—
1778	17	—	4	—	—
1783	16	—	8	—	—
1784	21	2	4	—	—
1785	28	1	1	—	—
1786	53	5	1	—	—
1787	62	2	3	—	—
1788	50	4	1	—	—
1789	61	15	1	—	—
1790	46/29192	6/1970	2/950	3/2090	2/1410

① ［美］马士:《东印度公司对华贸易编年史》。

② 以3月31日为年度终期。

1792	39	6	2	—	—
1802	43	13	1	—	—
1805		34/10159			
1810		37/12512			
1815		9/2854			
1816		30/10208			
1817		38/13096			
1818	54/44005	39/14325			
1819	16/21217	47/16377			
1820	24/28460	43/15145			
1821	44/41817	26/8663			
1822	22/29535	45/15597			
1823	42/40684	40/14557			
1824	21/28245	34/13069			
1825	21/27514	43/16262	1	—	—
1826	23/28707	42/16431	2	—	—
1827	35/39013	26/9566			
1828	27/31421	29/12090	3	—	—
1829	72	27/8613	2	—	—
1830	72/54940	25/10000	5/3000	5/4000	2/1400
1831	93	24/6995	1	—	—
1832	90	34/11357	3	—	—
1833	107/64493	59/24000	7/2800	8/3200	8/3200
1834—1840	超过 100 艘	超过 30 艘	超过 3 艘	—	—

鸦片战争前的黄埔港

1839 年 3 月 18 日虎门销烟前夕，钦差大臣林则徐发布谕帖，要求洋船驶入黄埔前，必须由外商出具甘结，保证“嗣后来船永不敢夹带鸦片，如有带来，一经查出，货尽没官，人即正法，情甘服罪”。粤海关对具结商人给予贸易上的优待和保护，否则停其贸易，驱逐回国。8 月 25 日钦差大臣林则徐、两广总督邓廷桢会衔根据《钦定严禁鸦片烟条例》，宣布贸易新规定。由于清政府将遵式具结作为贸易先决条件，除英国商船保持观望外，其他各国商船纷纷通过具结得以进入黄埔贸易。“自严办鸦片以来，各夷埠均有传闻，以鸦片出自英国，此后该国买卖可减，别国买卖可增。如

连国、瑞国及单鹰、甚波立等国[①]，历年不过偶来一二船，本年来者特多，是他夷皆有欣欣向荣之象。”[②]4 月至 10 月间，有 62 艘商船具结进入黄埔港贸易，其中 45 艘是美国商船。

道光皇帝谕旨：令林则徐为钦差大臣赴粤查禁鸦片

虎门销烟后，林则徐下令恢复正常贸易。但英国驻华商务监督义律在 5 月 19 日命令英国船只在澳门上下货物，不得进入虎门之内。6 月 9 日粤海关根据钦差大臣林则徐和两广总督邓廷桢的指示，饬令除澳门本地的商业外，禁止一切贸易在澳门进行。外国船只具结进入黄埔载卸货物之后，应立即出口，返回本国。

1839 年虎门销烟

8 月 25 日林则徐、邓廷桢再次颁布告示，要求：“（一）一切未带鸦片之夷船应声明愿即开进黄埔，一俟验讫，即行卸货。各船不得逗留洋面。（二）一切私行夹带鸦片之夷船应即遵令呈缴鸦片，可免议处；一俟悉数缴完，可准进口开舱贸易。（三）凡不愿进口之夷船应立刻驶回本国，天朝亦不予追查。”8 月 31 日宣布禁止中国人为英国船只引水，否则巡洋水师将“拿获该引水人员，即行就地正法，枭首示众”。

义律极力阻挠英国商船遵行具结政策，一方面指示英国商人或船主抵制具结，一方面加紧武力对抗清政府。1839 年 11 月 3 日英国船只“皇家萨克逊”号（Royal Saxon）具结准备驶入虎门时，在穿鼻洋海面遭到了英国海军战舰“窝拉疑”号、“海河新”号的阻拦。英国海军战舰率先向接引英国商船入口的清军水师开炮。水师提督关天培指挥官兵奋力还击，打退了英军的挑衅。这次战役史称“穿鼻海战”。

---

① 连国：丹麦。瑞国：瑞典。单鹰：普鲁士。甚波立：汉堡。关于甚波立国，《海国图志》[（清）魏源撰，陈华等校注，岳麓书社 1998 年版]第 79 卷第 1942 页标注：“注：[1]甚波立国，即今比利时（Belgium）。”《粤海关志（校注本）》第 490 页参照了《海国图志》的标注：“甚波立国：即比利时（见《海国图志》卷 79 注）。”但《粤海关志（校注本）》第 478 页同时有比利时国和甚波立国的介绍：“比利时国：比利时，红毛种。乾隆十七年进口”，“甚波立国：甚波立亦红毛种也。嘉庆七年进口”。根据王尔敏《今典释词》（广西师范大学出版社，2008 年 5 月）第 18 页：“甚波立国（咸伯国）：甚波立国又同时被称之为咸伯国，非出一源，则所译俱指今世之汉堡，两个译称均可见之于道光时期官方文书。在德国统一以前，以独立国商船来华贸易”，甚波立国应为汉堡国，并非是比利时。《海国图志》和《粤海关志（校注本）》有误。

② （清）文庆等编：《筹办夷务始末》道光朝，第 1 卷，中华书局 1964 年版。

穿鼻海战

鸦片战争时广东水师帅船

清代水师战船

清代水师战船

清代水师战船

11月26日林则徐下令:自12月6日起英国船只一律不许进口。但对于具结未携带鸦片的商船仍准予贸易。12月29日"皇家萨克逊"号进入黄埔贸易。

1840年1月5日林则徐根据道光皇帝的旨意,宣布广州封港,永远断绝英国船只、货物或英国殖民地的船货进口,并严禁其他国家商船私代英商运货。英国货物只得偷偷通过中立国船只转运进口。1月8日英国"窝拉疑"号舰长宣布:自1月15日起,封锁广州口岸与珠江口。4月10日英国议会下院通过对华军费案及须达到满足赔偿包括英商货价(烟价)损失的决议。5月10日英国议会上院一致通过此议案。6月28日英国16艘战舰(连同武装轮船4艘、运兵船1艘、运输舰27艘,火炮540门、各兵种陆军4000人)驶抵虎门,封锁珠江口,第一次鸦片战争爆发。鸦片战争期间,珠江航道封闭,进出境船舶受阻而停驶,黄埔挂号口业务停顿。

1842年8月29日中英《南京条约》签订,条约规定开放广州、福州、厦门、宁波、上海五处通商口岸,标志着广州一口通商时代的结束,中国封建社会开始沦为半封建半殖民地社会。从此,中国主权和领土完整受到破坏,黄埔口岸船舶监管的作用和对外贸易的地位逐渐下降。

1843年7月27日(道光二十三年七月一日)黄埔挂号口按照《五口通商章程及海关税则》恢复关务后,外国商船大量涌入。1845年到达黄埔的外国商船高达302艘。1846年到达黄埔的商船为293艘、124,305吨。其中英船207艘、88,800吨;美国船65艘、29,688吨。此外,还有荷兰、丹麦、瑞典、法国、德国、比利时等国的船只。

东印度公司垄断贸易时期,使用的是一种载重1000～1300吨的船只,航行速度十分缓慢。1834年后,300～400吨轻便船只大量应用在商业贸易中,尤其是美

国船运。19世纪40年代开始，轮船货运逐渐发展起来。早期木帆船由于航行速度、载重量等远不及铁壳轮船，最终无法适应贸易快速发展的需要，退出了远洋航运。700～1000吨快艇开始成为货运主要船只。

1845年英国火轮公司(Peningulor and Oriental Shipping Co)“玛丽·伍德夫人”号(Lady Mary Mood)轮船从英国开抵香港，开辟了第一条欧亚远洋定期轮运航线。该船是世界上最早的铁壳轮船之一，也是到达中国的第一艘铁壳商船。

英国军舰漫画(1844年绘)。中国人最早见到英国轮船时称为“火妖怪”

1856年10月8日广东水师千总梁定国在省河逮捕走私船“亚罗”号水手13人。10月12日英国驻广州领事巴夏礼向两广总督叶名琛提出送回水手、赔礼道歉等无理要求。10月21日巴夏礼蓄意扩大事态，致牒叶名琛，限24小时内答复，否则武力解决。10月23日英国借口“亚罗”号事件，派舰进犯珠江内河，攻陷中流沙炮台，挑起第二次鸦片战争。10月26日英国军队对广州采取军事行动，粤海关黄埔挂号口奉命封关。

1858年2月24日粤海关恢复关务，开关征税。6月28日奉咸丰皇帝谕令“夷商不肯缴还广东省城，断绝夷人接济，不准与之贸易”，粤海关又封关。8月26日粤海关呈准恢复贸易，再度开征关税，黄埔挂号口也恢复关务。

1866年以后，大吨位的轮船不再航行珠江，外国船只航次和所载货物吨数减少。几乎所有的英、法邮船和大部分帆船驶抵黄埔，只是为了补充淡水、进坞维修。还有一些空船入港是为了在淡水河面停泊以减少海水的侵蚀。因此，空载申报进港和结关出口的船只数字超过载货船只。随后几年，由于香港船坞提供更完备的设备，到黄埔修理的船只更少。

1871年至1874年进出黄埔空船艘数和吨数

1871年		1872年		1873年		1874年	
艘数	吨数	艘数	吨数	艘数	吨数	艘数	吨数
2	1140	14	11241	9	8807	14	14381

1884年9月8日因中法战争，两广总督张之洞宣布广州戒严。由黄埔进入广州城的深水道——后航道被封锁，吃水较深的船舶不能直驶沙面，只能改在黄埔起货。黄埔成为吃水较深船舶的唯一抛锚地。黄埔分卡业务量激增。虎门以下的部分河道，需要有能躲避水雷的引水员引领才能通行，而且夜间禁止航行。

1884年(光绪十年)广州海防图

1889年粤海关规定洋式中国籍船必须持有海

关监督签发、税务司副签的船牌。有关装卸货物和完纳税费的规定，均按洋船办理。

二、引水制度

引水权，也称引航权，是国家为维护主权和国防机密，保障港口和船舶的安全，对进入本国领水区域的外籍船舶，执行强制引水的权力。

1744 年 5 月（乾隆九年四月）首任澳门海防同知印光任制定了《管理番船及澳夷章程》七条，经清政府批准实行于澳门与黄埔之间，其中对洋船引水进行了具体规定。章程条款如下[①]：

一、洋船到日，海防衙门拨给引水之人，引入虎门，湾泊黄埔。一经投行，即着行主、通事报明。至货齐回船时，亦令将某日开行预报，听候盘验出口。如有违禁夹带，查明详究。

二、洋船进口，必得内地民人带引水道，最为紧要。请责县丞将能充引水之人，详加甄别，如果殷实良民，取具保甲亲邻结状，县丞加结申送，查验无异，给发腰牌执照准充，仍列册通报查考。至期出口等候，限每船给水引二名，一上船引入，一星驰禀报县丞，申报海防衙门；据文通报，并移行虎门协及南海、番禺，一体稽查防犯。其有私出接引者，照私渡关津律从重治罪。

三、澳内民夷杂处，致有奸民潜入其教，并违犯禁令之人窜匿潜藏，宜设法查禁，听海防衙门出示晓谕。凡贸易民人，悉在澳夷墙外空地搭篷市卖。毋许私入澳内，并不许携带妻室入澳。责令县丞编立保甲，细加查察。其从前潜入夷教民人，并窜匿在澳者，勒限一年，准其首报回籍。

四、澳门夷目遇有恩恳上宪之事，每自缮禀，免熟识商人赴辕投递，殊为亵越。请饬该夷目，凡有呈禀，应由澳门县丞申报海防衙门，据词通禀；如有应具详者，具详请示，用昭体统。

五、夷人采买钉铁、木石各料在澳修船，令该夷目将船身丈尺数目、船匠姓名开列呈报。海防衙门即传唤该匠，估计实需铁斤数目，取具甘结，然后给与印照，并报关部衙门给发照票。在省买运回澳，经由沿途地方汛弁，验照放行，仍知照在澳县丞，查明如有余剩，缴官存贮。倘该船所用无几，故为多报买运，希图夹带等弊，即严提夷目、船匠人等讯究。

六、夷人寄寓澳门，凡成造船只房屋，必资内地匠作。恐有不肖奸匠，贪利教诱为非。请令在澳各色匠作，交县丞亲查造册，编甲约束，取具连环保结备案，如有违犯，甲邻连坐。递年岁底，列册通缴查核。如有事故新添，即于册内声明。

七、前山寨设立海防衙门，派拨弁兵弹压蕃商、稽查奸匪。所有海防机宜，均应与各协营一体联络，相度缓急，会同办理。老万山、澳门、虎门、黄埔一带营汛，遇有

---

① （清）印光任、张汝霖：《澳门纪略》（上卷·官守篇）。周光培等校勘：《笔记小说大观》（第三册），江苏广陵古籍刻印社 1984 年版。

关涉海疆民夷事宜，商渔船只出口、入口，一面申报本营上司，一面并报海防衙门。其香山、虎门各协营统巡会哨月日，亦应一体查报。

《管理番船及澳夷章程》规定了中国最早的、最正规的引水制度，是粤海关监管外国船只的一项重要措施。粤海关在澳门设有引水员 14 名，专门负责引导洋船入口。外国商船不能私自聘请引水员。港口引水权是国家主权的一部分。《管理番船及澳夷章程》维护了黄埔水域引水主权的完整。

1809 年（嘉庆十四年）为避免有人冒充引水员，清政府《民夷交易章程》又规定："凡夷船到口，即令引水先报澳门同知，给予印照，注明引水船户姓名，由守口营弁验照放行，仍将印照移回同知衙门缴销。如无印照，不准进口黄埔。"对于外国船只违例进出黄埔，或者外国人私驾小艇在沿海村庄串行，将严厉追究引水员的责任。

通过一系列管理制度和法令，加强了对外籍商船和洋人的管理。外国籍商船进口必须先至澳门向中国海防衙门申报挂号，再由官派引水导航，船至虎门后，起卸船上护航火炮（待出口时发还），经海关检查、丈量、征收船钞后发给"红牌"，凭以进口驶泊黄埔。船停黄埔期间，由海关会同驻军，严加防范。等到出口货物装船后，如果没有违禁情事，粤海关发给红牌，商船在官派引水员的导航下驶离黄埔至虎门，沿途关口验牌放行。

1835 年（道光十五年）清政府《防夷八条》规定：对于引水，要查明其年龄、相貌、籍贯等，发给编号印花腰牌，造册报明总督衙门与粤海关存案。遇到需要引带外国商船，才发给引水印照。如果没有印花腰牌，外国商船不能雇佣此人。

1843 年 10 月 8 日中英在虎门签订《五口通商附粘善后条款》（又称《虎门条约》）。条约单列"进出口雇用引水一款"，规定："凡议准通商之广州、福州、厦门、宁波、上海等五处，每遇英商货船到口，准令引水即行带进。迨英商贸易输税全完，欲行回国，亦准引水随时带出，俾免滞延。至雇募引水工价若干，应按各口水程远近平险，分别多寡，即由英国派出管事官秉公议定酌给。"

1844 年 7 月 3 日中美《望厦条约》和 8 月 14 日中法《黄埔条约》规定，美法两国商人可以自由雇佣引水员，工价自行协商。如协商不成，由各国领事官酌办，不需中国地方官参与处理。这些不平等条约，严重侵犯了中国的引水主权。

1868 年海关总税务司赫德制订《引水章程专条》[①]，规定："凡各口应定之分章及定明引水之界限，并应用引水者若干名，其引水各费一切事宜，均应由理船厅准情酌理，约与各国领事官并通商总局，妥为拟定。"[②]该章程将引水权置于外国领事、外国在华商会和总税务司理船厅三方控制之下，自此清政府的港口引水权彻底丧失。

---

① 《引水章程专条》：Chinese Pilotage Service：General Regulations，也译作《各海口引水总章》，俗称引水暂行章程。

② 汪敬虞：《赫德与近代中西关系》，人民出版社 1987 年版。

三、管理章程

清政府开海贸易后，来华外商越来越多。为加强对外籍商船及洋人的管理，清政府颁布了一系列有关管理制度和法令。1736年(乾隆元年)乾隆皇帝谕旨:“朕闻外洋红毛夹板船到广时，泊于黄埔地方，起其所带炮位，然后交易。俟交易事竣，再行给还。至输税之法，每船按梁头征银二千两左右，再照则抽其货物之税，此向例也。”①

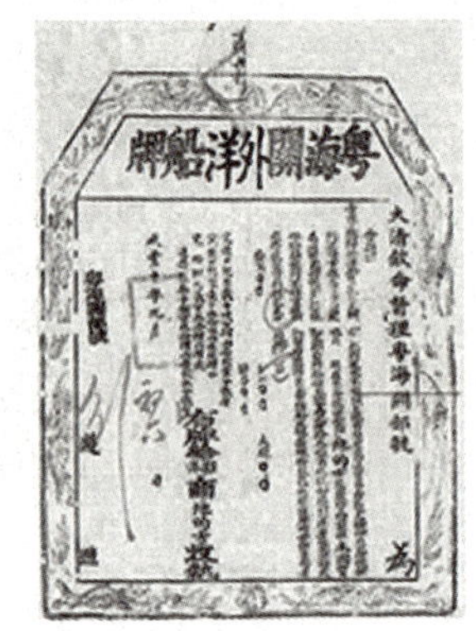
粤海關外洋船牌

粤海关外洋船牌②

1759年(乾隆二十四年)两广总督李侍尧奏准实施:“从标候补守内酌拨一员，带兵十二名，在黄埔搭寮防守，弹压稽查……并令附近新塘营酌拨桨船一只，与该处原设或翼中军桨船会同稽查。俟洋船出口，即行撤回。”

1839年6月23日林则徐与粤海关监督豫堃会同颁布了管理外国船舶的新章程——《新港口条例》。规定:“夷船一旦停泊口外，必须依照粮船勾水之法，将各该船吃水丈尺分寸、前后左右，分三段测量，自水面量至舱面，即于所量水痕之上，注明尺寸，以为记认，并将结果注明在盖印之执照上。夷船到达黄埔后，宜再派一官员丈量船尺。若发现其吃水深浅与执照上所填尺寸不符，其差别应禀报、务必行令科罚。夷船进抵黄埔，应受监视，防止走私。官员应位于其左边，而海关书吏在其右边，彼等之小艇应在夷船之两旁，委派之水师官员在场使其儆惧。”章程规定黄埔港口的巡洋师船水勇监视洋船;黄埔挂号口属员计算装货、卸货数目;内河巡捕押解货物至广州。但这个章程并未得到实际有效实施。

鸦片战争后，清政府根据签订的不平等条约做了相应制度的调整，主要有:一、废除由“官派”引水和挂号制度，改为外轮可自行雇佣任何国籍的引水员导航进出黄埔港。二、废除行商制度，改为船长向驻广州领事呈交船牌、舱单，再由领事行文通知海关办理一切手续，并由领事担保应纳税项。三、废除丈量船舶征收船钞制度，改为按船舶所载登记吨位征收。

1859年(咸丰九年)10月粤海新关试办之后，黄埔总口的国际船舶监管有了重大改变。

1859年底，粤海新关制定办公章程，主要内容有:一、缔约各国商船进入黄埔后，应立即将各类船单(包括船牌、仓口单、报单等)交予该国领事官。领事官自船舶进口之日起，应在48小时内将船名、吨数、船货的性质知照粤海关，由粤海关发给开仓许可证。船主需负责保证仓口单的准确性，如果资料作假，船主将被处罚500两银。对于无约各国商船和悬挂中国旗帜的洋式商船进口，船主应将各类船

① 《乾隆实录》卷二十八，甲子，“除外夷货船额外银税”条。

② 此件是1745年粤海关颁发给瑞典“王后”号的通行证。

单递交给黄埔登轮钤手，转存至粤海关。各国轮船卸货期间，黄埔分关派员驻船监管。卸货和驳运均要提前获得许可证。二、船舶准备结关出口时，船主或代理商要将出口舱单呈递给粤海关红单处。对于货税已经缴纳完结，准备驶离中国的，粤海关发给红单和货物总单，并将船牌、船钞执照及各项单证加封，寄存到黄埔分关总钤手处。货物装船完毕后，黄埔总钤手发给船钞执照等件结关出口。三、对于驶往中国其他通商口岸的外国商船，粤海关只发给红单，其货物总单仍然寄存到黄埔总钤手处。如有不能装船的退关货物，黄埔总钤手要在货物总单上注明，以便及时通知其他通商口岸的海关税务司。货物装齐后，由总钤手将货物总单、船钞执照、收税单等件封妥，交由船主或船方代理随船带往通商口岸。

1860 年(咸丰十年)除华式船舶仍由粤海关监督直接领导的粤海常关按旧章监管外，粤海新关设有准单处、验货处、红单处和港澳轮船处等机构，专门负责监管洋式船舶和所载进出口货物。粤海新关还废止了洋船在虎门停船申报和只准停泊黄埔的规定，允许外国船舶直接进入广州内港停泊，而将黄埔港划作轮船湾泊的锚地，并订立了管理章程 10 条：1、凡商船进入本口界限后，限 2 日内将船牌和进口舱单呈交领事官代为报关，无领事者自行报关。2、据实赴关报明进口所载之货，方得请领开舱准单。3、起货前须另呈起货报单，请领起货准单。4、下货前应照起货之例，请领下货准单。5、经领下货准单之退关货物，须赴关听验。6、装齐货物后将出口舱单呈交本关。7、货物查验后即应持本关验单赴银号完税，进口货于起货时输饷，出口货于下货前完纳。8、商船申请结关，经查出口单货相符、钞税完清后，始行发“红单”出口，泊黄埔者红单应经该处关卡画押。9、尚有过船货物，须先请领特别准单。10、凡驳艇往来省城与黄埔运货，均应赴海关码头查验，所持下货起货准单均应呈交黄埔关卡画押。

鸦片战争后，外国商船、兵舰随意进出广州内外港，为疾病的传播创造了条件。粤海关理船厅开始承担进口船舶的卫生检疫职责。检疫官通常是英国领事馆的英国医生。卫生检疫权完全掌握在洋人手中。

1867 年 4 月 22 日海关总税务司署颁布拖带轮船章程，主要内容有：1、来往各通商口岸的拖轮，均需在海关注册；2、如注册并未装货，经海关登记船名后，正常进出，不需报关；3、洋人所有的拖轮，不准前往没有准许进入的水域。

1873 年(同治十二年)华商开始经营轮船运输。粤海关规定华籍轮船须持有海关监督和税务司会签的船牌，对其进出口管理办法与外轮相同，也不得驶入禁止外轮前往的非通商口岸。

1874 年粤海关制定了《日常业务办事细则》，重申一般国际航行船舶进泊黄埔或广州后凭海关签发的准单装卸货物，并规定：1、对往来黄埔与省城间装载货物的驳艇，一般须由海关加封。2、须在黄埔上岸的进口货物，亦应先在省城办理验放手续。粤海关还公布平日办公时间，船舶在夜间或节假日装卸货物或添加燃煤，均须申领特别准单。

19世纪70年代以后，随着广州内港的发展，黄埔口岸的船运量逐渐下降。除少数大船因无法驶进广州内港而必须在黄埔卸轻外，大部分船只都不愿在黄埔停船而希望直航广州内港装卸货物，以节省过驳费用、降低货物周转损耗。

轮船自广州运货至香港，其费用几乎与由驳船将货物转运到黄埔一样便宜。同时帆船从香港装货可以节省时间、船钞和装卸过程的港务费用。帆船贸易被吸引至香港，大大加速了黄埔和澳门口岸的衰退。由于渐无生意可做，1876年在黄埔的外国居民除海关职员外已不超过3人，帆船也很少出现在澳门。

粤海关根据珠江航道实际情况和船商需求，于1881年12月颁布《黄埔减载条约》，同意一些吃水较深的海轮，在签具保证纳税的条件下，由粤海关授权黄埔副总巡签发特别准单，起卸一部分货物(不得超过一半)后驶入广州内港。条例颁行后，来广州的远洋船舶，均尽可能直驶内港，少数船舶为了添加淡水才停泊黄埔。

1881年12月7日(光绪七年十月十六日)海关总税务司赫德批准实施由粤海关税务司吴德禄(F. E. Woodruff)呈报的《黄埔分卡办公条例》。其主要内容有：

一、驶入黄埔锚地之外洋汽轮，其桅端须挂有一红色避碰标志，并由前航道驶入黄埔。

二、驶入黄埔锚地之前，由黄埔分卡指派一名资历较深的关员前往登轮，并向船长指定泊位，以便下锚，然后向船方收取船舶单证、货物执照、船钞执照及舱单两份。

三、如汽轮具有保结并须在黄埔卸轻者，可由船主填具报单，向分卡负责人申请开舱准单；如无保结之汽轮，则应到总关申请开舱准单。

四、凡汽轮欲在黄埔全部卸落者，须经粤海关总务课允准，如未得到答复者则应在货物卸至一半时，停止卸货。

五、如帆船(指洋式帆船)和驳船欲在黄埔卸货者，应到总关呈请开舱准单。

六、登轮关员收齐单证并安排值班关员后，应将所有单证带回岸上，交与分卡负责人。除留下一份舱单以监管卸货和签发开舱准单外，该负责人应将另一份舱单和其他单证寄至总关总务课。

七、对装载大米和杂货的汽轮，在货物起卸以前，应由分卡负责人在所有的报单暨舱单上加盖税务司关防并副署日期。对破损或更改的报单，海关不予接收。舱单、报单副署后，应交与轮上值班关员，以便其在背面签注所卸货物的重量等。值班关员应将所卸货物的唛码在舱单内逐一注明，并对每只驳船签发“驳艇单”，此外，还须每日填具一份“卸货记录表”。

八、当船只结关开往广州前，分卡负责人应将舱单、报单等封入关封内，交由船主带往广州交与值班关员。

九、对于结关驶往广州的载煤汽轮，分卡负责人还须与船主一同在舱单内填写在黄埔所卸的数量。

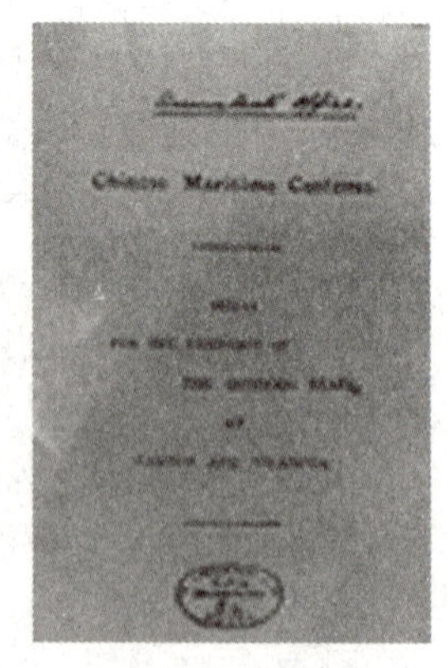

黄埔分卡为职员配备的工作手册

十、至于个别特准在黄埔结关无须驶往广州的船只，其船舶单证、转运准单（有转运货物的）、红单等，将由总务课封入关封内，交船主或船方代理转交分卡负责人核对放行。

十一、除有特别指示外，黄埔分卡关员不得查验货物。

《黄埔分卡办公条例》此后经过多次修改，但总体变化不大。后曾改为《黄埔分关办公条例》，一直沿用到1949年10月黄埔解放。

1893年粤海关颁布《广州口具保海轮管理章程》，对常年具结的海轮，在规定泊位、上下客货、纳税期限等方面给予优惠待遇，还给予具保海轮先结关出口、再补纳所载进口货物关税的特权。1917年12月（民国6年）该章程重新颁布，黄埔分关均照章执行。

四、20世纪船舶监管

民国初期，广州河道日益淤塞，大型重载的江轮和海轮均须在黄埔装卸货物，再经过11英里的驳运，才到达广州。

1914年粤海关理船厅制定《广州口船只停泊起下货物章程》，规定了进入黄埔口岸的外国船只停泊事项。装载爆炸危险品或易燃物品的船只，必须停泊在鱼珠栅和艕艚第四海岛的西北边；装载有传染病船员或乘客的船只，进入黄埔港时，必须悬挂入禁海Q字旗号停泊在大鳌沙头东南，直到检疫医务人员核发准单，才能收起旗号；无上述情况的船舶，应停泊于艕艚河道起至鱼珠栅和海心岗两处止。

1925年省港工人大罢工期间，为了实行“单独对英”的政策，罢工委员会采取了“特许证”制度，规定除了英国船和经过香港的船只，其余船只可以凭证到黄埔进行贸易。中外商船到达黄埔港后，必须经过工人纠察队登船检查。确保没有装载英国货物后，才允许货物进境。出港前，船主必须具结保证不驶向香港，才能离开黄埔。

“特许证”制度执行后，南洋暹罗等地和苏联的商船纷纷前来贸易，美国、法国、德国、挪威、丹麦、日本等国家也申请“特许证”。德国汉堡轮船公司“晏澜”号率先直航黄埔。该年10月初，美国大来轮船公司派遣一艘重12000吨的商船到黄埔贸易，随后满载货物开往檀香山及美洲各埠。“特许证”制度的实行，为黄埔港带来了短暂的繁忙景象，平均每天有30～40艘中外商船停泊在港口。1925年8月至1926年8月，在黄埔过驳的船只达950多艘，装卸货物120多万吨，占同期广州进出口货物的1/3左右。

1926年5月广东国民政府创办的海港卫生检疫所正式启用，以南石头和黄埔作为内外港的检查站。国民政府外交部通知各国驻穗领事，所有外国船舶进入黄埔港，均需在海港卫生检疫所进行卫生检疫。同年8月，广州海港检疫所正式获得国际承认。

1927年黄埔分卡（支所）每日平均往来船只，上行和下行均约为25艘。

黄埔分卡(支所)每日来往船只数(1927年7月25日至8月12日)[①]

日期	Vessels passed up(艘)	Vessels passed down(艘)
7月25日	10	6
7月26日	16	22
7月27日	25	26
7月28日	28	26
7月29日	28	15
7月30日	26	22
7月31日	25	20
8月1日	26	28
8月2日	29	21
8月3日	29	25
8月4日	30	28
8月5日	29	23
8月6日	31	20
8月7日	22	30
8月8日	30	26
8月9日	28	22
8月10日	25	25
8月11日	27	25
8月12日	30	24

1937年7月受日本侵华战争影响,广州至虎门之间的珠江水域被封锁,远洋轮船无法通航,只有江轮可以穿过封锁线到达广州。为了阻止日军进攻,国民政府在虎门附近设置水下障碍物,封锁珠江航道。商船不能自由进出黄埔口岸。

1939年2月4日日军宣布封锁珠江,并限制广州汇兑。7月,英日两国领事缔结协定:英轮在广州与虎门之间,应雇佣日籍引水人,并给付相当数目的引水费。

黄埔分卡关于来往船舶的记录档案(广东省档案馆藏缩微胶片)

1945年日本投降时,战败日军将枪支弹药等危险品投入到黄埔港码头前水,限制了商船的进出靠泊。1946年2月英国军舰将珠江航道里的水雷和障碍物排除,黄埔水域的海上交通得以恢复。广州港工程局又打捞了码头前水里的24处障碍物,才使黄埔港具备停靠4000～5000吨海轮3至4艘的能力。

1946年3月"海鄂"轮首航黄埔,广州海上交通正式恢复。

战后由于广州市政府将内港仅有的两个码头日清和大阪码头分别卖给了中央信托局和粤海关,因此广州内港没有公用码头。并且广州内河航道长期淤积,2000吨以上的船只不能通行。因此广州市的进出口货物,

① 广东省档案馆藏粤海关档案:《黄埔支所每日来往船只数,1927年7月～1928年2月》,全宗号94、目录号2、卷号296。

均需要通过驳船在黄埔转运。

解放战争后期，国民党相继失去了大连、天津、青岛、上海等外贸港口，黄埔港便成为其对外贸易的最重要港口。此时，黄埔港又承担着起卸转运日本赔偿物资、归还物资、广州救济物资和国民党军需物资的重担。各类物资数量极其庞大，远远超出了黄埔港的装卸和运输能力。此时黄埔港码头货物年通行能力只有30万吨，远不能满足货物的疏散需求。因此码头异常拥挤，压船压货现象日趋严重。许多船只要停在江心长时间等候泊位。1948年初，黄埔港通常有6艘3000～4000吨以上的海轮等候码头泊位。1949年初，轮候的海轮达10余艘。

解放初期，尤其是1954年以后，黄埔分关监管船舶增多。为了克服人手不足，黄埔分关采取小组(每组3～6人)包船舶监管办法，也就是对进出口船舶联检、货物装卸、查验放行等监管工作一包到底。

1950年12月《华南各海关监管海员携带自用物品办法草案》开始实施。草案规定远洋海员每人每月带入物品定额为：香烟40支、炼乳2罐、饼干1听、鲜果10个；每人每月带出物品定额为：价值人民币2.5元的成药和腊味、鲜果各2.5公斤。[①]

1951年1月2日华南海关处通知：自1月26日起，广东省政府指定黄埔、拱北、北海、深圳 、汕头、湛江、江门、汕尾、海口等9处为出入港口(1月30日又增加广州、东兴两处)，旅客必须领取通行证才能进出。

2月1日根据华南海关处公布的进出船只封舱办法，黄埔支关开始对进出关境船舶施行封舱，出口船只由起运地海关加封至领水边缘支关验封放行，进口船只由领水边缘支关加封至指运地海关启封查验征税放行。2月15日广东边境实行封锁，黄埔分卡实行出入境通行证制度。

1951年4月15日施行华南海关处颁布的《对严禁国家货币出入国境具体执行办法》。1951年5月1日《中华人民共和国暂行海关法》施行，该法是建国后第一部全面性的海关法规。

1951年7月31日黄埔分关施行海关总署颁布的《修正中外旅客进出口行李报关纳税管理暂行办法》及《修正国际及港澳邮包验放办法》。12月29日施行《海关对进出口信件、印刷品、夹带物品、货币、金银处理办法》。1952年5月1日施行《海关监管国际邮袋装卸转运暂行办法》。1953年4月施行《海关对国际船舶船员携带自用物品征免验放办法》。

1954年10月起黄埔分关采取小组包船监管办法，以代替过去分区驻仓监管

---

① 《黄埔海关志》第92页记载："1950年12月开始，按照《华南各海关监管海员携带自用物品办法草案》规定，船员每人每月准予带进香烟40支、炼乳2罐、饼干1听、鲜果10个以及带出价值人民币2.5元的成药和腊味、鲜果各2.5公斤"；《广州海关志》第198页记载："1950年12月起，按照《华南各海关监管携带自用物品办法草案》规定，准许船员每人每月带进香烟40支、炼乳2罐、食品罐头2罐，饼干、糖果各1磅、水果10个、布料一块及带出价值人民币2.5元的成药和腊味、鲜果各2.5公斤等"。因文献有限，无法确认正误，存疑待考。

方式，即根据船舶国籍及货运情况，由3至6人组成小组，负责包干完成对进出口船舶的接收、联检，以及对货物的监卸、监装、查检、放行工作。

1955年1月1日黄埔分关施行《海关对进出口货物残损偷窃等货运事故的预防和检查办法》。

1958年10月起，黄埔分关按照对外贸易部《海关对国际航行船舶船员携带自用物品监管办法》监管验放国际航行船舶船员携带进出境的自用物品。船员携带进境属于日用品、食品饮料、药品、文化用品等类物品，品种和数量在规定的范围之内的，黄埔分关予以免税放行；超过规定品种和数量，仍属于自用范围，数量合理，并且到岸价格在人民币30元以内的，予以征税放行；超过人民币30元的自行车、手表、照相机、收音机等重点管理物品，均不准进口。

1959年9月15日波兰“捷尔仁斯基”号远洋货轮驶抵黄埔港。该船载重1.3万吨，是黄埔港停泊的第一艘万吨级巨轮。

1967年7至9月广州地区连续发生武斗，交通运输瘫痪，黄埔装卸作业出现停顿或半停顿状态，港区内滞留数十艘国际航行船舶，仓库货场积压大批货物。武斗期间，黄埔分关绝大多数员工坚守岗位，保证了对船舶船员的监管和对货物的查验。9月底对国际船舶监管基本恢复正常。

1971年8月31日黄埔分关、黄埔边防检查站、黄埔卫生检疫所、黄埔外轮代理公司以及黄埔港务监督站等联检单位负责人在黄埔港务监督站召开联席会议，制订了黄埔港联检工作新规定，并明确此后每月召开一次各联检单位的联席会议。

1968年黄埔分关查获“乌克兰共青团”号间谍案后，苏联船只不再驶抵黄埔港。1972年5月9日凌晨，美国总统尼克松下达了对越南北方进行水雷封锁的命令。从1972年5月到同年的12月21日近8个月的时间内，美国一共投布水雷11000余枚，形成大小不等的43个雷区，给越南海上交通运输造成严重阻碍。苏联和东欧国家援助越南物资船舶只得从1972年6月起在黄埔港起卸。

1979年3月21日黄埔分关开始实施由交通、外贸、公安、卫生四部重新修订的《国际航行船舶进出口联合检查进行程序与注意事项》。

1979年10月18日美国籍“威尔马莱克斯”（VELMLYKES）轮驶抵黄埔港，该船是建国后第一艘驶抵中国大陆的美国船。

解放初期黄埔码头

黄埔分关关员向码头及运输公司工作人员宣讲海关政策

1972年黄埔分关海关关员与外国船员进行交流

第十五章　小型船舶

一、定期班轮

18 世纪以来，西方资本主义国家多次派船探索澳门至广州的航道。至 19 世纪，试探更为频繁。最初，清政府禁止外国人雇用快艇，只允许其雇请官艇来往广州和澳门。但是由于官艇航程费用太高且沿途规费较多，外商多次向广东地方当局申诉。1825 年英国东印度公司委员会向两广总督呈送了一份从广州到澳门的官艇费用清单：其中官艇租金 100 元、执照费 6 元、33 种规费和规礼共约 334 元，总计约 440 元；如果携带丝织品，要另交执照费 2 元、规费和规礼 45.3 元；粤海关还要对乘客的财物或携带其他商品征收一定关税。经外商多次力争，该年清政府地方当局允许外国商人雇用快艇，并限制规费数额。随后，粤澳内河航道上快艇往来越来越频繁。

1826 年夏，为了限制粤澳快艇往来，粤海关监督规定：内河航行的快艇核准费用，要和经由虎门的官艇相同。

1828 年 4 月一艘英国通报艇（通讯汽船）从印度孟加拉驶抵广州试探航线。①

1830 年 3 月马格尼亚克洋行为了把当时航速最快的，在加尔各答和伶仃洋之间航行只需 17 天半的飞剪帆船航程时间再缩短一些，而使用“福布斯”号（Fobers）蒸汽机船，拖带着三桅鸦片帆船“雅美西纳”号（Jamesina），驶往伶仃洋。“福布斯”号载重吨位是 302 吨、装载了 130 吨煤，“雅美西纳”号装载 840 箱鸦片和 52 吨煤。《光绪香山县志》记载：“道光庚寅，夷人火轮船始至广东。”②由于 1828 年英国通讯汽船没有明确的史料记载，因此一般认为，“福布斯”号蒸汽机船是最早出现在中国海面上的轮船。

1835 年怡和洋行在新加坡造的“渣甸”号（Jardine）轮船，驶进广州省河，试图在伶仃洋及澳门广州之间开辟邮路和客运班轮，但被清政府地方当局发觉而未能得逞。③

1842 年 8 月 29 日清政府被迫签订了不平等的中英《南京条约》。广州于 1843 年 7 月 27 日（道光二十三年七月初一日）开埠，是五口通商中的第一个开埠城市。1844 年英国的“魔女”号（Medusa）同怡和洋行的“海盗”号（Corsair）及美国的“财神”号（Midas）轮船，定期往返香港、广州之间，装运邮件客货，成为外国轮船在中国

① 樊百川：《中国轮船航运业的兴起》，四川人民出版社 1985 年版。

② （清）田明曜：《光绪香山县志》卷二十二，《续修四库全书》影印，上海古籍出版社 1995 年版。

③ ［日］浅居诚一：《日清汽船株式会社三十年史及追补》，日清汽船会社 1941 年版。

水域最早开设的省港定期航线。[1]

1840 年代蒸汽轮船

1846 年两艘轮船在香港经黄埔至广州的航线上开展运输业务，乘客每天达 600 至 1200 人。1848 年英国火轮公司“广州”号轮船开始航行于香港、澳门、黄埔、广州之间。同年 10 月 29 日香港英商创办了中国第一家专业轮船公司——“香港小轮船公司”，专营穗港澳之间的定期客运运输。经营穗港澳航线的轮船通常被称为“河轮”、“江轮”或“省港澳班轮”，以区别从远洋、沿海来黄埔的海轮。

外国往来于穗港澳的轮船不断增多，对广东航运业产生越来越严重的冲击。外籍河轮凭借其技术先进，还开船直入省河抢夺生意。河轮不必在黄埔缴纳吨税和引水费，因此在香港转装外洋轮船的花费比在黄埔转装便宜。

随着航线的开通，外轮公司的机构也纷纷在广州成立，进一步垄断了广州的航运业。1850 年省港航线出现一家资本 30000 两的英商省港邮船公司（Canton Hongkong steam Packet Co.）。1855 年美轮“星火”号也定期航行于穗港澳之间。从 1859 年起，美国在香港和广州之间航行的船只，先后有“白云”号（White）、“火炬”号（Flambeau）、“金山”号、“江龙”号、“休王那达”号。

1859 年第一个由外籍税务司制定的《对来往广州口岸一般轮船章程》和《来往穗港、穗澳轮船章程》颁布，明确规定了轮船进出广州的报关、结关等海关手续。

1860 年（咸丰十年）粤海关税务司为适应来往粤港澳的汽轮、小火轮、拖轮、渡船等船只快进快出的需要，颁布《赴香澳轮船章程》进行手续简化：1、不要求河轮进口先报关再开舱，规定不需向总关请领卸货准单，只要向登轮关员递交进口舱单，即作为申报，可卸货入驳船，但必须运往海关验货厂验放。2、不要求河轮逐次按正常手续结关出口，装完出口货经驻船关员签单即可启航，出口舱单可于再次进出口时交总关。3、对河轮的办公时间由一般船舶的 10 至 16 时延长为 6 至 18 时。由于粤港澳轮船大多兼营客运，船员和旅客夹带走私违禁物品的情况较为普遍，因此黄埔分关常常派遣关员在分关下游两公里处的艄艚洲一带登轮检查。小火轮、拖轮、机帆船等船舶出口时要在黄埔分关报验，经分关钤子手登轮检查无误，并在其出口舱单上签字盖印后才可以放行。船舶出口结关手续仍要在粤海关港澳轮船处办理。

---

① E. J. Eitel，“Europe in china，the history of Hongkong”，Oxford University Press，1983，P243.

19 世纪 70 年代的粤海关税务司署(右侧欧式建筑)和粤海关验货厂(左侧建筑)

19 世纪八九十年代的粤海关税务司署(右侧欧式建筑)和粤海关验货厂(左侧建筑)

位于广州西堤的粤海关验货厂(左侧建筑)和大清邮局广州总局(右侧建筑)(约摄于 1900 年)

随着世界轮船运输业的发展和国际贸易的需要,也为了适应货客兼载,香港外商需要大型轮船运输。1865 年英商创办省港澳轮船公司(Hongkong Canton and Maceo steamboat Company)。同年省港澳轮船公司将美商琼记洋行、旗昌洋行在珠江下游的航运业合并,成为英美合资公司。1866 年省港澳轮船公司获得在穿鼻洋靠岸装货载客的权利,成为第一个在非通商地方掠得这种权利的外国公司。同时采用收买等经营手段,使竞争对手退出省港澳航线上的经营。1867 年该公司在广州十三行老公行旧址建立专用码头和仓栈。1871 年 6 月该公司收购了"投机"号(Spec)和"火花"号(Spark)轮船,最终确立了珠江下游航运中的垄断地位。

十三行商馆、"火花"号快艇及装运茶叶民船

1886 年德国轮船航业局(金星线)在上海、广州航线上一直保持着一个由 5 只轮船组成的船队,实际已经成为操纵中国沿海航运的一支重要力量。

1893 年广州至香港线的河轮从 1874 年的 2 艘增加到 7 艘,广州至澳门线的河轮由 1 艘增加到 3 艘。

1905 年前后,洋式篷船及夹板船经常在香港装载美国煤油,前往黄埔起卸。其中英国"罗希炉"号和"伊翼咧"号帆船,就是到达黄埔船只中最大的两艘,"罗希炉"号帆船吃水深度超过 23 尺。

1941年4月14日省、港、澳轮船复航。“云阳”、“昇昌”两轮来往省澳，“白银丸”及“佛山”轮也定期开往香港。

建国前，航行于穗、港、澳之间的轮船，吨位比远洋轮船小得多，船上设备也较为简单，以载客为主，兼载货物，是广州对外贸易主要运输工具。一般当天进出，不在广州过夜。

粤海关验货厂和1916年落成的粤海关“大钟楼”

1961年黄埔港客运站建成，主要承担新加坡、马来西亚航线的客运业务。

1978年11月17日穗港班轮在中断29年后，由悬挂英国旗的小型高速客轮“飞翔”船重新开通黄埔至香港的客运航线，全航仅需3小时，每日进出4艘次，船泊黄埔客运站码头。1980年2月5日“飞翔”船移泊广州洲头咀客运站，由广州海关驻洲头咀办事处监管（原黄埔—香港线暂停）。

1982年11月1日黄埔港客运站新增黄埔—香港“飞翔”船客运班轮，每天进出口各两航次，每逢节日增加航班，方便了香港旅客进出口。1983年客运量57865人次，其中进口35162人次、出口22703人次；香港旅客52715人次、国际旅客2433人次。

二、沿海内河贸易民船

民船是指东方式样的帆船，本身无动力，吨位小，速度慢，船员均为中国人，一般装载体积较大、价值较低或单一品种的大宗货物。外洋进口贸易本应围绕广州为中心进行，但实际上，由于广州邻近香港，外洋进口贸易有相当一部分是由民船载货往返于香港和广东省内小港之间进行的。

1860年10月粤海新关成立后，粤海新关负责监管远洋轮船及各通商口岸之间来往船舶，粤海常关负责监管经营国内沿海、内河贸易的民船。民船进出广州港的手续均在粤海常关码头（今广州市海珠桥一带）办理。

由于来往穗港澳的河轮抢夺了广州的木帆船货运，最终迫使广州成批木帆船退出了海上航运。1873年（同治十二年）广州木帆船海运已全部消失。

1877年往来于香港和石龙、新塘等地区进行贸易活动的注册或领有牌照的民船有16艘。来往于香港与内地口岸或珠三角附近地区的民船需要向常关交付一定数量的专利费和保护费，并需经常与没有注册的外来船只竞争。

地点（往来香港）	民船艘数	地点（往来香港）	民船艘数
石龙	5	新塘	2
太平	5	东莞	4

1879年11月起，粤海新关开始监管外国人租用的中国民船。1881年全年有8艘每艘在20吨至40吨之间的小拖船，拖带帆船来往香港与黄埔之间，有时也附载旅客和紧急或需要保密的信件。

一般情况下，洋船载运来往广州的货物少于民船垄断运输来往广州和香港、澳门以及东部口岸之间的货物。1885年初，法国与中国继续保持战争状态，不断谣传法国船队将袭击广州及其邻近地区，因此部分货物为了安全，从使用民船转向使用洋船。但1885年6月中法签署和平条约后，洋船所运货物比民船在正常情况下所运数量还多。

1887年（光绪十三年）开始有拖带民船航行的小火轮（俗称电船），以拖带珠江三角洲和东江沿岸各地的定期客船（俗称响渡）为主。

1902年至1904年，粤海关税务司接管五十里内粤海常关机构，航行国内沿海民船的监管工作划归税务司署常关办公室管理。

20世纪初的粤海关验货厂

20世纪初的粤海关验货厂

1909年粤海关制订《广州口华洋小轮章程》，外籍小轮可向海关领取执照在广东省内地港口航行，进一步使小轮拖带驳船的运输方式取代了风帆民船。1926年已有小轮前往新塘、石龙、黄埔等处。

1925年9月省港大罢工期间，罢工委员会发出禁令：凡装运“仇货”（指英国货）的民船，概行扣留，货物充公并课以罚金。

1931年1月5日粤海五十里外常关机构改为粤海关分卡，同年6月1日粤海常关撤销。此后粤海关规定：1、民船进入黄埔港，必须向黄埔分卡申报。黄埔分卡关员在船主递交的进口舱单、印簿（Licence Book）、路簿（Way Book）上签字盖印后，民船才能驶往粤海关码头开舱验货。2、民船驶离广州内港，必须先在粤海关办理手续。经过黄埔港时，船主须将货物执照、完税执照和船钞执照递交给黄埔分卡登船关员，经检查无误后，由黄埔分卡放行。

民国时期的码头及堆场

1932年5月18日粤海关对航行内港内河的华籍船舶，不再发给内港专照和“江照”，改用航商结关申请书和航程簿办法管理。

1947年3月10日粤海关税务司张勇年颁发告示，为便利航运，所有民船不需再向黄埔支所报验，但支所认为有检查必要的，可以随时要求民船停船受检。

1951年11月1日根据海关总署颁发的《海关监管装载转运货物及驶经或来往港澳附近地区沿海地区运输船舶办法》及《海关监管来往香港澳门兼管沿海运输船

舶办法》,该日起海关停止对国内沿海、内河运输船只的监管。

三、小型船舶

1951 年 5 月《中华人民共和国暂行海关法》正式提出小型船舶的概念。小型船舶为专用名称,其具体范围随着有关航线运输工具的发展而演变。1952 年 8 月海关总署曾定小型船舶范围为:"航行我国与外国装载易于监管查验、性质单纯或包装划一的大宗货物,容量不超过 50 净吨之小轮船、机帆船或不超过 500 净担之帆船。"1955 年 2 月广州海关受海关总署委托,根据中国南方口岸的具体情况,修改小型船舶范围为:"来往港澳、登记吨位在 300 吨以下的机动船和不论吨位大小的被拖客货驳船及风帆船。"1979 年 2 月外贸部进一步明确小型船舶的范围为:"专营内地与港澳航线运输的,除中国远洋公司及海运局所属船舶以外的境内本国籍各种客货船,不受吨位限制。"从而使小型船舶的范围从以区分吨位大小为主到侧重区分国籍为主。

1951 年 12 月 1 日广州海关设立垃圾尾监管站。1953 年 3 月 1 日起垃圾尾监管站由黄埔分关管辖。至 1954 年 3 月 23 日垃圾尾监管站撤消前,黄埔分关在此处进行小型船舶的中途监管。

1952 年 8 月 13 日海关总署下达《海关监管国际航行小型船舶办法》,因所指小型船舶在限定的吨位和所载货物的品种方面,均与当时广州口岸航行香港、澳门的小型船舶内涵不同,广州海关经请示海关总署,不予执行该办法。

1953 年 2 月广州海关与港务局共同规定了来往港澳小型船舶的航行标准,白天悬挂红边、白底、红字的船名三角旗号,夜间悬挂红、白灯号,以区别航行内河的船舶。

1955 年 2 月广州海关综合两年的实践,制定《珠江三角洲海关监管往来港澳小型船舶暂行办法》试行。1956 年受海关总署委托,广州海关召集广东省有关海关和厦门、梧州等海关代表,研究制定了《海关对于来自和开往香港、澳门的小型船舶和所载货物的工作规程》,经海关总署审核修改公布,于同年 9 月 1 日执行。该规程规定了自船舶进口至出口全过程的监管手续,按照分工明确的监管职责,进口船舶由广州海关大铲监管站检查,出口船舶由口岸海关检查。海关加强对小型船舶进、出、装、卸环节的监管,对停港期间的空船和有封舱设备的货船,一般不派人监管。

1958 年广州海关拟定《海关对来自和开往香港、澳门小型船舶监管办法》,经外贸部指示发布,于同年 9 月 1 日执行。该监管办法重申小型船舶必须悬挂规定的标志,按指定的路线行驶,接受监管站和口岸海关的检查。监管站和口岸海关的具体分工改为由监管站负责对进出口船舶的检查、核对放行船员自用物品和监管外币进出关境,对进口船舶还需要将船舶携带的人民币备用金予以启封,将船舶进口报告书一份连同进口载货清单二份封交船长带交口岸海关。口岸海关只负责监视货物的装卸,并于卸完进口货物后及装载出口货物前,对船舱进行检查,对出口船舶还需要将船舶出口报告书和出口载货清单各一份封交船长带交监管站。

1965 年 9 月广州海关制订了《海关对来自和开往香港、澳门小型船舶监管工

作试行规则》，作为各有关海关对小型船舶及其服务人员所带物品、金银、货币进行实际监督管理工作的内部依据，其主要精神是克服“管人”思想，做好船员工作，对小型船舶的监管方式，按其经营成分区别对待，广州海关并据此具体制定了六条登船工作人员纪律，要求监管进出口货物装卸期间，密切联系广大船员，依靠群众，做好监管工作。

1968 年 10 月 13 日黄埔分关施行广州海关军管小组《关于改革海关对来自香港、澳门短期旅客行李物品管理规定》。1979 年该规定作废。

1979 年 5 月外贸部同意广东省外贸局对监管小型船舶改进意见：(1)对来往设有海关口岸的小型船舶，统一由中途监管站检查的规定改为口岸海关查出口，监管站查进口。(2)对船舶船员的金银、货币、票证等统一由船长指定专人集中保管，海关不予加封。对小型船舶悬挂标志问题，广州海关会同广东省航运厅确定，白天除仍挂红边白底红字的船名三角旗外，加挂“人”旗号，鸣两短两长汽笛。晚间在信号杆两侧分别挂环照垂直红白灯一串及环照垂直绿白灯一串，鸣两短两长汽笛。

参照上述经批准的改进意见，广州海关于 1979 年 8 月代广东省外贸局草拟《海关对航行香港、澳门小型船舶及所载货物监管办法》，经外贸部下达于同年 10 月 1 日执行。该办法规定：(1)小型船舶进出口时，应向海关递交：①船舶报告书；②船舶载货清单(无货的免交)；③旅客清单(无旅客的免交)；④船员清单(船舶报告书内列有船员名单可免交)；⑤船舶航行签证簿(由海关签证后发还)；⑥海关需要的其他单据证件。(2)进口船舶在中途海关监管站(分关)办理海关进口手续，对载有进口货物的船舶，向口岸海关办理进口货物的申报、查验、放行手续，船长负责把中途海关监管站(分关)交带的关封递交口岸海关。出口船舶由口岸海关办理出口手续，中途海关监管站(分关)在必要时，可进行重点检查。出口船舶在航行途中因故停靠或更换拖轮等，应向中途海关监管站(分关)报明。航线不经中途海关监管站(分关)的进出口船舶及来往港澳的客轮，由口岸海关办理进出口手续。(3)进口船舶未办理海关手续前，出口船舶办完海关手续后，非经海关批准，不准上下旅客和装卸货物。船舶经海关签证放行后，才能继续驶往内地或出口。(4)船舶在香港、澳门装配机器零件，或者添购船用燃料、物料，应向海关申报并交验有关证件、单据和发票，并按照规定办理进口手续。(5)船舶和船员留船的金银、货币、票证和内部图书资料等，统由船长指定专人集中保管，必要时海关可以进行抽查。(6)船舶可以从经省人民政府批准的非设关地区出口货物起运地装运货物出口。这些船舶在进出口时应向中途海关监管站(分关)办理申报，接受检查和放行等进出口手续。

1980 年 10 月 1 日以前，黄埔分关对来往港澳小型船舶监管的业务量不大。1950 年至 1960 年的 11 年间，这类船舶每年平均进出 189 艘次，最少是 1950 年进出仅 7 艘次；最多是 1958 年，进出为 576 艘次。1980 年全年，黄埔海关共计监管来往港澳小型船舶 199 艘次。

第十六章　进口货物

一、17至18世纪

清初由于受小农经济长期影响，中国对外国进口商品需求不大。正如赫德所言："中国有世界最好的粮食，米；最好的饮料，茶；以及最好的衣着，棉、丝和皮毛。既有这些大宗物产以及无数土制副产品，所以他们不需要从别的地方购买一文钱的东西。"①

1689年英国第一艘合法贸易商船，抵达黄埔后没有卖出一件商品，却花了8万枚银元购买中国商品。

1699年英国东印度公司商船"麦士里菲尔德"号(Macclesfield)到黄埔贸易，该船载运白银为26611英镑，载运进口商品价值只有5475英镑。但货物利润较高，"麦士里菲尔德"号售完货物净得12000英镑，是购货成本的2.2倍。

此后，进口商品种类和数量逐渐增加。但整体来说，输入白银数量远大于外国一般商品数量。英国商船输入黄埔的商品主要是锡、铅、白檀、洋布、毛呢、胡椒、金银等。法国输入黄埔的商品主要是锡、胡椒、羽纱、布匹等。荷兰输入黄埔的商品主要是锡、胡椒、香料等。

18世纪30年代后期，荷兰每年输入黄埔约50万荷磅②胡椒；40年代，每年输入黄埔150～200万荷磅胡椒；50年代部分年份，输入胡椒高达300万荷磅，价值白银18万两。③

清政府规定，外国商船到广东贸易必须在黄埔停泊。外国商船在载货进口前，必须在虎门沙角炮台呈请报单，载明船只国籍和贸易行商才能驶进黄埔。船只停泊黄埔后，由行商填具"号单"(舱单)提交给粤海关黄埔挂号口。黄埔挂号口派员开舱查验确无私运禁物后，在"稽考簿"内注册登记，进口货物才能卸入十三行注册的驳船运往设在广州城内的十三行仓库。黄埔挂号口的"稽考簿"是省城大关用以征收税饷的依据。

---

① [英]赫德：《中华见闻录》(*These from the Land of Sinim*)，转自[英]格林堡著、康成译：《鸦片战争前中英通商史》，商务印书馆1961年版。

② 1959年前，1担＝125荷磅＝100市斤＝1600两＝60000克。

③ Glamann,"Dutch Asiatic trade",P243.参考自庄国土：《茶叶、白银和鸦片：1750—1840年中西贸易结构》，原载《中国经济史研究》1995年03期。

1751 年(乾隆十六年)广州货物平均价格

进口货物	单位	成本	售价	毛利率
绒布	码	9 先令 7 便士	1.8 两	25.47%
羽纱	码	3 先令 2 便士	0.5 两	4.75%
长厄尔绒	匹	2 镑 1 先令 6 便士	7.5 两	20.01%
花绒	匹	3 镑 9 先令 1 便士	14.782 两	32.59%
铅	担	14 先令 4 便士	4.5 两	75.05%
锡	担		14 两	

乾隆年间的经济政治形势比清朝初年大为好转，但小农经济、重农抑商的意识更加根深蒂固。长期以来，西方殖民者一厢情愿地试图扩大对华贸易，“我西方诸国君王从相互贸易中所获得之利益，陛下及所有臣属陛下之人均可获得。此利益在于输出吾人富有之物及输入吾人所需之物”[①]。实际上欧洲产品在中国几乎找不到销售市场。1759 年(乾隆二十四年)钦差大臣新柱向外商宣谕：“内地货物尔等需用甚多，尔等外洋物件，天朝都是可有可无的。尔等安静守法，在此[②]贸易，亦不驱逐。若不来贸易，亦不招徕。宁波地方是断不准再去，去必驱逐，亦属无益。倘不遵禁令，是自取咎戾。”[③]

由于黄色为皇家专用服色，1759 年清政府禁止黄色布匹进口，直到 1770 年才解禁。

1777 年 5 月 29 日[④]清政府禁止洋船从缅甸装运棉花进入黄埔。缅甸政府归顺后，清政府才解禁棉花进口。

18 世纪七八十年代，由于中俄关系长期失和，恰克图陆路边境商贸多次中断。

---

① 萧致治：《西风拂夕阳：鸦片战争前中西关系》，1583 年英国伊丽莎白女王致中国皇帝信(未送达)，湖北人民出版社 2005 年版。

② 指广州。

③ 乾隆二十四年八月十九日《新柱等奏晓谕各番商折》，军机处录副奏折，中国第一历史档案馆，档号“055//Z·3 乾隆//永久/0049”。

④ 《粤海关志》(卷十八·禁令二)：“乾隆四十三年四月，圣谕：‘李侍尧奏：……初不知缅地多产棉花，今到滇后，闻缅匪之宴共、羊翁等处，为洋船收泊交易之所。……所陈切中缅匪情弊，着传谕杨景素会同李质颖、德魁于海口严行查禁，如有装载棉花船只，概不许其进口，务实力奉行，勿以空言塞责，仍不时留心访察，如有胥役等受贿私放者，立即重治其罪。’”《〈粤海关志〉校注本》第 357 页沿袭记载上谕颁布时间为乾隆四十三年四月。据考，许地山《达衷集》(商务印书馆 1931 年版)第 148 至 153 页记载，乾隆四十二年(1777 年)五月澳门同知颁发告示禁止棉花入口，“照得前因云贵总督李(侍尧)折奏，外洋夷商由缅甸地方装棉花来广，奉上谕查禁，不准进口”。马士《东印度公司对华贸易编年史(第一、二卷)》(中山大学出版社 1991 年版)第 346 页，“1777 年管理会与官吏之间的唯一实际困难是有关棉花的问题，6 月 10 日记载‘抚院接到皇帝的谕旨，本季度禁止棉花进口，亦不准在广州出售’”。因此，清政府下谕禁止外商自缅甸进口棉花的时间为乾隆四十二年四月二十三日，即 1777 年 5 月 29 日。

1791年为防止外商通过黄埔口岸运进俄罗斯海獭皮并由海路将茶叶、大黄等运往俄国，乾隆谕令署理两广总督兼广东巡抚郭世勋，禁止俄罗斯毛皮从广东黄埔进口："朕闻外洋夷地与俄罗斯相连，近年俄罗斯因未通贸易，北边一带稽察严紧，私将海龙[①]、黑狐等项皮张货物，由洋船贩至广东售卖。恐该关税课充盈，或由于此。俄罗斯需用内地大黄、茶叶等物，刻不可离。若私贩皮货至粤，自必易换该国必需之物，透漏出洋，是名为闭关，仍不能全行禁绝。"[②]1792年中俄订立《恰克图条约》，陆路边境市场重新开放，粤海关随即取消海獭皮海运入口的禁令。

黄埔口岸进口的毛皮，除了来自俄罗斯的海獭皮，还有来自北美洲西北海岸的海獭皮和南美洲西部海岸如福克兰群岛及南洋一带的海豹皮。[③] 1779年英国商人在美洲西海岸用6分钱换来的一张毛皮，在广州可以标价到100元出售。

乾隆末年，粤海关年征收关税总额近一百万两，几乎相当于全省实征的地丁钱，其中约三分之二来自黄埔口岸对外贸易的税收。

黄埔口岸主要进口货物价格表(1764年和1774年)

名称	产地[④]或品级	单位	价格(两)		备注
			1764年	1774年	
琥珀	上等、白色大块	斤	10～12	11.5	
琥珀	特等、人造	担	12	12	
琥珀	中等,人造	担	10		
烧酒	巴达维亚,45号	立格	50	36	
阿魏药	上等	担		7	
安息香	一级	担		无销路	
槟榔	巴达维亚和马六甲	担		3	
槟榔	交趾支那	担		3.5	
燕窝	特级、透明	担	1000	1200	
燕窝	二级,通称一等	担	700	700	
燕窝	三级	担	400	450	
蜜蜡	顶级	担	18	18	
乌木		担		3	
樟脑冰片	全部真头、白色薄片	斤	7～10	20	
樟脑冰片	二级头部	担	4～8	1080	
樟脑冰片	腰与脚		2～9	没有销路	
牛黄	圆形浅黄小块	斤	10	8	
丁香	一级无虫蛀	担	70	250	
洋红	特级	斤		5.2	

① 指海獭。

② 《清实录·高宗纯皇帝实录》卷一三六七，乾隆五十六年，乙巳条。

③ [美]莱德烈著、陈郁译:《早期中美关系史(1784—1844)》，商务印书馆1963年版。

④ 巴达维亚，今印度尼西亚雅加达。交趾支那，位于越南南部、柬埔寨的东南方。苏拉特(Surat)，印度西部古吉拉特邦港口城市。萌菇莲，今译"明古鲁"，印度尼西亚明古鲁省省会，位于苏门答腊岛西海岸。马拉巴尔，位于印度德干半岛西南部喀拉拉邦。

海参	一级、黑长条	担	34～35	24	
海参	二级	担	20～22	16	
海参	三级	担	16		
海参	白色	担	3～10		
布料	上等，紫而薄	担		140	
布料	多色	担		90	
棉花	苏拉特	担	8.2～10	11	
红玉珠	孟买，鲜红色	担		100	
阿仙药	圆	担	4～5	4	
阿仙药	方	担	6～7	4	
铜	日本	担	20.5	19	
象牙	3只一担	担	50	45	
象牙	4只一担	担		41	
象牙	5只一担	担		38	
象牙	6只一担	担		36	
燧石		担	0.6	1.5	
乌嗉囊	顶级	担		12	
人参	上等，加拿大	担	144	150	
铅		担	4～4.2	4	
硃砂	印度，上等	担	500		
硃砂	印度，中等	担	300		
没药	顶级	担	4	30	
没药	中级	担		无销路	
肉豆蔻	无虫蛀	担		100	
乳香	精选箱装	担	6	2.4	
乳香	未挑选	担	4	2	
胡椒	巴达维亚和萌菇莲	担	11.2	11	
胡椒	马拉巴尔	担	12	12	
木香	扣除15%尘土重量、无黑块	担	50～70	25～26	
树脂红	一级	担	12		
水银		担	70	32～33	
藤条		担	1.8	3	
木芙蓉	上等	担	27	32	
红木		担	3	3.5	
兔皮	优质	张		3	
鲨鱼翅	顶级	担	18～20	24	
鲨鱼翅	二级	担		16	
大青	一级	担		100	
大青	二级	担		24	
檀香木	一级、13块一担	担	18～19.4	21	
檀香木	二级，通称一等	担	12	16	
檀香木	三级	担	10.5	13	
檀香木	蒂汶，大块	担		10～12	
珍珠仁	苏拉特	担		10	
西米		担	2	4	
锡		担	11.2～12	12.5	
龟壳	厚、上等	担	60	100	
龟壳	中等	担		30～40	
珠母壳		担	3～4.2		

18世纪，中英贸易长期处于中国顺差状态，中国商品的出口总额远高于英国商品的进口总额，西方国家运往黄埔的主要货物是金银。各国商人一方面用以补充进口货物的不足，一方面用来购买茶丝、维持商馆、供应船只和应付官吏勒索。英国东印度公司来华船只装载白银往往占货舱空间三分之二至四分之三，有时高达98%。[①] 英国银根短缺极其严重，导致财政拮据，英国政府甚至对于输入该国的金银免征税捐。

18世纪后半期，中国商品每年出超总额达二三百万两白银以上。这个状况一直维持到1826年之前。在18世纪初到19世纪30年代的130年时间内，从黄埔运进国内的银元净数不少于9000万至1亿万英镑。

二、19世纪

1801年1月24日美国驻广州首任领事山茂召[②]向美国国务卿蒂莫西·皮克林(Timothy Pickering)报告清政府户部的规定：美国商船进入黄埔贸易必须使用金属货币，没有携带货物的商船不允许进入黄埔。一般情况下，美国船只运进黄埔的金银数量约占载货量的四分之三。

19世纪初，黄埔口岸进口的西方国家商品分为西方本国产品和西方各国从殖民地掠夺的东方产品两大类。西方产品主要是金属制品、毛棉织品、皮毛、钟表、玻璃、白银等；东方产品主要是东南亚香料、印度鸦片和棉花等。1812年黄埔口岸进口总额为1270万两；1813年进口总额为1260万两；1818年进口总额约1880万两。

英国羽纱历来是英国东印度公司垄断货物，英国政府不允许私人和散商贸易运销，也极力阻止其他国家到黄埔运销。但实际上从伦敦输出英国羽纱和毛纺品的禁令并没有获得严格执行。根据当时通事的情报，1801年经私人贸易，使用英国东印度公司船只运到黄埔的羽纱有7861匹，散商船运入874匹，美国船运入1903匹，荷兰船运入494匹，丹麦船运入278匹荷兰羽纱。1802年英国东印度公司私人贸易运入1291匹英国羽纱、散商船从印度运入1320匹英国羽纱、美国船运入872匹羽纱(产地不明)、普鲁士船运入532匹荷兰羽纱。1821年前后，美国商人还和海关关吏勾结，将从英国运来的羽纱以丝毛绒或棉布名义报关，极大地降低了应付税款。比如：英国商人输入羽纱，每匹需缴纳关税18元；而美国商人输入同样的英国羽纱，将其作为丝毛绒报关，每匹只需缴纳关税4元。美国商人和英印散商将大量英国羽纱输入中国，导致英国东印度公司经营的羽纱一度滞销，广州市场上英国毛织品价格也呈明显下降趋势。

---

① [英]格林堡著、康成译：《鸦片战争前中英通商史》，商务印书馆1961年版。

② 山茂召(Samuel Show)，曾是美国第一艘来华商船“中国皇后”号船货管理员。

1821 年～1831 年英国毛织品广州售价(单位:两)

品种		单位	年份						
			1821	1823	1826	1828	1829	1830	1831
宽幅绒	特等	码	1.70	1.60	1.55	1.50	1.45	1.30	1.20
	上等	码	1.30	1.10	1.05	1.05	1.00	0.90	0.85
	下等	码	1.00	0.90	0.95	0.95	0.90	0.80	0.80
长厄尔绒		匹	—	6.7	—	6.00	5.80	5.50	5.40
羽纱绒		匹	—	23	—	26.00	27.50	19.00	19.00

英国在黄埔口岸进口商品货值表①(单位:银元)②

年份	进口商品									
	西方产品				东方产品					白银
	毛织品	五金	毛皮	其他	棉花	檀香木	邦加锡	胡椒	其他	
1817	3127475	375915	—	—	7976150	75200	127400	359800	1041600	—
1818	2706118	86343	—	89900	6882502	226103	188138	194096	1316822	—
1819	2296685	115330	—	—	4004726	139617	42265	93997	395389	—
1820	3141278	266925	3900	—	32399931	196669	83240	486667	1079376	2754084
1821	2678482	193138	—	65686	5010667	35893	161740	381617	1306669	47000
1822	1276000	191435	—	—	2984998	113676	146811	368675	1136100	—
1823	2911328	213390	—	325855	4086948	109974	105850	310667	1020106	1076386
1824	2859798	308465	115482	2095	5220851	166447	374520	327922	1228535	63356
1825	3146906	310644	127837	20632	6227740	72000	357000	305428	867542	5705200
1826	3411046	400647	30000	93200	7215332	204210	87354	60435	808931	—
1827	1824459	341594	—	278691	5787299	125504	60380	99764	603413	—
1828	2805028	258867	—	254636	5603953	289539	114740	26250	10561661	—
1829	2357160	236141	7660	318085	5080100	270330	110149	169477	896220	35000
1830	2476837	194904	6650	341929	5628485	144300	79110	88557	623417	55000
1831	2351421	302026	—	525953	4931243	74471	85544	110397	835154	16000
1832	2495408	192917	5000	545863	5474825	25811	86869	127607	1157853	7500
1833	2517344	161558	17306	745758	6726739	41475	92192	190757	1344448	20500

① 包含英国散商货，但不含鸦片、不含英国东印度公司船只上的私人贸易进口货。

② 马士:《东印度公司对华贸易编年史》。

美国在黄埔口岸进口商品货值表(单位:银元)[①]

年份	进口商品									
	西方产品				亚洲产品					白银
	毛织品	五金	毛皮	其他	棉花	檀香木	邦加锡	胡椒	其他	
1817	—	201440	250000	604160	—	166200	—	—	—	4545000
1818	1951869				—					7369000
1819	237030	375012	232000	8060	359044	101228	141750	39352	268484	6297000
1820	1465500				2569500					
1821	598210	271063	478824	247960	42192	269320	180084	—	78023	4612000
1822	483316	270068	319231	487407	9876	139408	110699	—	226553	6292840
1823	698810	633202	269443	—	19260	67232	61100	—	9225	4096000
1824	640126	504593	270669	365346	31500	66942	76076	357700	158903	6524500
1825	774622	462727	258235	344036	3802	32518	—	—	174891	5705200
1826	634024	516332	256809	335572	14280	83500	—	28800	103732	1841168
1827	281196	955705	243636	418526	16991	211070	42336	—	348649	2450000
1828	323600	643607	269398	321873	—	127442	12600	—	126120	732200
1829	707246	581535	191006	419050	—	43228	910	—	348113	1123644
1830	421450	6764490	78471	565345	39252	39000	—	31759	212734	183655
1831	144440	958575	166736	660392	1890	7000	17152	—	206400	667252
1832	483538	1004168	133085	783242	—	28000	—	—	247903	682519
1833	2907936				500000					682519

1834 年前后黄埔口岸部分货物进口比较

年代			1831～1832	1836～1837
进口货物	鸦片	单价	811 元	702 元
		数量	16225 箱	28307 箱
	原棉	单价	11.07 元	12.14 元
		数量	443238 包 (英美两国船只运载量)	677351 包 (英国船运载数量)

1834 年前后英美在黄埔口岸进口值比较(单位:$)

年代		1831～1832	1836～1837
进口额	英国	20520027	34435622
	美国	2383685	3214726

① 马士:《东印度公司对华贸易编年史》。

19世纪初，为了扭转长期贸易逆差，外国商人加紧向中国输入鸦片。随着鸦片走私贸易发展，白银流入中国的速度逐渐变缓，最终进出口贸易结构改变，经黄埔输入的鸦片和银元呈现出明显的此消彼长变化。“在一八三七年，鸦片进口占进口总额53%，原棉进口占进口总额22%……茶叶占出口总额63%，丝和丝织品占32%，其他商品占5%。”[①]

清朝海关查验货物

十三行商馆前的货运码头

1839年（道光十九年）林则徐广东禁烟期间，合法贸易受到保护，黄埔口岸对外贸易仍有进展。根据林则徐的奏报，7月5日美国“已有九只船贩运洋米、棉花、黑铅等货，……并带有买货洋钱十五万数千圆”；[②]11月3日各国进入黄埔的船只共计41艘，另装载“洋钱一百一十二万余圆”；[③]12月10日“至他国遵式具结进口，查无鸦片者已有62只，并据查报带来洋钱将及二百万圆”。[④] 1840年1月28日林则徐上奏：“查本年夷船载运入口洋银，已经查验者，有二百七十三万二千九百余圆，其未验者，尚不在此数之内。是此时外来洋银，实见旺盛。而广东省城市上纹银价值，每两较前少兑大钱百余文至二百文不等，似系禁止鸦片之成效。”[⑤]外国商船携带洋钱前来中国贸易，在鸦片贸易猖獗的时期是很罕见的。由于广东洋银进口增多，广州市面银钱比略有下降。可见林则徐严禁鸦片，促进合法贸易的措施是有效的。

鸦片战争虽然打开中国国门，但与西方列强大量倾销商品的期望相距甚远，正常商品进口贸易增速缓慢。1847年英国国会委派下议院一个委员会，专门调查中英贸易状况，结论是：“近来同这个国家的贸易处于十分不能令人满意的状态，扩大我们的交往的结果并没有证实我们的合理的期望。自然，这种期望是以自由进入这个蔚为壮观的市场为依据的。我们认为：妨碍这种贸易发展的，根本不是由于中

---

① ［美］马士著、张汇文译：《中华帝国对外关系史》（第一卷），商务印书馆1963年版。

② 中国第一历史档案馆：《鸦片战争档案史料》（第一册），上海人民出版社1987年。

③ 《林则徐集·奏稿（中）》卷九，中华书局1965年版。

④ 《林则徐集·奏稿（中）》卷九，中华书局1965年版。

⑤ 《林则徐集·奏稿（中）》“议复御史骆秉章条陈整饬洋务章程折”，中华书局1965年版。

国不需要英国商品，也不是其他国家日益增长的竞争；花钱买鸦片——这消耗了所有的白银，而使中国人一般的贸易遭受巨大的损失；他们不得不用茶叶和丝来支付其他商品。”[①]事实上，正如马克思所说：“中国人不能同时既购买商品又购买毒品”，“增加鸦片贸易是和发展合法贸易不相容的。”[②]同时，鸦片战争后广州作为开放口岸，外国商船可以经黄埔港直入广州内河，将货物卸到粤海关指定的仓库等待查验，导致黄埔口岸的进口货物量逐渐减少。

1842 年～1846 年英国输入棉织品、毛织品重量表(单位:磅[③])

年份	棉织品	毛织品
1842 年	470000	146000
1843 年	655000	417000
1844 年	1457000	565000
1845 年	1636000	539000
1846 年	1210000	479000

1843 年起，上海、厦门、宁波、福州相继开埠，香港割让成为自由港，广州外贸地位下降，直接影响货物进口。1843 年广州港经黄埔进口外国货物 11977 万磅；1844 年为 11407 万磅；1845 年骤减到 7738 万磅；1846 年为 7693 万磅；1847 年为 6273 万磅，1848 年进口量仅为 3817 万磅。[④] 正如马克思所指出：“五口通商和占领香港仅仅产生了一个结果：贸易从广州转移到上海。”[⑤]

英国商人在广州街头叫卖商品(1858 年绘)

① 《马克思恩格斯全集》第 12 卷“鸦片贸易史”，中央编译局编译，人民出版社 2008 年版。

② 同上。

③ 1 磅＝0.45359237 千克。

④ [美]马士著、张汇文译：《中华帝国对外关系史》(第一卷)，商务印书馆 1963 年版。

⑤ 《马克思致恩格斯信》(1858 年 10 月 8 日)，中央编译局编译，《马克思恩格斯全集》(第 29 卷)，人民出版社 2008 年版。

1837 年和 1846 年广州进口状况对比

英国	原棉	1837 年	—
		1846 年	5,095,407
	布匹	1837 年	—
		1846 年	26,78,189
	总额	1837 年	14,958,485
		1846 年	—
各国总量	原棉	1837 年	8,225,513
		1846 年	5,095,407
	布匹	1837 年	—
		1846 年	2,678,189
	总额	1837 年	18,539,777
		1846 年	13,294,898

鸦片战争后黄埔口岸进口货物主要是原棉和棉毛织品等。19 世纪 70 年代以后黄埔口岸进口货物种类有所增加，除米谷和布匹外，新增了日常用品和食品类小商品，还增加了建筑材料、车辆、船艇、柴油机、蒸汽机等生产资料。

1871 年 7 月广州米油价格较高，清政府派员到花地查封囤积米油的行栈，查拿奸商，并鼓励外商进口洋米。

1874 年（同治十三年）粤海新关制订《日常业务操作规程》，对进口货物监管程序做了具体规定：

1、如果需要在黄埔开舱卸货，必须先由船主或其代理商将舱单、船钞执照及其他口岸颁发的总单、收税单等文件资料呈交粤海关准单处检验。粤海关准单处颁发开舱准单后，船主或其代理商再将准单呈交黄埔值班铃子手查验。最后在值班铃子手监督下，船主才能将货物转运驳艇。

2、驳艇转载货物离开轮船前，应由铃子手将驳艇舱口加封并发给“驳艇单”，随同货物运赴粤海关码头查验。如果粤海关准单处在准单上注明“押运”字样，黄埔分卡还必须派人押运前往。

3、货物运抵码头后，由船主或其代理商将货物品种、数量、重量、价值及箱包唛头等用中英文开列报单，连同“驳艇单”呈交粤海关验货厅查核，经核对单货相符后，就可将报单交给粤海关准单处核算应纳税饷。

4、船主或其代理商领取验单赴海关银号缴清税银后，将号收（凭据）呈存粤海关准单处，由准单处将报单盖印签名，经验货厅核对无误后，货物才允许起岸放行。对于免税货物，准单处将报关单盖印签名后由验货厅审阅后，即可放行。

对于港澳班轮载运货物，由于进出频繁，为了避免因到粤海关港澳轮船处呈请开舱准单而耽延时间，《日常业务操作规程》规定：港澳班轮在黄埔过驳进口货物时，不需要到粤海关港澳轮船处呈请开舱准单，但必须向黄埔分卡呈递两份进口舱单，以便分卡和港澳轮船处监管，货物也必须由注册驳艇运赴粤海关码头，由港澳轮船处验放。

1878年9月30日海关总税务司署通令下发《海关总章程》，并要求各海关根据总章程要求，结合本地情况，拟订具体规章，作为总章程的附件颁布施行，这是一部比较完整的海关管理章程。10月粤海关根据《海关总章程》制订了《日常业务办事总则》，规定载运进出口货驳艇须经海关注册。停泊黄埔海轮未获装船准单前可凭驳运准单先装非应税货物上船。

进口货物在黄埔卸驳的准单一直都由粤海关总务课签发，因而进口轮船更愿直驶广州内港停泊，便于就近办理卸货手续。1881年中法战争战事未停，在珠江河面设置的工事影响航道。同年12月7日海关总税务司赫德批准粤海关《减载条例》，给予黄埔分卡负责人以有限的自行签发开舱准单的权力。对已向海关立具保结的轮船，如因航道水浅，可由黄埔分卡总巡批准，将部分进口货物在黄埔卸驳，以便减载后驶入广州内港，但卸驳货物不得超过总货物的一半。对于少数可以在船上直接查验的散装货物，比如煤炭、大豆、大米等，可以由黄埔分卡在接到粤海关签发的特别起货准单后直接放行外，其余货物必须由已经注册的驳艇转运进出黄埔港。未经黄埔分卡许可而擅自卸舱或卸入未经注册的驳艇的货物、未经特别许可而擅自装卸的违禁品，以及申报不实的货物，由黄埔分卡上报粤海关进行没收或处罚。

三、20世纪

民国时期，黄埔口岸进口货物除粮食、棉花织品外，还有煤油、煤炭、纸张等工业产品。

1925年6月为了声援上海的“五卅运动”，在当时广东国民政府支持下，香港和广州的25万工人举行大罢工。省港罢工委员会决定罢工期间禁止英货进口，停止向香港供应蔬菜副食和日常杂货用品。但由于广东历来是粮食进口大省，进口粮食需要从香港转运。为了解决粮食燃料供给问题，罢工委员会于7月1日开始实施“特许证”制度（后改为“善后条件”制度），规定除了英国船和货以及经过香港转运的船，其余国家的船货在获得“特许证”后可以直接到黄埔港进行贸易。

1928年英国船开始直接由印度加尔各答运输洋煤至黄埔口岸。

1930年5月16日起禁止外国银币进口。

1930年7月广州商检局正式成立。国民政府规定对于需受检验的货物，在进出口时应先申报商检局检验，取得合格证之后才能报关、完税、起卸或启运。但由于海关对商检工作采取消极态度，只关心商品数量，不关心商品是否需要检验，导致商检工作较难开展。

1937年9月日军封锁珠江口。广州沦陷期间，香港、澳门与广州仍保持贸易往来，洋货由港澳经黄埔进入广州，进而运往全国。

抗战胜利后，黄埔对外贸易缓慢复苏。但由于长期战争的破坏以及国民党发动内战的影响，对外贸易始终没有恢复到战前水平。随着国民党在内战战场的节节败退，黄埔港日益成为国民党对外贸易的重要港口，其进出口货物总值占全国进出口货物总值的比例逐年上升。

1949 年解放前夕，黄埔辖区的对外贸易较少。经过黄埔过驳的进口货物主要是煤炭、大豆、大米、水泥、花生、食盐和杂货等。

1950 年 6 月朝鲜战争爆发。美国于该年 12 月 3 日起对中国实施全面经济封锁。[①] 为配合反封锁反禁运，黄埔分关抓紧进口重要战略物资。

1952 年 1 月为了便利从苏联及新民主主义国家进口货物，简化报关纳税手续、保证税款及时清缴，中央财政经济委员会颁布实施《关于由苏联及新民主主义国家进口货物集中纳税及划拨结算办法》。凡国营外贸公司经营的从苏联及新民主主义国家进口的货物都在北京划拨结算。

黄埔分关监管抢运物资

① 陶文钊著《朝鲜战争与美国对中国的遏制——孤立政策》："1950 年 6 月 25 日朝鲜战争爆发。10 月 25 日中国人民志愿军正式参战。12 月 2 日美国商务部宣布，自 12 月 3 日起对中国、香港、澳门的出口实行全面的许可证制度，从而对中国实行了全面的禁运。"1999 年上海人民出版社《中美关系史 1949—1972》（陶文钊主编）第 105 页："1950 年 10 月中国人民志愿军入朝参战后，美国政府又宣布自 12 月 3 日起，对中国大陆、香港和澳门的出口实行全面的许可证制度，'凡是一个士兵可以利用的东西都不许'运往中国。"

第十七章　出口货物

一、17 至 18 世纪

清朝初年，为了巩固统治政权，防止沿海居民资助“海盗”（郑成功等反清力量），清政府禁止或限制武器、粮食、豆类、铁及铁器、硫磺等出口，禁止茶船出洋贸易；特别是对生丝出口，限制较为严格。这一时期，英国商船从中国输出的商品主要是丝绸、白糖、蜜饯、陶瓷、纸、铜等。法国从中国输出的商品主要是瓷器、红绿茶、土布、绸缎、糖、大黄等。

1674 年（康熙十三年）清政府禁止武器出洋。

1668 年、1679 年、1708 年、1717 年清政府禁止沿海兵民贩米粮出海牟利。

1684 年清政府规定：“若有违禁将硝黄、军器等物私载在船出洋贸易者，仍照律处分。”①

清初黄埔口岸出口大宗货物是丝织品，茶叶尚未成为大宗出口商品。1664 年出口英国的茶叶只有 2 磅 2 盎司。1699 年英国商船“麦士里菲尔德”号从黄埔运出茶叶 4109 两，占船货总价值 9.1%；运出生丝及丝织品 22612.7 两，占船货总价值 50.3%。18 世纪 20 年代起，由于北欧茶叶消费增长迅速，茶叶逐渐成为黄埔口岸重要出口商品。中国产品也逐渐受到了外国各个阶层的青睐，一些质优价廉的土特产甚至手工艺品都畅销国外。“内地贱菲无足轻重之物，载至番境，皆同珍贝，是以沿海居民，造作小巧技艺，以及女红针黹，皆于洋船行销，岁收诸岛银钱货物百十万入我中土。”②

1728 年（雍正六年）清政府规定商船、渔船不许携带枪炮器械出海。

1730 年清政府规定严禁黄金出洋。

1728 年（雍正六年）广州丝织品平均价格③

品种	长（尺）	宽（尺）	丝线	重量（斤/匹）	价格（两/匹）
缎	45	2.0	8	2.56	6.3
绸缎	38	2.2	4	1.56	3.4
绸缎	38	2.2	6	1.6	4

① （清）张廷玉、朱轼：《清圣祖实录》（卷一一七），中华书局 1986 年版。

② （清）蓝鼎元：《鹿洲初集》卷三，“论南洋事宜书”。

③ ［美］马士著、区宗华译：《东印度公司对华贸易编年史》（第一卷），中山大学出版社 1991 年版。

绸缎，小枝花纹	45	2.2	6	2.2	7.55
高哥纶(Gorgoroon)	45	2.0	8	2.56	6.3
高哥纶	38	2.0		2.25	5.6
高哥纶条纹花纹	45	2.0	8	2.6	7
花缎床单	45	2.0		3.3	7.5
宝丝，花纹	45	2.0	8	2.5	6.3
宝丝，花纹	38	2.0		2.1	5.6
宝丝，条纹花纹	45	2.0	8	2.8	8
薄绸，花纹	38	2.0	5	1.8	4.7
丝帕(每件20条，每条一平方码)				2	5.5

1751年(乾隆十六年)广州货物平均价格

出口货物	价格(两/担)
武夷茶	15.5
白毫茶	24
工夫茶	21.57
色种茶	31.94
松萝茶	20.66
贡熙茶	41.13
白铜	6
水银	60
糖	3.05
冰糖	5.05

黄埔茶叶贸易(油画)[①]

大黄自古以来就是常用的中药药材，汉代时中亚商人通过“丝绸之路”将大黄远销欧洲各地，欧洲药剂师迅速掌握了大黄的药理作用，并推崇其为“万灵药”。明清时期，由于防潮保管技术进步，大黄的海上贸易迅速发展。1750年4艘法国商船从黄埔口岸运出大黄155担、

① 该画描绘了黄埔岛上的各种制茶工序，以及经黄埔水道运茶出海的情景。

2 艘丹麦商船运出 123 担、2 艘瑞典商船运出 9 担。

乾隆年间清政府开始限制茶叶、大黄和纹银出口。清政府规定西方国家每年每国贩买大黄不得超过 500 斤。

1759 年由于国内生丝和丝织品价格高涨，江浙两省严禁生丝和丝织品出洋，如有走私出洋，超过 100 斤的发配边疆充军；不到 100 斤的杖责 100 次、流放 3 年；不到 10 斤的枷号 1 月、杖责 100 次；从犯或知情不报者各减一等处罚，船只货物全部没收充公；失察的汛口文武官员，都要分别议处。两广总督李侍尧认为广东也应该禁止丝货出洋："惟外洋各国夷船到粤贩运出口货物，均以丝货为重，每年贩买湖丝并绸缎等货，自二十余万斤至三十二三万斤不等。统计所买丝货，一岁之中，价值七八十万或百余万两。至少之年，亦买至三十余万两之多。其货均系江浙等省商民贩运来粤，卖与各行商，转售外夷载运回国，向无禁令，且经分立规条，按则收税，相沿已久。今丝货禁止出洋，亦应一体晓谕各夷商毋许再行收买，携带出口。"但李侍尧又认为严禁丝货不能从当年禁令下达之日起开始，而是奏准从 1760 年开始执行："惟是外洋夷船，闻系五六月收泊进港，至九十月出口回帆，迟则风信不顺，难于回棹。本年陆续进口夷船，共计二十三只，除威离臣一船，原系上年压冬之船，已于五月内出口外，其余二十二船各夷船已将出口货物渐次收买齐足，或已驳运下船，或贮行馆待运。若必令其将所买丝货退出，在售卖之客贩已得银回籍，行商资本微薄，无力垫还价本，而粤东僻处一隅，价值数十万金之丝货，一时无从销售，必致各夷商船不能乘风趁帆归国……外洋夷船丝禁，以乾隆庚辰年（即乾隆二十五年）为始，其本年各夷商已买丝货，准其载运出口，远夷不致守候变售，贻误归棹。"①

1761 年清政府开始解禁丝织品出洋，允许运铜来广州的外国商船返航时装载一些生丝出口。英国东印度公司一般从黄埔运出产于南京一带的生丝，英印散商和其他国家商人一般运出产于广州一带的生丝。

1762 年规定到黄埔贸易的外国商船，每船购买生丝配额为 5000 斤，二蚕湖丝 3000 斤，头蚕湖丝和绸绫缎匹禁止出口。随后应外商要求，可按 10:8 的换算率，以生丝换一部分绸缎匹头出口。

1764 年增加外国商船每船 2000 斤粗丝的配额。广东商船出洋贸易，每船可带丝"一万斤为率"，但对于头等湖丝缎匹，仍严行查禁。

清朝历史上以黄、紫两色代表统治阶级的服色，有禁止这两种颜色丝绸出口的惯例，如 1759 年禁止黄色和大红色丝织品出口。1770 年粤海关监督德魁以此惯例并没有明文规定，奏准乾隆皇帝开禁。

1781 年粤海关监督李质颖重申每艘洋船运出生丝不得超过 100 担。随后虽

① 故宫博物院编：《史料旬刊》第十五期"李侍尧奏请将本年洋商已买丝货准其出口折"，故宫博物院文献馆 1930 年版。

然略有放宽,但1782年又恢复限令。广州同文行行商潘振承竟然用4000两白银贿赂海关,可以不受限制地通过洋船将生丝运出。1783年潘振承通知英国东印度公司大班,生丝售价由每担270两增加到275两,多出的5两用于支付海关勒索,才能使生丝出口不受百担定额的限制。

黄埔口岸主要出口货物价格表(1764年和1774年)

出口货物	产地或品级	单位	价格(两)		备注
			1764年	1774年	
明矾	厦门	担		3.3	
明矾	南京	担	1.8		
硼砂		担	25	45	
干姜		担	3	2.2	
硃砂	广州	担	120	160～180	
樟脑		担	30	22	
肉桂		担		30	
肉桂花		担		18	
达马脂		担		1.4	
生姜		担	1	2.2	
藤黄		担	30～32	150	
黄金	成色88	担		13.5	
黄砷		担	9	11	
麝香		斤	22	24	
大黄	一级	担	30	24	
糖		担	4.5	4	
冰糖	泉州	担	5.6	9.4	
白铜		担		5.8	
姜黄		担	3.6	3.8	
水银	中国	担		40	
鸭绒		担	1		
生丝	南京	担	260～290		

18世纪中期,茶叶在欧洲各国成为流行商品,茶叶消费开始大众化,需求量逐年扩大。"(英国)每个家庭,不管其地位多么低下,都要喝茶。"[①]欧洲各国对华贸易中,茶叶货值往往占到70%左右。由于茶叶贸易利润巨大,而且英国政府不断提高茶叶进口税率 ,甚至高达119%,因此欧洲大陆兴起了大规模的茶叶走私入英活动。

为了抵制茶叶走私,1785年英国颁布《减税法令》。[②] 法令规定英国政府从1785年8月1日起,取消一切旧有各税,如进口税、津贴和附加税等,而以单一税率

---

① 王沪摘译:《史密斯学会会报》美国,原载《世界博览》1984年第2期。

② 《减税法令》(*Commutation Act*),乔治三世第24号法令,第38章.

12.5%(关税5%、国产税7.5%)代替。该法令降低了英国税率,促进了茶叶合法贸易。根据1776～1780年与1786～1790年黄埔口岸运出茶叶总量比较,可以看出《减税法令》成效显著,茶叶合法输入英国的数量增加了3倍多。《减税法令》甚至要求英国东印度公司常年保持一年供应量的存货以供应本土所需的茶叶,并以不超过成本加法定利润的价值出售。

国家	1776～1780年(担)	1786～1790年(担)
英国(东印度公司)	210207	774075
法国、荷兰、丹麦、瑞典	488372	322386
美国		52184
总计	698579	1148645

荷兰从黄埔输出茶叶统计表(1729～1793年)①

年份	茶叶货值(荷兰盾)	总货值(荷兰盾)	占比(%)
1729	242420	284902	85.1
1730	203603	234932	86.7
1736	201584	365036	55.3
1740	590328	1075001	54.9
1746	875529	1228130	71.3
1750	960403	1366760	70.3
1756	1351450	2067312	64.5
1760	1614841	1803274	89.6
1766	2087036	2584402	80.8
1770	1777256	2405232	73.9
1776	1723870	2451597	70.3
1780	1738936	2471829	70.4
1786	3342391	4538034	73.7
1790	367316	683971	53.7
1793	2150192	2714789	79.2

西方各国大量从黄埔运出茶叶,导致欧洲市场茶叶存货过多,积压严重。1773年英国国会为倾销东印度公司的积存茶叶,通过《救济东印度公司条例》。该条例给予英国东印度公司到北美殖民地销售积压茶叶的专利权,免缴高额的进口关税,

① C. J. A. Jorg,"Porcelain and the Dutch China Trade",P217－220,The Hage 1982,转自庄国土:《茶叶、白银和鸦片:1750—1840年中西贸易结构》,1两白银＝3.47荷盾。

只征收轻微的茶税。该条例引起北美殖民地人民的极大愤怒，导致1773年12月16日“波士顿倾茶事件”发生，并最终引发了著名的美国独立战争。

“波士顿倾茶事件”

1773年前后欧洲各国从黄埔运出的茶叶重量表(单位:磅)

国家	1769～1772年	1773～1775年
英国	10619900	3149300
法国、荷兰	7523000	8418000
丹麦、瑞典	4856000	5692800

1784年美国商船“中国皇后”号首航中国，从黄埔出口红茶2460担、绿茶562担，总价值66100两白银，占该船总货值79317两的83.3%。这一时期，由于刚刚经历独立战争，美国消费能力有限，因此美国商船从黄埔出口的茶叶主要是价格低廉的武夷红茶。

1785年英国《减税法令》颁布后，欧洲大陆国家如法国、瑞典、丹麦等国对华茶叶贸易急剧下降，黄埔茶叶贸易几乎为英美商人垄断。

1792年中俄陆路边境恰克图关市重开，在广州的欧美商人请求清政府取消西方各国每年只能运出500斤大黄的限令，并允许西方各国将俄罗斯出产的海獭等皮货运销广州。乾隆皇帝答复:“如所请行。”大黄于是成为欧洲国家从黄埔出口的大宗货物。1792年英国东印度公司船只和瑞典船只所载大黄总值仅次于茶叶、丝和南京布;法国商船和丹麦商船所载大黄总值列在第五位。[①] 但此后随着世界各地广泛种植大黄，尤其是印度和美洲大黄的冲击，黄埔口岸大黄出口的黄金时代结束。

粤海关规定，货物出口时先由行商在十三行仓库内打包过秤，粤海关派员到仓库查验定税。行商在规定期限内缴纳出口税后，将货物装驳运往黄埔。经黄埔挂号口稽查确认没有夹带违禁货物和拐骗人口，货物才能装入洋船，放行出海。

---

① 林日杖:《论清代大黄制夷观念发展强化的原因》,《福建大学学报》(哲学社会科学版)2006年第1期。

二、19世纪至近代

19世纪上半期，经黄埔出口的商品主要有：茶叶、丝绸、瓷器、土布、中药、蔗糖、白铜、生锌、白矾、樟脑等。1812年黄埔口岸出口总额为1510万两；1813年出口总额为1290万两；1818年出口总额约1400万两。

黄埔出口货物装船一般是瓷器放在船的最底层用于垫舱，其上放着武夷茶，随后放上松萝茶和上等茶叶，丝是放在最高层。当时白铜也称为白铅，属于限运物品。1808年清政府鉴于白铅出口较多，各省钱局缺少白铅，限定广东每年白铅出洋，不得超过70万斤。[①] 但实际上1817年仅英国散商船只就运出55000担，可见违禁运出的数额较大。

茶叶是经黄埔出口的第一大宗货物，也是当时中国出口产品中数量最多的货物。当时茶叶已经成为西方贵族生活和交际必不可少的奢侈品，也成为各国主要商业利润来源。武夷茶在黄埔每磅仅7～8便士，在伦敦至少售价2.5先令。功夫茶每磅14～16便士，在伦敦最高售价达16～18先令。“从中国来的茶叶提供了英国国库总收入的十分之一左右和东印度公司的全部利润。”[②]

1817年，黄埔出口茶叶货值超过1070万银元，占全国向西方国家出口总值的58.7%。1837年茶叶出口占出口总额63%。

开海贸易初期，湖北、湖南等省的茶叶，经骑田岭到宜章、坪石，沿武水下乐昌、韶关而入北江；江西、安徽、浙江和福建等省的茶叶，经梅岭，沿浈水下南雄、韶关而入北江，最终到达黄埔出口。内河运输路线曲折迂回，陆路沿途关卡较多。比如：从黄埔出口的茶叶以福建武夷茶、安徽松萝茶和屯溪茶为主，这些茶叶通过陆路和内河运输，辗转几个省份，途经九江关、太平关[③]及其分支机构，逢卡纳税（内地税），才能到达广州。在广州经过加工和精致包装后，再由西瓜扁船或驳船转运到停泊在黄埔的洋船上出口。

嘉庆年间，茶商为了节省运输成本和税捐数额，开始海路贩运。两江地区茶叶先由陆运至宁波港口，再通过海运至黄埔出口。江西、福建也通过就近海路运送。1816年经宁波海运进入黄埔的茶叶已由每年764990斤上升至6723090斤，增加近8倍。英国东印度公司积极鼓励海路运输，并向清政府提出解除福建、浙江等海运禁令。两广总督蒋攸铦认为茶叶通过海运来黄埔，茶商有可能在中途沿海与外商私下交易，海关难以监管，便奏请禁止茶叶海运。嘉庆帝谕旨称：“洋面辽阔，无法稽查，难保无走私和暗行售卖违禁货物……凡贩运茶叶赴粤

---

① 刘芳辑，章文钦校：《葡萄牙东波塔档案馆藏清代澳门中文档案汇编》第五章 对外贸易 白铅，澳门基金会1999年版。

② [英]格林堡著、康成译：《鸦片战争前中英通商史》，商务印书馆1961年版。

③ 太平关，位于今广东省韶关市，是清前期广东两大税关（粤海关和太平关）之一。粤海关是沿海税关，太平关是内河税关。

之商人，仍须按向例由内河过岭运茶前往；永禁由海道贩运……走漏事小，而与外国人勾结则事关重大。”

19 世纪 30 年代，英国平均每年从黄埔运出茶叶 26 万担。

19 世纪初，美国商船开始购买更高级的茶叶品种，如小种红茶和熙春、雨前、副熙等绿茶。1810 年前后，美国从黄埔运出的红茶和绿茶数量几乎相当，1837 年绿茶数量已占茶叶出口总量的五分之四以上。[①] 美商对高级茶叶需求日渐增多，反映了美国民众购买力和消费鉴赏力的提高。

生丝是经黄埔出口的第二大宗货物。由于西方国家发展自己的丝织产业，急需中国的生丝原料，所以生丝的出口量逐年增加。1817 年经黄埔出口的生丝货值 63.5 万银元，1833 年黄埔出口生丝达到 309.7 万银元，不到 20 年的时间，生丝出口货值增加近 5 倍。1837 年丝和丝制品出口占黄埔出口货物总值 32%。19 世纪 30 年代英国平均每年从黄埔运出生丝 8000 担。

随着生丝的出口量增加，丝绸的出口量逐渐减少。但丝绸仍是经黄埔出口的第三大宗货物。1819 年丝绸出口货值 335 万银元，1832 年丝绸出口货值下降为 145 万银元。1828 年两广总督李鸿宾谕令任何船只运出丝织品不得超过 80 担。

经黄埔出口的第四大宗货物是土布，主要产于南京等地。南京土布价格低廉，结实耐用，深受外商喜好，“中国土产的南京布，无论在质地上和成本上，都优于曼彻斯特的棉布。”[②]1817 年经黄埔出口货值为 104 万银元。随着西方国家棉纺织产业发展，土布出口逐渐减少。

丝绸作坊

制茶(外销画)

① [美]莱德烈著、陈郁译：《早期中美关系史(1784—1844)》，商务印书馆 1963 年版。

② M. Greenberg:“British Trade and Opening of China 1800—1842”. London,1951。

反映广州农民加工和交易茶叶的铜版画

炒茶叶(外销水彩画)

给茶叶箱上彩(外销水彩画)

给茶叶箱上彩(外销水彩画)

拣茶叶(外销水彩画)

英国在黄埔口岸出口商品货值表①(单位:银元)②

年份	出口商品						
	茶叶	生丝	丝织品	南京布	白铜	其他货物	白银
1817	6381517	635440	262000	548940	907500	1033564	3920000
1818	5943631	814301	300000	716167	480634	1817065	3088679
1819	7571010	1472524	350609	369426	329924	1614149	861470
1820	8757471	1682226	374579	602409	363328	1836678	495000
1821	8399518	1974998	515764	510626	129192	21366918	480560
1822	8868005	1554354	378420	468423	23387	1418640	234600
1823	9091929	1369151	168793	626992	142114	1321745	2618500
1824	8898575	846070	325758	446059	7614	1517860	1743357
1825	9087104	2068250	269694	509375	3900	1518906	4341000
1826	10443775	1064920	156140	201628	—	1696770	4019000
1827	9163052	1145220	200925	649828	—	882381	6094646
1828	8540855	2529289	460702	651989	—	1747963	4703202
1829	8236568	1879880	439675	493465	—	2746719	6746372
1830	8430983	1567920	465195	536616	19200	2029660	6595306
1831	8520863	2654688	247861	160941	食糖 560349	794738	4023003
1832	8813171	2082151	319785	85050	食糖 221885	1141952	4890925
1833	8712701	3097167	332844	22644	食糖 264140	1016141	白银 6217820 黄金 513795

---

① 包含英国散商货物,但不含鸦片、不含东印度公司船只上的私人贸易进口货。

② 马士:《东印度公司对华贸易编年史》。

美国在黄埔口岸出口商品货值表(单位:银元)[①]

年份	出口商品						
	茶叶	生丝	丝织品	南京布	食糖	其他货物	白银
1817	4325500	—	722000	500000	—	250000	3920000
1818	9057107						—
1819	3041942	228150	3000420	1334060	—	577443	—
1820	4088000						—
1821	3385720	—	2500000	807000	—	159200	—
1822	3072615	25900	3144036	627413	—	654525	—
1823	3217645	—	1828094	181018	—	450392	—
1824	4584874	38950	2968854	347910	—	560533	—
1825	4485788	250700	2550561	500950	—	964563	—
1826	2117749	98800	1638677	216107	—	292555	—
1827	3235620	67510	1957350	367150	—	515730	—
1828	2777318	144320	1053107	324982	—	252473	—
1829	2496683	138700	991135	250173	—	222898	9000
1830	2014402	85500	1644952	80944	—	437753	—
1831	3667565	40330	1668382	72082	10544	398829	—
1832	5925541	50400	115737	30775	42300	795813	4890925

1833 年英国取消东印度公司对华贸易独占权。1834 年 3 月 20 日英国第一艘自由贸易商船“萨拉”号被怡和洋行派遣从广州黄埔驶往伦敦。“萨拉”号载重吨位 488 吨,船长是怀特塞德(Whiteside)。载货主要有:南京丝 2965 担、丝织品 11250 匹、南京布 8000 匹、桂皮 883 担、大黄 419 担、干姜 7475 担、杂货 2600 元。其中仅丝和丝织品的价值就超过了 100 万元。

英国东印度公司专营权被取消后,英国商人可以直接到广州贸易,黄埔口岸对外贸易有了大幅增长。1829～1833 年黄埔口岸生丝每包 308 元,出口共计 21727 包,年均出口 5432 包。而 1833～1837 年每包生丝价格 397 元,出口共计 49988 包,年均出口为 12497 包。生丝年均出口数量增加到 2.3 倍。

---

① 马士:《东印度公司对华贸易编年史》。

1834 年前后黄埔口岸茶叶出口比较

年代	1831～1832	1836～1837
单价	31.60 元	49.10 元
数量	335,697 担	442,609 担

1834 年前后英美在黄埔口岸出口值比较(单位:$)

年代		1831～1832	1836～1837
出口额	英国	13,216,483	25,339,284
	美国	5,999,732	9,527,139

由于西洋银元成色仅为七八成,中国白银(元宝或银锭)成色十足,所以外商经常以护航夷兵盘缠的名义私运白银出洋。每年偷运出口达上百万两之多。白银大量外流,不仅导致银贵钱贱、通货膨胀,还会威胁清政府货币体系基础,影响社会稳定。因此 1814 年嘉庆皇帝要求两广总督蒋攸铦、粤海关监督祥绍严查纹银偷漏出口。但蒋攸铦等人回复称十三行与外商贸易基本上采取以货易货的方式,并不存在大规模的纹银偷漏出口情事。实际上,由于鸦片走私,纹银外流的情况客观存在。嘉庆皇帝认为外商销售的钟表、玻璃等昂贵且"无用之物",是导致漏银的主要因素,便于 1815 年下令禁止高价购买外商的奇巧货物。

1818 年粤海关监督阿尔邦阿认为应该限制外国商船离境时带回银两数量,便与两广总督阮元奏准只许外国商船携带进口货值 30%的银两离境,其余银两听任外商缴与其他外商办货缴税。

1822 年贵州道监察御史黄中模在奏疏中指出:"近年各省市肆,银价愈昂,钱价愈贱,小民咸以为苦;实因广东洋面偷漏,依然如故。至偷漏之由,系因广东民间喜用洋钱,其风渐行于江浙等省。于是洋商[①]私用纹银收买洋钱,与江浙茶客交易作价,反高于纹银。其洋船出口,虽经两广总督设有员弁巡查,无如查弊之人,即作弊之人,率皆贪得陋规,私行纵放,广东省城多有奸徒与海口员弁素相交结,包送货船出洋,是以肆无忌惮。此在洋商方自以为得计,孰不知洋钱熔化,仅有七八成低银,洋商与夷人兑换,则皆十足纹银,而作价反低于洋钱,暗中亏折殊甚。内地纹银缺少,并不能以洋钱完粮纳课,所关于民生者更深。且洋商既用纹银向夷人收买洋钱,即不免用银收买洋货,实属违例病民。"[②]

1822 年 3 月 8 日道光皇帝重申禁止纹银输出:"按定例广东行商与外人交易,

---

① 指十三行行商。

② 故宫博物院辑:《清代外交史料》(道光朝一),道光二年二月"贵州道监察御史黄中模请严禁纹银偷漏出洋折",故宫博物院 1933 年版。

只准以货易货，不准用银；此事律例原甚详明。近来本国人等，喜用洋钱，行商以纹银购之……是以令广东督抚、海关监督，派委文武员弁巡查，认真巡查离口洋船，不准偷漏纹银出口。”

尽管清政府多次颁发谕令和章程，试图遏制纹银外流，但外商“卖物则必索官银、制钱，买物则概用番银夷钱。银低钱薄，仅当内地之什七。或仍以番银给还，则断不收纳。是以番银之行日广，官银之耗日多”[①]。

1829 年英国商船以行商拖欠货款、海关陋规繁重等为由“延不进口”，12 月 30 日[②]道光皇帝谕军机大臣：“该夷船仍然观望，停泊澳门外洋，延不进口，辄敢摭拾前陈各条，哓哓渎辩，语言不逊。该国货船，每年在粤海关约纳税银六七十万两，在该夷以为奇货可居，殊不知自天朝视之，实属无关毫末。且该夷船私带鸦片烟泥入口，偷买内地官银出洋，以外夷之腐秽巧获重货，使内地之精华潜归远耗，得少失多，为害不可胜言！必应实力严查。此次该夷等业经该督将来禀严行批饬，如果渐知悔悟，相率进口，即可相安无事。倘仍以所求未遂，故作刁难，着即不准开舱，严行驱逐。即少此一国货税，于国帑所损无几。而夷烟不入，官银不出，所全实多。”[③]

中国历史上长期是白银入超国。外国商船前来黄埔，所载货物较少，大部分是番银。1681 年至 1827 年净输入白银约 7000 多万两，折合银元 1 亿元。[④] 但 19 世纪初鸦片走私泛滥，番银进口急剧下降，纹银出口急剧上升。1818 年至 1830 年进口番银价值（主要是美国船只输入）为 6000 万元，出口纹银价值（全部由英国船只运往印度）为 4000 万元，中国净流入白银 2000 万元。从 1827 年起白银由入超转变为出超。1830 年至 1831 年度白银净输出 388 万两；1833 年至 1834 年度白银净输出 434 万两；1836 年至 1837 年度白银净输出 1345 万两，整个 19 世纪 30 年代，白银净输出总额高达 5000 万两。[⑤] “自 1818 至 1833 年，现金银在中国全部出口中整整占五分之一。”[⑥]

随着白银外流，广东银价逐渐上涨。明清时期 1 两银对铜钱的兑换率，一般为 1∶1000～1500 文，1838 年 1 两银兑换 1600 文，1845 年 1 两银兑换 2000 余文，而且上涨之势“日就增加，尚无底止”[⑦]。中国白银大量外流，又促使西方国家加大对茶叶、生丝、丝绸等中国土特产品的购买，形成了黄埔口岸畸形的对外贸易增长模式。

---

① 故宫博物院辑：《清代外交史料》（道光朝三），道光九年正月“福建道监察御史章沅请禁夷商以违例货物私易官银出洋折”，故宫博物院 1933 年版。

② 道光九年十二月五日。

③ （清）贾桢、花沙纳、阿灵阿、周祖培奉敕修：《宣宗道光实录》卷一六三，道光九年乙丑。

④ 十九世纪初 1 银元折合白银 0.72 两。

⑤ 李伯祥、蔡永贵、鲍正廷：《关于十九世纪三十年代鸦片进口和白银外流的数量》，原载《历史研究》1980 年 10 月 15 日。

⑥ ［英］格林堡著，康成译：《鸦片战争前中英通商史》，商务印书馆 1961 年版。

⑦ （清）刘良驹：《议饬定银钱划一章程疏》，《皇朝道咸同光奏议》卷 38。

1830年两广总督李鸿宾等奏查禁洋钱鸦片，制订《查禁纹银偷漏及鸦片分销章程》。1831年湖广道监察御史冯赞勋奏称："查烟土一项，私相售买，每年纹银出洋不下数百万，是以内地有用之财而易外洋害人之物，其流毒无穷，其劫财亦无尽，于国用民生，均大有关系。"[①]1836年两广总督邓廷桢奉旨传谕外商禁绝鸦片并严禁纹银出口。1837年1月26日清政府又颁发严禁银锭出口的谕旨。由于粤海关在黄埔查缉白银比较频繁，因此英国东印度公司通常在澳门装运白银出口。

1840年2月12日粤海关公布皇帝上谕，道光帝批准永远断绝英国贸易，并要求严防英商通过中立国转运货物，务使"各夷不致运走纹银，用以再购鸦片，亦不致以茶叶大黄转售给英夷，则英夷将决不能再得矣"。顺天府尹曾望颜又奏请封关禁海，提出："制夷要策首在封关"，且"封关之后海禁宜严"，"除口内往来船只不禁外，其余大小民船，概令不准出海，即素以捕鱼为生者，亦止许在附近海内捕取"，所有对外贸易均应断绝，"无论何国，不准通商"，建议断绝一切中外贸易。[②] 4月27日林则徐、广东巡抚怡良、水师提督关天培、陆路提督郭继昌、粤海关监督豫堃会衔《奏覆曾望颜条陈封关禁海事宜折》，对曾望颜的封关禁海主张进行了批驳，认为严禁鸦片和保护合法贸易应并行不悖。[③]

1835年至1840年美国商船从黄埔输出茶叶统计表[④]（单位：磅）

年代	1836～1837	1837～1838	1838～1839	1839～1840
红茶	2,916,401	4,900,933	1,650,400	3,596,265
绿茶	13,665,055	10,284,134	8,170,667	15,737,332

鸦片战争后，广州"一口通商"的格局被打破。由于中国传统产茶区和产丝区都距离广州较远，而距离上海较近，上海开埠后，广州对外贸易的主要地位迅速被上海所取代，黄埔口岸的出口贸易量逐渐减少。

① 故宫博物院辑：《清代外交史料》（道光朝四），道光十一年五月二十四日"湖广道监察御史冯赞勋奏陈夷人夹带鸦片烟入口积弊请饬查严禁折"，故宫博物院1933年版。

② 中山市档案局、中国第一历史档案馆：《香山明清档案辑录》"顺天府尹曾望颜奏请议定对澳门贸易章程并保结不夹带鸦片片"，上海古籍出版社2006年版。

③ 中山市档案局、中国第一历史档案馆：《香山明清档案辑录》"两广总督林则徐等奏覆曾望颜条陈封关禁海事宜折"，上海古籍出版社2006年版。

④ 年度：自7月1日起至次年6月30日止。姚贤镐：《中国近代对外贸易史资料（1840—1895）》第一册，中华书局1962年版。

1837年和1846年广州出口状况对比（单位：磅）

英国	茶	1837年	—
		1846年	—
	生丝	1837年	—
		1846年	—
	丝织品	1837年	—
		1846年	—
	总额	1837年	25,339,284
		1846年	13,294,898
各国总量	茶	1837年	22,007,410
		1846年	17,199,374
	生丝	1837年	8,154,766
		1846年	1,412,550
	丝织品	1837年	3,051,205
		1846年	1,353,640
	总额	1837年	36,075,260
		1846年	22,917,406

鸦片战争后黄埔口岸出口货物主要是生丝、茶叶、土布、蔗糖。19世纪70年代以后黄埔口岸出口货物种类有所增加，除传统的生丝、茶叶等种类外，增加了蔗糖、肉桂、爆竹、猪鬃、桐油、稀有金属、矿砂、鸡鸭毛、烟草等。

由黄埔出口欧洲的肉桂

1864年海关总税务司署针对外商将内地货物从内地运往沿海口岸，专门制定了《运出入内地货物事宜》。“来自内地的出口货，先在本关请领运出内地货凭照，在第一个子口验货。送货之人必须开单，注明货物若干，应在何口卸货，呈交该子口存留，并呈验海关原始运出凭照，该子口即日发给执照，亦详载货物件数，并于海关原给凭照上加盖骑缝图记，准其起运。路上各子口一律查验盖戳，均于凭照上加盖骑缝图记。至最后子口或海关分卡，该商呈出内地第一子口所领执照，交子口分卡存查，货亦暂存。一面先赴海关银号照完税则一半，掣取号收①，连原领凭照呈本关查验，换给收照。该商持收照赴子口分卡呈验。相符者，该子口分卡将收照留下，连该商所缴内地执照一并送关，准将货物过卡放行。本关仍将原给凭照、内地执照，逐一核对。如沿途有一处

① 即收据。

漏未加戳及无骑缝图记者，即系该商不遵章程，一体议罚。”[①]

1874年(同治十三年)粤海新关制订《日常业务操作规程》，对于出口货物监管流程进行了具体规定：由船主或其代理商在粤海关办理报关、验货、纳税手续，再用驳艇转运黄埔装船。在驳艇驶离粤海关码头之前，由粤海关验货厅钤子手将驳艇舱口封固并发给盖印签名的“落货纸”(即装船准单)，交黄埔值班钤子手察阅，经查核无误后，即准将货物从驳艇转装出口轮船。对于港澳班轮载运的出口货物，粤海关规定全部由港澳轮船处办理出口手续。

清末广州、东莞地席均出口活跃，本地生产的地席大部分供应国外市场。东莞地区出产的地席一般为低档地席，直接与香港贸易而不经过广州。比如，1881年东莞征收地席出口税率仅是广州的1/3，所以部分地席在东莞用渡船装运出口，运至香港交货。1898年自东莞用渡船出口的地席有7万多捆。运往美国地席，一开始多由帆船装运，后改用轮船，绕道苏伊士运河，至纽约及波士顿，其余用轮船经太平洋转运。

民国时期，黄埔口岸出口货物除生丝、丝织品外，还有一些工业原料和农副产品。

1930年5月16日起金条禁止出口。

1936年3月5日粤海关公布：凡出口及转口货物，在广州报关并办妥海关查验手续后，经粤海关核准，在关员押运和监视下，可以从广州用驳船运至黄埔装出口或转口船只。

1938年5月8日货物出口，须将中国银行或交通银行所发的“承购外汇证明”连同报关单一并附呈海关，经查验无讹后才能放行。

1937年9月日军封锁珠江口。广州沦陷期间，出口货物经粤汉铁路和珠江水系在广州集散，再经黄埔运往港澳出口。

1947年2月22日粤海关税务司禁止携带黄金条块出口，旅客携带金饰每人不得超过关秤2两，外国人携外国币券出口不得超过价值100美元。

1949年解放前夕，黄埔辖区的对外贸易较少。出口货物极少在黄埔装船出口。

1960年12月26日黄埔分关召开广州外贸专业公司会议，介绍推广陶瓷公司出仓落驳的先进经验，为全面做好大船出口理货工作创造条件。

1961年9月1日广州海关为配合黄埔直接装运出口和经香港转运远洋的货物及时装船，拟定《对出口货物下仓库预先查验的试行办法》，经广东省外贸局批转全省海关执行。

1976年1月31日广州海关在东莞县召开第二次非设关起运地监装工作座谈

---

① 中国第二历史档案馆：《海关总税务司赫德1864年第8号通札》，《历史档案》1999年第2期第38页。

会，讨论修订《非设关地区出口货物起运地外贸公司监装员工作职责》，经广东省外贸局同意后下达执行。

瓷器烧制

瓷器出炉

瓷器装运①

鹰纹图碟（广彩瓷）②

洋妃游庭园图（广彩瓷）③

汤盘（广彩瓷）④

外销广彩瓷

外销青花瓷

水果酒碗（广彩瓷）

---

① 该图描绘了瓷器装运的情景，工匠们将瓷器包装箱内加入充填物，防止瓷器相互碰撞受损。由于瓷器较重，船员装载货物时，通常把它放在舱底，起到稳定作用。

② 该瓷器属于纹章瓷，是外销瓷中的"订销瓷"，由欧美商人预先订制，再由中国工匠按欧洲纹饰、图案彩绘烧制而成。

③ 广彩不但为外国商人生产纹章瓷，也以外国的景物生产一些外销瓷。

④ 该盘沿边用墨彩绘了两幅相同的珠江下游景色，中央纹饰为科都李氏家族的盾徽。这套餐具是专为这个家族烧制的。

第十八章　税费征收

一、税则

1684年(康熙二十三年)清政府决定开海设关之初,康熙皇帝谕令:“海洋贸易实有益于生民,但创收税课若不定例,恐为商贾累,当照关差例,差部院贤能司官前往,酌定则例。”①

吏部郎中宜尔格图奉旨到广州酌定《开海征税则例》,奏请按照内陆设关模式给沿海各关定例款项,在桥道渡口等处征收税课。该年10月9日康熙帝对宜尔格图进行了批驳:“今若照宜尔格图等所呈,给予各关定例款项,于桥道渡口处所概行征收,于朕恤商裕民之意不符,且概行抽税,是于原无税课之地,反增一关抽税无异,若照此行,恐致扰害民生。尔等可传谕九卿詹事科道会议具奏。”②随后,户部等衙门回复:“福建、广东新设关差,止将海上出入船载贸易货物征收,其海口内桥津地方贸易船车等物,停其抽分;并将各关征税则例,给发监督,酌量增减定例。”③从户部回复可见,清政府为了防止重复征税,将海关与内地关榷划分了不同的征税对象,并参考了内地关榷的征税标准制定海关税则。

1685年清政府开海设关,1689年正式颁布《钦定粤海关税则》,这是中国自有“海关”名称后的第一部海关税则。此时海关机构还不是很健全,对货物进出口税并不全是照例抽税。《雍正大清会典》上说:“国家设关榷税,则例不一,有征商税者,有征船料者,有商税船料并征者。”粤海关是商税(即货税)、船料并征的。

清朝的关税沿袭了明朝市舶司税制,开征的关税主要有货税、船料两种。除此之外,由于粤海关官员和广东地方官员的营私舞弊,粤海关还征收引水费、进港费、离港费、停泊费以及验舱、开舱、押船、丈量、放关等名目繁多的杂费。

货税,也称正税或商税,具体分为衣物、食物、用物、什货四类征收。货税不由海关直接向外商征收,而是由行商在广州向粤海关承保缴纳。一般情况是:出口货税由行商在给外商代购回程货物时随货扣清,先行缴纳;进口货税需在回帆出口时缴清。如果洋船因为守候新茶导致出口延迟的,其应纳进口货饷,以验货后三个月为限,由保商完纳,不得拖延至请牌出口的时候。

船料,也称船头梁税或吨税,后称船钞,按各类不同船只的长宽度征收,类似于现在的船舶港务费。各关海关监督对税费可以“酌量增减定例”。康熙时,大体进

① 中国第一历史档案馆整理:《康熙起居注》第二册,中华书局1984年版。

② (清)张廷玉、朱轼:《清圣祖实录》卷一一六,中华书局1986年版。

③ 乾隆官修:《皇朝文献通考》卷二十六“市粜考”,上海图书集成局1901年版。

口货税课四分(值百抽四)、出口税课一分六厘。“船钞”以及名目繁多的“规礼”、“杂费”,是由粤海关在各关口直接征收。

1700 年进出口货物税率表①

进口货物	单位	征税(两)	
宽幅绒布	尺	0.05	
粗绒布	尺	0.05	
长毛绒	尺	0.015	
夏隆绒	尺	0.015	
羽纱	尺	0.1	
铅	担	0.03	
出口货物	单位	征税(两)	市场售价(两)
生丝	担	1.8	120～160
丝织品	担	2.2	250～350
麝香	斤	0.2	13
土茯苓	担	0.1	1.5
大黄	担	0.1	10～18
铜	担	0.4	11～12
砂糖	担	0.1	1.2～2.3
茶叶	担	0.2	25～50
白铜	担	0.3	3.9

1708 年清政府在上述出口税率基础上增加附加税 6%。相比同时期欧洲各国税率,清政府制定的税率仍属较低。但是粤海关官吏巧设名目、敲诈勒索,使得外商实际付出税额远高于钦定税则。比如,该时期出口 1000 担铜(成本 10900 两)实际缴付的税费如下:

	费率	税费(两)
铜 1000 担	每担关税 4 钱	400.00
海关监督关税附加	24%	96.00
钦定称量补平加重	18‰	8.92
小计		504.92
钦定及海关监督税款实收纹银(通用银两只有 93 成色)	÷0.93	542.92
称秤附加通用银两,折钦定纹银	2%	8.00
书吏及其他仆役	每担附加 8 分 4 厘	84.00
称秤手	每担手续费 2 厘	2.00
雇佣小艇及苦力费	每担 2 分	20.00
通事费	外商买入货价总值的 1%	109.00
海关监督另收取	外商买入货价总值的 3%	327.00
共计		1092.92

① [美]马士著、区宗华译:《东印度公司对华贸易编年史》(第一卷),中山大学出版社 1991 年版。

1722 年广东进口英国货物价值及关税表

货物	市场售价	税率
铅	2.40 两/担	2.86 两/担
宽幅粗绒	0.78 两/码	1.04 两/码
宽幅精绒	1.80 两/码	2.06 两/码
宽幅绒(猩红色)	3.00 两/码	3.26 两/码
长厄尔绒	6.60 两/匹	8.00 两/匹
花绒	8.00 两/匹	9.80 两/匹

1725 年(雍正三年),清政府以法典形式颁布第一次税率表,并严令所有海关遵照办理。1735 年(雍正十三年),清政府制定了较为详尽的关税税则。该税则标明了课税商品的品名和税率。

1753 年(乾隆十八年)《粤海关税则》经过修订后固定下来。该年修订的税则共有"正税则例"、"比税则例"和"估值册"三种,较以前的税则完整、详细,是设立海关以来,第一部较为完整的钦定海关税则。

"正税则例"是沿袭康熙年间的粤海关税则,设有衣物、食物、用物、什货及船料五大类 452 个目。货物税目中列明货名、计税单位、应税金额等从量计征。船料则以船只大、中、小三等计征。

"比税则例"是将"正税则例"中没有载入的新货同已载入的近似货物相比较,以定税率,为随时增订的补充税则,也是从量计征,不分类别,共设有 470 目。

"估值册",也称"外洋船出口货物估价科征"例册,是"正税"、"比税"两则例的补充。该册主要是出口货及复出口货的价格表,用于征收从价税,不分类别共设有 401 目。列入估值的洋货及国内土产共 500 余种,所有出口货物都按照已订的估价征税 6%。进口货物不征收这种从价税,且绝大部分课税货物的估价很低。

在实际税收中,除法定税率外,从粤海关监督到各口的税吏胥役巧立名目,索取各项陋规的附加费往往数倍于正税。1726 年(雍正四年)以后,雍正皇帝曾几次下令将粤海关各项规银附加"一体奏报归公",列入则例之内,成为"规例",又称"归公例"。由此,清朝海关征税正式分为三部分,即货税、船钞(吨税)和规礼(归公例)。货税与船钞属于海关正税,规礼(归公例)属于附加税。

粤海关黄埔挂号口不征收货税,只征收船钞、引水费、船规银、通事买办费、挂号银等税费。

清前期粤海关征税则例,是中国历史上第一个包括了进口货物和出口货物在内的系统分类的海关税则,并首次将进出口货物分为衣物、食物、用物、杂货四大类,每大类分若干目,目中再细分小目。这种分类方法与现代海关税则的分类方法类似。征税则例不仅采用从量税,也采用从价税。但粤海关税则并没有严格区分进口与出口,也不区分国外贸易或国内贸易,并且"许多课物照件数课税,不管它的

长短、宽窄、单幅或双幅，所课相同"，具有一定的不合理性。

粤海关进出口货税平均税率一般为4%～6%，而同期英国征收的进出口关税税率是中国的几十倍。1784年之前，英国财政部对茶叶征收进口税率高达100%以上，相当于中国茶叶出口税率的55倍。[①] 低税率政策促进了外国商人对华贸易，但也一定程度上冲击了中国手工业的发展。

虽然中国商船应纳船钞约占同等外国商船的19%左右，保护了本国商船出口。但总体来看，由于清政府长期的低税率政策，以及多次减免进出口关税，完成工业革命的西方国家工业品大量倾销广州，打击了中国棉布、棉纱、铁器等生产产业，使得这些原本是黄埔口岸大宗出口商品，到乾隆以后，竟然成为了主要的进口商品。

1798年广东进口英国货物价值及关税表

货物	市场售价	税率
铅	6.40两/担	0.80两/担
锡	13.20两/担	2.50两/担
宽幅绒(下等)	1.40两/码	0.20两/码
宽幅绒(上等)	1.90两/码	0.20两/码
宽幅绒(特等)	2.50两/码	0.20两/码
羽纱	40.00两/匹	10.00两/匹
长厄尔绒	9.00两/匹	1.30两/匹

1832年1月广东进口英国货物税率及规费表[②]

货物	单位	钦定税饷（两）	附加税30%（两）	秤量费（两）	行佣（两）	关规（两）	贸易捐（两）	总计（两）
棉花	担	0.15	0.045	0.15	0.24		0.92	1.505
棉纱	担	0.1	0.03	0.15			1.52	1.8
槟榔	担	0.07	0.021	0.15	0.15		0.189	0.58
藤条	担	0.1	0.03	0.15	0.15		0.17	0.6
檀香木	担	0.85	0.255	0.15	0.45	0.08	0.415	2.2
胡椒	担	0.4	0.12	0.15	0.3		0.43	1.4
铁	担	0.1	0.03	0.15		0.034	0.18	0.494
铅	担	0.3	0.09	0.15	0.135		0.325	1
锡	担	0.8	0.24	0.15	0.405		0.605	2.2
铜	担	0.4	0.12	0.15	0.450		0.78	1.9
水银	担	1.2	0.36	0.15			0.35	2.06
宽幅绒	丈	0.5	0.15	0.015			8%	
羽纱	丈	0.6	0.18	0.015			8%	
长厄尔绒	匹	0.15	0.045	0.0075			5%	
一等花布	匹	0.5	0.15	0.0075			7%	
二等花布	匹	0.22	0.066	0.0075				
三等花布	匹	0.05	0.015	0.15				

① 范文澜、蔡美彪:《中国通史》(第10册)，人民出版社2008年版。

② [美]马士:《东印度公司对华贸易编年史》(第四、五卷)，第382页。

中英官员会面图(水彩画)①

1842年(道光二十二年)清政府与英国签署《江宁条约》(又称《中英南京条约》)。条约规定进出口货税、饷费,"均宜秉公议定则例",中国自此丧失了关税自主权。1843年7月中英双方达成协定税则。7月22日英方在香港首先公布了《议定广州、福州、厦门、宁波、上海五港通商章程及海关税则》(简称:《五口通商章程及海关税则》),这是中国近代历史上第一个不平等的片面协定税则。7月27日粤海关恢复关务,率先按照协定税则征税。

1843年10月8日(道光二十三年八月十五日)清朝钦差大臣耆英、英国驻华全权公使璞鼎查各自代表两国政府在广东虎门签订《五口通商附粘善后条款》,又称《虎门条约》。英国提前公布的《五口通商章程及海关税则》作为《虎门条约》的附件,也正式生效。

美国花园(1844—1845年)

广东十三行商馆和珠江风景

龙形把银杯②

清代广州黄埔港折扇③

象牙折扇④

1843年的《海关税则》,首次区分进口税则和出口税则,共计26类。同时对船钞征收方式由按船身尺寸计税改为按船载货重量计税。进口税则分为14类104目,其中:(1)88目货物,按从量计税。(2)3目货物,按从价计税,每100两抽银10两即"值百抽十":①进口香料类,②进口木料如红木、紫檀木、黄杨木等货物,③进口铜、铁、铅、锡等类如白铜、黄铜等货物。(3)11目货物,按从价计税,每100两抽

① 该画记录了1843年6月钦差大臣耆英到香港主持《南京条约》换文时,香港总督璞鼎查在督辕迎接的情景。

② 该杯造于1840年,杯身刻有十三行商馆和珠江景色。这款银杯目前仅知存世三把。

③ 折扇里是一幅长洲岛全景水粉画,是外商较为喜爱的工艺品。

④ 水粉画上描绘了广州商馆风貌,商行门外的旗帜由左至右依次为丹麦、西班牙、法国、美国、瑞典、英国及荷兰。

银 5 两即“值百抽五”：①进口香油香水，②进口镜钟表玩类自鸣钟；时辰钟；千里镜；玻璃片及各样玻璃、水晶器；写字盒；梳妆盒；各样金银首饰；各钢铁器、刀剑等物；③进口棉布类，如柳条巾、旗方巾、颜色布、剪绒布、丝棉布、毛棉布，粗麻布、半棉半麻布、丝麻布、毛麻布等；④进口绒货，如素毛、丝毛、棉毛等。(4)2 目货物免税：①金银类各样金银洋钱、锭锞；②洋米、洋麦、五谷等。(5)未列名货物一律从价计税，值百抽五。由于当时税则表中所列货名有限，以后新增的贸易品就一律按“值百抽五”来定税率。英国签约代表璞鼎查在审阅助手新拟定的税则时，曾担心这样有利于对华商品侵入的税率，未必能被中国政府所接受，而道光皇帝却完全同意了。这是旧中国关税受“值百抽五”约束的开端。这个进口税则实行至 1929 年(民国 18 年)的 80 多年中只修改 4 次，而且每次修改都没有超出值百抽五的规定。

出口税则分 12 类 68 目，其中：(1)66 目货物，征从量税，税额按货价折算大部分约为 5%；由于中国对茶叶有天然的垄断，因此茶叶征收 10% 的出口税。(2)2 目货物免税：①金银洋钱及各样金银类货物；②瓦砖、瓦片等屋料类货物。(3)未列名货物一律从价计税，值百抽五。这个出口税则于 1946 年废止，一共实施了 100 多年。只是 1931 年出口税与转口税分开，且 1934 年正式修订过一次。

1843 年的《海关税则》废除了丈量船身、“按丈输钞”的船钞征收方式，改为根据实际载货量进行计税。

第一次鸦片战争后清政府签署的一系列不平等条约，不仅丧失了港口主权，也丧失了关税自主权。协议后的货税征收标准，除了个别物品比原征税率略高外，其余物品均大幅度减低税率，降幅达 58% 至 78%。船钞的征收标准也不到原征收额度的十分之一，极大降低了外商的关税负担，但对出口多为初级产品的中国造成了极大损害。

1843 年协定关税后的新旧税率比较(从量税)①单位：银两

进口货物	旧税率		新税率
	正税	实征	
棉花(担)	0.298	1.740	0.400
原布(匹)	0.069	0.373	0.100
白布(匹)	0.285	0.702	0.150
棉纱(担)	0.483	2.406	1.000
双幅细布(丈)	0.712	1.242	0.150
出口货物			
南京丝(担)	15.276	23.733	10.000
广州丝(担)	8.756	10.570	
茶叶(担)	1.279	6.000	2.500
糖(担)	0.269	0.475	0.250
棉布(担)	1.844	2.651	1.000

① 严中平：《中国近代经济史统计资料选辑》，北京科学出版社 1955 年版。

1843 年协定关税后的新旧税率比较(从价税)

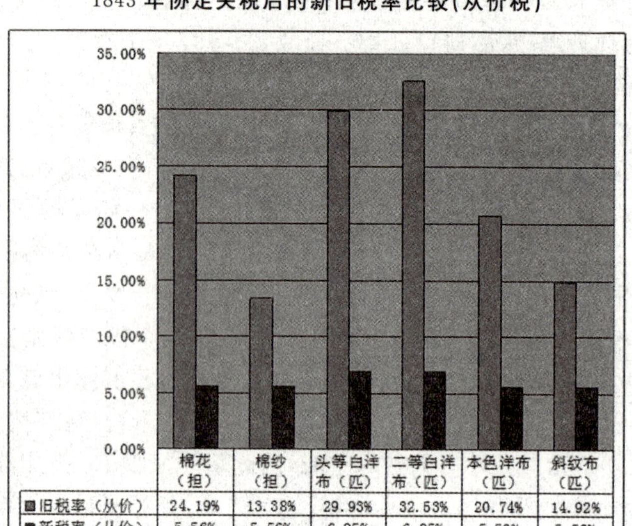

尽管 1843 年关税税则已是世界上最低税则之一,英、美、法 3 国还是于 1854 年和 1856 年两次提出修改税则、降低税率的要求,均遭到清政府拒绝。但第二次鸦片战争中清政府战败,只得被迫于 1858 年接受修改税则的要求。修改后的税则税率又大幅度降低,除鸦片、茶叶、生丝等货物外,其余大多采取“值百抽五”的原则。鸦片每担收税 30 两,相当于 7%或 8%的从价税率。茶叶为每担 2.5 两,相当于每磅 1.5 便士,即 10%～20%的从价税率。生丝为每担 10 两,远低于 5%的税率。凡是认作专供在华外国人消费用途的货物,如外国香烟、洋酒、香水、肥皂等,全免进口税。军火、盐严禁进出口贸易。大米和谷物、铜钱禁止出口。豆和豆饼的出口,也予以禁止,直至 1869 年开禁。新税则还对作为军火原料的硫磺、硝石和亚铅,均作了特别限制。

1858 年协议关税后的新旧税率比较(从价税)①

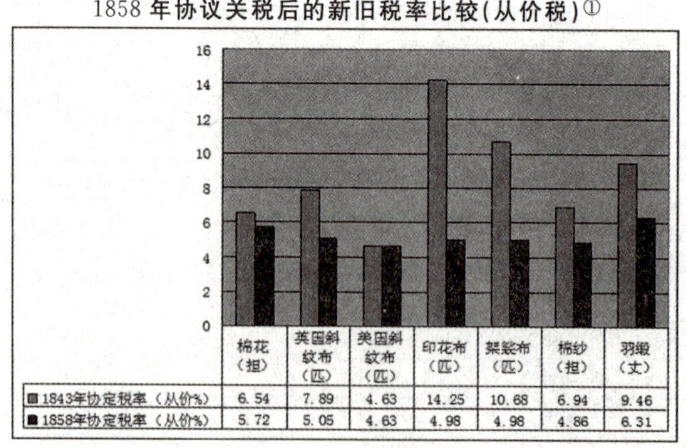

① 严中平:《中国近代经济史统计资料选辑》,北京科学出版社 1955 年版。

1860 年(咸丰十年)粤海新关按条约规定,废除过去当地收入的什项规费。虽降低了列强进口货物负荷,仍使上缴户部的税额增加。黄埔分关成立后,需按月将黄埔港进出口船只的统计资料报送粤海关,并由粤海关汇总后上报海关总税务司署。对于进出口货物的品种、数量、价值、贸易国别、货物流向等,不需黄埔分关统计,而由粤海关负责统计并上报海关总税务司署。

1926 年 10 月 4 日广州革命政府外交部通过《征收出产运销物品暂行内地税条例》,规定:1、凡两广与各省或外国所贸易之物品,无论为出产品或运销品,一律征收;2、普通货物之征税率按照现在海关或常关所征税率加征半数,奢侈品加征一倍;3、在海关、各常关口卡或其附近征收。[①] 10 月 6 日外交部长陈友仁通知各国驻穗领事团,11 月起照章征收。这是省港罢工工人为争回粤海关自主权所取得的一次重大胜利。

1927 年 7 月 20 日南京国民政府声明自 9 月 1 日起实行关税自主,实际上未能实现。

1928 年 7 月至 12 月,南京国民政府与美国、德国、挪威、比利时、意大利、丹麦、葡萄牙、荷兰、瑞士、英国、法国、西班牙等重新签订关税条约(或称友好通商条约)。该年年底,国民政府颁布第一部"国定进口税则",废除协定税则,于 1929 年 2 月 1 日实施。黄埔分卡开始执行近代以来由中国政府自行制定的海关税则。1930 年 5 月 6 日中日签订关税条约。直到 1933 年 5 月中国政府才获得完全关税自主权。

1929 年 9 月 27 日粤海关监督转达广东财政特派员函,对海关税收拒收中央银行纸币情事重申禁令,规定今后海关税收,以中央银行纸币为币制本位,不得擅自收取银毫。

1930 年 2 月 1 日奉总税务司令,即日起废除以海关两为计征单位。税收改用海关金单位计算,规定 1 关金＝0.4 美元＝0.5714 关平银＝60.1866 厘克纯金。

1931 年 6 月 1 日《中华民国海关出口税税则与转口税税则》施行。该税则只适用于土货运往外洋,凡通商口岸之间的土货转运,仍照旧按 1858 年出口税率征收转口税。

1932 年 5 月 26 日粤海关对进口卷烟开始用关金单位代征统税,其中五分之四按月就近拨交粤桂闽区统税局。

1933 年 3 月 10 日总税务司署要求:进出口税收改以银元计征。

1931 年、1933 年、1934 年国民政府三次重新修订"国定进口税则"。1934 年 7 月 10 日粤海关奉总税务司令施行南京国民政府颁发的《修订进口税则》。广州商会表示反对,西南政务委员会认为新税则将使国货永无复兴之日,特电请南京政府予以修正,并令粤海关暂不执行。但反对无效,该税则仍继续施行至 1947 年。

---

① 中国社会科学院近代史研究所中华民国史研究室著:《中华民国史资料丛稿——大事记》(第 12 辑),中华书局 1982 年版。

1935 年 11 月 4 日国民政府改革币制，以中国、中央、交通、农民 4 家银行发行的货币为法定货币（法币），取消银本位，海关税收也改以法币计征。

出口税则自 1858 年修改后，直到 1931 年 6 月 1 日才施行新的税则。1934 年 6 月 2 日国民政府又颁行新的出口税则。1946 年 8 月 27 日国民政府宣布停征出口税。此时，关税与港口杂费已经分开。港口杂费主要有引水费、装卸费、堆存费、驳运费、停泊费、起重费、工程受益费。港口杂费由港口管理机构收取，海关不再收取。

1948 年 5 月国民政府加入联合国“关税与贸易总协定”为成员国。同年 8 月 2 日颁布实施第 5 部“国定进口税则”，主要增加了减让关税税率栏。该减让关税栏中来自美国进口货物占 80%。

1949 年 3 月 15 日粤海关奉财政部令实施关税改征“关元”（即关金券），按日挂出牌价。是日牌价为 1∶1.952 金圆券。关税改征“关元”后，货物无形增加一半成本，导致广州大量工厂倒闭。5 月 24 日国民党政府中央银行暂定“关元”牌价为 1 美元∶900 万关元。7 月 1 日海关税收按银元券计征，停止使用金圆券。

1949 年 10 月 1 日新中国成立，彻底取缔了帝国主义在中国的一切特权，中国人民真正收回了关税自主权。

关金券①

1949 年 12 月接管广东省军事、政治、经济、文化等事宜的广州市军事管制委员会颁布《华南区海关暂行进出口税税则》、《华南区进出口货物稽征暂行办法》、《华南区外汇管理暂行办法》、《华南区外汇管理暂行办法实施细则》、《华南区侨批业管理暂行办法》、《侨汇优待暂行办法》、《华南区国外贸易暂行管理办法》、《华南区进出口贸易厂商登记暂行办法》等条例，使进出口贸易有章可循。

1950 年 1 月 3 日政务院财政经济委员会设立关税税则委员会。政务院在《关于关税政策和海关工作的决定》中指出：“海关税则，必须保护国家生产，必须保护国内生产品与外国商品的竞争”，并确定了制定海关税则的六项基本原则。

1950 年黄埔支关正式开展海关统计工作，当时实行征税、统计一杆子到底的方式，即不论进口或者出口，一张报关单上的商品归类（包括商品税则归类）（即将应统计的进出口商品按照统计商品目录予以正确编号）、税款计算和批注代号，全部由一人负责办理，一次完成征税、统计的全部作业。批注代号的报关单（货物明细单）每月均要寄往海关总署。

① 关金券是“海关金单位兑换券”的简称，是国民党统治时期中国海关收税的计算单位。最初海关收税为银两，1929 年世界银价大跌，影响关税收入。民国政府于 1930 年 1 月决定征收金币，以值 0.601866 克纯金为单位作标准计算，称“海关金单位”，合美元 0.40 元。1931 年 5 月中央银行发行关金兑换券，作为缴纳关税之用。

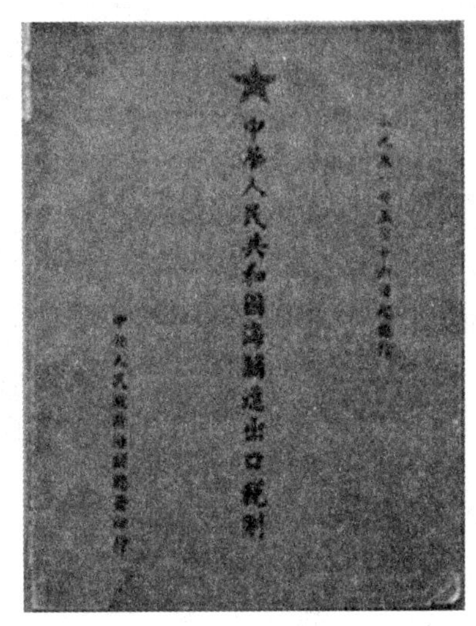

新中国第一部关税税则

1951年5月4日中央人民政府政务院批准颁布《中华人民共和国海关进出口税则》及其实施条例，并定于该年5月16日起实施。这标志着近百年来，中国拥有了第一部独立自主的、有益于国计民生的关税税则。该税则将进出口货物根据自然属性、用途和加工程度等分为17类、89组、939个税则号列，共有1725个税目和子目，并采取进出口税则合一制，税则的最后一栏为出口税率，进出口货物一律从价计征。该税则按照国家经济政策和对商品需求情况，将进口货物分为必需品、需用品、非必需品和奢侈品四类，并设有两种税率，对购自与中国订有贸易互利条约和协定的国家的进口货物执行正常税率（最低税率），否则执行较高税率（普通税率）。除免税外，进口货物最低税率从5％到200％共有21个税级，普通税率从7.5％到400％共有23个税级。对于出口货物，国家实行鼓励出口原则，除了对花生、花生油、桐油、猪鬃、薄荷脑、薄荷油等6种商品按较低税率征收出口关税外，其余商品出口全部免税。1952年11月10日、1953年9月1日海关分别对桐油、猪鬃停征出口关税，1980年又对其余4种商品停征出口关税，从而取消了全部出口税。

建国前至1954年，海关统计一直没有专门的商品统计目录，只是使用进出口税则。1954年7月1日中国海关学习苏联海关做法，以对外贸易统计商品目录为基础，统一实行海关统计商品目录。1967年海关统计商品目录连同统计职能一并被取消，直至1980年1月1日与海关统计职能同时恢复。海关统计职能恢复后，黄埔分关仍然在一段时间内采取统计和征税合并作业的工作方式。

建国后至1962年，海关对个人自用的进口应税物品均按照《中华人民共和国海关进出口税则》的最低税率征收关税和代征工商统一税，超出自用合理数量范围的按贸易性货物办理手续。

为了简化计征手续，便利正常往来，提高旅检和邮局等现场验放效率，1962年1月16日经国务院批准，对外贸易部发布实施《海关对入境旅客行李物品和个人邮递物品征收进口税办法》。该办法列有税率表，共有税号21个，税率从12％至400％共分为13个税级。该办法规定，一切从国外入境的应税旅客物品、个人邮递物品、准许携带进口的个人馈赠品、准许托带给国内亲属的自用物品和船员携带进口的应税自用物品，都由海关征收进口税。上述进口物品征收进口税后，不再按照《中华人民共和国海关进出口税则》规定的税率征收关税。

1978年8月1日实施的《中华人民共和国关于入境旅客行李物品和个人邮递物品征收进口税办法》将税号简化为13个，税率分为20％，50％、100％、150％、

200%共5个税级，关税和工商统一税合并为进口税，上缴国库时90%划为关税，10%划为工商统一税。

二、关税

关税是指由一国海关对进出该国关境的货物或旅客行李物品、邮递物品等征收的税收。

1.进出口货物税

1950年10月黄埔支关验估征税股执行《华南区进出口货物稽征暂行办法》，对黄埔口岸的进口货物暂用1948年进口税则、出口货物暂用1934年出口税则征税。进出口货物完税价格的审定以广州市场平均批发价为主要根据。

1951年5月16日《中华人民共和国海关进出口税则》实施后，黄埔支关验估征税股对进出口货物按其申报进口或出口日施行的税率征税。

1967年6月5日国务院批准对外贸易部停止征收所属各专业进出口公司进出口商品的关税，并入外贸利润缴库。黄埔分关自该年7月1日起执行。

1980年黄埔海关征收进口货物税8553万元。

2.行李物品税

黄埔口岸海关对于进出境人员携带的行李物品，凡是符合“合理自用数量”原则的，一般免税放行。对于一些国内外差价较大的物品作为“重点物品”加以限量或限值。对于超过限量或限值的物品，在政策允许的前提下，予以征税放行。黄埔口岸的非贸易性物品的关税是由海关在旅客行李物品检查现场或船员物品检查现场征收。

1980年黄埔海关征收行李物品税25万元。

3.船舶吨税

船舶吨税是对进出本国港口的外籍船舶征收的一种税费，是外国船舶使用了一国港口和助航设备而应缴纳的使用费，通常船舶吨税专款专用于助航设施的建造与维修。

船舶吨税，起源于清朝时期的“船钞”。船钞，又称船料、船税或梁头税，可追溯到明朝万历年间对洋船征收的“水饷”税，是根据船只大小等级而课征的税种。

康熙年间的《开海征税则例》将船钞列为关税的一种。船钞税额多少，以船只大小而定。先由海关派员在虎门挂号口登船丈量，再根据丈量的大小在黄埔挂号口征收。丈量方法是，以前桅中心点到后桅中心点之间的长度为船长，以中桅后部两侧之间的宽度为船阔，长阔相乘再除以十，就作为船钞的计量单位。

1686年(康熙二十五年)清政府根据住税、行税分立的原则，对本国船和外洋船实行不同政策。具体又分为东南亚一带来华的“东洋夹板船”、欧美各国来华的“西洋夹板船”、本国“乌白艚船”、“出洋大船”、“出海贸易香料艚舶船”、“出海盐船”、“沿海贸易桨艍船”和“澳门船”等几类。各类商船根据船只大小征收不同的船

钞。1686 年 3 月 3 日(康熙二十五年二月十日)清政府谕令“减广东海关征收洋船额税十之二”[①],因此船钞数额是减少两成征收的。

清初船钞征收标准[②]

	等级	长(尺)×阔(尺)	船钞(两)	备注
东洋夹板船	一等船	74.5×23.4	1400	1686 年前全额征收,1686 年后减少两成征收。
	二等船	70×21.2	1100	
	三等船	60×20	600	
	四等船	50×15.6	400	
西洋夹板船	一等船	74.5×23.4	3500	
	二等船	72×22	3000	
	三等船	65.6×20	2500	

由上表可以看出,来自西方国家的“西洋船只”和来自东南亚一带的“东洋船只”,征收船钞的标准并不一致,前者要远高于后者。

1689 年清政府批准英国“防卫”号商船合法进入黄埔贸易。到达虎门挂号口两个星期后,粤海关官员才准予丈量以计算船钞。按照规定,船长是前桅中心点到后桅中心点的距离。但海关税官要求将船头到船尾的距离作为船长,随后便索银 2484 两。英国船主不肯给付,并且以不作任何贸易立即离去相威胁。经过一周的讨价还价,海关将税银改为 1500 两,其中 1200 两是归公的船钞,300 两是给粤海关的规费。

1698 年(康熙三十七年)以后,西洋船船钞改照东洋船例征收,但没有第四等级,所有小船均作第三等级船计。“粤海关历办税务,系将夷船分为一、二、三等,均照东洋船例减钞银十分之二,按船征收。丈量各船时,照梁头长阔丈尺,将应征银数递增递减:凡一等大船,征钞自一千一百余两至二千一二百两不等;二、三等中小船,征钞八百余两至四百余两不等。此粤海关分别等次征收夷船正钞之旧制也。”[③]

① 《清圣祖实录》卷一二四,康熙二十五年二月甲午,中华书局 1985 年影印本。

② 邓端本:《广州港史(古代部分)》,海洋出版社 1986 年 3 月第 1 版,第 198 页;武堉干《中国国际贸易史》第 4 章第 2 节“公行与商馆之贸易情形”。

③ 故宫博物院编:《史料旬刊》(第九期),道光十年“两广总督李鸿宾等密奏妥议酌减夷船进口规银折”,故宫博物院文献馆 1930 年版。

1698年后船钞征收标准

	等级	长(尺)×阔(尺)	船钞(两)
东洋夹板船	一等	74.5×23.4	1120
	二等	70×21.2	880
	三等	60×20	480
	四等	50×15.6	320
西洋夹板船	一等	74.5×23.4	1120
	二等	72×22	880
	三等	65.6×20	480

对外国商船征收船钞,总体上税额较低。以乾隆年间为例,一艘中等商船年载货值约为3至5万英镑,折合白银15万两以上,而一等船的船钞仅是1400两,不到货值的1%。康熙年间制订的"船钞例"沿用了一个世纪,船钞本身不足以构成对外商的沉重负担。

对于本国"乌白艚船",丈尺税银与东洋二等船同。"出洋大船",分为四等:一等阔二丈二尺,长七丈三尺以上,每丈税十五两;二等阔二丈,长七丈以上,每丈税十三两;三等阔一丈八尺,长六丈以上,每丈税十一两;四等阔一丈六尺,长五丈以上,每丈税九两。以上出洋各船,丈尺俱长阔相乘,按丈科税。"出海贸易香料艚舶船",以长阔相乘算,按尺科税,每尺税三钱。"出海盐船",自八尺起科,该料银五钱。每长一尺,递加料银五分。船身算至一丈二尺止,料银递加至七钱止。又自一丈三尺起科,该料银八钱。每长一尺,递加料银五分。船身算至一丈七尺止,料银递加至一两止。又自一丈八尺起科,该料银一两一钱。每长一尺,递加料银五分。船身算至二丈二尺止,料银递加至三两止。"沿海贸易桨艍船",自五尺起科,至七尺九寸止,每尺科料银三钱,不行递加。自八尺起以上,照出海盐船例,每长一尺,递加科算。以上盐船、桨舫船料俱一年两次征收。[①]

对于"澳门船"即澳门葡商船只,1724年(雍正二年)以前一直作为本国"出洋大船"分为四等征收船料。雍正二年六月,两广总督孔毓珣奏称:"康熙五十六年定例禁止南洋,不许中国人贸易,澳门因系夷人不禁,独占其利。近年每从外国买造船只驾回,贸易船只日多,恐致滋事。臣拟查其现有船只,仍听贸易,定为额数,朽坏准修,此后不许添置,以杜其逐岁增多之势。"十月,孔毓珣再次奏请"将现存洋船二十五只编列字号作为定数,朽坏者准修补,此后不许添造",此奏得到清廷批准,

① (清)梁廷枏总纂、袁钟仁校注:《粤海关志》,广东人民出版社2002年版。

是为贸易额船制度。嗣后贸易额船二十五只仍照本国洋船例分四等征收船料，其他船只则照东洋船例分三等征收船料。“如新船顶额，即照东洋船例丈量，长阔相乘至一十六丈四尺以上，作为头等，每尺钞银六两二钱二分二厘二毫二丝二忽；长阔相乘至一十五丈四尺以下，作为二等，每尺钞银五两七钱一分四厘二毫八丝五忽；长阔相乘至一十二丈二尺以下，作为三等，每尺钞银四两；并无四等船例……次年原装回澳，即照本港洋船例丈量：长阔相乘至一十六丈零，作为头等，每尺一两五钱；长阔相乘至一十四丈，作为二等，每尺一两三钱；长阔相乘至一十丈零，作为三等，每尺一两一钱；长阔相乘至八丈者，作为四等，每尺九钱。”可见，澳门贸易额船应纳船钞大约为其他国家商船应纳船钞的四分之一。孔毓珣还规定澳门额船只纳船钞，不需要缴纳规礼银两。

1737年英国东印度公司“奥古斯塔”号船，经丈量长76.3尺、宽23.3尺，因此是一等船。由于一等船需付船钞为每单位7.777两；二等船需付船钞为每单位7.142两；三等船需付船钞为每单位5两，因此“奥古斯塔”号船需付船钞计算方法为：

海关官员在虎门丈量外籍船只

((76.3×23.3)÷10)×7.777＝1382.587(两)

船钞“减二征收”：1382.726×(1－20%)＝1106.07(两)

附加海关库房银10%和海关书办银2%：1106.07×(1＋12%)＝1238.798(两)

附加折兑纹银7%：1238.798×(1＋7%)＝1325.514(两)

综上，“奥古斯塔”号应缴船钞为1325.514两。

1755年英国东印度公司派遣洪任辉等人企图移市入浙，导致前往黄埔挂号口的洋船数量减少，影响船钞收入。据广东巡抚托恩多统计，黄埔挂号口1757年比1756年少收西方洋船船钞、规礼13511两；但多收本港船舶(南洋船舶)船钞10200.4两。

1759年钦差大臣新柱奏称黄埔挂号口征收洋船的船钞和规礼每艘最少也有3000多两。

鸦片战争后的不平等条约中，对船钞的征收作出了详细规定。协议吨税税率不到过去船钞的十分之一。

1843年中英《五口通商章程及海关税则》规定“货船按吨输钞”，即按照以船舶的实际载重吨位作为课税标准，“凡英国进口商船，应查照船牌开明可载若干，定输税之多寡，计每吨输银五钱。所有纳钞旧例及出口、进口日月规各项费用，均行停止”。自此，吨税代替船钞及各类规费。黄埔挂号口开始对进口船只按其所载重量吨位征收碇泊税(即船舶吨税)，改变了明朝以来按船只的长阔为征收船钞依据的办法。

1844 年中美《望厦条约》、中法《黄埔条约》和 1858 年中法《天津条约》均规定：对于所载货物在 150 吨以上的商船，每吨缴纳船钞 0.5 两，150 吨以下的小船，每吨缴纳船钞 0.1 两。船舶到口 2 日之内不征收船钞，2 日之后开征。船钞只需缴纳一次，海关发给完税执照。如果该船货物没有销完而转到其他口岸，则只需在其他口岸缴纳余货的货税，不需重复缴纳船钞。对于载运客商，运带行李、书信及例不纳税之零星食物的船舶均不须输纳船钞。

根据上述规定，一艘 900 吨的船只原先要缴纳船钞 6000 两，现只需缴纳吨税 450 两；一艘 420 吨的船原先要缴纳船钞 2667 两，现只需缴纳 210 两。

1858 年中英《天津条约》、中美《天津条约》进一步降低了船钞税率：载货 150 吨以上的大船，每吨缴银 0.4 两；150 吨及以下的每吨缴银 0.1 两。中英《天津条约》又规定：凡是船只出口往其他通商口岸及香港的，船主有海关监督颁给的专照，自发照日起，4 个月以内赴通商各口可以不再缴船舶吨税。

1864 年 6 月 20 日清政府在广州建立同文馆。同文馆是广州最早的官办外语学校，经费由粤海关从船钞内支付，教员从粤海关洋员中调任，学生毕业后在外事衙门和粤海关担任翻译。

1868 年 3 月海关总税务司赫德要求各关所征船钞由海关委员按月核算，70% 交各关税务司用于维持航运的补助（如灯塔、浮桩和警标等日常维护），其余 30% 解交总理衙门，作为同文馆经费。

1882 年 10 月粤海关施行《通商口岸海关征免船钞章程》，除了兵船、引水、游历等船只免缴船钞外，所有火轮、商船、拖船、趸船、艇只、驳船等均须按所注吨数如数纳钞。船舶进口 2 日限满，均应纳钞；在 2 日内如开舱起卸货物或上下旅客合计至 20% 的即须纳钞。

1920 年 8 月 17 日海关总税务司署电令各关，所有摩托艇、舢板、帆船均须持有执照并交纳吨税，作为内地运输工具的所有类似船舰视同汽艇，同样须持照并缴纳吨税。

1929 年制订国定税则后，海关征收吨税办法仍依照 1858 年《天津条约》所订的条款执行。

1933 年 3 月 10 日粤海关对 150 吨注册吨位以上的船舶改按每吨 0.65 元法币计征吨税，对 150 吨及以下的船舶按每吨 0.15 元法币计征吨税，并停止对甲板货物征收吨税。

1945 年 10 月 9 日粤海关施行财政部颁发的《征收船舶吨税办法》，对注册吨位超过 100 吨的船舶，每吨征法币 650 元；对 100 吨以下及航海民船，每吨征法币 150 元；行驶内港的民船，免征吨税。

1946 年 7 月 13 日起粤海关对载运善后救济总署物资的船只，免征吨税。

1948 年 8 月 25 日起，由于物价飞涨，币制贬值，粤海关改用金圆券计征船舶吨

税，100吨以上船舶每吨征金圆券2分，100吨以下船舶每吨征金圆券1分。

1950年12月22日财政部、海关总署发布《关于海关代征吨税办法的联合通知》，规定从1951年1月1日起，海关原来征收的船钞（吨税）划入财政部税务总局主管的车船使用牌照税的征税范围，原缴纳船钞的中国籍船舶一律改由地方税务机关征收使用牌照税。外籍船舶和外商租用的中国籍船舶则仍沿用船舶吨税的名称，由海关在应纳税船舶申报进口时代征。

1951年10月1日船舶吨税列入国家预算"关税收入"项目内，作为海关税收任务之一，由海关征收和管理，不再为财政部代收，所征税款全部上缴国库。

1952年9月16日政务院财政经济委员会批准，海关总署于9月29日正式颁布施行《中华人民共和国海关船舶吨税暂行办法》。船舶吨税设有普通税率和优惠税率。普通税率为：按3个月为1期缴纳的机动船（轮船、汽船、拖船等），自50吨以下3角到5001吨以上1元8角，共分11级；非机动船（各种人力驾驶船及驳船、帆船等）自10吨1角5分以下到301吨以上3角5分，共分5级。优惠税率为：按3个月为1期缴纳的机动船（轮船、汽船、拖船等），自50吨以下5角到5001吨以上1元1角，共分9级；非机动船（各种人力驾驶船及驳船、帆船等）自10吨1角5分以下到301吨以上3角5分，共分5级。

吨税分3个月期缴纳与30天期缴纳两种，由纳税人于申请完税时自行选报。应征吨税船舶的国籍，如属于同中华人民共和国签有条约或协定，规定对船舶的税费相互给予最惠国待遇的国家，该船舶3个月期的吨税按优惠税率计征，如申请按30天期缴纳，照优惠税率减半征收。吨税应自海关签发缴款书之次日起5日内（星期日及法定节假日除外）缴清，否则海关自第6天起至税款缴清之日止，按日征收税款1‰的滞纳金。①

1963年联合国"政府间海事协商组织"（IMCO）通过了一项新的船舶吨位丈量办法，废除了以往对于开闭式船舶以开、闭两种方式计算吨位的办法，一律改按船舶实际装货后的吃水限度计算吨位，即超过一定的吃水为大吨位，否则为小吨位，对于所有二层甲板货船都规定丈量出大、小两种吨位，颁发大、小两种吨位证书。

1969年1月15日交通部军管会指示，对持有IMCO大、小两种吨位证书的外轮，一律按大吨位征税。② 1973年3月1日中国加入IMCO成为会员国。经国家

---

① 《中华人民共和国海关船舶吨税暂行办法》第二、三、七条。1952年9月16日政务院财政经济委员会批准，1952年9月29日海关总署发布。《暂行办法》颁布后，直到1987年3月1日才对吨位税率进行了第一次较大的调整；此后随着经济形势的发展和汇率制度的变化，又先后于1990年9月1日、1991年2月20日和1994年3月15日三次对税率进行了调整。该《暂行办法》已被2011年11月23日国务院第182次常务会议通过，自2012年1月1日起施行的《中华人民共和国船舶吨税暂行条例》（国务院令第610号）废止。

② 交军船(69)字第9号。

计委批准，交通部接纳并采用 IMCO 上述吨位丈量办法。

1975 年 6 月 20 日起，黄埔分关按规定对持有 IMCO 大、小吨位证书的到港船舶，凡船舷所划倒三角吨位标志的水平横线上边缘未没入水中的，按小吨位计征吨税，否则按大吨位计征。

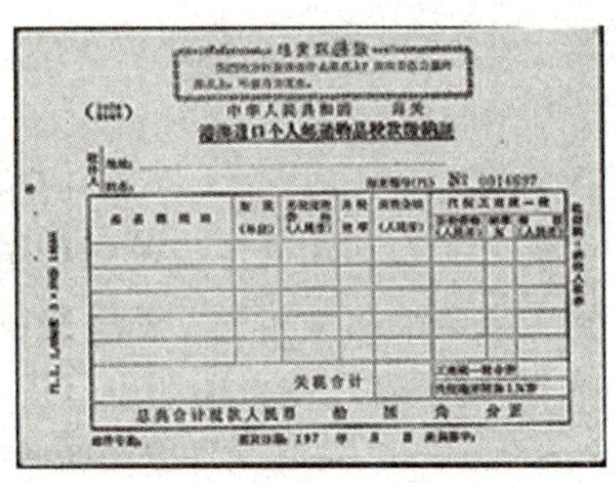
中华人民共和国　海关
关税合计

文革时期海关税款缴纳证

1978 年 7 月 20 日黄埔分关按交通部新的规定，对持有 IMCO 大、小吨位证书的船舶，一律改按大吨位计征。

1980 年黄埔海关征收船舶吨税 108 万元。

三、附加税

附加税是因特殊情况在一定时期内随关税附征的税收。清代，粤海关在正税以外附征杂项税费，又称规礼（归公例）。直至民国时期，我国税则才正式有附加税税目。

（一）赈灾附加税

1、华北赈灾附加税

1920 年华北发生大水灾，海关总税务司署通令各地海关于 1921 年 1 月 26 日起开征赈灾附加税，按正税额 10％征收。原定征收期限为一年，实际持续至 1926 年 2 月 28 日止。1926 年 11 月 1 日起又恢复征收直至 12 月 31 日止，税率仍为正税额的 10％。

赈灾附加税开征时，已宣告独立的广州国民政府表示支持粤海关征收该附加税。1921 年 9 月 13 日和 1924 年 6 月 21 日粤海关奉总税务司命，先后两次将广东、广西两省常关以赈灾名义征收的附加税交付南方政府。

2、广东赈灾附加税

1928 年广州政治分会指示粤海关监督并通知税务司，广东省内各海关及五十里内常关参照华北赈灾附加税，自 1928 年 5 月 1 日起以 6 个月为期限，于“值百抽五”正税税额内加征 20％附加税，以充赈灾之用。海关总税务司署予以拒绝。广东省政府推迟于同年 6 月 1 日起由附加税局自行征收，不需海关代收。1929 年 2 月 1 日起裁撤附加税局，代收工作移交海关办理。

3、赈济水灾附加税

1931 年 12 月 7 日至 1932 年 7 月 31 日粤海关按照海关总税务司署令，征收赈济水灾附加税，税率为关税税额的 10％。1932 年 8 月 1 日起税率减为 5％。原定征收时间为一年，实际延长征收至 1948 年 1 月 1 日，并以临时附加税名义增加税率为关税额的 50％。

（二）珠江浚河捐

广州水患严重，珠江泥沙沉积，使河道日渐淤浅。历届政府都把河道治理作为政绩。广州的河道治理，重点是疏浚广州河南洲头咀至大沙路，也就是珠江后航道以及莲花山附近的拦江沙两条河道。疏浚河道的经费，由粤海关征收浚河捐附加税来解决。

1915年广东的东、西、北江同时发生水灾，造成严重损失。北京政府指拨粤海关附加税为治河专款，成立治河处。1919年广东治河处为解决费用问题，由粤海关预支一笔款作为债务处理，在浚河捐内扣回。

1924年12月广州外商会议通过由粤海关征收浚河捐附加税的决议，并拟订对货物和船舶的具体税率。

1935年2月28日为疏浚珠江航道，开发黄埔商埠，广东省政府开始对进出口货物和船只征浚河捐，以筹集资金。

1937年2月18日粤海关按照海关总税务司署指令，将浚河捐改列为“代征税费”，并于开征前两星期由粤海关监督和税务司会衔布告。粤海关将浚河捐存入中央银行另开的金单位和国币账号，并扣除2.5%作为粤海关行政经费。

1946年由于物价高涨，广东省政府提高浚河捐征收税率达500倍，即350吨以上船舶每吨征收浚河捐自0.05元提高至25元；350吨以下船舶及内河轮船每吨自0.008元提高至4元。

1949年1月24日旧币制改为金圆券后，浚河捐征收税率改为：注册吨位在350净吨以上的船只每净吨征收金圆券5分，350净吨以下船舶及所有来往省港澳轮船具有保结者及内河轮船每净吨征收金圆券1分。

1951年浚河捐改称“珠江工程受益费”。黄埔支关成立后，对进出口货物按货值的5‰征收珠江工程受益费，对进口船舶按载重吨位征收。1953年2月起黄埔分关停止代征该款。

（三）杂税[①]

清初粤海关征收杂税主要包括规礼、分头、担头、缴送、火耗、平余、行用等。除规礼外，后几种均是针对货物的附加税。这些税费名目繁多，数额巨大，一般由粤海关截留作为办公开支。

1、规礼，又称陋规、船规、规例。1685年（康熙二十四年）粤海关设立之初，海关监督及其属吏就私下向进出口商船进行各种勒索，逐渐形成惯例，演变成不成文的规定，进出口商船必须缴纳规礼税。规礼税只有粤海关征收，且无需上缴国库，上自督抚、将军等地方官员，下至各关口差役都从规礼中分肥。

1723年（雍正元年）上谕各省关差官员：“国家之设关税，所以通商，而非以累

① 本节主要参考文献：王巨新：《清前期粤海关税则考》，原载《历史教学（下半月刊）》2010年第05期，国家社科基金项目《清朝前期涉外法律研究》（批准号09CFX011）阶段成果。

商;所以便民,而非以病民也。朕抚御寰区,加惠黎庶,惟恐民隐不能上达。近闻榷关者往往寄耳目于胥役,不实验客货之多寡,而止凭胥役之报单。胥役于中未免高下其手,任意勒索。饱其欲者,虽货多税重,而蒙蔽不报者有之,或以重报轻者亦有之;不遂其欲,虽货少税轻,而停滞关口,候至数日尚不得过。是以国家之额税,听猾吏之侵渔;以小民之脂膏,饱奸胥之溪壑。司其事者,竟若罔闻。又闻放关或有一日止一次者,江涛险急,河路窄隘,停舟候关,于商民亦甚不便。嗣后榷关者务须秉公除弊,过关船只,随到随验。应收税者,纳税即放。不得任胥役作奸,勒索阻滞,以副朕通商便民之意。"①

1724年(雍正二年)广东巡抚与粤海关监督由一人兼任。为了杜绝胥吏勒索商贾,雍正皇帝谕令各省监管关税事务的巡抚:"将上税课之货物,遵照则例,逐项开明,刊刷详单,分发各货店,遍行晓示,使众皆知悉。其关前所有刊刻则例之木榜,务令竖立街市,人人共见。不得藏匿屋内,或用油纸掩盖,以便高下其手,任意苛索。立法如此,自能剔除弊端。但尔等受朕委任之重,尤当仰体朕心。遴选诚实可信之人,以任稽查之责。必期商民有益、方为称职。"②

1726年(雍正四年)广东巡抚兼粤海关监督杨文乾③奏报规礼归公。从此,粤海关规礼成为必征的附加税,连同正税一起列入例册上缴。

自1727年(雍正五年)起,粤海关向英国东印度公司商船不论大小统一征收规礼银1950海关两(即番银1950两,合纹银1813.5两)。对法国、奥地利和普鲁士商船加征100海关两,实际征收归公银为2050海关两。对来自苏喇④的散商船少征100海关两,实际征收归公银为1850海关两。

规礼银1950两主要由以下部分组成:拨归内务府的放关入口银1089.64两和放关出口银516.561两;拨归粮道赈济款,供普济堂公用132两;拨归保商差役12两;丈量船只书办8.4两;照料丈量兵丁5.56两;海关兵勇16.78两;抚院2.8两;广州府2.8两;番禺县(管辖黄埔)1.7两;南海县(管辖商馆)1.2两;军民府(澳门军官)1.2两;验船海关检查吏两名150两;解京补平(广州与北京库平差数)9.359海关两。⑤

纳入粤海关则例的归公规礼,名目十分繁多。1759年(乾隆二十四年)《新柱等奏各关口规礼名色请删改载于则例内折》记载:"检阅粤海关则例,内开:外洋番船进口,自官礼银起,至书吏、家人、通事、头役止,其规礼、火足、开舱、押船、丈量、贴写、小包等名色,共三十条。又放关出口,书吏、家人等验舱、放关、领牌、押船、贴

---

① (清)鄂尔泰等:《清雍正实录》(卷十),雍正元年,己酉,"谕各省关差官员"。

② (清)鄂尔泰等:《清雍正实录》(卷二十六),雍正二年,甲辰,"谕各省巡抚等"。

③ 杨文乾(? ~1741年),字元统,汉军正白旗人,清朝大臣。

④ 今印度东海岸苏拉特等地。

⑤ [美]马士著、区宗华译:《东印度公司对华贸易编年史》(第二卷),中山大学出版社1991年版。

写、小包等名色，共三十八条。头绪纷如，实属冗杂。臣等查直省各关从无规礼名色载入则例，独粤海关存有此名。”[①]规礼名目详见下表：

雍乾年间归公规礼名目表一：外国商船进口时征收规礼[②]

规礼名目	征收数额(纹银两)	规礼名目	征收数额(纹银两)
丈量洋船收火足雇船银	32	船房丈量规礼银	24
官礼银	600	船房丈量小包	1
通事礼银	100	总巡馆丈量楼梯银	0.6
管事、家人丈量开舱礼银	48	总巡馆规礼银	1
管事、家人丈量开舱小包	4	东炮台口收银	2.88
库房规礼银	120	东炮台口小包	0.72
库房贴写	10	西炮台口收银	2.88
库房小包	4	西炮台口小包	0.72
稿房规礼银	112	黄埔口收银	5
稿房掌按贴写	4	黄埔口小包	0.72
稿房小包	2.8	虎门口收银	5
单房规礼银	24	虎门口小包	1.32
单房贴写	2	押船家人银	8
单房小包	1	四班头役银	8.32
库房照钞银每两收银1钱		算房照钞银每两收银二分	
以上进口规礼合计1125.96两(纹银九折库平)			

雍乾年间归公规礼名目表二：外国商船出口时征收规礼

规礼名目	征收数额(纹银两)	规礼名目	征收数额(纹银两)
管事家人收验舱放关礼银	48	单房收礼银	24
管事家人收验舱放关小包	4	单房贴写	12
库房收礼银	120	单房小包	1
库房贴写	24	柬房收礼银	16
库房小包	4	柬房贴写	1.5

---

① (清)梁廷枏总纂、袁钟仁校注：《粤海关志》，广东人民出版社2002年版。

② (清)梁廷枏总纂、袁钟仁校注：《粤海关志》，广东人民出版社2002年版。《新柱等奏各关口规礼名色请删改载于则例内折》，见故宫博物院编：《史料旬刊》第5期，故宫博物院文献馆1930年版。

稿房收礼银	112	柬房小包	0.72
稿房贴写	24	签押官收礼银	4
稿房小包	2	签押官小包	0.2
稿房收领牌银	1	押船家人收银	8
稿房收领牌银小包	0.2	总巡馆水手收银	1
承发房收礼银	40	虎门口收银	5
承发房小包	1.44	虎门口小包	1.32
船房收礼银	24	东炮台口收银	2.88
船房贴写	8	东炮台口小包	0.72
船房小包	1	西炮台口收银	2.88
票房收礼银	24	西炮台口小包	0.72
票房贴写	6	黄埔口收银	5
票房小包	1	黄埔口小包	0.72
算房收礼银	1		
算房小包	0.5		
以上出口规礼合计 533.8 两(纹银九折库平)			

自雍正朝起,清代各朝对规礼均有管理明文,但其制约效果不大。乾隆年间,除上述列入粤海关则例征收的归公规礼外,粤海关官吏还巧设名目,向外商勒索各种非法规礼,为外商长期诟病。如果遇到过分勒索,外商也会拒绝贸易,并把船只停泊在虎门口外,等大班在广州将应缴费用总额磋商妥当为止。

1759 年(乾隆二十四年)法国商人味的哩、嗒冥、莫其连等呈请两广总督李侍尧改善通商关系,请求豁免船规,称:“船规银两,恳恩转奏豁免,以苏夷困也……名曰船规,遂成定例。在昔年生理颇优,咸皆乐输。今经营获利维艰之候,实属难堪。每央行商、通事,代为禀请豁免,无人敢为禀恳。”味的哩等人还反映黄埔挂号口等关闸胥吏不仅向洋船征收规礼,还向运载洋货的本地船户勒索规礼,导致船户偷盗洋货:“窃各国夷船湾泊黄埔,出入货物须雇艇驳载,上行即落船,每被盗偷,年炽一年……溯其所由,皆因总巡馆、黄埔口、东炮台沿途防汛及大小衙门胥役人等索取装载夷货艇户规礼。此项无从所出,迫于不得不偷,诚为纵盗殃民者也。”[①]味的哩等人进一步反映黄埔挂号口关员在点验起落货物和放关验放时总是先索取银两,稍有不如意,就对外商百般辱骂,拖延阻碍。

---

① 包遵彭、吴相湘、李定一编纂:《中国近代史论丛》(第三册“早期中外关系”),汤象龙:《十八世纪中叶粤海关的腐败》,台北正中书局 1957—1969 年版。

同年英商洪任辉北上天津向清政府控告粤海关非法勒索。洪任辉呈诉称：外国商船进出口时已按规定缴纳各项归公规礼，但粤海关仍“纵关口勒索陋规，年年递加，万般刁难”，每船放关总巡口索礼 10 两，黄埔口索礼 10 两，东炮台索礼 5 两；充当每船买办，总巡口索礼 50 两，黄埔口索礼 100 两；充当每船通事，总巡口索礼 50 两，黄埔口索礼 30 两；每船验货，总巡口索匹费 100 两，每月家人验货索轿金 7 钱，都由通事买办经手。[①]

乾隆帝对于英商抗诉极为重视，派给事中朝铨、福州将军新柱前往广东与两广总督李侍尧会审此案。会审结果，粤海关监督李永标因为放纵家人书役恣意滥索，被革职究办；其家人胥吏共 73 人分别受到惩处。案件审结后，李侍尧、新柱等认为规礼自雍正四年起即与正税一起刊入例册归公征收，应予以保留，但规礼名目繁多，各关口的官吏容易借此勒索，于是奏请将粤海关各项规礼名目“一概删除，合并核算，改刊每船进口归公银若干，出口归公银若干”，并且建议“外洋夷船既经更定，则本港洋船及别省至粤船只一切规礼名色，均请刊改归公二字，以臻画一”。[②]

1760 年（乾隆二十五年）粤海关将一切陋规名目全部废除，在则例中统一改为“进口归公银”、“出口归公银”。每船征收进口规银 1125.96 两，出口规银 533.8 两，分别随进出口货税一起征收归公。以纹银九折征收，实际每船进口征收纹银 1013.364 两，出口征收纹银 480.42 两。再加上交粮道放关纹银和各项零用纹银，总计对英国东印度公司每艘商船征收纹银仍为 1813.5 两，合每船征收番银 1950 两。

规礼银按番银 1850 两（英印散商船只）、1950 两（英国东印度公司商船）、2050 两（法国、奥地利和普鲁士等国家商船）三种档次收取，从 1727 年至道光年间沿袭了 100 多年。期间只有极个别船只的规礼不按上述数额。

1730 年英国东印度公司单桅帆船“国王乔治”号被征收的规礼只有 100 两。

1750 年 10 月 19 日英国东印度公司船只“真布里顿”号经粤海关官吏丈量，尺寸为：长 69.65 尺、宽 21.65 尺，应该按二等船缴纳船钞。东印度公司大班对此没有异议，但提出对“真布里顿”号这艘小船也征收 1950 两的规礼银有失公平，因为其他国家的几艘商船载货比“真布里顿”号多三倍，而缴付的规礼却很少。粤海关监督表示，船钞征收款额，是皇上钦定章程规定的，不能随意变更，但如果在粤海关的案卷中能找到减免征收的先例，他可以减低“真布里顿”号的规礼。为了促成此项规礼的减免，东印度公司大班允诺馈赠粤海关书吏现银 200 两，其他礼物 140 两。后经保商唐天官（Ton Tienqua）的协助，“真布里顿”号规礼银予以减免。由于此次减免没有先例，粤海关监督要求保密，防止其他欧洲人纷起效尤。而当东印度公司大班提出谒见感谢时，粤海关监督也以公事繁忙为由拒绝接见。

---

① 中山市档案局、中国第一历史档案馆编：《香山明清档案辑录》，上海古籍出版社 2006 年版。

② （清）梁廷枏总纂、袁钟仁校注：《粤海志》，广东人民出版社 2002 年版。

1801年5月英国东印度公司小战船“嫩实兹”号(Nonsuch)到达黄埔。该船负责将东印度公司广州商馆50万枚银元从黄埔运到加尔各答。虽然没有载运其他货物,但该船也需缴付口岸税(船钞和规礼)。经测量,该船长66.5尺、宽20尺,计税单位133,按每单位缴纳6.84两,作二等船计,船钞应为910两。5月13日“嫩实兹”号账单显示船钞缴纳910两,但规礼缴纳了1076两。5月18日粤海关监督佶山又主动退回114两,于是规礼就减为962两。

根据惯例,护送商船的战舰不需要缴纳税费和规礼。但1805年英国东印度公司大班向两广总督和粤海关监督申诉,从黄埔运送伙食等日用品给碇泊在伶仃洋的英国皇家船只时,经常被虎门或其他炮台兵弁无端搜查和索要规礼。

规礼银的征收引起了外国商人的强烈不满和反对,屡次请求清政府减免或废除。1819年2月英印散商船“莫法特”号(Moffatt)尽管只有825净吨位,但被黄埔挂号口人员索要与大船同样的巨额规费。船长通过行商昆水官潘长耀和该船通事向粤海关监督衙门书吏进行申诉。书吏致函黄埔挂号口人员,指令他们只能按“莫法特”号船的自身大小进行征收,不得超额征收。

1829年(道光九年)10月发生英商船只“延不进口”案。外商以船只“停泊澳门外洋,延不进口”的封港方式,要求“减输规银”。1830年(道光十年)3月两广总督李鸿宾、广东巡抚卢坤、粤海关监督中祥上奏皇帝:“夷船进口规银,系于船钞、货税之外另有此项,以从前官吏所收之使费改为归公银两,原与正饷稍有不同,自可随时斟酌,俾更乐于输将,通盘合计,不独二三等船规银过于正钞,必须予以轻减,即以一等大船而论,各国情形不同,亦不可不详加体察”,经奏准:“嗣后各国夷船进口规银,仿照康熙二十四年酌减洋船钞银二分之例,将一、二、三等各船规银均减去十分之二。另有出口规银500余两,依旧九折征收;放关银130余两,系拨充普济堂公用,也照常征收。”①

此后,粤海关向英国商船征收的进口规费不再区分船只大小,均从1013.364两减为810.691两,其他小额规费也相应降低。英国商船需缴纳的规礼银总额由1950两减为1718.502两。针对法国、奥地利、普鲁士和英印散商船征收的规礼银也按照同一比例减低。

1830年7月31日英国东印度公司账目记载每艘公司船缴付买办的规费数额已降低,53人以下的船由缴纳848元减少为496元;散商船从672元减少为392元。

第一次鸦片战争后《虎门条约》、《望厦条约》、《黄埔条约》等均规定海关职员可以奉派登船,但不得索取陋规或膳食。此后,规礼虽然略有减少,但在粤海新关、粤海常关并存期间,海关官员徇私舞弊、勒取陋规的恶习依然存在。

2、分头,是对进口现银加征的附加税。19世纪初年以前,外国船只为了购货

---

① 故宫博物院辑:《清代外交史料》(道光朝三),故宫博物院1933年版。

方便，经常携带大量“番银”进口。粤海关设立后，清廷沿用明朝旧制，对外商携带入境的现银，每两抽税纹银 3 分 9 厘，称为“分头银”。此后分头银逐渐增加，出口货物也按照估算价值征收分头银。雍正乾隆年间，分头为每两抽税纹银 4 分 9 厘。由于这项税银征收时是按照番银九二折成纹银缴纳，因此每两抽税为番银 5 分 4 厘。同时还附加征收番银 6 厘搬运货物的辛工脚费，因此，分头实际为每两抽税番银 6 分，外商称为“六分头”。

澳门葡萄牙贸易额船，不征收分头。1759 年法国商人味的哩(Dmontignn)等人称：“窃哩等船只到粤，历年与行店承买缎绢绸匹出口……澳门只有秤重的输正饷，黄埔于秤重输纳正饷之外，又有每匹估价缴送分头之例。”[①]

1761 年(乾隆二十六年)英国东印度公司恳请粤海关减免规礼、分头等杂税，两广总督苏昌等回复，称：“六分头”中的 5 分 4 厘是官征分头银，由行商代收，不可减免；另外 6 厘是搬运人工费，不属于官定税费，可以由外商自行支付给搬运工，不许行商收银代办。

对进口现银征收“分头”附加税，是清朝统治者抑商思想在关税事务中的突出反映。

3、担头，又称担银、担规、担头费、担头钱，是粤海关对货物过磅验货时所收的费用。担头是粤海关一项合法的附加税，名义上是皇上赏赐给监督及家人等的养廉银，实际上担头费除书办分取一部分外，还有一部分由总书办上缴监督作为监督署及税厂的管理费用。同时，每年担头银还要抽取部分作为“制办进上物件用银”。因此除了监督及家人大获其利外，朝廷宫室也从担头费中受益。

粤海关设立之初就对进出口货物一律从量征收担头税，但税率没有统一标准。粤海关按不同船籍如外国商船或本港籍洋船自行制定征收税率，一般为每百斤货物征收纹银 1 分 9 厘到 3 分 8 厘。实际征收时，担头税额往往比法定的数目多四倍左右。

1759 年洪任辉对担头税征收混乱也进行了控诉，清政府便将担头纳入正项归公。1795 年(乾隆六十年)英国东印度公司驻华大班波郎[②]向广东地方当局控诉往来广州澳门时要重复纳税：“我们买卖在广东都上过税，向来到澳门又要上税。求大人查明；若有这个，我们上税，若是没有，省得上两遭税。”1795 年 5 月 18 日(乾隆六十年四月初一)两广总督长麟认为并不存在重复纳税：“查一切洋船来澳，经由大关者，下货物抽税；经由澳门者，货落夷船无税，起货时上税，从无两次征税之例。惟上澳下澳经过总巡口、西炮台、佛山口、紫泥口、澳门口，有担规银两，系属正项，仍应输纳，亦只应将置买内地货物，按担输纳。其已经纳税之外洋货物，及衣服食

---

① 包遵彭、吴相湘、李定一编纂：《中国近代史论丛》(第三册“早期中外关系”)，汤象龙“十八世纪中叶粤海关的腐败”，台北正中书局 1957－1969 年版。

② 波郎(Henry Browne)时任东印度公司广州商馆特选委员会主席。

物,仍应免税。”[①]

1860年成立的粤海新关不征收担头费,但粤海常关继续依照旧制征收。

1931年粤海关监督直接管理的常关全部裁撤后,担头费停止征收。

4、缴送。1727年(雍正五年)广东巡抚杨文乾按照出洋货物估值,每两抽10%征收“缴送”。1728年(雍正六年)广东总督孔毓珣将“缴送”归入盈余项下起解归公。起初只对西洋船征收该税,对东洋船与本港船不予征收。整个清朝时期,对于澳门贸易额船,始终没有征收过该税款。

“缴送”遭到外商强烈反对。1731年(雍正九年)一艘吕宋洋船到达广州,粤海关监督祖秉圭强行勒索征收“缴送”。1732年(雍正十年)又有一艘吕宋商船抵达黄埔,船商吗哒萨恳请免收吕宋商船缴送,广州左翼副都统兼管粤海关税务毛克明将实情上奏,雍正皇帝准予免征。

1736年(乾隆元年)8月11日,在广州的英、法、荷各国大班鉴于“该年是乾隆皇帝登极之年”,就联名签署了给地方当局的禀帖,申诉关税的不合理征收。经两广总督鄂弥达[②]奏请,乾隆皇帝于11月6日(乾隆元年十月初四日)下令废除征收“缴送”附加税:“至输税之法,每船按梁头征银二千两左右,再照则抽其货物之税,此向来之例也。乃近来夷人所带炮位听其安放船中,而于额税之外,将伊所携置货现银另抽加一之税,名曰‘缴送’,亦与旧例不符。朕思从前洋船到广,既有起炮之例,此时仍当遵行,何得改易。至于加添缴送银两,尤非朕嘉惠远人之意,著该督查照旧例按数裁减,并将朕旨宣谕各夷人知之。”[③]

1759年(乾隆二十四年)钦差大臣新柱等查办洪任辉案时曾向各国外商指出:“各国向有缴送官礼一项,乾隆元年特恩宽免,每年免银四万数千两至十三四万余两不等,二十余年来共免过一百八十七万三千余两,尔等已沾恩不少了。”[④]

5、火耗。散碎银两熔铸银锭过程中不可避免会有损耗。为了抵偿损耗,清政府在征收税银时要加征一定的耗银。该耗银称为火耗,又称加耗。实际所征火耗数额一般会超过熔铸损耗量。

1725年粤海关征收火耗费率是按货税每两征收0.2两,雍正后期改为按货税每两征收0.1两。清政府对于某类商船的船钞免征火耗,比如粤海大关对于西洋船征收船钞时“无耗”,澳门总口对于本澳回帆洋船征收船料时“不加耗”。

民国年间,火耗费改为按货值的14‰征收。

火耗费最初不入盈余额上缴户部,主要交内务府使用。1728年,兼管关务的广东总督孔毓珣提出归公,火耗便作为杂税中的一项造册奏报。

---

① 许地山:《达衷集》(下册),“粤督批英商波郎所禀十一事件”,商务印书馆1931年版。

② 鄂弥达(?~1761年),鄂济氏,满洲正白旗人,清朝大臣。

③ 《钦定大清会典事例》卷二三九《户部·关税·禁令一》

④ 乾隆二十四年八月十九日《新柱等奏晓谕各番商折》,军机处录副奏折,中国第一历史档案馆,档号“055//Z·3乾隆//永久/0049”。

1931年以前，粤海常关征收的火耗费，均解缴监督，税款改由官银号代收后，监督每月从火耗费中提取1150两交给官银号，作为代收税款的酬劳费。

1931年常关裁撤后，粤海关收税处的酬劳费仍由火耗费项下拨付，为全国海关独有现象。

1933年7月1日南京国民政府统一币制改革，由财政部下令粤海关停征火耗费。

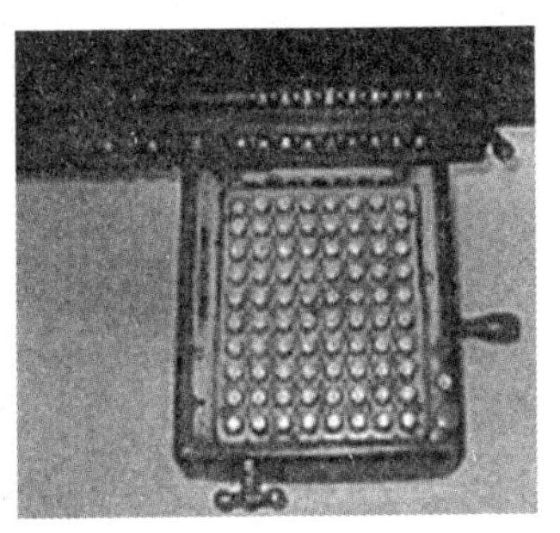

民国时期海关使用的计算器

海关施封锁、铅封

6、平余。又称余平、添平、平头、解京补平。主要用于弥补广州与北京的库平差数。

1744年（乾隆九年）两广总督兼粤海关监督策楞奏请将平余银两、漏税罚科和员役截旷三项粤海关陋规合并归公，除各项必要开支外，年满如果还有剩余，就随每年正、杂盈余银两报解户部。经过户部批准，大关税银中每100两另外收取充公平余0.3两，其余各关口收取数额不定，收支数目按年奏销。

1745年由于部颁海关砝码与藩库新砝码重量不符，策楞就另行定制砝码，缴关备用。策楞定制的海关砝码，每100两比司砝实际增加了0.5两，加上之前的0.3两，共计加收平余0.8两，一并装入正税原封，年满后递解户部。1750年粤海关监督唐英奏奉户部咨文，在大关税银内又加收平余0.55两，共计1.65两，作为解京补平之用。

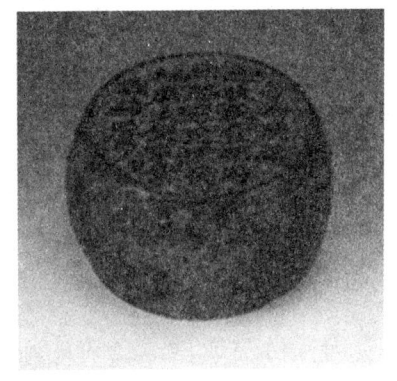

粤海关“一百两砝码”①

1756年粤海关监督李永标将上年盈余银两解送户部时，因为兑少2560两，被挂批回粤进行补解。由于当年钱粮尚未奏销，李永标估算了短缺的平余数额后，就在大关税银内每100两再加收平余0.8两，其余各口加收0.4两。至此，大关平余金额增加到2.45两。

平余征收极不规范，屡次出现管关吏役“恃有添平一项，暗中滋偷减之弊，或家

① 砝码直径9cm、厚5.5cm，铭文“粤海关铸造收税一百两砝码承造官代办库大使事叶滋钧照行”。

人与关胥、银匠串通舞弊，监督受其愚弄而不知，以致税项亏短”。[1] 1759 年洪任辉控诉粤海关额外加征平余，清政府便将李永标未经奏明、擅自加收的大关 0.8 两及各口 0.4 两平余免除，仍按每 100 两征收平余 1.65 两，合计番银每两计收 2 分，西方商人称其为“二分头”。

1759 年两广总督李侍尧奏准派出一名候补守备，会同广州协标外委稽查洋船。粤海关平余项下按月支取 8 两，作为该候补守备的薪俸。

7、行用。1775 年(乾隆四十年)广东行商提取各自贸易利润的 10%组成“公所基金”，由总商管理，用于应付官府勒索、清偿债务和办公经费，这是“行用”(也称行佣)的雏形。

1780 年(乾隆四十五年)行商颜时瑛、张天球因拖欠外商债务而破产。地方官将两行商所有资产估价变现，除扣缴税钞外，全部银两交给外商，其余债务则由联名具保商人潘振承等分十年还清。广东巡抚李湖等奏准嗣后“所有行用余利，存贮公所，先完饷钞，再照分年之数提还夷人”。[2] 从此，行用正式成为附加税的一种。

行用“是由对外贸易上直接征收百分之三的金额取得的，用作清偿拖欠、罚款、亏折等任何方面的债务”[3]，即行用征收标准是按从价征收 3%。1780 年(乾隆四十五年)征收行用的货物只有 22 种。1782 年(乾隆四十七年)粤海关监督李质颖为了尽快清偿夷欠，将征收行用的货物增至 47 种。1801 年(嘉庆六年)粤海关监督三义助进一步扩大行用征收范围，除了英国进口的毛织品、印花布和铁外，其他进出口货物，一律征收行用。同时，行用的征收比率也不断增加。一般情况下是值百抽三，也有值百抽四、抽五及抽六，但 1807 年前后下列货物的行用征收是固定款额的：

进口货物	市价(两/担)	行用(两/担)
锡	13.5	13.5
铅	4.5	4.5
胡椒	10	10
棉花	14	8
出口货物	市价(两/担)	行用(两/担)
生丝	300～350	160
茶叶	14～55	20

行用的征收，除了造成税制上的混乱之外，并不能根本上帮助多数行商摆脱经营困境。自 1780 年(乾隆四十五年)正式设立行用附加税后，其后许多年份都发生过行商因负担过重和经营不善而导致破产的事件。当一家行号破产时，公行其余成员就要通过行用承担破产行商的债务，分期四至六年还清。行商为了偿还债务，

① 1759 年《新柱等奏审明李永标各款折》，见故宫博物院编：《史料旬刊》第四期，故宫博物院文献馆 1930 版。

② (清)梁廷枏著、袁钟仁校：《粤海关志》，广东人民出版社 2002 年版。

③ [美]马士著、张汇文译：《中华帝国对外关系史》(第一卷)，商务印书馆 1963 年版。

就要求地方当局加大行用征收，一年征收额高达100万元。债务付清之后，行用仍要继续征收。

行商时常被广东地方当局和粤海关以“自愿”的名义勒令置办贡品。1784年（乾隆四十九年）总管内务府大臣福康安、两广总督舒常奏议：“洋行商人潘文岩[①]等情愿将洋货和钟表等类可以呈进者，每年备办，吁恳监督代为呈进”，乾隆谕旨回复“无庸议”。[②]

行用除了用于偿付对外商欠款、置办贡品外，其用途还扩大到贡价、军需、河工等项。“所谓行用者，始时每两奏抽三分，以给洋商之辛工也。继而军需出其中，贡项出其中，各商摊还夷债亦出其中，遂分‘内用’、‘外用’名目。此外，尚有官吏之诛求与游闲之款接，则亦皆出于入口、出口长落之货价，以故夷利渐薄，而觖望弥深。”[③]

1786年（乾隆五十一年）两广总督孙士毅[④]奏称：“据洋行商人潘文岩等禀称，商等开设洋行，与番舶夷人贸易，仰沐皇仁，俾得获利养赡身家，感戴圣恩……每年情愿备银五万五千两，解贮关库，为预备传办品物之用。为数有限，于商力无损毫末，谨吁恳据情代为陈奏。如蒙皇上允准，商等顶感天恩，生生世世。”[⑤]

1787年（乾隆五十二年）孙士毅奏称：“据洋行商人潘文岩等……情愿敬备银三十万两，充作新兵粮饷，稍伸芹曝之诚……伏查乾隆三十九年，商等凑捐军需二十万，在藩库借支，分年缴还，荷蒙恩准。此次恳请照例借支，分作六年完解……”[⑥]1835年（道光十五年）中英武装冲突一触即发，两广总督卢坤、水师提督关天培奏请珠江口新增大炮40位，需用银52000多两。该项经费由行商捐献。经粤海关监督彭年咨会公行，先从藩库垫付，然后从行用中提取羡余分三年呈缴。[⑦]

由于行用负担过重，外商利润大大降低。1810年英国大班剌佛（John William Roberts）等人请求广东巡抚韩崶[⑧]减少行用征收，韩崶经与两广总督百龄、粤海关监督常显合议后，认为如果洋人无利可获，就会减少到中国贸易，于是不同意降低行用。

---

① 潘文岩即同文行创始人潘振承。

② 乾隆官修：《皇朝文献通考》，上海图书集成局1901年版，卷26，“市粜考”。

③ （清）魏源撰，陈华等校注：《海国图志》卷五十三，岳麓书社1998年版。

④ 孙士毅（1720～1796年），字智治，一字补山，浙江仁和人，清朝大臣。

⑤ 中国第一历史档案馆、广州荔湾区人民政府合编：《清宫广州十三行档案精选》，“两广总督孙士毅等为洋商潘文岩等情愿年缴备贡银两解贮粤海关国库事奏折”，广东经济出版社2002年版。

⑥ 中国第一历史档案馆藏军机处录8875卷14号，第66页，载《清宫广州十三行档案精选》，广东经济出版社2002年版。

⑦ （清）关天培：《筹海初集》卷二，文海出版社1969年版。

⑧ 韩崶（1758～1834年），字桂舲，一字旭亭，江苏元和（今吴县）人。

巨额摊派，导致行商经营困难，倒闭破产时有发生。英国东印度公司广州管理会曾致函伦敦董事部报告称："我们提请您们注意，此间行商对于公司商船近日运来的大量玩具感到极大的忧虑，如此，将使有些行商破产。自公行解散后，行商不再互相担保。因此，极有理由忧虑公司的贸易，亦会因他们的不幸而受到影响，现在行商的数目已很少，资金亦极其缺乏，任何一个行商的破产，必然会使数目再减少。"①

行用支出表②(单位:两)③

年份	贡价	军需	债务	钟表器玩	送礼	河工	捐款	总计
1793	55000	(福建)50000、(四川)25000	(先官)42500	100000				272500
1796	55000	(四川)25000	(石琼官)99788	100000				279788
1805	55000	(四川湖广)20000、(四川陕西)20000		150000	5400	(黄河)37500	(剿盗船只)30000、(捐献军用品)40000	357900
1806	55000	(四川陕西)61666		200000	5400	(黄河)37500	(剿盗船只)70000、(捐献军用品)20000	449566

① [美]马士著、区宗华译:《东印度公司对华贸易编年史》(第四、五卷)，中山大学出版社1991年版。

② 贡价项:是指按年贡奉给皇帝的款额。最初是代替实物如钟表器玩等的折价款，后改为除实物照常贡奉外，仍然缴纳的款额。军费项:是指捐献军事经费。遇到叛乱需要增加支出时，就需公行捐款。债务项:是指公行代破产行商清偿欠洋人债务。钟表器玩项:是指奉粤海关监督之命，公行购买钟表、机器玩具及其他欧洲珍奇物品贡奉皇帝，该项每年耗资巨大，行商多次请求洋商限制或停止输入这些奢侈品。河工项:是指修理黄河决堤和其他主要河流及运河等。送礼项:是指公行送给政府官员的礼物价值。

③ [美]马士著、区宗华译:《东印度公司对华贸易编年史》(第三卷)，中山大学出版社1991年版。

1807	55000	(四川陕西)41666				(黄河)37500	(剿盗船只)60000	194166
1808	55000	(四川陕西)41666、(澳门)10000				(黄河)150000	(剿盗船只)20000	276666
1809	55000	(前山寨和澳门)10000	(黎官)157900	(皇上万寿庆典)120000		(黄河)52500、(河防)20000	(剿盗船只)149800	565200
1810	55000	(前山寨和澳门)43300	128800				(剿盗船只)50000、(捐献军用品)41600	318700
1811	55000	(前山寨和澳门)43300	398100				(剿盗船只)30000、(捐献军用品)41600	568000
1812	55000	(前山寨和澳门)33000	146400			(黄河)60000	(剿盗船只)30000、(捐献军用品)41600	366000
1813	55000		145000			(黄河)73500		274000
1814	55000		145500			(黄河)60000	(山东饥荒)30000	290000
1815	55000		145000			(黄河)60000	(山东饥荒)30000	290000
1816	55000		145000			(黄河)60000	(虎门炮台、第一次分期付款)5325、(山东饥荒)30000	295325

8、挂号银。挂号银,是指外国商船进出各挂号口进行登记挂号所征收的费用。据统计,清前期黄埔挂号口每年征银约 1400 两。虎门口的职能主要在于防卫,所以征收挂号银两不多,每年约征 320 两。

挂号银两征收情况,一定程度上反映了该关口商船的进出情况。

清前期黄埔挂号口征收各项挂号银两表:

类 别	单位	进口(两)	出口(两)
外国商船进出本口	只	2.3	2.3
海南乌槽船进出本口	只	2.2	1.4
海南白槽船进出本口	只	1.8	1.2
山东船进出本口	只	1.2	1.2
天津船进出本口	只	1.2	1.2
浙江船进出本口	只	1.2	1.2
福建船装京果进出本口	只	1.2	
福建船装咸鱼进出本口	只	0.5	
福建船进出本口	只		0.5
白槽船进出本口	只	0.35	0.3
在黄埔驳运洋货扁艇	只	0.24	
在黄埔驳运洋货尾艇三舨	只	0.12	
外商在黄埔搭寮贮货	个	2.3	
雇请修理外船木匠漆匠	人	0.22	
起运零星货物往来省城黄埔	次	0.10	
外商禀批雇木匠、漆匠往黄埔修船	人	0.10	
外国商船在黄埔起货	天	3.48	
外国商船自进口日至出口日止	天	0.60	

1726年广东巡抚杨文乾曾建议取消挂号银，但雍正皇帝谕令将挂号银两归入杂税项下解缴。

1907年3月29日两广总督周馥[①]奉转皇帝谕旨停征挂号银。

9、引水费、买办费与通事费。外国商船进港贸易，还须缴纳引水费、买办费和通事费等。这些费用不具有海关税收性质，只是外国商人必须付给引水员、买办、通事等的劳务费用。

引水费，是外国商船雇请中国人由澳门引水到黄埔港的费用。不论船只大小，一般是进港付60银元，离港也付60银元，合计120银元。进港以前所付的外洋引水费不计算在内，具体费用由船长与引水员自行协商，并非定额。

1830年后，外国商船需交买办费400元，用来给外商购买食物。港脚船给买办本人的报酬费是50元，其他船只给付买办的报酬，由船长根据买办服务的多少而定。

① 周馥(1837～1921年)，字玉山，号兰溪，安徽建德(今安徽东至)人，晚清大臣。

每艘停泊在黄埔的外商船只，需缴纳250元的通事费，用来支付停泊黄埔产生的零星的、正式开征的费用。对于给通事本人的报酬，各船给的酬额不等。根据记载，英国东印度公司船付给通事报酬75元；"港脚船"[①]付给通事报酬173.5元；美国船或其他国家的船付给通事报酬216元。外商出入广州的货物，另租扁艇驳载，每艇可载五百担，或茶叶二百箱，驳运费银15.22元；出口货的驳运、保险费，由卖主负责。

四、税费减免

清朝粤海关针对以下情况进行免税：

1、随贡贸易免税。清初开海设关后，对外贸易实行优惠政策，"免外国贡船税"[②]，同时随贡船只所带货物也免征关税。如1708年清政府规定"暹罗贡使所带货物，请听其随便贸易，以示柔远之意，从之"[③]。

1793年英国马戛尔尼(George Macartney, 1st Earl Macartney, 1737～1806年)使团乘坐"印度斯坦"号(Hindoston)抵达中国。"印度斯坦"号在黄埔照例缴纳船钞，随后优待发还，并免征税捐。"休伊特将军"号陪伴使团，免缴船钞；回程货物价值220815两，作为贡船，免缴出口税6717两。

马戛尔尼使节团驶离虎门(水彩画)[④]

2、谷米进口免税。1722年(康熙六十一年)为缓解广东、福建及浙江宁波等地粮食不足的状况，清政府特准暹罗国商人免税运米进口30万石，此后凡暹罗国运米来华均免税。1724年(雍正二年)暹罗国运进谷米等物，雍正皇帝谕令："暹罗不惮险远，进献谷种、果树及洋鹿、猎犬等物，恭顺可嘉。压船货物概免征税，用奖输心向化之诚。"[⑤]1728年雍正皇帝谕旨暹罗商船运来米谷免税，并作为定例。1737年(乾隆二年)规定："嗣后旧征米税、船料各关，除丰登之年，遵照旧例按则征收外，倘地方偶遇旱潦，其附近省份各关口，令该督抚即将被灾情形具奏，请旨宽免。凡米、谷船一到，即便放行。俟该地方秋收成熟，方准按照则例征收。"

1743年(乾隆八年)规定："嗣后凡遇外洋货船来闽粤等省贸易，带米一万石以上者，著免其船货税银十分之五；带米五千石以上者，免其十分之三。"对于带米不

---

① 指东印度公司以外的英、印私商专门从事于中、印之间来往运货的商船。

② 赵尔巽主编：《清史稿》卷一百二十五，志一百，食货六，中华书局1977年版。

③ 《皇朝文献通考》，上海图书集成局1901年版，卷33。

④ 1796年英国画家亚力山大绘制。亚力山大是马戛尔尼使节团的随团画家。此画原本的旧装裱上记载："这是一幅珠江河口虎门的景色，马戛尔尼特使正在乘坐军舰狮子号往澳门，岸上的中国炮台鸣炮致敬。"

⑤ 赵尔巽主编：《清史稿》卷五百二十八，列传三百十五，属国三，中华书局1977年版。

足5000石的商船,比如1746年(乾隆十一年)暹罗方永利商船载米只有4300石,蔡文浩商船载米只有3800石,均被减免船货税银20%。

3、外商食物免税。1759年之前,外商来粤贸易时自备的食物,除了"米、麦、杂粮、牛、羊、猪、鹅、鸡、鸭、各项蔬菜,向都宽免"以外,牛奶油、蜜饯、洋酒、麦头干、小菜、腌肉、腌鱼等物由于在税则上刊载,因此进口时,粤海关按例征收税银。外商食物剩余出口时,也曾征税。乾隆二十四年钦差大臣新柱管关期间,奏准豁免外商食物税银。

4、外国商船被焚免税。1817年英国商船"哋哂"号失火被焚。两广总督蒋攸铦、监督祥绍奏准,除此船已征收的税银不予发还,其应征的船钞、规礼银及焚余货税都予以豁免。

1825年12月24日清晨(道光五年十一月十四日四更时分),英国东印度公司船只"皇家乔治"号在黄埔停泊时失火。船上进口货已经起卸上岸,未受损失,但船上用品和准备出口的5070担(成本119515两)茶叶全部焚毁。经两广总督阮元等奏准,船钞3738.374两和已焚毁货物应缴的税款免于缴纳。但由于该船进口货物未受损失,因此已缴纳的9791两税款不予退还。

5、沿海小商船及小渔船免税。粤海关设关之初,清帝谕令,小商船及沿海小渔船都予以免税。但这项有利于民生的政策,并没有延续执行。

6、清政府规定,有些商船可以减免船钞:

(1)对于装载杂货船只,减半征收船料。"凡杂货,如装载砖瓦、石灰、蚬壳、缸坛、稻壳、柴灰、草料、猪牛杂毛之属,其船俱补半料。"

(2)运送信件的船只。1764年英国双桅船"普拉西"号(Plassey)从加尔各答驶至黄埔,给东印度公司运送信件。经两位行商证明该船没有装载进口货物后,由两广总督派出官员核免该船船钞和规礼。

(3)装载洋米进口的商船。

粤海关通过减免船钞等措施,招徕外国商船进口粮食。"乾隆五十一(1786年)、六十(1795年)等年,因粤东米昂贵,均有谕商传谕夷船,情愿载米来粤发卖,免其征钞之案。"[①]

1786年(乾隆五十一年)"占未臣"号洋船受雇到国外运米来粤,万和行蔡世文向粤海关申请为该船免除了船钞。

嘉庆年间常有港脚船载运洋米进口,可免交船钞,但清政府又规定运米货船不能载货出口,只准空船离境。1806年(嘉庆十一年)粤海关监督阿克当阿奏准"如有夷人情愿载米来粤,进泊黄埔者,果系专载米石,并无别项货物,准免丈量输钞,仍令空船出口。其进泊澳门米船,亦须查无夹带进口货物,始免完纳钞银,仍准其

---

① 刘芳辑、章文钦校:《葡萄牙东波塔档案馆藏清代澳门中文档案汇编》,澳门基金会1999年版。

装货出口。如进口时带有货物，及黄埔米船进口带有些须货物，均不得免输船钞。”该项减免还有时间期限，“以发谕之日起，限至九月底止，限内陆续运行米石，始免钞银。如于限外米船来澳（粤），即照货船事例，一体丈输”。[①]

运米商船只能空船出口的政策，导致洋米进口一度减少。为了鼓励粮食进口，1824 年（道光四年）两广总督阮元奏准允许运米洋船免缴船钞，并可在黄埔载货纳税出口：“嗣后各国夷船来粤，如有专运米石，并无夹带别项货物者，进口时照旧免其丈输船钞，所运米谷由行商报明起贮粜卖。粜竣，准其原船装载货物出口，与别项商船一体征收税课。”

（4）1870 年 10 月《征免洋商船钞章程》规定以下船舶免纳船钞：对进口未开舱并在 2 日内驶往它处的；自签发船钞执照之日起 4 个月内复进口各通商口岸的；受外商雇佣运载旅客行李、书信、食物、供应品及其他免税物品的；来自外国、进港避风的（来自其他通商口岸持有 4 个月执照的，应将其在港内避风之时记入执照予以扣除）；中途进港添煤并无搭客或起卸货物的以及引水等船舶。

（5）1882 年 10 月《通商口岸海关征免船钞章程》规定兵船、引水、游历等船只免纳船钞。

（6）其他个别情况。1699 年英国东印度公司商船“麦士里菲尔德”号抵达广东。如果按照 1698 年以前征税标准应该列为二等，缴纳船钞 3000 两。但 1698 年起，清政府统一东西洋船钞征收标准，“麦士里菲尔德”号只需缴纳 1100 两。“海关监督受总督之命令，亲自下澳率同商人差役等丈量船只，并愿减其原定税收之四分之三，以招揽贸易”[②]，“麦士里菲尔德”号征收标准由二等改为三等，只需缴纳 600 两。同时清政府又规定降低 20％征收，最终“麦士里菲尔德”号缴纳船钞 480 两，还不到 1698 年之前征收标准的六分之一。

1741 年按照粤海关要求，“百夫长”号兵船原本应该缴纳船钞。但由于“百夫长”号水手积极参与了扑灭广州大火的行动，为了表示感谢，粤海关黄埔挂号口免征该船船钞。

民国时期，粤海关自 1945 年 10 月 9 日起对行驶内港的民船免征吨税，自 1946 年 7 月 13 日起对载运善后救济总署物资的船只免征吨税。

解放后，根据《中华人民共和国船舶吨税暂行办法》，黄埔口岸海关对以下各种外籍船舶免征船舶吨税：

1、与中国建立外交关系国家的大使馆、公使馆、领事馆使用的船舶。

2、有当地港务机关证明，属于避难、修理、停驶或拆毁的船舶，并不上下客

---

① 刘芳辑、章文钦校：《葡萄牙东波塔档案馆藏清代澳门中文档案汇编》，澳门基金会 1999 年版。

② ［美］马士著、区宗华译：《东印度公司对华贸易编年史》（第一、二卷），中山大学出版社 1991 年版。

货的。

3、专供上下客货及存货之泊定埠船、浮桥宽船及浮船。

4、中央或地方政府征用或租用的船舶。

5、进入我国港口后24小时或停泊港口外48小时以内离港并未装卸任何客货的船舶。

6、来我国港口专为添装船用燃料、物料并符合上述第5条规定的船舶。

7、吨税税额不满10元的船舶。

8、在吨税执照期满后24小时内不上下客货的船舶。

1963年6月25日因香港久旱缺水，港英当局租船到黄埔装运淡水。黄埔分关根据上级指示，对所有运水船舶的吨税一律减半征收，截止1964年6月12日共计减免税款435,276元。

1979年黄埔分关根据外贸部指示，对台湾企业的船舶，按中国籍国际航行船舶对待，不征收吨税；对外国籍和台湾与外国合营企业的船舶，如果已被台湾海关征收了吨税，则在吨税执照有效期内，不再征收吨税。

1980年黄埔海关对进出口货物关税减免金额为245万元。

第十九章　违法违规及冲突事件

黄埔口岸有史可考的第一个外国人违法案件发生在1689年。该年英国"防护"号(Defence)商船首次获得清政府许可，在黄埔进行贸易。但船上水手与一个中国人发生冲突。这名中国人被杀害，部分水手受了伤，船上的外科医生受到致命重伤。广东地方当局要求该船赔付5000两银子作为赔偿金，但船主只愿支付2000两银子的和解费。最终该船被驱逐出境。

1721年在黄埔的1名粤海关部官员意外身亡，却被官吏认定与"费德干"号(Cadogan)船上的2个大副和其他4人有关，于是在广州抓捕上述6人。由于英国大班的极力申辩，广东地方当局释放被捕人员，并将擅自捕人的官吏革职。

1722年10月30日来自孟买的英国散商船"乔治国王"号(King George)副炮手，乘坐小艇前往广州时，在稻田上开枪打鸟，弹丸误中了一个正在收割水稻的孩童，导致其丧命。"乔治国王"号赔偿了银子2000两，其中孩童父母得到350两。该船出港执照被扣留了一段时间。

1733年(雍正十一年)的粤海关稽查站

1741年11月(乾隆六年十月)英国海军司令晏臣(C. G. Anson，又译作安逊)乘英国皇家兵船"百夫长"号(H. M. S. Centurion)到达虎门外海，要求进港进行倾侧修理及补充设备和伙食。"百夫长"号是有记载可考的第一艘到达中国海面的外国兵船，"鬈发峥嵘，兵械森严，莞城大震"。[①] 当时清政府不允许外国兵船进入中国内河，所以该船被拒绝通过虎门，但晏臣获准个人进入广州。"百夫长"号修理完毕后，在穿鼻洋海面游弋时捕获了一艘从亚加普尔科[②]到马尼拉每年例航的西班牙船只，并将其作为战利品带入内河。粤海关要求对"百夫长"号和捕获的西班牙船只征收船钞，但晏臣予以拒绝。双方正在僵持时，广州发生火灾，烧毁了100间商铺和11条街的货栈。由于"百夫长"号水手积极参与了灭火行动，11月30日晏臣获得了与两广总督策楞会晤的机会。为了感谢"百夫长"号水手的重大协助，粤海关黄埔挂号口免征该船船钞，但"百夫长"号俘虏的299名西班牙人交由中国，经澳门遣返菲律宾。

1754年英法两国海员经常在黄埔发生争吵斗殴。一次争吵中，一个法国人杀

① (清)袁枚：《庆远府知府印公传》，见《小仓山房文集》卷三四，上海古籍出版社1988年版。

② 亚加普尔科(Acapulco)，墨西哥西海岸港口城市。

害了一个英国人。这个法国人又被法国商人隐匿起来。两广总督根据英国人的申诉，停止了法国商人的贸易，直到法国商人交出罪犯为止。1755 年清政府大赦，这个法国人被敕令释放。为了避免英法两国船员再发生斗殴事件，1756 年广东地方当局规定，长洲岛为英国海员的散步游玩场所，深井岛为法国船员散步游玩场所，每年分别缴纳租银 100 两。

1764 年英国皇家兵船“阿尔果”号（Argo）装运东印度公司财物到达黄埔修整。粤海关官员要求对该船丈量以征收船钞，但该船船长阿弗莱克（Capt. Affleck）致信两广总督抗辩，要求跟“百夫长”号船同等待遇。两广总督认为“百夫长”号是遇到灾害天气进港维修的，而“阿尔果”号却是为了商业贸易而运送银元，两者不能等同对待。东印度公司大班又提议，把“阿尔果”号作为该公司最大的船只，不经过丈量，直接缴纳规费。粤海关监督坚持要对船只进行丈量。最终，地方当局暂停一切英商贸易四个月后，“阿尔果”号船长才被迫接受丈量并缴纳港口费用。

1769 年“卡姆登勋爵”号（Lord Camden）水手与一个中国人发生争吵，并将中国人打伤。粤海关官员拒绝给该船发放出口执照，直到伤者脱离危险。

1781 年从孟加拉驶至黄埔的英国散商船[①]“达多洛伊”号（Dadoloy）船长麦克拉里，下令抢夺了一艘碇泊在黄埔港的荷兰船，并且不理会广东地方当局的禁令，携带战利品强行驶出海面。经过行商疏通，船长麦克拉里和广东地方当局达成以下和解：在荷兰船驶近虎门要塞时，船长麦克拉里命令其水手撤离，广东地方当局派官员和兵丁上船，并大声欢呼胜利，表现出武力重新夺回的样子。为了奖赏船长麦克拉里的配合，广东地方当局私下允许他保留一只装满珍珠和黄金的铁箱，并免除了“达多洛伊”号应付的口岸税。

1784 年 11 月 24 日英国散商船“休斯夫人”号（Lady Hughes）在黄埔鸣炮致意的时候，意外将停泊在附近领有执照的驳船击中，导致 2 名中国人死亡、1 名中国人重伤。两广总督兼广东巡抚孙士毅要求交出炮手，但船长威廉斯（Capt. W. Williams）答复说无法确定具体是哪个炮手。地方当局就逮捕了该船大班乔治・史密斯，并宣称如果该船交不出肇事炮手，就要大班承担连带责任，还要逮捕英国商馆委员，停止贸易和供应饮食。英、法、荷、丹麦和美国商人联合起来，调动了所有小艇，配备了人员和武器，以保护商馆。11 月 30 日肇事炮手被交出。12 月 6 日实行了九天的贸易封港获得解禁。最终大班获得释放，肇事炮手于 1785 年 1 月 8 日前被广东地方当局处以绞刑。这名炮手也成为清政府处决的最后一个英犯。此后虽然仍有发生英国人杀害中国人事件，但腐朽昏庸的清政府官员再也没有依法处决过英国凶犯。

---

① 在印度和中国之间进行贸易的一种英国船只，不属于英国东印度公司，但在其许可和一般管制下航行，俗称“港脚船”。

外国商船

外国商船

1800年2月为了接载英国皇家船“马德拉斯”号(Madras)的几位军官,皇家双桅兵船“天佑”号[①](Providence)从伶仃洋驶往黄埔。“天佑”号到达黄埔停泊后,2月10日(嘉庆五年正月十七日)晚上11时至12时之间,站岗警卫发现船头停了一个不明小舟。警卫多次向小舟喊话,却没有得到回应,就认为这个小舟企图割断帆船的缆索,于是就向舟内射击,导致船员蒋亚有肺部受伤。另一名船员刘亚实因被英国人拉扯过船,落水而死。粤海关监督佶山谕令总商潘致祥和保商刘德章,要求英方交出凶犯,但“马德拉斯”号船长迪尔克斯(John Dilkes)只承认警卫开枪致伤蒋亚有,并宣称刘亚实是自行失足落水,不愿意交出肇事者,同时还提出了不明小舟试图盗窃的反证。3月12日迪尔克斯和证人进入广州,与广东按察使、广州知府、南海县令、番禺县令会同审讯此案。由于蒋亚有在事件发生后四十天内仍然存活,主审官员广东按察使判定双方互不起诉而草草结束此案,只是口头警告英国人不得随意开枪。该案最大影响是首开中外联合审案的恶例,破坏了中国独立司法主权。蒋亚有在船长迪尔克斯离开中国几天后死去。

该年英国船“休·英格利斯”号船长费尔法克斯(Fairfax)将铁质保险箱搬到了广州商馆,海关官吏发现保险箱内装有两对表。船长解释说是船上的会计员放进保管却忘记取回的。该船保商沛官伍秉钧建议缴纳180元了结该事。2月3日粤海关副海关监督在黄埔丈量“休·英格利斯”号时声称此事已经解决,以后加以注意即可。但2月4日粤海关监督佶山发布谕帖给沛官,不仅将表充公,拨交藩库,还罚了沛官50倍的税款。

同年粤海关缉获走私羽纱48匹,但没有抓获走私贩,只是怀疑与英国船“西里塞斯特”号有关。粤海关监督佶山因为英国纺织品关税问题与十三行总商潘有度发生争执,在没有确凿证据的情况下,滥用职权,认定“西里塞斯特”号参与走私,判令该船保商昆水官潘长耀(潘有度堂兄)缴纳税款100倍的罚款。羽纱48匹,每匹征税14元,税款为672元,因此昆水官需缴高达67200银元的巨额罚款。该案上呈嘉庆皇帝,谕旨改判昆水官除了缴纳正税外,还需缴纳罚银50000两,如果不缴纳罚款,就要被拿捕入监。8月3日昆水官的侄子庭官潘正炜到达澳门,向英国东印度公司委员会申诉,请求其延请两

① 又译“朴维顿”号、“普罗维顿号”,该船用于战舰驳船和巡逻侦查。

广总督吉庆干预。但由于处罚昆水官是根据皇帝的谕旨，所以两广总督吉庆和粤海关监督佶山没有变更罚款。昆水官缴纳巨额罚款后，一度出现经营困难。公行认为巨额的罚款即使不导致行商破产，也会导致税负加重，就通知东印度公司广州委员会，要求委员会订约：如果发生任何走私事件，委员会保证不让行商遭受类似昆水官那样的50000两罚款，否则今后不再担任该公司任何船只的保商。但佶山向行商们施加压力，威胁要向皇帝指控他们联合阻碍收税。公行最终妥协，不再要求东印度公司广州委员会进行保证，只是希望能够和各船主联保认罚。对此建议，东印度公司广州委员会予以拒绝。对于粤海关监督佶山，英国东印度公司评价道："现任的海关监督生性贪婪、残暴，而且存心害人，连最坏的前任也无法与他相比。"

鸦片战争前，清政府规定护送商船的外国兵船，只能碇泊在伶仃洋和潭仔[①]两处，由澳门运送日常伙食用品。但外国兵船为了躲避风暴和海盗袭击，更是为了从黄埔或广州按期而且安全地获得供应，屡次申请改泊狮子洋或穿鼻洋等处。实际上，此时清政府一方面牢牢掌控着领水主权，多次重申严禁外国兵船进入黄埔的禁令，一方面又多次纵容外国兵船违规驶入黄埔。

1741年英国海军晏臣司令将装有50门炮的战舰驶往虎门附近的海湾，并停留了几个月，其后欧洲人称此处海湾为"晏臣湾"（即狮子洋）。1779年英国舰长潘顿将装有20门炮的"海马"号战舰驶入黄埔，停泊了三个月后离开。1780年"海马"号又来到黄埔，碇泊在头道滩。1785年两艘法国战舰碇泊二道滩进行维修。1791年英国船长布兰凯特(Capt. Blankett)派一艘小战船驶往狮子洋。1793年英国女皇特使马戛尔尼乘坐安装64门炮的皇家船"狮子"号驶入黄埔。上述战舰均得到了广东地方当局的优待和良好供应。1806年英国皇家战船"四轮马车"号(Phaeton)、"爱得华·休斯爵士"号(Sir Edward Hughes)碇泊在虎门附近的穿鼻湾，地方当局没有驱逐，并准许按期从黄埔运送供应品。1807年英国皇家战船"狄阿娜"号、"四轮马车"号、"女战神"号、"德雷克爵士"号停泊在穿鼻洋，粤海关监督常显要求各船驶回澳门海岸。行商将粤海关监督的命令转达后，海关监督就不再过问，船舶依旧停留在穿鼻洋。1808年1月7日英国东印度公司广州特选委员会称："可以满意地表述，此后皇家船只就没有受干预，随意享受碇泊的权利，并在穿鼻得到供应。"

更多情况下，针对外国兵船驶入黄埔，地方当局都派兵驱逐至虎门外海并做相应处罚。比如：1805年英国皇家战船"猎兔狗"号(Harrier)为了向两广总督投递信件，未经许可驶入黄埔，两广总督那彦认定"猎兔狗"号严重违规，责问："目前该战船蔑视律例，竟敢闯过帝国炮台，哪一引水竟敢引领前来？行商等对此事应负何等责任？"[②]由于行商潘启官居间奔走，两广总督那彦就勒令潘启官对该船行为负责，

---

① 今澳门氹仔。

② ［美］马士著、区宗华译：《东印度公司对华贸易编年史》（第三卷），中山大学出版社1991年版。

处罚潘启官100000两银，充作清剿海盗的经费。起初该笔罚款获准免缴，但1808年潘启官退出行商时，又被责令立即补交该款项。

1805年12月俄国商船“希望”号(Naded'ja)、“涅瓦”号(Neva)到达广东洋面。“希望”号原本是从俄国港口喀琅施塔得[①]搭载由鲁臣顿(Krusenstern)率领的沙皇使团前往日本，试图开辟俄日贸易。遭到日本拒绝后，沙皇使团解散，“希望”号便于1805年10月9日驶往澳门。12月9日“希望”号会合李赞时(Lisiarsky)率领的“涅瓦”号前往黄埔贸易。粤海关监督延丰明知俄国商船第一次抵达黄埔贸易，应该慎重处理，但还是以俄国人远道而来，“若不准其开舱输税卸货，仍令原载回帆，似非仰体我皇上柔远怀夷之至意”[②]为由，先行准许俄国商船卸货，由西成行黎颜裕承保，事毕才上奏朝廷。俄国商船出售了海豹皮、兔皮等优质毛皮，装运出口茶叶、南京布等货物，由两广总督吴熊光、广东巡抚孙玉庭、粤海关监督阿克当阿批准离境。1806年2月14日嘉庆皇帝旨意送达：“俄罗斯向止许在恰克图一带通市，此等外洋夷船向未来粤者，断不可擅自准行!”由于谕旨下达较迟，俄国商船已于2月8日离境。随后嘉庆皇帝下旨：“延丰着即革职，仍令在万年吉地工程处效力行走……吴熊光、孙玉庭未经详查明确，遽准开船回国，均属办理未协，不能无咎。吴熊光、孙玉庭、阿克当阿均着交部议处。嗣后遇有该国商船来广贸易者，惟当严行驳回，毋得擅准起卸货物，以昭定制。”[③]据记载，十年后俄罗斯商船又抵达广东沿海试图贸易，但没有进入黄埔，在穿鼻洋附近完成交易后即返程归国。[④]

1806年11月29日英国“阿尼克炮台”号水手戴法道(Anthony Defado)刺伤伯恩斯(Edward Burns)，此时两人均在广州度假。第二天伯恩斯伤重不治死亡。船长将戴法道监禁，准备返航时移交适用英国法律的法院进行审判(比如伦敦法院)，而不是直接移交给适用清朝律例的广东地方当局。由于此案没有牵连到中国人或损害中国其他利益，地方当局没有进行干涉。

1807年2月24日英国“海王星”号(Neptune)水手在广州登岸度假时，因劣酒纠纷与当地人斗殴，导致中国人廖亚登[⑤]死亡。南海县令软禁该船保商茂官卢观恒，要求英国大班查明真凶交付审判。粤海关监督阿克当阿下令暂停英国东印度公司商船的全部贸易并禁止水手前往广州度假。茂官卢观恒于3月16日悬赏20000元缉查真凶。3月21日广东按察使关注此案，要求保商和英国大班立即交出凶手。3月29日涉嫌斗殴的52名水手被带到英国东印度公司广州商馆。4月8日广州知府在商馆大厅组织了联合审判，对涉嫌斗殴的52名水手进行第一次审讯。审判官包括现任广州知府、前任广州知府、管辖澳门司法的军民府同知、管辖商馆的南海县令、管辖黄埔洋船航运的番禺县令、粤海关监督的代表等七人，陪审

---

① 喀琅施塔得(Kronstadt)，俄语(Кроншта́дт)，又译作克隆斯塔。

② 故宫博物院辑：《清代外交史料》(道光朝三)，故宫博物院1933年版。

③ (清)梁廷枏著、袁钟仁校：《粤海关志》，广东人民出版社2002年版。

④ [苏]纳罗奇尼茨基等：《远东国际关系史》，商务印书馆1976年版。

⑤ 廖亚登：(Leau A－ting)，又记作“刘阿延”。

员包括四位行商潘启官、茂官、沛官、昆水官及英国皇家海军战舰“狮子”号舰长罗尔斯、英国东印度公司广州特选委员会主席刺佛、委员会成员帕特尔、布拉姆斯顿、书记兼翻译斯当东[①]。这是欧洲人第一次获准正式出席中国审讯公堂。4 月 9 日澳门军民府同知主持第二次审讯。4 月 13 日广州知府组织了第三次审讯，判定水手爱德华·叙恩(Edward Sheen)参与斗殴时意外杀害廖亚登，暂押澳门英国商馆监禁。4 月 15 日“海王星”号恢复装货，其余 51 名水手返回船上，中英贸易完全恢复。4 月 28 日广东按察使判令叙恩罚款抵罪。1808 年春，嘉庆帝钦准叙恩罚款赎罪，罚金 12.42 两。此案根据《大清律例》属于聚殴杀人，原本应该判处绞刑，但最终只判为意外杀害而轻微罚款。这一转变，几乎耗尽了茂官卢观恒的个人财富，导致其退出行商计划落空，并在潘有度退休后，不得不奉命担任行商首领。[②]

1808 年(嘉庆十三年)八月三艘英国兵舰违禁驶入虎门、黄埔等地。两广总督吴熊光派遣行商驱逐英舰，但英舰盘踞黄埔不愿离开。吴熊光就要求行商将英国贸易船只全部封舱，并断绝其伙食供应。英国兵舰头目度路利[③]住进十三行夷馆，求见吴熊光遭到拒绝，且伙食和贸易均被断绝。十一月兵舰从黄埔、澳门退出，吴熊光才准许英国船只开舱贸易。事后，朝廷认为吴熊光办理延误，不够强硬，有失国体，将其革职发配伊犁。广东巡抚孙玉庭也被革职回籍。

1809 年(嘉庆十四年)两广总督百龄、广东巡抚韩崶奏准:“外夷兵船应停泊外洋，以肃边防也……嗣后各国货船到时，无论所带护货兵船大小，概不许擅入十字门及虎门各海口，如敢违例擅进，经守口员弁报明，即行驱逐，一面停止贸易。”[④]

1810 年 1 月 16 日中国人黄亚胜在英国东印度公司广州商馆附近的猪巷巷口遇害。据目击者称行刺者是红毛鬼子，并推测黄亚胜是因为诓骗外国人银两而被“皇家夏绿蒂”(Royal Charlotte)号水手杀害。但由于猪巷处于十三行附近，居住着众多英国人和美国人，所以难以确定凶手国籍和身份。1 月 30 日粤海关监督常显宣布拒绝发给英国船只出港执照，要求英国大班刺佛交出凶手。“皇家夏绿蒂”号舰长奥斯汀(Captain Francis William Austen)驳斥了见证人方亚科、周亚德的猜测之辞，并声称不论是否有离港执照，船队必须驶出黄埔。随后两广总督百龄监禁行商茂官、沛官和人和。最终英方提出保证一旦查出凶手就依照英国法律惩办，粤海关才发给英国船只出港许可。1811 年英国船只再次抵达黄埔，广东当局以拒绝发放出港执照要求英国大班布朗(Henry Browne)交出凶手。布朗表示寄信回国由刺佛确查，经具结后英国船只获准离开黄埔。

---

① 托马斯·斯当东(Sir George Thomas Staunton)，1793 年随马戛尔尼赴京觐见乾隆皇帝，获乾隆帝亲手赏赐荷包。1816 年出任阿美士德访华使团副使，因坚决反对行叩头礼，被嘉庆皇帝驱逐。

② 刘芳辑、章文钦校:《葡萄牙东波塔档案馆藏清代澳门中文档案汇编》，澳门基金会 1999 年版，新编第 1398、1399、1400 号。

③ 度路利(William O'Brien Drury)，时为英国海军少将。

④ (清)卢坤、邓廷桢编，王宏斌校:《广东海防汇览》卷三七，河北人民出版社 2009 年版。

黄亚胜案最终不了了之。

1817年嘉庆皇帝发布上谕，严禁福建、浙江的茶叶通过海运入粤。该年底又有四艘海运茶叶入粤的帆船被查获。船主辩称是上谕禁令颁发之前离开福建，但两广总督阮元查封船只，监禁茶商，并行文福建严查此事。如果船只离开福建时上谕已经颁发，就要将茶商和船主分别治罪，全部货物充公。同时阮元还提出要加强对陆路贩运的监管。他认为上年茶叶运到广东太多，导致私商低价抛售，影响茶叶市场，因此建议皇上审议决定贩运数目，并派遣官员分别驻守梅岭和其他要冲，稽查来往客商，对于超过额定数量的茶叶，予以退回，不准入粤。

1818年9月底，英国皇家战船"巴科斯"号(Bacchus)没有雇请引水员并擅自驶入穿鼻洋。粤海关监督阿尔邦阿致函东印度公司大班进行指责。10月5日禁止买办将供应品送到船上。虎门要塞的军官将船只执照没收。舰长帕金斯(Capt. Parkins)致函两广总督阮元进行申诉。阮元认为一个外国海军军官不经过东印度公司大班擅自上函给他，是对其怠慢无礼，并要求大班对帕金斯严加管束。大班通过行商调解，声称"巴科斯"号很快就会驶离。于是地方当局恢复伙食供应，"巴科斯"号碇泊穿鼻洋没有受到驱逐。

1819年11月6日美国战舰"国会"号(Congress)从美国经里约热内卢抵达伶仃洋。这是美国战船第一次到达中国，该船配有火炮50门、船员350名。"国会"号以需要维修为由，碇泊伶仃洋两个月，清政府始终不允许该船进入黄埔。

1820年11月27日一个中国人在黄埔小船上被英国东印度公司驳艇上的人射杀，凶手不明。东印度公司组织人员调查时，恰好英国船"约克公爵"号(Duke of York)上的屠夫巴罗克利夫(Barrowcliff)因癫痫发作自杀。地方当局就认定此人是罪犯。虽然死者家属仍有疑义，但被地方当局严厉制止了。

1821年9月23日美国船只"急庇仑"号(Emily)在黄埔停泊时，水手德兰诺瓦[①]向当地船妇郭梁氏购买水果，但价钱没有谈妥。为了让郭梁氏把小船移走，德兰诺瓦扔出一个瓦坛恐吓她，却正好砸在郭梁氏的头部，导致其落水死亡。地方当局要求交出德兰诺瓦，但"急庇仑"号予以拒绝。地方当局就暂停了美商贸易。10月6日"急庇仑"号允许番禺县令在船上主持审判。番禺县令听取了原告方的中文举证，并不准许翻译成英文让美国人知道，同时也不允许被告方申辩，就宣判被告德兰诺瓦有罪。德兰诺瓦被锁铐在船上，中美贸易仍然暂停。该船保商黎光远和通事蔡懋也被捕入狱。10月24日，德兰诺瓦被交出并枷锁监禁于公所。10月27日广东按察史判处德兰诺瓦绞刑并于24小时内执行。美国商人选择尊重清政府的司法审判，但也通过十三行联名致函两广总督阮元进行了抗议："我们认为在这个案件的处理中存有偏见。我们一旦置身于你们的领海内，就不得不服从

① 德兰诺瓦(Francis Terranovia)，意大利籍。

你们的法律,即使它是这样的不公正。"[①]美国人这种立场一直延续到鸦片战争关于领事裁判权的谈判之前。德兰诺瓦的尸体运回"急庇仑"号后,中美贸易重新恢复。美国人相对屈服的姿态并没有带来更大的权益,甚至不能用中文直接致信地方官厅,而英国人却经过不断抗争拥有了此类特权。[②] 1844 年中美签署《望厦条约》时,美国专使凯莱布·顾盛[③]将德兰诺瓦一案重新提出来,并以此案为例,以维护美国公民在华安全为借口,威胁清政府同意美国人不受中国司法管辖,享有治外法权。

1821 年英国船"麦尔威里夫人"号(Lady Melville)牵涉一个中国妇女死亡事件。该船向死者亲属行贿后要求私下解决,死者亲属就没有向官厅告发。同年一些中国商人因为账目纠纷,在英国船"温克尔西"号(Winchelsea)上殴打了船长。由于该船保商举报,肇事者被严惩。6 月间停泊在黄埔的一艘医疗船,被控走私鸦片,地方当局收购该船并拆毁。12 月 15 日英国战船"土巴资"号(Topaze)水手在

---

① 广西师范大学出版社组织整理、程焕文审订:《美国驻中国广州领事馆领事报告(1790—1906)》(第 1 册),广西师范大学出版社 2007 年版。

② 1815 年东印度公司大班益花臣(John Eullarton Elplinstone)向两广总督蒋攸铦提出改善英商在广东待遇的九点要求。广东布政使曾燠和广州知府陈镇进行覆议,酌情放宽了对英商使用汉文呈禀、雇用民人、凭照往来关口等事项的限制。

《粤海关志》记载此事发生在嘉庆十五年,即 1810 年。详见《〈粤海关志〉校注本》第 555 页"广东布政使曾燠会议详驳英吉利国大班益花臣(嘉庆十五年十月)",曾燠提出九条意见对益花臣进行覆议;第 557 页"广州府知府陈镇核英吉利国大班益花臣议(嘉庆十五年十月)",陈镇提出了 5 条意见。

根据《鸦片战争前中西关系纪事》第 295 页附考:"此次放宽对英商限制的时间,《粤海关志》定在嘉庆十五年(1810)。查此时英美第二次战争尚未发生,而且负责覆议的广州知府陈镇与广东布政使曾燠虽皆于这年上任(见《广东通志》卷四四、四五),但根据马士《东印度公司对华贸易编年史》(第三卷)第 157 页记载,提出放宽限制要求的益花臣则从 1811 年起才接任公司大班;此外,两广总督蒋攸铦为此事的上奏则迟到嘉庆十九年(1814)十月十九日,直到同年十二月初二日(1815 年 1 月 11 日)才经嘉庆批准生效。综合上述情况考察,此事不能早于 1811 年。《粤海关志》记载有误。由于批准执行迟至 1815 年初,故本文定在 1815 年。"

另外,[美]马士著、张汇文译:《中华帝国对外关系史》(第一卷),商务印书馆 1963 年版,第 148 页记载:"嘉庆二十一年(1816 年)某前总督对于外人身体上的限制曾一度放宽,现在又重加制订。"这段文字的背景是:1834 年 7 月律劳卑不经通报,擅自入驻广州英国商馆,两广总督卢坤重申前两广总督蒋攸铦对外商的相关规定。该处表述广东当局放宽限制的时间接近 1815 年。

综上,广东当局放宽对英国通商限制的时间应为嘉庆二十年,即 1815 年。《粤海关志》记载有误。

③ 凯莱布·顾盛(Caleb Cushing,1800～1879),美国政治家、外交家,曾任美国众议院议员(1835 年～1843 年)和美国司法部长(1853～1857 年)。

内伶仃岛上放羊，践踏薯苗。当地民人黄奕明、池大河等人索赔未果，互相斗殴。[①]第二天，英国水手持枪上岸，闯到黄奕明等人住处报复。该冲突导致黄奕明、池大河身亡，14 名英国水手受重伤。两广总督阮元要求舰长交出两人偿命，并以停止贸易为威胁。舰长海军上校查尔斯·里查森(Charles Richarson)坚决拒绝将任何人员交给中国政府审判并指挥战船驶离中国。1822 年 2 月 22 日阮元认为战船已经开走，英国大班咸臣确实无法将凶手交出，只得向道光皇帝报告并奏准贸易正常进行。道光皇帝要求行商通知英国东印度公司大班去函其公司，在"土巴资"号抵达英国时，指证真凶，并由英国政府自行判处极刑。此事最终不了了之，无法结案。但针对此事造成的影响，为了避免皇家水手与中国人再次发生武装冲突，英国海军专门下达命令要求皇家战船在和平时期不得前往中国，并要求来华各船严格管理火器，除非该船指挥官特许，任何人不准接近火器。

1834 年 7 月 15 日英国首任商务总监督律劳卑抵达澳门，并与同日入驻广州英国夷馆。两广总督卢坤派行商伍敦元和卢文蔚前往夷馆，要求律劳卑务必遵守旧例，而律劳卑认为自己不同于以往东印度公司大班，应与两广总督平级对等。7 月 26 日律劳卑派书记官阿士铁尔(J. H. Astell)携带中文文书到靖海门城门口投递，但中国官吏无人敢收。7 月 30 日卢坤谕告行商，如果律劳卑不立即退出广州，就问罪保商严启祥。各位行商往来奔走，律劳卑却毫不退让。8 月 10 日公行集会，决定自 8 月 16 日起停止与英商贸易。律劳卑认为中英贸易对于中国更为重要，坚持要获得两广总督的对等礼遇。卢坤则认为中国的茶叶、大黄是外国人一日不可缺少的物品，外国商品对中国人可有可无，而且按照清政府的体制，中国大臣不能结交外国人。双方意见相差太大，行商夹在其间无法疏通。卢坤命令行商封舱，停止贸易，并派兵包围英国夷馆，撤出买办杂役，断绝饮食供应。9 月 5 日律劳卑强令"伊莫金"号(Imogene)和"安德洛梅奇"号(Andromache)两艘兵船不经通报直闯虎门水道，并与炮台发炮互轰，击毁虎门、横挡各炮台。两船于 9 月 11 日进泊黄埔，清军水师竟然无法阻拦。道光皇帝听闻此事后，大怒称："看来各炮台俱系虚设。两只夷船，不能击退，可笑可恨！武备废弛，一至如是，无怪外夷轻视也！"水师提督李增阶、水师提标中营参将高宜勇被革职。卢坤被革去太子少保衔，拔去双眼花翎，革职留任两广总督，戴罪督办。在道光皇帝严令下，卢坤调动水师陆军扼关设防，断绝英国夷馆的饮食和仆役。律劳卑一度试图以陆战队武力对抗清朝军队，但正值其身患疟疾，9 月 19 日病情加重，便提出

① 马士《东印度公司对华贸易编年史》记载冲突原因是"土巴资"号船军官打烂了埋在沙中准备售予水手的两坛酒。但据《大清宣宗成皇帝实录》(四七六卷)记载："两广总督阮元奏：遵查新安县民黄奕明、池大河被英咭唎国夷人致伤身死一案。因英咭唎国夷兵，赴岛汲水，将黄奕明等田薯取食。黄奕明等向夺，致相争殴。夷人被伤跑回。越日，夷人复赶往黄奕明等住处，砍碎门扇，彼此互斗。夷人施放鸟枪，黄奕明与其女壻池大河均被伤身死。其受伤夷兵，于跑回时因见黄奕明等多人追逐近船，曾于上船后点放一炮吓唬。并未伤人，亦未毁击村屋。"马士记载来源英国东印度公司档案材料，而阮元记载来源于奉命勘察案件，现从中方记录。

三个条件:一是停泊在黄埔的英国兵船退至伶仃岛;二是中国炮台不得阻拦英国兵船退出;三是律劳卑退往澳门时中国官厅颁发牌照。卢坤同意了上述条件,9月21日英国兵船退出黄埔,律劳卑退驻澳门,中英贸易重新恢复。道光皇帝认为卢坤不失国体,免启衅端,赏还太子少保衔,给还双眼花翎,但对于海防松懈一事,仍认为卢坤难辞其咎,命其革职留任两广总督。针对这一事件,1835年两广总督卢坤、粤海关监督彭年[①]制定《防夷新规八条》,重申外国兵船不得驶入虎门。1835年1月21日保商严启祥被关押6个月后得以释放。为了疏通关系,严启祥"在总督和粤海关衙门以及其他地方的花销也不下于十万元"[②]。

1836年1月1日英国轮船"渣甸"号(Jardine)[③]在前往黄埔途中,做伶仃洋到穿鼻洋的短航,试图实现广州与伶仃洋之间的邮件和旅客的定期交通。该船被截阻在穿鼻洋,地方当局不准其通过虎门,也不准其做定期往来。

1837年6月(道光十七年五月)南海县船户陈德贵、郭亚松等人联名向官府告状,声称运载外商货物船只经过塘汛[④]时经常遭到兵役的留难勒索。更有甚者,1835年底"崩牙二"等恶棍勒索船户"何水北"未遂,竟然勾结兵匪将其关押在番禺县衙数月后才放出。两广总督邓廷桢亲自批办,并饬令在黄埔村石基河堤上立碑警示,规定关卡兵役只负责为进出船只编号造册,不得勒索阻挠、强抢货物。该碑为花岗岩石质地,宽62.5厘米,高130厘米,厚19.5厘米。全碑文字书写随意,雕凿粗糙,目前已字迹略有模糊,但该碑具有重要的历史价值,为研究清朝中后期广州对外贸易和社会状况提供了一手资料。现该碑已迁至长洲岛黄埔军校中山故居(原粤海关黄埔分关办公楼)前的空地。碑文如下:

"两广总督部堂邓□批和南海县疍户陈德贵郭亚松呈其人窃——等西瓜扁船只,常泊省河听候轮运洋行饷货或载往香山、澳门、南海、佛山、新会、江门、东莞、石龙过付客店,或运付番禺、黄埔、濠墩、狮子洋等处交纳夷船。嘉庆三年船主陈朝耆船经各塘汛管理、口,及□□旬巡船桨艇无论轻船重载,屡遭留难勒索陋规,并被南番二县成河捕三厅差役□□奉造册结陋规,更有匪徒冒

---

① 《粤海关志》(卷二十九·夷商四)"两广总督卢坤、监督中祥疏,道光十五年正月……(按:以下内容为《防夷新规八条》)"。《〈粤海关志〉校注本》沿袭这一记载。据考,道光九年十一月至道光十四年七月中祥为粤海关监督;道光十四年八月至道光十六年二月彭年为粤海关监督。齐思和《中国近代史资料丛刊·鸦片战争》(神州国光社1954版)第1册第135—136页"道光朝外洋通商案"记载:道光十四年八月二十一日彭年抵粤接任粤海关监督。到任后即奏报律劳卑已经离开广州,英国兵船驶离黄埔。《鸦片战争前中英交涉文书》第33页记载:道光十四年九月二十一日彭年谕令行商查明两艘洋船是否夹带货物来粤。因此,《防夷新规八条》是1835(道光十五年)两广总督卢坤、粤海关监督彭年制定颁发的。前任粤海关监督中祥并未参与制订和呈奏。《粤海关志》记载有误。

② [英]格林堡著,康成译:《鸦片战争前中英通商史》,商务印书馆1961年版。

③ "渣甸"号长85呎、船幅17呎、吃水6呎。

④ 塘汛是明清时驻军警备的两种大小不同的关口,也泛指关卡。

充兵役过□□□□取货物，不遂呈凶寻殴，甚至种松择食，经联叩前粮宪吴批仰南海县示船只赖安。嘉庆五年示□□两废兵役棍徒故智复萌，罗朝耆又经联赴，前署宪瑚批仰前藩宪常□前皋宪吴命同查禁，并谕□□各衙门，照在案迄今日久示废与生，经有兵棍，不知前奉示复向蚁等船只勒索，即如道光十五年底，船户何北水被棍匪崩牙二等讹诈不遂，串同营兵妄□移解番禺县审释拖累数月，乃近日兵差棍徒乃勒索讹诈扰惨难言，仰睹仁悬福星□□□粤除暴安民，势得□□□前示联叩。宪恩乞准照前常示严禁晓谕勒石迎□□以垂永久。仰兵役匪棍知法弊绝风清愚疍□□颂，公侯初赴等情奉批该疍民等西瓜扁船只，既系装载饷货并非走私，乃所到留难勒索一至此极，兵役关口执法滋扰相习成风，至使匪徒亦冒名尤而数之害，于□底可叹可恨咨明。

粤海关监督一体查办外仰按察司会通布政司查明控情即日出示严禁，一面移行各营县，认真查究，毋任玩纵，贻害干咎□□，并发圆印到司奉此除咨移。粤海关监督一体查出严禁，并行广州府移行各营县，认真查究，外合行出示论南海、番禺、香山、新会、东莞各营县捕兵□及西瓜扁船只运载货物遇徒毋许勒索陋规、节礼钱银稽留并滞，以及强取货物。其该管衙门，亦只许照例编号造册，不许勒索，册结使该船户人等不得藉有告示，任意运载私货及□禁物扰盘查□□各宜凛遵，毋违特示。

道光十七年五月初十日 示

附：郭亚松等道光十七年五月十八日联禀请示勒石二十二日奉

两广总督邓　经司示严禁查明勒石，监立番禺县黄埔等处，俾垂久远，而扰累仰禀按察司令会同布政司移行各县知照，仍长饬题□，认真稽查倘该船户等藉示走私或揽载违禁货物，亦即拿究，勿或并发(阀)。

监立番禺县黄埔地方处　谕。”①

“1837年两广总督邓廷桢谕令关卡兵役不得勒索船户”石碑

英国“复仇女神”号军舰炮击清军战船(1842年绘)②

---

① 据广州市文物考古研究所黄佩贤《嘉道年间黄埔古港繁荣的背后——从一块告示石碑谈起》一文并实地勘察碑文。因碑文字迹模糊，较难辨认，权且记录，待考。

② “复仇女神”号是英国第一艘应用水密舱壁的军舰，同时也是世界海军史上最早使用蒸汽动力的军舰之一，参与了第一次鸦片战争几乎所有战役。

“复仇女神”号

1841 年 5 月英军进犯广州

1843 年中英《虎门条约》规定：“所有通商五口，每口内准英国官船停泊一只，俾管事官及属员严行约束水手人等，免致滋事。惟官船非货船可比，既不载货又非为贸易而来，其钞税等费均应豁免。至官船进口、出口，英国管事官应先期通报海关，以凭查照。”这里的官船，实质就是兵船。该条约为外国兵船进驻黄埔港提供了法律依据。《虎门条约》只允许英国一艘兵船进驻港口，因此在一段时期内，英国只在黄埔水域驻泊一艘兵船，或者是炮艇，或者是火轮船，或者是快速舰。《虎门条约》还规定：“凡系水手及船上人等仅在遵守领事与地方官所定禁约之下方准上岸，假有英人违背此项禁约擅到内地漫游，将被拿交英国领事予以适当处罚。”

1844 年中美《望厦条约》规定：“嗣后合众国如有兵船巡查贸易至中国各港口者，其兵船之水师提督及水师大员与中国该处港口之文武大宪均以平行之礼相待，以示和好之谊；该船如有采买食物、汲取淡水等项，中国均不得禁阻，如或兵船损坏，亦准修补。”条约生效后，外国兵船得以不受监督，自由出入黄埔港。外国兵舰驻泊和自由出入港口，不仅侵犯了领水主权，也对港口的对外贸易造成严重危害。

1846 年 2 月 5 日英国海军中校吉发德(G. Fard)和几位英国海军军官在黄埔散步打鸟，被当地村民投石驱逐。尽管几位军官带有武器，还是尽快回到船上驻地。经过此事，英国外交大臣告诫英国臣民不得进入口岸范围之外的乡村。

1846 年 9 月至 1847 年 2 月英国海军战舰以保护商馆的名义，先后派出“貂熊”号、“复仇神”号、“秃鹫”号等兵舰进入黄埔港。“复仇神”号甚至驶入广州内河航道的白蚬壳水域。后来英国驻广州领事弗西斯·马额峨(Franis Coleman MacGregor)认识到违反了《虎门条约》的条款，要求英国兵舰自行撤出黄埔。1847 年 3 月英国驻华公使德庇时[①]又亲自从香港率领 20 多艘兵舰进驻黄埔港。

美国自 1844 年至 1857 年，也前后 7 次不顾清政府的禁令派兵舰驶入黄埔港驻泊。1857 年，英国驻广州领事巴夏礼趁第二次鸦片战争混乱期间，擅自准许所有在黄埔的英国船只，无须获得粤海关的结单凭照就可以离港出境。面对外国兵舰和商船的屡次违规行为，清政府和黄埔口岸海关始终无力采取有效应对措施。

1898 年 8 月 1 日黄埔分卡在监管英籍货轮“阿比”号(Abbey)时，发现船上装

---

① 德庇时(John Francis Davis)，历任英国东印度公司秘书、大班、英国首席商务监督、驻华公使兼香港总督等。

有步枪 6500 支，子弹 50 万发，有走私嫌疑。经查，该货是两广总督府订购的。但由于没有总理衙门签发的“准运证”，粤海关遂对船主塞勒斯特(W. F. Sylster)罚款 1.5 万两关银，责令货物原船退运出口。

停泊在香港的“雪利”号(Shirley)商船(约绘于 1860 年)

1916 年 3 月 7 日 40 余名中华革命党人，搭乘来往省澳的“永固”轮。经过黄埔河面时，革命党人胁迫“永固”轮驶近停泊该处的北洋政府“肇和”号军舰并向舰上投掷炸弹，造成 1 名士兵重伤、多人轻伤。黄埔分卡奉命堵截“永固”轮，检查旅客行李，但革命党人提前撤离了该轮。

1925 年省港工人大罢工期间，工人纠察队坚决执行罢工委员会颁布的“特许证”制度，在黄埔登船检查，严防英国货物进口。如果商船违反规定，则需承担较重的罚款。其中有艘轮船违反了规定，缴纳 2.5 万元的罚款后，才获准离开黄埔。

1925 年 9 月 16 日工人纠察队查明“和平”号商船载有德国鲁麟洋行进口的盖有“香港”字样的货物，随即扣留货物。但粤海关税务司易纨士[①]认为工人纠察队妨碍了海关执法，要求放行货物。罢工委员会严词予以拒绝。

1926 年 2 月 20 日工人纠察队扣留了 8 艘货轮中 1000 多件禁运货物。税务司贝尔(英籍)蓄意扩大事态，下令海关停止验货，并要求全体关员于 2 月 21 日(星期日)正常上班，分派登船监视，不准起卸货物，导致黄埔港船货积压。广东国民革命政府派海关监督进行了交涉，一些外国驻华领事也反对这种做法，最终粤海关不得不在 2 月 26 日准许船只起卸货物，海关恢复验货。

1936 年 2 月粤海关太平分卡(位于东莞太平东兴街)稽查员崔倬云在下班后返家途中，被私枭用枪袭击，伤重身亡，凶手潜逃。

1945 年 11 月 8 日“海珠”轮由广州开往香港时在“大、小虎”间的舢舨洲附近爆炸沉没，原因不明。乘客三千余人除百余人受伤遇救外，其余皆遇难。事发后，该轮船主挪威籍人逃往香港。

1951 年之后黄埔分关对进出口贸易违规行为的认定和处理，一般以政务院 1951 年 5 月颁布实施的《中华人民共和国暂行海关法》为依据。

1959 年 3 月 23 日英籍“大宝来”轮抵达黄埔，船长在填写旅客执照时将“中国”和“台湾”并列，有制造“两个中国”的嫌疑。黄埔分关对其进行了 3 次警告，船长仍不改正。黄埔分关经请示省外事处同意后，于 3 月 24 日将其驱逐出境。其出口货物按规定办理退关手续。

---

① 易纨士(A. H. F. Edwardes)，英籍。

1960 年 6 月 19 日黄埔分关在英籍“美上美”[1]轮上查获 2 名偷渡者。

1967 年 4 月黄埔分关查获“大宝宫”轮某船员试图偷带 1 份地方报纸、5 份“革命小报”出境。该船员供认是境外特务，偷运报纸是为了提供给香港敌特机关。

1968 年 3 月 24 日根据上级部署，黄埔分关查获了越南租用苏联籍“乌克兰共青团”轮间谍案。二副波诺马尔楚克偷拍虎门要塞和海军舰艇等军事设施，“乌克兰共青团”号船长柯夏科夫极力包庇，并抗拒检查。4 月 4 日中国政府决定驱逐波诺马尔楚克和柯夏科夫 2 人出境。同日，该轮被押解出境。

1973 年 6 月 2 日希腊籍“地米太森”号轮船在黄埔要求供应淡水，因暂未获得解决，该船向中方提出抗议。黄埔港采取措施，于当天下午为该轮供应淡水 1700 吨，解决了矛盾。

1973 年 7 月 3 日塞浦路斯籍“阿弥”号船员与新加坡籍“东和”号船员发生斗殴，致使“阿弥”号轮船的管事伟佛利多・发斯潘若在黄埔港口内落水溺死。

1979 年 1 月 31 日希腊籍“阿比里奥”号轮船在驶抵黄埔港码头途中，因引水员错认灯标，走错航线，轮船在牛头山附近海面触礁搁浅。由于撞击剧烈，致使船舱破裂进水，进而引起所载的电石爆炸，造成船上 17 名外轮船员和 2 名中国工作人员死亡的重大海事事故。

1976 年 2 月 28 日黄埔分关在英籍“爱顿”轮上发现广东省机械进出口分公司从英国福格森厂(MASSEY FEGRU－SON)进口的 6 箱拖拉机轴承中有近一半为美国、西德、日本货，价廉质劣。分关决定将以次顶好的非英国货没收，由广东省机械进出口分公司对外索赔。

黄埔分关查获反动宣传品

“乌克兰共青团”轮间谍案

“乌克兰共青团”号船长及二副

① 《黄埔海关志》第 255 页记载：“1960 年 6 月 19 日黄埔分关在英藉‘美上美’轮上查获偷渡人犯 2 名”；《广州海关志》第 43 页记作英籍“美以美”轮。鉴于英译读音不同，两处记载存在差异有合理性，此处从“美上美”翻译。

第二十章 “苦力”贸易

“苦力”(Coolie)一词来源于印度南部泰米尔(Tamil)语,原指以体力负重为生的人。作为苦力贸易的“苦力”,专指被西方殖民主义者掳掠到海外殖民地或资本主义国家,为开发当地经济而进行奴隶劳动的所谓“亚洲[①]契约劳工”。

从明代开始,中国沿海地区人民就随贸易商船到南洋佣工。但是契约华工作为贩卖牟利对象“苦力”被诱拐出洋,则是18世纪末以后的事情。被贩运出国从事奴隶劳动的华工通称“契约华工”。根据地域不同,称谓上略有差别,被运往东南亚国家的契约华工常被称为“猪仔”;被拐贩到拉丁美洲、加勒比地区的契约华工被称为“契约苦力”;被拐贩美国、加拿大等国的契约华工被称为“赊单工”[②]。“猪仔”、“契约苦力”、“赊单工”并无实质差别。黄埔口岸成为殖民者在广州掠夺贩卖人口的据点,又是香港澳门苦力出洋的中转站。

西方殖民者为了开发东南亚、美洲、非洲和大洋洲的殖民地,加快资本原始积累过程,迫切需要“吃苦耐劳、工资低廉”的中国华工。在中国掠贩“苦力”出洋,最早是葡萄牙人,继而是西班牙人、英国人、荷兰人、法国人、美国人等。苦力贸易与15世纪至18世纪非洲奴隶贸易在本质上是相同的,唯一不同的就是亚洲苦力贸易中的“苦力”均被强迫签订一份定有5～8年劳动期限的卖身契约。

清政府自立国之初就严禁华人出洋,多次颁布禁令。《大清律例》第225条规定:“一切官员及军人等,如有私自出海经商者,或移住外洋海岛等,应照交通反叛律处斩立决。”开放海禁后,1685年(康熙二十四年)清政府规定番船归国不得搭带华人出境。1718年(康熙五十七年)规定:“澳门夷人夹带中国之人,并内地商人偷往别国贸易者,查出之日,照例治罪。”[③]1725年(雍正三年)规定:“附居广东澳门之西洋人,所有出洋商船,每年出口时,将照赴沿海该管营汛挂号,守口官弁将船号、人数、姓名,逐一验明,申报督抚存案。如出口夹带违禁货物,并将中国之人偷载出洋,守口官弁徇情疏纵者革职。至入口之时,亦将船号、人数、姓名逐一验明,申报督抚存案。除头目遇有事故,由该国发来更换者,准其更换外;其无故前来者,不许夹带人口,及容留居住。若稽察不到,将守口及地方该管各官,照失察例议处。又复准西洋人附居澳门,如有夹带违禁货物,并中国之人偷载出洋者,地方官照讳盗例革职。”[④]

18世纪英国殖民者向海外疯狂扩张,海外殖民地域不断扩大。尤其是乾隆朝后

---

① 主要是印度、中国和马来人。

② 赊单工即赊欠船费和旅费的华工。债主预先垫付“苦力”旅船费用,苦力签订还债契约,用出卖劳动力所得,分期偿还欠款本息。

③ 《清圣祖实录》卷二百三十二。

④ 《粤海关志》卷一七,禁令一。

期，外国殖民者走私中国“苦力”日趋猖獗。1785 年(乾隆五十年)英国东印度公司占领东南亚槟榔屿后，每年都接收由东印度公司驻广州商馆买办或东南亚华人首领以招雇名义贩运来的中国工匠，以满足开发东南亚殖民地的需要。由于清政府多次严令地方官员查缉，所以“苦力”最初由虎门外或伶仃洋上船。但是清政府对中国劳工移居槟榔屿并没有严格禁止，因此东印度公司买办和招工头日益猖狂，甚至在二道滩[①]河面就将“苦力”送上船，直接送往槟榔屿等“集合地”。黄埔、金星门、澳门成为葡、荷、英、美等西方国家掠贩“苦力”出洋的据点。到了 1800 年，槟榔屿已经出现了公开转卖中国“苦力”的现象。立约一年的“苦力”，转卖售价可值西班牙币 30 元。

1804 年英法战争期间，英国海军中将雷尼尔下令从东印度公司每艘商船上按照吨位，抽出 20 至 30 名水手强制服兵役。停泊在黄埔的“沃尔默炮台”号由于伤亡、开小差及抽调服兵役等原因，导致英籍水手减少，于是就让中国劳工充作水手。该船于 1804 年 12 月 30 日驶离黄埔，前往伦敦。此事严重违反了清政府禁止移民出海的规定，而且该船已经开走，导致实际情况无法核查，事态更加严重。粤海关监督和南海知县都主张严厉处罚该船保商沛官。沛官通过巨额贿赂，并由行商章官居中调解，最终获得洗脱。英国东印度公司为了躲避官艇的巡查，暂时不在二道滩接收中国劳工，转为在虎门外或伶仃洋接收，集中到澳门通过葡萄牙船将其运往槟榔屿。[②]

1815 年拿破仑被流放到英属圣赫勒拿岛[③]后，该岛急需大量工匠。先后约有 1000 多名华工从黄埔等地被秘密运至该岛。

1820 年 2 月 14 日英国东印度公司通过买办在黄埔附近招募 20 名劳工，并试图在二道滩将劳工送上“桥水”号。碇泊在“桥水”号船附近的一只官艇，将买办和劳工拿捕监禁，并敲诈买办支付 1200 元，否则就将这些人全部递解广东地方当局。买办进行了讨价还价，最终支付 1000 元后，全体被捕人员被释放。这些劳工随后在虎门口外登上其他外国船只前往圣赫勒拿岛。

1842 年 8 月 29 日中英签订《南京条约》

第一次鸦片战争后，清政府在禁止中国人移居海外政策上有所松动。1842 年《南京条约》第九款规定：“凡系中国人，前在英人所据之邑居住者，或与英人有来往者，或有跟随及俟候英国官人者，均由大皇帝俯降御旨，誊录天下，恩准全然免罪。”虽然，“出洋免罪”与“允许出洋”不同，但从此清政府对移民出洋不再干涉，为殖民者掳掠华工出洋提供了方便。1845 年至 1874 年是苦力走私最猖獗的 30 年，几乎所有的资本主义国家都参与了这一血腥贸易。

---

① 今黄埔新港与莲花山一带。

② [美]马士著、区宗华译:《东印度公司对华贸易编年史》(第一、二卷)，中山大学出版社 1991 年版。

③ 圣赫勒拿岛(Saint Helena)，离非洲西岸 1900 公里。

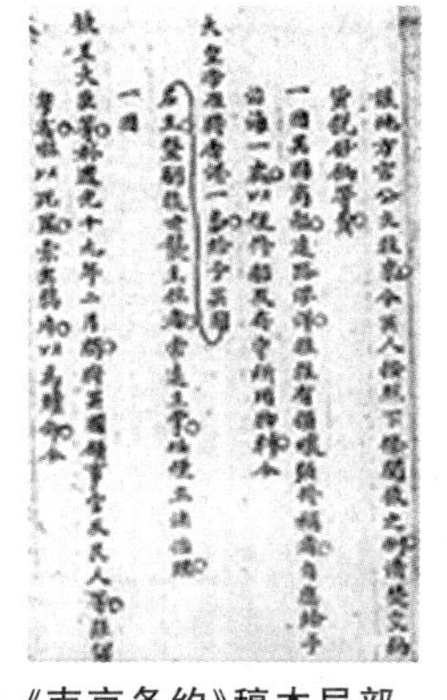

《南京条约》稿本局部

此时西方资本主义迅速发展，美国、澳大利亚先后发现金矿，南美洲和加勒比海地区的种植园迅速扩大，急需大量廉价劳动力去开发殖民地。除英国、荷兰以外，法国、西班牙、美国、秘鲁等国也在中国沿海地区开始了“苦力”走私。公然停泊在黄埔长洲专门收买苦力的外国趸船经常有六七艘，小艇有四五十只，在岸边成排布列。殖民者雇佣拐匪和歹徒，到处诱骗贫苦百姓卖身作“苦力”，迫使他们填写“自愿”前往某地工作的契约，分别发给 3 至 20 元不等的安家费，然后将其关押在船舱里，集到一定数目之后，要么直驶外洋，要么转送香港澳门后辗转贩往南、北美洲和澳大利亚等地。一批又一批的“苦力”从黄埔运往东南亚、澳大利亚、美国和西印度群岛等地，丧失海关主权的清政府对此无能为力。1852 年(咸丰二年)经黄埔出洋的就有 24,581 人，其中大部分是去美国加利福尼亚州旧金山的赊单“苦力”。

1855 年英国国会颁布《乘客法案》，限制了从香港掠运契约华工，苦力贸易随后集中到澳门。

1856 年第二次鸦片战争爆发。英法联军侵占广州，烧杀抢掠，贩运华工出洋更是肆无忌惮，“男女被掳者以数以万计……匪徒始犹暗用术诱，近则用强抢，省城附近一带村落，行人为之裹足”[①]。来往黄埔澳门运送“苦力”的船有：葡萄牙“路易沙第 16”号、奥尔登堡国船“芬尼・克赤纳”号等。停泊在黄埔港作为收容苦力的趸船有：美国船“拜尔尼尔”号、“葛福那莫敦”号、“信使”号，荷兰船“苏禄”号，秘鲁船“威斯特沃德荷”号。

“苦力”贩子在广州使用各种诓骗手段，逼使华侨劳工上当受骗。拐骗时，“或炫之以财，或诱之以赌，又或倏指为负欠，强曳入船，有口难伸，无地可逃。每年被拐者动以万计”。并施以毒刑，强迫其承认“自愿”出洋。“苦力”贩子的所作所为引起民众的广泛愤怒。1859 年 4 月初的十天之内就有许多拐匪被群众怒杀。1859 年 4 月英

① 《咸丰朝实录》卷三百十二，“丙申”。

国驻广州领事阿礼国[①]在致英国驻华公使包令[②]的公文里说："在本口岸，与苦力贸易有关系的欺诈和暴力行为，最近一个时期，达到如此猖狂的地步，以致居民普遍感到惊惶，随之而来的是群众情绪激昂，大有起来闹事的样子……现在在广州没有一个中国人能在离开自己家门之后不冒被拐的危险。甚至在大白天，通衢广众之间，也会有人被拐匪捏造诓言，或借端索债绑架而去。被拐的人就此成为拐匪手中的俘虏，按每一个人头值多少钱卖给猪仔头或苦力贩子，运往外洋，从此踪迹杳然，永无下落。"[③]广州城内人心惶惶、民怨沸腾。该年广州 29 个商业团体联合投递禀帖，向英国领事痛诉掠拐"苦力"之害，呼吁取缔"苦力"贸易。

1859 年 8 月 12 日"路易沙第 16"号船从黄埔载运"苦力"前往澳门途中，"苦力"不甘受虐，揭竿而起，把船上帆桅和帆索全部砍掉，离船逃走。

以英国为首的英、法、西班牙三国力图使"苦力"贸易合法化，即在中国境内设立公开招工的场所，使被招工者成为"契约劳工"或"赊单苦力"。占领广州的英法联军统领衙门声称黄埔招工"订立契约之两造，俱属自甘情愿，并无违背工人本心强带出洋之事"。联军统领衙门政务委员巴夏礼还称："拐掠苦力祸患的根子在于来华招工的外国人找不到合法而体面的途径。"

因此被英法联军操控的广东巡抚柏贵于 1859 年 4 月出具告示："……柏为严禁拐掠人口以安人心而除民患事：查广东商民杂处，丁口稠密，其中容或有人迫于生计外出游食，或暂离乡井漂洋过海贸迁逐利，或受外洋之人雇用，定期为之作工，此等之属，设若实属情甘自愿，自可毋庸禁阻，令其任便与外人立约出洋。"废除了历来不准外商夹带中国人口出洋的禁例。

1859 年 10 月新任广东巡抚兼署两广总督劳崇光与英国驻圭亚那管理入境移民事务专员奥斯丁谈判后，认可了奥斯汀的招工方案，并颁发告示："出洋承工有裨贫民生计，愿者自可令其与洋人立约前往"，"嗣后通省贫苦之民，如有自愿前往外洋寻工谋生者，均得自行向公所报告。"[④]

1859 年 11 月 5 日奥斯汀领到了英法联军统领衙门颁发的准许招工的执照，11 月 10 日在广州西关德隆里挂起"招工公所"的牌子，正式成立了招工馆，这是清朝地方政府承认的第一个招工公所。英法联军司令官还专门为广州招工所订立了出洋移民规章十三款。1859 年 12 月法国在广州太平门外设立了招工公所。1860 年初，西班牙也紧跟着设立招工所。苦力招工实现区域合法化。

实际上，"合法"、"自愿"的招工，没有改变殖民者掠夺中国劳工的性质。1859 年奥斯汀"招工公所"成立后三个月内三次招工，第一批 118 人，第二批 295 人，第

---

① 阿礼国(Rutherford Alcock，1807～1897)，又译阿利国，英国人。

② 包令(John Bowring，1792～1872)，又译宝宁、宝灵，1853 年 12 月 20 日至 1857 年 4 月 17 日任英国驻大清国公使，1854 年 4 月起兼任香港第 4 任总督。

③ 朱嘉士：《美国迫害华工史料》，中华书局 1957 年版。

④ 陈翰笙：《华工出国史料汇编》(第二辑)，中华书局 1984 年版。

三批 250 人，全部由“雷德·莱丁·胡德”号装运前往英属圭亚那。每名“苦力”只花 62 元，路费 55 元，共计费用 117 元，而圭亚那殖民政府批准的招工预算是每名 125 元，可见，招工所支出的招工费低于招工预算。当时，古巴、秘鲁的“苦力”售价达到每名 400～500 元，有时高达 1000 元，利润率是 240%～750%。公开招工使得殖民者用“合法”的方式以远低于市价的成本掠夺了大量中国廉价劳动力。1860 年 5 月广州巡抚耆龄奏称：“英咭唎馆招去华人七百二十余口，佛兰西馆招去华人二百余口，吕宋(西班牙)馆招去华人五百五十余口，多系壮丁，间有妇孺跟随者。”

黄埔一带的苦力私掠也没有停止。一方面公所招工，使得外商招工有了限制，增加了大量经费开支，使得贩运华工的暴利有所减少；另一方面澳门的招工人员给拐匪的人头钱，达到每拐来一人给予 95 元的高额报酬。拐匪见有利可图，纷纷到各州县乡村拐骗良民，用小船偷运至停泊黄埔的外国船上出售牟利。

1860 年代在美国加利福尼亚淘金的华人

因此“苦力”走私依然猖獗。劳崇光认为：“查设谋、强卖华工出洋与情愿往外国操作获利者，大有不同。其自愿出洋者，应听其便，其前非情愿，被人强行拐卖者，为害莫甚于此，亟应严禁，以尽保护良民之职。”劳崇光致各国领事照会中一再申明，严禁在黄埔设立趸船招收“苦力”，各国应该按照英、法两国新定章程，在广州设立的招工所里进行招工。为杜绝黄埔水域的“苦力”走私，劳崇光先后三次派兵前往黄埔清剿拐匪，同时加强对运输华工的外国船只的监管力度。

1859 年 11 月劳崇光派出一艘水师巡船驻泊黄埔航道，与黄埔总口的铃子手一起对停泊在黄埔港内的船只逐一搜查，从外国趸船上解回 41 名被拐“苦力”，逮捕了 36 名拐匪，并将 18 名匪首枭首示众。这次清剿给予“苦力”贩子一定打击，但黄埔的外国趸船并没有离开。黄埔航道仍然停泊 6 艘外国船，其中美国 3 艘，荷兰、秘鲁、奥尔登堡各 1 艘，拐掠“苦力”的事件继续发生。劳崇光在黄埔清剿后的 3 天内，又收到当地居民请求解救被拐亲人的禀帖共计 18 份。

1859 年 12 月劳崇光第 2 次派水师进驻黄埔清剿，又从外国船上解救了 8 名被拐“苦力”。同时发现有三四艘美国船只和一艘德国奥尔登堡(Oldenburg)船只“法妮·基希纳”号(Fanny Kirchner)继续与在黄埔河道中的拐匪勾结，收买被拐“苦力”。12 月 31 日劳崇光派遣官员和联军统领衙门翻译官梅辉立(W. F. Mayers)一起前往黄埔，调查劳工出海情况。经过对“法妮·基希纳”号船上 100 多名“苦力”进行问询，发现有 59 人拒绝出海；但招工人员声称已在每位劳工身上花费了 45 元招工费。第二天，在苦力们恫吓要叛变和屠杀所有船上的基督教徒之后，不愿出海的 59 名劳工获得释放。而剩下的劳工中，除了 35 名被确认属于自愿出海外，其余劳工均不知所踪。

1860年1月5日劳崇光获悉美国船“信使”号[①](Messenger)准备将600多名“苦力”载运出洋，便派两名地方官和黄埔总口钤子手偕同美国驻广州领事裨理(Oliver H. Perry)、翻译官梅辉立[②]前往黄埔港，搜查为“信使”号提供劳工的3艘美国收容船。船主们起初拒绝任何官员和翻译人员上船，同时由于裨理的推诿和刁难，搜查人员仅从3艘船上解救出51名“苦力”。而“信使”号船上还有578名苦力，已被小船从黄埔转运澳门藏匿起来。于是劳崇光命令黄埔总口将“信使”号暂行扣留，并先后六次致函美国公使和领事、葡萄牙驻澳门领事、联军统领衙门，以及海关总税务司李泰国，请其协助制止“信使”号的苦力走私活动。粤海关美籍税务司吉罗福见问题棘手，便致函黄埔副税务司马地臣，声称“海关对贸易只有监督协助之责”，要其将此类问题推给地方当局与有关通商各国的领事处理。在舆论压力下，美国公使华若翰认为如果一味包庇本国商民的“苦力”贸易，将会影响到中美关系。最终经过劳崇光力争，美国方面于2月8日将“信使”号船上的“苦力”带回广州。经讯问，这批“苦力”没有一人是自愿出洋的，因此全部得以释放。延续一个多月的“信使”号船“苦力”事件，至此结束。

1860年2月18日(咸丰十年正月二十七日)两广总督劳崇光接受英法联军司令官的建议，颁布了第一个招工章程《现议外国招工章程十二条》，作为各国在华招工的统一规范。章程规定“各国如愿招工出洋，只可在地方官所准之处开设公所，接受情愿出洋之华民”，同时规定：“如有工人携眷来公所暂住，听候下船，一同前往外国，由分所外国人另设僻静房屋，令一家居住，以示男女有别，不得混杂。”这是中国官方第一次明确允许中国妇女随家人迁居外国。

1860年10月24日、25日中英、中法分别签订《北京条约》，英法两国迫使清政府“允华民外洋别地承工”，同时规定“凡有华民，情甘出口，……无论单身，或愿携带家眷，一并赴通商口岸，……毫无禁阻”。自此，清朝政府正式承认外商招工和中国妇女出洋为合法。[③]

华工出洋，有的是迫于生计而出洋谋生，有的是被拐骗卖身，有的是被绑架拐卖。仅1847年(道光二十七年)至1862年(同治元年)，从黄埔口岸出境的华工约

---

① “信使”号，又译作“米心扎”号。

② 梅辉立(W. F. Mayers)，1859年6月2日来到中国，时任英法联军统领衙门翻译官。

③ 权好胜《晚清政府第一个侨务部门的设立与〈续定招工章程〉》(《侨务工作研究》2010年No. 1总第152期)：“一般认为1860年清廷与英、法分别签订的《北京条约》，允许西方在中国招收华工，即清廷允许中国人移居国外的滥觞……中英条约第五款写道：‘戊午年定约互换以后大清大皇帝允于即日降谕各省督抚大吏，以凡有华民情甘出口，或在英国所属各处，或在外洋别地承工，俱准与英民立约为凭，无论单身或愿携带家属一并赴通商各口，下英国船只，毫无禁阻。’白纸黑字，明白无误。清廷在英、法的武装辱蹦后，接受了英法长期要求的‘招工自由’，放弃了不许中国人移居国外的祖宗章法。从而，1860年也就成为中国居民移居外国合法与否的分水岭。”

15万人，另有移民约30万人。为鼓励中国妇女随夫出洋，英国人许诺“设如出洋之人自愿携眷一同出洋，则该人可得专为奖励携眷出洋而发之赠款，其数额为携带妻室一人给20元。子女每人五元，按带出人数发给。出洋妇女不受契约拘束，到达外国之后，得随意工作就业，或自管家务，俱听本人自便。眷属均与出洋之人本人居住一处，其子女得免费教育。”在重金利诱之下，开始出现少数贫困妇女随夫走上了出洋之路。1859年至1860年，从广州口岸输送到南美洲德墨拉拉有1850人，其中包括303名妇女、女孩和婴儿，1547名男人和男孩。

1863年3月古巴招工人员提高人头钱。拐匪从黄埔每输送一个苦力到澳门古巴招工所，可得到95元的报酬。此举导致黄埔劫掠苦力的行为更加猖獗。

1866年3月清政府与英法签约：“凡属未签约之国，不准设局招工”，致使有立约的英法两国处于垄断地位。通商口岸华民与有约各国商人订立合同承工的，由招募国驻广州领事向粤海关提供名册、执照和船只启航日期，该通商口岸地方官员会同粤海关监督、税务司查明是否与章程相符。海关派员上船核查，并向华工本人了解确属自愿出洋的，由税务司在契约上盖印画押，海关发给船舶红牌，方准载客出口。该条约阻止了苦力自广州私运出洋，自此澳门重新成为“苦力”走私的重要中转地。

1849年至1866年经黄埔口岸转运出洋的苦力数量①

年度	数量	目的地	年度	数量	目的地
1849	900	加利福尼亚	1860～1861	1313	秘鲁
1849	75	秘鲁	1861～1862	1135	秘鲁
1850	3118	加利福尼亚	1864	2710	古巴
1851	1465	秘鲁	1864	2370	孟买
1851	3528	加利福尼亚	1864	1035	塔布提
1852	15000	加利福尼亚	1865	780	火奴鲁鲁
1852	1350	秘鲁	1865	62	婆罗洲
1853	2070	秘鲁	1865	2716	古巴
1854	1233	秘鲁	1866	164	拉不恩
1859～1860	887	秘鲁	1866	436	萨拉垣

1868年(同治七年)美国卸任驻华公使蒲安臣受清政府委托访问欧美国家，疏通关系。7月28日蒲安臣擅自越权，在华盛顿与美国国务卿西华德(William Henry Seward)签订条约，史称《蒲安臣条约》(又称《中美天津条约续增条款》、《中美续增条约》)。该条约以西方国际法的形式确立了两国的对等地位，是中国近代史上首个对等条约。但该条约在表面上“平等”、“自主”的言词下，使得美国掠夺华工及在中国设立学堂合法化。1869年11月23日中美双方在北京交换了条约批准书。条约规定：“大清国与大美国切念民人前往各国，……总听其自便，不得禁阻。”这一规定为美国

① 陈翰笙主编，卢文迪、中国第一历史档案馆编：《华工出国史料汇编》第四辑，中华书局1985版；姚贤镐编：《中国近代对外贸易史资料》第二册，中华书局1962年版。

在中国扩大招募华工提供了合法根据。随后，劳工输出人数尤其是前往美国的人数明显增多。

蒲安臣(1820～1870年)

华工在美国修建南太平洋铁路(摄于约1868年)

华工在美国加利福尼亚的那巴谷晒葡萄(摄于约1870年)

1868年底之后，遭受非人虐待的秘鲁华工，不断通过美国驻秘鲁公使向清政府寻求保护，揭开了秘鲁华工案的序幕。在国内外舆论压力下，清政府由最初的漠视，转向主动处理华工被虐待事件。1871年(同治十年)清政府下令严查拐掠苦力。1872年5月秘鲁"玛耶西"号轮船发生拐运、虐待华工事件后，清政府认为秘鲁"为无约之国"，竟敢拐骗、虐待华工，谕命澳葡当局立即停止澳门的苦力贸易。

1872年10月1日两广总督瑞麟与广东巡抚张兆栋颁布告示："晓谕各属民人勿再前往澳门出洋，奉劝拐匪人等毋再哄诱愚民辗转贩卖，并通饬各文武员弁实力查拿，一经获案审明，为首斩决，为从绞决，尽法重处，决不宽贷。"

1873年英葡两国在苦力贸易中的利益冲突，促使英国驻香港总督坚尼地[①]制订一项法案，"拒绝那些显系在澳门从事苦力贸易的船只在香港购置储备"。由于历来从澳门出洋的苦力船几乎全部都是在香港修理和装配的，所以此项法案极大打击了澳门苦力贸易。无约各国的招工船只能改往黄埔停泊。1873年8月25日(同治十二年七月初三)黄埔分卡钤子手发现有7艘招工船停泊黄埔。[②] 瑞麟接报后，于9月1日下令黄埔分卡钤子手协同地方官兵将7艘招工船只全部驱逐出境。9月24日瑞麟又发布告示"嗣后无约之国一概不准招工，其船只亦不准装载华工出洋。即有约各国招工，亦须洋商禀请领事官，申陈按照定章委员监同设局，方准开办，并不准洋商私驾船只驶泊内河擅载华工出洋"。随后，无约各国的招工船陆续驶离黄埔。1873年12月，葡萄牙里斯本政府被迫宣布葡萄牙国王关于禁止澳门苦力贩卖的敕令。1874年1月28日澳门总督发出通告，禁止自澳门装运苦力出洋，澳门"苦力"贸易停止。

1874年6月李鸿章代表清政府与秘鲁签订《中秘通商条约》。这是第一个保护海外华工的条约。其中第六款规定："除两国人民自愿往来居住外，别有招致之

① 坚尼地(Arthur Edward Kennedy，1809～1883年)，爱尔兰人，曾任英国驻香港第7任总督。

② 意大利、比利时和葡萄牙籍各1艘，秘鲁籍4艘，其中两艘秘鲁船刚被香港地方官驱逐出境又进泊黄埔。

法均非所准;现经两国严行禁止,不准在澳门地方及各口岸勉强诱骗中国人运载出洋。”①

两广总督瑞麟,约 1868 年

1877 年(光绪三年)美国同孚洋行行商葛利与秘鲁国签订代招华工协议。由于清政府禁止秘鲁在华招工,因此同孚洋行在广州城外的珠光里秘密设立招工馆,采取欺骗、劫掠等方式暗中将华工送往停泊黄埔的该行“普路沙”号轮船。1878 年 5 月 24 日(即光绪四年四月二十三日)同孚洋行公开宣称“普路沙”号轮船将装载华客 1058 人,前往秘鲁和檀香山。美国驻广州领事林干(Chas. P. Lincoln)也声称“普路沙”号轮船所载华人是“搭客”,而不是被贩卖的华工,要求粤海关准许装载放行。两广总督刘坤一谕令粤海关税务司柏卓安(J. Mcleavh BroWm)、黄埔稽查轮船委员张正翠和粤海关监督委员会委员陈廷绍等讯问该船所载华民是否自愿出洋,查明有无拐诱情弊。经过柏卓安等人的详细讯问,“普路沙”号轮船上所载华人只有 11 人自愿出洋。办理此案过程中,美国驻广州领事林干不断阻挠讯问,不仅声称华民供词不足为据,还声称地方官员阻碍“普路沙”号轮船启航导致生意亏折要求赔偿,均被刘坤一驳斥拒绝。

贩卖到香港的劳工

1881 年(光绪七年)粤海关为了遏制拐卖华工出洋,由粤海关监督委员会与稽查委员对乘船前往檀香山的华工进行逐一问话,如果华工确实自愿出洋而非拐卖,并提供铺户保结后,粤海关发给执照,稽查委员加盖印章交本人收执。同时,另造一式两份搭客总名册,一份由船主交付檀香山中国领事馆用于查核,另一份由粤海关税务司存查。开船时,粤海关税务司会同轮船稽查委员、粤海关委员共同对轮船和搭客进行检查,查明船上没有装载无照出洋的人后,才准许船舶启航。

19 世纪末,黄埔口岸大规模的“苦力”走私渐渐平息。

① 陈翰笙主编:《华工出国史料汇编》(第一辑),中华书局 1985 年版。

第二十一章　毒品走私与查缉

一、第一次鸦片战争前

鸦片，又叫阿片，是英语 Opium 的音译，俗称大烟。原产于南欧及小亚细亚等地，由罂粟果的汁液烘干制成。

公元前 139 年(西汉建元二年)张骞出使西域，鸦片随后传到中国。三国名医华佗曾使用大麻和鸦片作为麻醉剂。唐代时已有药用鸦片的进口记录。《旧唐书·西戎传·拂菻[①]》记载："乾封二年(即公元 667 年)，遣使献底也伽。"底也伽就是古代西方国家一种含有鸦片的解毒膏药。明代东南亚暹罗、爪哇等国曾经把鸦片作为贡品。

1553 年(明嘉靖三十二年)葡萄牙殖民者窃据澳门后，开始向黄埔口岸秘密走私鸦片。葡萄牙商人往往将鸦片夹藏在本国货物中带到广东偷偷销售。这些鸦片主要产于印度的果阿(Goa)和达曼(Daman)地区。[②] 1589 年(明万历十七年)明朝政府允许鸦片作为药材纳税进口。《陆饷货物税则例》规定鸦片每 10 斤税银 0.2 两。1615 年(明万历四十三年)《货物抽税现行税则》规定每 10 斤鸦片税银 0.173 两。

1688 年(康熙二十七年)粤海关税则载明鸦片列入药材项下，每担(100 斤)征正税 3 两、分头银 2.45 两，共计 5.45 两。该税率一直延续到 1796 年(嘉庆元年)严禁鸦片、废除鸦片税为止，100 多年时间从未变更。

1729 年(雍正七年)针对吸食鸦片现象，清政府颁布《兴贩鸦片及开设烟馆之条例》。条例首次提出严惩贩卖、教唆或引诱他人吸食鸦片的行为，"兴贩鸦片烟者，照收买违禁货物例，枷号一月，发近边充军；私开鸦片烟馆引诱良家子弟者，照邪教惑众律，拟绞监候"[③]；失察的地方文武官员及海关人员，也都要严加议处。该条例是世界上第一个禁烟令，标志着世界禁毒史的开始，也标志着世界禁毒立法史的开端。但该条例只对私自贩卖鸦片烟和开设烟馆的商人予以重刑，"尚未及吸食者罪名"[④]。而且条例只禁止掺了烟叶的鸦片烟，却没有明确禁止鸦片，致使鸦片贩子有机可乘。

1765 年(乾隆三十年)以前黄埔口岸鸦片输入较少。康熙时期，每年不过几十箱。乾隆早期，每年也不超过 200 箱(每箱 40 枚，约 60 公斤)。但乾隆中期以后，鸦片开始大量输入。1767 年数量增加到 1000 多箱；1786 年数量突破 2000 箱；1796 年(嘉庆元年)数量为 4000 多箱；1836 年(道光十六年)鸦片战争前夕数量达

---

① 拂菻是指东罗马帝国及其所属西亚地中海沿岸一带，今土耳其地区。

② [美]马士著、张汇文译：《中华帝国对外关系史》(第一卷)，商务印书馆 1963 年版。

③ (清)潘德畲辑：《大清律例按语》卷五十。(清)李圭：《鸦片事略》卷上，北平图书馆民国二十年本。

④ (清)李圭：《鸦片事略》卷上，北平图书馆民国二十年本。

到近40000箱，该年全国吸食鸦片约有1250万人。

1773年（乾隆三十八年）以前，黄埔口岸的鸦片贸易主要由葡萄牙人操控，大部分鸦片是葡萄牙和荷兰商人从土耳其贩运到中国。1773年英国政府确立鸦片政策，英国东印度公司获得了孟加拉（Bengal）、柏哈（Behar）和奥理萨（Orissa）三个地区所产鸦片的专卖权。英国东印度公司鸦片专卖局用垄断价格收购这三个地区出产的鸦片，然后输入中国牟利。从这一年起，英国开始取代葡萄牙，逐渐垄断了对华鸦片贸易。

鸦片计量单位大多为"箱"。从拉杰普塔纳（Rajputana）地区①运来的麻洼鸦片和波斯鸦片1箱重100斤，合133又1/3英磅。从英属印度运来的孟加拉鸦片1箱重120斤。但作为吸食用的麻洼鸦片1箱一般不足70斤，孟加拉鸦片1箱不少于62斤。1786年起每年至少有2000箱鸦片被运入中国，有时甚至超过4000箱。鸦片价格也逐年增加。1780年每箱鸦片售价约200～240银元，1787年每箱鸦片售价增加到320～350元。1816年每箱鸦片的利润就高达400～500元。

1780年（乾隆四十五年）乾隆皇帝重申严禁吸食鸦片令，并且禁止输入或贩卖烟具。这次禁烟较为严厉，1783年英国东印度公司广州特别委员会报告称："中国正在用严厉的刑罚禁止鸦片输入，正在销毁收缴的鸦片，没收走私输入的船舶，对买卖鸦片的中国人处以死刑。"②但是由于雍乾时期，清政府只是禁止吸食鸦片烟，鸦片仍可作为药材纳税合法进口，"鸦片一斤，估价五钱"③，导致鸦片泛滥屡禁不止。

1793年（乾隆五十八年）之前，英国东印度公司把澳门南面的云雀湾④作为鸦片存储站和中转站。由于云雀湾风浪较大、海盗横行，并且经常受到清政府查缉，英国商人多次请求澳葡当局允许在澳门建立贸易关系，但都遭到了澳葡当局的拒绝。英商只得谋求将鸦片贸易转移到黄埔口岸。1794年英国东印度公司一艘运载约290～306箱的鸦片大船，驶入虎门，停泊在黄埔港长达15个月⑤，这是黄埔港有史记录的第一艘外国鸦片走私船。马克思在《鸦片贸易史》中记载了这次事件："1781年，孟加拉省政府派了一艘满载鸦片的武装船驶往中国，而在1794年，东印度公司又派了一艘运载着鸦片的大船停在黄埔——广州港的停泊处。"⑥

乾隆时期"鸦像象英国的哆啰呢和印度的棉花一样，是进口船只中的货载，公

---

① 今印度北部。

② J. S. Hill，"The Indo－Chinese Opium Trade"，London，1888，P. 3.

③ （清）李圭：《鸦片事略》卷上，北平图书馆民国二十年本。齐思和、林树惠、寿纪瑜：《鸦片战争》（第六册），神州国光社1954年版。

④ 云雀湾（Lark's Bay），也称"燕子湾"。

⑤ 《黄埔海关志》第167页记载："1794年（乾隆五十九年），东印度公司一艘运载约300箱鸦片的大船，停泊在黄埔达15个月之久……安然无事"；《广州海关志》第262页记载："1794年，……派一艘载有300箱鸦片的大船，直入虎门，停泊黄埔。这是在广州口岸出现的第一艘外国鸦片走私船。该船停泊18个月，竟安然无事。"因文献有限，无法确认正误，存疑待考。

⑥ 《马克思恩格斯全集》第12卷"鸦片贸易史"，中央编译局编译，人民出版社2008年版。

往来黄埔港的鸦片走私船[2]

开交易,并且用同样的方法经过船只的保商即公行的一个会员出售的"[1]。英国东印度公司商船满载鸦片停泊在黄埔港15个月,却安然无事,也说明当时鸦片贸易是公开的直接交易。马克思经过分析,得出结论:"看来,黄埔比澳门更适合做堆栈。因为黄埔被选定做堆栈以后两年,中国政府才认为有必要颁布法令,用鞭笞和枷号示众的刑罚来威吓中国的鸦片走私商。"[3]

1794年(乾隆五十九年)英国东印度公司鸦片船闯入黄埔港,是鸦片走私贸易史上的转折点,英国殖民者开始在黄埔口岸进行大规模的鸦片集散和转运。此后虽经清政府屡颁禁令、多次查缉,但由于清政府腐朽无能、官商勾结,导致鸦片蔓延日广、流毒甚深,最终使得澳门、黄埔及鸦片战争后的香港成为三大鸦片走私基地。

1796年(嘉庆元年)嘉庆皇帝认识到允许鸦片作为药材纳税进口是鸦片泛滥的重要原因,于是下令停征鸦片税,严禁鸦片进口。从此以后,鸦片正式成为违禁品。嘉庆皇帝多次下谕粤海关严行查拿,鸦片不得进入商馆,行商也要停止鸦片交易。1796年清政府对于吸食鸦片的人,罪行仅为判处枷杖,1799年刑罚递加到徒、流、绞监候等重典。1800年清政府禁止国内种植罂粟。1809年两广总督百龄、粤海关监督常显要求公行出具甘结,保证其承保的每艘外国船只到达黄埔时,船上都没有装载鸦片。百龄还要求粤海关黄埔挂号口的书吏、家丁和地方官兵进行缉查,如果外国船只装载鸦片,就不准该船贸易,货物全部驳回,原船驱逐出境。1813年刑部奉旨议定对吸食鸦片者的刑罚。清政府明令惩治吸食者,说明禁烟法令日趋完善。

面对清政府的严令,1800年英国东印度公司宣布停止在广州的鸦片贸易,而将鸦片贸易由黄埔转移到澳门,并在澳门设立存储站。每年澳葡当局收取10万两关税银,允许英国东印度公司运载5000箱鸦片至澳门。此时英印散商(即港脚商人)仍继续将鸦片偷运至黄埔直接与中国烟贩进行交易,而无需缴纳任何税金。

由于澳门逐渐成为鸦片走私窝点,1815年两广总督蒋攸铦奏请订立《查禁鸦片烟条规》,第一次提出在澳门对洋船进行检查,"嗣后西洋船运货到澳,先令将所贩各货开单报明逐件查验后,始准卸载,仍俟售卖货物时纳税,以符旧制,而绝弊端。"[4]

该年前后,澳葡当局禁止非葡萄牙船运载的鸦片在澳门上岸。英国东印度公司认为澳葡当局勒索太重,于是把鸦片留在船上运到黄埔,实行船边交货。黄埔再次成为一个鸦片贸易繁荣的口岸。据统计,1800年至1811年平均每年输入4016

① [美]马士著、张汇文译:《中华帝国对外关系史》(第一卷),商务印书馆1963年版。
② 吴家诗:《黄埔港史》(古近代部分),人民交通出版社1989年版。
③ 《马克思恩格斯全集》第12卷"鸦片贸易史",中央编译局编译,人民出版社2008年版。
④ 故宫博物院辑:《清代外交史料》(嘉庆朝四),故宫博物院1932年版。

箱,1811 年至 1821 年平均每年输入 4494 箱。

这一时期,美国也参与了鸦片走私贸易,并逐渐成为对华鸦片贸易第二大国。美国第一任广州领事山茂召最先建议对华进行鸦片贸易。美国驻土耳其士麦那[①]领事司徒亚特(Wm. Steward)最先建议从土耳其贩运鸦片到中国。美国联邦政府对毒品走私采取放任自由的态度,不支持也不明文反对美国商人在黄埔口岸从事鸦片及其他毒品走私活动。[②] 1805 年司徒亚特向国会报告,一艘美国船只装载 102 箱土耳其鸦片通过黄埔运往广州,这是美国商人在黄埔口岸走私鸦片的最早记载。1806 年又有两艘美国鸦片船从土耳其出航至黄埔。美国人每年走私入华 1200 至 1400 箱。[③] 1817 年达到 1900 箱。[④] 美国人丹涅特对美国商贩走私鸦片的情况进行了概述:"在那个时候,美国人和鸦片贸易的瓜葛,比任何统计数字所表示的都要深切得多。单单鸦片贸易的存在就给予他们一种直接的商务利益,因为这种贸易可以减少现金银进口的必要,而以伦敦汇票来作为代替。鸦片的销售量日有增加,于是美国人就像英国人和其他外国人一样,用这样得来的汇票代替现金银以购买他们的回程货。在鸦片贸易的这一方面,美国人,所有的美国人,和其他贸易商所获得的利益相比,是有过之无不及的。……鸦片的消费破坏了中国的购买力和消费力,酿成现金银进口的激增,和人民的恶感。但是当美国商人资本还比较小、能为中国人所接受的现金银的供应量还比较有限的时候,鸦片贸易,就像奴隶和酿酒厂一样,成为许多美国大资产的基础。"[⑤]

输入黄埔的鸦片按照产地主要分为四种:

一是孟加拉鸦片。产于孟加拉附近的巴特那[⑥]、贝拿勒斯[⑦]等地,是"公班土"和"刺班土"的混合物。该鸦片颜色乌黑,又称为"乌土",是上等鸦片。1773 年由英国东印度公司垄断专卖。鸦片种植者只能按照规定价格售给东印度公司专卖局。专卖局再通过拍卖的方式售出。售出后,东印度公司就不再控制其价格。孟加拉鸦片一般通过印度加尔各答运往黄埔。公班土由于质量上乘,价格也一涨再涨。1800 年公班土在澳门每箱售价 560 元~590 元,1817 年涨到每箱 1300 元,1821 年高达每箱 2500 元。

---

① 士麦那(Smyrna),古城名,今称"伊兹密尔(Izmir)",土耳其西部港口城市,濒临爱琴海伊兹密尔湾。

② Chinese Repository, Vol. 7 May 1838, P23-32,《中国丛报》(Chinese Repository),旧译《澳门月报》,是美国传教士裨治文(Elijah Coleman Bridgman, 1801~1861 年)在广州创办、向西方读者介绍中国的第一份英文刊物。创刊于 1832 年 5 月,停办于 1851 年 12 月,共发行 20 卷 232 期。

③ [美]丹涅特著、姚曾译:《美国人在东亚》,商务印书馆 1959 年版。

④ [英]格伦伯格:《1840 年至 1882 年的英国贸易与中国之开放》,第 124 页。转引自牟安世:《鸦片战争》,上海人民出版社 1982 年版。

⑤ [美]丹涅特著、姚曾译:《美国人在东亚》,商务印书馆 1959 年版。

⑥ 巴特那(Patna),印度宗教圣地,位于比哈尔邦东部恒河南岸。

⑦ 贝拿勒斯(Benares),1957 年改称"瓦拉纳西"(Varanasi),印度北方邦东南部城市。

二是麻洼[①]鸦片。产于中印度和拉杰普塔纳[②]的各独立土邦。根据品质不同，又分为麻洼红皮鸦片和麻洼白皮鸦片。麻洼红皮鸦片由孟买[③]出口，因此又称为孟买鸦片，由英国东印度公司专卖。麻洼白皮鸦片，又称“白皮土”，因从达曼[④]出口，所以又称达曼鸦片。白皮土是质量次等的鸦片，1805 年每箱不到 400 元，1817 年价格仅为 680 元，差不多是公班土价格的一半。由于白皮土的低价竞争，公班土一度降价到每箱 840 元。1819 年白皮土每箱 730 元，1820 年涨到每箱 1320 元，甚至卖到每箱 1800 元。白皮土在 1834 年前主要由葡萄牙商人贩卖，后由港脚商人贩卖。

三是土耳其鸦片。产于土耳其士麦那，又名“金花土”，质量差于印度出产的鸦片，但价格便宜。主要由美国商人贩卖。

四是波斯鸦片。产于波斯，又名“新山土”。波斯鸦片一般由港脚商人在卡拉奇[⑤]、达曼和孟买等港口购买并走私进入黄埔。

黄埔口岸鸦片种类表[⑥]

中文名	英文名	产地	出口地	品质	每箱数量(个)	每箱重量(斤)	主要贩卖商人
公班土	Patna Opium	印度巴特那	印度加尔各答	优等	40	120	英国东印度公司
剌班土	Benares Opium	印度贝拿勒斯	印度加尔各答	上等	40	120	英国东印度公司
红皮土	Malwa Opium	中印度和拉杰普塔纳的各独立土邦	印度孟买	次等			英国东印度公司
白皮土	Malwa Opium	中印度和拉杰普塔纳的各独立土邦	印度果阿和达曼	四等	160～200	100	1834 年前主要由葡萄牙商人贩卖，后由港脚商人贩卖
金花土	Turkey Opium	土耳其	土耳其	次差	160～200	100	美国商人
新山土	Persian Opium	波斯	卡拉奇、达曼和孟买等港口	最差	160～200	100	港脚商人、美国商人

鸦片虽然名义上是违禁品，但粤海关各级官吏和保商相互勾结，通常将鸦片视同不

① 麻洼(Malwa)，原为印度西部土邦。

② 拉杰普塔纳(Rajputana)，位于印度西北部。

③ 孟买(Mumbai)，1995 年 11 月印度政府将孟买的英文由 "Bombay" 改为 "Mumbai"，印度马哈拉施特拉邦首府，是印度最大的海港和重要交通枢纽，素有印度“西部门户”之称。

④ 达曼(Ad Damān)，印度西部港口城市，西临肯帕德湾(坎贝湾)。

⑤ 卡拉奇(Karachi)，是巴基斯坦信德省的首府，该国最大城市和港口。位于巴基斯坦南部沿海，印度河三角洲的西南部，濒临阿拉伯海的北侧。

⑥ (清)文庆等编：《筹办夷务始末》道光朝，第 7 卷，中华书局 1964 年版。

见或与其他进口货物一样征收规费而放行。1822年(道光二年)御史黄中模指出:“迩来洋商[①]与外夷勾通贩卖鸦片烟,海关利其重税,遂为隐忍不发,以致鸦片烟流传甚广,耗材伤生,莫此为甚。”[②]道光皇帝接到奏报后,下令广东督抚密查粤海关监督达三是否有收受贿赂、放纵走私情事,但兼署两广总督的广东巡抚嵩孚不愿引火烧身,复奏没有发现达三收受贿赂之事。实际上,当时的英文期刊《中国丛报》公开报道:“不仅广州海关官员,甚至其他更高级官吏都从鸦片走私中获得好处。”[③]“贪污风气已经达到如此程度,以致运送鸦片的走私船常常就是那些负责缉私职务的官船。同样,每年由广州到北京装着呈献皇帝贡品的贡船,也成了运送鸦片到北方各省的一个得力工具。”[④]

1815年5月2日散商船“凯瑟琳”号从孟加拉驶达黄埔。5月25日该船被举报将鸦片转移到美国多桅帆船“莉迪亚”号(Lydia)上。两广总督蒋攸铦便派遣一名武官搜查“莉迪亚”号。“莉迪亚”号船主威尔科克斯(I. S. Wilcocks)提前获知消息,和美国驻广州领事威尔科克斯一起在船上接见了这名武官并抗议搜查。武官坚持要求将船只封舱后驶入黄埔进行检查。威尔科克斯领事将船上各个舱口用领事印章加封,帆船驶入黄埔后由威尔科克斯船主开舱,并打开最上层的几件包裹,里面装载茶叶、糖和大米等货物。武官粗略检查后,宣称没有发现鸦片,于是撤离。实际上,鸦片被藏在舱底。6月8日“莉迪亚”号从黄埔起航到达澳门后,澳门军民府同知以“保护该船免受不列颠巡船攻击”的名义也登上这艘船检查,在未发现该船载有鸦片后予以放行。

1819年10月23日英国东印度公司船“埃塞克斯”号(Essex)的一个小艇在从黄埔驶往广州途中,被海关稽查小艇拦截搜查。查出一个瓦罐中藏有麻洼鸦片,重量为10～12磅。当晚,“埃塞克斯”号的保商关成发支付6000元罚款给海关稽查员。海关官员仅将查获的鸦片没收,没有上报。事后关成发想把6000元记入“埃塞克斯”号船长尼斯比特(Capt. Nisbet)的私人账户上。但尼斯比特宣称对鸦片走私并不知情,东印度公司最终决定由该船货主支付这笔罚款。

图中右端为驶入黄埔港的英国东印度公司鸦片运输船“滑铁卢”号

1820年行商关福隆通知其承保的英国东印度公司双桅帆船“良师”号(Mentor)尽快从黄埔开走。该船作为鸦片趸船停泊黄埔,已经引起广东地方当局的注意,如果继续滞留黄埔,就会有船货被驱、保商入监的危险。船长戴维森(Davidson)经请示英国东印度公司委员会后立即将船驶离黄埔。

1821年道光皇帝登基时,鸦片吸食已经泛滥成灾。清政府严申鸦片禁令,并颁

---

① 指十三行行商。

② 《清代外交史料》(道光朝一)“贵州道监察御史黄中模奏请严禁纹银偷漏出洋折”,见梁嘉彬:《广东十三行考》,广东人民出版社1999年版。

③ Chinese Repository Vol. 6 P513.

④ [英]格林堡著、康成译:《鸦片战争前中英通商史》,商务印书馆1961年版。

布新的禁烟刑律："开馆者议绞；贩卖者充军；吸食者杖徒。"[①]洋船走私鸦片一旦被查，不仅船货会被驱逐，保商身家性命也将遭受危险。当年行商麦觐廷担保的洋船被查出夹带少量鸦片，广东地方当局处以夹带鸦片价值50倍的罚款，共计5000元。

该年下半年，广东地方当局督同行商在黄埔查出了一宗鸦片走私大案。[②] 共有四艘洋船涉案：英国船长霍格(Captain Hogg)的"欧亨尼亚"号(Eugenina)、罗布森(Capt. Robson)的"胡格利"号(Hooghly)、帕金斯(Capt. ParKins)的"墨罗佩"号(Merope)和美国船长考珀兰(Capt. Cowpland)的"急庇仑"号(Emily)。两广总督阮元谕令焚毁鸦片，罚款3329元，并限定自11月17日起五天内各船启航离境，永远不得来粤贸易。12月13日(即道光元年十一月十九日)道光帝下旨摘去庇护纵容洋船的十三行总商伍敦元三品顶戴，并责令其率领行商共同杜绝鸦片。

1822年粤海关黄埔挂号口查获林绍修走私鸦片，澳门口也查获一起鸦片走私案。清政府又封锁黄埔和澳门两大关口，驱逐出鸦片船只。鸦片贩子只得转移到珠江出海口，将停泊在伶仃洋面的武装浮动废船，充做鸦片囤货趸船。伶仃洋水路四通八达，入虎门即可经黄埔到广州，向东经海路可达闽、浙、鲁、直隶等港口。从黄埔转移到伶仃洋面，"只是使鸦片堆栈由不可靠的地点移到更适合于经营鸦片贸易的地点"[③]。

清末珠江上的粤海关缉私船

停泊在伶仃洋的鸦片趸船少则四五艘，通常有七八艘，主要是英国船、港脚船和美国船。[④]到鸦片战争前，这样的"浮动仓库"趸船增至22艘。[⑤] 鸦片贩子又开辟金星门和急水门作为趸船的停泊点。"鸦片船皆下碇于伶仃洋，其岛高尖独峙，颇有居民，山可御东北风。若风暴将起，则驶往对面之金星门，否则被风吹出大洋外矣。"[⑥]由于清政府对伶仃洋面的鸦片走私侦缉不严，导致大量鸦片涌入中国。在中国大量倾销鸦片，逐渐成为英国东印度公司购买茶叶的资金重要来源，同时管理印度的一半费用也来自于对华鸦片贸易。

1826年两广总督李鸿宾设置水师巡船，不定期前往伶仃洋及各岛屿进行缉私。但由于走私艇是由亡命之徒驾驶的，如果鸦片商贩被拿获，可能会判死刑；而水师艇船员通常是低饷雇佣的，并且不善于驾驶船舶，所以水师巡船通常避免主动向走私艇发动进攻，缉私效果极差。同时由于缉私之人，又是纵私之人。众多官吏收受贿赂，

---

① 李圭《鸦片事略》卷上，北平图书馆民国二十年本。

② [美]马士著、区宗华译：《东印度公司对华贸易编年史》(第四、五卷)，中山大学出版社1991年版，第78章"'急庇仑号'和'土巴资号'事件，1821年"。

③ 《马克思恩格斯全集》第12卷"鸦片贸易史"，中央编译局编译，人民出版社2008年版。

④ (清)文庆等编：《筹办夷务始末》道光朝，第1卷，中华书局1964年版。

⑤ 萧致治、杨卫东：《鸦片战争前中西关系纪事》，湖北人民出版社1986年版。

⑥ (清)魏源撰，陈华等校注：《海国图志》卷八十三，岳麓书社1998年版。

从中包庇，指派查缉鸦片的官艇往往成为运载鸦片的工具。水师巡船每月收受规银36000两，放私入口。1832年两广总督卢坤裁撤巡船，但积弊难除。1837年两广总督邓廷桢又恢复巡船制度。按规定，引水员需要每月两次向广东地方当局报告在伶仃洋从事鸦片贸易的外国商船数量，广东地方当局需要每月两次向两广总督报告，但广东水师的统领经常公开宣称，已将鸦片船驱逐出海，伶仃洋面不存在大规模的鸦片走私。水师副将韩肇庆甚至与外国鸦片私贩约定每走私进口1万箱就送数百箱给水师报功。韩肇庆因为缉私有功，竟被擢升为总兵，赏戴孔雀翎。

停在伶仃洋面的英国趸船(1839年)

鸦片趸船

英美鸦片商船从印度、土耳其将鸦片运到中国南海，进入老万山[①]之后，将鸦片卸入趸船囤储，然后由掮客雇佣名为“快蟹”、“扒龙”等全副武装的走私快艇将趸船上的鸦片分批运进广州，或向南运至海南、向北运至厦门，甚至运往山东、天津、奉天等海口。本地鸦片商以开设钱店为名，暗中销售烟土。广东十三行商馆附近的联兴街，设有很多烟馆，俗称为“大窑口”。广东还有一些散布城乡市镇的小烟馆，一般由鸦片商和地方官吏勾结私设，俗称“小窑口”。大小窑口遍布城乡，多不胜数，每年输入中国的鸦片数量十分巨大，1832年已超过20000箱，1838年更是高达40000多箱。[②]

鸦片贸易从澳门转移到伶仃洋后，在澳门的葡萄牙人遭受了巨大损失。葡萄牙米格尔[③]政府试图通过禁止英国散商租住澳门，以减少伶仃洋的鸦片贸易。清政府也加强了对鸦片走私的查究。1832年道光皇帝谕令两广总督李鸿宾：“于省河禁止走私快艇，潮、琼各属商船不得拢近伶仃洋面。”[④]同年2月9日两广总督李鸿宾要求行商：“恳切告诫各国夷人，饬谕彼等，今后来广州买卖，船上不得私藏鸦片，亦不得派船在伶仃趸存鸦片于外洋，希冀私行出卖。如彼等竟敢故意违抗，一经发觉，则定将该夷船封舱，停止其买卖，立即将该船驱逐回国。此事业经接奉上谕严行禁止，而该行商等必须忠诚竭力告诫，完全根绝私运鸦片秽物，切勿等闲视

① 老万山岛：位于珠江口外最南端，西北距澳门31.2公里。西临小万山，北望白沥岛，南临南海。面积8.066平方公里，海拔443.13米，是万山列岛最大的岛屿。清同治十二年《香山县志》记载：“珠江口外最高者为老万山。”建国后为了便于与小万山岛区分，改名为大万山岛。

② 《广州海关志》，广东人民出版社1997年版。

③ 米格尔(Don Miguel)，葡萄牙国王，1828～1834年在位。

④ 王先谦、朱寿朋：《东华续录》(道光朝二五)，上海古籍出版社2007年。

之。如任由鸦片再行流入内地，彼等亦必重蹈严刑。”1834 年道光皇帝又谕令广东水师驱逐洋面上的鸦片趸船，严拿快蟹船只。

实际上，鸦片趸船碇泊在伶仃洋，极少受到干扰。美国商人亨特记载：“我们被一再恐吓，‘如果我们继续贩卖“洋土”给人们，就一定会遭到最严厉惩罚……’而我们却像往常一样继续贩卖这种麻醉品。碇泊在伶仃的我们的趸船受到警告，不能再在该碇泊所逗留……趸船没有丝毫移动。……商馆与黄埔船只之间的走私活动，是严刑禁止的；而那些监守者，如海关派往黄埔监视每一艘船的艇夫，以及在小溪馆和瑞行前面的海关官吏，却往往为了一笔小费而乐为居间，使我们免去这种事情的一切麻烦。”[①]两广总督卢坤和粤海关监督彭年也奏称由于难以判定哪些洋船装载鸦片，又不能在洋船聚泊时用炮火驱散，而且洋船在伶仃洋时聚时散，巡洋水师很难彻底驱离鸦片船只。

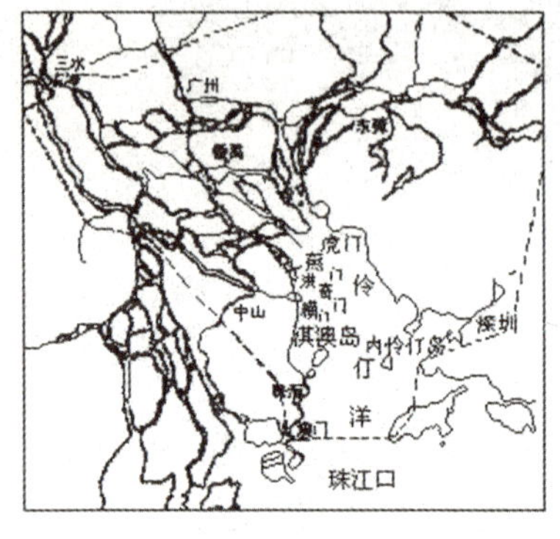

伶仃洋示意图

收缴鸦片地点：穿鼻洋龙穴岛

1834 年 4 月 22 日英国东印度公司正式结束了对华贸易专利与管辖权。东印度公司延续 233 年的贸易垄断结束，标志着英国散商可以自由的参与对华直接贸易，此后鸦片走私进入了新的阶段，输入中国的鸦片急剧增加。正如马克思所言：“1834 年也像 1800 年、1816 年和 1824 年一样，在鸦片贸易史上标志着一个时代。”[②]

随着印度鸦片产量的增加，传统的木帆船已经不能适用鸦片走私的需要，蒸汽轮船就被应用到了鸦片运输上来。到鸦片战争前夕已有 20 艘轮船在黄埔水域往来运输。

1837 年 1 月 30 日《加尔各答英人日报》报道称：“伶仃洋面自早到晚，各种鸦片走私船来往不断。其中仅武装‘快蟹’和‘扒龙’多达一二百只。走私船贿赂沿途关口，关津胥吏容隐放行。”

---

① [美]威廉·C.亨特著，冯树铁、沈正邦译：《广州“番鬼”录、旧中国杂记》，广东人民出版社 2009 年版。

② 《马克思恩格斯全集》第 12 卷“鸦片贸易史”，中央编译局编译，人民出版社 2008 年版。

英美两国运到黄埔的鸦片统计表(1795 年～1839 年)[①]

贸易年度	运到黄埔的鸦片数量(箱)				消费量	
	孟加拉(加尔各答)	麻洼	土耳其	共计	数量(箱)	价值(元)
1795～1798	1814					
1798～1800	1793	2320		4113		
1800～1801	3224	1346		4570		
1801～1802	1744	2203		3947		
1802～1803	2033	1259		3292		
1803～1804	2116	724		2840		
1804～1805	2322	837		3159		
1805～1806	2131	1705	102	3938		
1806～1807	2607	1519	180	4306		
1807～1808	3084	1124	1510	4385		
1808～1809	3223	985		4208		
1809～1810	3074	1487	32	4593		
1810～1811	3592	1376		4968		
1811～1812	2788	2103	200	5091		
1812～1813	3328	1638	100	5066		
1813～1814	3213	1556		4769		
1814～1815	2999	1556		3673		
1815～1816	2723	1507	80	4310		
1816～1817	3376	1242	488	5106	3698	4084000
1817～1818	2911	781	448	4140	4128	4178500
1818～1819	2575	977	807	4359	5387	4745000
1819～1820	1741	2265	180	4186	4780	5795000
1820～1821	2591	1653		4244	4770	8400800

贸易年度	运到黄埔的鸦片数量(箱)					消费量	
	孟加拉(加尔各答)	麻洼		土耳其金花土	共计	数量(箱)	价值(元)
		孟买红皮土	达曼白皮土				
1821～1822	3298	1600	678	383	5959	5822	7989000
1822～1823	3918	1600	2255		7773	7222	8644603
1823～1824	3360	1500	1535	140	9035	9066	7927500
1824～1825	5960	1500	2063	411	12434	9621	7608200
1825～1826	3810	2500	1563		9373	10025	9662800
1826～1827	6570	2500	2605	56	12231	9525	10425190
1827～1828	6650	2980	1524		11154	8043	8725600
1828～1829	4903	2820	3889	1256	13868	14715	12673500
1829～1830	7443	3502	4597	715	16257	20188	13744000
1830～1831	5672	3720	9136	1428	19956	16225	13150000
1831～1832	6815	4700	4633	402	16550	21659	14222300
1832～1833	7598	11000	3007	380	21985	19362	12878200
1833～1834	7808			963	20486		
1834～1835	10207	8985	2693		21885	17756	13403000
1835～1836	14851			700	26000		
1836～1837	12606			743	28307	28307	19814800
1837～1838	19600				30000		
1838～1839	18212			500	35500		
1839～1840					15619		

① 马士:《中华帝国对外关系史》(第一卷)、《东印度公司对华贸易编年史》(第四、五卷)。表中年份以 3 月 31 日为年度终期。

英美两国输入黄埔鸦片统计表(1805年至1833年)[1]

年份	英国($)	美国($)
1810	—	21664
1816	—	54160
1817	—	330376
1818	1648500	303296
1819	3370100	546339
1820	2437200	121860
1821	2225780	—
1822	1857688	259291
1823	4040336	—
1824	4014610	94780
1825	4854090	278247
1826	7480850	—
1827	6749013	37912
1828	6953467	—
1829	10591760	1212040
1830	13468924	614900
1831	11121512	872508
1832	11304018	326424
1833	12185100	258400

鸦片泛滥成灾，不仅导致白银大量外流、国库空虚、清政府财政困难，每年的贸易差额超过了1000万两白银，还严重危害人民身心健康，导致社会生产力萎缩，激化社会矛盾。鸿胪寺卿黄爵滋[2]指出："(鸦片)蔓延中国、横被海内，槁人形骸、蛊人心志、丧人身家，实生民以来未有之大患，其祸烈于洪水猛兽。"[3]

1836年10月16日两广总督邓廷桢奉旨在广东实施一系列严厉禁烟措施。11

① 马士:《中华帝国对外关系史》。1792年至1873年，一美元含银24.057克，一西班牙银元含银24.76克，一美元大约兑换一西班牙银元。

② 黄爵滋(1793～1853年)，字德成，号树斋，江西宜黄人。清代著名政治家、思想家、文学家，积极倡导禁烟的先驱者之一，与林则徐、邓廷桢等均为禁烟名臣。

③ (清)文庆等编:《筹办夷务始末》道光朝第2卷，中华书局1964年版。

月 23 日邓廷桢下令驱逐 9 名外国人[①]，限于 15 天内出境，其罪名是参与鸦片贸易。12 月 13 日邓廷桢又下令将出境期限延长 4 个月，截止到 1837 年 4 月 4 日。但实际上这 9 名外国烟贩并没有遵令离境。

1837 年 6 月 22 日邓廷桢下令取消所有渡船，原因是这些渡船在广州水路偷运鸦片。8 月 4 日谕令所有外国船只一律不准停留港外；并限英国驻华商务监督义律于 10 日内把所有停泊于各处的鸦片趸船一律遣离。8 月 17 日再次要求义律将伶仃岛等处洋面上停泊的鸦片趸船"概行遣令回国，毋许仍前寄泊逗留。嗣后除贸易正项货物商船外，所有一切违禁货物，如鸦片烟土之类俱不准贩运重来"。9 月 18 日邓廷桢指责义律"竟未将趸船遣离，实乃有亏职守"，敦促其勒令趸船尽行开去，并转告英国国王，勿令再来。[②] 而义律却宣称无法分辨停泊在伶仃岛船只的国籍，并且无权过问非悬挂英国国旗的船只。义律还声明他的使命仅限于办理与清政府的正常贸易。

邓廷桢的禁烟措施，"尽最大努力以遏止鸦片输入以至其他因苛税而走私流出国外的货物"[③]。由于广东地方当局的严厉查缉、重刑处罚，广州鸦片价格大跌。1837 年底，公班土每箱约为 620 银元，刺班土每箱约为 560 元。1838 年 1 月初，公班土和刺班土均下降 100 元。到了 2 月份，麻洼烟和刺班土每箱只值 400 元，公班土则降到每箱 450 元。[④] 1838 年 1 月马地臣在私人通信中称："在过去十二个月之内，我们的洋药市场已经经历了一次全盘的革命，现在没有一艘走私船之类的东西在活动了。"[⑤]

1838 年 12 月 17 日义律在清政府停止贸易的威胁和各方的压力下，在广州召开全体外侨大会，并于 18 日给英国臣民发布了公告，命令所有从事非法鸦片贸易的船只立即驶出虎门以外；宣称走私船只如被查获，英国政府将撤销对其保护；警告那些强行抗拒查缉的船只不要触犯中国法律。

1838 年 12 月 31 日[⑥]道光皇帝任命林则徐为钦差大臣兼节制广东水师，派往广东查禁鸦片。林则徐赴广东前，自称"祸福生死，早已置之度外"，决心清除鸦片毒害。

---

① 4 个英国人、3 个印度港脚商人、1 个美国人、1 人国籍不明。

② [日]佐佐木正哉：《鸦片战争前中英交涉文书》，台北文海出版社 1967 年版。

③ 《鸦片战争史料选译》"1837 年 1 月《中国丛报》第 5 卷第 9 期"，广东省文史研究馆译，中华书局 1983 年版。

④ 《怡和档案·私人通信》，渣甸函(1838 年 1 月 2 日、1 月 24 日、2 月 27 日)，转自张馨保：《林钦差与鸦片战争》第 103 页。

⑤ 《怡和档案·私人通信》，渣甸函和马地臣函(1837 年 1 月—1838 年 1 月)，转自[英]格林堡著、康成译：《鸦片战争前中英通商史》，商务印书馆 1961 年版。

⑥ 根据来新夏编著《林则徐年谱新编》(南开大学出版社 1997 年 6 月第 1 版)：1838 年 12 月 31 日(道光十八年十一月十五日)道光皇帝下旨颁给林则徐钦差大臣关防，要求其速去广州查禁鸦片。1839 年 1 月 3 日(道光十八年十一月十八日)林则徐第八次被道光帝召见，林则徐辞行。1839 年 1 月 8 日(道光十八年十一月二十三日)林则徐离开京城。1839 年 3 月 10 日(道光十九年一月二十五日)林则徐抵达广州。

1839年1月23日两广总督邓廷桢向外商通告钦差大臣林则徐来粤查禁鸦片。1月26日英国鸦片走私头目渣甸闻风返回英国。3月10日林则徐抵达广州，立即着手了解情况，确定禁烟方针。林则徐主要抓住缴烟与具结两条：即“将已来之鸦片，速缴到官；未来之烟土，具结永断”，并命令外国商人3天内交出全部鸦片，否则，一经查出，货物没收，人处死刑。林则徐表示：“若鸦片一日未绝，本大臣一日不回。誓与此事相终始，断无中止之理。”

此时鸦片贩子已将广州商馆里的鸦片秘密转移到伶仃洋面的鸦片趸船上。3月19日粤海关监督豫堃宣布暂停发给外商离粤赴澳的通行牌照，实际上是将在广州商馆里的300多名外商和船员暂时软禁，迫使外商缴出鸦片。3月24日林则徐下令将停泊黄埔的各国商船封舱停售，不许上下货物；各类工匠、船只、房屋，不许雇赁给外国人；同时严令水师提督、碣石镇总兵统带各营官兵分路把守，查缉贩运鸦片的洋船。[①] 3月28日广州府要求义律[②]将黄埔货船、伶仃洋面趸船及商馆内所有鸦片，开具清单，听候验收。[③] 林则徐将住在洋行里的华人买办拘禁起来，兵丁驻守黄埔港内的外国趸船，使得外商得不到物资供应和任何消息。义律迫于无奈，只得向林则徐呈送了《义律遵谕呈单缴烟二万零二百八十三箱禀》，并以英国女王的名义责令英商交出鸦片共计20,283箱，价值高达11,000,000元。随即商馆的食物和水恢复了供应。

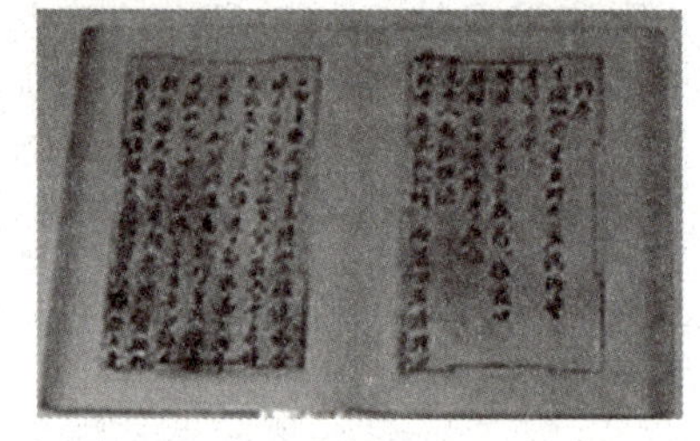

林则徐致粤海关监督豫堃关于收缴鸦片情况的函

4月4日林则徐发布谕令，规定外商缴烟四分之一后，买办和仆役可以恢复；缴烟一半后，黄埔和澳门之间的水上往来可以开禁；缴烟四分之三后，可以开舱贸易；全部缴完后，一切照常。林则徐还拟就甘结式样，饬令各国鸦片贩子出具英、汉文甘结声明：“嗣后来船不敢夹带鸦片，如经查出，则货物没官，人犯正法。”

4月10日林则徐、邓廷桢亲赴虎门检查收缴前各项准备工作。4月11日缴烟正式开始，林则徐亲自监督收缴过程。截至5月18日实际用了34天，共收缴烟土19187箱和2119袋。“核之义律原禀应缴二万二百八十三箱之数，更溢收一千袋

① (清)林则徐：《信及录》，上海书店1982年版。

② 关于1839年查理·义律官职，《黄埔海关志》第169页第7行记载：“3月28日，广州府奉钦差大臣林则徐札发鸦片章程4条谕令英国领事查理·义律将黄埔货船、伶仃洋面趸船及商馆内所有鸦片，开具清单，听候验收。”根据本书附考《五、鸦片战争前义律职责》可知义律只是英国驻华商务监督，并非驻华领事。《黄埔海关志》此处有误。

③ (清)文庆等编：《筹办夷务始末》道光朝，第6卷，中华书局1964年版。

有零。”[①]根据林则徐奏报，运输时板箱较占位置，匀摆不开，凡在边舱的烟土都用袋装，重量与箱相同，因此袋箱可统一计算。所以实收总数计为 21306 箱[②]，比义律原报数量多了 1023 箱。

---

① 中国第一历史档案馆：《鸦片战争档案史料》（第一册），“钦差大臣林则徐奏为英国船只所呈缴之鸦片已一律收清折”，上海人民出版社 1987 年版，第 544 页。

史学界关于林则徐收缴鸦片数量，存在 21306 箱（袋）和 20291 箱（袋）的争议。

《林则徐集·公牍》第 72 页“批美国领事士那为该国鸦片已交义律呈缴禀”、第 74－75 页“批美国领事士那续陈该国鸦片实系代英商销卖已交义律禀”记载：义律向林则徐呈缴的鸦片中包含美商 1540 箱鸦片。因此义律比原定呈缴英国鸦片 20283 箱多缴 1000 余袋鸦片是可能的。再加上澳门总督缴送查获的因义士鸦片 8 箱，林则徐奏折所言“核之义律原禀应缴二万二百八十三箱之数，更溢收一千袋有零”可信度较高。《林则徐日记》也记载收缴鸦片 19187 箱和 2119 袋，总数为 21306 箱（袋）。

但［日］佐佐木正哉《鸦片战争前中英交涉文书》一书抄录了一份收藏于英国国家档案馆的鸦片验收凭据，是 1839 年 5 月 21 日（道光十九年四月初九日）广州当局出具给英商凭据实物。该收据记载鸦片总数为 20283 箱 28 斤又 7 个，与林则徐奏章和日记所载数目有较大出入。收据全文如下：“四月初八日，据收照已缴一万九千三百二十六箱零二十八斤。本月初九日，巴利三板缴公土一十五箱。又登船缴白、公土九百四十二箱零，公土七个，共计二万零二百八十三箱二十八斤又七个，照数收清，已发给总收照矣。今将数目归总清折，呈电鉴赐，总二万零二百八十三箱收照。以立凭据。道光十九年四月初日。”

萧致治在《鸦片战争史》中转载［美］马士《中华帝国对外关系史》（第 1 卷第 255 页）：“（按：英商呈缴过程中）又发现了趸船上的鸦片实际只有 19760 箱，因为有两家港脚公司申报重复，一家重复了 406 箱，一家 117 箱，两共 523 箱；要把 3 月 28 日所报的数字（按：20283 箱）调整减少已经不可能，于是就只好从即将进口的鸦片中购买补足——因为‘在我（按：义律自称）离开广州的前几天到了一只从印度开来的船，带有交与颠地公司的鸦片，这才使该公司帮助我能够达成我的公务，并将外商从他们在广州的拘禁中释放出来。这宗鸦片是以每箱 500 元的价格购得，总数用伦敦国库支票支付的，共计 63266 镑。”关于每箱 500 元购买的这批鸦片，萧致治《鸦片战争前中西关系纪事》第 463 页却记载是用于抵偿被两家公司偷偷卖掉的鸦片：“英商并不赞成义律的屈从。即使在上报了鸦片数目之后，有两家公司又偷卖了五百二十三箱鸦片。这使义律束手无策，只好从颠地公司新到的鸦片船上以五百元一箱的价格买来把缺额补齐。”

萧致治认为：“英国国家档案馆所存凭据见于《议会文件》第 375、428 页。是中国当局交给英国方面作为正式验收凭据的，具有法律效能，应属正式凭据”，“既然实存趸船鸦片尚不足数，就不可能在答应呈缴的 20283 箱之外多缴 1000 袋有零。故收据中所言 20283 箱 28 斤又 7 个应是实缴之数。后来增加因义士的鸦片 8 箱（这是澳门葡萄牙总管在澳门拿获，于 5 月 5 日送到沙角的），共为 20291 箱。”

笔者认为：林则徐收缴英美商贩鸦片应为 21306 箱（袋）。1839 年 5 月 21 日广州当局开具了一份给英商的 20283 箱鸦片验收凭据。如能找到广州当局出具给美商的验收凭据，就可进一步核实林则徐奏折日记所记无误。

② 包括士那（美国驻华商务领事）交由义律（英国驻华商务监督）转缴的 1540 箱金花土鸦片。

5月5日葡萄牙驻澳门总督边度[①]在澳门查获因义士[②]的8箱鸦片，并缴送至虎门沙角。[③] 6月3日林则徐下令将缴获的鸦片除留下8箱(公班土、剌班土、白皮土、金花土各2箱)为样品外，其余全部在虎门镇口村海滩当众销毁。从6月3日至25日共销毁鸦片21306箱。[④] 这就是震撼中外的虎门销烟。虎门销烟充分体现了中华民族反对外来侵略的决心，维护了中华民族的尊严和利益，是近代反走私斗争的一次高潮。

鸦片走私——打包

鸦片走私——过磅

鸦片走私——入仓

鸦片走私——装卸

① 边度(Adriao Acacio da Silveira Pinto)，葡萄牙驻澳门第77任总督。

② 因义士(James Innes)，又译作“因斯”，英国商人和鸦片贩子。

③ 《林则徐集・公牍》，“驱逐烟贩因义士回国”，中华书局1963年版。

④ 含澳门葡萄牙总督边度查获缴送的8箱鸦片。来新夏编著《林则徐年谱长编》上海交通大学出版社2011年版，第342页记载：“道光十九年 己亥1839年五十五岁 五月十五日，林则徐由虎门回省，化烟工作全部告竣。在二十五日所上《虎门销毁鸦片已一律完竣折》中报告说：除留存四种烟土八箱作为样土外，计已化烟土‘共有一万九千一百七十九箱，二千一百一十九袋。其斤两除去箱袋，实共二百三十七万六千二百五十四斤，截至五月十五日，业已销化全完。……臣林则徐也暂回省城，商办一切。’”(《林则徐全集》第三册，奏折页一六〇至一六一；又见《道光朝筹办夷务始末》卷七，页一八至二〇)根据林则徐奏折，历时23天的虎门销烟，除留下8箱为样品外，其余19179箱和2119袋，共21298箱、净重237.6254万斤的鸦片被销毁。但如果包含澳门葡萄牙总督边度查获缴送的8箱鸦片，销毁鸦片数量应为21306箱。待考。

广州鸦片烟馆(19 世纪英国铜板画)

清朝代的鸦片烟民

鸦片走私被遏制了,但并没有被禁绝。“中国沿海一带鸦片交易几乎已经完全停止”的情况并没有持续多久。刚刚销烟后,广州城内鸦片价格从每箱 500 元涨到了 3000 元。1839 年 10 月广东沿海每箱鸦片约 1000 至 1600 元,到年底由于鸦片走私回潮,价格降到了每箱 700 元至 1200 元。

清政府的禁烟运动导致英国侵略者于 1840 年(道光二十年)发动了第一次对华鸦片战争。战争期间,英、美两国的鸦片贩子继续做着鸦片生意。英军一到广州,装载鸦片的船只便紧跟着云集黄埔。1841 年 3 月 18 日义律为倾销鸦片存货,委托行商伍绍荣调停通商。3 月 20 日英国舰船沿虎门至广州,遍树旗帜,出售鸦片。

二、第一次鸦片战争后

第一次鸦片战争结束后,香港割让给英国,成为自由港,鸦片进出自由。清政府对鸦片问题采取回避的态度,不承认鸦片贸易合法,但也不严查鸦片进口。由此中外烟贩有恃无恐,走私比战前更猖狂。鸦片贩子在黄埔公开进行鸦片贸易。以黄埔为中心,内入广州内港、外出虎门之外,均为鸦片贩子的活动范围。连地方官船也参与鸦片走私。

中英条约没有涉及鸦片事宜,但中美《望厦条约》和中法《黄埔条约》都将鸦片列为违禁品,规定本国公民从事鸦片或其他任何违禁品贸易,将不受本国政府的保护。尽管如此,鸦片输入比战前还多。在香港水域,云集众多的鸦片走私船,其中仅外国商行专为走私鸦片而制造的飞剪船达 80 艘。他们将产自印度等地的鸦片,源源不断地运到香港囤积,然后伺机用飞剪船、小帆船分运走私到中国沿海各地。

1845 年(道光二十五年)英国驻华公使德庇时致函两广总督耆英称:不仅英国船只在黄埔走私鸦片,美国、丹麦、瑞典和葡萄牙等多国定期航行的船只也在黄埔出售鸦片。其中较为著名的有美国旗昌洋行的“安格娜”号、“爱丽尔”号、“玛金帕”号、“西风”号和英国怡和洋行的“羚羊”号、“蜂雀”号,甚至葡萄牙的小划艇也加入到鸦片走私行列。1850 年英国鸦片商人运进黄埔的鸦片达 52925 箱,比 1840 年 20619 箱增加了一倍多。德庇时指出,除非把鸦片船只彻底驱逐出黄埔水域,否则整个广州商业将沦为走私贸易。对于鸦片战争后大规模的鸦片走私，海关总税务司赫德也承认那段时期是“鸦片走私的黄金时代”。

《南京条约》开辟广州为通商口岸，但并没有允许英国人可以自由进入广州城内，英国商人只能在黄埔一带贸易。1853年5月英国驻华公使文翰提出修订《南京条约》，要求清政府完全开放城市和港口，英国人可以自由走遍全中国。1854年（咸丰四年）英国驻华公使包伶向清政府提出鸦片贸易合法化、进出口货物免交子口税、外国公使常驻北京等要求，同年美国、法国也都纷纷要求修订条约，但都遭到清政府的拒绝。1856年英国借口“亚罗号事件”、1857年法国借口“马神甫事件”，在俄国、美国的支持下联合发动了第二次鸦片战争。

“亚罗”号三桅帆船

叶名琛，第二次鸦片战争前任两广总督

1858年11月8日（咸丰八年十月初三）钦差大臣桂良、花沙纳与英国全权代表额尔金在上海签订《中英通商章程善后条约》（又称《中英通商章程》），作为《中英天津条约》的补充条款，附有《海关税则》。条约规定每担缴纳进口税银30两，就可以“洋药”名称，合法进口鸦片，但只准在通商口岸出售。①

虽然鸦片成了合法商品，但走私形势仍然十分严峻。以偷漏关税为目的的鸦片走私在黄埔口岸多有发生。据统计，每有1箱鸦片在粤海关申报，就有1箱鸦片从黄埔口岸走私进口。1860年前后，粤海关洋药走私偷漏关税每年高达50万两。参与走私鸦片，除了洋船、各乡村渡船、渔船和贩私盐船外，还有地方政府巡船。

① 《广州海关志》第264页第4行：“1859年，英国政府强迫清政府签订《中英通商章程善后条约：海关税则》，条约规定每司码担鸦片纳税银30两，就可以‘洋药’名称，公开合法进口并在通商口岸销售。”根据《通商章程善后条约：海关税则》（《海关中外条约》第1卷，第424－428页）：“一八五八年十一月八日，咸丰八年十月初三日，上海。第四款：一、凡有税则内所算轻重、长短，中国一担，即系一百斤者，以英国一百三十三磅又三分之一为准；中国一丈，即十尺者，以英国一百四十一因制为准。中国一尺即英国十四因制又十分因制之一；英国十二因制为一幅地，三幅地为一码，四码欠三因制即合中国一丈，均以此为例。第五款：一、向来洋药、铜钱、米谷、豆石、硝磺、白铅等物，例皆不准通商，现定稍宽其禁，听商遵行纳税贸易。洋药准其进口，议定每百斤纳税银叁拾两。”旧制，清朝年间1市斤＝596.82克，1司码担通常约为60千克，即100市斤。

1864年至1865年，发生多起东莞县和番禺县巡船走私鸦片，抗拒海关缉捕、击伤关员的事件。1866年1月20日（同治四年十二月四日）黄埔分卡一艘缉私小艇在黎塘地方查缉一艘鸦片走私船时，被掩护走私的番禺县二号巡船开炮击伤，走私人犯全部逃脱。总理衙门为此多次饬令地方当局严加查办。

经河轮①走私的鸦片，有很多不在广州上岸。事前，鸦片被装进特制的防水袋内，每袋装5～10个鸦片球。轮船离开香港码头前，这些袋子被缚在船尾的防护板下，当到达黄埔附近的约定地点时，一有讯号，就将缚绳斩断，将袋子放入水中，一只小艇从岸边驶来，将袋捞起。走私烟贩还会在约定地点，将袋子从舷梯和客房的窗口抛下。装进防水袋中的鸦片有的多至三四箱，每袋10个鸦片球，在番禺莲花山与盐滩之间，被偷运上岸。1866年7月7日（同治五年五月二十五日）在香港至广州的"九江"客轮上，一名旅客中途将11枚（约15公斤）鸦片抛下河面，由小艇接应，被黄埔分卡铃子手当场抓获。

为了遏制鸦片走私，粤海关税务司购买缉私船只，雇佣外籍铃子手，专责稽查货物和巡河缉私。1866年11月以后，鸦片被允许用本地民船运进东莞等地，但不允许用民船运至广州。由于粤海新关不负责征收民船鸦片关税，因此海关统计鸦片进口量大量减少。

黄埔分卡铃子手当场抓获接应鸦片的小艇②

1866年11月23日粤海关铃子手头目英国人鲍朗，据密报前往缉拿贩运鸦片的走私船。鲍朗在虎门附近被走私船放炮拒捕，身受重伤，走私船逃逸。

1869年10月10日（同治八年八月二十六日）粤海关监督崇礼鉴于虎门到黄埔之间水域的走私偷漏情况异常猖獗，下令黄埔新洲缉捕委员与黄埔税务司"会督巡船兵弁一体缉拿"，同时派出巡船在葬岗与坪岗山③之间的后涌和航道内往来巡逻。由于黄埔水域缉查较严，而当时清政府在港澳附近没有设立海关机构，因此走私船只逐渐移往港澳，黄埔水域的鸦片走私逐渐减少。清政府为了缓解贸易逆差，鼓励国内种植鸦片，也导致鸦片进口逐年下降。但耕地改种罂粟，造成了粮食减产，引起了国内数次饥荒。

1906年9月20日光绪皇帝下令严禁鸦片种植、吸食与贸易，十年内彻底禁绝

---

① 指定期往返穗港澳的蒸汽轮船。

② 学海楼"小楼昨日——粤海关黄埔分关及其旧址变迁"展览图片。

③ 《黄埔海关志》第171页第4行记载："1869年10月10日……派出巡船在葬冈与北平山之间的后涌和航道内常以巡逻。"《广州海关志》第264页第21行记载："1869年粤海关监督……派出巡船在葬冈与平顶山之间的后涌和航道内经常巡逻。"根据1995年12月《黄埔区政区图》，长洲岛上有坪岗山。

鸦片。全国各地开展禁烟活动。

1908 年 6 月 15 日粤海关公告：自 1909 年 1 月 1 日起，波斯和土耳其鸦片必须凭九龙海关税务司签发的特许证进口，并按章缴纳关税和厘金。

清末民初，吗啡、海洛因等毒性更大、成瘾性更强的毒品开始传入中国。

1915 年春季，民国政府委任禁烟特派员办理江苏、江西、广东三省禁烟事宜，制止私烟运入三省，并禁卖云南出产的药土。广州设立药膏检查总所，将生药熬制成熟膏，掺以戒烟药料，于 11 月 1 日开始发售，并严禁私运。这种药膏，价格较高，且掺有戒烟药，可逐渐控制吸食。

1917 年 4 月 1 日海关总税务司通令禁止所有鸦片进口。药膏检查总所停止购运鸦片，民间又开始进行鸦片偷运。

新中国成立后，黄埔分关高度重视对毒品走私的查缉，到 1980 年底共查获毒品走私案件 13 宗。

时间	走私船名称	国籍	毒品数量	查获地点	备注
1956 年 6 月 13 日	“福生”轮	英国	鸦片 0.83 公斤		建国后黄埔口岸首次查获毒品走私案
1957 年 3 月 11 日①	“西风”轮（West Breeze）	英国	鸦片 9 捆（每捆 8 条），共 33.3 公斤	机舱舵房水舱的上梁	属于英国免那船务有限公司所有，为华夏公司租用
1957 年 10 月 10 日	“苏珊尼”轮	挪威	鸦片 0.128 公斤		
1958 年 2 月 6 日	“卫士卫”轮（West Way）	英国	鸦片 38 块重 17.24 公斤		
1958 年 2 月 23 日	“顺风”轮（Suva Breeze）	英国	鸦片 4.552 公斤		
1963 年 11 月 21 日	“金瑞”轮（Golden Zu－ta）	英国	鸦片 31.44 公斤		
1966 年 10 月	“爱力卡”轮	英国	海洛因 240 克		

① 《黄埔海关志》第 253 页记载：“1957 年 3 月 11 日黄埔分关在华夏公司定期租用的英籍‘西风’轮上，查获走私鸦片 33.3 公斤”；《广州海关志》第 41 页记载：“3 月 6 日，黄埔分关……查获走私鸦片 33.5 公斤。”因文献有限，无法确认正误，存疑待考。

1975 年 3 月 7 日		索马里	大麻 23 支		
1976 年 4 月 14 日	“协慧”轮		海洛因 5 克		
1976 年 9 月 14 日	“鹭江”轮	巴拿马	鸦片 16.78 公斤	冷藏室的冻肉、冻鱼以及第 5 舱舱底夹板缝内	属于香港信诚船务公司，该轮来自巴基斯坦，该案涉及人犯 6 名，主要作案人是水手林某、生火厨许某
1977 年 4 月	“宝城”轮	新加坡	鸦片 1 公斤和少量海洛因		
1977 年 11 月	“新河”轮	巴拿马	鸦片 0.225 公斤和鸦片水 1 瓶		
1979 年上半年	“迈进”轮		鸦片 0.15 公斤，海洛因 20 克和海洛因水剂 1 瓶		

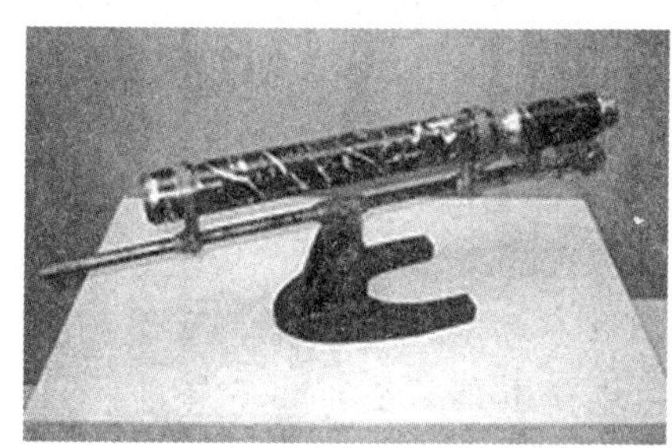

晚清民国时期缉私艇用望远镜

1976 年“鹭江”轮走私的部分鸦片

第二十二章　经济走私与查缉

黄埔处于珠江三角洲水网出海口，水陆交通便利，地理位置特殊。自明末西方殖民者入侵广东地区以来，黄埔水域就成为走私贩私的主要地区，走私活动从未间断，也成为地方当局稽查走私的重点区域。

康熙年间广东沿海经常出现伪报漏税和走私的情况。粤海关规定："客商漏税，照律治罪，货物一半入官。若所漏之税，为数无多，分别议罚，免其究治。粤海关核计正税，在五钱以上者，加罚一倍；一两以上者，加罚两倍；二两以上者，加罚三倍；三两以上者，加罚四倍；四两以上者，加罚五倍；五两以上者，将货物一半入官充公，一半补税。如走漏免单担杂等货，核计银数在五钱以下者，止令完纳正数；若在五钱以上者，均加罚一倍。"[①]对于走私硝磺、金银、铜铁、军械、鸦片等违禁物品，粤海关监督没有制订详细的处罚条例，都是遵照皇帝谕旨办理。

正在缉私的清朝官兵

黄埔挂号口主要负责对靠泊黄埔的各国船只进出口货物进行稽查。粤海关还与广东水师实施联防，协同查缉违例夹带物品。但由于清政府地方官吏的腐败，查禁走私往往流于形式。19世纪初清政府严禁纹银出口，但每箱白银缴纳8.34两规费，就可以从黄埔直接装运出口。

1823年英国东印度公司船只"基德将军"号医生艾莱恩(F. P. Alleyne)走私两对钟表，钟表在黄埔运上岸时被查获。该船保商关成发受到牵连，被判监禁和巨额罚款。英国东印度公司通过增加贸易份额的方式补偿保商关成发。

鸦片走私从黄埔和澳门转移到伶仃洋面后，绝大多数鸦片船均碇泊在伶仃岛，不再驶入内河，并在此处进行其他货物的大规模走私贸易。1825年前后，清政府对载运大米进境的洋船免征口岸税。鸦片商人就在伶仃岛将鸦片售出后，从澳门或附近小岛走私中国大米运到船上，然后运入黄埔，从而获得豁免口岸税。

1828年10月21日英国散商船"萨拉"号将几副红玉髓念珠售给海关关艇上的人员，被另一个海关关吏稽获。清政府规定官服不得运出国境，但11月10日散商船"威廉要塞"号的水手购得一件官服，并将其带到了该船的驳艇上，被海关关吏稽获。这两艘散商船的保商都是经官。由于这两起走私案，经官被罚6000元。

载运鸦片的船只经常下碇伶仃岛、九洲岛或金星门。鸦片商在碇泊处不仅走私输入鸦片，还收取违禁输出的纹银和走私羽纱、印花布、桂皮等应税货物。

---

① (清)梁廷枏著、袁钟仁校：《粤海关志》，广东人民出版社2002年版。

1831年粤海关监督中祥屡次颁布谕令，要求行商命令碇泊伶仃的商船驶入内河黄埔或回驶本国，“从来各国洋船来广贸易，皆由引水领入黄埔，禁止在别处下碇；然近年以来，洋船陆续碇泊九洲及伶仃——印度船、美利坚、丹麦及马尼拉等大量船舶，经年累月，行止无定，来来往往。屡次下令行商，将政府命令转谕各该国头目，要求彼辈强令各船驶离本口，并以文书请求总督饬令文武官员严行驱逐；然各国洋船仍碇泊如常，实属骄横顽抗。其中有与奸民勾通，并串同寄住广州之外国商人，不断偷运违禁物品出口——本官获悉其在澳门行动狡诈，美利坚及西班牙船只私行与伶仃船只走私偷漏，在广州收买肉桂及别项货物，偷运出口，借以逃税”。但通常外商对粤海关监督的类似谕令均搁置不理，甚至负责执行的粤海关关吏和水师也阳奉阴违。

1833年英国东印度公司垄断英国对华贸易的最后一年，东印度公司特选委员会评价广东地方当局关于遣返走私船只的通令时说：“这样的通令现已日见可笑，广州的一大半的对外贸易(除公司的外)由于政府的默许，公开地在伶仃进行走私交易。”

第一次鸦片战争后，《虎门条约》、《黄埔条约》均规定：如有船只涉及走私行为，走私的货物听凭没收，并且该船不许再来中国贸易，或者是船货一概没收。由于外商和海关职员相互勾结，通过以多报少、归类欺诈等方式，导致偷税漏税现象较多。比如生丝的计税单位是“包”，外商就将两包打在一起，在海关职员的纵容下，其付税所依据的重量就只有实际重量的一半。

1843年4月13日香港总督璞鼎查照会两广总督祁贡，表示愿意与广东地方当局合作取缔走私。璞鼎查认为广州口岸的走私很大程度上是海关职员纵容的结果，他宣称：“取缔走私，如我一再阐明过的，有赖于海关官员的主动性与廉洁性；不能利用英官、英人或英船；并且，不管我本人对于此类不名誉而又可耻的行为怎样痛心，补救办法却不操作我的手里。”①

1858年9月粤海新关规定，黄埔总口辖区内的走私案件必须移交粤海关监督和税务司，按照“英国商船查有涉走私，该货无论式类、价值，全数查抄入官外，俟该商船账目清后，亦可严行驱除，不准在口贸易”②的规定共同处理。

1868年5月31日清政府总理衙门根据海关总税务司赫德的提议，正式颁布《会讯船货入官章程》。该章程规定对于走私违章案件，由海关税务司、外国驻华领事和海关监督组成会讯公堂进行审查处置。但实际执行时，外商走私违章案件，基本上由海关税务司单独处理。赫德也训令各地海关税务司尊重走私违章者的申辩，轻课罚金了事，避免没收船舶和禁止入口贸易的处罚。但对于华商走私违章，则较为严苛。

1876年粤海关巡艇“前追”号(Chienjui)在黄埔下游被一艘商船撞沉，后被打

---

① [美]马士著、张汇文译：《中华帝国对外关系史》(第一卷)，商务印书馆1963年版。

② 《中英天津条约》第四十八款。

捞维修后重新投入使用。

由于清朝时期中国关税整体较低，绝大多数商品可以低关税进口，因此19世纪黄埔口岸没有发生过大规模的经济走私。

1911年辛亥革命前夕广州爆发多次武装起义，清政府要求总税务司责令粤海关加紧搜查进口武器。4月广州黄花岗起义爆发后，两广总督张鸣岐再次要求粤海关加强对军火查缉。6月在英籍"广东"号轮船上查获走私炸药案件后，粤海关组织抄班，每天乘缉私艇到虎门，等候进口轮船，登轮押送抵埠，防止沿途起卸私货。

1929年2月1日国民政府行政院宣布"关税自主"并正式实施《中华民国进口税税则》。该税则将税率从平均3～4%提高到12.5%。此后国民政府又先后3次修订税则，不断提高税率，到了1934年进口税率一度提高到80%。进口税率的大幅提高，激发了新一轮的经济走私。

1929年3月陈济棠取代李济深掌握广东军权。至1936年7月18日被迫下野逃亡香港，长达7年时间走私贩私成为陈济堂筹集资金、扩充军事实力的重要途径。广东地方当局通常利用军舰、两广盐运使缉私舰及警船等武装船只作为掩护，包庇民船从香港走私进口白糖、肥料等物品。遇到粤海关查缉，就声称由武装船舰查获应自行处置，实际上是与走私商贩勾结，武装保护走私。

地方政府纵容并参与走私，为走私商贩造成了可乘之机。走私商贩大多利用轮船、民船从港澳载运货物到黄埔、虎门等事先约定的偏僻地点，然后在夜间用小艇转运广州；或者将私货装入橡胶袋，藏匿在省港轮船上，当轮船行驶到珠江下游数英里的地方抛落水中，由预约小艇接应捞取。这一时期的走私货物主要有布匹、人参、白糖、呢绒、人造丝、钟表、药品、装饰和盐等。

粤海关黄埔分卡人员较少，设备简陋，只有一只舢板船，难以承担河道纷杂的黄埔水域缉私任务。粤海关就派出检查队乘坐"虎门仔"缉私艇在黄埔至虎门一带协助巡查。检查队通常在进口船舶尚未停泊时，就登船搜查，往往有所查获。

1930年2月25日①检查队在虎门水域查获英国"泽生"轮走私呢绒、人造丝、人参等40包。私货拍卖充公，折合关平银1.1万两。该轮水手长交代，该船曾多次在虎门检疫地锚泊时，趁着夜间将私货卸入民船、舢板里运往广州，每包运费0.60银元。

1930年7月11日检查队登上从广州开往香港的"佛山"轮，从三名旅客绑在大腿上的袋子内，搜出金条、金叶385盎司，价值14440海关两。

1930年11月2日检查队在虎门附近搜查进口轮船"加敦拿"号，缴获布匹等一批私货，充公拍卖得关平银1.3万两。11月28日又查获太古洋行所属轮船"济南"号走私洋参等案件，价值关平银1922两。

1931年粤海关接管石龙、新塘、印州、镇口、虎门、容奇、市桥等五十里外常关

① 《黄埔海关志》第178页第16行记作"1930年2月25日"；《广州海关志》第266页第34行记作"1930年2月29日"。因文献有限，无法确认正误，存疑待考。

后，调派稽查员或巡役加强上述分关或分卡的缉查工作，查获案件明显增加。

1931年6月11日南京国民政府财政部关务署为了遏制日益猖獗的海上走私，规定海关缉私界程从3海里延展至12海里，扩大了海关海上缉私范围。8月粤海关在广九铁路沿线首次查获一起半路丢包的走私大案，私货有燕窝、豆蔻、鱼翅、匹头等，价值4.2146万关金。

1932年10月粤海关税务司古禄编呈文总税务司梅乐和，建议将缉私艇“伶仃仔”移交检查队使用，与“虎门仔”一起在黄埔和舢板洲之间巡逻，随后获得批准。

1933年10月粤海关“巡关”、“巡海”两艘缉私艇在伶仃洋面，经过激战，缴获7艘满载私糖的走私船。

1933年沿用60多年的《会讯船货入官章程》被废止。走私违章案件由国民政府财政部关务署授权海关罚款评议会处理。但罚没走私货物仍由海关拍卖，并提取私货价值的30%用于奖励参与缉私的外班人员、线人和协查机构。

1934年11月广东省政府颁布《广东省惩治走漏关税私贩暂行办法》，规定对走私漏税者除按海关缉私条例罚款外，还可以判处5年以下监禁。

尽管粤海关和广东地方政府不断加大走私查缉力度，黄埔水域的走私规模仍然较大。时任粤海关税务司的李度在致黄埔港开发委员会主任罗文干博士(1888～1941年)密函中曾称：根据统计，1931年至1935年粤海关因走私而造成的关税损失达5999.4万元(大洋)。

1938年8月16日广东绥靖主任公署“光华”舰在虎门附近查获荷兰治港公司“第二十五”号趸船和“老练拿”号(Reinier)拖轮走私违禁货物出口，查出夹藏青麻14公担、松香504公担、废旧金属3公担，价值国币5147元。由于夹藏私货都是战时禁运物资，所以船上所有船员均因通日嫌疑被移送军事当局处治，趸船、拖轮和私货移交粤海关处理。

1938年10月下旬，日本军队封锁珠江航道，黄埔口岸走私活动转入低潮。日本军队开始以军需物资名义进行走私，尤其是1941年日军控制粤海关后，日本军人和商人公开使用军用船只运进大量原产日本等国的消费品在广州销售牟利，又将从华南地区搜购的农产品和银、钨、锡等日本稀缺的战略物资走私出口。

抗战胜利后，由于粤海关缉私舰船在沦陷时期损失较多，再加上缉私人员有限，导致黄埔水域走私较为猖獗，规模较大。国民党发动内战之后，黄埔港作为华南最重要的军运港口，军事运输优于其他一切运输，正常对外进出口贸易被排挤，加剧了走私贸易。

黄埔辖区的走私分为陆上与水上两种。陆上以广九线为主，水上以珠江水网地区为主。水上走私多于陆上走私，而水上走私则又以香港、澳门与黄埔间的走私最为严重。珠三角地区有庞大的走私网络，以国民党的军政人员和地方黑社会势力为后台。参加走私活动的，既有船员、铁路工人、水客和城乡商人，又有国民党现役军政人员、退役军政人员和地方土豪劣绅等恶势力。国民党现役和退伍军人公然利用军舰进行明目张胆的走私。这一时期走私进口货物主要是卷烟、西药、面粉、煤油、洋纸、化妆品、食品、棉毛纺织品等。走私出口货以棉纱、土布、桐油、稀有金属和金银为主。

1946年国民政府颁布了一系列管理办法，对贸易进行管制。如1946年2月15日颁布《进出口贸易暂行管理办法》和《中央银行管理外汇暂行办法》；1946年11月17日颁布《修正进出口贸易暂行办法》；1947年8月颁布《新贸易及外汇管理办法》等。这些管理办法对进出口货物与外汇实行限制，取消"自由贸易"，实行进口"许可证"制度与限额制度。外贸管制政策有利于"四大家族"及其官僚资本家，限制和打击了一般商人的贸易活动，导致广州市面商品短缺，内外差价悬殊。为了避免国民党的捐税与地方苛难，避免官定外汇结汇率造成的损失与结汇手续的麻烦，一般商人就以走私方式抵制国民党的贸易管制政策。当时除了航行省港澳的班轮通常会藏匿走私外，广州、东莞、增城等地还有近20艘专营走私的电扒和机帆船，并且配有武器，遇到关卡，如果能行贿得逞就花钱买路，否则就开枪拒查。

1946年粤海关调遣"粤海"、"鹭江"号巡缉舰及"舞凤"、"美珍"、"美乐"号等海军退役舰前往黄埔下游轮流截缉。该年10月21日"粤海"、"鹭江"号在黄埔河面对两艘进口机帆船鸣笛发出接收检查信号，但机帆船开枪拒查，巡缉舰被迫还击，导致发生击毙1名船员、击伤1名船员和2名乘客的事件，同时缴获大批私货。

1946年底国民政府行政院院长宋子文调拨两艘军舰给粤海关，并颁布《海关暂行借调舰艇指派关员驻舰查缉海军或军用船只及军人私运办法》。粤海关将两艘军舰停泊在虎门海面，并派遣缉私组常驻舰上，检查来往的海军舰艇及军用船只，必要时也检查民用船舶。次年即查获了海南第七号登陆艇、空军"志航"号汽艇和救济总署水路运输处广东分处所属拖船K－1A号走私大案。

1947年1月由粤海关缉私课管辖的黄埔支所设立，用以加强虎门至黄埔水域的查缉工作。但由于军队、官僚、地方恶霸势力及黑社会集团参与走私，再加上群众性走私活动，黄埔支所查不胜查。黄埔港内的水客走私日趋严重，水客人数多达千名。他们通常搭乘省港澳班轮，随身携带西药、洋烟、洋酒等进口，从广州带出鸡鸭及土产等出口，化整为零，冒充行李，每天私货总价值约二三千万至一二亿元(国币)不等。

1947年粤海关驻舰缉私组在虎门水域，共计查获走私船42艘。这一时期走私物品，进口以香烟、西药、罐头、呢绒、人造丝、布匹、人参等为主，出口以粮食、桐油、茶油、白银、丝绸、猪鬃、钨砂等为主。

1948年2月23日粤海关驻舰缉私组在黄埔港国民党海军补给码头，查获"中鼎"军舰用油料桶藏匿卷烟纸829饼、糖精10罐，估值12.5亿元(国币)。私货被没收充公，走私人犯交由国民党海军第四基地司令部惩办。

1948年10月粤海关将"关瑞"号巡艇调拨黄埔支所。11月16日粤海关在黄埔支所及"关瑞"号巡艇上装配无线电话机各1架，试图增强黄埔水域的缉私力度，

但作用甚微。据粤海关估计广州临解放前的1949年8月左右，走私贸易至少超出合法贸易的2倍，每月走私出口总值超过正式报关的10倍以上。

1958年11月25日黄埔分关在英籍“大中山”轮上查获香烟128200支（以200支/条计，共641条）。

1959年4月黄埔分关、广州港务局黄埔办事处、黄埔边防检查站和黄埔航运公安局联合开展“反走私、反破坏、优质生产”宣传活动，通过图片展览、文娱晚会、大字报、诗歌、标语等形式对海关政策进行宣传，使港口及附近居民11800人次受到教育。

1960年3月5日黄埔分关在挪威籍“海皇”轮上查获过路走私黄金840两，3月6日在英籍“鄱阳”轮上查获过路走私黄金1023两。

1965年4月黄埔分关检查员从挪威籍“大宝宫”客轮船员林某身上查获走私手表12只。案犯供认受香港商人杨某指使，企图开辟新的走私线路。黄埔分关报请广州海关通过广州市公安机关，于同年12月破获了一起重大集团走私案，并分别在广州、汕头缴获走私手表486只和准备走私出口的黄金130多两，以及外币、麝香等一批。主犯杨某、林某等12人被依法逮捕。

1974年3月12日黄埔分关检查员在“长城”轮船员蔡某、管事陈某及其胞妹身上查获企图走私出口的玉器48件。

1975年6月3日“长城”轮二管事蔡某与服务员李某利用新加坡籍“新星”轮水手乌打叻南（印尼籍）走私麝香14只出口，在码头货堆旁交接私货时，被黄埔分关关员截获。

1976年底黄埔分关查获马来西亚走私集团案。据不完全统计，1974年4月至1976年底，该走私集团通过行李物品夹带和旅客随身携带等方式从黄埔口岸走私进口手表1026只、西洋参8.6千克，走私出口玉器、黄金、银元、麝香等一批货物，私货价值约为人民币40多万元。

马来西亚走私集团通过行李箱夹带手表走私

马来西亚走私集团通过特制鞋底夹带手表走私

1979年1月2日黄埔分关旅检组从旅客吕某身上查获走私出口麝香23个，在其携带的腌鸭颈中查出翠玉1粒。

1979年3月3日黄埔分关查获两名翁姓旅客捆藏在身上企图走私出境的麝香

52个、麝香粉300克。

1980年3月21日黄埔分关查获广州海难救助打捞局“救捞八”号船员走私案件，查获进口手表、收录机、电视机、照相机等物品，价值人民币2万余元。还查获包括副局长、指导员、业务员在内的5名随船人员走私进口淫秽书刊、“春宫”画册、裸女扑克牌等一批。

附　考

一、洪任辉状告黄埔等关口勒索事件

1755年英国东印度公司派遣大班喀喇生(Samuel Harrison)和翻译洪任辉(James Flint)等58人前往宁波开辟贸易。他们率领“霍德尼斯公爵”号和“格里芬”号商船，携带4箱银元(每箱4000枚)，13箱英国酒(每箱120瓶)于6月2日(乾隆二十年四月二十三日)到达浙江定海。喀喇生和洪任辉声称有粤海关执照，要求在浙江购买湖丝、茶叶等，当地官员允许了他们的通商要求。此后3年，洪任辉又数次前往浙江，与宁波行商郭益隆(郭四官)、李元祚(李受官)、信廷英(信文官)等人贸易。各国外商看到洪任辉浙江贸易可行，也纷纷从广州迁往宁波贸易，导致广东对外贸易下降、税收减少。

清政府认为江浙是华夏文物礼教之乡，物产富庶，同时又是明朝倭患最为严重的地方。如果让外国势力进去，会对清政府的统治造成威胁。加之粤海关海防也比浙海关坚固，有利于防范外商和保证税收。因此，乾隆皇帝下令将浙海关关税提高1倍，以抵制外船北上，使其无利可图而返回广东。但即使增税，也没有达到“不禁自除”的效果。外商宁愿接受合理规范的高额关税，而不愿在广州遭受横征暴敛及各种不平等待遇。

1757年乾隆皇帝谕令禁止宁波贸易，“此地①向非洋船聚集之所，将来止许在广东收泊交易，不得再赴宁波。如或再来，必令原船返棹至广，不准入浙江海口”，并指出“看来番船连年至浙，不但番商洪任②等利于避重就轻，宁波地方必有奸牙串诱”。③

1759年6月24日(乾隆二十四年五月三十日)洪任辉不顾乾隆禁令，又前往宁波试图贸易。浙江巡抚和定海镇总兵责令其返回广州。洪任辉索性北上天津，递交诉状控告粤海关监督李永标“自买货物，全不给价”，又纵容属吏“婪收陋规”，还控告行商黎光华拖欠货银5万余两等。

1759年7月23日(乾隆二十四年六月二十九日)直隶总督方观承向乾隆皇帝奏报英国商船驶至海口请求赴京诉讼，并把《英大班为派洪任辉赴天津诉告粤海关监督李永标任纵关口刁索事呈文》作为附件呈送。乾隆皇帝看后十分震怒，认为“事涉外夷，关系国体”，派遣钦差大臣新柱、朝铨前往广东调查此事。新柱、朝铨于

---

① 指浙江宁波。

② 指洪任辉。

③ 王先谦、朱寿朋:《东华续录》(乾隆朝四六)，上海古籍出版社2007年。

9月11日在广州会审此案，并先行革去粤海关监督李永标职务。10月9日新柱、朝铨与两广总督李侍尧上奏乾隆皇帝，详细禀明了英国商人洪任辉状告黄埔等关口勒索陋规事件的调查结果。

根据洪任辉的呈供，外国商船除进出口时已缴纳各项归公规礼银两合计1700余两(纹银)外，各个关口仍然勒索陋规。其中：每船放关，总巡口勒索50两，黄埔口勒索10两，东炮台口勒索5两；充当每船买办，总巡口勒索10两，黄埔口勒索100两；充当每船通事，总巡口勒索50两，黄埔口勒索30两；每船验货，总巡口勒索匹费100两；每日家人验货，勒索轿金7钱；以上都由通事或买办经手办理。

经过新柱等调查审讯后奏称："此款除买办、通事所收讯非陋规外，其余均已供认明确。李永标到任以来，毫不实力查察，以致家人、书役恣意滥索，咎实难辞"。李永标被革职查办，其余人犯"按律分别定拟"，行商黎光华所欠的货款由各行商按股分摊归还。除了6%的货物税和每船应缴的1950两规费外，其他陋规均被暂时免除。洪任辉由于抗旨越礼，被判在澳门圈禁三年，三年期满后，驱逐出境，不得再返中国。

1759年洪任辉案涉及的粤海关陋规表

姓名	身份	非法陋规名目	勒索金额(元)	折合纹银(两)
王管	家人	关口验放船只陋规	1000余	700余
陈其策	家人	放关匹费及批手本等陋规	240	162余
三叶	黄埔口家人	放关陋规	36	24余
哈高洪	黄埔口家人	放关陋规	36	24余
五晓	清书	批手本陋规	28	18.9余
朱鼎	黄埔口书办	放关陋规	18	12余
谢得茂	黄埔口巡役	放关陋规	18	12余
范昌	东炮台书办	放关陋规	18	12余
潘富	总巡口书办	放关陋规	14	9.4余
廖文进	东炮台巡役	放关陋规	12	8.1余
汤明德	关闸口巡役	批手本陋规	花边银7两	6.5
邓智	香山县书办	验船陋规	8	5.4
周省木	紫泥口家人	批手本陋规	7	4.7
刘辅臣	澳门大马头家人	批手本陋规	5	3.3
何盛等11人	黄埔口水手	通放关并洋船出口陋规	各得4.5	3.1
李德高等8人	东炮台水手	放关陋规	各得4.5	3.1
区荣	海防厅书办	出口船只陋规	4	2.7余

伍连	海防厅差役	出口船只陋规	4	2.7余
梁魁	香山县书办	出口船只陋规	4	2.7余
卢赞京	紫泥口巡役	出口船只陋规	4	2.7余
天吉	黄埔口家人	放关陋规	3	2余
吴柱	西炮台口家人	批手本陋规	3	2余
雷成之等2人	西炮台口巡役	批手本陋规	各得3	2余
邓孔光	澳门口大马头巡役	批手本陋规	3	2余
石胜凤等8人	西炮台口水手	批照陋规	各得2余	1.5余
陈元凤	总巡口巡役	放关陋规	2	1.3余
傅元魁等2人	澳门口巡役	批手本陋规	各得2	1.3
杜远	澳门口大马头巡役	批手本陋规	2	1.3
余礼	东炮台书办	放关陋规	1.5	1余
吴顺等2人	东炮台口家人	放关陋规	各得1	0.67余
刘朝显等13人	总巡口水手	放关陋规	各得花钱银0.77两	0.72
王安等6人	紫泥口水手	放关陋规	各得花钱银0.84两	0.78
张亚惠等5人	大马头水手	批手本陋规	各得1	0.67
杨保等5人	关闸口水手	放船陋规	各得花钱银0.7两	0.65
容天生等5人	澳门口水手	批手本陋规	各得花钱银0.288两	0.277

二、扦子手与铃子手

扦手：是指旧时关卡上的检查员，因常用扦子查验货物，所以叫“扦子”，也叫“扦子手”。

扦(qiān)：1、用竹木或金属等制成的一头尖细的东西：竹～、木～子、铁～儿；2.插：～花、把门～上。

关于“扦子手”的记载有：

1、(清)薛福成《分别教案治本治标之计疏》记载：“武穴被杀教士及洋关扦手各一人，皆系英籍。”

2、(清)吴趼人《二十年目睹之怪现状》第十回写道：“原来外面扦子手查着了一船私货，争着来报。”

3、(清)郑观应《盛世危言·税则》记载：“税务司下，又有帮办……此外更有扦手，皆以西人承充”，“于是华商怏怏而控之关道，关道皇皇而问之税司，税司茫茫而委之扦子，率从初议，使纳重税。”

4、(清)葛士浚《皇朝经世文续编》卷一百十五洋务十五商务三：“咨行通商各口

募用外国人帮办税务章程通商约章类纂

总理衙门咨同治三年七月十二日(1864 年 8 月 13 日)

据总税务司赫德呈报,查通商各口除琼州外,现有口岸十四处,均设有税务司,会同各关监督办理税务。惟税司之下,有帮办人等在公事房办理事件,又有扦子手在船验货及稽查偷漏等事。目下统计,各关帮办者有八十余人,扦子手亦有三百名之多。若不定立章程俾知遵守,无以昭画一而示劝惩。兹拟章程二十六条,呈请酌核等因前来本衙门。查各关事务纷繁,帮办及扦手人等为数亦复不少。必须定立章程,庶各关税务司办理不致参差,而该帮办扦手人等亦得所遵循。该税务司所请不为无见,其所定章程二十六条,经本衙门详加酌核,删改增添共成二十七条。札知该总税务司遵办……

一、各关所有总办、帮办、通事、扦子手头目四项人等应领薪水,不得由该关税务司增减,亦不得任意撤退。若内有不妥之人,即准暂停薪水,不令赴关办事,一面申报总税务司示遵。如此四项人内,有自行辞退者,亦随时具报总税务司,以便另行选派。

一、通事之外各关所用之中国人,以及外国扦子手人等,如有不妥,即由该口税务司立刻撤退。如系书办,应知照监督。如系扦子手,应报明总税务司。

……

一、各关之外国人除扦子手外,若非总税务司派来之人,概不准在关上干预公事。

……

一、税务司总办、帮办、扦子手头目,俟过五年后准告一年之假,领一半薪俸回国休息。须先三个月请假,以便择人更换。通事每三年准告假三个月,领全薪俸。均由议定各关税务司经费项下支给。

一、各口税务司总办、帮办、扦子手头目四项,若有不妥,由总税务司一人作主撤退。或前期三个月,谕知起身回国时,即不另发银两。若立时撤退者,发给三个月俸银,饬令起身。若历过五年,自行因病回国,并非因事撤退者,给予半年薪俸。历过十年者,赏给一年。二十年者,赏给二年。亦均由议定各关税务司经费项下支给。其各关税务司如有更动,总税务司随时知照该关监督。”

5、《旧中国海关总税务司署通令选编(1861—1910 年)》[①]第 574 页第 5 行:“1906 年……江汉关虽设有扦手,人数过少,不及兼顾。每一轮船到岸多有夹带。”

钤(qián):1.印章:～记(旧时印的一种);2.盖印章:～印。～章。

关于“钤子手”的记载有:

1、《近代中国海关洋员概略——以五任总税务司为主》[②]第 24 页:“1908 年前

① 黄胜强主编,中国海关出版社出版,2003 年版。

② 文松著,中国海关出版社,2006 年版。

称钤字手,1908—1927 年称钤子手,1927 年—1949 年称稽查员,是从事同一工作的人员在不同时期的不同称谓。另外笔者还在海关资料中见过扦子手的写法。”

2、《旧中国海关总税务司署通令选编(1861—1910 年)》第 47 页、第 589 页“钤字手”。

3、《旧中国海关总税务司署通令选编(1931—1942 年)》第 454 页“1875—1910 年近代中国海关机构及职位”记载:征税部的外班职位中设有候选钤字手(1887 年起设)、试用钤字手、三等钤字手、二等钤字手、头等钤字手等五种职位;征税部的华属外班职位中设有试用钤字手(1907 年起)、三等钤字手(1910 年起)。

“1911 年近代中国海关机构及职位”记载:征税部的外班钤字手职位中设有试用钤子手、三等钤子手、二等钤子手、头等钤子手、超等钤子手(1910 年起)等 5 种职位;征税部的华属外班钤字手职位中设有三等钤子手 1 种职位。

“1912—1928 年近代中国海关机构及职位”记载:税课司(前称征税部)的稽查科(前称外班)职位中设有试用钤子手、四等钤子手(1919 年起设,1928 年改称四等稽查员)、三等钤子手(1928 年改称三等稽查员)、二等钤子手(1928 年改称二等稽查员)、头等钤子手(1928 年改称一等稽查员)、超等钤子手(1928 年改称超等稽查员)等六种职位;税课司的华属稽查科(前称华属外班)职位中设有未列等钤子手(1916 年起设)、试用钤子手(1916 年起设,1928 年改称试用稽查员)、四等钤子手(1920 年起设,1928 年起改称四等稽查员并分 A 一级、B 二级)、三等钤子手(1928 年改称三等稽查员并分 A 一级、B 二级)、二等钤子手(1916 年起设,1928 年改称二等稽查员并分 A 一级、B 二级)、头等钤子手(1919 年起设,1928 年改称一等稽查员并分 A 一级、B 二级)、超等钤子手(1925 年起设,1928 年改称超等稽查员并分 A 一级、B 二级)等七种职位。

“1929—1939 年近代中国海关机构及职位”记载:一等稽查员、二等稽查员、三等稽查员、四等稽查员、试用稽查员、额外一等稽查员(1930 年起)、额外二等稽查员(1930 年起)、额外三等稽查员(1930 年起)、额外四等稽查员(1930 年起)、未列等稽查员(1933 年起)等 10 种职位。

由上可知,1876 年之前各口海关职位有:税务司、副税务司、帮办、扦子手、通事、书办、差役、水手等。

从 1876 年开始,海关总税务司署造册处编印《新关题名录》,对各关编制和人员配备进行了准确记录。钤字手(钤子手,后改为稽查员)作为职位正式予以记录。

因此,“扦子手”应为“钤字手”、“钤子手”的早期俗称或为陆路关卡检查员简称。自 1876 年起,洋关没有设立“扦子手”职位。

三、阮元奏请摘去伍敦元三品顶戴

清代梁廷枏[1]总纂的《粤海关志》是我国第一部地方海关志，已经成为研究前清粤海关的最为重要和权威的书籍。但此书瑕疵也有很多，2001 年袁钟仁校注该书清道光年间“粤东省城龙藏街业文堂承刊”本时，发现书中脱、讹、衍、倒及有疑问的地方就有 131 处。

当然，囿于文档资料限制，任何一本书都不可能尽善尽美。但“文章千古事”，很多当时看来并不重要的细节或数据，若干年后可能就会影响统计准确性。因此为了避免以讹传讹，每一个文字都要经得起推敲。比如：

梁廷枏(1796～1861 年)

《粤海关志》(卷十八·禁令二)：“道光元年十月，总督阮元、粤海关监督达三会奏言：……洋商内，伍敦元系总商居首之人，各国夷情亦为最熟，今与众商通同徇隐，殊为可恶，相应请旨将伍敦元所得议叙三品顶戴摘去……”

《〈粤海关志〉校注本》第 360 页第 4 行采纳了《粤海关志》的说法，称阮元和达三共同奏请道光皇帝摘去十三行行商伍敦元的三品顶戴。

《黄埔海关志》第 168 页第 12 行也称：“为此，两广总督阮元与粤海关监督达三请旨将十三行总商伍敦元摘去三品顶戴。”

事实上，1821 年 11 月 8 日阮元在《两广总督阮元奏请将经理不善之洋商[2]摘去顶戴责令严禁杜绝鸦片以观后效折》呈请：“除现在会同监督臣达三恭引嘉庆二十年谕旨，严切传谕各国大班，并密访内地接引奸民，尽法处治外，相应请旨将伍敦元所得议叙三品顶戴摘去，责令率同众洋商力为遵旨杜绝。”表明阮元和达三共同告诫各国大班并依法惩治鸦片商贩。

1823 年 3 月 19 日阮元和达三在《两广总督阮元等奏报查禁鸦片偷运入口情形折》共同呈报了查处鸦片的情况。文中涉及阮元和达三的共同事项都用“臣等”，涉及个人事项则用“臣阮元”、“臣达三”。而涉及摘去伍敦元三品顶戴一事，使用的是“臣阮元”称谓，可见达三并未参与此事。

因此，请旨将伍敦元摘去三品顶戴的事件仅是两广总督阮元的职务行为，并非阮元和达三共同请旨。

相关文献如下：

---

① 梁廷枏(1796～1861 年)：广东顺德人。著名学者，通史学、诗画、词曲和金石，著有《海国四说》、《粤海关志》等。

② 指十三行行商。

1、《清代广州十三行纪略》[1]第 90 页，两广总督阮元关于洋商伍敦元经营不善导致鸦片从外洋流入内地摘去其三品顶戴的奏折影印件，可看出是阮元单独奏请。

2、《宣宗道光实录》卷 26 第 468 页："十一月丙寅(十九日)(1821 年 12 月 13 日)又谕：阮元奏，请将徇隐夹带鸦片之洋商摘去顶戴一折。鸦片流传内地，最为人心风俗之害。夷船私贩偷销，例有明禁。该洋商伍敦元并不随时察办，与众商通同徇隐，情弊显然。著伍敦元所得议叙三品顶戴即行摘去，以示惩儆。仍责令率同众洋商实力稽查，如果经理得宜，鸦片渐次杜绝，再行奏请赏还顶戴；傥仍前疲玩，或通同舞弊，即分别从重治罪。"

3、《香山明清档案辑录》[2](1821 年 12 月 13 日)：道光元年十月十四日《两广总督阮元奏请将经理不善之洋商摘去顶戴责令严禁杜绝鸦片以观后效折》

道光元年十月十四日(1821 年 11 月 8 日)

两广总督臣阮元跪奏，为申明严禁鸦片事例，请旨将经理不善之洋商摘去顶戴，责令严禁杜绝，以观后效，奏祈圣鉴事。

窃照鸦片一项来自外洋，流毒内地，最为人心风俗之害。节经前督臣蒋攸铦暨臣会同历任监督臣严切查禁，无如奸民鬼蜮多端，百计偷越。推其原故，由一切防杜之法多行于鸦片已入内地以后，不能行于鸦片未入内地之前，是以向来查办鸦片之案，不过就现获之犯加以惩治，其于最先贩卖之人尚无从究诘得实。至于此外盈千累百、分散外洋者，更无从凭空海捕。臣到任至今，会同海关监督破获鸦片之案与夫解官烧毁之鸦片时时而有，但不塞其源，其流终不能止息。

臣访得鸦片来路大端有三：一系大西洋；一系英咭唎；一系咪唎坚。大西洋住居澳门，每于赴本国置货及赴别国贸易之时，回帆夹带鸦片，回粤偷销。英咭唎鸦片访系水梢人等私置，其公司船主尚不敢自带。独咪唎坚国因少国王钤束，竟系船主自带鸦片来粤。嘉庆二十年钦奉上谕：如一船带有鸦片，即将此一船货物全行驳回，不准贸易。若各船皆带有鸦片，亦必将各船货物全行驳回，俱不准其贸易，原船即逐回本国。等因。此诚正本清源之办法。

惟向来臣与监督衙府传谕各国大班事件，俱发交洋行商人照缮夷字，转为传谕，全藉该商等钦遵办理，敬布天朝法度，使知畏惧，不宜但以奉文转行了事。盖洋商与夷人最为切近，夷船私带鸦片即能瞒臣之耳目，断不能瞒该商等之耳目。如果该商等不徇情面，遇有夷船夹带即禀明，遵旨驳回船货，不与贸易，且于鸦片未来之前先期告诫，晓以利害，夷人数万里而来，岂敢因夹带违禁物件，自断茶叶等项正经买卖。如此官商同心，合力办理，纵不能一时全行断绝，而远夷闻风忌惮，再历数年，竟可冀此风渐息。乃频年以来，从未见洋商禀办一船，其为只图见好于夷人，不

---

① 李国荣、林伟森主编，广东人民出版社，2006 年版。

② 中山市档案局(馆)、中国第一历史档案馆编，上海世纪出版股份有限公司、上海古籍出版社，2006 年版。

顾内地之受害，显而易见。洋商内伍敦元系总商居首之人，责任尤专，各国夷情亦为最熟，今与众商通同徇隐，殊为可恶。

除现在会同监督臣达三恭引嘉庆二十年谕旨，严切传谕各国大班，并密访内地接引奸民，尽法处治外，相应请旨将伍敦元所得议叙三品顶戴摘去，责令率同众洋商力为遵旨杜绝。如一二年内经理得宜，鸦片来粤绝少，当奏请施恩赏还顶戴。如仍前与众商相率疲玩，甚或通同舞弊，即当分别从重治罪，以为洋商不实力稽察杜绝者戒。臣谨缮折具奏，伏乞皇上圣鉴施行。谨奏。十月十四日

道光元年十一月十九日奉朱批：钦此。

（军机处录副奏折）

5、《两广总督阮元等奏报查禁鸦片偷运入口情形折》

道光三年二月初七日（1823 年 3 月 19 日）

两广总督臣阮元、粤海关监督臣达三跪奏，为严切查禁鸦片偷运入口并节次拿获惩办情形，恭折覆奏，仰祈圣鉴事。

窃臣等接准廷寄，道光二年十二月初八日奉上谕：御史尹佩棻奏请，云云。钦此。仰见皇上整饬民风，察除奸弊之至意，曷胜悚服。

臣等伏查，鸦片流行内地，滋为民害，实堪痛恨。严查巡守弁兵及关口人等卖放包揽之弊，诚为目前紧要办法。臣阮元到任以来，节于营伍内严查惩办。如龙门协兵丁吴李茂等盘获梁胜和船内鸦片，私卖分赃；署副将谢廷可、署守备夏秀芳等讳匿不报；又水师提标把总詹兴有拿获鸦片，商同兵丁陈有光等得赃纵放，詹兴有畏法服毒身死；香山协记委孙朝安包送李阿蚬鸦片船被获；碣石镇千总黄成凤盘获不识姓名船户鸦片，商同署守备曾振高讳匿变卖分肥等案。均经臣阮元先后分别奏参咨革严审，将署副将谢廷可拟发军台，署守备夏秀芳、曾振高，千总黄成凤均拟发新疆，记委孙朝安发近边充军，分案奏咨办理。臣达三严饬各口稽查。据西炮台口拿获徐亚潮烟膏一起，又拿获陈亚桂鸦片一起；黄埔口拿获林绍修鸦片一起；佛山口拿获许时兴鸦片一起；澳门口拿获鸦片一起，此起有八百余斤之多。均经一面发县，一面咨交地方官转饬究办，将徐亚潮等拟罪咨结，并经臣阮元提烟当堂销毁在案。

又臣阮元于道光元年以洋商伍敦元等频年未据查出夷船鸦片，显有徇隐，奏请谕旨将居首总商伍敦元议叙三品顶戴摘去，以后俱责成该商等于各国货船到口时，先同轮保商人严查，果无鸦片，取具各结，方准进口，开舱起货。如有夹带，即钦遵嘉庆二十年谕旨，将该船货物全行驳回，押逐开行。如此严切稽查，节次惩办，现在内港及黄埔、澳门、虎门各海口尚无偷透。至鸦片价值并无数换之多，亦无减价卖与兵丁及奸民包揽渔船上税之事，惟外海地方潜行贩卖越入各省，不能保其必无。臣等惟有严饬各该巡守员弁及关口委员等各矢清勤，实力稽察，并随时选派诚干妥员密加查访，总期有犯必惩，以清积弊而免流毒，断不敢日久仍归具文，上廑宸衷，自取咎戾。

为此，恭折覆奏，伏乞皇上圣鉴。谨奏。

道光三年三月十五日奉朱批：总要日久无懈，认真察查，勿被属员商人蒙混，方为至善。详勉而行。所奏知道了。钦此。

二月初七日

（军机处录副奏折）

四、外商具结制度

1756 年鉴于英国商人不时前往宁波贸易，两广总督和粤海关监督要求来华船只必须驶到广州口岸，并在广州选择行商，进行正常贸易。同时要求行商向每一个外商索取甘结，保证服从两广总督和粤海关监督的命令。外商具结制度就此开始。

1809 年 8 月 17 日（嘉庆十四年）两广总督百龄、粤海关监督常显颁布告示，谕令行商：凡担保外国船只，在其起货时必须向两广总督和粤海关监督出具甘结，确保船只没有私运鸦片。

1817 年美国鸦片船“沃巴什”号（Wabash）在澳门潭仔碇泊时，被一群盗贼袭击，5 个美国人被杀害，货物被抢劫。最终广州知府判决 5 个盗贼死刑，并因为美国商船载运鸦片而判罚沛官（浩官）160000 两。行商为此要求任何船只如不签具没有私运鸦片、纹银或白铜的甘结，就一律不予担保。但英国东印度公司船只和散商船均拒绝签具甘结。行商只得照常作保，准许贸易照常进行。1821 年黄埔口岸的鸦片走私泛滥，鸦片趸船甚至公然碇泊在黄埔内河。沛官（浩官）再次要求所有洋船均应先出具甘结，宣称船上没有装载鸦片，否则行商不能担保任何船只。该年两广总督提出由四位总商浩官、茂官、潘启官和章官轮流具结担保洋船未载运鸦片，认为这四位行商是殷实之人，不会置身家性命于不顾而勾结洋人走私鸦片。

清政府和行商屡次要求来华贸易船只必须具结甘结，美国商人通常都会按照规定具结，但英国东印度公司总是以“国家利益”、“未载鸦片”、“判罚不公”等为借口，拒绝签订甘结。英国政府曾于 1818 年指示东印度公司，如果签具甘结不会影响公司利益，就可以具结。但东印度公司认为到华货船不可能完全避免藏有鸦片，如果签具甘结，一旦发现鸦片，就会财物充公、船只被驱，极大影响公司利益，所以东印度公司尽可能地抵制具结。

1839 年 3 月 18 日（道光十九年二月初四日）钦差大臣林则徐宣布“缴烟、具结”的禁烟政策，同时让行商伍绍荣等人到外国商馆告谕外商：“速即遵照，将趸船鸦片尽数缴官，由洋商查明共缴若干箱，造具清册，呈官点验收明毁化，以绝其害，不得丝毫藏匿。一面出具夷字汉字合同甘结，声明‘嗣后来船永不敢夹带鸦片，如有带来，一经查出，货尽没官，人即正法，情甘服罪’字样。”[①]林则徐坚定地表示：“若鸦片一日未绝，本大臣一日不回，誓与此事相始终，断无终止之理”，并限外商三日内

---

① 《林则徐集．公牍卷六》，中华书局 1963 年版。

回复，否则停止通商。林则徐要求具结的本意是不仅通过严刑峻法来治理鸦片走私，更希望以德行和正义教化外邦，使其知耻向善。同时，林则徐还希望外商明白，他们走私鸦片的恶果不单单要自己承担，还会连累周围的人。

3月25日40多位外商和船主在一个声明上签字，保证“断不敢将鸦片一项，稍行贩卖，永不敢以鸦片带来中国”，但是他们又提出对“永久禁止一切来人夹带鸦片”和再有夹带者“货尽没官，人即正法”等事无力控制，要求交给各国领事、总管等人办理。[①]

林则徐认为外商应公推一个代表（比如英国驻华商务监督义律）来签署甘结并负总责，便于4月4日颁发了甘结样式，要求义律“居各国商人之首”代表签字：

甘　结[②]

具甘结英吉利领事义律、副领事参逊，率领英国夷商等、港脚夷商等、麽噜夷商等，为出具切结，永断鸦片事。结得英吉利国及所属各国夷商，久在粤省贸易。渥沾天朝恩泽，乐利无穷。只因近年有等贪利之人，私带鸦片烟土，在粤洋趸船寄顿售买，有干天朝法纪。今蒙大皇帝特遣大臣来粤查办，始知禁令森严，不胜悚惧。谨将各趸船所有鸦片，尽数缴官，恳求奏请大皇帝格外施恩，宽免既往之罪。其已经起空之空趸，均令驶回本国。现在义律等禀明本国主严示各商，凛遵天朝禁令，不得再将鸦片带入内地，并不许制造鸦片。自本年交秋以后，货船来粤，如查有夹带鸦片者，即将其全船货物尽行入官，不准贸易，其人亦听天朝处死，愿甘伏罪。至现春夏两季到粤之船，其自本国来时，尚未知查办严禁，如有误带鸦片者，随到随缴，不敢稍有隐匿。

合并声明，所具切结，是实。

道光十九年二月　日

该甘结要求各国商人禀明各国政府不得制造鸦片、不得将鸦片夹带入境，同时还要对违反禁烟规定的人“听天朝处死”。由于该甘结不仅涉及各国鸦片政策，还涉及“死刑”处罚问题，各国领事、船主和商人以“事先未与本国政府磋商”为由拒绝签署[③]。

4月6日林则徐颁布《催取不带鸦片甘结谕帖》，敦促以义律为首的各国“领事”、商人“恪守法度，遵照颁发结式分写汉字夷字结切各一分。凡在夷馆之人，均须签名画押，毋许一名遗漏。”4月8日义律回复称自己不能代表所有英商签订甘结：“其祸又不止贻及出结者，而且连累他人。则以本国明例，虽在国王尊位，尚不能令其如此，而何况在远职乎？”[④]

---

① 《林则徐集．公牍卷六》，中华书局1963年版，第67—68页。见[日]佐佐木正哉：《鸦片战争前中英交涉文书》，台北文海出版社1967年版。

② 同上。

③ [英]宾汉：《英军在华作战记》。齐思和、林树惠、寿纪瑜：《鸦片战争》(第五册)，神州国光社1954年版。

④ 萧致治：《西风拂夕阳：鸦片战争前中西关系》，湖北人民出版社2005年版。

5月初，林则徐颁布《谕广州府县转饬颠地具结由》，要求十三行总行伍敦元传谕英国鸦片走私贩子颠地“当此禁令森严之际，愿回该国，即出具永不再来甘结缴案，并于结内声明‘嗣后冒混来粤，一经查出，愿甘从重治罪’字样。倘该夷革面洗心，仍思在内地正经贸易，即应遵照新例，出具‘如有夹带鸦片，货则没官，人则正法’切结送呈，以凭核办。”

5月23日钦差大臣林则徐和两广总督邓廷桢会衔发布谕令，要求英国烟贩颠地、马地臣和美国烟贩记连(Green)在内的16名主要鸦片贩子具结声明，在获准离开广州后永不再来中国。样式如下：

> 甘 结[①]
>
> 国商人　等，为遵谕出结事。现奉钦差、总督大人林、邓宪谕速回本国，不准稍延，并令出具永远不敢再来甘结缴案。远商等今不敢违命，结得某月某日由省行即去，嗣后不敢再来也。
>
> 此结是实。
>
> 道光　月　日结

5月24日英商颠地、马地臣等鸦片贩子具结保证永不再来后，被林则徐驱逐出境。到6月1日，留在广州商馆的外国人约有25人，全部是美国人。

5月27日美国商人记连具结保证归国。记连的甘结样式如下：

> 甘 结[②]
>
> 米利坚国夷人记连为遵谕出结事。现奉钦差大人、总督大人宪谕：速回本国，不准稍延，并令出具永远不敢再来甘结缴案。记连今不敢违命，结得本月内由本国边治文船开行即去，嗣后不敢再来也。
>
> 此实。
>
> 道光十九年四月十五日
>
> 立此为据

6月11日美国货船“巴厘斯”(Paris)和“楠塔斯克特”(Nantasket)首先具结入口。但甘结内没有“人即正法”字样，只是保证没有夹带鸦片。到6月底，已经有11艘美国商船签署修改过的甘结进入黄埔。

经过调查，林则徐了解到除英国殖民地印度和土耳其生产、制造鸦片外，其他国家并不生产制造鸦片。因此要求各国领事船主统一签订“禀明本国主严示各商，凛遵天朝禁令，不得再将鸦片带入内地，并不许制造鸦片”是不切实际的。

6月23日林则徐颁布了修订后的甘结样式，并训示行商：“亲至黄埔，忠诚戮力，严查各船。前嘱出具甘结，应由夷商及行商双方签字，郑重载明，一经查出带有

---

① 姚薇元：《鸦片战争史实考》，人民出版社1984年版。

② (清)林则徐：《信及录》，上海书店1982年版。

鸦片，或以鸦片交割，情甘伏罪……或草率具结而私带鸦片或他种禁品，一旦查明属实，立将行商通事等一并捕拿，处以极刑，绝不宽贷。”甘结内容没有“人即正法”字样，但在法律处罚上没有更改。该甘结在《中国丛报》1839 年 6 月号上刊载。样式如下：

> 甘　结①
>
> 具切结　国，船主　，兹奉天朝谕令，厉行禁止鸦片；并经剀切晓谕，一切应照新章办理，本夷商凛遵之下，不敢丝毫违背。查现到之夷船并未夹带鸦片，所具切结是实。
>
> 道光　年　月　日　于广州

6 月中下旬，清政府相继颁布了《钦定严禁鸦片烟条例》、《洋人带卖鸦片入口治罪专条》，规定取缔夷船夹带鸦片，对暗中贩卖者，主犯即行枭首，伙从者议绞，货物悉数没官。

10 月 1 日林则徐按禁烟新例重新给外国商人颁发了甘结样式，再次重申对夹带鸦片的外商“即行正法”。样式如下：

> 甘　结②
>
> 具甘结夷人　乃　船之船主。今到天朝大宪台前具结：远商之船带货物来广东贸易。远商同船上之伙长水手，俱懔遵天朝新例，远商等并不敢夹带鸦片。若查验出有一小点鸦片在远商船上，远商即甘愿交出夹带之犯，必依天朝正法治死，连远商之船货物亦皆充公。但若查验无鸦片在远商之船上，即求大宪恩准远商之船进黄埔，如常贸易。如此良歹分明，远商甘愿诚服大宪。
>
> 此结是实。
>
> 天朝道光　年　月　日
>
> 船主　同伙　人
>
> 船名　雇佣　人

10 月 14 日英国商船“担麻士葛”(Thomas Coutts)号船主湾喇(Optain Warner)遵令具结，获准到黄埔贸易。但 10 月 20 日义律通知各英商不必具结，将船驶至穿鼻码头，开舱贸易，公然违反中国禁令。

10 月 23 日林则徐严令英船三日内具结入口或回国，不得滞泊伶仃洋面。10 月 26 日林则徐、邓廷桢要求广州知府余纯保向美国“领事”转发新结式，“嗣后花旗来船，皆须令其照式具结，方准进埔。嗣后凡不如式之结，一概不准进口”③。自

---

① (清)魏源：《道光洋艘征抚记(卷上)》。齐思和、林树惠、寿纪瑜：《鸦片战争》(第六册)，神州国光社 1954 年版。

② (清)林则徐：《信及录》，上海书店 1982 年版。

③ (清)林则徐：《信及录》，上海书店 1982 年版。

此，美国商船都按照上述样式具结。

11月3日英船“皇家萨克逊”号(Royal Saxon)船主郎咄遵令具结。但在报关入口时，被义律率英舰“窝拉疑”号及“海阿新”号追至穿鼻洋面阻截。英舰还炮击中国水师，挑起穿鼻海战。广东水师提督关天培督战，击退英舰。

11月26日林则徐宣布自12月6日起停止中英贸易，但仍准许遵令具结、查无鸦片的船只入口。受到穿鼻海战的影响，12月29日“皇家萨克逊”号才得以进入黄埔贸易。

1840年1月5日(道光十九年十二月初一日)林则徐根据道光帝旨意，宣布永远停止中英贸易，下令禁止一切英国船只进口，并严禁他国商人私代英商带运货物。为了抵制英国贸易，林则徐修改补充了甘结样式，要求各国商船必须在甘结中保证“不敢暗代英夷运货”①。美国人遵照具结进口，“受利益已数倍于往年”②。直到英国军舰封港后，鸦片战争开始美国等国才没有船只具结进口。

五、鸦片战争前义律职责

查理·义律(Charles Elliot，1801～1875年)，英国人，林则徐虎门销烟事件的主要交涉人物，对清朝中英关系产生过重要影响。义律是鸦片战争重要推手，由于义律擅自承诺英国鸦片商人个人损失将会由英国女王承担，致使经济矛盾上升为中英国家冲突，最终导致鸦片战争的爆发。

关于义律在鸦片战争前的官职，各种文献说法不一，较为混乱。主要存在三种说法：一种是“英国驻华领事”；一种是“英国驻华商务总监督”(Chief Superintendent of the Trade of British Subjects in China)；一种是“英国驻华商务监督”(the British superintendent of trade in China)。兹考如下：

一、“英国驻华领事”、“英国驻华商务总监督”、“英国驻华商务监督”之说

(一)关于义律是“英国驻华领事”的说法，多见于中国近现代文献。比如：

1、《清史稿》列传一百五十：“时禁烟议起，宣宗意锐甚，特命林则徐为钦差大臣，赴广东查办。英吉利领事义律初不听约束，继因停止贸易，始缴烟，尽焚之，责永不贩运入境，强令具结，不从，兵衅遂开。”

2、《黄埔海关志》第169页第7行：“3月28日，广州府奉钦差大臣林则徐札发鸦片章程4条谕令英国领事查理·义律将黄埔货船、伶仃洋面趸船及商馆内所有鸦片，开具清单，听候验收。”

---

① 《林则徐集·奏稿(中)》卷九，中华书局1965年版。

② 《林则徐集·公牍》卷六，中华书局1963年版。

3、《鸦片战争前中英交涉文书》[①]第185页和《英军在华作战记》[②]第34页："具甘结英吉利领事义律、副领事参逊，率领英国夷商等、港脚夷商等、麽嚕夷商等，为出具切结，永断鸦片事。结得英吉利国及所属各国夷商，久在粤省贸易。渥沾天朝恩泽，乐利无穷。只因近年有等贪利之人，私带鸦片烟土，在粤洋趸船寄顿售买，有干天朝法纪。今蒙大皇帝特遣大臣来粤查办，始知禁令森严，不胜悚惧。谨将各趸船所有鸦片，尽数缴官，恳求奏请大皇帝格外施恩，宽免既往之罪。其已经起空之空趸，均令驶回本国。现在义律等禀明本国主严示各商，凛遵天朝禁令，不得再将鸦片带入内地，并不许制造鸦片。自本年交秋以后，货船来粤，如查有夹带鸦片者，即将其全船货物，尽行入官，不准贸易，其人亦听天朝处死。愿甘伏罪。至现春夏季到粤之船，其自本国来时，尚未知查办严禁，如有误带鸦片者，随到随缴，不敢稍有隐匿。合并声明，所具切结，是实。道光十九年二月 日)

(二)关于义律是"英国驻华商务总监督"的说法，多见于中国现代文献和外国文献。比如：

美国学者马士在《中华帝国对外关系史》[③]中记录了义律的生平："查理·义律海军少将生于1801年，卒于1875年。1828年升任海军大佐后曾以半薪退休。1834年在律劳卑手下任船务总管。1836～1840年任英国驻华商务总监督；1840～1841年，任共同的(后来为专一的)驻华全权公使及商务监督。1842～1846年，任美洲台克隆斯共和国(Republic of Texas)总领事(兼代办)；1846～1854年任百慕大岛(Bermuda)总督；1854～1856年任特律涅达岛(Trinidad)[④]总督及总司令。退休后封薰浴武士(K. C. B.)[⑤]。1863～1869年任圣海仑岛(St. Helena)[⑥]总督。他循序升至将级。"

(三)关于义律是"英国驻华商务监督"的说法，也多见于中国现代文献和外国文献。比如：

《近代中国百年史辞典》：[⑦]"义律：英国人。曾任英属殖民地官吏。1834年(道光十四年)来华。1836年升任驻华商务监督，怂恿英国政府以武力保护鸦片贸易，破坏禁烟运动。1840年2月被任命为英国副全权代表，6月率舰封锁广州海面，挑起鸦片战争。"

---

① [日]佐佐木正哉编：《近代中国史料丛刊续辑》第382辑，沈云龙译，台北文海出版社，1976年版。

② [英]宾汉著，寿纪瑜、齐思和合译：《英军在华作战记》，载中国史学会主编中国近代史料丛刊Ⅰ：《鸦片战争》，神州国光社1954年版。

③ 张汇文等译，商务印书馆1963年版，第一卷，第253页。

④ 系西印度群岛中的英国属地。

⑤ 英国封爵的一种，受封时必先沐浴故名。

⑥ 此岛以曾囚拿破仑而著名。

⑦ 李华兴、徐矛主编，浙江人民出版社1987年版。

《美国驻中国广州领事馆领事报告(1790—1906)》记载1839年美国驻广州领事士那(Peter Snow)声明美国商人认缴林则徐的1540箱鸦片,是美商受英商委托代办的,并已经交给英国商务监督义律。"No opium is possessed in the United States. The opium which they said merchants lately had in their charge was all the property of British subjects, and there was surrendered by them as search on the merchant to Charles Elliot Esquire, the British superintendent [①] of trade."[②]

《细说清朝》:"义律夹在两方之间,真是左右为难。其实他最好辞职,不必作'驻华商务总监'。严格说来,他也无职可辞,帕麦斯顿并未正式任命他当'总监'。他在罗宾臣担任总监之时,位居'次监';罗宾臣被免职,把档案印信移交给他,他就'自封'为总监。帕麦斯顿前后给他下训令,只说'尔等诸监督'应该如何,并不说'尔总监'应该如何。帕麦斯顿所设立的是一个'王家委员会',由三个监督与一个秘书组成,以替代东印度公司的'小组委员会'。三个监督之分为总监、次监、三监,原不过为了一时方便。帕麦斯顿对罗宾臣生气而免掉他的职务之时,曾经说过'政府有意废除总监一职'"。[③]

二、鸦片战争前义律任职情况

英国东印度公司成立以来,一直独占英国与中国间的贸易。这一时期,东印度公司在广州和澳门派驻大班,负责对华贸易的管理。到了19世纪30年代,受工业革命和自由贸易等因素的影响,英国政府决定取消东印度公司对华贸易专营权。1833年英国国会通过了一项《特许状法案》,宣布于1834年4月21日正式结束东印度公司对华贸易的专利权。东印度公司大班们对贸易和英商所行使的一切管理和管辖权,转交给新任命的监督们行使。

1833年12月英国外务大臣巴麦尊委任上议院议员律劳卑为首任驻华商务总监,律劳卑在1834年7月15日抵华履新,在澳门办公,下设第二监督和第三监督各一名。驻华商务总监隶属于外务部,主要任务是维护英商的利益,并寻求与清廷进行平等贸易。英国海军军官查理·义律大佐被任命为船务总管(Master Attendant),负责掌管虎门口内的一切有关英国船只与水手的事务。后累迁任职监督处秘书、第三监督、第二监督。

1836年6月7日驻华商务总监罗宾臣被英国外交大臣巴麦尊免职。马士记载:"在1836年6月7日那件表示这种怀疑(按:罗宾臣不遵照商务监督必须常驻广州的训令,擅自在伶仃岛设立办事处并亲驻那里,巴麦尊对其决策是否聪明持有怀疑)的公函中,巴麦尊子爵宣布了政府要撤消总监督一职的意思,并且简略地通

① superintendent(n.):主管、监督人、管理人;(陆海军学校等的)校长;厂长、所长。

② 广西师范大学出版社组织整理、程焕文审订:《美国驻中国广州领事馆领事报告(1790—1906)》(第2册),广西师范大学出版社2007年版。

③ 黎东方:《细说清朝》第72章,上海人民出版社2013年版。

知罗宾臣爵士说:'你的职务应于收到本函的日期起终止。'他因此在12月14日把这办公处的档案和印章交给查理·义律大佐[1],义律大佐最初签署作'首席监督',在一八三七年二月二日又开始自署为'总监督'。"[2]

1839年林则徐前往广东查禁鸦片,要求义律敦促英商缴出鸦片。3月27日义律被迫发出公告,以"旅华英侨商务总监督"的名义要求英商悉数缴出所有的鸦片。[3]

1840年6月义律收到英国女王的委任状,被委任为副全权公使,其堂兄海军少将乔治·懿律(乔治·懿律:Rear Admiral George Elliot)被委任为首席全权公使并兼任侵华英军海陆联军最高司令。11月懿律因重病辞去舰队司令职务,义律成为唯一的"英王陛下派驻中国全权公使"。

1841年1月义律和钦差大臣琦善签订了初步休战协议《穿鼻草约》,但4月20日英国内阁会议没有批准这个协议,并决议召回义律,由璞鼎查(Sir Henry Pottinger)接任驻华全权公使兼商务总监督。8月12日义律卸任。

琦善与义律会谈

1843年璞鼎查任首任香港总督,并兼任驻华商务总监督。从此,英方全权公使、驻华商务总监督、香港总督均由一人兼任,一直持续到1857年。1857年,驻华商务总监督和全权公使都不再由港督兼领,独立出来。但驻华商务总监督改由英国驻华公使兼领。

三、领事、大班、商务监督职权的区别

(一)领事

鸦片战争前,清王朝以"天朝上国"自居,拒绝承认世界其他国家具有与其对等

---

① 原注:"中国通讯汇编",1840年版。

② [美]马士著、张汇文译:《中华帝国对外关系史》(第一卷),商务印书馆1963年版。

③ 公告内容为:"本人,查理·义律,旅华英侨商务总监督,目前同本国及别国侨居此间的一切商人被广东省政府强行扣留,食物无着,仆役离散,和我们各本国的交通已被断绝,现在奉到钦差大臣直接办给我并经各大员盖印的谕令,要我把本国人所持有的鸦片全部呈缴。现在本总监督念及旅居广州的全体外人的自由和生命的安全以及其他重要原因,谨以不列颠女王陛下政府的名义并代表政府,责令在广州的所有女王陛下的臣民,为了效忠女王政府,将他们各自掌管的鸦片即行缴出,以便转交中国政府;并将从事鸦片贸易的英国船只置于本人指挥之下;再速将各自手中英国人所有的鸦片开具清单,签章呈阅。本总监督,为了不列颠女王陛下政府并代表政府,充分而毫无保留地愿意对缴出鸦片的全体及每一位女王陛下的臣民负责,转交中国政府。本总监督特别警诫所有旅居广州的女王陛下的臣民,不论是英国人所有的鸦片的货主,或是托管人,如在本日6时以前不将该项鸦片缴出,本总监督即行宣布女王陛下政府对该英商所有的鸦片不负任何责任。特别需要明了的是:英商财产的说明以及照本通知乐于缴出的一切英国人的鸦片的价值,将由女王陛下政府随后规定原则及办法,予以决定。查理·义律签印,1839年3月27日晨6时于中国广州。"

的国家关系。尚未开眼看世界的清政府官员认为“天朝定制，人臣无外交”，拒不承认各国领事的外交身份[①]，但在处理外国事务中，又经常胁迫各国大班承担外交使节的职能。比如：1776 年法国就已派驻广州领事，但其外交使节的官方身份始终未能获得清政府认可，地方当局仅将法国领事视为商业“大班”。1807 年卡林顿(Carrington)既是美国领事，又是商业大班。英国却只设立大班，未设立领事，而且英国大班并不像法国、美国那样具有领事职责。这就造成了清政府对“领事”的外交使节身份和“大班”的商务监督身份相互混淆，这也是当时中西方地理远隔、文化差异造成的独特现象。

中国古人对“领事”理解有两层意思：一是所管之事。《汉书·百官公卿表上》：“取其领事之号。”颜师古注引孟康曰：“随所领之事以为号也。”二是统领其事。(唐)薛用弱《集异记·蔡少霞》：“玉人谓曰：‘愍子虔心，今宜领事。’”(明)刘基《紫虚观道士吴梅涧墓志铭》：“及先生领事，乃重修三清殿。”

清政府官员主观认定，英国大班既然管理英国对华贸易事宜，理应代表英国政府，为全体英侨的所有行为(商业或非商业)负责。事实上，从国际关系来看，领事是由一国政府派驻外国某一城市或地区的外交官员，其任务是保护本国及其侨民在该领事区内的法律权利和经济利益，管理侨民事务等；英国大班只是公司职员，其公务行为只对公司负责；英国驻华商务监督虽然也是政府雇员，但其职责仅限于维护英商利益，与清廷商讨通商和开放港口等贸易事宜，并寻求与清廷进行平等贸易。更何况，鸦片战争前，清政府只承认外藩对天朝帝国的朝贡关系，不承认近代意义上的国与国之间的关系。因此，英国驻华商务监督承担领事的部分商务职责，但不具备领事的法律地位，其本质与领事不同。

而且律劳卑及以后的义律均被任命为商务监督，而不是领事。马士认为这是英国政府的一项错误决策：“英国政府并不是为解决任何争端和制定通商章程而派大使或特命公使的。它仅任命了一个以三位英国商务监督为主的组织，而以律劳卑为首——同等官职中的首席。其第二、第三监督，都是由当时驻广州的东印度公司特派委员会委员选任的。英政府只给予这个组织以特派委员会一向所行使的权力，但并无其他；同时，所给他们的特别训令，在实效上，也同东印度公司董事们年年所给予他们在广州的代理人的训令是一样。”[②]

(二)大班

大班本身从事经营贸易，同时又对其他经营贸易者进行管理。大班必须持有粤海关颁发的红牌执照，才能来往广州澳门。英国东印度公司大班屡次向清政府

---

① [美]马士著、区宗华译：《东印度公司对华贸易编年史》(第三卷)，中山大学出版社 1991 年版，第 86 页，“中国人除英国大班，即特选委员会主席以外，不承认在中国的任何不列颠官员”。

② [美]马士著、张汇文译：《中华帝国对外关系史》(第一卷)，商务印书馆 1963 年版。

官员阐明:大班管理权限仅限于东印度公司经营的船只贸易,对英国皇家战船、散商船等均无管辖权。清政府地方官员更换频繁,两广总督、广东督抚及粤海关监督等各级官员对大班管辖权的看法不尽相同。

1、对于英国皇家战船

清政府长期认定英国东印度公司大班有权管理英国战船。1808 年英国战船以保护葡萄牙人的名义,试图占领澳门,清政府地方当局即要求英国大班下令战船驶离。1822 年两广总督阮元在处理英国战船“土巴资”号事件[①]时,称“该大班既在粤省承管该国事务,该国兵船伤毙民人,岂能藉词推诿”?[②] 实际上,东印度公司大班确实无权管束英国兵船。

1805 年 9 月 1 日英国东印度公司广州委员会多林文、帕特尔、刺佛联名致信两广总督和粤海关监督,报告皇家战船的情况。报告专门对“大班”和皇家军官的关系进行了解释,声称:东印度公司大班不能管辖英国皇家海军军官,没有权力约束海军舰船的行动,并建议清政府地方当局给与英国皇家海军军官相应的礼遇,“在他们[③]停留这个国家期间,我们没有权力去管束他们的行动……我们能够担任阁下[④]与国王陛下官员[⑤]之间的传达,这是十分荣幸的。阁下不会不知,官员代表其君主服务于国外时,应该承认其代表身份,因其所负之责任完全有异于商务代理人[⑥]只需要或要求普通礼遇的对待,而他们则应该要求并期望得到一种尊敬和优礼的接待……在我们方面[⑦],完全无法去管束像他们这样拥有高贵地位的人,而他们在最微小事件上亦完全不受公司代表人的管辖,但我们仍然乐意传达阁下与这些官员相互之间的感情和意见——或在需要个人会谈时,介绍他们前来会见阁下”[⑧]。

2、对于散商鸦片船等英国船只

1825 年英国散商船“尼尔丘斯”号(Nearchus)碇泊在伶仃洋从事鸦片贸易。粤海关监督谕令英国东印度公司大班将其驱离洋面。但东印度公司大班认为“我们是无法对不驶入内河的不列颠船只进行任何管理的”,从而对粤海关监督的命令置之不理。

3、澳葡当局不认可英国大班具有“领事身份”

---

① “土巴资”号水手和伶仃岛当地人发生武装冲突,致死 2 名中国人。

② 故宫博物院辑:《清代外交史料》(道光朝一),故宫博物院 1933 年版。

③ 指英国皇家海军军官等政府官员。

④ 指两广总督和粤海关监督。

⑤ 指英国皇家海军军官。

⑥ 指英国东印度公司大班。

⑦ 指英国东印度公司大班。

⑧ [美]马士著、区宗华译:《东印度公司对华贸易编年史》(第三卷),中山大学出版社 1991 年版。

1829年英国散商船船长托马斯·巴克(Capt. Thomas Baker)殴打供职于澳门政府的葡萄牙官员洛雷罗(Loureiro),原因是洛雷罗骚扰巴克的妻子达数月之久。澳葡当局将巴克逮捕,并长期监禁而不审讯。巴克致函英国东印度公司特选委员会主席部楼顿,请求部楼顿“作为不列颠商馆和不列颠国家的公共事务的首领,并作为一个英国人”向其提供保护。部楼顿于是致函澳门总督提出抗议,东印度公司也要求澳门总督和澳葡政府参议会立即将巴克提交法庭审判。但澳葡政府拒绝承认商务大班“企图僭称的那种公务地位”,不承认部楼顿或东印度公司特选委员会有权代表英国政府处理英侨事务。也就是说,澳葡政府并不认可英国东印度大班具有“领事身份”。

(三)商务监督

1832年获知英国东印度公司行将失去专营权后,时任两广总督李鸿宾传谕大班,要求英国在东印度公司失去专营权后派遣“晓事大班”总理贸易。随后接任两广总督的卢坤,也在1833年作出同样要求。但李鸿宾和卢坤均是要求英国政府派遣商务大班,而不是派遣政府使节或“夷目”。

1834年起,英国驻华商务总监督陆续由律劳卑(在任3个月)、德庇时(在任100天)、罗宾生(在任2年)担任。据《鸦片战争前中西关系纪事》一书分析:“这些商务监督们没有真正的权力”,“律劳卑来华没有得到本国政府的正式委任状[①],也没有由官方正式通知清朝政府。即使对英国臣民,他们有多大的管辖权也很难测定。有一次,杜纳公司(Turner&Co.)向奇丁(Keating)索偿一笔300元的欠款。奇丁却以监督无权擅行制定法律为名,不承认他们的管辖权,后来巴麦尊果然指责了他们擅付索欠款项的行为。在其他训令中,英政府认为监督们无权把英国臣民从中国驱逐和押送出境,甚至对某种干涉英国商民业务的做法,也认为是超过他们实际所有的权限范围的。可见他们的权力小得可怜,无论在外交、军事和商务管理中都没有足够的力量”。[②]

马士参考《中国问题有关通信汇编》相关资料,指出:“在另一方面,这个监督却

---

① [美]马士著、张汇文译:《中华帝国对外关系史》(第一卷),商务印书馆1963年版,第153页记载:“他(按:律劳卑)并且将他被任命为英国商务总监督的任命状交给他们(按:广州知府、潮州知府和广东协台)审阅。”从此处可见,律劳卑有正式任命状。但该书第1卷第156页记载两广总督指责律劳卑不遵守中国规章,“而且此次英国政府关于律劳卑的任命既无正式通知,律劳卑也没有任何凭证,他竟不予总督以请旨的时日,贸然惹起了这样一些完全新的问题”;第160页记载:“英政府也没有发给律劳卑一件凭证,以便呈递中国君主或其他的官吏;甚而连任命律劳卑一事都没有通知北京政府或广东当局,尽管律劳卑男爵在离开英国以前曾要求政府作到这一点。”另外,黎东方《细说清朝》第71章记载:“英国政府并不曾将任命律劳卑的事正式通知中国政府,律劳卑也不曾携有证件。”关于律劳卑是否拥有并携带英国政府任命状前往中国,待考。

② 萧致治、杨卫东:《鸦片战争前中西关系纪事》,湖北人民出版社1986年版。

一再地受到警告，不得对于英国臣民的事业加以干涉，不得把没有方法执行的事引为自己的权力，也无权放逐英侨，对于在中国辖区内的水手所拟实行的管理办法，必须事前取得总督的准许。”①

英国商人奇丁(Keating)拒绝承认商务监督们在中国具有行使任何管辖的权力，理由是：“他们(按：商务监督们)并未依照规定，驻在广州；移归监督们的那些前大班们的权力中，并没有赋予这类的管辖权，现任监督也没有一个人是由国王直接任命的；而且命令是在澳门传达的，在那里监督们并‘无权擅行制定法律’。”②外交大臣巴麦尊对奇丁的质疑没有表态。

1839 年 10 月 10 日英国布利斯特茶商呈文巴麦尊，批评政府设立的对华商务监督，自 1834 年以来，花去纳税人 10 万英镑，却不但自身受到广东督抚的轻视和无礼，而且无力保护在华英商，因此他们置疑商务监督的职权范围。

1836 年 12 月 14 日义律就任“英国驻华商务监督”。其职责仅限于管理英国对华商务。由于中英距离遥远，信件往来需要耗时 6～8 个月，英国政府对中国当时状况难以及时了解。义律在处理对华商务时，不可避免的会接触到其他外交事务。由于无法及时获得英国政府训令，义律面对鸦片战争前复杂的政治形势只能随机应变，代为处理。“这样的作法，如果不是否定政府的职能，便是——尽管有威灵顿公爵的训令——默认将这项远在海外和茫无所知的事务的处理，完全交由他们选定的代理人去权宜行事了。”③

义律呈送给两广总督邓廷桢的禀帖中，自称被任命为“英国驻华最高官员的职位”。但两广总督邓廷桢认为义律依然是船务总管，虽然与“大班”名目不同，仍可以“查照从前大班来粤章程”管理。④ 同时，邓廷桢又认为义律既然有权管理英国人的贸易活动，也应该为英国人的个人行为负责。邓廷桢要求义律驱逐伶仃洋面的鸦片趸船时，义律声称：“远职奉派来粤，止能治理正项货物进口贸易之权，此外口外有无违禁者，实系国主所未尝据情闻知也。”⑤按照义律的说法，英国女王并未授权他管理违禁贸易事宜，他无权驱逐鸦片趸船。但林则徐在虎门销毁的鸦片烟，绝大部分是由义律下令英商缴纳的。可见义律的言行自相矛盾。

钦差大臣林则徐也不了解领事和商务监督的本质区别，认为义律是“英夷头目”，可通过其处理所有英侨一切事务。其结果是连英国外务大臣巴麦尊都认为义律屡次越权处理外交、司法等非商务事宜。比如，1839 年林维禧事件中，义律就在中国领海上设立一个“具有刑事与海上管辖权的法庭”，并于 8 月 12 日在英船上开庭审理林维禧案件。这个英式法庭由义律做法官、23 人组成大陪审团、12 人组成

---

① [美]马士著、张汇文译：《中华帝国对外关系史》(第一卷)，商务印书馆 1963 年版。

② [美]马士著、张汇文译：《中华帝国对外关系史》(第一卷)，商务印书馆 1963 年版。

③ [美]马士著、张汇文译：《中华帝国对外关系史》(第一卷)，商务印书馆 1963 年版。

④ (清)文庆等编：《筹办夷务始末》道光朝，第 1 卷，中华书局 1964 年版。

⑤ [日]佐佐木正哉：《鸦片战争前中英交涉文书》，台北文海出版社 1967 年版。

小陪审团，虽然体现了巴麦尊提倡的治外法权精神，但却没有获得英国政府的授权。最终义律因在1841年擅自与琦善签订《穿鼻草约》而被免职。据称，英国维多利亚女王也认为义律是“一位完全不遵指令而努力争取最短任期的人”。

四、各国在广州设立领事情况

（一）英国

英国政府长期未派驻广州领事。1792年马戛尔尼勋爵访华前夕，曾向英国政府建议在广州派驻领事。马戛尔尼认为通过英国驻广州领事将特使访华的消息通知清政府，比由东印度公司代理人通知更为合适，而且还建议赋予特使适当权力，“在一定程度内可以管辖广州的商馆”。

英国东印度公司董事部主席巴林（Francis Baring）和副主席柏吉斯（J. Smith Burges）强烈反对政府在广州派驻领事并由特使管辖商馆。他们认为，广州已经成立了公司特选委员会、秘密与监督委员会，就不需要英国政府另外派驻领事；两会主席均是布朗，他在对华商务方面具有丰富经验；由布朗指示两会委员协助特使工作，促成特使任务的完成；这样就等同于完成了领事的全部工作。英国政府同意了这个意见。1792年5月，马戛尔尼受任为“特命全权大使”，并于1793年进行了举世瞩目的访华。派驻领事一事，马戛尔尼就没再提及。

1816年2月8日阿美士德勋爵（Lord Amherst）使团受命前往中国，商谈通商问题。使团出发前的1月17日，英国东印度公司秘密商务委员会（Secret Commercial Committee）致函特使阿美士德勋爵，称：“如果中国政府不肯答应在北京有一个英国使节的驻所，可以向他们建议准许国王陛下派一位英国领事驻在广州……这个领事的职权，可以暂时委托给特选委员会主席担任。”[①]但此次英国使团出使中国，因阿美士德勋爵拒绝向嘉庆皇帝行叩头礼而被遣返归国，所以派驻领事一事未能列入议程。

马戛尔尼（1737～1806**年**）

1834年马礼逊由英王任命为英国首任驻华商务监督律劳卑的秘书兼译员，副领事官衔“年俸一千三百英镑，可以穿上副领事的制服，缀上皇家的领扣”，随同律劳卑与清政府交涉。

1840年6月后，义律曾担任英国驻华副全权公使、全权公使。其职位与现在的“英国驻华大使”类同，而与现在的“英国驻广州领事”不同。

鸦片战争前，律劳卑、义律等人一直是以英国国民商务代表的身份而不是外交

---

① ［美］马士著，区宗华译：《东印度公司对华贸易编年史》（第三卷），中山大学出版社1991年版。

使臣的身份，在跟清政府进行交涉。为了体现鸦片战争后英国政府在中国取得的领事裁判权，《南京条约》、《望厦条约》、《黄埔条约》均规定“英国君主派设领事管事等官住该五处城邑[①]，专理商业事宜”。英国领事是“令英人按照下条开叙之例，清楚交纳货税钞饷等费”，并且“保护英国商轮，进入上开五口”。[②]

自此，英国正式在广州设立领事。1843 年 7 月至 12 月李太郭[③]任英国首任驻广州领事。

(二)其他各国

1776 年法国在广州设立领事馆，派驻首任领事傅格林(M. Vanguelin)。1804 年法国驻广州领事毕宏(M. Piron)逝世，领事馆被撤销。法国根据驻马尼拉领事巴罗(T. Barrot)的建议，将马尼拉领事馆升格为总领事馆，兼管中国、印度支那及马来西亚的事务。直到 1832 年，法国派遣热内尔(M. Gernavert)正式作为法国驻广州领事。

1786 年美国政府派山茂召为首任驻广州领事，1790 年山茂召任美国驻印度和中国总领事，并兼任美国船“马萨诸塞”号的大班。“第二任也是第一位真正常驻广州的领事塞缪尔·斯诺也是以船货管理员起家的商人，这种由美商出任驻广州领事的情况一直延续到鸦片战争之前也未有改变。”[④]

1787 年普鲁士驻广州领事是丹尼尔·比尔(Daniel Beale)(英国籍)。

1793 年热那亚共和国驻广州副领事是施奈德(Charles Schneider)(英国籍)，管理该国对华商务。

1807 年 6 月 2 日瓦茨(Edward Watts)被奥地利政府任命为东印度公司和中国的总领事。

1820 年英国人马地臣任职丹麦驻广州领事，此人后来成为粤海关副税务司，派驻黄埔分关。

1820 年龙思泰[⑤]被任命为瑞典驻中国的第一任总领事，定居澳门。

1821 年爱德华·瓦茨(英国籍)被奥地利政府任命为总领事，戈达德(James Goddard)(英国籍)任奥地利驻华领事。该年在澳门的各国领事有：瑞典领事龙格斯德爵士、普鲁士领事马格尼亚克、美国领事兼商人威尔科克斯、俄罗斯领事兼商人多贝尔(P. Dobell)(美国籍)。

---

① 五处城邑是指广州、福州、厦门、宁波、上海。

② 王铁崖：《中外旧约章汇编(第一册)》，生活·读书·新知三联书店 1957 年版。

③ 李太郭：George Tradescant Lay，约 1800 年～1845 年 11 月 6 日，英国自然学家、传教士、外交官。其子李泰国曾任清政府首任海关总税务司。

④ 梁建：“早期西方各国在华商人领事制概略”，《贵州文史丛刊》2008 年第 1 期。

⑤ 龙思泰(Anders Ljungstedt，1759 年～1835 年)，瑞典商人，曾任瑞典东印度公司的大班。1798 年龙思泰首次到达中国，后长期留居澳门。进入中年，潜心研究澳门历史，著有《早期澳门史——在华葡萄牙居留地及罗马天主教布道团简史》，以报道公正、史料翔实著称。

1826 年英国人伊尔贝里(Ilberry)被任命为汉诺威王国驻中国领事。该年在澳门的各国领事有:美国领事费希尔、荷兰领事布莱特曼等。

1829 年在华领事有:丹麦领事渣甸、汉诺威领事伊尔贝里、西西里领事罗伯森、美国领事福布斯、荷兰领事卡纳赫姆、瑞典领事龙格斯。

1845 年 10 月 23 日美国人亚历山大·义华业在广州照会清政府官员,呈递美国总统致中国皇帝的国书,成为美国历史上第一位驻中国公使,任期 8 个月零 6 天。

龙思泰(1759～1835 **年**)

第二次鸦片战争后,中英《天津条约》、中美《天津条约》、中法《天津条约》均规定:领事官阶与中国的道台平级,副领事与知府平级。

五、综述

结合以上分析,"大班"负责管理英国东印度公司商船贸易;"领事"代表该国政府管理外侨一切事务;"英国驻华商务监督"代表英国政府处理对华经贸事务,其任务是维持和发展中英商业关系。鸦片战争前,清政府不承认其他国家外交人员身份,但又要求大班、商务监督承担管理该国侨民的职责。

鸦片战争前,义律是隶属英国外交部的贸易专员,正式官职为"英国驻华商务监督"。前任商务总监督罗宾臣被辞退后,英国政府并没有正式任命义律为"英国驻华商务总监督",但义律自署"首席监督"和"总监督",并以此身份与清朝地方当局交涉中英事务。

义律法定职权介于"大班"和"领事"之间,仅限于代表英国政府管理对华经贸事务。至于义律承担的管理英侨其他事务的职责,完全是义律个人擅权行为,未受到英国政府正式授权。直到 1840 年 6 月鸦片战争爆发后,义律收到英国政府任命,成为副全权公使,义律法定职权才有所扩大。

六、不平等条约对船钞的协定

一、《黄埔海关志》原文

第 137 页:"1843 年(道光二十三年)签订的《中英五口通商章程》规定以吨税代替的船钞,凡 150 吨以上船舶每吨缴税银 5 钱,150 吨以下的小船每吨缴税银 1 钱,1 次交付,4 个月内不再重征。"

二、修正

鸦片战争后的不平等条约中,对船钞的征收作出了详细规定。

1843 年 7 月中英《五口通商章程及海关税则》规定"货船按吨输钞","每吨缴纳船钞五钱"。就是按照船舶实际载重吨位作为课税标准,以吨税代替船钞和各类规费。

1843年10月中英《虎门条约》、1844年中美《望厦条约》和中法《黄埔条约》以及1858年中法《天津条约》均规定：对于所载货物在150吨以上的商船，每吨缴纳船钞5钱，150吨以下的小船，每吨缴纳船钞1钱。船舶到口2日之内不征收船钞，2日之后开征。船钞只需缴纳一次，海关发给完税执照。如果该船货物没有销完而转到其他口岸，则只需在其他口岸缴纳余货的货税，不需重复缴纳船钞。

1858年中英《天津条约》、中美《天津条约》降低了船钞税率：载货150吨以上的大船，每吨缴银4钱；150吨及以下的每吨缴银1钱。中英《天津条约》又规定：凡是船只出口往其他通商口岸及香港的，船主有海关监督颁给的专照，自发照日起，4个月以内赴通商各口可以不再缴船舶吨税。（4个月免缴期，是预防从欧洲到中国两次航行而定的时间。但随着轮船的速度加快，一支轮船在4个月内可以从欧洲各口岸两次到达中国。）

三、不平等条约条款原文

1843年7月中英《五口通商章程及海关税则》："货船按吨输钞一款：凡英国进口商船，应查照船牌开明可载若干，定输税之多寡，计每吨输银五钱。所有纳钞旧例及出口、进口日月规各项费用，均行停止。"

1843年10月8日中英《五口通商附粘善后条款》[①]："英国之各小船，如二枝桅或一枝桅、三板、划艇等名目，向不输钞。今议定，各船由香港赴省、由省赴澳，除仅只搭客，附带书信、行李，仍照旧例免其纳钞外，倘载有货物，无论出、入口及已、未满载，但使有一担之货，其船即应按吨输纳船钞，以昭核实；惟此等小船，非大洋船可比，且不时往来，进口每月数次不等，亦与大洋船之进口后即停泊黄埔者不同，若与大洋船一例纳钞，未免偏枯。嗣后此等小船，最小者以七十五吨为率，最大者以一百五十吨为率，每进口一次，按吨纳钞一钱；共不及七十五吨者，仍照七十五吨计算；倘已逾一百五十吨者，即作大洋船论，仍按新例，每吨输钞五钱。至福州等口并无此等小船往来，应无庸议。"

1844年中美《望厦条约》："第六款：凡合众国船只赴五港口贸易者，均由领事等官查验船牌，报明海关，按所载吨数输纳船钞，计所载货物在一百五十吨以上者，每吨纳钞银五钱，不及一百五十吨者，每吨纳钞银一钱，所有以前丈量及各项规费全行裁革。或有船只进口，已在本港海关纳完钞银，因货未全销，复载往别口转售者，领事等官报明海关，于该船出口时，将钞已纳完之处在红牌内注明，并行文别口海关查照，候该船进别口时，止纳货税，不输船钞，以免重征。""第十款：……倘有进口并未开舱即欲他往者，限二日之内即行出口，不得停留，亦不征收税饷、船钞，均候到别口发售，再行照例输纳。倘进口船已逾二日之限，即须输纳船钞，仍由海关填发红牌，知照别口，以免重征。"

1844年中法《黄埔条约》："第十五款：凡船进口，出二日之外，即将船钞全完；

① 即《虎门条约》。

按照例式,凡船在一百五十吨以上者,每吨纳钞银五钱;不及一百五十吨者,每吨纳钞银一钱。所有从前进口、出口各样规费,一概革除,以后不得再生别端。凡纳钞时,海关给发执照,开明船钞完纳;倘该船驶往别口,即于进口时,将执照送验,毋庸输钞,以免重复;凡佛兰西船,从外国进中国,止须纳船钞一次。所有佛兰西三板等小船,无论有篷、无篷,附搭过客,载运行李、书信、食物,并无应税之货者,一体免钞。若该小船载运货物,照一百五十吨以下之例,每吨输钞银一钱。倘佛兰西商人雇赁中国船艇,该船不输船钞。"

1858 年中法《天津条约》:"第二十二款:凡船按照第二十款进口,出二日之外与未开舱卸货之先,即将船钞全完;按照例式,凡船在一百五十吨以上者,每吨钞银五钱;不及一百五十吨者,每吨纳钞银一钱。所有从前进口、出口各样规费,一概革除,以后不得再生别端。凡纳钞时,海关给发执照,开明船钞完纳,倘该船驶往别口,即于进口时,将执照送验,毋庸输钞,以免重复;凡大法国船,从外国进中国,止须纳船钞一次。所有大法国三板等小船,无论有篷、无篷,附搭过客,载运行李、书信、食物,并无应税之货者,一体免钞。若该小船载运货物,照一百五十吨以下之例,每吨输钞银一钱。倘大法国商人雇赁中国船艇,该船不输船钞。"

1858 年中英《天津条约》:"第二十九款:英国商船应纳钞课,一百五十吨以上,每吨纳钞银四钱,一百五十吨正及一百五十吨以下,每吨纳钞银一钱。凡船只出口,欲往通商他口并香港地方,该船主禀明海关监督,发给专照,自是日起以四个月为期,如系前赴通商各口,俱无庸另纳船钞,以免重输。"

1858 年中美《天津条约》:"第十六款:大合众国船只进通商各港口时,必将船牌等件呈交领事官,转报海关,即按牌上所载吨数输纳船钞,每吨以方停四十官尺为准:凡在一百五十吨以上者,每吨纳银四钱,不及一百五十吨者,每吨纳银一钱。凡船只曾在本港纳钞,因货未全销,复载往别口出售,或因无回货,须将空船或未满载之船驶赴别港觅载者,领事官报明海关,将钞已完纳之处在红牌上注明,并行文别口海关查照;俟该船进别口时,止纳货税,不输船钞,以免重征。设立浮桴、亮船,建造塔表、亮楼,由通商各海口地方官会同领事官酌量办理。"

七、五口通商章程及海关税则

《黄埔海关志》第 130 页关于 1843 年《中英五口通商章程》附件《海关税则》记载:《海关税则》分进口税和出口税,列为 14 类,从量税目 88 个,从价税目 9 个。进口税则规定进口货中除木料类的红木、紫檀木、黄杨木,铜铁铅锡类中的白铜、黄铜等赅载于税则内的货品每百两抽十两外,"凡进口货不能赅载者,即按价值若干,每百两抽五两"。……这个进口税则实行至 1929 年(民国 18 年)的 80 多年中只修改 4 次,而且每次修改都没有超出值百抽五的规定。出口税则分 12 类,从量税 67 目,金银、砖瓦两目免税。

该段记载与史实不符。根据 1843 年《五口通商章程》及《海关税则》等文献,协定税则主要情况为：

1842年(道光二十二年)，清政府被迫与英国签署《江宁条约》[①]。1843年(道光二十三年)，英国又强迫清政府在虎门签订《中英五口通商章程》附《海关税则》和《五口通商附粘善后条款》，通称《虎门条约》，作为《江宁条约》的附约。该《海关税则》即为1843年6月25日在香港公布的"五港进出口应完税则协约"，是中国近代第一个不平等的片面协定税则。粤海关已经在该年7月1日实施，是五个通商口岸中最早执行该税则的海关。

1843年的《海关税则》，首次区分进口税则和出口税则，共计26类。同时对船钞征收方式由按船身尺寸计税改为船载货重量计税。

一、进口税则

(一)内容

进口税则分为14类104目，其中：

(1)88目货物，按从量计税。

(2)3目货物，按从价计税，每百两抽银拾两即"值百抽十"：①进口香料类，②进口木料如红木、紫檀木、黄杨木等货物，③进口铜、铁、铅、锡等类如白铜、黄铜等货物。

(3)11目货物，按从价计税，每百两抽银伍两即"值百抽五"：①进口香油香水，②进口镜钟表玩类自鸣钟；时辰钟；千里镜；玻璃片及各样玻璃、水晶器；写字盒；梳妆盒；各样金银首饰；各钢铁器、刀剑等物；③进口棉布类，如柳条巾、旗方巾、颜色布、剪绒布、丝棉布、毛棉布，粗麻布、半棉半麻布、丝麻布、毛麻布等；④进口绒货，如素毛、丝毛、棉毛等。

(4)2目货物免税：①金银类各样金银洋钱、锭锞；②洋米、洋麦、五谷等。

(5)未列名货物一律从价计税，值百抽五。

(二)历史沿革

由于当时税则表中所列货名有限，以后新增的贸易品就一律按值百抽五来定税率。英国签约代表璞鼎查在审阅助手新拟定的税则时，曾担心这样有利于对华商品侵入的税率，未必能被中国政府所接受，而清朝的皇帝却完全同意了。这是旧中国关税受值百抽五约束的开端。

这个进口税则实行至1929年(民国18年)的80多年中只修改4次，而且每次修改都没有超出值百抽五的规定。

二、出口税则

(一)内容

出口税则分12类68目，其中：

(1)66目货物，征从量税，税额按货价折算大部分约为5%。

(2)2目货物免税：①金银洋钱及各样金银类货物；②瓦砖、瓦片等屋料类

---

① 又称《中英南京条约》。

货物。

(3)未列名货物一律从价计税,值百抽五。

(二)历史沿革

这个出口税则于1946年(民国35年)废止,百余年里只有1934年(民国23年)修订过一次,另于1931年(民国20年)将出口税与转口税分开。

三、船钞

《海关税则》废除了丈量船身、"按丈输钞"的船钞征收方式,改为根据实际载货量进行计税。

八、清末至民国间黄埔口岸海关名称

疑误:《广州海关志》第19页第21行,第106页第5、7、13、15行,第143页第22行,第338页第3行均将清末民国初期黄埔口岸海关笼统称为"支关"。

《黄埔海关志》涉及清末到民国初期的黄埔口岸海关的第25页第25行,第26页第17、20、23行,第27页第2行,第76页第17行、18行,第77页第4行,第107页第9、13、17、24行,第108页第3、9、11、15、16、17行,第121页第9、10、14行,第170页第20行中均笼统称为"分关"。

史实:清初黄埔口岸海关名称应为粤海关黄埔挂号口,1849年至1860年应为粤海关黄埔总口,1860年1月之后应为粤海关黄埔分关,同治初年(1861年左右)之后应为粤海关黄埔分卡。1938年10月广州沦陷后,黄埔分卡停顿。1947年1月15日粤海关黄埔支所成立。1949年10月15日黄埔支所暂停办公。1950年10月15日中华人民共和国黄埔支关成立,隶属广州海关。1952年9月1日黄埔支关升格为黄埔分关。1980年7月29日后,黄埔分关改称黄埔海关。

黄埔分卡这一名称的时间跨度为1861年至1938年,(民国期间如1927年、1928年曾称分关或支所,应为俗称)。

修正:《黄埔海关志》和《广州海关志》的上述文中,误将清末民国初的黄埔分卡记为黄埔分关或黄埔支关。应将上述文中"分关"、"支关"更正为"分卡"。

黄埔海关名称演变情况如下:

序号	时间跨度	名称	备注
1	1685年至1849年	粤海关黄埔挂号口	
2	1849年至1860年1月11日	粤海关黄埔总口	1849年与粤海关澳门总口(也称关部行台)合并
3	1860年1月11日至同治年初	粤海关黄埔分关	1859年10月粤海新关试办 1860年1月11日黄埔分关设立,隶属粤海关税务司署 1860年10月粤海关税务司署正式设立

4	同治年初至1938年10月	粤海关黄埔分卡	同治年初，粤海关黄埔分关业务量下降，改称粤海关黄埔分卡。 1938年10月广州沦陷后，黄埔分卡停顿。 民国期间曾称分关或支所(1927年)
5	1947年1月15日至1949年10月15日	粤海关黄埔支所	1947年黄埔支所成立；1949年黄埔支所暂停办公。
6	1950年10月15日至1952年9月1日	中华人民共和国黄埔支关	隶属广州海关
7	1952年9月1日至1980年7月28日	中华人民共和国黄埔分关	隶属广州海关
8	1980年7月29日至今	中华人民共和国黄埔海关	直属海关总署

九、"科"与"课"

科与课是海关基本行政机构，但各类文献使用较为混乱。兹归纳相关文献，考证如下：

《近代广州口岸经济社会概况——粤海关报告汇集》①在《粤海关十年报告(一)(1882～1891)》篇中记载："'河轮办事处'过去一向作为总务课的分支机构独立办公，从上午6时至下午6时，专门为有关享受优惠待遇的'河轮'办理手续。1890年，该处从验货厂迁出，和总务课合并办公，这一改革大大节省了人力。"②

《近代中国海关洋员概略——以五任总税务司为主》③第31页认为：科与课是不同时期的叫法。1912年至1949年称"科"。但该书第25页第6行："最早于1920年在江海关出现了专门负责货物查验估价和税则号之审核归类的验估课，以后许多海关也都设立此机构，其人员由内外班混合组成，由内班(副)税务司或帮办负责该课工作。后来，以外班人员为主的稽查科情况也是如此。"该书236页："1931年，总税务司署成立缉私科，统筹全国海关缉私工作。1932年起，先后于江海、粤海、津海、九龙、厦门等地设立缉私课，负责该区缉私工作，并在不少地方添招武装巡缉，组建武装巡缉队。"该书第238页："1929年2月总税务司署设立审榷科(Tariff Secretariat)"。该书第238页第7行"1932年造册处更改为统计科。"

---

① 暨南大学出版社1996年1月第1版，广州市地方志编纂委员会办公室、广州海关志编纂委员会编译。

② 暨南大学出版社1996年1月第1版，广州市地方志编纂委员会办公室、广州海关志编纂委员会编译，第892页。

③ 文松著，中国海关出版社，2006年版。

《旧中国海关总税务司署通令选编(1911—1930 年)》[①]第 30 页:1912 年巡工科、理船科、灯塔科、运输科等。

《旧中国海关总税务司署通令选编(1931—1942 年)》第 160 页:1929 年设立审榷科。

《广州海关志》[②]第 85 页:从 1860 年(咸丰十年)粤海新关初建至 1941 年粤海关被日本侵略军控制前,内部机构名称使用"课"。如"1874 年(同治十三年),粤海关已设有总务课、会计课、统计课等内班机构和验货厂、稽查(监察)课、缉私课等外班机构","1905 年,粤海关内部机构有:总务课、缉私课和报表、秘书、会计、办公等 4 室","民国初期,粤海关组织机构的设置无大的变化,计有总务课、秘书课、会计课、统计课、监查课、验查课及常关办公室","1937 年 3 月,粤海关机构调整后设有总务、文书、会计、统计、验估、监察、港务等课"。

《广州海关志》第 85 页:"1941 年 12 月～1945 年 9 月,粤海关被日本侵略军控制,接受上海伪总税务司领导,当时机构改为总务、秘书、会计、港务等科,江(门)、宝(安)、澳(门)支所和海港检疫所。"

《广州海关志》第 92 页:"1949 年 11 月 26 日粤海关税务司吕少西向军代表移交粤海关工作时,粤海关直属机构计有:总务、稽查、缉私、验估、验货、税款、文书、会计、港务等 9 个课","1950 年 1 月,试行将课改成科,下设股级机构。设有货物监管、验估征税、查私、人事、会计、秘书(5 月 4 日复称总务)、海港等 7 个科"。

《中国通史》[③]:"税务司署为各海关税务行政机关,又称征税或税务部门。各关税务行政组织,大致分为总务、秘书、会计、监察、查验五科,就工作性质来说,习惯上称为内班、外班、海班三类,分掌行政、检查、缉私等。税务司实为各地海关行政之最高官长。内班,也称征税科,专办海关内部事务,处理关税、船钞(吨税)的征收,及统计、报告、会计、庶务等关务。该科设有税务司、署税务司、副税务司、代理税务司、各等帮办、供事等职。外班,又称稽查科、察验等,专任检查船舶、查验货物等事务,其地位不如内班。该科设有总巡、验货、钤子手等职。海班,又称巡缉科,专任缉私。设管驾官、管驾副等职。"

《中国海关百科全书》[④]第 559 页:"中华民国时期,总税务司署改为分科办事,改原征税部的总理文案为总务科,汉文文案为汉文秘书科,……"

民国初期,粤海关组织机构的设置无大的变化,计有总务课、秘书课、会计课、统计课、监查课、验查课及常关办公室。

1936 年 12 月 2 日海关总税务司在上海发布《署通令第 5410 号》(事由:为恢

① 黄胜强主编,中国海关出版社出版,2003 年版。

② 《广州海关志》编委会,广东人民出版社,1997 年版。

③ 白寿彝总主编,上海人民出版社 2005 年版。

④ 《中国海关百科全书》编委会,中国大百科全书出版社 2004 年版。

复海务科巡工股及工程股建制事)："海关机构改组设科，新设工务科建制与职责之详细说明，已于第1887号及1888号通令内周知。"

1940年上海伪总税务司编发"民国二十九年海关中外贸易统计年刊(贸易报告)"，主办机构为统计科。

1945年9月20日，重庆总税务司署派员接收伪粤海关后，全面整顿机构，恢复关务，改"科"为"课"，设置了正、副税务办公室和总务、秘书、会计、缉私、验估、监察、港务等课，还设有收税处、验货厂。

上海总税务司署统计科翻印《海关中外贸易统计年刊》

1949年10月广州解放前夕，粤海关机构较齐全。税务司、常务税务司、常务副税务司、缉私副税务司、各监察长、港务长均设有办公室，还设有秘书、总务、验估、会计、缉私、监察(稽查)、港务等课和收税处、化验室。

综述：海关总税务司署于1861年起由总理各国通商事务衙门(1902年改称外务部)统辖；1906年改隶专设的税务处；1928年后改由财政部关务署统辖，行政级别相当于我国现代行政管理体系中的厅级机构。"科"作为海关总税务司署内设机构，相当于现在的处级单位，"课"为各税务司署内设机构，相当于现在的科级单位。个别时期如日伪时期，伪粤海关曾将"课"改为"科"。解放后，新中国海关将原设各"科"提升为"处"，并将"课"和"股"层级取消。此后，"科"作为现代行政体系科级单位的称谓延续下来。

"科"与"课"的设立

时间	机构名称	
	科	课
1874年		粤海关设有总务课、会计课、统计课等内班机构和验货厂、稽查(监察)课、缉私课等外班机构
1882～1891年		粤海关下设总务课等
1905年		粤海关内部机构有：总务课、缉私课
1912年	总税务司署设有巡工科、理船科、灯塔科、运输科等	
1920年		江海关设立验估课
1929年	总税务司署设立审榷科	
1930年1月17日		根据总税务司训令，粤海关设立验估课，作为华南片海关价格中心

1931 年	总税务司署设立缉私科	
1932 年	总税务司署造册处更改为统计科	江海、粤海、津海、九龙、厦门等地设立缉私课
1936 年	总税务司署设立工务科	
1937 年		粤海关机构调整后设有总务、文书、会计、统计、验估、监察、港务等课
1941 年 12 月至 1945 年 9 月 广州沦陷期间	伪粤海关,受上海伪总税务司领导,内设机构使用"科"。伪粤海关下设总务、秘书、会计、港务等科	
1945 年 9 月		重庆总税务司署派员接收伪粤海关后,改"科"为"课",设置总务、秘书、会计、缉私、验估、监察、港务等课
1949 年 10 月 广州解放前夕		粤海关直属机构计有:总务、稽查、缉私、验估、验货、税款、文书、会计、港务等 9 个课
1950 年	粤海关试行将课改成科,下设股级机构。设有货物监管、验估征税、查私、人事、会计、秘书(5 月 4 日复称总务)、海港等 7 个科。	
1950 年以后	新中国海关改"科"升"处",股级层次取消。"科"作为科级单位的称谓延续下来	

十、1924 年挪威籍"哈佛"轮走私军火案

《黄埔海关志》"大事记"记载:"1924 年(民国 13 年 8 月 12 日)黄埔军校校长蒋介石召见黄埔分卡监察长 W. C. A. Prall,告知军校接举报后认为挪威籍'哈佛'轮有走私军火之嫌,军校奉孙中山先生之令已将该轮扣押,并准备将货物没收。Prall 提出强烈抗议,但蒋介石坚持按命令办事。12 日下午至 13 日傍晚,黄埔军校 200 多名师生将船上 1129 箱疑为军火的货物卸下军校码头。后经查验,所载货物只是一般机器零件而已,'军火'一词系船主在舱单内误填。8 月 31 日,货物由军校师生装回船上。9 月 16 日,广东军政府将'哈佛'轮放行。"

《中国近代海关史大事记》较为完整的摘录了《黄埔海关志》中的黄埔海关大事记的内容。[①] 该书第 233 页关于"哈佛"轮走私案的记载,沿袭了《黄埔海关志》中的"误填"说法。

历史的真实情况是:发生在 1924 年 8 月至 10 月的广州商团叛乱是大革命初

---

① 孙修福主编,中国海关出版社 2005 年版,"大事记"。

期的一次重要事件。"哈佛"轮走私军火案不仅确凿无疑，而且是广州商团叛乱的导火索。

广东商团成立于1912年，起初是商人的自卫组织。它成立后在广州历次变乱中总是严守中立，后来商团逐渐被帝国主义、大地主、大买办所操纵，成为敌视革命政权的一个团体。1924年5月27日广州商团召开了有108埠商团代表参加的广东省商团代表会议，制订《广州商团联合章程》，成立联防总部，由陈廉伯任总长，邓介石、陈恭受任副总长，这实际上是广东商团军的司令部。商团军联防总部成立后，扩大了自卫武装的规模，企图与革命政府用武力相抗衡。

商团以100万元向南利(丹麦)商行订购了4850杆步枪、660枝左轮及一批子弹，合共1129箱。据孙中山军政府称，这批军火共有枪械9841余杆，其中有机关枪40挺，子弹337余万发。在1924年6月23日的一封英国汇丰银行广州分行经理德寇西致汇丰银行总裁巴罗的信中，德寇西写道：为了应付海关的检查，供应军火的山打洋行已经与陈廉伯作出安排，由悬挂挪威旗的丹麦船"哈佛"号(Hay)偷运到广州，并准备两份货物报关清单，其中一份清单标明进口货物为军火，而另一份则标成"机器"，届时将视情况决定选择使用哪张清单报关。

1924年8月10日"哈佛"轮私运商团枪械驶入白鹅潭。据时任粤海关监督的傅秉常说：这批枪械已由粤省商团团长陈廉伯"正式办妥报关手续，获得许可"[①]。

1924年私运军火的挪威轮船"哈佛"号

1924年发动商团叛乱时的陈廉伯(1884年—1944年)

广州军政府陆海军大元帅孙中山手令黄埔军校校长蒋介石派永丰、江固两舰以"瞒领护照"及"私运枪械"为由将"哈佛"号监押至黄埔，停泊于黄埔军校校门外，所有枪支弹药由黄埔军校看管。对此，粤海关黄埔分卡监察长Prall提出异议。

8月12日广州商团发动商人准备罢市，要求发还"哈佛"轮所运枪械。8月13日廖仲恺电令黄埔军校派出第三、四队学生开入广州，准备对付商团罢市和阴谋

① 郭廷以等：《傅秉常先生访问记录》，(台北)中研院近代史研究所，(台北)久裕印刷事业(股)1993年版。

暴乱。

为争还扣械，广东商人于 8 月 25 日前后举行全省大罢市，一些乡团士绅也参与了罢市。孙中山原打算“武力解决”罢市风潮，警告商人如果不开市，就将命令军队炮轰、火烧广州最繁华的商业区西关。消息传出后，英国代理总领事翟比南(Bertram Giles)于 8 月 29 日向广州政府发出警告：“如遇中国当局向城市开火时，英海军即以全力对待之。”[①]

9 月 1 日孙中山致函英相麦克唐纳(R. MacDonald)，并发表对外宣言，指责英国政府“干涉中国内政”和对广州政府“宣战”[②]，对其欲“倾覆我政府”提出强烈抗议[③]。

9 月 7 日广州民众在第一公园举行“五・七”国耻纪念大会，要求解除广州商团武装。黄埔军校第 1 期第 2、第 3 队学生参加集会。9 月 12 日孙中山赴韶关督师北伐，蒋介石派教官文素松率领黄埔军校第 1 队学生随从护卫。9 月 13 日黄埔军校在操场举行中秋宴会，勉励师生打仗和求学是分不开的，号召师生随时准备打仗，实际为镇压商团作初步动员。9 月 16 日在黄埔军校危急之时，蒋介石上呈中央执行委员会报告，请求辞去黄埔军校校长一职，但未获批准。

9 月 18 日胡汉民派人陪同商团代表前往黄埔军校，察看押存枪械，协商处理办法。

孙中山为了顾全大局，表示如果商团缴足北伐军费 50 万元，“械可发还”，批准了胡汉民处理商团事件的温和措施。但 10 月 10 日发还枪支这一天，商团派出武装以保护接领枪械为名，在长堤西濠口一带放出步哨，实施戒严。实际上这是向政府作武装示威。这一天正值“双十节”，广州市各界人民召开欢庆大会，会后游行。当游行队伍来到长堤西濠口时，商团放出的步哨竟不允许游行队伍通过，并向群众开枪，当场打死二十余人，受伤和被捕亦有数十人，是为“双十惨案”。

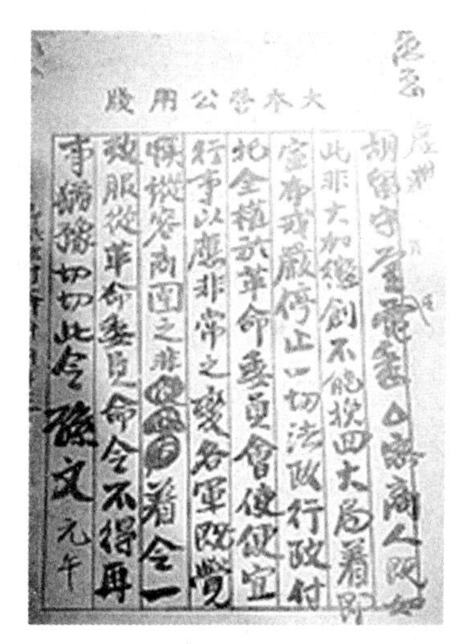
急急
大本營公用牋
胡留守省長電悉今商人如
此非大加懲創不能挽回大局着即
宣布戒嚴停止一切法政行政付
此全權於革命委員會使便宜
行事以應非常之變各軍隊
與從容商團之非[illegible][illegible]着令一
致服從革命委員命令不得再
事猶豫切切此令 孫文 元午

孙中山关于平定商团叛乱的手令

孙中山获悉“双十惨案”的消息后，立即指示胡汉民对商团要严加处理，不得再事姑息，“生死关头，惟有当机立断，切勿犹豫，以招自杀”。并宣布

① 中国社会科学院近代史研究所中华民国史研究室：《中华民国史资料丛稿——大事记》第 10 辑，中华书局 1982 年版。

② 《为广东商团事件对外宣言》，1924 年 9 月 1 日。《孙中山全集》第 11 卷，中华书局 1986 年版。

③ 《致麦克唐纳电》，1924 年 9 月 1 日。《孙中山全集》第 11 卷，中华书局 1986 年版。

成立革命委员会，孙中山自任会长，委员为许崇智、蒋介石、汪精卫、廖仲恺、陈友仁、谭平山六人，专门处理商团变乱一事。

10月12日广州商团在市内到处张贴传单，除煽动商人继续罢市外，还提出了“驱逐孙文”等反动口号，并蛊惑人心，扬言陈炯明要从东江来进攻，号召北江一带的商团武装要在北伐军回广州时共同起而抵抗等等。至此，孙中山才彻底放弃和平解决的幻想。

10月14日孙中山以大元帅名义发布平定商团手令，任命胡汉民代理革命委员会会长，命令其迅速收缴商团枪支，不可一误再误，以免后患。并电令：“兹为应付广州临时事变，所有黄埔陆军军官学校、飞机队、工团军、农民自卫军、陆军讲武学校、滇军干部学校、兵工厂卫队、警卫军统归蒋中正指挥，以廖仲恺为监察，谭平山副之。”

10月15日凌晨4时蒋介石下令发起攻击，至该日晚间，荡平商团在广州的总部及全部据点。陈廉伯逃往香港。广东局势转危为安。

十一、新中国第一个个人行邮物品征税办法颁布时间

一、1961年说

（一）《中国海关百科全书》[①]第529页《中华人民共和国海关对入境旅客行李物品和个人邮递物品征收进口税办法》词条：“经国务院批准，对外经贸部于1961年1月第1次针对个人自用物品征收进口税制定公布专门的办法，自同年2月起施行。”

（二）《海关行邮监管》[②]第171页：“中国海关第一个对个人自用物品征收进口税办法于1960年11月17日经中国国务院全体会议第105次会议批准，1961年1月3日由对外贸易部公布，自1961年2月1日起施行。”

（三）《中华人民共和国法律法规全目（1949～1989）》[③]第347页：《海关对入境旅客行李物品和个人邮递物品征收进口税办法》，1960年11月17日国务院批准，对外贸易部公布。

二、1962年说

（一）《当代中国海关》[④]

第211页：“一九六二年以前，中国海关对进境旅客的行李物品和个人邮递物品没有单独的征税办法，……一九六二年，针对个人进境行邮物品不断增加，……制订了一个专用的行邮物品征税办法。”

---

① 《中国海关百科全书》编委会，中国大百科全书出版社2004年版。

② 陈道文，中国海关出版社2003年版。

③ 龙希、于楠、关冬、关钟、宏伟编，沈阳出版社1990年版。

④ 《当代中国》丛书编辑部，当代中国出版社，1992年版。

第440页："一九六二年一月十六日 各地海关实施《中华人民共和国海关对入境旅客行李物品和个人邮递物品征收进口税办法》。"

(二)《广州海关志》[①]

第229页："1962年1月16日，广州海关实施由外贸部下达的建国后第一个专用的行邮物品征税办法，即《海关对入境旅客行李物品和个人邮递物品征收进口税办法》。"

(三)《黄埔海关志》[②]

第135页："1962年以前，海关对进口的应税物品均按照《中华人民共和国海关进出口税则》的最低税率征收关税和代征工商统一税，为了简化计征手续，便利正常往来，1962年1月外贸部海关总署制订了《中华人民共和国入境旅客行李物品和个人邮递物品征收进口税办法》。"

(四)《中华人民共和国税收大事记》[③]

"1960年11月17日国务院全体会议第105次会议批准《中华人民共和国海关对入境旅客行李物品和个人邮递物品征收进口税办法》。1962年1月16日对外贸易部发布《中华人民共和国海关对入境旅客行李物品和个人邮递物品征收进口税办法》，自发布之日起施行。"

(五)《中华人民共和国法规汇编(13)》

第143页：《中华人民共和国海关对入境旅客行李物品和个人邮递物品征收进口税办法》1960年11月17日国务院批准，1962年1月16日对外贸易部公布施行。

经考，新中国第一个个人行邮物品征税办法颁布时间应为1962年。

十二、近代中国海关史研究刍议

一、研究过程及成果

近代中国海关史的研究大致分为三个阶段。第一阶段是民国时期。主要研究方向是清政府关税自主权的丧失过程和民国时期争取关税自主权的斗争。主要研究成果有江恒源《中国关税史料》、华民《中国海关之实际状况》、马寅初《中国关税问题》、杨德森《中国海关制度沿革》、杨端六、侯厚培等根据1864年至1928年间的海关档案合著《六十五年来中国贸易统计》等。这个阶段仅仅延续20年，由于时局动荡，海关研究趋于沉寂。第二阶段是新中国成立初期。这个阶段延续时间也很短，仅限于资料编译整理，学术研究未能深入开展。主要成果是由著名历史学家陈翰笙、范文澜等人主持的中国近代经济史资料丛刊委员会与海关总署研究室编译

① 《广州海关志》编委会，广东人民出版社，1997年版。

② 《黄埔海关志》编纂委员会，1996年版。

③ 国家税务总局编。

出版了一套共计10辑的《帝国主义与中国海关》档案丛书。第三阶段是改革开放以后。尤其是1985年8月中国海关学会成立后，海关史研究成为该学会的主要任务之一。通过创办学术刊物、举办国际研讨、整理档案资料，组织出版了海关史方面的专著、志书、丛书，有力推动了海关史研究的广泛和深入开展。主要成果有各海关关志、“中国海关历史学术研究丛书”等。[①]

国内外一些专家学者在研究中国近代经济和社会发展史的过程中，也逐渐认识到近代海关史的重要地位。厦门大学陈诗启教授是中国近代海关史研究的开拓者，他率先开始对近代海关的设立和沿革进行了开拓性的研究，引起了史学界的强烈反响。其主要著作有：《中国近代海关史》、《中国近代海关史问题初探》、《从明代官手工业到中国近代海关史研究》等。

1985年11月，海关学会与厦门大学合作，成立“中国海关史研究中心”，就外籍税务司制度演化、海关与地区经济社会等问题进行了广泛的学术交流。主要成果有：《中国海关史研究工具书》、《中国海关史研究中心译丛》。厦门大学还率先培养海关史研究方向的硕士、博士生，成为海关史学研究重要的人才基地和研究阵地。

国内外研究近代中国海关史主要集中于：海关相关制度，如管理制度、关税制度、缉私制度、税款保管制度、监督制度、薪酬制度等；海关与海事、洋务活动，如引水权、经办邮政、航政、参加世界博览会等；海关与中外关系；海关人物；海关职工革命斗争等领域。成果较为丰富的专家及其著作主要有：蔡渭洲《中国海关简史》、连心豪《水客走水——近代中国沿海的走私与反走私》、叶松年《中国近代海关税则史》、戴一峰《近代中国海关与中国财政》、汤象龙《中国近代海关税收和分配统计》等。复旦大学吴松第教授作为2011年国家自然科学基金面上项目《港口—腹地与中国近代经济地理格局的形成》和国家社会科学基金重大项目《中国旧海关内部出版物整理与研究》的负责人，开创了中国近代经济地理的港口——腹地研究范式，并率先发现哈佛大学燕京图书馆馆藏的巨量中国旧海关出版物。

台湾地区主要是利用台湾馆藏海关贸易统计和海关医报等资料，研究口岸社会经济变迁。如谢世芬《九江贸易研究》、谢国兴《安徽的对外贸易与经济变迁1877—1937》、戴文峰《海关医报与清末台湾开港地区的疾病》、苏芳玉《清末洋人在台医疗史——以长老教会、海关为中心》等。台湾中央研究院开展了“近代中国与帝国海关”的专题研究。

英国学者很早就开始研究近代中国海关史。英国布里斯托大学历史系罗伯特·毕克斯(Robert Bickers)教授从1988年起研究近代中国海关的历史和英、美等国收藏的近代中国海关档案资料。主持英国大学联盟“2003—2007中国海关近代史研究项目”，创办专题网站、收集英国私人收藏的近代中国海关老照片并做数字

① 戴一峰：《中国近代海关史研究述评》，《厦门大学学报》(哲学社会科学版)1996年第03期。

化处理。

日本学者滨下武志教授利用大量的中、英、日海关文献，积10年心血，于1989年出版《中国近代经济史研究——清末海关财政与通商口岸市场圈》一书(2006年出版中文版)，深入研究了清末财政与海关、赫德与中国海关、海关与贸易统计和通商口岸与地域市场等问题。其著作《中国、东亚与全球经济》，在世界贸易和金融秩序框架内，重新诠释了近代中国的位置。冈本隆司编著《近代中国与海关》，深入探讨近代中国海关体制、关税征收与财政经济的变化；久保亨著《走向自立之路——两次世界大战之间中国的关税通货政策和经济发展》，研究了上世纪二三十年代南京国民政府关税改革及关税政策。

二、存在的问题

近代海关史研究在中国近代史研究领域取得了令人瞩目的成绩。研究方法不断增多，研究领域不断扩展，研究成果不断涌现。越来越多的近代史研究学者开始重视和应用海关研究成果。但近代中国海关史研究还存在一些不足，主要有如下。

(一)粗放性

上世纪80年代初，在全国首轮普修省、市、县三级社会主义新方志的同时，海关系统志书编修的热潮也悄然兴起。各地海关陆续编修了上海、福州、厦门、深圳、拱北、天津、南京、广州等42部海关志。这些志书涵盖了地方海关的建置沿革、业务状况，引用和保留了大量原始资料，为进一步史学研究奠定了良好基础。但普遍问题是"略古详今"，对现代海关部分着墨较多，对近代部分仅仅做一般性的简要描述。比如，黄埔海关在1980年以前长期作为广州海关的隶属单位，留存档案较少，关史资料缺失较多，《黄埔海关志》略古详今的写法，使得近代黄埔口岸海关的历史更加模糊。

在"中国海关史研究中心"倡议下，海关学会曾于1988年、1990年、1995年在香港大学、厦门大学、香港中文大学举办了三次中国海关史国际研讨会。来自美国、英国、日本及中国大陆、台湾和香港地区的专家学者针对"中国海关与近代史研究"、"近代中国海关的作用和影响"和"海关与近代中国社会"等主题进行广泛而深入的研讨，并结集出版，取得了丰硕成果。但这一学术传统未能坚持，随后近二十年时间未再组织。

21世纪后，全国陆续掀起第二轮新方志的撰修热潮，但是海关系统志书的编写尚未同步跟进。《黄埔海关志》于1996年编写完成，《广州海关志》于1997年正式出版，至今已近20年。研究成果更新不及时，个别错误未能得到修正。可喜的是海关总署已经认识到长期以来没有一部完整的、贯通古今的海关通志，于是历时6年时间组织编纂了600余万字、时间跨度3000年的《中国海关通志》，并于2013年9月29日正式出版发行，填补了中国海关志书系列的空白，具有较高的"存史"

价值。①

近十年来，海关研究的"官方"热度相对下降。海关史研究还停留在史料挖掘和整理方面，缺乏统筹分析和深入研究。当前海关史研究领域，高校教授和学者是研究的主要推动力量。相比高校教授和学者的学术研究，海关在职人员的关史研究更多的被认为是业余研究，随机性较高。

（二）局限性

史学研究容易走两个极端，要么是只窥一孔，不见全貌；要么是笼而统之，缺乏重点。近代中国海关职能之多、影响之广、效率之高，非其他任何部门可以比肩。几十年来，海关史研究更多地关注于容易研究、资料相对丰富的海关制度演变、对外贸易状况及赫德、李泰国、安格联、金登干等海关重要人物生平事迹等领域。尤其是对赫德本人的研究，一直是海关人物研究的热点，专著汗牛充栋，论文不计其数。历史不是由哪个个人创造的，历史人物应放到当时的历史环境中去考察。赫德本人经历的传奇，固然离不开其杰出的交际能力和个人素养，更离不开正处于激烈冲突下的中西关系的广阔背景。而海关监督、洋员、华员、通事、买办等各类群体，广泛参与到近代中国的各个方面，理应成为重要的研究对象。但是长期以来对通事买办群体、洋关监管下的常关、中国海关驻伦敦办事处、报关行等领域的考察，学界只是略有涉猎，成果较少。

海关研究的领域和研究深度还有待进一步拓展。《广州海关志》、《黄埔海关志》都没有涉及灯塔，连"苦力贸易"、"十三行"都着墨甚少。事实上，近代海关业务涉及监管进出口贸易、征收关税、查缉走私、编制统计、教育（同文馆、税务专门学校）、海务、港务等，兼办邮政、气象、检疫、商标注册、国际博览会、华工出洋、购置舰船以及外交、债赔等事务。另外，海关与相关机构（如总理衙门、税务处、财政部关务署、缉私署、常关等）的协调和运转机制，以及清政府帮助藩属国朝鲜管理通商三关（仁川、釜山、元山）的过程，中央苏区海关运转过程等都可以作为研究方向。如果只顾一点、不计其余，就会影响对近代中国海关的完整评价，进而妨碍对近代中国海关的全面认识和科学理解。

（三）错误重复性

近代海关史内容庞杂、资料丰富，研究过程中极容易出现错误，甚至是以讹传讹的情况。

例一：1924 年挪威籍"哈佛"轮走私军火案。

1996 年 6 月，黄埔海关编志办公室组织编写的《黄埔海关志》内部发行。该书现已成为研究黄埔海关历史的重要文献。但其中关于 1924 年挪威籍"哈佛"轮走私军火案的记录，与史实不符。

《黄埔海关志》"大事记"记载：1924 年（民国 13 年 8 月 12 日）黄埔军校校长蒋

① 佳宏伟：《近 20 年来近代中国海关史研究述评》，《近代史研究》，2005(06)。

介石召见黄埔分卡监察长 W. C. A. Prall,告知军校接举报后认为挪威籍“哈佛”轮有走私军火之嫌,军校奉孙中山先生之令已将该轮扣押,并准备将货物没收。Prall提出强烈抗议,但蒋介石坚持按命令办事。12 日下午至 13 日傍晚,黄埔军校 200 多名师生将船上 1129 箱疑为军火的货物卸下军校码头。后经查验,所载货物只是一般机器零件而已,“军火”一词系船主在舱单内误填。8 月 31 日,货物由军校师生装回船上。9 月 16 日,广东军政府将“哈佛”轮放行。

《中国近代海关史大事记》(孙修福主编 中国海关出版社 2005 年 3 月第 1 版)较为完整地摘录了《黄埔海关志》中的黄埔海关大事记的内容。该书第 233 页关于“哈佛”轮走私案的记载,沿袭了《黄埔海关志》中的“误填”说法。

历史的真实情况是:发生在 1924 年 8 月至 10 月的广州商团叛乱是大革命初期的一次重要事件。“哈佛”轮走私军火案不仅确凿无疑,而且是广州商团叛乱的导火索。

例二:粤海关监督达三是否参与请旨摘去伍敦元三品顶戴。

《续修四库全书》(顾廷龙主编、上海古籍出版社出版 2002 年 4 月第 1 版)影印古籍《四库全书》,其中《史部 · 政书类 · 粤海关志 · 卷十八 禁令二》记载:“道光元年十月,总督阮元、粤海关监督达三会奏言:……洋商内,伍敦元系总商居首之人,各国夷情亦为最熟,今与众商通同徇隐,殊为可恶,相应请旨将伍敦元所得议叙三品顶戴摘去……”

《〈粤海关志〉校注本》(广东人民出版社 2002 年 2 月第 1 版,(清)梁廷枏总纂 袁钟仁校注)第 360 页采用了《粤海关志》的上述说法。《黄埔海关志》第 168 页记载:“为此,两广总督阮元与粤海关监督达三请旨将十三行总商伍敦元摘去三品顶戴。”

历史的真实情况是,根据《香山明清档案辑录》(中山市档案局(馆)、中国第一历史档案馆编,上海世纪出版股份有限公司、上海古籍出版社 2006 年版)“两广总督阮元奏请将经理不善之洋商摘去顶戴责令严禁杜绝鸦片以观后效折”以及《宣宗道光实录》“十一月丙寅(十九日)又谕。阮元奏,请将徇隐夹带鸦片之洋商摘去顶戴一折……”可看出是两广总督阮元单独奏请,而粤海关监督达三并未参与请旨。

三、相关建议

(一)加强组织领导

近代中国海关史研究主要由中国海关学会主办。海关学会在推进史学研究方面发挥了十分重要的指导、宣传和促进作用。但海关学会毕竟是学术团体,在承担组织、协调、统筹各种研究力量方面,不如总署行政管理部门。只有总署行政管理部门高度重视、积极参与、认真组织,形成“党组(党委)领导——办公室(研究中心)组织——学会推动”的格局,海关史研究才具有行政上的权威性,才能组织各种资源进行高效协作,有力地推进工作。黄埔海关于 2013 年 11 月将关史研究职能由政治部办公室转移到办公室,汕头海关在办公室设立关史研究科,就是加强组织领导的好形式、好方法。

海关史研究最重要的是人才。组建相对稳定的海关史研究队伍，构建海关史研究专家库，鼓励和引导海关内外的专家学者和关员积极参与，有利于营造良好的氛围，摒弃海关史研究“不务正业”、“与海关工作无关”的认识。

（二）注重整体规划

海关史研究的各项工作，如资料整理、学术研究、成果转化等均应建立长效机制，列入海关工作的整体规划，纳入海关工作的议程。将“兴趣爱好”、“业余研究”，转变为重要的工作任务，从任务分解上避免“三分钟热度”。

1、资料整理

资料收集和整理是史学研究的前提和基础。

近代中国海关遵循西方管理模式，编制了一系列完整严密的统计资料。其资料之庞杂和严谨是同时期其他史料难以媲美的。经过多年的开发与整理，一大批近代中国海关档案已编译出版。主要有：中国第二历史档案馆、海关总署办公厅合作整理出版170册的《中国旧海关史料：1859—1949年》；海关总署“旧中国海关总税务司署通令选编”编译委员会编《旧中国海关总税务司署通令选编》；中国海关学会整理出版《海关职工革命斗争史资料选集》和《海关职工革命斗争史文集》；陈霞飞主编《中国海关密档——赫德、金登干函电汇编》；布鲁纳、费正清、司马富编，傅曾仁等译《赫德日记——步入中国清廷仕途》；徐雪筠等译编《上海近代社会经济发展概况——海关十年报告译编》；广州地方志编纂委员会办公室、广州海关志编纂委员会编译《近代广州口岸经济社会概况——粤海关报告汇集》；台湾“中央研究院”台湾史所黄富三等编《清末台湾海关历年资料》等。

学界已经达成共识，海关档案是重要的“宝藏”、“富矿”。但除了在20世纪80年代海关编志热潮时被利用外，大量的海关档案一直处于低利用率状态。目前编译出版的海关档案仅是数量庞大的近代中国海关资料的一小部分，大量的近代中国海关档案资料至今仍封存于中国第二历史档案馆，各地方海关档案室，美国、英国、加拿大、澳大利亚等国图书馆，亟待开发和整理。

从国内明清民国档案目录来看，中国内地保存的近代海关档案约有12万余卷，其中中国第二历史档案馆藏有5万余卷，主要是总税务司署档案；各省、市档案馆藏的海关档案主要是地方海关档案全宗，如广东省档案馆藏粤海关、潮海关、九龙关、拱北关全宗，青岛市、烟台市档案馆藏有胶海关、烟台关、威海卫关全宗等等。

近代中国海关聘任了一批洋员，这些洋员返国时带走了大量的文件、私人信件和日记，或捐赠或售卖给各国档案馆、博物馆。其中英国国家档案馆、英国国家海事博物馆、英国帝国战争博物馆、伦敦科学博物馆、伦敦帝国学院、英国大学亚非学院、英国北爱尔兰贝法斯特女皇大学图书馆等处均收藏有数量不等的档案文书，甚至藏有海关照片、地图、勋章等实物。美国哈佛燕京图书馆也收藏大量的海关贸易册和贸易报告。可惜的是这些近百年间最丰富翔实的贸易统计资料和社会发展记录，并没有得到方便利用。[①]

因此资料整理的首要工作是摸清家底。要加强对档案的发现、整理和保存。由于海关档案年代久远，不同程度地存在破损、虫蛀、霉变、硬化等现象，急需加强现代科技应用，加速海关史资料的抢救性挖掘，要区别出哪些是重要资料，哪些是急需抢救的资料。其次要对全世界留存的中国海关史资料编制目录。了解庞大资料之间的关联，资料本身的逻辑连续性。再次实现档案的数字化。档案资料不便于调阅和研究，已经成为海关史研究可持续发展的巨大障碍。要适时启动海关档案微缩拍照工程，将散落世界各地的中国海关纸质档案拍照归存。应用计算机网络技术，建立机读检索体系，提升使用资料的便捷性。

另外，近代中国海关贸易统计资料囿于时代的局限，还存在诸如早期海关统计只包括口岸及邻近区域；海关统计长期缺乏民船、铁路、公路、航空等交通方式的进出口贸易数据；海关对走私贸易难以精确统计并缺乏来源和去向；海关统计的货物分类过于笼统；缺乏埠际贸易情况和中央苏区海关资料等问题。补充和完善海关档案，也是资料整理的重要内容之一。

2、学术研究

历史研究处于基础研究的战略地位。

目前近代海关史研究尚未形成专门的研究学科，其理论体系尚未成熟。学界长期把海关史作为对外关系史的一部分加以研究，着重研究进出口贸易的发展，却忽视了海关史研究的学科定位，造成了学术领域的有限性和思维视角的封闭性。事实上，近代中国各地海关长期有组织的收集各地政治、贸易、金融、工业、农业、军事、市政、交通、矿业、教育、文化、人口、物价、宗教、报刊、治安、疾病和灾害等社会生活各个方面的情况，通过日报、月报、季报、年刊、商务年报和十年报告等形式编入海关贸易报告。由于记录的内容包罗万象，且不加评论，其延续时间之长、内容之丰富、表达之严谨、编制之科学，是其他诸如地方志书和个人记录所无法比拟的。卷帙浩繁的报告集，是近代中国社会经济史研究中极其可靠翔实的统计数据和文字资料，可以用于近代中国财政史、对外贸易史、航运史、洋务史、外交史、医药史资料的补充、校勘和佐证，拓展中国近代史研究的广度和深度。

3、成果转化

大量的学术成果要善于应用。加强延伸研究，不能停留在发表一篇论文，出版一部书籍，最重要的是对现实的启示。

比如：近代中国海关的《十年报告》记录了长达 80 多年的中国经济社会状况，内容严谨、连贯、详实，是研究近代中国史的重要资料。新时期海关应该借鉴这种形式，继续出版《海关十年报告》，记录海关履行进出境监督管理职能的基本情况，

---

① 吴松第、方书生：《一座尚未充分利用的近代史资料宝库——中国旧海关系列出版物评述》，《史学月刊》，2005(03)。

为以后的历史研究学者留下权威的海关资料。不要让这样一个好的传统割断了。目前《中国海关统计年鉴》已形成出版定式，建议出版《中国海关监管年鉴》、《中国海关缉私年鉴》、《中国海关关税年鉴》等，每年一鉴，十年一志，长期积累，存史教化。

再比如：报关行历史研究长期停滞。报关行作为一个重要行业，从萌芽、成熟、繁荣到消亡，与社会经济生活紧密结合。海关专门组织的报关员考试于2014年正式取消，对整个报关行业造成怎样的冲击，将来还会造成怎样的影响，这些问题都值得研究。

以史为鉴，可以知兴衰，知荣辱。海关史是进行爱国爱关教育的好素材。海关史学研究的成果可以作为海关准军事化纪律部队建设、海关文化建设、海关职业道德建设的重要抓手。对海关随着国家、民族的命运变迁而变迁的历史，深入进行研究和发掘，大力加以宣传，使广大关警员知之愈深、爱之愈切，自觉提升职业自豪感，珍惜岗位，敬业奉献。

（三）搭建研究平台

1、加强合作

由于中国近代海关实行外籍税务司制度长达90年（1859～1949年），实际已经成为英国控制下的先后有23个国家和地区参与的国际官厅。海关档案大多数为英文，还有日文、俄文、德文等，比如胶海关采用德文为正式文字，兼用中文和英文。甚至还有一部分档案为外文手写体，比如赫德、安格联、梅乐和等人的来往信函。同时海关专业术语、常用语言等也在随着时间的推移而有所不同。这些情况造成了海关档案研究的特殊困难。研究海关史不仅需要英文、法文、拉丁文、中文等语言知识，还需要历史、文学、地理、经济、建筑、军事等社会科学知识。对于各类手写体资料，甚至需要文字学家、语言学家、笔迹学家的参与。①

因此海关史研究不能靠单打独斗。一个人穷经皓首一生也不能完成如此巨大的工作量。国外馆藏的巨量海关史料，也需要加强国际学术交流和合作。要将中国社会科学院近代史研究所、台湾中央研究院近代史研究所、中国第二历史档案馆、国内外近代史研究领域的大学教授、专家、学者等分散的研究力量联合起来，利用新的观点、新的方法、新的资料，创造出新的成果。

2、做好分工

研究力量的联合不是松散的耦合，而是合理的分工。要有专门的研究方向，不要面面俱到。比如：有的研究“对外贸易”，有的研究“常关”，有的研究“沿海灯塔”，有的研究“民船贸易”，有的研究“税务司运行机制”，有的研究“洋员华员”，有的研究“赫德”、“李泰国”等等。针对个体和整体各个方面、局部和全局不同领域的研究，有助于丰富和深化理解海关的整体作用和影响。

---

① 许茵：《近代海关档案开发方法和途径》，《历史教学》，2006(03)。

3、注重分享

(1)搭建和维护海关史研究网站。借鉴英国布里斯托(Bristol)大学成立的“中国海关档案网站”，由总署开设专门网站，将最新的研究成果放在“云端”，形成资料库，编辑索引、目录或提要，为海关档案研究人员提供良好的交流平台。避免重复工作，及时修正错漏史料。

(2)通过开办各种形式的论坛、研讨会等，将世界各国的研究学者，聚集在一起，实现成果共享、观点争鸣，形成热火朝天、你追我赶的学术研究氛围，在已有的学术积累的基础上，利用新的观点、新的方法、新的资料，进一步提升研究质量，创造出新的成果。

(3)以中国海关博物馆为中心，把理论研究、实物展示结合起来，使博物馆、档案馆、报告厅，成为开展海关学术研究的重要基地。中国海关博物馆，就是展示海关研究成果的最佳窗口和舞台。不仅要多方面征求实物，还可以不定期与世界各地藏有中国海关照片、地图、勋章等实物的博物馆加强展品交流。海关博物馆里的档案馆要成为海关档案收集、整理、储藏的场所，可集中存放国内外海关档案的微缩胶片，并提供易于检索和联网的技术设备，方便专家学者前往查阅。

(4)与广播电视部门或知名影视企业合作推出近代中国海关专题纪录片或历史正剧，充分反映数百年来中国海关所经历的曲折历程，正面反映中国海关历史沿革和历史地位。

附　表

一、英国东印度公司在黄埔口岸贸易表（1637 ~ 1833 年）①

年份	商船名称	注册吨位（吨）	船钞（两）		规礼（两）	装载货物及资金			运出货物及价值	备注
			计税单位	税额		货物	白银	总计		
1637	3 艘武装商船：龙号（Dragon）、太阳号（Sunne）、凯瑟琳号(Catherine)；1 艘轻帆船“安妮”号（Anne）						142000 镑	142000 镑	62000 两	1、船长：威得尔 2、返航至多佛尔（Dover）
1689	防卫号（Defence）						80000 银元			
1698						75000 两	60000 两	135000 两		
1699	麦士里菲尔德号（Macclesfield）	250	125	480	89	5475 镑	26611 镑	总计：32086 镑。其中：25036 镑是东印度公司投资；7050 镑是特许船上的个人投资	总值 44928.64 两。其中：白铜 248 担（714.5 两）、生丝 69.5 担（9536.8 两）、丝织品（13075.9 两）、上等茶 160 担（4109 两）、水银 64 担（2864 两）、胡椒 1000 担（5600 两）、黄铜币 120 担（510 两）、扇 100000 件、镶贝珠茶桌 300 套，每套六件（300 两）、麝香 245 两重（183.88 两）、瓷器（1147.46 两）、金块 776.5 两重（6887.1 两）	1、“麦士里菲尔德”号为东印度公司租用 2、个人投资的 7050 镑包括：第一大班道格拉斯（Robert Douglas）3800 镑；第二大班斯特朗（William Strong）1000 镑；第三大班约翰·比格斯（John Biggs）500 镑；第四大班哈维（Edmond Harvey）250 镑；“麦士里菲尔德”号船主 500 镑；船长赫理（John Hurle）400 镑；船上全体职员 600 镑 3、从唐斯启航黄埔，返航经舟山至朴次茅斯（Portsmouth）
1700	温特沃斯号（Wentworth）	350						38080 镑		
1701	海津号（Seaford）	240						31203 镑		
	日出号（Rising Sun）	140						15673 镑		返航经科罗曼德尔回英国
1702	舰队号	270		1300	1900				55000 两	
1703	哈利法克斯号（Halifax）	350					30000 镑			从印度马苏利帕特南经昆仑岛前往黄埔。

① 【美】马士：《东印度公司对华贸易编年史》。1 英镑≈ 3 两，1 两≈ 1.388 银元（西班牙银元）。计税单位 = 船长 × 船宽 ÷ 10（船长是前桅到后桅之间的距离）。

1704	西德尼号（Sydney）	450						20195 镑		从印度经昆仑岛到黄埔，返航印度口岸。
	斯特雷特姆号（Stretham）	350		650	217					主任大班：布雷斯特（Brewster）
	肯特号（Kent）	350		650	220	4966 镑	46484 镑	总计：51450 镑。包括 4966 镑货物和 46484 镑白银（49 箱，其中 163428 盎司属于东印度公司，8483 盎司属于船长和大班）	总值 127000 两。其中：丝织品（80000 两）、云南铜 600 箱（6180 两）、水银和银硃 400 担（17200 两）、青干姜 500 担（2000 两）、茶叶 470 担（14000 两）、瓷器（3500 两）、胡椒（在巴达维亚装载）525 担（3600 两）、大黄 15 担（460 两）、钱贝 22 担（60 两）	1、大班赫里斯（Edward Herris）和库克（John Cooke） 2、经巴达维亚至黄埔，返航回伦敦。 3、船钞计算方法：船钞基数为 650 两纹银；按船钞值 24% 征收的归海关监督的费用为 156 两纹银；1.5% 双方差额补平为 12.09 两纹银；共计 818.09 两纹银。按 94 成色折合，为 870.02 通用银两
	伊顿号	310		650	217			29798 镑		1、大班唐纳森 (Donaldson) 2、返航至苏拉特
1707	肯特号	350				2680 镑	43000 镑	45680 镑		
1708	托丁顿号（Todington）	220						36290 镑		
1709	忠诚库克号	330				2635 镑	31000 镑	33635 镑		
1711	豪兰号（Howland）	400						48026 镑		主任大班布洛克
	赫斯特号（Hester）	250						32486 镑		
1712	赫恩号	350						35924 镑		
	斯特雷特姆号	350						46568 镑		
1713	忠诚极乐号（Loyal Blisse）	350				70 吨铅等		34322 镑	茶叶 179200 磅重、生丝 30000 磅重及其他货物	伦敦至广州黄埔，返航回伦敦
1714	赫斯特号（Hester）	250						19916 镑	茶叶 125000 磅重、生丝 13300 磅重	
1715	达茅斯号（Dartmouth）	450						52069 镑	茶叶和生丝各半，价值共 10000 英镑	伦敦至广州黄埔，返航至印度圣乔治要塞（马德拉斯）
1716	马尔巴勒号	480				共计毛织品 30 匹、长厄尔绒 983 匹，铅 120 吨及琥珀等，总价不超过 15000 两，即 5000 英镑。（注：英国法令规定每艘船只载运的英国货物不得少于该船载运总额的十分之一。）		44884 镑	铜、白铜、糖、明矾、水银和樟脑	1、伦敦至广州黄埔，返航至印度马德拉斯 2、主任大班芬威克（Fenwick）
	苏姗娜号（Susanna）	300						22738 镑	总值 54000 两。载茶叶 1565 担、白铜 230 担、西米和瓷器等	伦敦至广州黄埔，返航回伦敦 主任大班尼什
	长桁号（Stringer）	280						21545 镑	茶叶、丝织品和瓷器	伦敦至广州黄埔，返航回伦敦

1717	埃塞克斯号（Essex）	300				3212 镑		33000 镑	36212 镑	305000 件瓷器（22000 英镑）、20750 匹丝织品	伦敦至广州黄埔，返航回伦敦
	汤森号（Townshend）	370				3440 镑		35000 镑	38440 镑	瓷器和丝织品同上，另加 30 箱生丝	
1718	卡纳冯号（Carnarvon）	350				2796 镑		28000 镑	30796 镑	95369 两	
	哈特福德号（Hartford）	290				2482 镑		28000 镑	30482 镑		
1719	森德兰号（Sunderland）	350				2688 镑		31000 镑	33688 镑		
	埃塞克斯号（Essex）	300				2923 镑		31000 镑	33923 镑	茶叶 2281 箱（每箱不少于 250 磅重）、110 桶和 202 包；瓷器 112 箱和 500 捆；白铜 260 担，丝织品 33 箱	
1720	卡纳冯号（Carnarvon）	370				3322 镑		33000 镑	36322 镑	茶叶 2209 箱和 200 桶等货物	1、主任大班法札克利（William Fazakerley） 2、伦敦至广州黄埔，返航回伦敦
	萨勒姆号（Sarum）	370				3351 镑		34000 镑	37351 镑		1、主任大班洛克（Samuel Lork） 2、伦敦至广州黄埔，返航回伦敦
	蒙塔古号	380				3638 镑		33000 镑	36638 镑		伦敦至广州黄埔，返航回伦敦
	桥水号（Bridgewater）	360				3635 镑		32000 镑	35635 镑		伦敦至广州黄埔，返航至印度马德拉斯
1721	莫里斯号（Morice）	380				1813 镑	80 匹毛织品、1010 匹长厄尔绒和 200 吨铅等	44000 镑	45813 镑	总值 65526 两。载茶叶 2313 箱、瓷器、西米等	主任大班：托里阿诺
	弗兰西斯号（Frances）	390				1399 镑		25000 镑	26399 镑	总值 82907 两。载茶叶 2587 箱、瓷器、西米等	
	麦士里菲尔德号(Macclesfield)	450				1493 镑		20000 镑	21493 镑	总值 85487 两。载茶叶 2623 箱、瓷器、西米等	
	卡多根号（Cadogan）	450				1771 镑		20000 镑	21771 镑	总值 92843 两。载茶叶 3154 箱、瓷器、西米等	
1722	艾尔斯号（Eyles）	480	172			3477 镑		35000 镑	38477 镑	总值 28500 两。载水银 100 担(4200 两)、银硃 50 担(2100 两)、白铜 1200 担(7200 两)、糖 2500 担（7500 两）、冰糖 500 担（3000 两）、樟脑 100 担(2500 两)、干姜 250 担(500 两)、明矾 1000 担（1500 两）	从英国唐斯至黄埔，返航至孟买
	莱尔号（Lyell）	460	161			3455 镑		35000 镑	38455 镑	总值 211850 两。载生丝 200 担（30000 两）、丝织品 10500 匹（53700 两）、水银 200 担（8400）、功夫茶 500 担（19000 两）、武夷茶 2000 担（54000 两）、白毫茶 250 担（9500 两）、瓜片茶 250 担（8750 两）、松萝 1500 担（28500 两）	从英国唐斯至黄埔，返航回英国
	埃梅莉亚公主号（Princess Emilia）	350	129			2009 镑		26000 镑	28009 镑		从英国唐斯至黄埔，返航回英国

1723	沃波尔号（一等）（Walpole）	490	183			2888 镑	34000 镑	36888 镑	总值 102576 两。载明矾 300 担（420 两）、白铜 2000 担（12000 两）、糖 1500 担（4200 两）、冰糖 1500 担（8700 两）、干姜 500 担（1000 两）、武夷茶 1500 担（34500 两）、水银 152 担（6384 两）、银硃 150 担（6300 两）、生丝 60 担（8520 两）、丝织品 2850 匹（17552 两）、黄金元宝 30 个（93 成色，每个 9.75 两重，价值 94 成色纹银 100 两，共计 3000 两）	1、该船载人员 150 名、炮 40 门、300 件武器、100 把剑。 2、从英国唐斯至黄埔，返航至印度马德拉斯
	剑桥公爵号（Duke of Cambridge）	430	147			主任大班：法札克利		36133 镑	36000 两	返航至孟买
	哈特福德号（二等）（Hartford）	440	159					33223 镑	总值 271340 两。载茶叶 6900 担（182500 两）、生丝 100 担（14500 两）、丝织品 5300 匹（16000 两）、水银 400 担（16800 两）、银硃 100 担（4200 两）、糖 4000 担（11600 两）、冰糖 1800 担（10620 两）、干姜 400 担（720 两）、明矾 1500 担（2400 两）、白铜 2000 担（12000 两）	1、返航至英国 2、"蒙塔古"号返航前取下了一些粗货，并加载生丝 200 担、茶叶 1700 担（未计入总值） 3、"哈特福德"号和"安公主"号返航前加载瓷器 458 箱（未计入总值）
	安公主号（三等）（Princess Ann）	380	137					28911 镑		
	蒙塔古号	380	145					31707 镑		
1724	麦士里菲尔德号（Macclesfield）	450	177					50369 镑	总值 175000 两。载生丝 150 担（23250 两）、丝织品 9420 匹（54170 两）、茶叶 1000 担（24255 两）、糖 1000 担（3000 两）、冰糖 250 担（1450 两）、明矾 500 担（1000 两）、白铜 1340 担（8844 两）、水银 200 担（9000 两）、西米（以装满瓷器为限）、瓷器和干姜等	1、主任大班：皮特（G.M.Pitt）；第二大班：尼科尔森（Nicholson）；第三大班、船长赫德森（Capt. Hudson） 2、货物部分运往英国；部分运往马德拉斯
1725	埃梅莉亚公主号（Princess Emilia）	350					9903 镑	9903 镑		经马辰到达黄埔，返航至智利的莫查岛（Mocha Island）
	凯撒号	430					35310 镑	35310 镑	210000 两	从伦敦至黄埔，返航英国
	霍顿号	450					35369 镑	35369 镑		
1726	汤森号	370							142393 两	从伦敦至黄埔，返航英国。主任大班：萨维奇
1727	奥古斯塔斯王子号（一等）（Prince Augustus）	495	178	1320	1950				162501 两	主任大班：托里阿诺

1728	麦士里菲尔德号（二等）（Macclesfield）	450	155	1059	1950				100148 镑		主任大班：戈弗雷（Peter Godfrey）	
	凯撒号（二等）	430	158	1081	1950							
	森德兰号（二等）	410	145	992	1950							
	哈里森号（二等）（Harrison）	460	160	1094	1950							
1729	霍顿号	460	160			4317 镑		160000 镑	41104 镑	总值 420000 两。载 10000 担茶叶等	1、管理会成员七人，主任法札克利，副主任塔尔博特 2、船上载军队 75 人 3、英国人开始索取治外法权	
	蒙茅斯号	490	172						41107 镑			
	恩菲尔德号	470	161						41064 镑			
	林恩号	480	167						41042 镑			
1730	威尔斯公主号（Princess of Wales）	460	167	1142	1950	铅 120 吨（合银 7511 两）、长厄尔绒 984 匹（合银 6201 两）		200722 镑（合银 582112 两）	50740 镑	总值 469879 两。载茶叶（374311 两）、生丝 145 担（23143 两）、丝织品（69461 两）、白铜（1977 两）、漆有东印度公司纹章的屏风 2 座（241 两）、杂费（746 两）	1、管理会成员为大班八人，主任大班尼什 2、返航至英国	
	莱尔号	470	160	1098	1950				49622 镑			
	德文希尔号（Devonshire）	470	162	1111	1950				49755 镑			
	奥古斯塔斯王子号（Prince Augustus）	495	179	1313	1950				50605 镑			
	国王乔治号（单桅帆船）	200	91	437	1000					19067 两	返航至印度马德拉斯	
1731	哈特福德号	460	159	1088	1950	总值 4249 镑。其中铅 117 吨（合银 6498 两）、长厄尔绒 992 匹（合银 6248 两）、得胜酒（Palm Wine）等（合银 1264 两）		219000 镑（白银 227 箱，合 655479 两）	56061 镑	183674 两	主任大班：尼什	
	麦士里菲尔德号(Macclesfield)	450	158	1081	1950				55032 镑	181172 两		
	凯撒号	440	161	1102	1950				57165 镑	172027 两		
	哈里森号	460	162	1108	1950				55253 镑	184252 两		
1732	康普顿号（Compton）	440	159			933 镑	长厄尔绒 1000 匹、铅 160 吨	42000 镑	42933 镑	运往伦敦货物价值 82850 两。载黄金 220 条和 210 个元宝(44889 两)、白糖 1999 担(4773 两）、冰糖 847 担（3782 两）、白铜 3500 担（23027 两）、樟脑 160 担（2476 两）、货物费用 3853 两	30 门炮 90 人，返航孟买	主任大班：特纳
	林恩号	480	166			1126 镑		41000 镑	42126 镑		32 门炮 96 人，返航伦敦	
	温德姆号（Wyndham）	470	165.95（长 73.1 尺、宽 22.7 尺）	1135.08		944 镑		40000 镑	40944 镑		32 门炮 94 人，返航至马德拉斯	
	里奇蒙号（Richmond）	460	177			888 镑		40000 镑	40888 镑		32 门炮 92 人，返航伦敦	

1733	温德姆号	470	166			10000 镑	35000 镑	45000 镑	143176 两	载黄金 67675 两、白铜 1620 担、茶叶 5459 担、丝织品 19984 匹等	从马德拉斯开往黄埔	主任大班：特纳
	康普顿号	440	159.65（长 71.75 尺、宽 22.25 尺）	1089.59		10000 镑	35000 镑	45000 镑	150849 两		从马德拉斯开往黄埔	
1734	格拉夫顿号（三等）（Grafton）	350	138	663	1950	861 镑	30000 镑	30861 镑	111611 两	茶叶 4427 担（88636 两）、丝织品 16028 匹（90650 两）、白铜 1600 担（10200 两）、西米 240 担（576 两）、瓷器 240000 件和 240 箱（9000 两）、黄金 6580 两重（97329 两）	1、从伦敦开往黄埔 2、主任大班、船长：哈德森	
	哈里森号	460	149	1111	1950	2125 镑	50000 镑	52125 镑	184680 两		从伦敦开往黄埔	
1735	伦敦号	495	183	1361	1950	856 镑	48000 镑	48856 镑			1、主任大班：钮纳姆 2、从伦敦至黄埔，返航伦敦	
	里奇蒙号	460	178	1323	1950	974 镑	29000 镑	29974 镑	90617 两		1、主任大班：钮纳姆 2、从伦敦至黄埔，返航至孟买	
	霍顿号（Houghton）	460	156	1163	1950			29964 镑			1、主任大班：普拉特 2、从伦敦经厦门转至黄埔，返航伦敦	
1736	沃波尔号（Walpole）	495						39622 镑	共载瓷器 455 箱、西米 104 担、茶叶 5522 担		从伦敦至黄埔	
	威尔斯公主号	470						39572 镑			从伦敦至黄埔	
	里奇蒙号	460	175	1304	1950	11200 镑	28800 镑	40000 镑	载瓷器 389 箱、西米 115 担、茶叶 2760 担、南京布 10374 匹		从孟买至黄埔	
	诺曼顿号	490	164	1225	1950	2068 镑	37205 镑	39273 镑	121152 两		1、船长里格比（Capt. Rigby）； 2、从伦敦经宁波、舟山转至黄埔，返航伦敦	

1737	哈里森号	460	157	1175	1950			44874 镑	载茶叶 2740 担、丝织品 7750 匹、南京布 9370 匹	从伦敦至黄埔，返航伦敦
	萨斯克斯号（Sussex）	490			1950	铅 50 吨、毛织品 1000 匹等		50273 镑	载茶叶 6000 担、丝织品 14500 匹、南京布 10000 匹、白铜 1500 担、瓷器 400 箱。	1、主任大班：埃尔威克；副主任大班：艾尼沃思（R.Ayneworth） 2、从伦敦至黄埔，返航伦敦
	温切斯特号（Winchester）	490	179		1950	铅 50 吨、毛织品 1000 匹等				
	皇家保护者号（Royal Guardian）	480							载茶叶 2000 担（31488 两），银元 8 箱（27904 盎司 =23099 两）	马德拉斯往返黄埔。
1738	皇家公主号（Princess Royal）	490	165			总值 1120 镑，载铅 50 吨、毛织品 1000 匹等	40000 镑	41120 镑	载黄金元宝 443 个等	1、主任大班：佩奇；2 从伦敦至黄埔，返航伦敦
	奥连治王子号（Prince of orange）	480	158			总值 1221 镑，载铅 50 吨、毛织品 1000 匹等	42000 镑	43221 镑		
1738	伦敦号（一等）	495	173	1289	1950	总值 784 镑，载铅 50 吨、毛织品 1000 匹等	70000 镑	70784 镑	载茶叶 6994 担、西米 133 担、白铜 1198 担、丝织品 11107 匹、南京布 9530 匹、黄金元宝 220 个（25000 两）	1、主任大班：普兰特 2、从伦敦至黄埔，返航伦敦
	威尔斯王子号（一等）	495	173	1288	1950	总值 704 镑，载毛织品 1000 匹等	10000 镑	10704 镑		
	戈多尔芬号	480							载茶叶 1500 担等	马德拉斯往返黄埔
1739	霍顿号（Houghton）	495	174	2927	1950	载铅 1339 担、长毛绒 1000 匹		38926 镑	茶叶 6307 担、丝织品 7295 匹、生丝 20 担、棉布 513 匹、瓷器 425 箱、白铜 595 担	1、主任大班：巴恩胡（Miles Barne） 2、从唐斯启碇，经斯皮特黑德（Spithead）往黄埔，返航伦敦
	沃波尔号	495	179		1950	载胡椒 1943 担、铅 1340 担		25457 镑		1、主任大班：巴恩胡（Miles Barne） 2、从唐斯启碇，经马辰载椒往黄埔，返航伦敦
	哈林顿号（Harrington）	490	169	1314	1950	载自孟买的棉花 250 包（9745 卢比）、载自代利杰里的胡椒 249600 磅重（35361 卢比）	194894 卢比	240000 卢比	运往伦敦货物价值 84217 两，其中货物 44310 两银（茶叶 2012 担，分装 765 箱；瓷器 280 箱；西米 124 担；白铜 1697 担；冰糖 112 担；雄黄 99 担；水银 52 担）、黄金 29907 两银（1218 两重）、白银 24910 卢比	1、主任大班：巴恩胡（Miles Barne） 2、从孟买和代利杰里（Tellicherri）运货至黄埔，返航孟买
	奥古斯塔号（一等）（Augusta）	495	178	1324	1950	总值 17870 两载铅 1353 担（4870 两）、长毛绒 2000 匹（13000 两）		43484 镑	载茶叶 3702 担、丝织品 3736 匹	1、主任大班：皮古；船长：汤森（Townshend）2、从唐斯启碇，经巴达维亚往黄埔，返航伦敦
	洛兰公爵号	495							载茶叶 1998 担	从唐斯启碇至黄埔，返航伦敦

1740	温切斯特号	495	190（长77.5英、宽24.5尺）					35541镑	茶叶6646担（武夷红茶1890担、贡熙和色种茶877担、松萝和其它绿茶3879担）、丝织品8588匹、南京布4000匹、西米66担、瓷器400箱、黄金104条和若干元宝	1、主任大班：普兰特；2、从斯皮特黑德起航，经爪哇岛、巴达维亚到黄埔
	埃梅莉亚公主号（Princess Emelia）	495	177（长75.5英、宽23.45尺）							1、主任大班：普兰特
1741	皇家保护者号	480								1、主任大班：佩奇 2、从伦敦到达孟买太迟，失去到黄埔的航期，由孟买载货返回伦敦
	多尔塞特公爵号（二等）（Duke of Dorset）	495	161	1101	1950	总值13465两。载铅1257担（4777两）、长毛绒988匹（6916两）、优等宽幅绒24匹（638两）、中等宽幅绒72匹（1134两）				1、主任大班：佩奇。船长：吉尔伯特 2、从唐斯至黄埔 3、炮28门、船员100名
	约克号 (York)	498	179	1336	1950	总值12101两。载铅1348担（5122两）、长毛绒997匹（6979两）		33148镑		1、主任大班：皮古 2、由第三大班奥利弗（Richard Oliver）代行主任大班职务
1741	戈尔多芬号	480						30000镑		1、主任大班：米森诺（John Misenor） 2、由第三大班海德（Lascoe Hide）代行主任大班职务 3、经孟买运货至黄埔
	北安普敦号 (Northampton)	498						33192镑		1、主任大班：米森诺（John Misenor） 2、由第三大班海德（Lascoe Hide）代行主任大班职务 3、英国直航黄埔
1742	玛丽公主号（Princess Marry）	498						35160镑		主任大班：皮古
	翁斯洛号（一等）（Onslow）	490	169	1316	1950	印度货物：棉花870担（5394两）、檀香木1350担（12150两）、木香200担（10000两）、乳香164担（1476两）				1、船长：巴尔肯（Capt. Balchen） 2、经孟买到黄埔
	防卫号（二等）	485	157	1122	1950	英国货物：铅1344担（5644两）、长厄尔绒1880匹（10904两）、优等宽幅绒1240码（2046两）、中等宽幅绒800码（720两）				从伦敦到黄埔
	奥古斯塔号	498								主任大班、船长：汤森

1743	黑斯廷菲尔德号（Haeslingfield）	498						45392 镑		大班：理查德·马丁（Richard Martyn）、塞尔（John Searle）和伯罗（John Burrow）
	哈林顿号	490						25000 镑		
1744	哈德威克号（Hardwick）	498						30480 镑		主任大班：海德
	约克号	498								主任大班：奥利弗
	斯塔福德号（Stafford）	498								主任大班：米森诺
	北安普敦号	498						32767 镑		主任大班：博斯科恩（Wn. Fred' k Boscawen)
1745	伦敦号	498						34650 镑		主任大班：皮占
	多尔芬号（Dolphin）	370								
	奥古斯塔号	498						37092 镑		主任大班：汤森
	沃波尔号	498								
1746	翁斯洛号	490				从伦敦经马辰载胡椒至黄埔		19223 镑		主任大班：利尔
	沙夫茨伯里号（Shaftesbury）	498						31204 镑		
	桑威奇号	498						30864 镑		
	塔维斯托克号	498						28310 镑		
	爱德华王子号（Prince Edward）	498								
	沃波尔号	498								1、主任大班：皮古 2、从孟买到黄埔，返航回伦敦
1747	圣乔治号	498				2469 镑	35000 镑	37469 镑		主任大班：米森诺
	斯塔福德号	498				2390 镑	35000 镑	37390 镑		
	约克号	498				2336 镑	35000 镑	37336 镑		主任大班：哈德利（Henry Hadley）
	威尔斯王子号	498				2527 镑	35000 镑	37527 镑		主任大班：哈里森（Sam' l Harrison）
	林恩号	498	171.3（长75.74尺、宽22.62尺）							

	埃克塞特号（Exeter）	498							
	孟买炮台号（Bombay Castle）	498							
	威尔斯公主号	498							
	埃梅莉亚公主号	498							
	翁斯洛号	490							大班：帕尔默、霍尔丹（Haldane）和麦克特（Mackett）
	波特菲尔德号	400	160.05（长72.1尺、宽22.2尺）						保商：唐康官
	爱德华王子号、龙号、诺福克号								大班：帕尔默、霍尔丹（Haldane）和麦克特（Mackett）
1748	哈德威克号	498							主任大班：海德
	多尔塞特公爵号	460							
	斯卡巴勒号（Scarborough）	498							主任大班：皮古
	韦杰号（Wager）	498							
1749	桑威奇号	499				515 镑	30000 镑	30615 镑		主任大班：利尔
	奥古斯塔号	498								
	蒙特福特号（Montfort）	499				2454 镑	28000 镑	30454 镑		主任大班：哈德利
	格里芬号（Griffin）	499								
1750	另有几艘从印度殖民地开来									
	波特菲尔德号（Potfield）	400				从伦敦经马辰载胡椒至黄埔	16000 镑	16000 镑		主任大班：沃克（Murdecai Walker）
	库默兰德公爵号(Duke of Cumberland)	499						48000 镑		沉没于佛得角
	爱德华王子号（Prince Edward）	499	194	1444	1950					主任大班：米森诺；保商：潘启官
	斯塔福德号	498								
	格兰瑟姆号（Grantham）	499	188	1401	1950					主任大班：帕尔默
	约克号	498	180	1341	1950					
	真布里顿号（True Briton）	400	150.8（长69.65尺、宽21.65尺）		规礼被减免					大班：米森诺、帕尔默；保商唐天官

1751	晏臣勋爵号（Lord Anson）	499	198	1471	1950	12650 镑	18600 镑	31250 镑		主任大班：海德
	圣乔治号	499	185	1379	1950	1508 镑	29000 镑	30508 镑		
	埃塞克斯号	498	182	1354	1950	3588 镑	29000 镑	32588 镑	保商：潘启官	主任大班：哈里森
	凯撒号	498	175	1305	1950	3063 镑	30000 镑	33003 镑	保商：秀官	
	特里顿号（Triton）	499				2683 镑	31000 镑	33683 镑		主任大班：汤姆森（Thos.Thomson）
	另有 5 艘从印度殖民地开来									
1752	霍顿号、罗达号、埃奇科特号、爱德华王子号、德雷克号	吨位均为 499								
1753	皇家公爵号（Royal Duke）	499				载乳香 57 担（每担 7 两银）、檀香木 1800 担（每担 12.5 两银）			载生丝 1192 担、丝织品 1900 匹、南京布 1500 匹	主任大班：利尔
	埃奇巴斯顿号（Edgebaston）、格里芬号（Griffin）、哈考特号（Harcourt）、博斯科恩号、克林顿号（Clinton）、萨福克号、马尔巴勒号、斯塔福德号	吨位均为 499								
1754	埃塞克斯号、伊尔切斯特号（Ilchester）	吨位均为 499							红茶 5688 担、绿茶 2249 担、生丝 686 担、瓷器 242 箱	
	翁斯洛号、斯塔福德号	吨位均为 499							红茶 4737 担、绿茶 2460 担、生丝 214 担、丝织品 2480 匹、南京布 2400 匹、瓷器 200 箱	
	真布里顿号	499							红茶 1951 担、绿茶 871 担、生丝 162 担、丝织品 706 匹、南京布 1200 匹、瓷器 102 箱	
	奥古斯塔公主号（Princess Augusta）	499							红茶 2434 担、绿茶 1356 担、生丝 127 担、丝织品 1339 匹、南京布 100 箱	
	晏臣勋爵号、特里顿号	吨位均为 499							红茶 6414 担、绿茶 1750 担、生丝 273 担、丝织品 2534 匹、南京布 2400 匹、瓷器 222 箱	大班：米森诺、休姆
1755	德雷克号	499				双幅细绒 557 匹、凸花地毯 359 匹、长毛绒 100 匹、毛羽纱 32 匹、斜纹哔叽 20 匹、长厄尔绒 4899 匹、王子绒 5 匹				大班：皮古（主任）、洛克伍德（Thomas Lockwood）、佩斯利（Richard Peisley）、金纳斯利（Francis Kinnersley）
	威尔斯王子号	499								

1755	罗达号（Rhoda）	499	178.864（长76.7尺、宽23.32尺）	1332.18	1950	从伦敦经马德拉斯驶来黄埔			生丝200担等	大班：帕尔默（主任）、曼德维尔（George Mandeville）、金纳斯利、古德尔（John Goodere）、罗伯特·哈里森（Robert John Harrion）；保商：田官
	乔治王子号	499	182.685（长79.95尺、宽22.25尺）	1421	1950	从伦敦经萌菇莲驶来黄埔				
1756	霍顿号、哈考特号	吨位均为499				货物脱售获得纯利8012两。包括棉花、檀香山、木香、胡椒等	“霍顿”号输入白银87500两			大班：菲普斯（主任）、查理·伍德（Richard Wood）、麦克特（Robert Mackett）和赫尔（John Hull）
	斯托蒙特号、戈多尔芬号	吨位均为499								大班：肖尔（主任）、塞尔、迪瓦斯米（Stephen Devisme）、和哈林顿（Joseph Harrington）
	萨福克号	499	185.6（长78.8尺、宽23.55尺）	1382	1950					大班：皮古（主任）、洛克伍德、佩斯利、金纳斯利
1757	卡纳冯号	499				1756年从伦敦启航，后迷失航路，在巴达维亚过冬，1757年到达黄埔				大班：利尔（主任）、洛克伍德、佩斯利、金纳斯利
	翁斯洛号	499	165.1	1309	1950					
	皇家公爵号、桑威奇号、特里顿号、诺福克号、奥古斯塔公主号	吨位均为499				“皇家公爵”号满载棉花、胡椒和檀香木				
1758	博斯科恩号（Boscawen）、塔维斯托克号、亨利王子号（Prince Henry）、奥斯特利号	吨位均为499								管理委员会成立，统一管理东印度公司在广州业务，帕尔默任主任，成员有：伯罗（John Barrow）、曼德维尔、洛克伍德、麦克特、休姆、威廉·麦肯齐（William Mackenzie）、哈林顿、伍德、洪任辉
	狐狸号、鹰号					“鹰”号从孟买驶来，输入棉花、胡椒、檀香木和银元等，售价40000英镑				

附表一续：英国东印度公司在黄埔口岸贸易表（1759 ~ 1833 年）

贸易年度	商船名称	保商	注册吨位（吨）	船钞（两）		规礼	进口货物	白银进出口	出口货物	备注
				计税单位	税额					
1759	皮特号（Pitt）	瑞泰	600	201.8	1503	1950		进口白银 35 箱（101059 两）		主任大班：洛克伍德
	成功号		70							
	温奇尔西号	瑞泰	499	182.5	1359	1950				
	威尔斯王子号	赤官	499	186.8	1393	1950				
	德雷克号		499	183.1	1363	1950				
	罗达号		499	178.3	1328	1950				
	不列颠尼亚号		499	181.6	1353	1950				
	蒂尔伯里号（Tilbury）		499	187.4	1396	1950				
	沃波尔号		499	188.4	1406	1950	毛织品（实售 43741 两）、铅等			
	切斯特菲尔德号		499	182	1356	1950	驶往宁波被拒，折回黄埔			
	埃奇科特号（Edgecote）		499	187.4	1396	1950	毛织品（实售 18240 两）、铅等			
	赫克托号（Hector）		499	178.2	1327	1950	毛织品（实售 46190 两）、铅等			
	埃塞克斯号		499	196.2	1462	1950				
1760	瓦伦丁号	潘启官	499	185.9	1384	1950		进口白银 551000 元（合 396720 两）		大班洛克伍德、金纳斯利和伍德三人管理从印度口岸来船；雷维尔、霍纳（Mann Horner）和罗伯特·哈里森三人管理英伦来船
	萨福克号	瑞泰	499	185.3	1380	1950				
	格里芬号	赤官	499	182.4	1359	1950				
	波科克号（Pocock）		499	184.9	1377	1950				
	牛津号（Oxford）	潘启官	499	185.4	1381	1950	货物实售 192000 元。由马德拉斯经马尼拉驶至黄埔。			
	奥古斯塔公主号 沃里克号		吨位均为 499							
	德纳姆号（Denham）		499				为了不被法国俘获，在萌菇莲自行焚毁			

1761	特里顿号		499	189.6	1412	1950	毛织品（价值 323138 两）、铅（实售 14114 两）、印度产品（价值 48778 两）。	进口银元 75 箱（价值 300000 元，合 216000 两）	“皇家乔治”号是东印度公司自有船只，在黄埔装运白铜和糖驶往马德拉斯	
	诺福克号	潘启官	499	174.2	1405	1950				
	里奇蒙公爵号 (Duke of Richmond)	石康官	499	189.1	1409	1950				
	海王星号	瑞泰	499	190.9	1421	1950				
	亨利王子号	潘启官	499	181.5	1352	1950				
	皇家乔治号		400	153.8	1052	1950				
	武斯特号		499	188.8	1407	1950				
	乔治王子号		499	192.2	1432	1950				
	皮特号		600	212.6	1683	1950				
1762	埃塞克斯号 皇家夏绿蒂号 伊丽莎白号 霍森唐号 阿尔比恩号 哈考特号		吨位均为 499							
1763	格罗夫诺号 (Gosvenor)、霍顿号、哈旺那号(Havannah)、克鲁坦登号、鹰号、法茅斯号、海王星号、埃格蒙特号（Egmont）、赫克托号、皮特号		吨位均为 499					从英伦运来白银 31 箱（124000 元）、从马德拉斯运来白银 1244968 卢比		
1764	格拉顿号	赤官	499	200.7	1495	1950	毛织品（实售 227793 两）、铅（实售 65636 两）、印度产品（棉花、胡椒、锡、檀香木等实售约 350000 两）“伦敦邮船”号是三等船，从苏禄驶到黄埔，运来商品价值 2494 元，另从马尼拉运来硬币 64000 卢比	从英伦未运来白银；从印度孟买、马德拉斯等运来白银、黄金	茶叶出口约 53000 担，其中“伦敦邮船”号载茶叶不超过 1000 担，其余 13 艘每艘载茶 4000 担。 “不列颠国王”号运出白铜 50 吨	
	波特克号	石康官	499	187.2	1394	1950				
	瓦伦丁号	潘启官	499	188.5	1404	1950				
	莱瑟姆号	瑛秀	499	189.7	1413	1950				
	不列颠国王号（British King）	潘启官		197.4	1470	1950				
	克莱武勋爵号（Lord Clive）	石康官		199.4	1485	1950				
	诺福克号	赤官	499	188	1400	1950				
	皮特号	潘启官		207.2	1543	1950				
	诺森伯兰号	赤官	499	201.4	1500	1950				

	荷兰勋爵号		499	210.2	1565	1950				
	武斯特号		499	189.1	1408	1950				
	林肯伯爵号（Earl of Lincoln）		499	201.5	1501	1950				
	伦敦邮船号（London Packet）	瑛秀	长 44.58 尺、宽 17.02 尺	75.9	363	1950				
	奥古斯塔公主号	潘启官	499	182.4	1359	1950				
1765	阿尔果号（Argo）									
	埃尔金伯爵号、约克号、塔尔博特号（Talbot）、索尔兹伯里号（Salisbury）、达顿号、安凯威克号（Ankerwyke）、格洛斯特公爵号、里奇蒙公爵号、泰晤士号、格罗夫纳号、霍森唐号、皇家船长号（Royal Captain）、蒂尔伯里号、埃塞克斯号		吨位均为 499				从伦敦运至黄埔铅（价值 20990 镑）、毛织品（价值 47200 镑） “阿尔果”号是英国皇家战船，为东印度公司运送金银到黄埔，被海关官吏丈量并缴纳船钞	从伦敦驶来的四艘船运至黄埔白银（价值 339000 镑）。“阿尔果”号从孟加拉运来白银 289953 两	红茶 58320 担、绿茶 13248 担、生丝 740 担、南京布 18000 匹、瓷器 98 箱	
1766	威尔斯王子号、阿什伯纳姆伯爵号 (Earl of Ashburnham)、普拉西号、海王星号、母狮号（Lioness）、金斯顿公爵号、格拉顿号、汉普郡号（hampshire）、德特福德号（Deptford）、坎伯兰公爵号、哈旺那号、鹰号		吨位均为 499							
1767	奥斯特利号、特里顿号、诺森伯兰号、林肯伯爵号、莱瑟姆号、霍顿号、范西塔特号、不列颠国王号		吨位均为 499				“奥斯特利”号从孟买运至黄埔进口货物价值 60000 两		生丝 2028 担、丝织品 16210 匹、红茶 21369 担、绿茶 11640 担	

1768	伦敦号	石康官	499	203.5	1515	1950	进口毛织品（实售 378570 两）、铅 23664 担（实售 92051 两）、棉花 14296 担（实售 97225 两）、胡椒（实售 29638 两）、木香（实售 8280 两）、红木（实售 1977 两）、乳香（实售 861 两）、龟甲壳（实售 223 两）、燧石 2416 担、锡 1595 担	输入白银 521427 两（从马德拉斯运来 376678 两、从孟买运来 144749 两）	瓷器共计 606 箱（每船装载瓷器 50.5 箱）；南京布 20000 匹（价值 7600 两）；供应圣海伦娜岛的茶叶和糖等价值 2229 两	
	格洛斯特公爵号 (Duke of Gloucester)	潘启官	499	204.1	1520	1950				
	格罗夫纳号	赤官	499	199	1481	1950				
	曼斯菲尔德勋爵号	瑛秀	499	189.3	1410	1950				
	哈考特号	潘启官	499	204	1519	1950				
	帕西菲克号	赤官	499	204.8	1519	1950				
	亚细亚号	石康官	499	192.6	1435	1950				
	克莱武号	瑛秀	499	193.2	1458	1950				
	蒂尔伯里号	石康官	499	188.4	1403	1950				
	真布里顿号	潘启官	499	196.5	1465	1950				
	霍森唐号（Horsendon）	赤官	499	195.3	1456	1950				
	海马号	瑛秀	499	195.7	1473	1950				
1769	庞斯博恩号、格兰比号、克鲁坦登号（Cruttenden）、格拉顿号、普拉西号、特里顿号、诺丁汉号、皮戈特号、赫克托号、斯皮克号（Speke）、林肯伯爵号、阿斯伯纳姆伯爵号、哈旺那号、奥斯特利号、诺福克号、海王星号、德文希尔号		吨位均为 499				从伦敦运来货物（实售 489477 两），从马德拉斯运来货物(实售 117000 两,包括棉花 12201 担(实售 111000 两)、红木 2038 担（实售 6000 两））。 “庞斯博恩”号、“格兰比”号于 1768 年迷失航路，1769 年到达黄埔	从伦敦运来白银 163062 镑（合 489186 两）	每船货物价值 120000 两，共计 2040000 两。除“庞斯博恩”号外，其余十六艘出口茶叶 67950 担、南京布 30000 匹	
1770	米德尔塞克斯伯爵号（Earl of Middlesex）、卡姆登勋爵号、皇家船长号、莱瑟姆号、肯特号、瓦伦丁号、格洛斯特公爵号、鹰号、皇家公主号、桥水号、亨廷顿号、黎明号、决心号		吨位均为 499				2 艘从伦敦驶来，1 艘从孟买驶来，3 艘从萌菇莲运来胡椒 980 吨，7 艘从马德拉斯（3 艘经马六甲装锡）驶来黄埔，全部回航伦敦	“卡姆登勋爵”号运来白银 40000 磅		
1771	不列颠国王号、埃尔金伯爵号、斯塔福德号、布特号（Bute）、诺森伯兰号、格拉顿号、海马号、加尔各答号、克鲁坦登号、泰晤士号、约克号、霍森唐号、太平洋号、格伦维尔号、里奇蒙公爵号、索尔兹伯里号、皇后号、格罗夫纳号、塔尔博特号（Talbot）、安凯威克号		吨位均为 499				进口绒布 4986 匹、羽纱 1262 匹、长厄尔绒 23744 匹、铅 49284 担、燧石 2218 担、兔皮 71297 张、自鸣钟 70 个、玻璃镜 654 块、锡 7083 担、棉花 32244 担、胡椒 8244 担、檀香木 3830 担 1 艘从伦敦直接驶来、1 艘从孟买驶来、15 艘从伦敦经马德拉斯，3 艘经萌菇莲，20 艘全部回航伦敦 从孟买运来货物实售 20948 两，从马德拉斯运来货物实售 45535 两，从萌菇莲运来货物实售 34796 两 埃尔金伯爵号于 1770 年迷失航路，1771 年到达黄埔	银元 20 箱（80000 元，合 57600 两）	出口货物总价值约超过 2400000 两，包括茶叶约 106000 担（平均每船 5300 担）、生丝约 1600 担	

1772	格兰比号	潘启官	499	229.2	1707	1950	绒布 4057.5 匹（实售 228505 两）、长厄尔绒 20013 匹（实售 135539 两）、铅 25985 担（实售 90948 两）、燧石 5310 担、兔皮 28280 担、自鸣钟 14 个、玻璃镜 562 块、锡 14879 担、胡椒 11845 担（实售 155234 两）、棉花 750 担（实售 6746 两）、红木 1960 担（实售 7841 两）、檀香木 1748 担(实售 35110 两)、其他货物(实售 2357 两）；5 艘从伦敦直接驶来，1 艘从孟买驶来，5 艘从伦敦经马德拉斯，2 艘经萌菇莲；13 艘全部回航伦敦。	从伦敦运来白银 175 箱（610400 盎司，价值 505298 两），从马德拉斯运来白银 69574 两	生丝 1426 担、茶叶约 69000 担。其中“狐狸”号装载红茶 3400 担、绿茶 1915 担，共计 5315 担（重 708667 磅）	主任大班：休姆
	奥斯特利号	廷官	499	218.7	1629	1950				
	伦敦号	瑛秀	499	210.3	1566	1950				
	哈旺那号	周官	499	198.3	1477	1950				
	卡姆登勋爵号	文官	499	202.2	1606	1950				
	林肯勋爵号	球秀	499	198.3	1480	1950				
	母狮号	廷官	499	200.8	1495	1950				
	狐狸号	潘启官	499	219.2	1651	1950				
	诺福克号	瑛秀	499	210.1	1565	1950				
	阿斯伯诺姆伯爵号	周官	499	171	1274	1950				
	皇家亨利号	石安官	499	234.3	1745	1950				
	晏臣号	廷官	499	194.1	1446	1950				
	格拉顿号		499	219	1631	1950				
1773	皇家夏绿蒂号、金斯顿公爵号（Duke Kingston）、皇家公主号、皇家船长号、瓦伦丁号、武斯特号、肯特号、庞斯博恩号、黎明号、斯托蒙特号		吨位均为 499				“皇家夏绿蒂”号从孟买驶来黄埔，并在此处转租给该船指挥一年。“皇家夏绿蒂”号进口棉花 814 担（实售 8956 两）、胡椒 324 担（实售 4852 两）、檀香木 1734 担（实售 39890 两）、珍珠 1 颗（价值 4575 两）。其余九艘船：3 艘从伦敦直接驶来（途中只停靠圣海伦娜岛）、4 艘从伦敦经马德拉斯，2 艘从伦敦经萌菇莲驶来黄埔（进口胡椒 5554 担，实售 77756 两）；9 艘船全部回航伦敦	“皇家夏绿蒂”号进口白银价值 49002 两。2 艘经萌菇莲驶来的船进口白银 28000 元（合 20160 两）	生丝 2082 担	管理会成员：休姆（主任）、菲普斯、小伍德、威廉哈里森、小马修雷珀、布莱克、罢剌查、亨利皮古、乔治·罗杰斯
1774	贝斯巴勒号	潘启官	804	246.4	1836	1950	宽幅绒 3374 半匹（实售 89051 两）、长厄尔绒 9306 匹（实售 63280 两）、宽幅绒 118 半匹（实售 4007 两）、铅 5506 担、玻璃镜 76 块、锡 3412 担、棉花 14198 担、胡椒 133 担、檀香木 4668 担、红木及乌木 3208 担。除“皇家夏绿蒂”号外，“贝斯巴勒”号从孟买，“色列斯”号和“真布里顿”号从伦敦经马德拉斯驶来黄埔。4 艘船全部回航伦敦	无白银进出口	茶叶 14419 担、生丝 1293 担、瓷器价值 7429 两	管理会成员：菲普斯、小伍德、威廉·哈里森、小马修雷珀、亨利·皮古、乔治·罗杰斯
	色列斯号	廷官	723	211.4	1575	1950				
	真布里顿号	球秀	758	218.5	1628	1950				
	皇家夏绿蒂号		758	227.7	1696	1950				
1775	莫尔斯号（Morse）	瑛秀	864	240	1788	1950	总货物成本 140023 镑，实售 407283 两。其中绒布 3533 匹（合 120411 码，成本 62400 镑，实售 167367 两）、长厄尔绒 26600 匹（成本 62145 镑，实售 180880 两）、铅 5398 担（成本 4976 镑，实售 21592 两）、胡椒 2584 担（成本 8977 镑，实售 32044 两）、珍珠 1 颗（1773 年贸易年度运至黄埔，成本 4575 两，1775 年实售 5400 两）。“莫尔斯”号 1774 年从伦敦起航，迷失航程，1775 年抵达黄埔	输入白银 59000 镑（白银 59 箱，合西班牙银元 236000 元，合白银 169920 两）	出口货物价值 1210851 两。其中茶叶 26918 担、南京生丝 2112 担等	主任大班：菲普斯（Edward Phipps）。莫尔斯号船长：肯特（Capt. Kent）
	诺思勋爵号	潘启官	761	218.2	1626	1950				
	罗奇福德号（Rochford）	廷官	723	210.6	1569	1950				
	格罗夫纳号（Grosvenor）	文官	729	218.2	1625	1950				
	王后号	球秀	804	237.7	1771	1950				

1776	斯塔福德号	潘启官	804	231.1	1721	1950	载运货物实售419921两。其中毛织品254062两、铅19420两、亚洲产品146439两。潘启官购得货物价值共计86616两，其中：毛织品63712两、铅5294两、亚洲产品17610两。瑛秀购得货物价值共计105114两，其中：毛织品63766两、铅2854两、亚洲产品38494两。购得货物价值共计60828两，其中：毛织品31360两、铅2826两、亚洲产品26642两。文官购得货物价值共计55158两，其中：毛织品32024两、铅2796两、亚洲产品20338两。周官购得货物价值共计52860两，其中：毛织品31407两、铅2823两、亚洲产品18630两。球秀购得货物价值共计49726两，其中：毛织品31793两、铅2827两、亚洲产品15106两		输入白银150箱，价值429003两	出口货物价值1017460两，包括输出茶叶41820担，生丝若干等	1、主任大班：伍德（Francis Wood）2、“皇家亨利”号船长：劳斯。由于该船卫兵阻止海关监督的书吏进入后舱，海关监督认为受到侮辱对待，因此该船在黄埔延搁丈量达65天
	狐狸号		758	218.9	1631	1950					
	皇家亨利号（Royal Henry）	瑛秀	804	232.9	1735	1950					
	格兰比号（Granby）		786	227.1	1691	1950					
	加顿号（Gatton）	求官	785	219.9	1638	1950					
	荷兰勋爵号	文官	804	238.1	1773	1950					
	纳福克号（Norfolk）	周官	723	208.8	1555	1950					
	卡姆登勋爵号	球秀	707	203	1512	1950					
1777	桑威奇伯爵号 (Earl of Sandwich)	潘启官	804	235	1750	1950	载运铅（24064两）等货物。求官购得铅价值3008两		输入白银230400两	出口货物价值1692507两	主任大班：马修·雷铂（Matthew Raper Jr.）
	艾尔弗雷德号	瑛秀	758	230.9	1720	1950					
	黎明号（Prime）	求官	864	239	1780	1950					
	决心号	文官	804	231	1720	1950					
	真布里顿号	周官	758	219.2	1633	1950					
	皇家公主号	球秀	864	232.1	1729	1950					
	武斯特号	潘启官	723	213.2	1588	1950					
	皇家夏绿蒂号	瑛秀	758	221.3	1648	1950					
	斯托蒙特号（Stormont）	文官	723	209.7	1562	1950					
1778	曼斯菲尔德伯爵号 (Earl of Mansfield)	潘启官	758	215.5	1605	1950	1、载运毛织品（实售351513两）、铅（实售33243两），燧石8004担、毛皮（纯成本为3586镑）、印度产品（棉花7020担、锡5473、胡椒2609担、木香842担、檀香木980担） 2、潘启官、瑛秀和文官各订购1/4毛织品；周官和球秀各订购1/8毛织品		输入白银32箱，价值90720两	出口货物价值1181155两，包括茶叶40245担，南京生丝1827担等	1、主任大班：马修·雷铂（Matthew Raper Jr.）
	诺思勋爵号	瑛秀	761	218.6	1628	1950					
	荷兰勋爵号	文官	804	240	1787	1950					
	莱瑟姆号（Latham）	周官	723	210.3	1566	1950					
	希尔斯巴勒号（Hillsborough）	球秀	723	210.4	1567	1950					
	皇家乔治号	潘启官	758	223.2	1662	1950					
	格拉顿号	瑛秀	758	214.7	1599	1950					
1779	加尔各答号（Calcutta）	潘启官	761	222.2	1655	1950	从印度孟加拉载运货物于7月5日到达黄埔	铅3757担（含散商船）	输入白银301186两	运往伦敦货物价值1022694两，包括茶叶23621担，南京生丝1605担等	主任大班：马修·雷铂（Matthew Raper Jr.）
	莫尔斯号（Morse）	瑛秀	864	240.8	1793	1950	从印度载运胡椒（实售135576两），9月30日到达黄埔				
	武斯特号	周官	723	210.2	1566	1950	从伦敦载运毛织品（实售80245两）和铅（实售10542两），10月3日到达黄埔				
	艾尔弗雷德号（Alfred）	文官	758	219.5	1634	1950					
	皇家亨利号	石琼官	804	234.2	1744	1950	从印度载运货物于10月19日到达黄埔		输入白银130000两		

1780	牛津伯爵号（Earl of Oxford）	潘启官	758	216.3	1611	1950				
	黑尔斯韦尔号（Haleswell）	文官	758	219.5	1635	1950				
	不列颠尼亚号（Britannia）	昭官	770	216.3	1611	1950				
1780	斯托蒙特号（Stormont）	潘启官	723	209.3	1559	1950	载运毛织品（实售 403462 两）、铅（实售 30195 两）、印度产品（实售 45522 两）等货物		出口货物价值 2180901 两，包括茶叶 69445 担，南京生丝 2514 担	“不列颠尼亚”号是东印度公司自有船只
	拉塞尔斯号（Lascelles）	周官	758	235.6	1755	1950				
	贝斯巴勒号(Bessborough)	文官	804	245.8	1831	1950				
	阿特拉斯号	石琼官	758	215.3	164	1950				
	桑威奇伯爵号	周官	804	236.2	1759	1950				
	格兰比号	石琼官	786	227.6	1695	1950				
	伦敦号	昭官	758	238.2	1774	1950				
	约克号	潘启官	758	249.2	1856	1950				
	桥水号	周官	804	237.1	1763	1950				
1781	范西塔特号	潘启官	758	234.5	1747	1950			出口货物价值 1663159 两，，包括茶叶 63489 担，南京生丝 1206 担。“订约者”号货物价值 164898 两、“波特兰公爵”号 153140 两、“庞斯博恩”号 167724 两、“皇家夏绿蒂”号 172590 两、“黑斯廷斯”号 186834 两、“诺思勋爵”号 204120 两	主任大班：罢刺查
	格拉顿号	潘启官	758	214.7	1599	1950				
	皮戈特号（Pigot）	周官	758	215	1601	1950				
	荷兰勋爵号	文官	804	237.8	1771	1950				
	曼斯菲尔德伯爵号	石琼官	758	216.3	1611	1950				
	订约者号（Contractor）	潘启官	758	223	1661	1950				
	波特兰公爵号 (Dake of Portland)	周官	723	209.3	1559	1950				
	庞斯博恩号 (Ponsborne)	文官	758	229.9	1712	1950				
	皇家夏绿蒂号 (Royal Charlotte)	石琼官	758	243.5	1814	1950				
	黑斯廷斯号 (Hastings)	潘启官	676	201.8	1503	1950				
	诺思勋爵号 (Lord North)	周官	761	225.2	1677	1950				
1782	洛克科号（Locko）	潘启官	758	247.2	1842	1950			运往伦敦货物价值共 828203 两，包括茶叶 21176 担、南京生丝 1205 担、南京布 20000 匹、瓷器等	主任大班：罢刺查。
	埃塞克斯号	周官	758	233.6	1740	1950				
	奥斯特利号（Osterley）	文官	758	218.4	1627	1950				
	亚细亚号	石琼官	758	235.8	1753	1950				

年份	船名	保商	吨位	长度	宽度	年代	载运	输入白银	出口货物	备注
1783	王后号	潘启官	804	235.8	1756	1950	载运毛织品（实售 708629 两）、铅（实售 60652 两）、印度产品（实售 126245 两）	输入白银 3 箱（合计 8640 两）	出口货物价值 2152614 两，包括茶叶 92130 担、南京生丝 776 担等	主任大班：罢剌查。
	诺森伯兰号	周官	755	228.8	1704	1950				
	皇家亨利号	文官	804	235.2	1752	1950				
	达顿号（Dutton）	石琼官	755	220.2	1640	1950				
	弗兰西斯号（Francis）	祚官	755	232.4	1731	1950				
	约克号	先官	758	244	1883	1950				
1783	库特将军号（General Coote）	平官	755	224.3	1671	1950				
	库特将军号（General Coote）	平官	755	224.3	1671	1950				
	莫尔斯号	潘启官	864	238.4	1779	1950				
	蒙塔古号（Montagu）	周官	755	228.3	1701	1950				
	拉塞尔斯号	石琼官	758	232.7	1733	1950				
	斯托蒙特号	祚官	723	212.7	1584	1950				
	霍顿号	文官	755	231.4	1723	1950				
	沃波尔号	先官	758	220.3	1641	1950				
	狐狸号		240			1950				邮船
1784	恒河号（Ganges）	平官	758	218.1	1625	1950	载运毛织品（实售 614027 两）、铅（实售 39056 两）、从印度运来棉花（实售 40362 两）		四艘船货物价值共 523309 两。包括茶叶 26326 担、南京生丝 275 担，瓷器 715 半箱。	主任大班：亨利·皮古。"订约者"号船长：麦金托什（Capt. Mackintosh）
	桑威奇伯爵号	潘启官	804	235.2	1752	1950				
	伦敦号	周官	758	238.1	1773	1950				
	肯特号	文官	755	226.5	1687	1950				
	沙利文号（Sulivan）	石琼官	755	244.4	1821	1950			九艘船货物价值 1329900 两，包括瓷器 4465 担、红茶 42089 担、绿茶 17968 担、南京布 524 担（19500 匹）、南京生丝 403 担、	
	鹰号（Hawke）	祚官	723	211.1	1572	1950				
	加尔各答号	先官	167	225.2	1677	1950				
	庞斯博恩号	平官	758	231.1	1722	1950				
	福尔斯号（Foulis）	潘启官	755	224.4	1671	1950				
	莱瑟姆号	周官	723	211.2	1573	1950				
	米德尔塞克斯号（Middlesex）	文官	755	240.3	1789	1950				
1784	订约者号	石琼官	758	225.4	1679	1950			丝织品 3462 匹、大黄 154 担、肉桂 862 担、姜黄 616 担、冰糖 325 担	
	纳索号	祚官	723	210.6	1569	1950				

1785	真布里顿号	先官	758	221.5	1650	1950	载运毛织品（实售 577368 两）、铅（实售 84479 两）、棉花 17389 担和胡椒等物。棉花和胡椒实售 25432 两	无白银进出口	运往伦敦货物价值共 2965000 两。包括：茶叶 103834 担、南京生丝 525 担等	主任大班：亨利·皮古。贸易季度末期，皮古因病回国，由管理会第三大班波郎接任主任大班
	皇家海军上将号（Royal Admiral）	潘启官	914	267	1989	1950				
	切斯特菲尔德伯爵号（Earl of Chesterfield）	周官	758	238.3	1775	1950				
	艾尔弗雷德号	文官	758	240	1788	1950				
	拉塞尔斯号	石琼官	758	236.5	1761	1950				
	霍顿号	袢官	755	238.5	1776	1950				
	洛克科号	先官	758	262.9	1958	1950				
	沃伦·黑斯廷斯号	平官	755	245.6	1819	1950				
	阿特拉斯号	浩官	758	226.5	1687	1950				
	埃利奥特将军号（General Elliott）	潘启官	755	239.9	1787	1950				
	奥斯特利号	周官	758	222.5	1657	1950				
	不列颠尼亚号	文官	770	217.4	1619	1950				
	巴斯桥号（Busbridge）	石琼官	755	221.4	1649	1950				
	巴韦尔号	袢官	755	232.7	1733	1950				
	库特将军号	先官	755	226	1683	1950				
	贝尔蒙特号（Bellmont）	平官	758	221.3	1648	1950				
	埃塞克斯号	浩官	758	233.5	1739	1950				
	亚细亚号	潘启官	758	235.4	1753	1950				
	马戛尔尼勋爵号	周官	755	225.2	1677	1950				
1786	蒙特罗斯公爵号 (Duke of Montrose)	潘启官	755	229.6	1710	1950	载运毛织品（实售 742152 两）、铅（实售 135433 两）、印度产品（实售 98433 两）、棉花 28120 担	输入白银 716 箱（重 2497408 盎司，合 2864000 元或 2062080 两银）	运往伦敦货物价值约 4500000 两。包括：茶叶 157116 担、南京生丝 2889 担、南京布 40000 匹等	28 艘船来自伦敦，1 艘来自孟买，所有船只运货回伦敦。“海军上将休斯爵士号（Admiral Sir Edward Hughes）”是东印度公司自有船只，但没有获得特许状。该年管理会主任大班：波郎。自 8 月 27 日起管理会管辖贸易的权力移交至特选委员会，波郎为主席。波郎任职到 1789 年 1 月
	诺森伯兰号	周官	755	236.1	1759	1950				
	南安普敦号（Southampton）	文官	758	228.5	1702	1950				
	康沃利斯伯爵号 (Earl of Corwallis)	石琼官	755	233.9	1742	1950				
	订约者号	袢官	758	227.2	1692	1950				
	斯托蒙特号	平官	723	220.3	1641	1950				
	皇家夏绿蒂号	浩官	758	259	1929	1950				
	海王星号	潘启官	758	228.1	1699	1950				

1786	皮特号	周官	775	224.2	1669	1950				
	皇家园丁号（Ranger）	文官	537	169.2	1260	1950				
	查普曼号（Chapman）	石琼官	538	170.8	1272	1950				
	桥水号	柞官	755	252.6	1881	1950				
	皮戈特号	平官	758	221.8	1652	1950				
	诺思勋爵号	（浩官）宜官	758	227.9	1698	1950				
	卡纳蒂克号	潘启官	758	226.8	1690	1950				
	瓦伦丁号（Valentine）	周官	755	236.3	1760	1950				
	范西塔特号	文官	758	242.2	1804	1950				
	沙利文号	石琼官	755	250.7	1867	1950				
	威廉要塞号（Fort Willianm）	柞官	755	235.2	1752	1950				
	庞斯博恩号	平官	758	237.4	1768	1950				
	海军上将休斯爵士号（Admiral Sir Edward Hughes）	浩官	957	250	1861	1950				
	戈达德将军号 (General Goddard)	潘启官	755	229.3	1708	1950				
	欧罗巴号（Europa）	周官	755	226.2	1685	1950				
	米德尔塞克斯号	文官	755	246.5	1836	1950				
	曼斯菲尔德伯爵号	石琼官	758	224.6	1673	1950				
	约克号	柞官	758	261.7	1949	1950				
	皇家主教号（Royal Bishop）	平官	720	197.8	1473	1950				
	玛尔斯号（Mars）	浩官	696	202.7	1518	1950				
	伦敦号	潘启官	758	235.8	1756	1950				
1787	武斯特号	潘启官	755			1950	载运毛织品（实售 619049 两）、铅（实售 115557 两）、铜（实售 7217 两）、孟买棉花 82150 担（实售 103670 两）、燧石 19247 担（重 1146 吨）。 “瞭望塔”号是镶铜船，运输速度快于其它船只。 “夏绿蒂王后”号、“国王乔治”号（300 吨位） 经美洲西北海岸运载海獭等毛皮前来黄埔。 “国王乔治”号（776 吨位）从伦敦到黄埔。 “玫瑰”号船长是登普斯特（Capt. Dempster）。 “沃伦·黑斯廷斯”号船长是拉金斯（Capt. Larkins）	输入白银 664 箱（重 2316032 盎司，合 2656000 元或 1912320 两银）	运往伦敦货物价值 5258676 两。包括茶叶 181304 担（4500000 两）、南京生丝 2339 担（700000 两）	
	怀库姆伯爵号 (Earl of Wycombe)	周官	643			1950				
	诺丁汉号（Nottingham）	文官	1152	297.6	2217	1950				
	巴林顿海军上将号 (Admiral Barrington)	石琼官	527	166.1	1237	1950				
	贝斯巴勒号	柞官	870	249.5	1858	1950				

1787	兰斯多恩侯爵号 (Marquis of Lansdowne)	宜官	647	202.8	1510	1950				
	多佛尔号（Dover）	平官	700	204.3	1522	1950				
	拉塞尔斯号	浩官	824	239.3	1782	1950				
	沃波尔号	潘启官	758	222.2	1655	1950				
	瞭望塔号（Belvedere）	平官	986	252.3	1879	1950				
	沃尔辛厄姆勋爵号 (Lord Walsingham)	浩官	559	174.3	1298	1950				
	夏绿蒂王后号 (Queen Charlotte)	潘启官	300	89	430	1950				
	国王乔治号	周官	300	104	498	1950				
	国王乔治号	周官	776	237.1	1766	1950				
	玫瑰号（Rose）	文官	861	231.8	1727	1950				
	梅尔维尔炮台号 (Melville Castle)	石琼官	806	238	1773	1950				
	霍顿号	祚官	778	228.2	1700	1950				
	皇家海军上将号（Royal Admiral）	宜官	914	260.2	1938	1950				
	兰斯多恩号	平官	574	189.8	1414	1950				
	王后号	潘启官	755	246.4	1835	1950				
	菲茨·威廉伯爵号 (Earl of Fitz William)	周官	803	226.7	1802	1950				
	福尔斯号	文官	755	228.2	1700	1950				
	希尔斯巴勒号	石琼官	755	223.3	1663	1950				
	奥斯特利号（Osterley）	祚官	755	220.3	1641	1950				
	洛克科号	宜官	758	243	1810	1950				
	伍德科特号（Woodcot）	文官	802	229.9	1712	1950				
	格拉顿号	石琼官	778	220	1639	1950				
	沃伦·黑斯廷斯号	祚官	763	227.3	1693	1950				

1788	米纳瓦号（Minerva）	文官	798	238.8	1779	1950	小单桅船“威尔斯尔王子”号从美洲西北海岸运载毛皮至黄埔（实售 64235 元）。“斯卡巴勒”号、“彭林夫人”号等 3 艘船从博特尼湾开至黄埔。22 艘船从伦敦直接或经由印度口岸开至黄埔。售得现款：毛织品 1107427 两、铅 117949 两、铜（23 吨）7500 两、印度产品 89600 两（含棉花 61632 担） 各船还顺带载运属于私人贸易的 86 桶白葡萄酒和马德拉酒	输入白银共计 728 箱，包括从伦敦运来西班牙银元 2772000 元，从槟榔屿运来头像银元 135000 元，从萌菇莲运来窦吉吞银元 5253 元，合计共值 2094878 两	运往伦敦货物价值 4566653 两，包括：茶叶 141218 担、南京生丝 1877 担等	
	塔尔博特伯爵号（Eral Talbot）	周官	767	218.1	1624	1950				
	巴韦尔号	潘启官	796	237	1765	1950				
	斯卡巴勒号	石琼官		160.5	1196	1950				
	夏绿蒂号	祚官		125	855	1950				
	贝尔蒙特号	宜官	769	219.6	1636	1950				
	博达姆号	平官	1021	270.2	2012	1950				
	巴列斯号 (Ceres)	浩官	1180	292.9	2182	1950				
	海王星号	周官	809	236.9	1764	1950				
	达顿号	文官	761	219.8	1632	1950				
	霍克斯伯里勋爵号 (Lord Howkesbury)	潘启官	803	228.5	1704	1950				
	阿尔比恩号（Albion）	石琼官	961	256.3	1909	1950				
	卡姆登勋爵号	祚官	775	228.2	1700	1950				
	康沃利斯伯爵号	宜官	774		1711	1950				
	海军上将休斯爵士号（Admiral Sir Edward Hughes）	平官	957	254.1	1893	1950				
	卡纳蒂克号	文官	1169	292.2	2177	1950				
	德特福德号（Deptford）	周官	784		1689	1950				
	库特将军号	潘启官	787		1648	1950				
	彭林夫人号（Lady Penrhyn）	石琼官			864	1950				
	埃塞克斯号	祚官	793	238.6	1777	1950				
	威尔斯尔王子号	宜官			370	1950				
	桥水号	文官	799		1686	1950				
	雷蒙德号（Raymond）	周官	793	227.1	1691	1950				
	蒙特罗斯公爵号	潘启官	762	223.8	1667	1950				
	订约者号	石琼官	777		1673	1950				
	亚细亚号（Asia）	祚官	816	237.4	1768	1950				

1789	恒河号	文官	784	218.9	1631	1950	载运英国产品（绒布 3600 匹、长厄尔绒 93640 匹、羽纱 640 匹、毛绸 140 匹、铅 1401 吨、铜 180 吨、锡 55 吨）实售 1130874 两、印度产品（棉花 65426 担、胡椒 4958 担）实售 164925 两 毛绸为试销品，不受欢迎，低于成本价售出	输入白银 459 箱，重 1600992 盎司（合 1836000 元，或 1321920 两）	运往伦敦货物价值 4433431 两。包括茶叶 129847 担、南京生丝 1620 担等	1789 年 1 月波郎回国，由约翰·哈里森任特选委员会主席。直至 1792 年波郎从英国返回并任该年主席
	米德尔塞克斯号	潘启官	852	235.8	1756	1950				
	曼斯菲尔德伯爵号	周官	782	214.1	1595	1950				
	国王乔治号	石琼官	776	229.8	1712	1950				
	拉塞尔斯号	祚官	824	237.6	1770	1950				
	瓦伦丁号	宜官	790	230.6	1717	1950				
	诺丁汉号	平官	1152	293.3	2184	1950				
	马戛尔尼勋爵号	文官	796	224.6	1673	1950				
	罗金厄姆号（Rockingham）	周官	798	229.9	1712	1950				
	怀库姆伯爵号	石琼官	655	198.1	1476	1950				
	沃波尔号	祚官	774	221.1	1647	1950				
	欧罗巴号	宜官	772	228.9	1705	1950				
	忒提斯号	平官	804	230.4	1716	1950				
	海洋号	文官	1189	303	2257	1950				
	埃利奥特将军号（General Elliott）	潘启官	800	236.1	1758	1950				
	沃利号	周官	1175	296.7	2210	1950				
	威廉要塞号	石琼官	798	233.7	1741	1950				
	布克勒夫公爵号	祚官	1182	302.7	2255	1950				
	不列颠尼亚号	宜官	770	228.5	1702	1950				
	皮特号	平官	775	218.2	1625	1950				
1790	米纳瓦号	文官	798		1781	1950	载运毛织品（实售 1192263 两）、曼彻斯特棉布（粗棉布和精绫绒布各 50 匹，实售 2000 两）、铅（133338 两）、铜 250 吨（实售 75524 两）、锡 783 吨（实售 218076 两）、印度产品（棉花 45823 担、实售 131744 两、胡椒实售 79928 两）等 曼彻斯特棉布为试销品，不受欢迎，以成本价售出	从伦敦载运白银总计 2315520 两，但其中有 7 艘船载运的白银 209479 两，被圣乔治要塞管理会提走，留给广州财库的是 2106041 两	运往伦敦货物价值 4668136 两，包括茶叶 159595 担、南京生丝 1527 担、南京布 40000 匹等	镶铜
	巴韦尔号	潘启官	796		1737	1950				镶铜
	弗兰西斯号	周官	789	237.1	1766	1950				镶铜
	兰斯多恩侯爵号	石琼官	647	202.3	1507	1950				镶铜
	皇家夏绿蒂号	祚官	1252	319.3	2378	1950				镶铜
	希尔斯巴勒号	文官	755	226.2	1685	1950				镶铜
	皇家海军上将号	潘启官	914	257.2	1916	1950				镶铜
	奥斯特利号	周官	775	224.3	1671	1950				镶铜
	特里顿号	石琼官	800	228	1698	1950				镶铜
	印度斯坦号	祚官	1248	305.6	2276	1950				镶铜

1790	瑟洛勋爵号（Lord Thurlow）	平官	805	232.1	1729	1950				镶铜
	伍德科特号	文官	802	232.1	1729	1950				镶铜
	塔尔博特伯爵号	潘启官	767	217.2	1618	1950				镶铜
	阿伯加文尼伯爵号	周官	1182	309.4	2305	1950				镶铜
	色列斯号	石琼官	1180	255	2092	1950				镶铜
	海军上将休斯爵士号（Admiral Sir Edward Hughes）	祚官	957	242	1802	1950				
	瞭望塔号	平官	986	257.1	1915	1950				镶铜
	惊奇号（Surprize）	文官		142.4	712	1950				镶铜。从博特尼湾到黄埔
	贾斯蒂尼安号（Justinian）	潘启官		121.1	656	1950				镶铜。从博特尼湾到黄埔
	斯卡巴勒号	周官		148.3	742	1950				从博特尼湾到黄埔
	朱莉安娜夫人号（Lady Julliana）	石琼官		141.6	708	1950				镶铜
	沃尔辛厄姆勋爵号	祚官	559	177.8	1324	1950				镶铜
	海王星号	平官	809	230.1	1714	1950				从博特尼湾到黄埔
	亨利·邓达斯号	文官	802	234.6	1748	1950				镶铜
1791	艾尔弗雷德号	文官	1198	298.5	2223	1950	载运毛织品（实售 1451795 两）、铅（实售 58747 两）、铜（实售 36088 两）、锡 1199 吨（实售 304861 两）、棉花 16529 担、胡椒（实售 87104 两） 从伦敦运来海獭皮 8608 张、海狸皮 36983 张、豹皮 7537 张、狐狸皮 1350 张、兔皮 115510 张	输入白银 172800 两	运往伦敦货物价值 3349281 两。包括茶叶 94754 担、南京生丝 786 担	
	阿尔比恩号	潘启官	961	266.7	1986	1950				
	康沃利斯伯爵号	周官	774	236.5	1761	1950				
	库特将军号	祚官	787	230.2	1714	1950				
	博达姆号	石琼官	1021	276	2056	1950				
	广州号	文官	1198	306.2	2281	1950				
	真布里顿号	潘启官	1198	311	2317	1950				
	不列颠尼亚号	周官	770	220.6	1643	1950				
	卡纳蒂克号	石琼官	1169	299.5	2231	1950				
	汤顿炮台号（Taunton Castle）	祚官	1198	330.8	2464	1950				
	伍德福德号	文官	1180	319.3	2378	1950				

1792	海洋号	文官	1189	308.5	2297	1950	载运货物总售款 2775119 两。包括：毛织品（宽幅绒布 8000 匹、长厄尔绒 130000 匹、羽纱 3000 匹，实售 1594854 两）、铅 17297 担（实售 64401 两）、锡 19730 担（实售 242428 两）、胡椒（实售 42737 两）、棉花 43138 担、檀香木（实售 26092 两）、玻璃 563 块、上等毛皮（海狸皮、狐皮、海獭皮）77330 张、兔皮 200850 张	输入白银 180 箱（重 627840 盎司，合 720000 元或 518400 两）	总货值 3535407 两，包括红茶 156000 担、绿茶（价值 624640 两）	特选委员会成员四人：主席波郎，其余为约翰·哈里森、乔治·卡明（George Cuming）和帕金（Hugh Parkin）
	拉塞尔斯号	潘启官	824	239.8	1786	1950				
	诺丁汉号	周官	1152	301.4	2245	1950				
	沃波尔号	石琼官	774	228.3	1701	1950				
	米德尔塞克斯号	祚官	852	270.9	2018	1950				
	桥水号	茂官	799	251.5	1873	1950				
	忒提斯号（Thetis）	文官	804	233.5	1739	1950				
1792	罗金厄姆号	潘启官	798	240.2	1789	1950			南京生丝 1500 担、南京布 60000 匹、瓷器（3500 两）、大黄 339 担、肉桂 480 担、糖 593 担、冰糖 47 担	该年东印度公司在广州成立秘密与监督委员会，实施监督，但不干预具体贸易事务。波郎兼任主席，成员包括：欧文（Eyles Irwin）、杰克逊（William Jackson）
	海军上将休斯爵士号（Admiral Sir Edward Hughes）	周官	957	244.5	1821	1950				
	马戛尔尼勋爵号	石琼官	796	230.9	1719	1950				
	怀库姆伯爵号	祚官	655	200.1	1490	1950				
	巴克勒夫公爵号	茂官	1182	315.5	2350	1950				
	艾尔利炮台号（Airly Castle）	文官	813	249.3	1857	1950				
	都柏林号（Dublin）	潘启官	786	228.4	1701	1950				
	沙利文号	石琼官	876	251.8	1875	1950				
	皇家海军上将号	祚官	914	254.9	1898	1950				
1793	女战神号（Bellona）	文官		166.6	1241	1950	载运毛织品（实售 1788309 两）、铅（实售 53858 两）、锡（实售 204806 两，接近成本价）、毛皮（实售 16057 两）、印度产品（实售 88100 两，包括棉花 30780 担、檀香木）	无白银进出口	运往伦敦货物价值 3838868 两，包括茶叶 148250 担、南京丝 762 担、南京布 70000 匹	特选委员会成员四人：主席波郎，其余为乔治·卡明和迈罗普等。秘密与监督委员会由上届人员继任
	米纳瓦号	潘启官	798	235.2	1751	1950				
	孟买炮台号	石琼官	1200	306.6	2283	1950				
	布伦斯威克号	祚官	1200	313.2	2332	1950				
	切斯特菲尔德伯爵号	茂官	810	233.5	1739	1950				
	印度斯坦号	沛官	1248	297.6	2217	1950				
	沃利号	仁官	1175	300.4	2238	1950				
	皇家夏绿蒂号	文官	1252	324.6	2418	1950				
	特里顿号	潘启官	800	225.2	1677	1950				
	阿伯加文尼伯爵号	石琼官	1182	314.6	2343	1950				
	奥斯特利号	祚官	775	223.3	1663	1950				
	瑟洛勋爵号	茂官	805	238.4	1777	1950				

1793	色列斯号	沛官	1180	313.8	2337	1950				
	格拉顿号	仁官	1200	316.2	2355	1950				
	沃尔辛厄姆勋爵号	德官	560	179.8	1339	1950				
	鹰号	潘启官	779	262.4	1777	1950				
	埃克塞特号	石琼官	1200	327.3	2438	1950				
	亨利·邓达斯号	文官	802	240	1787	1950				
1794	极需号（Indispensable）	文官	350	137	937	1950	载运毛织品（实售 1741429 两）、铅（实售 112646 两）、锡（实售 295603 两）、爱尔兰麻布 172 匹（实售 3000 两）、檀香木（实售 19219 两）、棉花 17994 担、上等毛皮 62790 张 爱尔兰麻布为试销品	无白银进出口	运往伦敦货物价值 4704488 两	“极需”号从新南威尔士开至黄埔，装载茶叶驶往伦敦。该年秘密与监督委员会撤销。特选委员会主席仍为布朗。成员为卡明和迈罗普
	广州号	潘启官	1198	313.6	2336	1950				
	海洋号	石琼官	1189	306.2	2281	1950				
	汤顿炮台号	祚官	1198	307.8	2293	1950				
	国王乔治号	茂官	776	234.1	1744	1950				
	艾尔弗雷德号	沛官	1198	311.1	2302	1950				
	恒河号	文官	784	218.4	1627	1950				
	沙利文号	潘启官	866	248.9	1854	1950				
	米德尔塞克斯号	祚官	852	245.3	1827	1950				
	诺丁汉号	茂官	1152	301.1	2242	1950				
	沃波尔号	沛官	774	222.5	1657	1950				
	马戛尔尼勋爵号	文官	796	224.6	1673	1950				
	博达姆号	潘启官	1021	266.6	1985	1950				
	布克勒夫公爵号	石琼官	1182	303.4	2259	1950				
	卡纳蒂克号	祚官	1169	297.3	2214	1950				
	都柏林号	茂官	786	234.2	1744	1950				
	阿尔比恩号	沛官	961	256.9	1913	1950				
	伍德福德号	文官	1180	304.9	2271	1950				
	桥水号	潘启官	799	241.7	1800	1950				
	真布里顿号	鹏官	1198	305.2	2273	1950				

1795	苏拉特炮台号（Sural Castle）	文官	1050	288.9	2152	1950	载运毛织品（实售 1634796 两）、锡 15088 担（实售 221366 两）、铅 5024 担（实售 22605 两）、麻布（实售 1178 两）、棉花 4949 担（实售 61597 两）、檀香木（实售 27745 两）、优质毛皮 34085 张、兔皮 79735 张	无白银进出口	运往伦敦货物价值 3508839 两，包括丝织品 3400 匹（成本 41120 两）、茶叶 112840 担、南京生丝 711 担、南京布 80000 匹	捕获的散商船
	少年威廉号 (Young William)	潘启官	450	147.6	1010	1950				从博特尼湾到黄埔
	西里塞斯特号（Cirencester）	祚官	1200	313.9	2338	1950				运来邮包及英国国王给乾隆皇帝的礼物
	卡伦号（Carron）	茂官	1025	263	1959	1950				捕获的散商船
	安娜号	祚官	825	222.5	1657	1950				
	沃伦·黑斯廷斯号	茂官	716	228.2	1699	1950				该年特选委员会成员为主席布朗和卡明。迈罗普回国，途经巽他海峡时逝世
	库特将军号	沛官	787	227.9	1697	1950				
	肯特号	仁官	784	231.3	1723	1950				
	德特福德号	章官	784	216.2	1610	1950				
	诺森伯兰号	谦官	784	213.9	1712	1950				丈量有错误
	奥斯特利号	鹏官	775	220.3	1641	1950				
	康沃斯伯爵号	文官	774	228.9	1705	1950				
	豪伯爵号 (Earl Howe)		876			1950				转驶孟加拉，其舱货在开普敦转由“诺森伯兰”号、“库特将军”号和“沃伦·黑斯廷斯”号 3 艘船载运至黄埔
	阿尼斯顿号（Arniston）	潘启官	1200	344.4	2565	1950				从伦敦经马德拉斯、马六甲、菲律宾到黄埔
	瞭望塔号	祚官	786	256.3	1909	1950				从伦敦经圣海伦岛、好望角、皮特海峡到黄埔
	不列颠尼亚号	祚官		185.6	1383	1950				
	色列斯号	茂官		150.7	1030	1950				在孟买捕获的散商船
1796	埃克塞特号	潘启官	1200	318.8	2375	1950	载运毛织品（实售 1666602 两）、锡（实售 297113 两）、铅（实售 66776 两）、棉花 44955 担。从伦敦运来属于私人贸易的海豹皮和海獭皮共 5149 张，1 艘从美洲西北海岸来的单桅帆船运来 2400 张	输入银元 146496 盎司（合 168000 元，或 120960 两）	运往伦敦货物价值 6248940 两，包括茶叶 212422 担、南京生丝 599 担、南京布 119200 匹	1796 年至 1798 年特选委员和秘密委员会成员为霍尔（主席）、卡明和皮奇三人
	布伦斯威克号	祚官	1200	308.7	2299	1950				
	孟买炮台号	茂官	1200	314.6	2343	1950				
	威尔斯王子号（I）	沛官	477	146.7	1003	1950				从新南威尔士到黄埔。

1796	惊奇号	茂官		115.6	553	1950				从安波到黄埔。所载货物不属于英国东印度公司
	豪伯爵号	仁官	876	245.6	1829	1950				
	极需号（Indispensable）	鹏官	450	139.8	957	1950				从新南威尔士到黄埔
	卡夫内尔斯号（Cuffnels）	章官	1200	336.7	2507	1950				
	真布里顿号	谦官	1198	307.2	2288	1950				
	新月号（Crescent）	文官		97	464	1950				邮船
	亨利·阿丁顿号(Henry Addington)	潘启官	1200	347.1	2585	1950				
	卡纳蒂克号	祚官	1169	291	2167	1950				
	沃尔默炮台号	茂官	1200	346.8	2583	1950				
	布克勒夫公爵号(Duke of Buccleugh)	沛官	1182	304.3	2267	1950				
	皇家夏绿蒂号	仁官	1252	351.5	2618	1950				
	格拉顿号（Gratton）	鹏官	1200	329.3	2544	1950				
	泰晤士号	章官	1200	339.7	2530	1950				
	博达姆号（Boddam）	谦官	1021	274.5	2044	1950				
	汤顿炮台号	潘启官	1193	309.1	2302	1950				
	艾尔弗雷德号	祚官	1198	314.3	2341	1950				
	广州号	茂官	1198	314.3	2341	1950				船长维维安（Capt. A.vyvyan）。该船离开黄埔后遭遇台风受损严重。后返回黄埔维修
	威尔斯王子号（II）	文官		113.6	544	1950				从新南威尔士到黄埔
	气精号（Sylph）	沛官		114.9	550	1950				从新南威尔士到黄埔
	伍德福德号	仁官	1180	305.3	2274	1950				
	海洋号（Ocean）		1189							从伦敦开出后在南纬7° 15′，东经121° 40′的航道上沉没

1797	亚马逊号（Amazon）	鹏官	446	141.6	969	1950	共载运英国产品（实售 1533244 两）、印度产品（檀香木和胡椒，实售 133045 两）、棉花 77445 担、优质毛皮 7030 张、兔皮 88705 两 3 艘船从伦敦运来煤炭，未能售出，除一部分售给英国皇家船只外，其余作为广州英国商馆的燃料代替木柴	输入白银有墨西哥银元、荷兰盾和法国皇冠，共 217 箱，重 756896 盎司（合 626570 两或 870138 元）	运往伦敦货物价值 5505975 两。包括茶叶 184653 担、南京生丝 453 担、南京布 144700 匹	送公文到黄埔
	不列颠尼亚号	潘启官	600	168.6	1256	1950				从新南威尔士到黄埔
	阿尼斯顿号	祚官	1200	351.5	2618	1950				
	达夫号（Duff）	茂官	300	106.7	511	1950				从新南威尔士到黄埔
	库茨号	章官	1200	346.4	2580	1950				
	塔尔博特伯爵号	谦官	1200	354.8	2643	1950				
	阿尔比恩号	昆水官	961	249.7	1859	1950				
	色列斯号	祚官	1200	357.8	2665	1950				
	诺丁汉号	茂官	1152	311.6	2321	1950				
	希望号（Hope）	仁官	1200	354.1	2638	1950				
	西里塞斯特号	沛官	1200	341.4	2543	1950				
	亚细亚号	潘启官	816	234.6	1747	1950				
	阿伯加文尼伯爵号	沛官	1200	371.7	2768	1950				
	海王星号	仁官	1200	362.6	2700	1950				
	沃利号	鹏官	1200	366.1	2727	1950				
	印度斯坦号	章官	1248	371.5	2767	1950				
	达金菲尔德宫号（Duckingfield Hall）	谦官	450	138	944	1950				从安波到黄埔
	恒河号	昆水官	1200	367	2813	1950				
1798	埃克塞特号	潘启官	1200	333.1	2481	1950	共载运毛织品（实售 1204684 两）、锡（实售 302601 两）、铅（实售 16761 两）、棉花 39483 担、上等毛皮 19024 张、兔皮 116220 张	输入白银 467 箱，重 1628896 盎司（合 1321984 两、1836089 元）其中 395 箱为 16 船运来，72 箱由皇家武装船“勇猛”号（Intrepid）运来黄埔	运往伦敦货物价值 2911251 两，包括茶叶 93771 担、南京生丝 488 担、南京布 136300 匹。5 艘未载货驶往印度口岸，11 艘运货回伦敦	“苏格兰人”号是从伦敦载货来的 5 艘船之一，到达黄埔卸货后，空船驶往威廉要塞和圣乔治要塞
	布伦斯威克号	茂官	1200	319.9	2383	1950				
	孟买炮台号	沛官	1200	328.4	2446	1950				
	苏格兰人号（Caledonian）	仁官	612	213.3	1589	1950				
	都柏林号	鹏官	786	247.7	1845	1950				
	威廉要塞号	章官	798	243	1810	1950				
	艾尔利炮台号	谦官	813	247.5	1844	1950				
	巴韦尔号（Barwell）	昆水官	796	253.7	1890	1950				
	马拉巴尔号（Malabar）	潘启官	884	276.6	2060	1950				

1798	桥水号	茂官	799	250.8	1868	1950				
	沃波尔号	沛官	820	275.1	2049	1950				
	订约者号	仁官	777	241.7	1800	1950				
	卡伦号	仁官	1072	280	2079	1950				
	安娜号（孟买）	章官	899	227.8	1697	1950				
	安娜号（孟加拉）	谦官	684	217.2	1618	1950				
	苏拉特炮台号	章官	1139	307.6	2291	1950				
1799	博达姆号（Boddam）	潘启官	1021	276	2056	1950	共载运毛织品（实售 2080550 两）、锡（实售 198044 两）、铅（实售 103738 两）、印度产品（棉花 63709 担等，实售 162817 两）、上等毛皮 20708 张、兔皮 77678 张	输入白银 560 箱，重 1953280 盎司（合 1623171 两或 2245770 旧银元），私人白银数量未计	运往伦敦货物价值 4016113 两。包括茶叶 157526 担、南京生丝 871 担、南京布 180000 匹	该年特选委员会成员有：霍尔（主席）、皮奇和特恩利
	卡纳蒂克号（Carnatic）	茂官	1169	316.8	2360	1950				
	汤顿炮台号	沛官	1198	328.1	2444	1950				
	希望号	仁官	1200	385.4	2870	1950				
	沃利号	鹏官	1200	365.1	2719	1950				
	阿伯加文尼伯爵号	章官	1200	379.5	2827	1950				
	布克勒夫公爵号	谦官	1182	320.3	2386	1950				
	印度斯坦号	昆水官	1248	380.7	2836	1950				
	真布里顿号	潘启官	1198	314.6	2343	1950				
	艾尔弗雷德号	茂官	1198	313.9	2338	1950				
	格拉顿号	沛官	1200	374.9	2792	1950				
	皇家夏绿蒂号	鹏官	1252	373.7	2783	1950				
	沃尔默炮台号	仁官	1200	373.6	2782	1950				
	卡夫内尔斯号	章官	1200	363.6	2708	1950				
	泰晤士号	谦官	1200	363.2	2705	1950				
1800	阿尼斯顿号	潘启官	1200	356.7	2657	1950	载运毛织品（实售 2193411 两）、铅（实售 100561 两）、锡（实售 66729 两）、棉花 90764 担（实售 396422 两）、檀香木（实售 84468 两）、胡椒（实售 49087 两）、优质毛皮 27233 张、兔皮 49392 张 双桅帆船“夏绿蒂王后”号从安波那运香料（实售 24690 两）到黄埔	输入 513864 个银元和 70121 两银条，共重 530298 盎司（合银 440103 两）	运往伦敦货物价值约为 4282000 两。包括茶叶 223493 担、南京生丝 827 担、南京布 6615 匹	1800 年和 1801 年特选委员会成员为：霍尔（主席）、皮奇和多林文。 “休·英格利斯”号船长费尔法克斯（Capt.Fairfax）
	布伦斯威克号	茂官	1200	318.9	2375	1950				
	色列斯号	沛官	1200	341.4	2542	1950				
	韦尔斯利侯爵号	仁官	818	259.7	1934	1950				
	纳尔逊勋爵号（Lord Nelson）	鹏官	819	258.6	1938	1950				
	沃尔瑟姆斯托号（Walthamstow）	章官	820	267.3	2041	1950				
	圣文森特伯爵号(Eartof St. Vincent)	谦官	818	255.1	1908	1950				

1800	西里塞斯特号	昆水官	1200	366.2	2746	1950				
	恒河号	潘启官	1200	378.2	2831	1950				
	广州号	茂官	1198	326.8	2461	1950				
	卡伦号	鹏官	1072	275.6	2072	1950				
	休·英格利斯号（Hugh Inglis）	沛官	820	258.8	1978	1950				
	埃克塞特号	仁官	1200	339.7	2542	1950				
	海王星号	鹏官	1200	370.8	2762	1950				
	多塞特希尔号（Dorsetshire）	章官	1200	332.9	2506	1950				
	库茨号	谦官	1200	360.2	2697	1950				
	孟买炮台号	昆水官	1200	336.2	2518	1950				
	不列颠尼亚号	潘启官	770	206.9	1541	1950				
	夏绿蒂王后号				346	1950				
1801	嫩实兹号	潘启官		133	910	962	共载运毛织品（实售 2334227 两，包括羽纱 11872 匹实售 270706 两）、锡（实售 160862 两）、铅（实售 154358 两）、铁条（实售 11750 两）、棉花 38571 担（实售 169485 两）、檀香木（实售 103361 两）、香料（实售 43585 两）、优质毛皮 42650 张、兔皮 80364 张 “嫩实兹”号从东印度公司广州商馆运出 50000 元银元到加尔各答，未从黄埔载运进出口货物。 其余 25 艘船从黄埔载货回伦敦，其中“梅诺卡”号、“奈尔”号、“加拿大”号从新南威尔士到黄埔，并载货回伦敦	输入白银共计 136682 元，转运安波那 23668 元，因此白银净输入为 113014 元（合 81370 两）	运往伦敦货物价值 6073586 两，包括茶叶 221255 担、南京生丝 603 担、南京布 144700 担	“安吉利奎”号从安波那运香料（丁香，实售 60535 元）到黄埔。从黄埔运载茶叶、糖和南京布（28863 元）和白银（23668 元）返回安波那
	博达姆号	潘启官	1021	284.3	2117	1950				
	印度斯坦号	茂官	1248	371.2	2764	1950				
	卡纳蒂克号	沛官	1169	340.7	2538	1950				
	希望号	仁官	1200	380.9	2837	1950				
	海洋号	鹏官	1200	343.4	2586	1950				
	亨利·阿丁顿号	章官	1200	348.7	2597	1950				
	加德纳上将号（Adm.Gardner）	谦官	813	266.9	1988	1950				
	温德姆号	昆水官	820	262.4	1954	1950				
	邓肯勋爵号（Lord Duncan）	潘启官	830	265.6	1978	1950				
	诺丁汉号	茂官	1152	317.9	2368	1950				
	皇家海军上将号	仁官		260.2	1938	1950				
	伊丽莎白号	鹏官	600	208.5	1553	1950				
	阿尔比恩号	章官	961	265.8	1980	1950				
	阿伯加文尼伯爵号	谦官	1200	380.3	2832	1950				
	艾尔弗雷德号	昆水官	1189	335.6	2500	1950				

1801	沃利号	潘启官	1200	367.8	2740	1950				
	瞭望塔号	茂官	987	282	2100	1950				
	布克勒夫公爵号	沛官	1182	336.2	2504	1950				
	汤顿炮台号	仁官	1198	332.9	2479	1950				
	伍德福德号	鹏官	1180	321.8	2397	1950				
	安吉利奎号（Agelique）	茂官	约 100		676	1950				
	恒河号	仁官	1200	388	2890	1950				
	真布里顿号	章官	1198	346.4	2580	1950				
	梅诺卡号（Minoca）	谦官		140.7	962	1950				
	奈尔号（Nile）	昆水官		132	903	1950				
	加拿大号（Canada）	潘启官		146.9	1005	1950				
1802	斯科特号（David Scott）	潘启官	1200	346.4	2580	1950	共载运毛织品（实售 2733951 两）、锡（实售 70682 两）、铅（实售 237858 两）、洋红（西印度出产，从伦敦运来，实售 13989 两）、檀香木（实售 92538 两）、棉花 49287 担、优质毛皮 18518 张、兔皮 105750 张。其中“科罗曼德尔”号、“赫尔克里士”号（载运铅 20 吨、海豹皮 3620 张）、“柏耳修斯”号（海豹皮一批、象油 600 加仑、西洋杉 560 根）、“阿特拉斯”号（载运铅 30 吨）从新南威尔士到伦敦装货后经博特尼湾到达黄埔	各船均未载运东印度公司白银，但几乎每艘都载有属于私人所有的白银	运往伦敦货物价值 5988263 两。包括茶叶 201921 担、南京生丝 569 担、南京布 171500 匹	该年特选委员会成员为：多林文（主席）、皮奇和斯帕克斯
	色利斯号	茂官	1200	361.4	2692	1950				
	阿尼斯顿号	沛官	1200	366.3	2728	1950				
	布伦斯威克号	仁官	1200	326.9	2435	1950				
	皇家夏绿蒂号	鹏官	1252	374.3	2788	1950				
	格拉顿号	章官	1200	372.1	2772	1950				
	坚持号（Perseverance）	谦官	1200	358.4	2662	1950				
	阿尼克炮台号 (Alnwick Castle)	昆水官	1200	341.4	2543	1950				
	西里塞斯特号	潘启官	1200	364	2746	1950				
	科罗曼德尔号（Coromandel）	茂官		185.1	1379	1950				
	沃尔默炮台号	沛官	1200	370.4	2759	1950				
	泰晤士号	仁官	1200	373.7	2783	1950				
	伊利侯爵号	鹏官	1200	343.2	2556	1950				
	广州号	章官	1198	332.6	2506	1950				

1802	海王星号	谦官	1200	372.9	2777	1950				
	卡夫内尔斯号	昆水官	1200	353.5	2633	1950				
	赫尔克里士号（Hercules）	潘启官		144.6	989	1950				
	柏耳修斯号（Perseus）	茂官		138.9	971	1950				
	阿特拉斯号（Atlas）	沛官	547	151.7	1165	1950				
1803	阿特拉斯号	仁官	600	176.1	1312	1950	共载运毛织品（实售2800968两）、铅（实售101472两）、锡（实售80568两）、檀香木（实售54891两）、棉花69228担、优质毛皮45480张（包括海豹皮43980张）、兔皮25550张、燧石1334吨 “阿特拉斯”号、“罗拉”号从新南威尔士经博特尼湾到黄埔	输入白银498箱，重1737024盎司（合1437934两或1997131元）	运往伦敦货物价值6000000两。包括茶叶244664担、南京生丝965担、南京布150000匹	该年特选委员会成员为：多林文（主席）、兰斯(副主席）、皮奇和斯帕克斯。同时按照1796年起设立秘密委员会的做法，每年组织秘密委员会，进行会议和记录
	坎伯兰号（Cumberland）	潘启官	1200	331.4	2468	1950				
	沃伦·黑斯廷斯号	茂官	1200	331.3	2467	1950				
	亨利·阿丁顿号 (Henry Addington)	沛官	1200	339.7	2543	1950				
	阿伯加文尼伯爵号	仁官	1200	368.4	2744	1950				
	埃克塞特号	鹏官	1200	325.3	2423	1950				
	海洋号	章官	1200	332.3	2475	1950				
	希望号	谦官	1200	380.2	2831	1950				
	多塞特希尔号	昆水官	1200	328.9	2449	1950				
	恒河号	潘启官	1200	377.4	2811	1950				
	卡姆登伯爵号（Earl Camden）	茂官	1200	333	2480	1950				
	孟买炮台号	沛官	1200	308.1	2295	1950				
	库茨号	仁官	1200	350.1	2607	1950				
	皇家乔治号	鹏官	1200	329.3	2453	1950				
	艾尔弗雷德号	章官	1200	321.6	2396	1950				
	韦克斯福德号（Wexford）	谦官	1200	320.2	2385	1950				
	沃利号	昆水官	1200	353.2	2678	1950				
	罗拉号（Rolla）	潘启官	400	138	952	1950				

1804	伍德福德号（Woodford）	茂官	1180	291.5	2177	1950	共载运毛织品（实售 3460584 两）、铅（实售 176507 两）、锡（实售 139345 两）、救火机（实售 2514 两，行商委托购买）、胡椒 56052 两、棉花 59751 担、兔皮 101755 张 “科罗曼德尔”号、“试验”号、“海洋”号（建造吨位共约 1600 吨）从新南威尔士到黄埔	输入白银 830266 两	运往伦敦货物价值 6272874 两，包括茶叶 213800 担、南京生丝 600 担、南京布 190000 匹	该年特选委员会成员为：多林文（主席）、皮奇和斯帕克斯。 “格拉顿”号、“西里塞斯特”号、“温奇尔西”号注册吨位均为 1200 吨
	科罗曼德尔号	潘启官		159	1226	1950				
	泰晤士号	茂官	1200	343.6	2573	1950				
	沃尔默炮台号（Walmer Castle）	沛官	1200	347.3	2624	1950				
	广州号	鹏官	1198	298.3	2266	1950				
	温奇尔西号	章官	1265	327	2477	1950				
	伊利侯爵号 (Marquis of Ely)	谦官	1200	326.5	2439	1950				
	格拉顿号	昆水官	1432	337.1	2542	1950				
	西里塞斯特号	西成	1430	330.8	2535	1950				
	布伦斯威克号（Brunswick）	人和	1200	307.1	2303	1950				
	试验号	潘启官		181.5	1352	1950				
	海洋号	茂官		153.1	1047	1950				
	卡夫内尔斯号	沛官	1200	336.7	2545	1950				
	真布里顿号	鹏官	1198	306.5	2283	1950				
	坚持号	章官	1200	328.4	2446	1950				
	阿尼克炮台号	谦官	1200	320	2384	1950				
	海王星号	昆水官	1200	356	2652	1950				
	色列斯号	西成	1200	355.3	2577	1950				
	汤顿炮台号	人和	1198	305	2271	1950				
	皇家夏绿蒂号	潘启官	1252	360.2	2690	1950				
	阿尼斯顿号	茂官	1200	348.1	2593	1950				
1805	温德姆号	潘启官	820	241.1	1796	1950	毛织品（实售 2795550 两）、锡（实售 180830 两）、铅（实售 76233 两）、铁条（实售 2817 两）、印度产品（实售 153705 两，包括棉花 96102 担）、毛皮 860 张（不是海豹皮和兔皮）、檀香木、胡椒等。 “斯科比炮台”号、“苏拉特炮台”号属于本地租用，应向孟买运货委托人收取船钞	从伦敦运出银元 215 箱重 749768 盎司，经马德拉斯时，被大总督康沃利斯勋爵全部提取，未能运到黄埔	运往伦敦货物价值 5197342 两，包括茶叶 179040 担、南京生丝 158 担、南京布 298500 匹。 茶叶总重量 23750000 磅，其中 1250000 磅属于私人贸易，其余属于公司贸易	该年特选委员会成员为：多林文（主席）、帕特尔（Thomas Charles Pattle）、剌佛（J.W.Roberts）
	海洋号	茂官	1200	333.2	2482	1950				
	豪伯爵号	沛官	876	235.2	1754	1950				
	埃克塞特号	鹏官	1200	314.9	2346	1950				
	阿丁顿号	章官	1200	322.3	2401	1950				
	库茨号	谦官	1200	338	2518	1950				
	皇家乔治号	昆水官	1200	330.5	2461	1950				
	坎伯兰号	西成	1200	324	2413	1950				

1805	孟买炮台号	人和	1200	308.2	2295	1950				
	希望号	潘启官	1200	360.8	2687	1950				
	韦克斯福德号	茂官	1200	324.8	2419	1950				
	沃利号	沛官	1200	367.5	2737	1950				
	恒河号	鹏官	1200	367	2734	1950				
	沃伦·黑斯廷斯号	章官	1200	324.2	2415	1950				
	多塞特希尔号	谦官	1200	313.6	2336					
	斯科比炮台号		1200							
	苏拉特炮台号		1139							
1806	威廉·皮特号（William Pitt）	潘启官	650	200.2	1491	1950	载运毛织品（实售 3215678 两，包括宽幅绒 9560 匹、长厄尔绒 252350 匹、上等长厄尔绒 8040 匹、凸花长厄尔绒 600 匹、羽纱 22000 匹、骑士绒 440 匹、华丽绒 2140 匹）、铅（实售 108057 两）、锡（实售 94167 两）、棉花 92986 担（实售 412971 两）、檀香木（实售 93289 两）、胡椒（实售 87198 两）、香料（实售 27210 两）、米 38000 担、海豹皮 14940 张、其它优质毛皮 8043 张、兔皮 54000 张 “威廉皮特”号、“辛克莱夫人”号从新南威尔士到达黄埔。 “威廉要塞”号本地租用，以代替被法国俘虏的“沃伦·黑斯廷斯”号	从伦敦指定运往黄埔的白银共计 505298 元，但在途经槟榔屿时全部提取运送加尔各答，未能运到黄埔。	运往伦敦货物价值 5473406 两，包括茶叶 183364 两、南京生丝 671 两、南京布 210000 匹。 茶叶总重量 28142023 磅，其中 1749315 磅属于私人贸易，其余属于公司贸易	该年特选委员会成员为：多林文（主席）、帕特尔、刺佛
	阿尼克炮台号	茂官	1200	320.4	2386	1950				
	斯科特号	沛官	1200	331.3	2467	1950				
	埃塞克斯号	鹏官	1200	329.8	2456	1950				
	温奇尔西号	章官	1200	326.2	2429	1950				
	益花臣号	谦官	1200	322.1	2399	1950				
	沃尔默炮台号	昆水官	1200	355	2644	1950				
	色列斯号	西成	1200	343.7	2560	1950				
	辛克莱夫人号（Lady Madelina Sinciair）	人和	600	186.4	1388	1950				
	伊利侯爵号	潘启官	1200	325.2	2422	1950				
	海王星号	茂官	1200	353.6	2634	1950				
	西里塞斯特号	沛官	1200	343.4	2558	1950				
	皇家夏绿蒂号	鹏官	1252	353.3	2631	1950				
	泰晤士号	章官	1200	346.3	2580	1950				
	格拉顿号	谦官	1200	.55.7	2603	1950				
	阿尼斯顿号	昆水官	1200	351.9	2621	1950				
	坚持号	西成	1200	346.5	2582	1950				
	阿尔比恩号	人和	950	244.8	1823	1950				
	威廉要塞号	潘启官和昆水官联保	1165	305.4	2274	1950				

1807	退却号（Retreat）	茂官	505	212.2	1581	1950	载运毛织品（实售 2888632 两）、锡（实售 145259 两）、铅（实售 117449 两）、棉花 93327 担（实售 422983 两）、萌菇莲胡椒（实售 92868 两）、香料（实售 27161 两）、檀香木（实售 112800 两）、兔皮 20150 张、其它优质毛皮 1136 张（不含海豹皮） “不列颠尼亚”号属东印度公司所有	无白银输入，运出 3377070 元白银（合 2431490 两）至加尔各答	运往伦敦货物价值 3807863 两，包括茶叶 138368 担、南京生丝 701 担、南京布 200000 匹。茶叶总重量 20102525 磅，其中 1653358 磅属于私人贸易，其余属于公司贸易	该年特选委员会成员为：剌佛（主席）、帕特尔、布拉姆斯顿（William Bramston）、益花臣（John Eullarton Elphinstone）、巴林（William Baring）
	诺丁汉号	沛官	1152	292.9	2182	1950				
	坎伯兰号	鹏官	1200	324.9	2420	1950				
	阿丁顿号	章官	1200	324.2	2415	1950				
	真布里顿号	谦官	1210	307.8	2293	1950				
	卡夫内尔斯号	昆水官	1200	341	2540	1950				
	斯科比炮台号	西成	1242	309.7	2307	1950				
	不列颠尼亚号	人和	1273	328.4	2446	1950				
	希望号	鹏年官	1200	360.5	2685	1950				
	库茨号	黎官	1200	341.4	2542	1950				
	汤顿炮台号	茂官	1198	309.1	2302	1950				
	卡姆登伯爵号	沛官	1200	328.5	2447	1950				
	伍德福德号	鹏官	1180	305.9	2278	1950				
	艾尔弗雷德号	章官	1198	307.2	2288	1950				
1808	苏拉特炮台号	谦官	1140	271.1	2019	1950	毛织品（实售 3572927 两）、锡（实售 186603 两）、铅（实售 163931 两）、棉花 127179 担（实售 634126 两）、檀香木（实售 107055 两）、胡椒（实售 46678 两）、狐皮 400 张、兔皮 7000 张。 “格伦维尔”号船属东印度公司所有	无白银输入，运出 1870000 元白银（合 1342660 两）至孟加拉	运往伦敦货物价值 4017258 两，包括茶叶 152313 担、南京生丝 618 担、南京布 200000 匹	该年特选委员会成员同上一年
	沃利号	茂官	1200	351	2615	1950				
	皇家乔治号	沛官	1200	336.9	2509	1950				
	格伦维尔号	鹏官	800	237.2	1766	1950				
	埃塞克斯号	章官	1200	330.8	2464	1950				
	益花臣号	谦官	1200	327.2	2441	1950				
	温奇尔西号	昆水官	1200	331.7	2471	1950				
	多赛特希尔号	西成	1200	316.8	2360	1950				
	色列斯号	人和	1200	343	2555	1950				
	埃克塞特号	鹏年官	1200	319.5	2379	1950				
	海洋号	黎官	1200	335.5	2499	1950				
	斯科特号	茂官	1200	333.2	2482	1950				
	阿尼克炮台号	沛官	1200	318.8	2374	1950				
	广州号	鹏官	1200	302.3	2252	1950				
	沃尔默炮台号	章官	1200	351	2690	1950				

1809	诺丁汉号	沛官	1200	302.2	2251	1950	载运毛织品（实售 2843739 两，包括特级绒布 10734 匹 414184 两、上等绒布 3551 匹售 94545 两、下等绒布 1647 匹售 45342 两、长厄尔绒 219298 匹售 1644735 两、上等长厄尔绒 7878 匹 74841 两、凸花长厄尔绒 560 匹 6160 两、羽纱 21754 匹售 495435 两、华丽呢 3552 匹售 63925 两、骑士呢 40 匹售 432 两、双色呢 12 匹成本 1722 两莫斯科呢和土耳其单面呢售 2418 两）、锡（实售 208271 两）、铅（实售 146127 两）、棉花 51547 担（实售 234194 两）、胡椒（实售 39929 两）、檀香木 9342 担（实售 118611 两）、海豹皮 3280 张、兔皮 8300 张、其它上等毛皮 6680 张。 “双色呢”是行商集体购买，用于贿送粤海关监督。 “卡夫内尔斯”号经检查，不宜载货回伦敦。 “沃伦·黑斯廷斯”号往返孟买至黄埔	无白银输入，运出 95656 元白银至孟加拉，运出 1450129 元至马德拉斯，运出 18733 元至槟榔屿。共计运出 1564518 元（合 1126553 两）	运往伦敦货物价值 3809824 两，运往圣海伦娜岛货物价值 14325 两，运往好望角（开普敦）货物价值 64018 两。出口货物包括茶叶 185258 担、南京生丝 413 担、南京布 120000 匹	该年特选委员会成员为：剌佛（主席）、帕特尔、布拉姆斯顿和益花臣
	泰晤士号	鹏官	1200	362.9	2708	1950				
	坎伯兰号	章官	1200	334.8	2494	1950				
	坚持号	谦官	1200	331.8	2543	1950				
	阿尔比恩号	昆水官	961	247.1	1840	1950				
	伊利侯爵号	西成	1200	337.4	2513	1950				
	皇家夏绿蒂号	人和	1252	368.5	2744	1950				
	海王星号	鹏年官	1200	364.6	2716	1950				
	格拉顿号	黎官	1200	362.9	2703	1950				
	斯科比炮台号	沛官	1200	319.3	2378	1950				
	库茨号	鹏官	1200	353.5	2633	1950				
	埃梅莉亚公主号	章官	1200	337.9	2517	1950				
	卡夫内尔斯号	昆水官	1200	335.3	2497	1950				
	沃伦·黑斯廷斯号	西成	1200	277.1	2064	1950				
1810	卡夫内尔斯号	沛官	1200	343.7	2560	1950	英国产品（实售不少于 3200000 两）、棉花 107039 担（实售 555636 两）、檀香木（实售 89861 两）、上等毛皮 4440 张、兔皮 46850 张。 “加拿大”号从新南威尔士至黄埔。 “海洋”号 1810 年 1 月 21 日从朴茨茅斯起碇，9 月 5 日在中国海沉没	无白银输入，从黄埔运往伦敦 1402461 元	运往伦敦货物价值 4196857 两，运往圣海伦娜岛货物价值 1627 两，运往好望角货物价值 84332 两。 包括茶叶 203723 担、南京生丝 715 担、南京布 269200 匹。 上述货物属于东印度公司的茶叶 147831 担、南京生丝 614 担、南京布 121000 匹，其余属于私人贸易	该年特选委员会成员同上一年
	艾尔弗雷德号	章官	1198	316.5	2358	1950				
	韦克斯福德号	昆水官	1200	330.4	2461	1950				
	阿尼斯顿号	西成	1200	378.6	2664	1950				
	伍德福德号	人和	1180	310.4	2312	1950				
	温奇尔西号	鹏年官	1200	341.8	2546	1950				
	益花臣号	鳌官（黎官）	1200	352.8	2628	1950				
	西里塞斯特号	鹏年官	1200	349.5	2603	1950				
	斯科特号	黎官	1200	342.5	2551	1950				
	孟买号		1200							
	皇家乔治号		1200							
	广州号		1200							
	阿尼克炮台号		1200							
	苏拉特炮台号		1140							
	加拿大号		约 600	133.3	912	1950				
	海洋号		1200							

1811	埃塞克斯号		1200	338.1	2518	1950	英国产品（实售 2751554 两，其中锡 7786 两、铜 2839 两、铁条 11353 两、红铅 908 两）、棉花 139440 担（实售 736064 两）、檀香木（实售 28293 两，从斐济运来 3521 担、从印度运来 4067 担、）、胡椒（实售 28213 两）、海豹皮 1400 张、兔皮 5690 张 “英格利斯”号和“巴尔卡拉斯伯爵”号为本地租用，船主缴纳船钞。“天佑”号从新南威尔士来	无白银输入，从黄埔运往伦敦 1158685 元	出口货物价值 5000000 两，包括茶叶 256361 担、南京生丝 763 担、丝织品 56 担、南京布 295200 匹	该年特选委员会成员为：波郎（主席）、益花臣和帕里
	坎伯兰号		1200	338	2518	1950				
	阿丁顿号		1200	333.2	2482	1950				
	劳瑟炮台号		1200	369.5	2752	1950				
	伊利侯爵号		1200	324.4	2489	1950				
	坚持号		1200	346.5	2581	1950				
	沃伦·黑斯廷斯号		1200	340	2533	1950				
	沃利号		1200	360.9	2688	1950				
	格兰特号		1200	366.6	2283	1950				
	色列斯号		1200	360.1	2682	1950				
	英格利斯号（Inglis）		1200		2523	1950				
	巴尔卡拉斯伯爵号（Earl Balcarras）		1200		2595	1950				
	天佑号	沛官	700	210	1564	1950				
	沃尔默炮台号	昆水官	1200	374.2	2787	1950				
	希望号	西成	1200	375.2	2795	1950				
	汤顿炮台号	人和	1198	320.5	2387	1950				
	埃梅莉亚公主号	鹏年官	1200	329.6	2455	1950				
	多塞特希尔号	鳌官	1200	313.8	2337	1950				
	斯科比炮台号	经官	1200	318.2	2299	1950				
1812	卡斯尔雷勋爵号(Lord Castlereagh)	经官	812	248	1847	1950	载运毛织品（实售 2521470 两）、铅（实售 90695 两）、锡（实售 87699 两）、铁（实售 22242 两）、印花棉布（实售 10800 两）、棉花 144881 担（实售 1161046 两）、檀香木 5559 担（实售 43734 两）、胡椒（实售 27786 两）、海豹皮 1372 张、其它上等毛皮 13500 张、兔皮 84300 张试销印花棉布，没有销路。原因是花样不符合市场需求，质量也不值得推荐 “卡斯尔雷勋爵”号、“沃伦·黑斯廷斯”号从孟加拉往返黄埔，“格雷厄姆将军”号空船从新南威尔士到黄埔，载货返回伦敦。其余船只均从伦敦往返黄埔。“威廉要塞”号出租运来棉花，由货主付税	2 艘东印度公司船只运入 65000 元，但不在公司账目上，属私人贸易	运往伦敦货物价值 6425608 两，包括茶叶 274175 担（其中 211737 担属公司贸易）、广东生丝 60 担、南京生丝 1197 担（其中 1100 担属公司贸易）、丝织品 22 担、南京布 196400 匹。各船指挥或船主可从广州运酒四桶回伦敦	该年特选委员会成员为：益花臣（主席）、刺佛、帕特尔和帕里
	沃伦·黑斯廷斯号	经官	1200	285.4	2126	1950				
	格雷厄姆将军号(General Graham)		430	165.1	1230	1950				
	甘比尔上将号(Admiral Gambier)		501	155.4	1157	1950				
	威廉要塞号		1165							
	库茨号	茂官	1200	344.3	2565	1950				
	卡巴尔瓦号（Cabalva）	沛官	1200	336.2	2504	1950				
	阿尼斯顿号	昆水官	1200	354	2636	1950				
	韦克斯福德号	西成	1200	324	2413	1950				

1812	孟买号	人和	1200	318.7	2374	1950				
	阿尼克炮台号	鹏年官	1200	330.2	2460	1950				
	亨特利侯爵号 (Marquis of Huntly)	鳌官	1200	341.7	2545	1950				
	格拉顿号	经官	1200	357	2659	1950				
	益花臣号	发官	1200	320.9	2390	1950				
	皇家夏绿蒂号	茂官	1252	268.8	2747	1950				
	海王星号	沛官	1200	357.7	2664	1950				
	西里塞斯特号	昆水官	1200	349	2600	1950				
	卡夫内尔斯号	西成	1200	354.6	2641	1950				
	苏拉特炮台号	人和	1140	284.3	2117	1950				
	温奇尔西号	鹏年官	1200	342.5	2551	1950				
	泰晤士号	鳌官	1200	352.1	2622	1950				
	斯科特号	经官	1200	339.5	2529	1950				
	皇家乔治号	发官	1200	328.3	2445	1950				
1813	不屈号		600	171.1	1275	1950	毛织品（实售 2827959 两）、厚块锡（实售 176154 两）、粒状锡（实售 1277 两）、铅（实售 10584 两）、铁（实售 60484 两）、白铅（实售 193 两）、印花棉布（实售 8700 两）、棉花 132815 担（实售 977584 两）、檀香木 15108 担（实售 107829 两）、胡椒（实售 26880 两）、巴达维亚委托代售货物（实售 174029 两）、海狸皮 14668 张、兔皮 10000 张 “印度人”号从巴达维亚到黄埔，回航加尔各答。“查尔斯大公”号空船从新南威尔士到黄埔	无白银进出口	运往伦敦货物价值 5578056 两，运往圣海伦娜岛货物价值 21731 两，运往好望角货物价值 41601 两。 包括茶叶 238774 担、生丝 1192 担、丝织品 144 担、南京布 460000。其中东印度公司投资包括茶叶 184263 担、生丝 1051 担、南京布 183000 匹，其余属于私人贸易	该年特选委员会成员为：益花臣（主席）、剌佛、帕特尔。11 月 12 日，剌佛去世，由布拉姆斯顿递升，补足委员会人数
	沃尔默炮台号	浩官	1200	359.1	2675	1950				
	卡姆登侯爵号	茂官	1200	339.8	2531	1950				
	劳瑟炮台号 (Lowther Castle)	章官	1200	360.2	2682	1950				
	坎伯兰号	昆水官	1200	325.9	2427	1950				
	哈里斯将军号 (General Harrus)	西成	1200	350	2607	1950				
	坚持号	人和	1200	336	2503	1950				
	希望号	鹏年官	1200	377.3	2810	1950				
	色列斯号	鳌官	1200	352.5	2625	1950				
	伊利侯爵号	经官	1200	339.7	2530	1950				
	格兰特号（Charles Grant）	发官	1200	304.6	2269	1950				
	英格利斯号	浩官	1200	339.2	2526	1950				
	印度人号（Indian）	茂官	600	183.1	1364	1950				
	赫里福德希尔号（Herefordshire）	经官	1200	325.4	2423	1950				
	埃塞克斯号	茂官	1200	328.8	2449	1950				

	阿特拉斯号	章官	1200	332.6	2478	1950				
	沃利号	昆水官	1200	349.4	2602	1950				
	埃梅莉亚公主号	西成	1200	326.4	2431	1950				
	桥水号	人和	1200	326.9	2435	1950				
	查尔斯大公号 (Archduke Charles)	鹏年官	600	180.6	1345	1950				
1814	韦克斯福德号	沛官	1200	323.5	2409	1950	载运毛织品（实售 2608093 两）、铅（实售 18899 两）、锡（实售 124660 两）、铁条（实售 62384 两）、棉花 91177 担（实售 705400 两）、檀香木 7162 担（实售 60696 两）、邦加锡（实售 60401 两）、燕窝（实售 58842 两）、苏门答腊大米（实售 6606 两）、蓝靛（实售 675 两）、海豹皮 4639 张、其它优质毛皮 41486 张 “斯潘塞伯爵”号、“托德”号、“萨里”号从新南威尔士驶来黄埔。 “剑桥”号为本地租用	无白银进出口	运往伦敦货物价值 5899545 两，运往圣海伦娜岛货物价值 28537 两，运往好望角货物价值 3507 两。 出口货物茶叶 249199 担、生丝 1680 担、丝织品 239 担、南京布 5875 两。其中东印度公司货物包括茶叶 196340 担、生丝 1568 担、南京布 242700 匹，其余属于私人贸易	该年特选委员会成员为：益花臣（主席）、帕特尔和托马斯·斯当东爵士
	格伦维尔号	茂官	886	239.7	1785	1950				
	多塞特希尔号	章官	1200	320.9	2390	1950				
	益花臣号	昆水官	1200	360.2	2683	1950				
	阿丁顿号	西成	1200	333.9	2487	1950				
	孟买号	人和	1200	309.4	2305	1950				
	卡巴尔瓦号	鹏年官	1200	333.7	2485	1950				
	海王星号	鳌官	1200	360.4	2685	1950				
	梅尔维尔夫人号	经官	1200	333	2480	1950				
	亨特利炮台号 (Castle Huntly)	沛官	1200	328.8	2449	1950				
	苏拉特炮台号	茂官	1140	283.7	2113	1950				
	格拉顿号	章官	1200	348.5	2596	1950				
	温奇尔西号	昆水官	1200	333.2	2482	1950				
	皇家夏绿蒂号	西成	1252	369.4	2755	1950				
	泰晤士号	人和	1200	352	2622	1950				
	斯潘塞伯爵号	沛官		202.9	1511	1950				
	托德号 (Isaac Todd)	鳌官		121.1	580	1950				
	萨里号（Surly）	经官		168.2	1253	1950				
	斯科比炮台号	发官	1200	328.3	2445	1950				
	剑桥号		768							

1815	威灵顿侯爵号 (Marquis of Wellington)		约 600	178.6	1330	1950	载运毛织品（实售 1957900 两）、铅（实售 68802 两）、锡（实售 91989 两）、铁（实售 26082 两）、棉花 126711 担（实售 1529464 两）、檀香木 12430 担（实售 39421 两）、燕窝（实售 1256 两）、海豹皮 4214 张、其它毛皮 24896 张。 “弗洛拉夫人”号在加尔各答租用，“威灵顿侯爵”号和“北安普敦”号从新南威尔士驶来黄埔	输入白银 1520400 元（合 1094688 两）。包括从伦敦运来 1020400 元、从加尔各答运来 500000 元	运往伦敦货物价值 6694108 两，运往圣海伦娜岛货物价值 27741 两，运往好望角货物价值 29446 两。 包括茶叶 303874 担、生丝 282 担、丝织品 23 担、南京布 2495 匹。其中东印度公司货物有茶叶 237528 担、生丝 282 担、南京布 2047 匹，其余属于私人贸易	该年特选委员会成员同上一年
	卡夫内尔斯号	沛官	1200	336	2502	1950				
	皇家乔治号	茂官	1200	328.4	2446	1950				
	沃利号	潘启官	1200	260.5	2685	1950				
	沃尔默炮台号	章官	1200	370.3	2758	1950				
	埃梅莉亚公主号	昆水官	1200	327.3	2438	1950				
	希望号	西成	1200	347.9	2591	1950				
	埃塞克斯号	人和	1200	335.8	2501	1950				
	斯科特号	鹏年官	1200	330.6	2462	1950				
	格兰特号	鳌官	1200	314.9	2345	1950				
	英格利斯号	经官	1200	336.9	2509	1950				
	沃伦·黑斯廷斯号	发官	1200	310.9	2316	1950				
	卡姆登侯爵号	沛官	1200	343.7	2560	1950				
	范西塔特号	茂官	1200	332.2	2474	1950				
	阿尼克炮台号	潘启官	1200	322.9	2405	1950				
	色列斯号	章官	1200	352.4	2624	1950				
	哈里斯将军号	昆水官	1200	333.7	2486	1950				
	劳瑟炮台号	西成	1200	366	2726	1950				
	桥水号	人和	1200	334.1	2489	1950				
	阿特拉斯号	鹏年官	1200	333.4	2483	1950				
	赫里福德希尔号	鳌官	1200	358.2	2668	1950				
	基德将军号（General Kyd）	经官	1200	336.4	2505	1950				
	弗洛拉夫人号（Lady Flora）		750							
	北安普敦号		约 600							

1816	格伦维尔号 (Thomas Grenville)	浩官	886	233	1735	1950	载运毛织品（实售 2323375 两）、锡（实售 67400 两）、铅（实售 92290 两）、铁（实售 37280 两）、棉花 130163 担（实售 1007984 两） 斯科比炮台”号属东印度公司所有。“益花臣”号在黄埔口岸内焚毁。“曙光女神”号为本地租用	输入白银 2561103 两	运往伦敦货物价值 6361625 两，运往圣海伦娜岛货物价值 29798 两，运往好望角货物价值 34725 两。 包括茶叶 274914 担、生丝 659 担、丝织品 332 担、南京布 2804 匹。 其中东印度公司货物有茶叶 220154 担、生丝 506 担、南京布 227000 匹，其余属于私人贸易	该年特选委员会成员为：托马斯·斯当东（主席）、梅特卡夫、科顿和咸臣
	白金汉希尔号 (uckinghamshire)	茂官	1200	326.3	2430	1950				
	卡巴尔瓦号	潘启官	1200	337.2	2461	1950				
	亨特利侯爵号	章官	1200	331.7	2470	1950				
	巴尔卡拉斯伯爵号	人和	1200	330	2458	1950				
	梅尔维尔夫人号	昆水官	1200	333.2	2482	1950				
	埃克塞特侯爵夫人号（Marchioness of Exeter）	浩官	820	239.6	1785	1950				
	休·英格利斯号	茂官	821	269.7	2009	1950				
	温德姆号	章官	823	253.8	1890	1950				
	亨特利炮台号	鳌官	1200	334.4	2493	1950				
	科尔德斯特里姆号（Coldstream）	潘启官	693	215.4	1605	1950				
	康沃尔号	西成	798	229.9	1712	1950				
	莱因多什勋爵号 (Lord Lynedoch)	鹏年官	589	205.5	1531	1950				
	坎伯兰号	经官	1200	334.4	2490	1950				
	苏拉特炮台号	发官	1140	281.8	2099	1950				
	休伊特将军号 (General Hewitt)	浩官	894	238.8	1779	1950				
	剑桥号	昆水官	768	229.7	1711	1950				
	卡斯尔雷夫人号	西成	821	249.4	1858	1950				
	伊利侯爵号	人和	1200	334.3	2490	1950				
	摄政号	鹏年官	915	243.6	1814	1950				
	斯科比炮台号	鳌官	1200	304	2264	1950				
	威廉要塞号	经官	1135	307.6	2291	1950				
	巴克沃思号 (Barkworth)	发官	505	182.7	1363	1950				
	天佑号	浩官	649	208.2	1550	1950				
	君主号 (Sovereign)		617	190.6	1426	1950				
	韦克斯福德号	章官	1200	331.8	2497	1950				
	益花臣号		1200							
	曙光女神号 (Aurora)		573							

1817	埃梅莉亚公主号 (Princess Amelia)	昆水官	1200	326.7	2434	1950	载运毛织品（实售 3127475 元）、五金（实售 260015 元）、棉花（实售 1629550 元）、檀香木（实售 28100 元） “埃梅莉亚公主”号为 1816 年到达黄埔，但该年货物未售出，1817 年货物售出，因此列入 1817 年统计。“卡梅登侯爵”号被雷击焚毁 “滑铁卢”号属东印度公司所有	无白银输入，从黄埔运往孟加拉白银 2000000 元	出口货物价值 4601124 两。包括茶叶 160692 担、生丝 417 担、南京布 210000 匹等	该年特选委员会成员为：梅特卡夫（主席）、科顿、咸臣和莫洛尼
	多塞特希尔号	浩官	1200	310.8	2364	1950				
	皇家乔治号	茂官	1200	332.6	2478	1950				
	卡梅登侯爵号（Marquis of Camden）	潘启官	1200	347.8	2590	1950				
	滑铁卢号	章官	1200	342.3	2550	1950				
	温奇尔西号	昆水官	1200	335.8	2458	1950				
	孟买号	西成	1200	323.4	2408	1950				
	英格利斯号	人和	1200	341.3	2542	1950				
	格兰特号	鹏年官	1200	315.6	2350	1950				
	赫里福德希尔号	鳌官	1200	328	2443	1950				
	劳瑟炮台号	经官	1200	364.3	2713	1950				
	范西塔特号	发官	1200	355.1	2645	1950				
	桥水号	浩官	1200	333.8	2486	1950				
	阿特拉斯号	茂官	1200	333.5	2484	1950				
	基德将军号	潘启官	1200	335.5	2499	1950				
	哈里斯将军号	章官	1200	336.2	2504	1950				
1818	奥韦尔号（Orwell）巴尔	浩官	1200	340.1	2573	1950	载运毛织品（实售 1942024 两）、五金（实售 62168 两）、从槟榔屿运来毛织品（实售 6473 两）、洋红（实售 25272 两）、从孟买运来棉花（实售 732075 两）、从孟加拉运来棉花(实售 164233 两)、从马德拉斯运来棉花(实售 73957 两）、从马德拉斯运来檀香木（实售 114194 两） “斯科比”号、“伦敦”号船属东印度公司所有。“卡巴尔瓦”号 7 月 7 日在毛里求斯附近海域沉没，船长及 15 名船员殉难	无白银输入，从黄埔运往加尔各答白银 400000 元（合 288000 两）	运往伦敦货物价值 4089847 两，运往圣海伦娜岛货物价值 38161 两，运往好望角货物价值 23506 两。 包括茶叶 158141 担、生丝 360 担、南京布 191700 匹等	该年特选委员会成员为：梅特卡夫（主席）、科顿、咸臣和莫洛尼。莫洛尼离职时，由罗巴兹继任
	卡拉斯伯爵号	茂官	1200	343.9	2596	1950				
	白金汉希尔号	潘启官	1200	330.3	2493	1950				
	斯科比号	章官	1200	316.8	2362	1950				
	亨特利侯爵号	昆水官	1200	330.7	2508	1950				
	托马斯·库茨号 (Thomas Courts)	西成	1200	336.2	2517	1950				
	约克公爵号	人和	1200	336.4	2530	1950				
	坎宁号 (George Camning)	鹏年官	1200	327.4	2509	1950				
	梅尔维尔夫人号	鳌官	1200	327.2	2495	1950				
	伦敦号	经官	1200	330.7	2522	1950				
	埃梅莉亚公主号	发官	1200	326.8	2460	1950				
	坚持号	浩官	1200	336.3	2526	1950				

1818	摄政号	茂官	875	232.7	1733	1950				
	亨特利炮台号	潘启官	1200	323.7	2411	1950				
	杜尼拉号（Dunira）	章官	1200	341.4	2543	1950				
	莫法特号	昆水官	825	224.1	1669	1950				
	卡巴尔瓦号		1200							
1819	阿波罗号（Apollo）	浩官	652	209.4	1560	1950	载运毛织品和五金共售 1736650 两、棉花 95772 担（实售 1122628 两）、檀香木（实售 57802 两）、胡椒（实售 55193 两） “阿波罗”号、“马蒂尔达”号、“哈里斯将军”号从伦敦驶到黄埔；“劳瑟炮台”号、“范西塔特”号、“孟买”号、“赫里福德希尔”号从孟买驶到黄埔；“滑铁卢”号、“阿特拉斯”号、“斯特雷特姆”号从加尔各答驶到黄埔；“基德将军”号从马德拉斯驶到黄埔；“桥水”号、“拉金斯”号、“伊利侯爵”号从圣海伦娜岛空船驶到黄埔；“威廉皮特”号从萌菇莲驶到黄埔，运来胡椒。所有船只载货回伦敦。 “滑铁卢”号属东印度公司所有	无白银进出口	运往伦敦货物总价值 5727459 两，运往圣海伦娜岛货物价值 42310 两，运往好望角货物价值 16455 两。 包括茶叶 213883 担、生丝 836 担、南京布 203700 匹	该年特选委员会成员为：梅特卡夫（主席）、咸臣和图恩
	康沃尔号	茂官	798	240.5	1768	1950				
	卡斯尔雷勋爵号	潘启官	812	247.1	1840	1950				
	凯利炮台号 (Kellie Castle)	章官	1418	351.6	2618	1950				
	劳瑟炮台号	昆水官	1454	362.6	1706	1950				
	格兰特号	西成	1252	314.6	2343	1950				
	埃塞克斯号	人和	1400	348.9	2598	1950				
	马蒂尔达号 (Matilda)	鹏年官	774	210.8	1570	1950				
	范西塔特号	鳌官	1311	341.8	2546	1950				
	卡姆登侯爵号	经官	1285	342.7	2552	1950				
	英格利斯号	发官	1321	351	2614	1950				
	滑铁卢号 (Waterloo)	浩官	1403	334.3	2564	1950				
	基德将军号	茂官	1318	330.6	2465	1950				
	温莎号	潘启官	1358	346	2577	1950				
	哈里斯将军号	章官	1373	342	2547	1950				
	沃伦·黑斯廷斯号	昆水官	1356	342	2547	1950				
	桥水号	西成	1294	332.6	2477	1950				
	阿特拉斯号	人和	1359	329	2450	1950				
	拉金斯号 (Larkins)	鹏年官	750	205.2	1529	1950				
	威廉皮特号	鳌官	800	251.7	1875	1950				
	斯特雷特姆号（Streatham）	经官	850	254.1	1893	1950				
	伊利侯爵号	发官	1367	331.6	2470	1950				
	孟买号	浩官	1279	313.9	2338	1950				
	赫里福德希尔号	茂官	1295	337	2510	1950				

1820	巴尔卡拉斯伯爵号	沛官	1200	363.8	2724	1950	载运毛织品（实售2261969两）、棉花84627担（实售1024589两）、铁（实售34585两）、铅（实售68680两）、檀香木（实售128389两）、胡椒（实售65542两） 7艘从伦敦运来毛织品、4艘从马德拉斯运来棉花和檀香木，6艘从孟加拉运来棉花，1艘从萌菇莲运来胡椒。 5艘从孟买驶来的船只没有装载公司货物。该年孟买棉花歉收 “斯科比炮台”号、“伦敦”号、“坎宁”号属东印度公司所有	输入白银2754085元，合1982941两（从印度运来1212800元、从伦敦运来1541285元）	运往伦敦货物价值6038679两，运往圣海伦娜岛和好望角货物价值80000两。 包括茶叶214095担、生丝832担、南京布202000匹	该年特选委员会成员为：咸臣（主席）、弗雷泽和博赞克特
	泰晤士号	茂官	1200	343.9	2625	1950				
	休伊特将军号	潘启官	1000	267.9	2053	1950				
	奥韦尔号	章官	1200	343.7	2606	1950				
	斯科比炮台号	昆水官	1200	304.6	2312	1950				
	埃梅莉亚公主号	西成	1200	317.8	2437	1950				
	坎贝尔夫人号 (Lady Campbell)	人和	700	197.3	1486	1950				
	伊利侯爵夫人号	鹏年官	1200	280	2085	1950				
	沃伦·黑斯廷斯号	鳌官	1200	281.7	2102	1950				
	库茨号	经官	1200	340	2564	1950				
	亨特利炮台号	发官	1200	316.9	2364	1950				
	摄政王号（Prince Regent）	沛官	1000	267.5	2051	1950				
	亚细亚号	茂官	1000	279.4	2105	1950				
	白金汉希尔号	潘启官	1200	330.6	2513	1950				
	约克公爵号	章官	1200	336.5	2539	1950				
	阿斯特尔号 (Astell)	昆水官	800	235.6	1799	1950				
	伦敦号	西成	1200	326.8	2451	1950				
	坎宁号	人和	1200	343.2	2569	1950				
	多塞特希尔号	鹏年官	1200	297.6	2217	1950				
	温奇尔西号	鳌官	1200	339.6	2536	1950				
	杜尼拉号	经官	1200	315.9	2353	1950				
	亨特利侯爵号	发官	1200	312.8	2330	1950				
	梅尔维尔夫人号	沛官	1200	306.2	2281	1950				
1821	赫里福德希号	经官	1295	325.4	2423	1950	毛织品（实售1928507两）、棉织品（实售9807两）、铅（实售40000两）、锡（实售31145两）、铁（实售47885两）、从伦敦运来孟加拉棉花（实售233298两）、从印度运来孟加拉棉花（实售337208两）、孟买棉花（实售684910两）、马德拉斯棉花（实售110226两）、胡椒（实售73890两）、樟脑（实售13455两） “滑铁卢”号、“斯科比炮台”号属于东印度公司所有	无白银进出口	运往伦敦货物总价值5588974两，运往圣海伦娜岛货物价值8277两，运往好望角货物价值54857两。 包括茶叶208192担、	该年特选委员会成员为：咸臣（主席）、莫洛尼、罗巴兹和弗雷泽。 “英格利斯”号于11月28日离开黄埔，12月11日在邦加海峡的卢西帕拉沙滩（Lucepara Shoal）搁浅，船上大炮、茶叶（成本75000两）被抛到海里
	英格利斯号	茂官	1321	322.6	2403	1950				
	皇家乔治号	章官	1350	334.7	2493	1950				
	海斯号（Hythe）	西成	1350	335.6	2500	1950				
	米纳瓦号	昆水官	1200	276.9	2062	1950				
	孟买号	人和	1279	282.4	2103	1950				

1821	温莎号	鹏年官	1358	335.3	2497	1950			南京生丝 802 担、南京布 147000 匹。其中茶叶 15094 属私人贸易	
	法考尔森号	鳌官	1362	332	2472	1950				
	击溃号（Repulse）	发官	1332	343.5	2559	1950				
	肯特号	经官	1332	333.3	2483	1950				
	凯利炮台号	经官	1418	336.5	2506	1950				
	格兰特号	章官	1252	294.1	2191	1950				
	卡姆登侯爵号	茂官	1285	334.4	2491	1950				
	桥水号	西成	1294	312	2324	1950				
	滑铁卢号	昆水官	1403	318.7	2374	1950				
	劳瑟炮台号	人和	1454	356.7	2657	1950				
	阿特拉斯号	鹏年官	1359	310	2309	1950				
	哈里斯将军号	鳌官	1373	319.8	2382	1950				
	基德将军号	经官	1318	312	2324	1950				
	斯科比炮台号	发官	1200	278.4	2074	1950				
	范西塔特号	经官	1311	300.1	2235	1950				
1822	贝里克郡号	经官	1200	340.7	2538	1950	载运毛织品 2590380 元（后被焚毁价值 1314380 元）、五金（实售 191435 元）、棉花 50344 担（实售 689059 元）、檀香木（实售 90960 元）、胡椒（实售 100992 元）。“坎宁”号、“伦敦”号是东印度公司自有船只。“阿素尔公爵夫人”号运载情况未见记载	无白银进出口	运往伦敦货物总价 5809084 两，运往圣海伦娜岛和好望角货物价值 41300 两。包括茶叶 218327 担、生丝 562 担、南京布 117000 匹	该年特选委员会成员为：咸臣（主席）、罗巴兹和弗雷泽
	哈里斯将军号	章官	1373	324.8	2419	1950				
	约克公号	茂官	1200	318	2378	1950				
	卡姆登侯爵号	潘启官	1285	330.6	2462	1950				
	亨特利侯爵号	人和	1200	320.8	2389	1950				
	梅尔维尔夫人号	西成	1200	325.7	2426	1950				
	埃梅莉亚夫人号	鹏年官	1200	306.2	2281	1950				
	白金汉希尔号	鳌官	1200	313.9	2338	1950				
	杜尼拉号	经官	1200	331.7	2470	1950				
	托马斯·库茨号	发官	1200	332.3	2475	1950				
	奥韦尔号	茂官	1200	331.1	2466	1950				
	费尔利号（William Fairlie）	章官	1200	324	2413	1950				

1822	麦奎因号（Macqueen）	鹏年官	1200	336.9	2509	1950				
	亨特利炮台号	潘启官	1200	307.8	2293	1950				
	斯科特爵士号	人和	1315	314.6	2343	1950				
	巴尔卡拉斯伯爵号	鹏年官	1417	325.9	2428	1950				
	坎宁号	鳌官	1200	330.4	2461	1950				
	伦敦号	经官	1200	332.8	2478	1950				
	阿索尔公爵夫人号		1330							
1823	摄政号						载运毛织品（实售2911328元）、五金（实售213390元）、其他西方产品（实售87570元）、棉花118050担（实售1803398元）、檀香木（实售72858元）、胡椒（实售92047元） “摄政”号向外航行时，在菲律宾触礁，载有的英国毛织品，几乎全部无用。“滑铁卢”号、“斯科比炮台”号、“白金汉希尔”号是东印度公司自有船只	从孟加拉运入白银957218元，合689197两。无白银出口。	运往伦敦货物价值6216198两(合8633609元)，运往圣海伦娜岛和好望角货物价值40082元。 出口货物包括茶叶118050担、茶叶223213担、生丝597担	该年特选委员会成员为：咸臣（主席）、罗巴兹、弗雷泽和图恩
	泰晤士号	公行共同担保	1342	323.7	2411	1950				
	孟买号	沛官	1238	289.8	2158	1950				
	格兰特号	沛官	1260	295.5	2201	1950				
	英格利斯号	茂官	1230	315.2	2348	1950				
	赫里福德希尔号	潘启官	1225	319.1	2377	1950				
	劳瑟炮台号	潘启官	1446	341.7	2659	1950				
	滑铁卢号	茂官	1318	329.1	2451	1950				
	皇家乔治号	发官	1350	329.7	2456	1950				
	凯利炮台号	鳌官	1358	324.3	2415	1950				
	法考尔森号（Farquharson）	西成	1362	326	2428	1950				
	肯特号	经官	1332	333	2480	1950				
	沃伦·黑斯廷斯号	鹏年官	1419	323.2	2407	1950				
	范西塔特号	章官	1269	329.8	2456	1950				
	基德将军号	人和	1228	323.7	2411	1950				
	阿特拉斯号	章官	1225	323.7	2411	1950				
	击溃号	人和	1332	338.5	2521	1950				
	斯科比炮台号	西成	1221	299.3	2229	1950				
	桥水号	鹏年官	1275	308.3	2296	1950				
	海斯号（Hythe）	鳌官	1379	309.4	2305	1950				
	温莎号	经官	1432	302	2249	1950				
	白金汉希尔号		1246							

1824	托马斯·库茨号	沛官	1375	317.9	2367	1950	载运毛织品（实售 1961176 两）、铁（实售 60403 两）、铅（实售 95644 两）、毛皮（实售 83148 两）、孟买棉花（实售 436005 两）、孟加拉棉花（实售 579865 两）、马德拉斯棉花（实售 318584 两）、檀香木（实售 40642 两）、胡椒（实售 44816 两） “坎宁”号、“伦敦”号属于东印度公司自有船只 “莫法特”号、“朱莉安娜”号载货驶往魁北克，其余船只返回伦敦	无白银进出口	运往伦敦货物价值 5788652 两，其中运往加拿大货物价值 322134 两，运往好望角货物价值 16000 两，运往圣海伦娜岛货物价值 12000 两。出口货物包括茶叶 215229 元（包括运往加拿大 8846 担）、南京布 5000 匹	该年特选委员会成员同上年
	约克公爵号	茂官	1356	314.9	2345	1950				
	贝里克郡号	章官	1375	320.1	2384	1950				
	杜尼拉号	潘启官	1372	320.6	2388	1950				
	奥韦尔号	西成	1376	316.5	2358	1950				
	阿素尔公爵夫人号	人和	1341	321.8	2397	1950				
	埃梅莉亚公主号	鹏年官	1381	298.3	2222	1950				
	亨特利炮台号	鳌官	1267	307.1	2287	1950				
	麦奎因号	经官	1440	315.6	2350	1950				
	亨特利侯爵号	发官	1315	311.1	2317	1950				
	卡姆登侯爵号	沛官	1289	309.8	2307	1950				
	泰晤士号	茂官	1342	320.8	2389	1950				
	哈里斯将军号	章官	1260	300.8	2240	1950				
	费尔利号	潘启官	1393	307.5	2290	1950				
	梅尔维尔夫人号	西成	1291	311.4	2319	1950				
	巴尔卡拉斯伯爵号	人和	1317	321	2391	1950				
	斯科特爵士号（Sir David Scott）	鹏年官	1392	314.6	2343	1950				
	坎宁号	发官	1307	316.8	2360	1950				
	伦敦号	沛官	1330	321.1	2392	1950				
	莫法特号	鳌官	821	207.6	1546	1950				
	朱莉安娜号	经官	534	140.1	959	1950				
1825	劳瑟炮台号	沛官	1446	318.9	2375	1950	载运毛织品（实售 3089286 元）、五金（实售 285444 元）、毛皮（实售 118947 元）、英国花布 658 匹（实售 2632 元）、棉花 102881 担（实售 1951914 元）、胡椒（实售 69128 元）。 “滑铁卢”号、“白金汉希尔”号、“斯科比炮台”号是东印度公司自有船只。“罗克斯堡炮台”号、“哈考特伯爵夫人”号载货驶往魁北克。19 艘载货往伦敦 该年 12 月 24 日清晨，“皇家乔治”号在黄埔停泊时焚毁	无白银进出口。	出口货物价值 5322125 两，包括茶叶 209780 担（其中运往伦敦 197412 担、运往加拿大等地 12368 担）、南京布 7000 匹	该年特选委员会成员为：咸臣（主席）、图恩和部楼顿
	滑铁卢号	沛官	1318	297.7	2217	1950				
	沃伦·黑斯廷斯号	沛官	1419	300.8	2241	1950				
	白金汉希尔号	茂官	1246	311	2317	1950				
	凯利炮台号	茂官	1358	309.8	2307	1950				
	斯科比炮台号	茂官	1221	307.5	2148	1950				
	孟买号	潘启官	1238	267.3	1991	1950				
	海斯号	潘启官	1379	321.4	2394	1950				
	击溃号	章官	1332	322	2399	1950				

1825	范西塔特号	章官	1269	298.3	2222	1950				
	英格利斯号	人和	1230	305.3	2274	1950				
	约克公爵号	人和	1356	311.7	2321	1950				
	阿特拉斯号	鹏年官	1225	307.2	2288	1950				
	法考尔森号	鹏年官	1362	315.6	2350	1950				
	桥水号	鳌官	1275	296.3	2207	1950				
	温莎号	鳌官	1432	305.3	2274	1950				
	基德将军号	经官	1228	297.6	2217	1950				
	赫里福德希尔号	发官	1225	296.4	2208	1950				
	皇家乔治号		1350							
	格兰特号	潘启官	1260	280.6	2090	1950				
	罗克斯堡炮台号 (Roxburgh Castle)	发官	900	180.5	1344	1950				
	哈考特伯爵夫人号（Countess of Harcourt）	章官	517	154	1147	1950				
	东方号（Orient）	人和	800	165.1	1229	1950				
1826	波切号（Henry Porcher）	鹏年官	509	149.8	1025	1950	毛织品（实售 3385421 元）、五金（实售 361290 元）、英国花布 6400 匹（实售 50200 元）、棉花 133042 担（实售 2061771 元）、檀香木（实售 3762 元）、胡椒（实售 8728 元） “坎宁”号、“伦敦”号、“乔治四世”号是英国东印度公司自有船只 “安与埃梅莉亚”号、“亚细亚”号从黄埔载茶叶驶往魁北克。“阿美士德勋爵”号从黄埔载茶叶驶往哈利法克斯。其余 31 艘船从黄埔返回伦敦	无白银进出口	运往伦敦货物价值 7012959 两、运往圣海伦娜岛货物价值 7882 两、运往好望角货物价值 31913 两、运往印度各口岸货物价值 8501 两、运往魁北克货物价值 261837 两、运往哈利法克斯货物价值 133635 两。出口货物包括茶叶 307088 担	该年特选委员会成员为：咸臣（主席）、图恩和部楼顿。11 月 26 日咸臣和图恩返回伦敦，特选委员会成员为：弗雷泽（主席）、部楼顿和米利特
	布罗克斯博恩伯里号（Broxbornebury）	鳌官	849	203.3	1514	1950				
	黑斯廷斯侯爵号	经官	451	148.9	1019	1950				
	爪哇号（Java）	发官	1184	277.5	2067	1950				
	鲁滨逊号（Aber-Cromble Robinson）	沛官	1386	304.3	2266	1950				
	贝里克郡号	沛官	1375	313.6	2335	1950				
	爱丁堡号（Edinburgh）	茂官	1315	307.2	2288	1950				
	奥韦尔号	茂官	1376	311.4	2319	1950				
	坎宁号	潘启官	1307	311.7	2321	1950				
	卡姆登侯爵号	潘启官	1289	300.5	2238	1950				
	莫法特号	潘启官	814	201.7	1502	1950				
	哈里斯将军号	章官	1260	295.7	2202	1950				
	麦硅因号	章官	1440	314.9	2346	1950				
	伦敦号	人和	1330	305.6	2276	1950				
	巴尔卡拉斯伯爵号	人和	1317	318	2368	1950				

1826	托马斯·库茨号	鹏年官	1375	301.8	2248	1950				
	亨特利炮台号	鹏年官	1267	300.8	2240	1950				
	费尔利号	鳌官	1393	313.6	2336	1950				
	乔治四世号	鳌官	1373	310.1	2309	1950				
	劳瑟勋爵号	经官	1353	311	3315	1950				
	亨特利侯爵号	经官	1315	305.5	2276	1950				
	阿素尔公爵夫人号	发官	1341	293.8	2188	1950				
	斯科特爵士号	发官	1392	300.1	2235	1950				
	温奇尔西号	茂官	1378	309.8	2307	1950				
	英伦号（England）	章官	474	136.3	932	1950				
	埃梅莉亚公主号	鹏年官	1381	280.2	2087	1950				
	亚当森号 (Adamson)	鳌官	558	149.9	1025	1950				
	泰晤士号	经官	1342	312.3	2326	1950				
	伊莎贝拉号	发官	591	174	1296	1950				
	阿美士德勋爵号	发官	500	150.5	1030	1950				
	亚细亚号	茂官	500	152	1040	1950				
	安与埃梅莉亚号	人和	586	176.7	1316	1950				
	梅尔维尔夫人号	人和	1291	303.7	2262	1950				
	杜尼拉号	潘启官	1372	306.6	2283	1950				
1827	博伊恩号（Boyne）	鳌官	595	166.6	1241	1950	载运毛织品（实售 1764217 元）、五金（实售 317920 元）、英国花布 15300 匹（实售 107100 元）、棉花 176206 担（实售 2307216 元）、檀香木（实售 22504 元） "斯科比炮台"号、"白金汉希尔"号、"滑铁卢"号、公司自己的船。 "阿斯特尔"号驶往哈利法克斯、"拉金斯"号驶往魁北克	无白银进出口	货物价值 6385567 两（合 8868843 元，除了运往圣海伦娜道 3000 匹南京布和运往好望角 500 匹南京布外，其余全部是茶叶 249905 担）：具体为运往伦敦 5944259 两、哈利法克斯 239649 两、魁北克 162253 两、印度各埠 4161 两、好望角 30044 两、圣海伦娜岛 5201 两	该年特选委员会成员为：弗雷泽（主席）、部楼顿和米利特
	艾尔弗雷德号	浩官	733	189	1408	1950				
	凯利炮台号	茂官	1373	318.5	2372	1950				
	萨塞克斯公爵号	茂官	1396	315.5	2350	1950				
	亨格福德勋爵号 (Lord Hungerford)	茂官	786	192.4	1433	1950				
	范西塔特号	茂官	1253	260.7	1942	1950				
	桥水号	潘启官	1298	302.6	2253	1950				
	海斯号	潘启官	1359	311.4	2319	1950				
	基德将军号	潘启官	1242	298.6	2224	1950				
	斯科比炮台号	潘启官	1226	278.8	2077	1950				
	布罗克斯博恩伯里号	章官	786	211.4	1575	1950				

1827	约克公爵号	章官	1351	304	2264	1950				
	阿特拉斯号	章官	1263	293	2182	1950				
	温莎号	章官	1404	303.4	2259	1950				
	击溃号	人和	1348	307.2	2288	1950				
	孟买号	人和	1230	263.8	1965	1950				
	黑斯廷斯侯爵号	人和	498	137.4	939	1950				
	英格利斯号	人和	1249	323	2405	1950				
	赫里福德希尔号	鳌官	1247	281.6	2097	1950				
	吉福德号（Guildford）	鳌官	593	156.2	1163	1950				
	白金汉希尔号	鳌官	1315	298.3	2222	1950				
	巴罗萨号（Barossa）	经官	756	213.2	1588	1950				
	格兰特号	经官	1181	276.8	2062	1950				
	劳瑟炮台号	发官	1413	301.8	2248	1950				
	滑铁卢号	发官	1297	307.8	2292	1950				
	法考尔森号	发官	1384	307.2	2288	1950				
	阿斯特尔号	经官	800	216.3	1611	1950				
	拉金斯号		714							
	贝里克郡号	浩官	1332	313.2	2333	1950	载运毛织品（实售 2701658 元）、五金（实售 240714 元）、其他西方产品（实售 69614 元）、棉花 148855 担（实售 1836613 元）、檀香木（实售 91699 元）。 “伦敦”号、“坎宁”号、“乔治四世”号是东印度公司自有船只 “青纳韦夫人”号、“本廷克勋爵”号从黄埔驶往哈利法克斯。其余 20 艘从黄埔返回伦敦	无白银进出口。	货物价值 5778728 两（合 8026012 元）。具体为运往伦敦茶叶 216629 担（5443118 两）、哈利法克斯 277666 两、印度各口岸 33086 两、好望角 18078 两、圣海伦娜岛 6780 两	该年特选委员会成员为：弗雷泽（主席）、部楼顿和米利特。8 月 1 日后，该年特选委员会成员为：部楼顿（主席）、盼师、米利特和班纳曼
	伦敦号	茂官	1332	301.5	2245	1950				
	斯科特爵士号	茂官	1342	309.4	2305	1950				
	麦奎因号	茂官	1333	312	2324	1950				
	托马斯·库茨号	茂官	1334	309.1	2302	1950				
	杜尼拉号	潘启官	1325	311	2317	1950				
	鲁宾逊号	潘启官	1330	305.3	2274	1950				
	巴尔卡拉斯伯爵号	潘启官	1417	328.6	2447	1950				
	坎宁号	章官	1326	305	2281	1950				
	亨特利炮台号	章官	1311	289.7	2158	1950				
	卡姆登侯爵号	章官	1260	307.5	2290	1950				
	哈里斯将军号	章官	1288	302.3	2252	1950				

1828	爱丁堡号	鳌官	1325	301.1	2243	1950				
	亨特利侯爵号	鳌官	1279	310.4	2312	1950				
	费尔利号	鳌官	1348	311	2317	1950				
	奥韦尔号	经官	1335	310.7	2314	1950				
	信赖号	经官	1415	324.7	2419	1950				
	劳瑟勋爵号	经官	1332	311.4	2319	1950				
	乔治四世号	发官	1329	312	2324	1950				
	阿素尔公爵夫人号	发官	1330	308.8	2300	1950				
	肯纳韦夫人号 (Lady Kennaway)	发官	583	172.6	1211	1950				
	本廷克勋爵号 (Lod William Bentinck)	潘启官	564	178.8	1332	1950				
1829	约克公爵号	浩官	1432	310.7	2314	1950	载运毛织品（实售 2276544 元）、五金（实售 198040 元）、英国花布 22750 匹（实售 165050 元）、棉纱 2250 担（实售 78750 元）、棉花 119648 担（实售 1744340 元）、檀香木（实售 21375 元）。 “白金汉希尔”号、“斯科比炮台”号、“滑铁卢”号是东印度公司自有船只。 “碾压机”号、“亚细亚”号从黄埔驶往哈利法克斯	无白银输入。从黄埔运出白银 90000 元。	货物价值 5629015 两(合 7818076 元)。具体为运往伦敦 5377948 两、哈利法克斯 227259 两、好望角 15756 两、圣海伦娜岛 8052 两。其中茶叶运往伦敦 220014 担、运往新斯科舍半岛 10047 担；南京布 1500 匹	该年特选委员会成员为：部楼顿（主席）、盼师（司库）、米利特（出口货监督）和班纳曼（进口货监督）
	击溃号	浩官	1351	316.2	2355	1950				
	梅尔维尔夫人号	浩官	1272	305.6	2276	1950				
	温莎号	茂官	1428	310.4	2312	1950				
	英格利斯号	茂官	1253	315.6	2350	1950				
	白金汉希尔号	茂官	1318	304.6	2269	1950				
	劳瑟炮台号	茂官	1598	332.4	2476	1950				
	基德将军号	潘启官	1196	302.6	2253	1950				
	阿特拉斯号	潘启官	1353	301.8	2248	1950				
	泰晤士号	潘启官	1378	312.7	2329	1950				
	赫里福德希尔号	鳌官	1238	298.5	2223	1950				
	斯科比炮台号	鳌官	1305	289.2	2154	1950				
	法考尔森号	鳌官	1413	312.3	2326	1950				
	格兰特号	经官	1320	277.2	2065	1950				
	范西塔特号	经官	1340	293.8	2188	1950				
	海斯号	经官	1398	312	2324	1950				
	凯利炮台号	发官	1381	311.4	2319	1950				
	滑铁卢号	发官	1384	315.5	2350	1950				
	萨塞克斯公爵号	发官	1414	315.9	2353	1950				
	莫利号（Morley）	经官	495	160.2	1193	1950				

1829	萨里号（Surrey）	发官	512	148.5	1013	1950				
	碾压机号（Mangles）	发官	594	148.5	1013	1950				
	亚细亚号	发官	500	148.5	1013	1950				
	桥水号	浩官	1298	289.5	2155	1950				
1830	拉金斯号	浩官	687	181.5	1352	1950	载运毛织品（实售2306265元）、棉制品（实售231000元）、五金（实售144650元）、棉花147240担（实售1832197元）"坎宁"号、"伦敦"号、"乔治四世"号、"巴尔卡拉斯伯爵"号是东印度公司自有船只。 "安与埃梅莉亚"号从黄埔驶往哈利法克斯和魁北克，其余21艘船驶往回伦敦	无白银输入。从黄埔运出白银价值1910936元	出口货物价值5729705两，包括茶叶228573担，其中运往伦敦223247担（5585940两）、魁北克和哈利法克斯4254担（114398两）、其他地区1072担（孟加拉6574两、好望角15375两、圣海伦娜岛7418两）	该年初期特选委员会成员为：盼师（主席）、米利特、班纳曼和丹尼尔。11月22日起，成员为：马治平（主席）、德庇时、覃义理和查尔斯·史密斯
	托马斯·库茨号	浩官	1382	309.1	2302	1719				
	鲁宾逊号	浩官	1419	305.3	2273	1719				
	贝里克群号	茂官	1390	307.5	2290	1719				
	费尔利号	茂官	1394	311	2316	1719				
	坎宁号	潘启官	1313	305	2271	1719				
	阿素尔公爵夫人号 (Duckess of Atholl)	潘启官	1377	305.3	2273	1719				
	斯科特爵士号	鳌官	1407	300.1	2235	1719				
	爱丁堡号	鳌官	1386	301.1	2242	1719				
	哈里斯将军号	经官	1265	295.7	2202	1719				
	麦奎因号	经官	1446	308.2	2295	1719				
	杜尼拉号	发官	1385	311	2316	1719				
	劳瑟勋爵号	发官	1407	305.3	2273	1719				
	伦敦号	中和	1335	301.5	2245	1719				
	阿斯特尔号	中和	898	221.4	1648	1719				
	信赖号	兴泰	1527	324.7	2418	1719				
	奥韦尔号	兴泰	1450	309.4	2304	1719				
	亨特利炮台号	顺泰	1313	289.7	2157	1719				
	乔治四世号	顺泰	1405	310.1	2309	1719				
	卡姆登侯爵号	仁和	1369	300.5	2238	1719				
	巴尔卡拉斯伯爵号	仁和	1372	318	2368	1719				
	安与埃梅莉亚号	茂官	586	176.7	1315	1719				

1831	英格利斯号	浩官	1438	309.8	2307	1719	进口毛织品（实售2130638元）、棉制品（实售273681元）、五金（实售195047元）、棉花91862担（实售1088308元）"滑铁卢"号、"白金汉希尔"号、"斯科比炮台"号是东印度公司自有船只。 "碾压机"号从黄埔驶往哈利法克斯和魁北克，"科尔德斯特里姆"号从黄埔驶往魁北克，其余23艘船驶往伦敦	无白银输入。从黄埔运出白银价值1173957元	出口茶叶237517担（总价值5819383两，合8082476元，运往伦敦226523担、英属北美洲9575担、其他各地1419担）；南京布1000匹	该年特选委员会成员为：马治平（主席）、德庇时、覃义理和查尔斯·史密斯
	萨塞克斯公爵号	浩官	1390	315.9	2352	1719				
	梅尔维尔夫人号	茂官	1261	305.6	2276	1719				
	基德将军号	茂官	1268	302.6	2253	1719				
	滑铁卢号	潘启官	1365	315.5	2349	1719				
	击溃号	潘启官	1355	316.2	2355	1719				
	法考尔森号	鳌官	1471	310.4	2311	1719				
	白金汉希尔号	鳌官	1358	304.6	2268	1719				
	海斯号	经官	1391	312	2323	1719				
	约克公爵号	经官	1353	308.5	2297	1719				
	范西塔特号	发官	1245	293.8	2187	1719				
	孟买号	发官	1391	275.6	2052	1719				
	赫里福德希尔号	中和	1268	298.5	2223	1719				
	泰晤士号	中和	1365	307.5	2290	1719				
	亨特利侯爵号	兴泰	1436	305.5	2275	1719				
	玫瑰号	兴泰	981	253.4	1887	1719				
	劳瑟炮台号	顺泰	1562	325.2	2422	1719				
	斯科比炮台号	仁和	1276	283.7	2112	1719				
	沃伦·黑斯廷斯号	浩官	1076	255.7	1904	1719				
	科尔德斯特里姆号	茂官	743	184.7	1375	1719				
	碾压机号	仁和	594	171	1273	1719				
	胡格利号	潘启官	446	146.1	999	1719				
	温奇尔西号	鳌官	1384	306.6	2414	1719				
	拉金斯号	经官	714	181.5	1351	1719				
	汉纳号		489							
1832	劳瑟勋爵号	茂官	1447	305.3	2273	1719				
	托马斯·库茨号	茂官	1393	309.1	2302	1719				
	坎宁号	潘启官	1308	305	2271	1719				
	巴尔卡拉斯伯爵号	潘启官	1370	318	2368	1719				
	阿素尔公爵夫人号	鳌官	1349	305.3	2273	1719				

1832	鲁宾逊号	鳌官	1391	305.3	2273	1719	毛织品（实售 2240930 元）、棉织品（实售 214020 元）、五金（实售 154629 元）、棉花 102546 担（实售 1426693 元）、檀香木（实售 2986 元）。 “坎宁”号、“巴尔卡拉斯伯爵”号、“伦敦”号、“乔治四世”号公司自己的船 “巴罗萨”号、“布罗克斯博恩伯里”号从黄埔驶往魁北克；“莫法特”号从黄埔往哈利法克斯；其余 20 艘从黄埔驶往伦敦	无白银输入。从黄埔运出白银价值 1356059 元	出口茶叶 248000 担（价值 6025100 两，合 8368197 元），其中运往伦敦 225273 担（5380261 两）、魁北克 437513 两、哈利法克斯 178913 两、好望角 22375 两、圣海伦娜岛 2345 两（含南京布）、孟加拉 3693 两	该年初期特选委员会成员为：德庇时（主席）、覃义理和米利特。8月 24 日后，特选委员会成员为：部楼顿（主席）、德庇时、覃义理
	爱丁堡号	经官	1444	301.1	2242	1719				
	伦敦号	经官	1324	301.5	2245	1719				
	贝里克郡号（Berwickshire）	发官	1451	307.5	2290	1719				
	杜尼拉号	发官	1375	311	2316	1719				
	麦奎因号	中和	1415	308.2	2295	1719				
	费尔利号	中和	1399	311	2316	1719				
	奥韦尔号	兴泰	1426	309.4	2304	1719				
	格兰特号	兴泰	1297	277.2	2064	1719				
	亚细亚号	顺泰	1046	246.2	1833	1719				
	温莎号	顺泰	1577	310.4	2311	1719				
	乔治四世号	仁和	1366	309.1	2292	1719				
	卡姆登侯爵号	仁和	1500	300.5	2238	1719				
	巴罗萨号	茂官	730	204.6	1523	1719				
	布罗克斯博恩伯里号	潘启官	751	207.6	1546	1719				
	信赖号（Reliance）	鳌官	1518	324.7	2418	1719				
	斯科特爵士号	经官	1358	300.1	2235	1719				
	莫法特号	发官	821	207.6	1546	1719				
1833	亨特利侯爵号	浩官	1348	305.5	1275	1719	毛织品（实售 2127386 元）、棉织品（实售 275217 元）、五金（实售 112643 元）、棉花 116247 担（实售 1842332 元）、檀香木（实售 75 元） “斯科比炮台”号、“格伦维尔”号、“滑铁卢”号、“白金汉希尔”号是东印度公司自有船只 22 艘船载货返回伦敦，3 艘从黄埔驶往哈利法克斯和魁北克	无白银输入。从黄埔运出金银总价值 155030 元	货物总价值 7668115 元。其中茶叶 229270 担（价值 5521043 两，合 7668115 元），运往伦敦 212603 担（5122014 两）、英属北美洲 15260 担（366356 两）、其他地区 1407 担（好望角和圣海伦娜岛 20345 两、印度口岸 12328 两）	该年特选委员会成员为：部楼顿（主席）、德庇时、覃义理
	萨塞克斯公爵号	茂官	1336	315.9	2352	1719				
	赫里福德希尔号	茂官	1354	298.5	2223	1719				
	斯科比炮台号	潘启官	1242	283.7	2112	1719				
	英格利斯号	潘启官	1321	309.8	2307	1719				
	米纳瓦号	鳌官	989	250.7	1973	1719				
	格伦维尔号	鳌官	886	220.1	1639	1719				
	滑铁卢号	经官	1325	309.7	2349	1719				
	凯利炮台号	经官	1332	309.8	2439	1719				
	法考尔森号	发官	1406	310.4	2311	1719				
	范西塔特号	发官	1311	293.8	2187	1719				
	摄政王子号	兴泰	992	146	1831	1719				

1833	沃伦·黑斯廷斯号	兴泰	1068	155.7	1904	1719				
	泰晤士号	中和	1425	307.5	2290	1719				
	劳瑟炮台号	中和	1507	305.2	2422	1719				
	梅尔维尔夫人号	顺泰	1350	305.6	2276	1719				
	亨特利炮台号	顺泰	1353	300.1	2235	1719				
	孟买号	仁和	1279	275.6	2052	1719				
	白金汉希尔号	茂官	1369	304	2264	1719				
	玫瑰号	仁和	1024	249.1	1855	1719				
	拉金斯号	同顺	700	176.9	1317	1719				
	克拉克号		500							
	莫伊拉号	经官	550	168.4	1254	1719				
	莫尼号	发官	750	197.7	1630	1719				
	伊丽莎白号	鳌官	450	156.7	1167	1719				

二、其他国家和地区在黄埔口岸贸易表（1698 ~ 1833 年）

贸易年度	国籍	数量	船名	载重吨位（吨）	往返地点及进口货物	出口货物	备注
1698	法国	1	“安菲特里特”（L' Amphitrite）	500	3 月 6 日从法国西部拉罗谢尔港启程，11 月 2 日船抵广州黄埔。1700 年 8 月 3 日，“安菲特里特”号回到法国洛里昂的路易港。	丝绸、瓷器。	法国第一艘赴华商船。清政府给予免税通商优待
1701	法国	1	“安菲特里特”（L' Amphitrite）	500		漆器	
1724	法国	1	圣约瑟夫号（St.Joseph）	500	从法国殖民地印度本地治里（Pondicherry）启锚至黄埔，返航法国		
1730	法国	2		750			
			泰国号（Thalante）	550			炮 28 门、船员 140 人
	荷兰	1	多维号（Dove）	400			炮 26 门
	比利时	1	阿波罗号 (Apollo)	400			炮 28 门、船员 100 人。悬挂普鲁士旗帜，该船大班及 23 名船员是英国人

	英国（散商）	2	纳索号（Nassau）	700			炮 24 门、船员 140 人
			皇家乔治号（Royall George）	700			炮 24 门、船员 140 人
1732	荷兰	2	克纳彭·赫号 (Knapen Hoe)	450			炮 36 门、船员 110 人
			伊佩拉德号 (Ypenraade)	440			炮 36 门、船员 106 人
	法国	1		600			
	比利时	1	洛林公爵号（Duke of Lorraine）	750	从奥斯坦德起航至黄埔。		炮 36 门、船员 140 人
	瑞典	1	腓特烈国王号（King Fredrik）	400	1732 年 3 月 7 日从哥德堡启航，4 月 17 日离开西班牙加的斯（Cadiz）前往加那利群岛（Canary Is lands），然后穿过大西洋，绕过好望角。9 月 6 日到达珠江口的伶仃岛，最终抵达黄埔并逗留 4 个月。1733 年 1 月 16 日从黄埔返航，9 月 7 日回到瑞典哥德堡，完成首次往返于瑞典与中国之间的航行	瓷器 151 箱和 1801 捆，共计有 49906 件；红绿茶共 2183 箱，另有 100 件半箱装、6 件小箱装、23 件篮装、46 件筒装以及 422 件罐装或盒装茶叶；丝织品 23355 件，棉织品 633 件。还有青漆家具、白铜、珍珠母、人参、墙纸、朱砂、桌布、钮扣、藤索等杂货	炮 28 门、船员 96 人。大班：柯林·坎贝尔（Colin Campbell）
	西班牙	1	马拉内塔号（B.A.Maranetta）	200			炮 10 门、船员 30 人
1733	法国	3		1520			
	荷兰	4		1890			
1734	法国	1				白铜 397 担、瓷器 154 箱和 200 捆、茶叶 3313 担、广州生丝 122 包（合计 88 担）、丝织品 3375 匹	
	丹麦	1				瓷器 248 箱、茶叶 7024 担、丝织品 3488 匹	
	荷兰	1				白铜 542 担、瓷器 163 箱、茶叶 4681 担、丝织品 5070 匹	
1736	英国（散商）	1			从孟买起航至黄埔		
	荷兰	2			从黄埔返航荷兰		
	法国	3			2 艘从黄埔返航法国、1 艘返航本地治里		
	丹麦	1		700	从黄埔返航哥本哈根		
	瑞典	1			从黄埔返航哥德堡		

1737	英国（散商）	1	詹尼号（Jenny）	240	从孟买起航至黄埔		
	法国	2	孔蒂号（Conti）	550	从黄埔返航法国	茶叶 8500 担、丝织品 4000 匹、白铜 600 担	
			孔代号（Conde）	600			
	荷兰	3	比克维莱特号（Beekvliet）	640	从黄埔返航荷兰	茶叶 8330 担、白铜 500 担	
			克纳彭霍夫号（Knappenhof）	555			
			克罗斯威克号（Croswick）	560	从黄埔返航巴达维亚	茶叶 420 担、白铜 986 担、明矾 700 担	
	丹麦	1	斯利斯威克号（Sleswick）	700	从黄埔返航哥本哈根	茶叶 5660 担、丝织品 1500 匹、白铜 300 担	
	瑞典	1	休查号（Suecia）	550	从黄埔返航哥德堡	茶叶 5000 担、白铜 300 担、丝织品 18000 匹	
1738	法国	2		1400	从法国至黄埔，返航法国		
		1		500	从本地治里至黄埔，返航本地治里		
	荷兰	2		650	从荷兰至黄埔，返航荷兰		
				650	从巴达维亚至黄埔，返航巴达维亚		
	瑞典	2		900	从瑞典至黄埔，返航瑞典		
	丹麦	2		800	从丹麦至黄埔，返航丹麦		
				500	从苏拉特至黄埔，返航苏拉特		
1739	英国（散商）	2		950			
	法国（公司）	2		1300			
	法国（散商）	1		400			
	荷兰	2		1250	从荷兰至黄埔		
		1		400	从巴达维亚至黄埔		

1739	丹麦	1		700			
	瑞典	1	“哥德堡”号	700			炮 30 门、船员 140 人
1740	法国（公司）	2		1500			炮 70 门、船员 300 人
	法国（散商）	1		500			炮 20 门、船员 80 人
	荷兰	2		1300	荷兰		炮 56 门、船员 170 人
		1		650	巴达维亚		炮 28 门、船员 85 人
	丹麦	1		800			炮 36 门、船员 136 人
1741	英国（散商）	1		350			炮 12 门、船员 100 人
	法国	2		1450		茶叶 9450 担、广州生丝 250 担、丝织品 6000 匹、瓷器 600 箱	炮 60 门、船员 300 人
	荷兰	2		1450			炮 64 门、船员 220 人
	瑞典	4	“哥德堡”号等船	2600		其中两艘船载货：茶叶 8550 担、丝织品 7000 匹、瓷器 800 箱、白铜 1800 担	炮 120 门、船员 510 人
	丹麦	1		850		茶叶 6400 担、丝织品 7500 匹、瓷器 400 箱	炮 36 门、船员 150 人
1750	法国	4			进口绒布 1400 匹、羽纱 2000 匹、蓝色染料 300 担、铁 530 担、人参 40 担	茶叶 14944 担、广州生丝 200 担、丝织品 2530 匹、大黄 155 担	
	荷兰	4			进口绒布 258 匹、羽纱 544 匹、长厄尔绒 2290 匹、铅 8055 担、棉花 1859 担、锡 9768 担、胡椒 24696 担	茶叶 9422 担、广州生丝 198 担、丝织品 7460 匹、白铜 3450 担	
	瑞典	2			进口绒布 351 匹、铅 2007 担	茶叶 12629 担、广州生丝 13 担、丝织品 1790 匹、大黄 9 担	
	丹麦	2			进口绒布 370 匹、长厄尔绒 200 匹、铅 6357 担	茶叶 12304 担、丝织品 809 匹、大黄 123 担	

1751	法国	2		1800			炮 72 门、船员 380 人
	荷兰	4	“海马”号等船	3150			炮 122 门、船员 430 人。其中，“海马”号载重吨位为 600 吨，一等船，货主及女眷共 4 人，医师和牧师 5 人，船工厨子下人 105 人，火炮 30 门，炮弹 600 个。”
	瑞典	2		1590			炮 64 门、船员 276 人
	丹麦	1		950			炮 28 门、船员 204 人
1753	英国（散商）	2					
	法国	5					
	其他国家	12	荷兰 6 艘、瑞典 3 艘、丹麦 2 艘、普鲁士 1 艘				
1755	法国	数量未知			毛织品 346 匹、长厄尔绒 207 匹、斜纹哔叽 142 匹、羽纱 182 匹		
	荷兰				毛织品 50 匹、长厄尔绒 34 匹、羽纱 214 匹		
	丹麦				毛织品 16 匹		
	瑞典				毛织品 39 匹		
1756	荷兰	6	“恩德拉赫特”号（Eendragt）等船				
	其他国家	3	法国 1 艘（从本地治里驶来）、丹麦 1 艘、普鲁士 1 艘				
1757	荷兰	1					
	瑞典	1					
	西班牙	2			1 艘运来西班牙银元约 200000 元；另一艘也运来巨款		

1759	法国	2					
	荷兰	2					
	丹麦	2					
1760	荷兰					武夷茶 18000 担（成本 324000 两）	
	其他国家		丹麦、瑞典船只				
1761	荷兰	2					
	其他国家	2	丹麦 1 艘、瑞典 1 艘				
1764	英国（散商）	3					
	荷兰	4			胡椒 8317.92 担、锡 28971.08 担、黑木 1374 担、棉花 776.23 担、藤条 36797 捆（2143.08 担）、槟榔 1601.58 担、樟脑冰片 9.53 担、乳香 81.67 担、没药 80.07 担、丁香 177.47 担、肉豆蔻 12.8 担、燕窝 79.07 担、藤黄 3.23 担、象牙（黑色）76.17 担、铜 56.64 担、绒布 72 匹、一级羽纱 27 匹、白银若干	茶叶 37078 担、白铜 377 担、西米 122 担、生丝 229 担、大黄 22 担、茴香子 30 担、瓷器 3326 担、南京布 15000 匹、丝织品 4718 匹	
1764	法国	4			铜 521.67 担、黑木 2770.37 担、锡 154.05 担、海参 120.13 担、葡萄干 720.31 担、丁香 54.38 担、棉花 7.91 担、加拿大人参 28.7 担、洋红 5.55 担、蓝染料 37.62 担、安息香 29.06 担、硫磺 104.65 担、樟脑冰片 19 担、桂皮 2.16 担、珊瑚珠 8.38 担、象牙 97 担、红木 1.05 担、衣料 3.66 担、各种绒布 839 匹、长厄尔绒 232 匹、一级羽纱 1 匹、二级羽纱 20 匹、粗羽纱 61 匹、帆布 40 卷、白银若干	茶叶 14586 担、生丝 97 担、红染料木 618 担、干姜 514 担、大黄 27 担、漆器 140 担、瓷器 2284 担、南京布 11510 匹、丝织品 1350 匹	
	瑞典	1			葡萄干 700.96 担、衣料 37 担、绒布 104 匹、一级羽纱 41 匹、二级羽纱 21 批、粗羽纱 3 匹、白银若干	茶叶 11958 担、西米 20 担、大黄 40 担、漆器 10 担、瓷器 1170 担、南京布 8000 匹、丝织品 747 匹	
	丹麦	2			葡萄干 1330.8 担、铅 5071.6 担、保加利亚皮革 30.07 担、琥珀 19.46 担、洋红 5.52 担、小块珊瑚 1.76 担、绒布 21 匹、白银若干	茶叶 20357 担、白铜 596 担、西米 162 担、硼砂 6 担、干姜 338 担、茴香子 91 担、大黄 125 担、生姜 78 担、瓷器 1460 担、南京布 26400 匹、丝织品 4489 匹	

1768	英国（散商）	3			棉花 6643 担、锡 3310 担		
	荷兰	4			银元 556000 元、铅 936 担、棉花 954 担、锡 20876 担	茶叶 38701 担、生丝 101 担、丝织品 4814 匹、白铜 1225 担	
	法国	4			银元 824000 元、铅 403 担、棉花 103 担	茶叶 18665 担、生丝 22 担、丝织品 2000 匹	
	瑞典	1			银元 280000 元、铅 2126 担	茶叶 11209 担	
	丹麦	1			银元 212000 元、铅 4540 担	茶叶 10870 担、丝织品 3204 匹、白铜 454 担	
	西班牙	1			银元 50000 元		
1771	英国（散商）	2			绒布 6 匹、兔皮 2600 张、玻璃镜 48 块、锡 1597 担、棉花 4612 担、胡椒 248 担、檀香木 35 担、银元 3 箱	茶叶 177 担、生丝 10 担、丝织品 580 匹、瓷器 454 担	
	荷兰	4			羽纱 24 匹、铅 1657 担、锡 24519 担、胡椒 8009 担、银元 106 箱	茶叶 35776 担、生丝 201 担、丝织品 3257 匹、瓷器 31794 担、白铜 1228 担	
	法国	3			绒布 100.5 匹、羽纱 12 匹、铅 2640 担、玻璃镜 34 块、锡 240 担、棉花 573 担、胡椒 2092 担、银元 104 箱	茶叶 12323 担、生丝 201 担、丝织品 2346 匹、瓷器 1577 担	
	丹麦	1			绒布 14.5 匹、铅 3748 担、锡 274 担、银元 27 箱	茶叶 10026 担、生丝 40 担、丝织品 1163 匹、瓷器 674 担、白铜 150 担	
	瑞典	1			羽纱 308 匹、铅 2590 担	茶叶 12609 担、丝织品 936 匹、瓷器 985 担	
1772	英国（散商）	4			锡 4359 担、棉花 8018 担、檀香木 5 担、银元 1 箱	茶叶 68 担、生丝 105 担、丝织品 668 匹、瓷器 1211 担、白铜 987 担	
	荷兰	4			绒布 10 匹、羽纱 13 匹、铅 1627 担、玻璃镜 11 块、锡 7035 担、胡椒 10223 担、檀香木 890 担、银元 23 箱	茶叶 36635 担、生丝 620 担、丝织品 4146 匹、瓷器 2372 担	
	法国	3			绒布 197.5 匹、羽纱 12 匹、长厄尔绒 40 匹、铅 364 担、玻璃镜 228 块、锡 117 担、红木和乌木 4901 担、银元 158 箱	茶叶 22663 担、生丝 263 担、丝织品 1837 匹、瓷器 1400 担	
	丹麦	2			绒布 17 匹、羽纱 8 匹、铅 5592 担、棉花 155 担、银元 77 箱	茶叶 22497 担、丝织品 985 匹、瓷器 1470 担、白铜 401 担	
	瑞典	2			绒布 15 匹、铅 4333 担、银元 78 箱	茶叶 20602 担、丝织品 1068 匹、瓷器 1887 担	

1774	英国（散商）	15	“色列斯”号等船		绒布20匹、铅566担、玻璃镜24块、锡19360担、棉花27106担、胡椒6341担、檀香木4165担、红木及乌木400担、银元24箱	茶叶3314担、生丝369担、丝织品3348担、瓷器4095担、白铜5998担	1774年碇泊黄埔的商船有三个名为“色列斯”号：1艘是从伦敦驶来的东印度公司船，1艘是从孟买驶来的散商船，1艘是从荷兰驶来的荷兰东印度公司船只
	荷兰	4	“色列斯”号等船		绒布8.5匹、羽纱250匹、铅3572担、玻璃镜8块、锡16820担、棉花207担、胡椒8328担、檀香木3226担、银元60箱	茶叶27989担、生丝111担、丝织品3117担、瓷器2830担	
	法国	7			绒布906匹、羽纱114匹、长厄尔绒480匹、铅8456担、玻璃镜189块、锡2613担、棉花4441担、胡椒2536担、檀香木169担、红木及乌木13323担、银元155箱	茶叶34467担、生丝25担、瓷器2183担、白铜3242担	
	丹麦	2			绒布37.5匹、铅4976担、锡1488担、胡椒933担、红木及乌木68担、银元30箱	茶叶24281担、瓷器1117担、白铜905担	
	瑞典	2			铅2582担、锡1488担、胡椒933担、红木及乌木68担、银元55箱	茶叶30661担、生丝23担、瓷器2015担、白铜589担	
1775	英国（散商）	8				茶叶2143担、广州生丝1196担	
	法国	4	“埃图瓦尔”号（L’ Etoile）等船		从黄埔返航昌德纳戈尔（Chandernagore）等地	茶叶18662担、广州生丝271担	
	荷兰	5				茶叶36929担、广州生丝133担	
	瑞典	2				茶叶19220担、广州生丝8担	
	丹麦	2				茶叶21253担、广州生丝4担	
1776	英国（散商）	16			白银17箱	茶叶731担、广州生丝965担	
	法国	5			白银132箱	茶叶42893担、广州生丝576担	
	荷兰	4			白银148箱	茶叶36427担、广州生丝259担	
	瑞典	2			白银70箱	茶叶22868担、广州生丝16担	
	丹麦	3			白银80箱	茶叶18730担、广州生丝45担	
1777	英国（散商）	9	“决胜者”号（Favourite）等船		燧石570吨（9548担）、白银14箱	茶叶949担、广州生丝1142担	
	法国	7			白银128箱	茶叶27332担、广州生丝408担	
	荷兰	4			白银51箱	茶叶35218担、广州生丝208担	
	瑞典	2			白银65箱	茶叶21384担、广州生丝15担	
	丹麦	2			白银31箱	茶叶15737担、广州生丝117担	

1778	英国（散商）	10			白银 5 箱、印度产品（棉花 19344 担、锡 10304 担、胡椒 5123 担、木香 3254 担、檀香木 1468 担）	茶叶 2740 担、广州生丝 277 担	
	法国	4				茶叶 15776 担、广州生丝 390 担	
	荷兰	4				茶叶 34152 担、广州生丝 281 担	
	瑞典	2				茶叶 24437 担	
	丹麦	1				茶叶 10414 担、广州生丝 186 担	
1779	英国（散商）	8			与东印度公司船只共计运来铅 3757 担。	茶叶 1533 担、广州生丝 2027 担	
	荷兰	4			白银 116 箱	茶叶 35159 担、广州生丝 250 担	
	瑞典	2			白银 58 箱	茶叶 19698 担、广州生丝 17 担	
	丹麦	3			白银 88 箱	茶叶 29877 担、广州生丝 211 担	
	德意志第一帝国	1	“考尼茨王子”号 (Prince Kaunitz)，匈牙利籍，悬挂神圣罗马帝国旗帜。		进口白银 125 箱。 从黄埔返航至里雅斯特 (Triest)	茶叶 10320 担、广州生丝 154 担	此时匈牙利属神圣罗马帝国（即德意志第一帝国）一部分
1780	英国（散商）	12	“成功”号（Success）等船			茶叶 1639 担、广州生丝 537 担	
	荷兰	4			白银 61 箱	茶叶 37182 担、广州生丝 203 担	
	瑞典	3			白银 2 箱	茶叶 30817 担、广州生丝 39 担	
	丹麦	3			白银 96 箱	茶叶 17560 担、广州生丝 260 担	
	德意志第一帝国	1			白银 9 箱	茶叶 2383 担、广州生丝 38 担	
1781	英国（散商）	6			白银 2 箱	茶叶 597 担、广州生丝 699 担	
	丹麦	3			白银 90 箱	茶叶 30889 担、广州生丝 331 担	
	瑞典	2			白银 55 箱	茶叶 24504 担、广州生丝 28 担	

1782	英国（散商）		“嫩实兹”号（Nonsuch）（船钞基数982两、规礼1950两，合计2932两，由潘启官、周官、文官、石琼官联保）等		“嫩实兹”号载有鸦片1601箱（合825023卢比）。		“嫩实兹”号是沃森（Henty Watson）中校的私人镶铜武装战船。司令兼船长：里查森（Willian Richardson）
	丹麦	4			白银100箱		
	瑞典	3			白银150箱（合西班牙银元600000元）		
	法国	1			从意大利中部城市来航 (Leghorn) 开至黄埔。		法国小军舰，有一个名义上的意大利籍船长，真正的船长和船员均为法国籍
1783	英国（散商）	3	“嫩实兹”号（Nonsuch）等船		“嫩实兹”号载有鸦片	茶叶614担、广州生丝147担	
	法国	8	“美杜莎”号（Meduse）（自重1200吨，载重不足600吨）、“山林仙女”号（Dryade）（自重1000吨，载重不足600吨）、“河马”号（L' Hippopotame）、“太平洋”号（Pacifique）、“圣安德烈”号（St.Andere）等船		白银195箱	茶叶31735担、广州生丝211担	“河马”号从布列斯特（Brest）开来，原先悬挂德意志第一帝国国旗，到达深井岛后改挂法国旗帜．“太平洋”号和“圣安德烈”号在马赛装备，开往毛里求斯时悬挂萨伏依（Savoyard）旗帜，后改挂法国旗
	德意志第一帝国	5			白银109箱	茶叶25714担、广州生丝10担	
	瑞典	3			白银218箱	茶叶36592担、广州生丝18担	
	丹麦	3			白银94箱	茶叶24030担	
	西班牙	1			白银39箱		
	普鲁士	2			白银22箱	茶叶24974担、广州生丝163担	
1784	英国（散商）	8	“凯旋”号（Triumph）、“休斯夫人”号（Lady Hughes）、“女战神”号（Bellona）等船		“女战神”号从孟买运鸦片至黄埔	茶叶4351担、广州生丝141担	“女战神”号船长：里查森（Capt. Richardson）
	法国	4				茶叶37206担、广州生丝117担	

1784	荷兰	4				茶叶 40011 担、广州生丝 133 担	
	丹麦	4				茶叶 23690 担、广州生丝 20 担	
	美国	1	“中国皇后”号 (Empress of China)	360	载运棉花 316 担（实售 3160 两）、铅 476 担（实售 1904 两）、胡椒 26 担（实售 260 两）、羽纱 1270 匹（实售 45720 两）、毛皮 2600 张（实售 5000 两左右）、人参 473 担（实售 80410 两）。从纽约到达黄埔	总投资 79317 两。包括：红茶 2460 担（成本 49240 两）、绿茶 562 担（成本 16860 两）、南京布 24 担（成本 362 两）、瓷器 962 担（成本 2500 两）、丝织品 490 匹（成本 2500 两）、肉桂 21 担（成本 305 两）、船纱（成本 2550 两）、船只及商馆支出（5000 两左右）	船长：格林（Capt.john Green）
1785	英国（散商）	9			载运棉花 28690 担	茶叶 5113 担、广州生丝 298 担	
	法国	1	“多芬”号			茶叶 3500 担、广州生丝 423 担	
	荷兰	4				茶叶 33441 担、广州生丝 275 担	
	瑞典	4				茶叶 46593 担、广州生丝 281 担	
	丹麦	3			载运棉花 632 担	茶叶 34336 担、广州生丝 51 担	
	普鲁士	1			载运棉花 983 担	茶叶 5213 担	
	西班牙	4			载运棉花 798 担	广州生丝 452 担	
1786	英国（散商）	24			棉花 65130 担	茶叶 175 担、广州生丝 189 担、南京布 2000 匹	
	美国	5	“中国皇后”号、“试验”号 (Experiment) 等船		人参 340 担	茶叶 8864 担、南京布 33920 匹	“试验”号是一艘 80 吨的单桅帆船，运出瓷器 78 担、茶叶 347 担、南京布 7650 匹
	荷兰	5			银元 137 箱，锡 23000 担	茶叶 44774 担、广州生丝 365 担、南京布 98200 匹	
	丹麦	2			银元 59 箱，棉花 322 担	茶叶 15190 担、广州生丝 6 担、南京布 78000 匹	
	瑞典	1				茶叶 13110 担、南京布 10900 匹	
	法国	1				茶叶 2867 担、广州生丝 71 担、南京布 72000 匹	
	西班牙	3			从黄埔往返马尼拉	广州生丝 45 担、南京布 37000 匹	

1787	英国（散商）	33			白银 4 箱、棉花 101161 担	茶叶 432 担	
	美国	2	“联盟”号（Alliance）（自重 600 吨）、“哥伦比亚”号（Columbia）（自重 120 吨，双桅帆船）			茶叶 5632 担	
	法国	3			白银 238 箱	茶叶 12967 担	
	荷兰	5			白银 160 箱	茶叶 41162 担、广州生丝 337 担	
	瑞典	3			白银 129 箱	茶叶 21682 担、广州生丝 48 担	
	丹麦	2			白银 149 箱	茶叶 19980 担	
	普鲁士	1			白银 34 箱	茶叶 3745 担	
	意大利	1			从来航运载 4000 担棉花到黄埔	广州生丝 48 担	
	西班牙	3	“圣弗洛伦蒂诺”号（Sta Florentina）等船		从马尼拉运载大米到黄埔		
1788	英国（散商）	24			白银 25 箱、棉花 84168 担	茶叶 3687 担、广州生丝 1214 担	
	美国	4			白银 62 箱、棉花 545 担、人参 1065 担	茶叶 8916 担、广州生丝 256 担	
	法国	1				茶叶 2191 担、广州生丝 73 担	
	荷兰	4			白银 106 箱	茶叶 31347 担、广州生丝 142 担	
	瑞典	2			白银 77 箱	茶叶 19407 担、广州生丝 127 担	
	丹麦	2				茶叶 18726 担、广州生丝 85 担	
	西班牙	3				茶叶 2388 担、广州生丝 134 担	
1789	英国（散商）	37			棉花 143952 担	茶叶 728 担、广州生丝 2371 担	
	美国	15	“哥伦比亚”号等船	每艘船均少于 300 ~ 350 吨	棉花 17411 担、人参 2055 担。15 艘船中 5 艘船全运人参、7 艘全运棉花、2 艘两者都运、1 艘两者都没运 “哥伦比亚”号于 1787 年 12 月从纽约驶经美洲西北海岸后，于 1789 年 11 月 19 日到达黄埔。该船载运人参 287 担，未载毛皮	茶叶 23199 担、广州生丝 660 担	“哥伦比亚”号，船长罗伯特·格雷（Capt. Robert Gray）。1792 年格雷发现哥伦比亚河

1789	法国	1				茶叶 2207 担、广州生丝 118 担	
	荷兰	5				茶叶 38302 担、广州生丝 331 担	
	丹麦	1				茶叶 13297 担、广州生丝 4 担	
1790	英国（散商）	21		共约 10000 吨	棉花 124558 担	茶叶 2519 担、广州生丝 1216 担、南京布 56500 匹	12 艘船镶铜
	美国	6	“马萨诸塞”号（Massachusetts）等船	分别为 225 吨、290 吨、360 吨、“马萨诸塞”号 820 吨、一艘双桅帆船 190 吨、一艘多桅帆船 85 吨	棉花 1432 担、人参 399 担。双桅和多桅的 2 艘帆船从美洲西北海岸载运毛皮到达黄埔。“马萨诸塞”号从波士顿，经巴达维亚到达黄埔	茶叶 5575 担、广州生丝 184 担、南京布 166700 匹	“马萨诸塞”号船长：普林斯（Capt. Job Prince）
	法国	2		共计 950 吨	棉花 411 担。1 艘来自法国，1 艘散商船来自毛里求斯	茶叶 3316 担、广州生丝 120 担、南京布 154500 匹	
	荷兰	3		共计 2090 吨		茶叶 9964 担、广州生丝 49 担、南京布 22200 匹	
	丹麦	1	“玛利亚王后”号（Queen Juliana Maria）	1110 吨		茶叶 3905 担、南京布 70000 匹	
	西班牙	1		300 吨		茶叶 2 担	
1791	英国（散商）	12	“埃利奥特将军”号（General Elliott）等船	共约 6000 吨	棉花 15505 担、人参 133 担	茶叶 474 担、广州生丝 954 担	“埃利奥特将军”号成为散商船，来往孟加拉和黄埔
	美国	3		共计 1500 吨	人参 51 担	茶叶 13974 担、广州生丝 55 担	
	法国	4		共计 1915 吨	1 艘 900 吨船从东部地区（L’Orient）开来黄埔并载回茶叶；2 艘（200 吨和 165 吨）船从敦刻尔克（Dunkirk）开至黄埔，大班均是英国人；1 艘 650 吨船从马赛及美洲西北海岸开至黄埔	茶叶 5880 担、广州生丝 84 担	
	荷兰	2		共计 1540 吨	棉花 273 担	茶叶 15385 担、广州生丝 111 担	
	瑞典	1		1250 吨		茶叶 11935 担、广州生丝 10 担	
	普鲁士	1	“诺特卡”号（Nootka）	150 吨	海豹皮 9619 张	茶叶 38 担	“诺特卡”号船长：华林斯莱（Capt. Benjamin Walmsley）
	西班牙	1		300 吨			

1792	英国（散商）	23			棉花 152884 担、人参 125 担、锡 5261 担、胡椒 5567 担、檀香木 8780 担、象牙 330 担、蜜蜡 564 担等，货物总售款 1608544 两	茶叶 1078 担、广州生丝 1764 担、南京布 14500 匹、瓷器 5133 担、白铜 36578 担、冰糖 10749 担、糖 26098 担、明矾 18758 担、姜黄 60 担、樟脑 625 担、熟丝 79 担、水银 23 担，货物总值 968632 两	
1792	美国	6			棉花 4926 担、人参 44 担、铅 120 担、海狸皮 1974 张、海獭皮 5425 张、海豹皮 24000 张、兔皮 67288 张，货物总售款 109816 两	瓷器 1492 担、武夷茶或红茶 7882 担、绿茶 195 担、广州生丝 25 担、南京布 27400 匹、熟丝 155 担、糖 4576 担、水银 901 担，货物总值 317270 两	
	法国	2			棉花 82 担、锡 213 担、胡椒 159 担、羽纱 1000 匹、绒布 59 匹，货物总售款 49120 两	瓷器 180 担、红茶 10544 担、绿茶 1011 担、广州生丝 56 担、南京布 228000 匹、熟丝 5 担、糖 1969 担、大黄 192 担、冰糖 1006 担，货物总值 361925 两	
	荷兰	3			锡 13846 担、胡椒 4168 担、丁香 80 担、檀香木 926 担、羽纱 1139 匹、兔皮 1646 张，货物总售款 342330 两	瓷器 1100 担、红茶 14657 担、绿茶 2404 担、广州生丝 109 担、熟丝 143 担、南京布 47000 匹、肉桂 128 担、糖 4814 担、水银 153 担，货物总值 536812 两	
	瑞典	1			棉花 5452 担、锡 388 担、胡椒 31 担，货物总售款 66457 两	瓷器 700 担、红茶 11039 担、绿茶 659 担、广州生丝 22 担、熟丝 40 担、南京布 35000 匹、肉桂 82 担、白铜 85 担、糖 4 担、大黄 54 担，货物总值 279003 两	
	丹麦	1			花钳青 133 担、铜 131 担，货物总售款 3276 两	瓷器 564 担、红茶 6127 担、绿茶 268 担、广州生丝 90 担、熟丝 20 担、南京布 43000 匹、肉桂 16 担、白铜 102 担、糖 3985 担、大黄 222 担、冰糖 598 担、水银 20 担，货物总值 228653 两	
1792	西班牙	3			苏木 5229 担、白银约 150000 两，货物总售款 160458 两	茶叶 3 担、广州生丝 25 担、南京布 17100 匹	
	热那亚共和国	1			铅 3350 担、羽纱 162 匹、兔皮 2700 张、狐皮 7000 张，货物总售款 54130 两。从黄埔载货回比利时奥斯坦德	红茶 2660 担、绿茶 257 担、南京布 5000 匹、糖 3930 担、冰糖 115 担，货物总值 86780 两	船只属于英国人
	托斯卡纳大公国	1			锡 365 担、胡椒 991 担、丁香 4 担、檀香木 17 担、藤条 1347 担、棉花 2032 担，货物总售款 50403 两。从黄埔载货回比利时奥斯坦德	瓷器 132 担、红茶 983 担、绿茶 1971 担、糖 3930 担、冰糖 2000 担，货物总值 145150 两	船只属于英国人

1793	英国（散商）	22			棉花 149430 担	茶叶 681 担、广州生丝 1051 担、南京布 25000 匹	
	美国	6			棉花 9363 担。 5 艘（共 1200 吨）从美国各口岸开至黄埔，1 艘从美洲西北海岸开至黄埔	茶叶 14115 担、广州生丝 36 担、南京布 255000 匹	
	荷兰	2				茶叶 17130 担、广州生丝 29 担、南京布 25000 匹	
	瑞典	1			棉花 4600 担	茶叶 5671 担、南京布 30000 匹	
	热那亚共和国	2			从黄埔载货回比利时奥斯坦德	茶叶 2171 担、南京布 21000 匹	
1794	英国（散商）	23			棉花 133687 担、人参 127 担	茶叶 1797 担、广州生丝 1464 担、南京布 117000 匹	
	美国	7			棉花 4964 担、人参 50 担、上等毛皮 43770 张。3 艘从纽约和波士顿，2 艘经孟买，1 艘从博特尼湾，1 艘从美国西北海岸驶来黄埔	茶叶 10787 担、广州生丝 3 担、南京布 220000 匹	
	荷兰	4			棉花 2209 担	茶叶 30726 担、南京布 13500 匹	
	丹麦	1				茶叶 185 担	
	热那亚共和国	1				茶叶 131 担、南京布 157500 匹	
	西班牙	1				广州生丝 75 担	
1795	英国（散商）	17			棉花 130363、人参 29 担	茶叶 1814 担、广州生丝 460 担、南京布 45000 匹、丝织品 3400 匹	
	美国	10			棉花 10412 担、人参 92 担、优质毛皮 7477 张，无兔皮。 3 艘从费拉德尔菲亚 (Philadelphia)，1 艘从波士顿，1 艘从罗得岛（Rhode Island），2 艘从纽约，1 艘从塞勒姆（Salem）经孟买，2 艘从波士顿及美洲西北海岸驶来黄埔	茶叶 21147 担、南京布 685000 匹、丝织品 9000 匹	
	瑞典	2				茶叶 20699 担、南京布 45000 匹、丝织品 7500 匹	
	西班牙	2				生丝 95 担、南京布 150000 匹	

1796	英国（散商）	17	“霍恩逼”号（保商沛官）等		棉花 118668 担、人参 25 担	茶叶 1202 担、广州生丝 1201 担、南京布 25000 匹	
	美国	11			棉花 1500 担、人参 30 担。3 艘双桅帆船运来 19846 张毛皮（海豹皮和海獭皮）	茶叶 25848 担、广州生丝 97 担、南京布 475000 匹	
	丹麦	2			棉花 6326 担、白银 650000 元	茶叶 18793 担、广州生丝 2 担、南京布 50000 匹	
	西班牙	1			棉花 105 担	茶叶 83 担、广州生丝 75 担、南京布 151000 匹	
1797	英国（散商）	22			棉花 127287 担、人参 165 担	茶叶 1296 担、广州生丝 1415 担、南京布 103300 匹	
	美国	11	“水星”号（Mercury）		人参 90 担、优质毛皮 26316 张、兔皮 2856 张。1 艘无货运来，5 艘只运来毛皮，全部无棉花或其它印度产品运来。“水星”号从马尼拉运来一批珠母壳	茶叶 23356 担、广州生丝 283 担、南京布 200000 匹。“水星”号载运胡椒和南京布返回马尼拉。	
	瑞典	2				茶叶 10508 担、南京布 25000 匹	
	丹麦	4			棉花 709 担	茶叶 9848 担、广州生丝 253 担、南京布 100000 匹	
1798	英国（散商）	16			棉花 144756 担、人生 68 担	茶 2284 担、广州生丝 955 担、南京布 196000 匹、白铜等	
	美国	13			人参 177 担、上等毛皮 102257 张。未载运兔皮	茶叶 42555 担、广州生丝 61 担、南京布 1530000 匹	
	瑞典	1				茶叶 10563 担、南京布 36700 匹	
	丹麦	5	“贝尔蒙特”号等船		棉花 1014 担	茶叶 21832 担、广州生丝 104 担、南京布 226000 匹	“贝尔蒙特”号曾服役于英国东印度公司，悬挂英国旗，现改挂丹麦旗
1799	英国（散商）	15			棉花 64122 担、人参 89 担	茶叶 4023 担、广州生丝 111 担、南京布 170000 匹	
	美国	18			人参 532 担、上等毛皮 35234 张。未载运兔皮	茶叶 42488 担、南京布 735000 匹	
	瑞典	1				茶叶 3336 担	
	丹麦	3				茶叶 8492 担、广州生丝 152 担、南京布 75000 匹	
1800	英国（散商）	21			棉花 147222 担、人参 454 担	茶叶 6965 担、广州生丝 302 担、南京布 807 匹	
	美国	23			人参 887 担、优质毛皮 411167 张（其中 387304 张是海豹皮）、兔皮 3940 张	茶叶 35620 担、广州生丝 35 担、南京布 6366 匹	
	瑞典	2				茶叶 16818 担、南京布 385 匹	

1800	丹麦	4				茶叶 7226 担、南京布 481 匹	
	普鲁士	1				茶叶 6018 担、南京布 59 匹	
1801	英国（散商）	6	“迈索尔”号（Mysore）等船		棉花 15619 担、人参 493 担	茶叶 782 担、广州生丝 259 担、南京布 40000 匹	广州市场海豹皮每张 0.8 元，海狸皮每张 6 元，海獭皮每张 22 元
	美国	36			棉花 1837 担、人参 933 担、优质毛皮 444087 张 13 艘船运来 1383000 元白银。 10 艘船没有白银，每艘运来海豹皮 15700 至 73500 张	茶叶 40879 担、广州生丝 138 担、南京布 1400000 匹	
	瑞典	2					
	丹麦	1				茶叶 1391 担	
1802	英国（散商）	19		共约 9500 吨	棉花 112151 担、人参 381 担	茶叶 1083 担、广州生丝 13 担、南京布 33000 匹	
	美国	32		共约 9024 吨	人参 2229 担、优质皮毛 388746 张（包括海獭皮 45427 张、海豹皮 333922 张）	茶叶 38732 担、南京布 750000 匹	
	法国	1	“狄安娜”号（Dians）		从毛里求斯开来黄埔。载运白银 50000 元	茶叶 2652 担、南京布 34000 匹	
	荷兰	1				茶叶 2290 担、南京布 500 匹	
	瑞典	5			银元 36000 元	茶叶 10703 担、南京布 13500 匹	
	丹麦	2			银元 550000 元	茶叶 6466 担、南京布 28500 匹	
	普鲁士	2	“伯恩斯托尔夫”号（Graf Bernstorff）、“亨利塔”号（Henrietta）		白银（银元）66 箱	茶叶 13170 担、南京布 18500 匹	“亨利塔”号由“贝尔蒙特”号改名而来，现悬挂普鲁士旗，大班是荷兰人
	汉堡自由市	1			舱货很少，没有白银运来	茶叶 4425 担、南京布 500 匹	大班是荷兰人
1803	英国（散商）	25			棉花 214959 担、人参 124 担	茶叶 2245 担、广州生丝 1472 担、南京布 85000 匹	
	美国	23			11 艘（包括载有 733 箱白银的 8 艘船）从大西洋沿岸驶来，6 艘从北美洲太平洋各口岸驶来，5 艘从“南海”各口岸驶来，1 艘从格雷斯港（Havre de Grace）驶来。共载运棉花 383 担、人参 1024 担、优质毛皮 186779 张（包括海豹皮 163260 张）	茶叶 17788 担、广州生丝 11 担、南京布 630000 匹	

1803	法国	1			来往马尼拉和黄埔		
	丹麦	1				茶叶 7942 担、南京布 40000 匹	
	普鲁士	1			白银 46 箱	茶叶 8053 担、南京布 9000 匹	
	西班牙	1			白银 107 箱	茶叶 4 担、生丝 87 担、南京布 27000 匹	
1804	英国（散商）	18			棉花 170200 担	茶叶 5942 担、广州生丝 56 担、南京布 210000 匹	
	美国	36		共计 10720 载重吨位，其中 7 艘双桅帆船不超过 200 吨，3 艘为 500 吨及以上	棉花 2417 担、白银 2207400 元、人参 905 担、18 艘船载来优质毛皮 190812 张（包括海豹皮 182890 张）和兔毛 4570 张	茶叶 54902 担、南京布 1235000 匹	
	瑞典	3			白银 172000 元	茶叶 17645 担、南京布 23000 匹	
	丹麦	1				茶叶 7246 担、南京布 62000 匹	
1805	英国（散商）	36		共计不低于 20000 吨	棉花 310392 担	茶叶 3454 担、广州生丝 369 担、南京布 67500 匹	
	美国	41		共计约 12792 吨	白银 3979000 元、棉花 7714 担、人参 1517 担、海豹皮 162650 张、兔皮 33205 张、其它优质毛皮 52067 张等	茶叶 87771 担、广州生丝 55 担、南京布 1250000 匹	“希望”号美国船开始载运斐济群岛出产的檀香木到黄埔
1805	瑞典	3					
	丹麦	2		分别为 1000 吨和 600 吨	白银 420000 元	茶叶 13049 担、南京布 57000 匹	
	俄国	2	“希望”号（Nadejda）、“涅瓦”号（Neva）		海豹皮 132200 张、兔皮 2300 张、其它优质毛皮 15720 张	茶叶 522 担、南京布 6500 匹	
1806	英国（散商）	60		共计 32877 吨	棉花 261883 担。30 艘船从孟加拉运来米 270000 担	茶叶 4019 担、广州生丝 685 担、南京布 50000 匹	
	美国	38		共计 11327 吨	人参 1344 担、海豹皮 171500 张、兔皮 1514 张、其它优质毛皮 36660 张。24 艘船运来现款 2650000 元。从纽约启程的 2 艘和从普罗维登斯（Providence）来的 1 艘船共运来咸鱼 1030 担	茶叶 65779 担、广州生丝 4 担、南京布 525000 匹	
	丹麦	2		共计 1200 吨		茶叶 8209 担、南京布 75000 匹	1 艘船从黄埔驶往马尼拉时沉没

1807	英国（散商）	37		共计 24180 吨	棉花 265151 担、人参 45 担	茶叶 1830 担、广州生丝 425 担、南京布 88000 匹	
	美国	30	“克拉森将军”号（General Clarkson）、“三叉戟”号等船	共计 8275 吨	棉花 2210 担、白银 1532 箱（约 6128000 元）、人参 1407 箱、海豹皮 230670 张、其它优质毛皮（不含兔皮）19735 张	茶叶 58770 担、广州生丝 43 担、南京布 1200000 匹	
1808	英国（散商）	39		共计 23283 吨	棉花 218903 担、宽幅绒 662 匹、长厄尔绒 7970 匹	茶叶 5080 担、广州生丝 983 担、南京布 275000 匹	
	美国	8	“阿瑟”号（Arthur）、“杰弗逊”号（Jefferson）等船	共计 2107 吨	棉花 2198 担。1 艘船运来海豹皮 35486 张、1 艘运来海獭皮 3000 张	茶叶 8128 担、广州生丝 126 担、南京布 300000 匹	
1809	英国（散商）	26	“巴林”号（Baring）等船	共计 17500 吨	棉花 146184 担	茶叶 3265 担、广州生丝 854 担、南京布 110000 匹	
	美国	37	“海狸”号（Beaver）、“阿塔瓦尔帕”号（Atahualpa）、“安与希望”号（Ann and Hope）、“瓜蒂莫辛”号（Guatemotzin）、“猎人”号（Hunter）等船	共计 12470 吨	棉花 22006 担、人参 1362 担、檀香木 5126 担、海豹皮 36824 张、其它上等毛皮 48470 张。27 艘船运来白银 2896500 元。 “猎人”号于 1809 年 9 月从塞勒姆驶到黄埔	茶叶 73028 担、广州生丝 14 担、南京布 1000000 匹	
	西班牙	2		共计 700 吨	1 艘船运来白银 150000 元	广州生丝 172 担、南京布 15000 匹	
1810	英国（散商）	19			棉花 143527 担	茶叶 6021 担、广东生丝 358 担、南京生丝 196 担、南京布 129900 匹	
	美国	15	“阿塔瓦尔帕”号等船		棉花 1905 担、人参 1165 担、海豹皮 27764 张、其它优等毛皮 39412 张、12 艘船运入现款 2679126 元	茶叶 21643 担、广东生丝 226 担、南京生丝 100 担、南京布 639100 匹	
1811	英国（散商）	25			23 艘船进口棉花 146110 担、2 艘船运入白银 75000 元	23 艘船共计出口茶叶 3635 担、广州生丝 149 担、丝织品 969 担、南京布 160600 匹	
	美国	27	“猎人”号等船	“猎人”号为 300 载重吨位	人参 155 担、海豹皮 330315 张、兔皮 27250 张、其它上等毛皮 69166 张、从斐济运来檀香木 4130 担、22 艘船进口棉花 9442 担、13 艘船运入白银 1433500 元	17 艘船共计出口茶叶 26778 担、丝织品 1490 担、南京布 178600 匹	
1812	英国（散商）	13			棉花 95130 担、1 艘船运入白银 50000 元	茶叶 972 担、广东生丝 684 担、南京生丝 21 担、丝织品 72 担、南京布 115000 匹	
	美国	17	“猎人”号等船		海豹皮 33205 张、其它上等毛皮 9023 张、“猎人”号等船从马克萨斯群岛（Marquesas Islands）等太平洋各岛载檀香木 7350 担 10 艘船共计运入棉花 268 担 3 艘船运入白银 321000 元	7 艘船共计运出茶叶 10556 担、丝织品 266 担、南京布 107000 匹	

1813	英国（散商）	18			棉花 110415 担	茶叶 3187 担、广东生丝 778 担、南京生丝 92 担、丝织品 319 担、南京布 150000 匹	
	美国		“海狸”号等船				“海狸”号于 1813 年 2 月到达黄埔，返航事件没有记载
1814	英国（散商）	23			棉花 225845 担	茶叶 2408 担、生丝 1413 担、丝织品 143 担、南京布 1213 匹	
	美国	13	“琼斯”号（Jacob Jones）、“塔马哈拿哈”号（Tamahanaha）、“斯芬克斯”号（Sphynx）、“漫游者”号（Rambler）、“罗素”号（Russell）等船	“琼斯”号 550 吨	人参 108 担 5 艘船运来海豹皮 58225 张、其它毛皮 13168 张 “琼斯”号从波士顿空船驶到黄埔 “塔马哈拿哈”号从美洲西北海岸驶到黄埔，载有皮毛，装有 16 门火炮和 40 名船员 “琼斯”号装有火炮 20 们、船员 78 人	5 艘船共计运出茶叶 7133 担、丝织品 160 担、南京布 547 匹	
1815	英国（散商）	23	“凯瑟琳”号等船		棉花 129606 担、人参 23 担	茶叶 10138 担、生丝 360 担、丝织品 284 担、南京布 769 匹	
	美国	21	“安妮”号（Anne）、“萨勒姆邮船”号（Salem Packet）、“美利坚”号于 1813 年 2 月到达黄埔，于 1815 年初返航美国 “贸易者”号（Trader）、“马其顿人”号（Macedonian）、“莉迪亚”号（Lydia）等船	共计吨位 7213 吨。其中“马其顿人”号 407 吨，安炮 20 门。	棉花 320 担、人参 2933 担、海豹皮 68189 张、其它毛皮 46937 张、13 艘船运来白银 1214220 元	茶叶 53040 担、丝织品 2854 担、南京布 3378 匹	
	荷兰	2			棉花 520 担、1 艘船运来白银 92000 元	茶叶 5131 担、南京布 128 匹	
	瑞典	3			2 艘运来白银 107700 元	茶叶 10711 担、丝织品 8 担、南京布 15 匹	
1816	英国（散商）	39	“硕望”号（Fame）等船		棉花 333704 担	茶叶 2177 担、丝织品 95 担、南京布 1606 匹	
	美国	17	“马其顿人”号、“狮子”号（Lion）等船		货物价值 605000 元、白银 1922000 元。其中“狮子”号携带 11 万银元和 60 箱鸦片		
	荷兰	2					
	丹麦	1					

1817	英国（散商）	39		共计 24000 吨	货物价值 8649500 元。包括西方五金 115900 元、印度棉花 354867 担（实售 6346600 元）、鸦片 611100 元、檀香木 47100 元、邦加锡 127400 元、胡椒 359800 元、其他亚洲产品 1041600 元	投资成本为 5880100 元。包括茶叶 18696 担、生丝 1700 担、丝织品 794 担、南京布 433000 匹	
	美国	33		共计 12028 吨	白银 4545000 元。货物总计 1221800 元	投资成本为 6047500 元。包括茶叶 169143 担（？）、丝织品 2188 担、南京布 586000 匹	茶叶数据跟吨位不符，不准确
	其他国家				白银 250000 元		
1818	英国（散商）	35	“莫法特”号（Moffatt）、“摄政”号（Regent）等船	共计 27500 吨	西方产品 54800 元（非毛织品、非五金、非毛皮）、棉花 323842 担、檀香木价值 67500 元、邦加锡 188138 元、胡椒 194096 元、其它亚洲产品 1316822 元	茶叶 13156 担、生丝 1882 担、南京布 606800 匹、白铜 34331 担（成本 480634 元）、其它商品 1726965 元、白银 2688679 元	
	美国	47		共计 16377 吨	货物价值 1951869 元。白银 7369000 元	货物成本 9057107 元	数据来源《中国丛报》1819 年 3 月 31 日的年结
	其它国家					白银 3000000 元	大量白银经澳门运往印度
1819	英国（散商）	17		共约 13000 吨	棉花 138174 担、檀香木 59337 元、邦加锡 42265 元、胡椒 17340 元	茶叶 12249 担、生丝 2777 担、丝织品 1000 担、南京布 223300 匹、白铜 23566 担（成本 329924 元）、其它商品 1532529 元、白银 861470 元	
	美国	39		共计 13641 吨	棉花 19149 担、白银 6259300 元	茶叶 76447 担、生丝 507 担、丝织品 5119 担、南京布 2932000 匹	
	其它国家				其它亚洲产品 200000 元	白银 1600000 元	
1820	英国（散商）	21		共约 13000 吨	五金 123545 元、毛皮 3900 元、棉花 1898781 元、檀香木 57239 元、邦加锡 83240 元、胡椒 395637 元、其它亚洲产品 1079376 元	茶叶 918611 元、生丝 1284901 元、丝织品 374579 元、南京布 424374 元、白铜 25952 担（363328 元）、白糖 92733 担（716497 元）、其它货物 999081 元、白银 495000 元	
	美国	26	“萨瓦里”号（William Savary）等船	共计 8663 吨	货物总值 1465500 元、白银 2569500 元	货物总值 4088000 元	
	其它国家					白银 900000 元	其中 1 艘丹麦船吨位 800 吨，其贸易项目不详
1821	英国（散商）	36		共计 22000 吨	五金 26430 元、其他西方产品 52065 元、棉花 194641 担（3113942 元）、檀香木 35893 元、邦加锡 161740 元、胡椒 278992 元、其他东方产品 1287982 元、白银 47000 元	茶叶 9220 担、生丝 5230 担（其中 494 担是南京生丝、2915 担是广东 1 级、2 级、3 级品，1821 担是广东的 5 级品。）、丝织品 60000 匹（合 320102 元）、南京布 405000 匹、白银 480560 元、白铜 129192 元、食糖 100259 担（成本 746230 元）、白银 480560 元	
	美国	42	“急庇仑”号（Emily）等船	共计 14702 吨。“急庇仑”号吨位 284 吨	货物总值 2580826 元。白银 4612000 元	运往美国的红茶 13333 担、绿茶 36668 担、南京布 1285000 匹、丝织品 276614 匹 运往欧洲的红茶 6858 担、绿茶 6300 担、南京布 39000 匹	“急庇仑”号从巴尔的摩（Baltimore）驶到黄埔
	其它国家				白银 1000000 元	白银 1300000 元	

1822	英国（散商）	21		共计 11264 吨	棉花 175322 担（实售 2295939 元）、檀香木（实售 22716 元）、邦加锡（实售 146811 元）、胡椒（实售 267683 元）、其他亚洲产品（实售 1136100 元）	茶叶 15913 担、生丝 4616 担、丝织品 37842 匹、南京布 404678 匹。其中私人贸易运往伦敦的茶叶 11408 担、生丝（南京）1358 担、丝织品 8000 匹、南京布 202400 匹、白银 234600 元	
	美国	31		共计 11297 吨	棉花 888 担、白银 6292840 元	茶叶 84778 担、生丝 70 担、丝织品 381430 匹、南京布 1107706 匹	
	丹麦	1					从哥本哈根驶来黄埔
1823	英国（散商）	24	“美人鱼”号(Mermaid)、“帕斯考”号（Pascao）等船	共计 18000 吨	棉花 137013 担（实售 2283550 元）、檀香木（实售 37116 元）、邦加锡（实售 105850 元）、胡椒（实售 218620 元）、其他亚洲产品（实售 1020106 元）、白银 119168 元	茶叶 17588 担、生丝 2614 担、丝织品 21000 匹、南京布 860000 匹、白铜 10151 担（成本 142114 元）、白银 2618500 元	
	美国	35		共计 13635 吨	水银 8210 担（实售 492600 元）、毛皮、棉花、毛织品、檀香木、邦加锡、胡椒、白银 4096000 元	茶叶 76142 担（运往美国 66851 担成本 2808633 元、运往欧洲 9291 担成本 409012 元）、丝织品 350000 匹、南京布 250000 匹、其他商品成本 450392 元（运往南美洲货物 132000 元、运往爪哇、马尼拉、夏威夷货物 85000 元）	
1824	英国（散商）	30		共计 21000 吨	五金（实售 91738 元）、其他西方产品（实售 2095 元）、棉花 194591 担（实售 3378315 元）、檀香木（实售 110000 元）、邦加锡（实售 374520 元）、胡椒（实售 261000 元）、其他亚洲产品（实售 1228535 元）、白银 63356 元	茶叶 17489 担、生丝 3595 担（包括南京丝 1065 担，每担 400 元。广东丝 1157 担，每担 280 元。广东丝 1375 担，每担 70 元）、丝织品 38500 匹、南京布 574750 匹、食糖 79848 担、白铜 564 担、白银 1743357 元	
	美国	37	“伊莎贝拉”号（Isabella）、“安与希望”号等船	共计 14435 吨	水银 6452 担（实售 374216 元）、棉织品（实售 154388 元）、人参 6039 担(实售 181170 元)、白银 6524500 元		“伊莎贝拉”号从利物浦驶至黄埔、“安与希望”号从荷兰驶至黄埔
1825	英国（散商）	39		共计 27300 吨	毛织品（实售 57620 元）、五金（实售 25200 元，包括水银 420 担）、毛皮（实售 8890 元）、其他西方产品（实售 18000 元）、棉花 270286 担（实售 4275826 元）、檀香木（实售 72000 元）、邦加锡（实售 357000 元）、胡椒（实售 236300 元）、其他亚洲产品(实售 867542 元)	茶叶 19229 担、生丝 6985 匹、丝织品 33712 匹、南京布 489000 匹、白铜 300 担（成本 3900 元）、食糖 89000 担（成本 679000 元）、白银 4341000 元	
	美国	42		共计 16153 吨	棉花 195 担、棉织品（实售 240736 元）、人参 3357 担(实售 100710 元)、大米 49993 担(实售 99986 元）、白银 5705200 元。从英国走私运出的宽幅绒 11554 匹、长厄尔绒 13170 匹、羽纱 4510 匹	茶叶 96162 担、生丝 545 匹、丝织品 619614 匹、南京布 721000 匹、食糖 22240 担（成本 188879 元）	
	荷兰				宽幅绒 116 匹、羽纱 3000 匹		

1826	英国（散商）	51		共计 36000 吨	毛织品（实售 25625 元）、五金（实售 39357 元）、毛皮（实售 30000 元）、棉花 342735 担（实售 5153561 元）、檀香木（实售 200448 元）、邦加锡（实售 87354 元）、胡椒（实售 51707 元）、其他亚洲产品（实售 808931 元）	茶叶 22434 担、生丝 4186 担、丝织品 60000 匹、南京布匹 239200 匹、食糖 153255 担（成本 1099456 元）、白银 4019000 元	
	美国	19	“瑙蒂卢斯”号 (Nautilus) 等船	共计 7034 吨	棉织品 61981 匹（实售 261700 元）、人参 2539 担（实售 66388 元）、棉花 1020 担、白银 1841168 元（另带伦敦票据价值约 400000 元）。“瑙蒂卢斯”号运来英国毛织品（特等宽幅绒 2298 匹、猩红色长厄尔绒 3440 匹、羽纱 2060 匹、羽绸 1800 匹，价值 456497 两，合 152166 镑）亏本 4 成出售。“瑙蒂卢斯”号输入棉织品 7600 匹	茶叶 64321 担、生丝 260 担、丝织品 303885 匹、南京布匹 308700 匹、食糖 4514 担（成本 38564 元）	
	荷兰	5		共计 2948 吨	棉织品 2000 匹		
	法国	2		共计 1500 吨			
	丹麦	1		共计 750 吨			
1827	英国（散商）	42	“戈尔孔达”号（Golconda）等船	共计 31500 吨	毛织品（实售 60242 元）、五金（实售 23674 元）、棉织品（实售 66487 元）、棉纱（实售 14000 元）、钟和机器（实售 84000 元）、棉花 270538 担（实售 3480083 元）、檀香木（实售 103000 元）、邦加锡（实售 60380 元）、胡椒（实售 99764 元）、其他亚洲产品（实售 603413 元）	茶叶 16070 担（运往英伦 13475 担、印度 2595 担）、生丝 3570 担、丝织品 40000 匹、南京布匹 758000 匹、白银 6094646 元	
	美国	29	“喀里多尼亚”号（Caledonia）等船	共计 12470 吨	棉花 1307 担、水银 8934 担（实售 696852 元）、人参 866 担（实售 25980 元）、棉织品 81237 匹（实售 357386 元）、钟和玩具（实售 31500 元）、白银 2450000 元（另带伦敦票据价值 500000 元）	茶叶 78807 担（包括输往欧洲 12500 担）、生丝 267 担、丝织品 420494 匹、南京布匹 619000 匹、丝线 184 担（成本 82687 元）	
	其他国家	2		共计 1500 吨			
1828	英国（散商）	53	“萨拉”号、“威廉要塞”号等船	共计 40000 吨	载运毛织品（实售 103370 元）、五金（实售 18153 元）、英国棉制品（实售 185022 元）、棉花 326530 担（实售 3767340 元）、檀香木（实售 197840 元）、邦加锡（实售 114740 元）、胡椒（实售 26250 元）、其他亚洲产品（实售 1051661 元）	茶叶 24968 担（包括私人贸易运往英伦的 14374 担、散商船运往印度的 10594 担）、南京生丝 4510 担、广东生丝 2729 担、丝织品 90000 匹、南京布 957000 匹、美国铜 2000 担（成本 50000 元）、白银 4703202 元	
	美国	31	“公民”号等船	共计 12500 吨	水银 6374 担（实售 446180 元）、锌 1415 担（实售 8490 元）、美国铜 3237 担（实售 79306 元）、毛织品、白银 732200 元（另带伦敦汇票价值 657300 元）	茶叶 73883 担、生丝 328 担、丝织品 211310 匹、南京布 353000 匹、丝线 144 担（成本 64800 元）	

1828	荷兰	6		共计 4500 吨			
	法国	3		共计 2250 吨			
	丹麦	1		共计 750 吨			
	普鲁士	1		共计 750 吨			
	桑威奇群岛	2		共计 750 吨			
1829	英国（散商）	47	“詹姆西纳”号三桅帆船（393 吨）、“玛丽安”号（Marianne）等船	共计 23573 吨	载运毛织品（实售 80612 元）、五金（实售 38101 元）、毛皮（实售 7660 元）、棉织品（实售 55329 元）、钟表及玩具（实售 18956 元）、棉花 256313 担（实售 3335760 元）、檀香木（实售 248955 元）、邦加锡（实售 110149 元）、胡椒（实售 169477 元）、其他亚洲产品（实售 896220 元）、白银 35000 元	茶叶 22398 担（运往英伦 15500 担、运往印度 6895）、生丝 5990 担（南京丝 3746 担、广东丝 2244 担）、丝织品 80000 匹、南京布 703500 匹、食糖 172195 担（成本 1439737 元）、美国铜（成本 80896 元）、白银 6656372 元	“玛丽安”号从黄埔载货取道新加坡驶往伦敦
	美国	40		共计 16000 吨	载运棉织品 85395 匹（实售 405980 元）、棉纱 211 担（实售 8440 元）、白银 1123644 元（另带伦敦票据价值 393650 元）	茶叶 26304 担（运往美国 61634 担、运往欧洲 2520 担、运往巴西 2037 担）、生丝 374 担、丝织品 186653 匹、南京布 350000 匹、食糖 4925 担（成本 44325 元）	
1829	其他国家	17	荷兰 7 艘、法国 2 艘、丹麦 7 艘、桑威奇群岛 1 艘	2 艘法国船的吨位共计 1000 吨。所有船只吨位共计 10000 吨	4 艘悬挂尼德兰王国旗帜的船只载运进口货物共售 370406 元，包括：毛织品（实售 96000 元）、毛皮（实售 1550 元）、其他西方产品（实售 5500 元）、檀香木（实售 16800 元）、邦加锡（实售 910 元）、其他亚洲产品（实售 59026 元）	4 艘悬挂尼德兰王国旗帜的船只载运出口货物价值 392287 元，包括：茶叶（成本 315832 元）、生丝（成本 39000 元）、丝织品（成本 3900 元）、其他商品（成本 33555 元） 7 艘荷兰船只共载运茶叶 7860 担、生丝 130 担、丝织品 750 匹	
1830	英国（散商）	50		共计 26427 吨	毛织品（实售 170572 元）、棉制品（实售 110929 元）、五金（实售 50254 元）、毛皮（实售 6650 元）、棉花 351409 担（实售 3796288 元）、檀香木（实售 144300 元）、邦加锡（实售 79110 元）、胡椒（实售 88557 元）、其他亚洲产品（实售 623417 元）、白银（实售 55000 元）	茶叶 20614 担、生丝 6668 担、丝织品 93000 匹、南京布 925250 匹、白铜（成本 19200 元）、食糖（成本 952520 元）、其他商品（成本 1077140 元）、白银 4684370 元	14 艘未驶入黄埔，仅下碇在伶仃洋
	美国	25		共计约 10000 吨	水银 5644 担（实售 395080 元）、人参 1934 担（实售 109544 元）、棉花 3271 担、白银 183655 元（另带伦敦票据价值 1168500 元）	茶叶 54386 担、生丝 285 担、丝织品 262107 匹、南京布 125750 匹	
	其他国家	12	荷兰 5 艘（“弗劳·海伦娜”号（Vrouw Helena）等船）、法国 5 艘、丹麦 1 艘、撒丁岛 1 艘	荷兰船共计约 4000 吨、法国船共计约 3000 吨、丹麦船约 800 吨、撒丁岛船约 600 吨	毛织品（实售 12000 元）、胡椒（实售 4900 元）、其他亚洲产品（实售 55935 元）、白银 16700 元	荷兰船装载茶叶 4000 担（成本 106000 元）、生丝 100 担（成本 39900 元）、丝织品 23350 匹（成本 116640 元）、其他商品（成本 26700 元）	

1831	英国（散商）	68		共计 31779 吨	进口毛织品（实售 220783 元）、棉制品（实售 227043 元）、五金（实售 106979 元）、其他西方产品（实售 25229 元）、棉花 351206 担（实售 3842935 元）、檀香木（实售 74471 元）、邦加锡（实售 85544 元）、胡椒（实售 110397 元）、其他亚洲产品（实售 835154 元）、白银 16000 元	茶叶 23971 担（运往伦敦 15245 担、运往印度 8726 担）、南京生丝 6283 担、广东生丝 2168 担、丝织品 49500 匹、南京布 315500 匹、食糖（成本 560349 元）、其他商品（成本 794738 元）、白银 2849046 元	
	美国	41		共计 16400 吨	毛织品、棉制品、水银 10295 担（实售 720650 元）、毛皮、人参 2698 担（实售 159550 元）、白银 667252 元（另带伦敦票据价值 24801871 元）	茶叶 83876 担（运往美国 81156 担、运往欧洲 2720 担）、生丝 109 担、丝织品 268677 匹（包括丝线 350 担（成本 140000 元））、南京布 122285 匹	
	其他国家	14	荷兰 12 艘、法国 1 艘、普鲁士 1 艘	荷兰船共计约 6000 吨、法国船约 600 吨、普鲁士船约 600 吨			
1832	英国（散商）	67		共计 29373 吨	毛织品（实售 254478 元）、棉织品（实售 254933 元）、五金（实售 38288 元）、毛皮（实售 5000 元）、其他西方产品（实售 76910 元）、檀香木（实售 22825 元）棉花 324942 担（实售 4048132 元）、邦加锡（实售 86869 元）、胡椒（实售 127607 元）、其他亚洲产品（实售 1157853 元）、白银 7500 元	茶叶 21863 担（其中运往伦敦 14984 担）、生丝 6651 担（南京生丝 4436 担、广东生丝 2013 担、其他生丝 202 担）、丝织品 54683 匹、南京布 121500 匹、肉桂 14331 担（成本 105141 元）、樟脑 5299 担（成本 148372 元）、南美洲铜 10692 担（成本 213840 元）、白银 3534866 元	
1832	美国	62		共计约 25000 吨	毛织品、棉制品、水银 10154 担（实售 629548 元）、毛皮、人参 2507 担（实售 146054 元）、白银 682519 元(另带伦敦票据价值 4772516 元)	茶叶 122457 担、生丝 144 担、丝织品 215219 匹、南京布 39000 匹、丝线 72 担(成本 30240 元)	
	其他国家	21	荷兰船 13 艘、丹麦船 2 艘、法国船 3 艘、汉堡船 1 艘、墨西哥船 1 艘、新西兰船 1 艘	荷兰船共计约 7500 吨、丹麦船共计 800 吨、法国船共计 1200 吨、汉堡船 400 吨、墨西哥船 400 吨、新西兰船 400 吨	荷兰船进口毛织品（实售 48640 元）、棉织品（实售 935 元）、其他西方产品（实售 844 元）、檀香木（实售 600 元）、邦加锡（实售 40975 元）、胡椒（实售 5250 元）、其他亚洲产品（实售 302484 元）、白银 55300 元	荷兰船载运茶叶 12000 担（成本 503000 元）、丝织品 4000 匹（成本 22800 元）、南京布 10000 匹（成本 13000 元）、食糖（成本 264185 元）、其他商品 64845 元、白银 264816 元	
1833	英国（散商）	82	“海斯夫人”号 (Lady Hayes) 等船	共计 36326 吨	毛织品（实售 389958 元）、棉织品（实售 351957 元）、五金（实售 48915 元）、毛皮（实售 17306 元）、其他西方产品（实售 118584 元）、棉花 326393 担（实售 4884407 元）、檀香木（实售 41400 元）、邦加锡（实售 92192 元）、胡椒（实售 190757 元）、其他亚洲产品（实售 1344448 元）、白银 20500 元	茶叶 29031 担（运往伦敦 14083 担、往印度 14948 担）、生丝 9920 担、丝织品 66550 匹（南京丝 8081 担、广东丝 1418 担、广东五级生丝 441 担）、南京布 30600 匹、肉桂 17607 担（成本 145258 元）、南美洲铜 10907 担（成本 218140 元）、白银 6062790 元、黄金 513795 元	22 艘船运入黄埔一般进口货；16 艘运入黄埔为大米；44 艘停泊伶仃岛，没有驶入内河

1833	美国	59		共计约 24000 吨	进口货物实售 3407936 元、白银 682519 元（另带伦敦票据价值 4772516 元）		
	其他国家	23	荷兰 8 艘、法国 7 艘、丹麦 4 艘、比利时 1 艘、普鲁士 1 艘、汉堡 1 艘、墨西哥 1 艘	荷兰共计约 3200 吨、法国约 2800 吨、丹麦约 1600 吨、比利时、普鲁士、汉堡、墨西哥船只均为 400 吨			

三、美商从黄埔口岸出口货物统计表（1819 ~ 1832 年）

贸易年度	出口美国		出口欧洲		出口其它地区		总计（元）
	货物	合计（元）	货物	合计（元）	货物及地区	合计（元）	
1819	茶叶 51502 担、生丝 191 担、丝织品 2836230 元、南京布 1841000 匹、杂货 422210 元	6172991	茶叶 24887 担、生丝 316 担、丝织品 5270 元、南京布 958000 匹、杂货 114796 元	1746194	运往南美洲茶叶 60 担、丝织品 158920 元、南京布 133000 匹、杂货 40438 元	262830	8182015
1822	茶叶 74480 担，2722451 元；生丝 50 担，18500 元；丝织品 369763 匹，3050536 元；南京布 1070706 匹，607813 元；草席 366 捆，12831 元；其它货物 347451 元	675958	茶叶 10298 担，348567 元；丝织品 250 匹，200 元；南京布 12000 匹，6600 元；其它货物 28743 元	384110	运往马尼拉、巴达维亚等地：生丝 20 担，1600 元；丝织品 10447 匹，83500 元；草席 174 捆，609 元；其它货物 184291 元	270000	7413692
1824	茶叶 89846 担；生丝 74 担；丝织品 571846 匹；南京布 532000 匹；草席 3380 捆；食糖 3749 担、桂皮 8634 担、鞭炮 4620 盒、其他商品 95015 元	7716444	茶叶 13215 担；丝织品 1706 匹；南京 4000 匹；生丝 21 担、桂皮 779 担、其它商品 1165 元	584677	运往桑威奇群岛、加利福亚等地	200000	8501121
1825	茶叶 85419 担，3957408 元；生丝 434 担，199640 元；丝织品 565455 匹，2496402 元；南京布 664000 匹，464800 元；草席 2783 捆，13915 元；食糖 18510 担，157335 元；桂皮 9023 担，198306 元，其它商品 163132 元	7650938	茶叶 10206 担，509784 元；生丝 111 担，51060 元；丝织品 16343 匹，71483 元；南京布 15000 匹，6750 元；食糖 2545 担，21472 元；桂皮 807 担，16947 元；其它商品 207360 元	884856	运往南美洲、马尼拉等地：茶叶 537 担，18596 元；丝织品 37816 匹，148432 元；南京布 42000 匹，29400 元；其它货物 220340 元	416768	8952562
1826	茶叶 60773 担，1962068 元；生丝 210 担，79800 元；丝织品 269928 匹，1387319 元；南京布 267400 匹，187183 元；草席 2116 捆，10580 元；桂皮 4035 担，68505 元；食糖 2664 担，22664 元；鞭炮 6126 盒，15315 元；其它商品 73274 元	3806708	茶叶 2684 担，121739 元；生丝 50 担，19000 元；桂皮 217 担，3726 元	144465	运往南美洲、桑威奇群岛等地：茶叶 874 担，33942 元；丝织品 33957 匹，251358 元；南京布 41300 匹，28924 元；草席 1780 捆，8900 元；食糖 1850 担，15900 元；桂皮 87 担，1479 元，其它商品 72212 元	412715	4363888

1827	茶叶 66017 担，2726190 元；生丝 157 担，67510 元；丝线 184 担，82687 元；丝织品 294628 匹，18774661 元；南京布 524500 匹，367150 元；草席 5090 捆，20360 元；食糖 2140 担，19260 元；鞭炮 419 盒，388 元；其它商品 160310 元	5318966	茶叶 12110 担，509430 元；桂皮 1100 担，17600 元；其它商品 17000 元	544030	运往南美洲 166174 元；运往巴达维亚 33190 元；运往桑威奇群岛 92000 元	291364	6143360
1828	茶叶 50747 担，1842766 元；生丝 68 担，29920 元；丝织品 211310 匹，988307 元；南京布 392900 匹，282982 元；草席 1590 捆，7950 元；桂皮 2916 担，40824 元；食糖 2243 担，20187 元；其它商品 59744 元	3337480	茶叶 23136 担，934552 元；生丝 260 担，114400 元；南京布 60000 匹，42000 元；桂皮 1787 担，25018 元；食糖 2400 担，21600 元；其它商品 7150 元	1144720	运往南美洲、桑威奇群岛等地	70000	4552200
1829	茶叶 61634 担，2284110 元；生丝 230 担，97750 元；丝线 158 担，67150 元；丝织品 169642 匹，792892 元；南京布 305568 匹，215148 元；食糖 2623 担，23607 元；草席 2314 捆，11570 元；桂皮 2883 担，37479 元；其它商品 90994 元	3620700	茶叶 2520 担，135433 元；桂皮 119 担，1785 元；其它商品 26556 元	139874	运往巴西：茶叶 13 担，76554 元；南京布 5000 匹，3500 元；桂皮 113 担，1469 元；其它商品 880 元；合计 82403 元。 运往南美洲、桑威奇群岛和加利福尼亚：茶叶 13 担，586 元；生丝 117 担，40950 元；丝线 70 担，29750 元；丝织品 14011 匹，101343 元；南京布 39400 匹，31525 元；食糖 2302 担，20718 元；草席 801 捆，4005 元；其它商品 27735 元；合计 256612 元	339015	4099589
1830	茶叶 38135 担，1386072 元；生丝 285 担，85500 元；丝线 354 担，148680 元；丝织品 262107 匹，1496272 元；南京布 118750 匹，76394 元；食糖 3000 担，27000 元；草席 600 捆，3000 元；桂皮 1828 担，21936 元；其它商品 111697 元	3356551	茶叶 16251 担，6283330 元；南京布 7000 匹，4550 元；桂皮 635 担，7620 元；其它商品 9500 元	650000	运往南美洲、桑威奇群岛等地	257000	4263551
1832	红茶 34472 担，934118 元；绿茶 68562 担，4109512 元；生丝 144 担，50400 元；丝线 72 担，30240 元；丝织品 211249 匹，1076620 元；南京布 39000 匹，30775 元；食糖 4000 担，36000 元；草席 10368 捆，41472 元；桂皮 7428 担，89136 元；鞭炮 14444 盒，32449 元；其它商品 260690 元	6691412	红茶 11835 担，398838 元；绿茶 7588 担，483073 元；丝织品 3970 匹，8870 元；食糖 700 担，6300 元；桂皮 918 担，11016 元；其它商品 14877 元	922974	运往南美洲、马尼拉和桑威奇群岛等地 346173 元。 供应在马尼拉载货的资金 264816 元	610989	8225375

后 记

《黄埔海关考》可以付梓了。在东莞凤岗的业余时间里，编著本书成为我除了体育运动以外的最好活动。我不断地提醒和告诫自己——时光飞逝、岁月不居，一定要尽心尽快完成书稿。但是有关黄埔关的记载在汗牛充栋的档案文献中不过是只言片语，为了尽可能地保证数据和资料的准确性，需要查询大量资料，并且进行去伪存真，这消耗了我大量的时间和精力，写作过程缓慢而煎熬。仓遽著就，竟费五年。

这期间，有过史实不彰、资料难寻的痛苦；有过挑灯夜读、思无旁骛的坚守；更有过抽丝剥茧、勘察校对的快乐。尤其是发现个别权威资料存在谬误后，通过多个文献进行佐证，一一考据校勘，会有小小的成就感涌上心头。正是这些小小成就感的日积月累，让我乐此不疲、乐在其中。子曰："知之者不如好之者，好之者不如乐之者。"因为享受着读书写作的快乐，就不会感觉到枯燥和疲倦。而且越是深入研究，越会发现未知领域之广阔，所学知识之浅薄，越是激发了我持之以恒的意愿。

感谢前辈们编撰了一系列文档专著，为我们留下了极其宝贵且权威的历史记录。由于考证黄埔海关历史的缘故，我参阅了《粤海关志》、《广州海关志》、《黄埔海关志》等书籍。1996 年 6 月由黄埔海关编志办公室编纂的《黄埔海关志》虽未公开出版，但已成为研究黄埔海关历史的重要文献。清朝道光年间梁廷枏编纂的《粤海关志》和 1997 年 8 月广州海关编志办公室编纂的《广州海关志》是研究广州海关（粤海关）发展历史的重要文献。然而这三份文献均存在一些瑕疵，虽然瑕不掩瑜，但是瑕若不修，唯恐延误后学。因此我怀着"凿先圣未雕之璞，探千秋永坠之奇"之心，慎为考据，附列章中，供斯学方家批驳。

各类关志略古详今，着重记述改革开放以后的海关发展历程，而本书略今详古，断代时限定为 1685 年至 1980 年，重点着墨黄埔海关直属海关总署之前的历史阶段。有句哲语说："关注什么，就会得到什么。"我关注黄埔海关 300 年的这段历史，便收获了这样的一本书。

文章者，天下之公器也。本人学辁智疏、才蔽识浅，唯望能在史学前辈工作的基础上添砖加瓦，让黄埔海关的历史更加充实、更加完整，能为研究中外关系史的专家学者们提供一些有益素材。

谨以此书，献给留在凤岗的青春岁月，献给长期以来关心、支持我的家人、同事和朋友们，尤其要献给我可爱的女儿袁婉清。

2015 年 7 月 9 日于黄埔海关驻凤岗办事处